发揮橋樑紐帶作用更好地為企業和企業家服務

江澤民

一九九四年五月廿四日

发展具有国际竞争力的大企业集团，提高国际竞争力。

陈锦华

二〇〇八年六月

贯彻落实科学发展观
扎实做强做大做久

王忠禹
二〇〇八年七月

做好中国企业500强研究分析工作，为企业提高国际竞争力服务。

張彦宁 2008.6.20.

2012
中国500强企业发展报告

中国企业联合会
中国企业家协会 编

企业管理出版社

图书在版编目（CIP）数据

2012 中国 500 强企业发展报告/中国企业联合会、中国企业家协会编. －北京：企业管理出版社，2012. 8

ISBN 978－7－5164－0138－5

Ⅰ. ①2… Ⅱ. ①中…②中… Ⅲ. 企业发展－研究报告－中国－2012 Ⅳ. ①F279. 2

中国版本图书馆 CIP 数据核字（2012）第 193669 号

广告经营许可证：京海工商广字第 8127 号

书　　名： 2012 中国 500 强企业发展报告

作　　者： 中国企业联合会、中国企业家协会

责任编辑： 康月强　张德华　殷恒晨

书　　号： ISBN 978－7－5164－0138－5

出版发行： 企业管理出版社

地　　址： 北京市海淀区紫竹院南路 17 号　　邮编：100048

网　　址： http：//www. emph. cn

电　　话： 出版部：68414643　发行部：68701638　编辑部：88413605

电子信箱： 80147@ sina. com　　zbs@ emph. cn

印　　刷： 北京联兴盛业印刷股份有限公司

经　　销： 新华书店

规　　格： 210 毫米 ×285 毫米　大 16 开　26 印张　700 千字

版　　次： 2012 年 8 月第 1 版　2012 年 8 月第 1 次印刷

定　　价： 300. 00 元

《2012 中国 500 强企业发展报告》

顾　问：陈锦华　袁宝华　张彦宁

主　编：王忠禹

副主编：李德成　王基铭　李建明

大力弘扬企业家精神　扎实推进企业转型升级

中国企业联合会　中国企业家协会会长　王忠禹

今年是“十二五”时期承前启后，加快转变经济发展方式，保持国民经济平稳较快发展的重要一年。在这样的背景下，我们将今年全国企业家活动日的主题确定为“中国企业家：转型的驱动力”，就是要进一步彰显企业家的地位和作用，大力弘扬勇于创新的企业家精神，引导企业加快推进转型升级，提高发展质量和效益，为保持我国国民经济长期平稳较快发展提供坚强保障和内在动力。

多年来，在中央关于加快转变经济发展方式的方针政策指引下，我国广大企业家贯彻落实科学发展观，坚持以创新引领企业转型升级，取得了积极进展和明显成效。今年受到表彰的100多位企业家，就是这方面的突出代表。但是，我们也要清醒地估计到，当前和今后一个时期，我国经济和企业发展面临的形势仍然是复杂的严峻的，需要应对的困难和挑战很多。国际金融危机的深层次影响仍将不断显现，世界经济复苏进程曲折、乏力，短期内难以明显好转，贸易保护主义呈现不断加强趋势，我国企业发展面临的国际环境更加严峻。从国内情况看，经济领域的体制、结构性矛盾与社会领域的多种因素互相交织，经济发展面临的困难在增多，主要表现在：内需增长趋缓，部分行业产能过剩，竞争加剧；成本上升压力加大，行业利润空间缩小；资源及环境约束趋于强化，粗放式发展模式难以为继，等等。这些因素已经反映在企业经营层面，去年特别是四季度以来，我国相当一部分企业增长放缓，效益下降明显，生产经营困难。今年一季度，全国规模以上工业企业利润同比下降1．3%。在这种形势下，要求广大企业家进一步增强紧迫感和使命感，牢牢把握稳中求进的总基调，不断增强驾驭企业发展的能力，扎实推进企业转型升级，真正把企业发展引导到依靠科技进步、提高劳动者素质和管理创新的发展轨道上来。

1. 继续弘扬企业家精神

企业家是企业的领路人，企业家精神是企业乃至整个经济社会发展的驱动力。在当前我国经济面临转型、我国企业进入创新驱动的新阶段，继续发扬企业家精神显得尤其重要。一方面要进一步健全市场经济体制，充分发挥市场配置资源的基础性作用，营造一个让创业者乐于投身实业、勇于创造财富的社会环境。另一方面，广大企业家要勇于担当，创新突破，积极应对转型升级带来的挑战。企业家要从企业长远发展和战略高度，思考和推动企业转型升级；要有全球化视野，推动企业在充分利用国际资源、参与国际竞争中实现转型升级；要增强契约意识、法律意识、社会责任意识，把承担更大的社会责任作为企业家基本的行为规范。

2. 积极探索企业转型升级的实现路径

转型升级是企业发展方式的战略性变革，转型升级的大目标和方向是可持续发展。但每个企业所在行业不同，所处发展阶段不同，面临外部环境也不尽相同，决定了企业转型升级的做法、路径没有统一模式。企业家应当依据本企业的现实情况，重新评估、明确企业发展定位，坚持以战略引领转型升级，积极探索符合实际、行之有效的企业转型升级之路。

今年受到表彰的企业家，为我们提供了引领企业转型升级的许多有益经验。这些企业，有的依托技术优势推动传统产业与新兴产业相互融合，有的通过发展高技术进入高端制造业，有的以制造业为基础向服务业延伸，有的通过产业链整合实现企业业务全面转型，等等。可见，企业转型升级的方法和途径是多样的，但它们的经验有一个共同特点，就是向产业链高端发展，提高产品和服务的附加值，提高企业的综合竞争力，就是说要把主要精力集中到技术提升、管理进步、商业模式创新、核心能力提高上来。总体上看，通过不断增强竞争力，进入具有更高附加值的产业分工环节，是企业转型升级的基本途径。

3. 切实提高企业自主创新能力

自主创新是企业转型升级的中心环节，也是企业转型升级的驱动力。近年来，我国企业自主创新能力不断增强，企业创新主体作用得到进一步发挥，取得了一批重大技术创新成果。如中国航天科工集团积极探索，走出了一条以应用原创和系统集成为主的自主创新发展之路，多项成果填补了国内空白；大唐电信集团主导着全球 TDD 无线移动通信技术标准制式的演进，主导了第三代、第四代 TD－LTE 国际标准的制定。亨通集团投入 6 亿多元，经过近 4 年研发，成功突破了光纤预制棒核心技术，确立了中国企业在全球光棒领域的话语权。

但是也必须看到，我国企业自主创新能力还不是很强。推进企业转型升级，企业家要把创新作为提升企业竞争力的重要着力点，将培育创新型人才作为提高自主创新能力的重要抓手，努力把企业建设成为掌握新技术、具有核心竞争力、具备持续创新能力的创新型企业。目前影响创新人才脱颖而出、创新能力发挥的一个很重要的方面，就是从政府和企业来说，都要全力创造一个有利于创新的环境，从政策到管理鼓励人们敢于创新、勇于创新。这里我主要强调三方面的内容：一是要重视建立企业的创新机制，培育企业的创新文化，形成人人关注创新、人人支持创新、人人参与创新、人人都能创新的良好风尚。二是要加强对创新人才的培养和激励。通过各种方式和渠道，加强一线创新人才、青年科技人才和高技能人才队伍建设。特别要注重挖掘和培育复合型科技管理人才，为引领企业科技创新储备力量。要建立健全人才评价、考核、激励机制，营造优秀人才脱颖而出的制度环境，激发创新人才的活力和热情。三是要加大研发投入。目前我国规模以上工业企业研发投入占主营业务收入比重仅为0．69%，与世界发达国家相比，有较大差距。为此，企业特别是重点骨干企业要加大研发投入，为企业创新活动开展提供资金保证。

4. 强化质量和品牌建设

加强质量和品牌建设是促进企业转型升级的基础性工程。质量是品牌的生命，品牌是高品质产品和服务的象征，品牌凝结着企业的科学管理、市场信誉、追求完美的精神文化内涵，决定和影响着企业的产品和服务定位。总体上看，我国企业质量和品牌建设尽管取得了较为显著的成效，但这方面存在的问题依然十分突出。主要表现在：部分产品质量差、档次低，与国际先进水平相比有较大差距；部分产品技术含量不高，品牌附加值低；质量安全保障体系不完善，重大产品质量安全事件时有发生。最近，在食品药品领域出现的“毒胶囊”等事件，已经严重影响到我国企业的社会形象。

质量和品牌建设是复杂的系统工程。企业要以对社会、对消费者高度负责的精神，不断将质量和品牌建设提高到新的水平。要全面加强质量管理，完善全员、全过程、全方位的质量管理体系。要积极采用国际标准和行业先进标准，推动各级供应商同步贯彻实施相关管理体系，全面提升供应链质量管理水平。要通过研发核心技术，改进产品外观设计、包装质量与售后服务等，不断提升品牌的质量形象与市场竞争力。要加强品牌宣传，以树立良好的品牌形象，提高品牌的知名度和美誉度。要配合有关部门，加大对品牌及其知识产权保护力度，严厉打击对品牌的仿冒与侵权行为。

5. 坚持绿色低碳发展

建设资源节约型、环境友好型企业是转型升级的重要着力点，是否真正实现绿色低碳发展也是衡量企业转型升级成效的一项重要标志。大家可能已经注意到，去年我国节能减排任务完成的情况低于预期，这充分说明这项工作的艰巨性和复杂性。推进企业尽快建立节能减排的长效机制，是企业家责无旁贷的重要责任。

推动绿色低碳发展，要求企业在生产经营过程中，着力抓好循环经济、清洁生产等方面的工作。要积极开发绿色技术，对从产品的开发、设计到生产、销售、回收等各个环节，进行全过程的污染控制；广泛采用新技术、新工艺和新装备，依靠科技进步节能降耗；大力开发运用低碳技术，更多地使用清洁能源和可再生能源。在这方面，我国许多企业也取得了明显的成效，为引领企业走绿色发展道路树立了榜样。例如，海尔坚持“绿色产品、绿色企业、绿色文化”经营战略，从采购、设计到制造、营销，再到回收利用，建立了一整套的绿色管理体系。金川集团近年来先后安排近200亿元实施了以节能降耗为主要目标的一批综合技术改造项目，大大降低了能源消耗，镍产品单位能耗已达国际先进水平。广大企业都要结合企业自身的实际，把节能减排、绿色发展当作一项事关企业长远发展的大计，推动企业走可持续发展道路。

目前我国经济正处于加快转型的攻坚阶段，广大企业任重道远。我坚信，在改革开放中成长起来的中国企业家，是有理想、有抱负、有魄力、有胆识的，一定能够战胜前进道路上的各种困难，创造出无愧于时代要求的光辉业绩。让我们紧密团结在以胡锦涛同志为总书记的党中央周围，始终站在时代前列，以更加奋发有为的姿态，更加积极主动地投身于转型升级发展的历史潮流，锐意进取，埋头苦干，发奋图强，不断开创企业发展的新局面，为保持国民经济长期平稳较快发展做出新的更大贡献，以优异的成绩迎接党的十八大胜利召开！

（本文摘自作者2012年5月11日在中国企业家年会暨两江论坛上的讲话）

目 录

彩 页

2012中国企业500强、2012中国制造业企业500强、2012中国服务业企业500强部分企业介绍

中国国电集团公司、中国电力建设集团有限公司、山东魏桥创业集团有限公司、河南煤业化工集团有限责任公司、山东能源集团有限公司、鞍钢集团公司、浙江吉利控股集团有限公司、正威国际集团有限公司、山西焦煤集团有限公司、光明食品（集团）有限公司、新疆广汇实业投资（集团）有限责任公司、雨润控股集团有限公司、杭州娃哈哈集团有限公司、红云红河烟草（集团）有限责任公司、安徽省徽商集团有限公司、上海复星高科技（集团）有限公司、新华联合冶金控股集团有限公司、上海纺织（集团）有限公司、河北敬业集团、紫金矿业集团股份有限公司、新华联控股有限公司、广西投资集团有限公司、中国盐业总公司、郑州煤炭工业（集团）有限责任公司、中国轻工业品进出口总公司、陕西建工集团总公司、世纪金源投资集团有限公司、云南建工集团有限公司、昆明钢铁集团有限责任公司、河南豫联能源集团有限责任公司、四川公路桥梁建设集团有限公司、山西国新能源发展集团有限公司、东北特殊钢集团有限责任公司、山东石横特钢集团有限公司、四川省达州达钢铁集团有限责任公司、利华益集团股份有限公司、内蒙古伊东资源集团股份有限公司、青岛港（集团）有限公司、山东昊龙集团有限公司、山东渤海实业投资股份有限公司、河北新武安钢铁集团文安钢铁有限公司、三环集团公司、上海华信石油集团有限公司、卧龙控股集团有限公司、四川九洲电器集团有限责任公司、广州百货企业集团有限公司、厦门路桥工程物资有限公司、广州岭南国际企业集团有限公司、山东恒源石油化工股份有限公司、唐山东华钢铁企业集团有限公司、山东创新金属科技股份有限公司、浙江翔盛集团有限公司、广州纺织工贸企业集团有限公司、广东粤合资产经营有限公司、广西水利电业集团有限公司、内蒙古集通铁路（集团）有限责任公司、山西大昌汽车集团有限公司、广州珠江实业集团有限公司、天津市交通（集团）有限公司、振华物流集团有限公司、用友软件股份有限公司、广州元亨能源有限公司、武汉农村商业银行股份有限公司、广东省广播电视网络股份有限公司、新疆前海供销集团公司、湖南兰天汽车集团有限公司、安徽省旅游集团有限责任公司

向2012中国企业500强、2012中国制造业企业500强、2012中国服务业企业500强表示祝贺单位

埃森哲（中国）有限公司、华彩咨询集团

The Development Report on 2012 China Top 500 Enterprises

Contents

第一章
2012 中国企业 500 强发展报告

2012 中国企业 500 强是由中国企业联合会、中国企业家协会连续第 11 次向社会发布“中国企业 500 强”排行榜。在换榜方面，2012 中国企业 500 强仅有 38 家企业换榜，为 11 年来最低，说明我国大企业格局已经具有相当的稳定性。

2011 年，中国企业 500 强企业最突出的特征是：（1）企业规模在持续快速扩张。入围中国企业 500 强的门槛更高了，营业收入超过 1000 亿元的企业数量大幅增加，进入世界 500 强的企业数量大幅增加且排名更加靠前。（2）500 强企业在国民经济中的地位更加突出。500 强企业与 GDP 的比率高达 95%；税收贡献接近 40%。中国大企业的崛起成为改变世界企业和经济版图的最突出力量。然而，应当引起高度重视的是，自 2011 年四季度以来，包括中国 500 强企业在内的中国企业都受到了我国宏观经济下行带来的巨大压力，尤其以钢铁、有色、煤炭、重型机械等重化工行业的企业感受最深。面对新的形势，我国大企业深入贯彻落实科学发展观，加快转变经济发展方式，加快做强做优，努力实现长期可持续发展，对我国经济显得尤为重要。

一、2012 中国企业 500 强的规模特征

1. 2012 中国企业 500 强规模继续快速扩大

2012 中国企业 500 强的规模持续壮大，表现在 500 家企业的总体规模和个体规模上。

从总体规模上看，（1）入围门槛继续大幅提高。2012 中国企业 500 强的入围门槛提高到了 175.1 亿元，较上年的 142.0 亿元增长了 33.1 亿元，较上年增幅（31.2 亿元）略有增加。（2）营业收入总额继续快速增长。2012 中国企业 500 强的营业收入总额达到 44.9 万亿元，较上年（36.3 万亿）增长了 23.7%；与 2011 年国内生产总值 47.1 万亿元的比率达到了 95.3%，较上年的 91.3% 有进一步的提高。这说明我国 500 强企业在国民经济的地位和作用更加突出和重要。（3）资产总额大幅增长。2012 中国企业 500 强资产总额达到 130.2 万亿元，较上年（108.1 万亿）增长了 20.4%，较上年增幅（18.4%）略有增长（见图 1-1）。

从个体规模上看，（1）最大企业规模大幅增加。2012 中国企业 500 强中，两家规模最大的石油企业的 2011 年营业收入均突破了两万亿大关，其中最大的中国石油化工集团公司 2011 年营业收入达到了 25519.5 亿元，较上年（19690.4 亿元）增长了 29.6%，增幅比上年（41.5%）有一定下降；中国石油天然气集团公司 2011 年营业收入达到了 23812.8 亿元，较上年（17208.8 亿元）增长

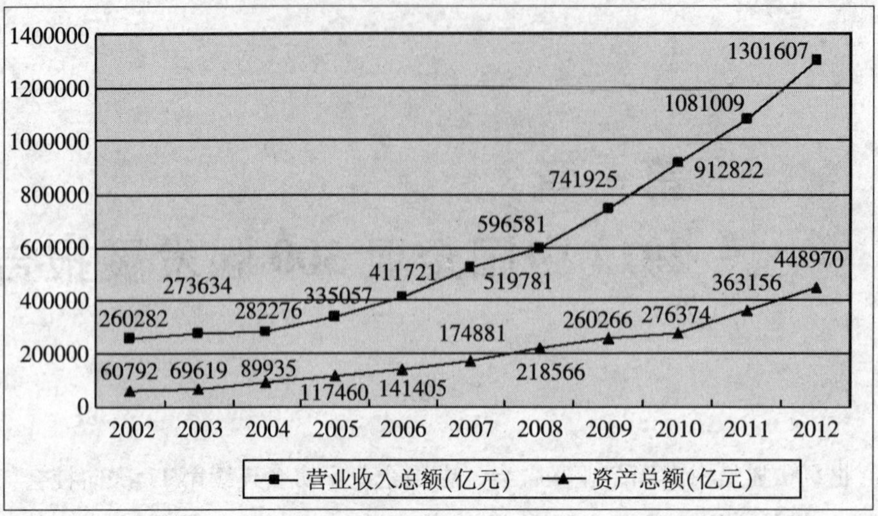

图 1-1 历年中国企业 500 强的营业收入和资产总额（2002-2012）

了 38.4%。

（2）进入“1000 亿元俱乐部”（营业收入超过 1000 亿、低于 10000 亿的企业群体）的企业大幅增加，达到 104 家，比上年的 77 家增加了 27 家。2012 中国企业 500 强中，除了 3 家万亿规模的企业，还有 104 家企业的 2011 年营业收入超过了 1000 亿元，其中包括 15 家民营企业（比上年增加了 6 家），除了平安保险公司（2489 亿元）、华为公司（2075 亿元）、江苏沙钢（2039 亿元）、国美电器（1960 亿元）、苏宁电器（1947 亿元）、联想控股（1830 亿元）、山东魏桥创业集团（1610 亿元）、海尔集团（1509 亿元）、美的集团（1341 亿元），新增加的 6 家企业分别是浙江吉利控股（1510 亿元）、招商银行（1420 亿元）、民生银行（1360 亿元）、正威国际（1280 亿元）、大连大商集团（1101 亿元）、大连万达集团（1051 亿元）。这 104 家企业中，已经有 70 家企业进入了 2012 财富世界 500 强，其他 34 家企业都是明年世界 500 强的有力争夺者。

（3）进入世界 500 强的内地企业数量大幅增加。今年，我国共有 70 家内地企业进入 2012 财富世界 500 强，比去年增加了 12 家，上榜企业数量首次超过日本（68 家），仅次于上榜企业数量最多的美国（132 家）。今年财富世界 500 强企业的上榜门槛比去年上升了 25.2 亿美元，达到 220.1 亿美元，但我国仍然有 13 家企业新晋世界 500 强。从上榜企业看，主要有几个特征：第一，今年中国上榜企业的数量和质量均有所提高，规模和排名大多有所提升。中国内地不仅以 70 家上榜企业位列世界第二，绝大部分上榜企业排位也节节攀升，其中有 11 家进入前 100 名、3 家企业进入前 10 名。第二，中国银行业排名的集体大幅提升。我国银行业排名上升速度仍然保持强劲势头。工行从 77 位提升到 54 位，是除了中石油、中石化和国家电网外排名最高的中国内地企业。建行从 108 位提升到 77 位，农行从第 127 位升至 84 位，中国银行从第 132 位上升到第 93 位，交通银行从第 398 位升至第 326 位，招商银行也首次跻身世界 500 强，排名第 498 位。第三，民营企业表现极为抢眼。我国最大的民营汽车企业浙江吉利控股集团首次进入世界 500 强，且排名从去年的第 688 位跃升至第 475 位。上榜的其他中国民营企业还有中国平安保险（集团）股份有限公司（排名第 242 位）、江苏沙钢集团

(排名第346位)、华为投资控股有限公司(排名第351位)以及今年新入榜的山东魏桥创业集团。

2. 2012中国企业500强的内部差距仍然很大

中国企业500强总体及个体规模在不断扩大，入围500强企业的规模差距仍然非常大。主要体现在5个方面。(1) 入围门槛企业与最大规模企业的差距仍然很大。2012中国企业500强排名第1位的中国石油化工集团公司拥有资产总计达1.75万亿元(上年1.48万亿元)，实现营业收入2.55万亿元(上年1.97万亿元)；而排名第500位的哈药集团有限公司的资产和营业收入分别为180.65亿元、175.07亿元，分别只占中国石化集团公司的1.03%和0.69%。10年来，中国500强企业的入围门槛企业与最大规模企业的巨大差距一直较大(见图1-2)。

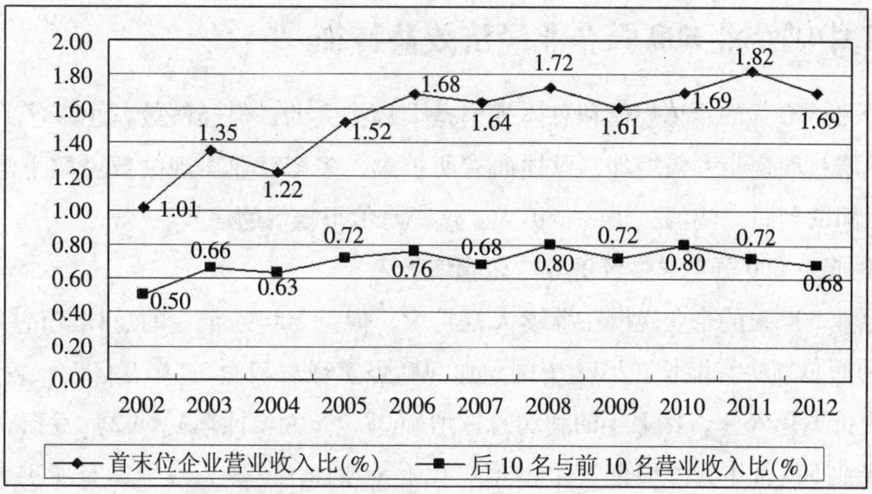

图1-2 历年中国企业500强企业之间的差距(2002-2012)

(2) 前10名与后10名的差距仍然很大。2012中国企业500强前10名企业的资产总额和营业收入总额分别为60.65万亿元、10.5万亿元，而后10名企业资产总额和营业收入总额分别只有0.12万亿元、0.18万亿元，分别是前者的0.20%和1.69%(见图1-2)。

(3) 国有企业与民营企业的差距悬殊。2012中国企业500强中共有310家国有企业、190家民营企业，分别占62%、38%。历年中国企业500强中的国有—民营企业比例也整体上稳定维持在这一水平。但国有大企业与民营大企业的规模差距依然悬殊。2011年，310家国有企业的营业收入总额达到36.8万亿元，平均营业收入达到897.9亿元；资产总额达到了116.7万亿元，平均资产总额达到4937.8亿元；利润总额达到1.75万亿元，平均利润总额达到56.45亿元，平均值分别是190家民营大企业的1.55倍、4.40倍、3.15倍(见表1-1)。

表1-1　　2012中国企业500强中国有企业与民营企业的差距

		2011年营业收入额	2011年资产额	2011年利润额
总和	310家国有企业	36.77万亿	116.73万亿	1.75万亿
	190家民营企业	8.14万亿	13.43万亿	0.34万亿
	国企/民企	4.52倍	8.69倍	5.15倍
平均	310家国有企业	897.9亿元	4937.83亿元	56.45亿元
	190家民营企业	579.8亿元	1121.27亿元	17.89亿元
	国企/民企	1.55倍	4.40倍	3.15倍

二、2012中国企业500强企业经济效益特征

2012中国企业500强的个体规模和总体规模是大幅扩大的，但经济效益出现了一些变化，主要是利润额出现负增长的企业大幅增加，亏损面有所扩大，多个行业出现绩效大幅下滑现象，制造业与商业银行业之间的利润“鸿沟”进一步扩大。这都是值得警惕的信号。

1. 2012中国企业500强的总体经济效益微幅增长

2012中国企业500强的企业规模在继续大幅扩大，但是500强企业的总体经济效益却出现了较大变化。（1）利润总额略有增长。2012中国企业500强实现总利润2.10万亿元，较上年的2.08万亿略有增长（增长了0.96%，比上年的利润总额增幅38.7%大幅回落）。（2）亏损企业数量有所增加。2012中国企业500强中，亏损企业有13家，比上年增加了6家，亏损面有所扩大。（3）149家企业的净利润增长出现负增长，占500强的29.8%；较上年的74家增加了101%。（4）平均利润基本持平。2012中国企业500强的平均利润为41.93亿元，较上年平均利润41.67亿元微幅增长，基本持平。（5）人均利润大幅下降。从人均实现利润看，2012中国企业500强人均利润为6.95万元，较上年的7.65万元下降了9.15%（上年增幅38.59%）。（6）收入利润率有所下降，资产利润率稍有上升。从收入利润率看，2012中国企业500强的收入利润率为4.67%，比上年的5.74%下降了1.07个百分点；从资产利润率来看，2012中国企业500强的资产利润率为1.61%，较上年的1.93%增长了0.28个百分点。

2. 5家大企业营业收入增长率超过100%，36家企业利润增长率超过100%

2012中国企业500强中，有5家企业的营业收入增长率超过了100%，比上年减少了10家。其中，营业收入增长幅度最大的是宜昌三峡全通涂镀板有限公司，2011年营业收入增长了218.8%；湖南博长控股集团有限公司、中金再生资源（中国）投资有限公司、浙江吉利控股集团有限公司、广西北部湾国际港务集团有限公司等2011年营业收入增长率分别达到了155.8%、131.6%、121.1%、101%。值得提到的是，浙江吉利控股集团在成功收购沃尔沃汽车公司后，已经连续两年的营业收入增长率超过100%，使其从2009年的165亿扩张至2010年的682亿再扩张至2011年的1510亿元，2011年资产负债率仅为75%（低于2012中国企业500强的平均资产负债率79.8%），成功从一家国内最大的民营汽车公司成长为世界最大的汽车公司之一。

有36家企业的利润增长率超过100%，比上年减少了36家。其中，利润增幅最大的是中国铁道建筑总公司，2011年净利润31.64亿元，比上年增加了11488.21%。利润增幅超过200%的其他企业是：四川宏达（集团）有限公司（809.49%）、安阳钢铁集团有限责任公司（800.38%）、大同煤矿集团有限责任公司（690.77%）、中国化工集团公司（502.92%）、阜新矿业（集团）有限责任公司（480.24%）、西林钢铁集团有限公司（475.61%）、河南豫联能源集团有限责任公司（379.85%）、广西建工集团有限责任公司（311.32%）、广州轻工工贸集团有限公司（258.41%）、阳光保险集团股份有限公司（245.51%）、淮北矿业（集团）有限责任公司（226.22%）、天瑞集团有限公司（219.20%）。

3. 商业银行业与制造业企业的效益“鸿沟”扩大

从2008－2011中国企业500强数据可以发现，2007－2010年间，500强中的制造业企业的营业收入总和都占到500强总和的40%以上，而利润总额却只有500强总和的30%左右。相反的是，同一时期，我国最大5家国有商业银行的营业收入总额均只有500强总和的6%左右，但它们的利润总和却已经占到500强总额的27%左右。这说明，实业部门与商业银行部门存在悬殊的利润差距，长此以往，市场经济条件下资本必然流出实业部门、流向金融部门，我国制造业也必然出现“空心化”趋势。

从2012中国企业500强数据可以看出，实业部门与商业银行部门之间的效益“鸿沟”没有缩小，相反在继续扩大。2011年，中国最大的5家商业银行的营业收入占500强企业营业收入总额的比例是5.7%，利润却占到32.2%；272家制造业企业的营业收入总额占500强企业营业收入总额的比例是42.7%，利润却仅占25.04%。值得指出的是，这是5年来，5家商业银行企业占500强企业的利润比例首次超过制造业部门，也是制造业部门的利润占比降幅最大的一次（表1－2）。

表1－2　　5大国有商业银行与制造业企业的悬殊差距（2007－2011年）

（单位：亿元）

年份		指标	2007年	2008年	2009年	2010年	2011年
5家国有商业银行	营业收入	总和	17087.9	16788.0	16756.5	19710.2	25811.1
		占500强之比	6.6	6.1	6.1	5.4	5.7
	利润	总和	3487.4	3956.2	4165.2	5444.7	6745.5
		占500强之比	28.9	26.3	27.7	26.1	32.2
制造业企业	营业收入	总和	88269.5	114563.3	116864.7	157366.1	191656.6
		占500强之比	40.4	44.0	42.3	43.3	42.7
	利润	总和	4445.9	3568.5	4539.3	6312.4	5250.2
		占500强之比	32.3	29.6	30.2	30.3	25.04

注：（1）5家国有商业银行分别是中国工商银行、中国农业银行、中国建设银行、中国银行、交通银行；（2）2008－2012中国企业500强中分别有291、294、279、279、272家制造业企业。

4. 2012 中国企业 500 强平均资产负债率为 83.8%

资产负债率是反映公司资产状况和经营情况的一个重要指标。正常的情况下，资产负债率是企业调节财务管理的一个杠杆，借贷和股东投入应该存在一个比例。从积极的角度来看，资产负债率普遍偏低表明公司的财务成本较低，风险较小，偿债能力强，经营较为稳健，对于投资行为的态度比较慎重。但是也有观点认为，资产负债率的普遍偏低说明企业的经营趋于谨慎。从会计的角度来看，资产负债率过低或过高均属不太正常，如果过低则表明企业的经营非常保守或对于自己的行业看淡。欧美国家在上世纪五六十年代经济高速增长时期，均维持了较高的资产负债率，一般维持在70%左右；目前欧美企业的资产负债率是55%左右，日本、韩国则为75%左右。

2012 中国企业 500 强中，只有 4 家未提供资产和所有者权益数据。根据测算，2012 中国企业 500 强的平均资产负债率为 83.8%，略低于 2012《财富》世界 500 强 88.3% 的平均资产负债率。500 家企业中，资产负债率低于 50% 的 500 强企业有 74 家，占 14.8%；资产负债率位于 50% –70% 的 500 强企业有 196 家，占 39.2%；资产负债率高于 70% 的有 227 家，占 45.4%。资产负债率超过 50% 的 500 强企业占 84.6%，说明我国大企业在经营中普遍采用较为扩张型的经营策略或风格。这或许也是我国经济高速发展阶段大企业普遍具有的特征。

从单个企业看，资产负债率超过 90% 的 500 强企业有 35 家，占 7%。其中，张家港保税区日祥贸易有限公司资产负债率最高，达到 103.24%。35 家企业中，有 19 家金融企业（有 14 家商业银行、5 家保险公司），7 家建筑类企业。这些行业企业在高速扩张的同时，均需要考虑股东的权益。

资产负债率低于 50% 的 74 家企业中，有 34 家介于 40% –50% 之间，有 16 家介于 30% –40% 之间，有 13 家介于 20% –30% 之间，有 8 家介于 10% –20% 之间，有 2 家企业低于 10%。这些企业分布在石油石化、食品饮料、铁路运输、建筑、房地产、烟草、钢铁等多个行业领域，并无显著行业特征。低于 10% 的 2 家企业分别是上海烟草集团、上海人民企业集团，2011 年资产负债率分别仅有 8.14% 和 2.28%（见表 1 –3）。

表 1 –3　　2012 中国企业 500 强中资产负债率最小的 10 家企业

总排名	公司名称	资产负债率（%）	所有者权益（亿元）
467	江苏华厦融创置地集团有限公司	18.6	315.9
148	湖南中烟工业有限责任公司	17.4	434.7
413	中太建设集团股份有限公司	16.7	38.3
326	扬子江药业集团有限公司	16.0	94.9
281	海南大印集团有限公司	15.5	59.5
316	山东金诚石化集团有限公司	13.1	31.2
469	嘉晨集团有限公司	12.5	116.2
222	浙江中烟工业有限责任公司	11.1	240.5
117	上海烟草集团有限责任公司	8.1	942.2
378	上海人民企业（集团）有限公司	2.3	117.4

5. 10家公司最能挣钱，10家公司盈利能力最强

2012中国企业500强中，公司总体盈利能力最强的10家企业分别是：中国工商银行股份有限公司（2011年实现净利润2084.45亿元，下同）、中国建设银行股份有限公司（1694.39亿元）、中国银行股份有限公司（1303.19亿元）、中国农业银行股份有限公司（1219.56亿元）、中国石油天然气集团公司（1305.28亿元）、中国移动通信集团公司（1083.12亿元）、中国石油化工集团公司（831.40亿元）、交通银行股份有限公司（508.18亿元）、中国海洋石油总公司（866.69亿元）、国家电网公司（389.52亿元）。10家企业的利润之和达到11285.78亿元，占500强利润总额（20967.05亿元）的53.83%。这充分说明国有金融部门和垄断企业的超强盈利能力。

2012中国企业500强中，人均盈利能力最强的有10家企业，其中人均净利润均超过100万元的有7家，它们分别是：江苏华厦融创置地集团有限公司（263.98万元/人）、中金再生资源（中国）投资有限公司（258.60万元/人）、珠海振戎公司（168.16万元/人）、绿地控股集团有限公司（156.09万元/人）、天狮集团有限公司（128.13万元/人）、北京银行（121.91万元/人）、中国长江电力股份有限公司（100.69万元/人）。其中，江苏华夏融创置地集团、中金再生资源投资公司、绿地控股集团、珠海振戎公司等四家企业是连续两年的人均盈利能力均超过100万元/人。

6. 2012中国企业500强税收总额占国家税收的37.3%

纳税是500强企业对国民财富贡献的一个直接反映。2012中国企业500强纳税总额达到3.34万亿元，较上年的2.73万亿增长了22.34%；占2011年我国税收总额（8.97万亿）的37.2%，与上年持平。500强企业对国家税收的贡献十分突出。

从单个企业看，2012中国企业500强中，有60家企业的纳税额超过100亿元，比上年增加了11家。其中，纳税额超过1000亿元的有3家，比上年增加1家，分别是中石油（4014.31亿元，增长了25.8%）、中石化（3298.13.20亿元，增长了17.2%）、国家电网公司（1024.24亿元，增长了4.4%）。具体分布如表1-4所示。

表1-4　　2012中国500强企业的纳税分类

纳税总额	超过1000亿	100~1000亿	50~100亿	10~50亿	1~10亿	1亿以下
企业数目（家）	3	57	55	208	162	7
占500强企业比例（%）	0.6	11.4	11	41.6	32.4	1.4

注：2012中国企业500强中，有8家未填报纳税数据。

从行业看，有10个行业的纳税额超过1000万元，比上年多了2个（邮电通信业、黑色冶金及压延加工业）（表1-5）。这10个行业与上年完全相同，说明我国目前以重化工业为主的产业结构对国民经济的税收贡献十分稳定。

表 1-5　　2012 中国企业 500 强中纳税额最多的 10 个行业

行业名称	上榜企业数	营业收入（亿元）	纳税总额（万元）
石油、天然气开采及生产业	3	448969.7	33376.0
商业银行业	14	29931.3	5230.8
石化产品、炼焦及其他燃料加工业	9	32516.0	3740.4
烟草加工业	8	27804.4	3405.6
汽车及零配件制造业	18	4497.8	2769.5
煤炭采掘及采选业	28	23526.4	2419.7
建筑业	42	24553.2	2351.7
电力、热力、燃气等能源供应服务业	7	33643.4	1480.9
邮电通信业	4	22233.6	1386.3
黑色冶金及压延加工业	58	13330.3	1104.0

三、2012 中国企业 500 强行业特征

2012 中国企业 500 强的行业分类共有 76 个，与上年相同。从行业看，2012 中国企业 500 强仍然有突出的重化工业特征，钢铁、有色、化工、建材、煤炭等重化工行业，无论上榜企业数量还是企业营业收入总额、资产总额比例，都占据着突出地位。从行业利润看，商业银行业与制造业之间仍然存在着巨大的利润“鸿沟”。

1. 钢铁行业连续 11 年上榜企业数量最多，但效益出现下滑

新世纪以来，随着我国消费逐渐升级，我国逐渐进入重化工业化发展阶段，钢铁工业的国内需求急剧增加，国内市场高速扩张，国内钢铁企业纷纷高速发展。2012 中国企业 500 强中，共有 58 家“黑色冶金及压延加工业”即钢铁企业上榜，是连续 11 年来中国企业 500 强中上榜企业数量最多的行业（图 1-3）。

今年上榜的 58 家钢铁企业的营业收入总额达到了 4.02 万亿元，占 2012 中国企业 500 强的 8.95%；资产总额达到 3.93 万亿元，占 2012 中国企业 500 强的 3.02%；利润总额达到 526.80 亿元，占 2012 中国企业 500 强的 3.02%。

钢铁工业是我国市场化程度高、民间资本准入门槛低的重化工行业。58 家钢铁 500 强企业中，有 25 家国有及国有控股企业，有 33 家民营企业。从企业数量上看，民营大型钢铁企业较多；但从企业规模上看，国有钢铁企业的相对规模更大，58 家钢铁企业中，按营业收入排名的前 20 位企业中，只有 3 个是民营企业，其余皆为国有企业。

钢铁行业与房地产、基础设施建设、汽车行业等密切相关。2011 年是我国出台多项宏观调控政策特别是房地产调控措施的第一年。随着房地产市场的调控政策发生效力，我国钢铁行业也受到较大范围的影响。2011 年，58 家钢铁企业的营业收入总额增长了 21.51%，资产总额增长了 14.74%，纳税总额增长了 8.29%，但利润总额却下降了 1.77%。58 家企业中，只有 1 家企业的营业收入负增

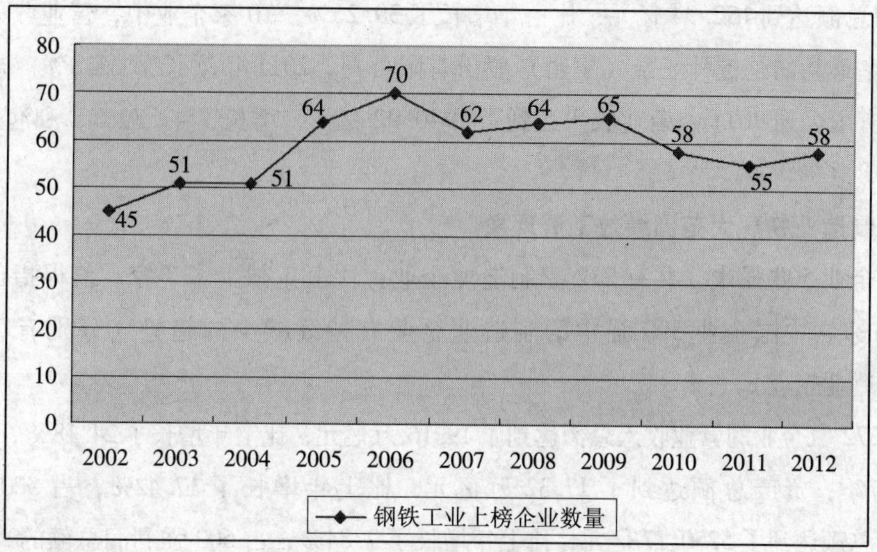

图1-3 历年中国企业500强中的钢铁企业数量（2002-2012）

长，但却有25家企业的利润出现了负增长，2家企业亏损。事实上，2012年1-6月份我国钢铁行业的全行业低迷态势持续进行，更多的企业利润负增长甚至亏损。我国钢铁行业积累了许多矛盾和问题，必须在经济困难时期进行解决。

2. 房地产业、建筑业和建材工业企业数量继续增加，效益显著增长

房地产和交通基础设施投资是我国投资中的重要组成部分。在2012中国企业500强中，房地产企业、建筑业企业和建材企业占据着重要地位。2011年1月，国务院出台“新国八条”的房地产调控政策，要求将二套房房贷首付比例提至60%，贷款利率不低于基准利率的1.1倍，省会居民暂停购买第三套房，用来遏制投资投机性购房。这一政策信号在2011年第四季度和2012年上半年逐渐产生了效力，全国房地产投资增速下降，成交量下滑。这对房地产业、建筑业和建材工业产生了一定影响。

2012中国企业500强中有14家房地产企业，与上年数量相同。2011年，14家企业的营业收入总额达到6245.93亿元，比上年增长了25.32%；资产总额达到1.24万亿元，比上年增长了29.83%；利润总额达到595.52亿元，比上年增长了25.63%。14家企业中，有11家企业的营业收入是正增长的，增长率最高的是规模最大的绿地控股集团有限公司，增长了56.01%；有3家企业的营业收入出现了下降，下降幅度最大的是绿城房地产集团有限公司，2011年营业收入下降了34.87%。

2012中国企业500强中有42家建筑业企业，与上年数量相同。2011年，42家建筑企业的营业收入总额达到了3.36万亿元，比上年增长了13.26%；资产总额达到了3.37万亿元，比上年增长了21.39%；利润总额达到463.34亿元，比上年4.54%。42家企业中，有39家企业的营业收入是正增长的，增长率最高的是河北建设集团有限公司，增长了55.54%；只有3家企业的营业收入出现了下降，下降幅度最大的是北京城建集团有限责任公司，2011年营业收入下降了28.68%。

2012中国企业500强中有10家建材企业，比上年增加了2家。2011年，10家建材企业的营业收入总额达到了4992.60亿元，比上年增长了32.25%；资产总额达到了6137.92亿元，比上年增长了

27.16%；利润总额达到 152.94 亿元，比上年增长了 39.26%。10 家企业中，营业收入全部是正增长的，其中增长率最高的是吉林亚泰（集团）股份有限公司，2011 年增长了 63.8%。规模最大的中国建筑材料集团有限公司 2011 年营业收入达到了 1940.92 亿元，增长了 43.39%，利润达到了 42.44 亿元，增长了 100.16%。

3. 重化工制造业初现大范围绩效下滑现象

2012 中国企业 500 强中，共有 272 家制造业企业，比上年减少了 7 家。值得指出的是，近 5 年（2008－2012）来，中国企业 500 强中的制造业企业有持续减少的趋势（分别有 291、294、279、279、272 家制造业企业）。

2011 年，272 家企业的营业收入总额达到了 19.16 万亿元，比上年增长了 24.18%，占 500 强营业收入总额的 42.67%；资产总额达到了 17.32 万亿元，比上年增长了 17.42%，占 500 强资产总额的 13.38%；利润总额达到了 5250.17 亿元，比上年增长了 7.84%，占 500 强利润总额的 25.12%；纳税总额达到了 1379.75 亿元，比上年增长了 13.75%，占 500 强纳税总额的 41.32%；职工人数达到了 1071.22 万人，比上年增长了 5.15%，占 500 强职工总数（3016.58 万人）的 35.51%（参见表 1－6）。

2011 年，272 家制造业企业的平均收入利润率为 2.74%，比上年的 3.15% 有较明显下降；平均资产利润率有上年的 3.30% 下降到了 3.03%。主要原因在于我国制造业大企业的营业收入和资产在大幅增长的同时，利润增幅较上年出现了大幅下滑。

表 1－6　　2012 中国企业 500 强中制造业和非制造业的指标占比情况

	企业数量	营业总额	资产总额	利润总额	纳税总额	职工人数
制造业占 500 强比例（%）	54.4	42.7	13.4	25.1	41.3	64.5
非制造业占 500 强比例（%）	45.6	57.3	86.6	74.9	58.7	35.5

2011 年，272 家制造业 500 强企业中，有 10 家企业的营业收入出现了负增长，7 家企业亏损（其中 2 家连续两年亏损且亏损额加大，5 家出现了由盈转亏现象）。2011 年，88 家企业的利润出现了负增长，占 272 家企业的 32.35%；其中有 25 家钢铁企业、8 家有色企业、9 家汽车企业、6 家石化企业、8 家机械企业、4 家家电企业、3 家化工企业、3 家医药企业、2 家建材企业、2 家通信设备制造企业。这显示出，我国重化工领域的 500 强企业在此次下行过程中受到了较大的压力。或者说，此次经济下行对我国重化工领域的大企业的冲击较大。

272 家制造业企业中，共有 137 家国有及国有控股企业、135 家民营。在企业规模分布方面，前 100 家制造业企业中，国有企业占多数；后 100 家企业中，民营企业占多数。

4. 光伏企业的做大做强做优进程受到重挫

光伏产业是发展潜力巨大的战略性新兴产业。我国光伏产业经过 60 余年的技术积累和 10 余年的产业高速成长，目前已经成为有一定规模、实力和国际竞争力的战略性新兴产业，也在短时间内诞生了一批大型光伏企业。然而，由于欧洲债务危机，占据全球光伏需求量 80% 的欧洲市场急剧萎缩，加上光伏产业在全球范围内的严重产能过剩，我国光伏产业发展在2011年受到了巨大挫折。2011年，全国光伏厂家有近70%倒闭或处于停产状态，近20%厂家生产负荷不足50%。在此背景下，我国光伏大企业的经营状况也受到了不同程度的影响。

2012中国企业500强中，共有2家光伏企业上榜（分别是晶龙实业集团有限公司、无锡尚德太阳能电力有限公司），比上年减少了一家（江西赛维LDK太阳能高科技有限公司，进入了2012中国制造业500强）。

从这3家光伏企业数据看，2011年，晶龙实业集团、无锡尚德太阳能、江西赛维LDK三家企业的营业收入分别达到261.87亿元、202.67亿元、139.30亿元，分别比上年增加了-2.03%、7.16%、-15.18；利润分别达到9.42亿元、-6.14亿元、-54.23亿元，比上年分别增长了12.23%、-149.22%、-430.19%。值得注意的是，无锡尚德太阳能在营业收入微增、利润大幅下滑、职工人数减少的情况下，纳税额却增长了900%（2010年纳税4087万元，2011年纳税额为4亿）。

根据2012年8月初美国投资银行Maxim集团的报告，中国最大10家光伏企业的债务累积达到了175亿美元，表明中国整个光伏行业已经接近破产边缘。这一结论与我国光伏产业的现实吻合。作为我国规模最大的一个战略性新兴产业，目前出现的局面与《光伏产业十二五规划》出台以及各级政府热切鼓励的情形，形成了鲜明的对比。以发展传统产业的模式来发展新兴产业，政府只是一味地追求GDP和税收，而不是稳健地按照科学研发规律、产业发展规律来帮助新兴产业发展，这是我国发展战略性新兴产业的重大教训。

5. 商业银行业利润占比大幅增长

2012中国企业500强中共有14家商业银行。2011年，14家银行共实现营业收入3.25万亿元，较上年增长了30.32%，占500强营收总额的7.23%（比上年6.26%略有增长）；资产总额达到71.48万亿元，较上年增长了15.49%，占500强资产总额的54.90%（较上年的55.38%略有下降）；实现利润总额8414.82亿元，较上年增长了28.58%，占500强利润总额的40.13%（较上年的30.90%有大幅增长）；纳税总额达到了3740.39亿元，较上年增长了32.58%，占500强纳税总额的11.2%；职工人数总量达到了180.49万人，占500强职工总数的4.7%（较上年的6.19%有较大幅减少）（见表1-7）。

表1-7　2012中国企业500强中银行业与非银行业的指标占比情况　（单位:%）

	企业数量	营业总额	资产总额	利润总额	纳税总额	职工人数
银行业占比	2.8	7.2	54.9	28.6	11.2	4.7
非银行业占比	97.2	92.8	45.1	71.4	88.8	95.3

6. 行业之间的效益与效率存在显著差异

2012中国500强企业有5个行业的平均收入利润率超过10%，比上年减少了1家，分别为“互联网传媒、商务、娱乐服务业”（35.8%）、“商业银行业”（25.9%）、“酿酒制造业”（12.9%）、

“黄金冶炼及压延加工业”（12.0%）、“港口服务业”（11.1%）。其中，“互联网传媒、商务、娱乐服务业”的平均收入利润率最高，达 35.8%。上年“房地产开发与经营、物业及房屋装饰、修缮、管理等服务业”、“饮料加工业”的行业平均收入利润率均超过了 10%，今年都大幅下降。

平均收入利润率不到 1% 的有 8 个行业，比上年增加了 4 个。行业平均收入利润率不到 5% 的有 57 个行业，占全部 76 个行业的 75%。有 44 个行业的平均收入利润率不到 3%，占全部 76 个行业的 57.9%，比上年的 27 个大幅增加；有 33 个行业的平均收入利润率不足 2%，占全部 76 个行业的 43.4%。在劳动力成本、财务成本等持续上升，国内外需求萎缩的背景下，行业平均收入利润率低于 2% 的行业企业，生存压力非常大。表 1－8 列出了行业平均收入利润率超过 5% 的 19 个行业，表 1－9 列出了行业平均收入利润率不足 2% 的 33 个行业。

表 1－8　　2012 中国企业 500 强中平均收入利润率超过 5% 的 19 个行业

名称	上榜企业数量	营业收入（亿元）	利润（亿元）	收入利润率（%）
互联网传媒、商务、娱乐服务业	1	285.0	102.0	35.81
商业银行业	14	32516.0	8414.8	25.88
酿酒制造业	4	1208.1	156.3	12.94
黄金冶炼及压延加工业	4	1926.6	231.6	12.02
港口服务业	4	824.5	91.3	11.07
房地产开发与经营、物业及房屋装饰、修缮、管理等服务业	14	6245.9	595.5	9.53
烟草加工业	8	4497.8	404.4	8.99
商务服务业	6	5025.1	430.3	8.56
道路运输、城市公交、交通及辅助、服务业	3	760.5	62.0	8.15
邮电通信业	4	13330.3	996.8	7.48
工程机械、设备及零配件制造业	4	2737.2	201.7	7.37
综合保险业	2	4068.5	277.9	6.83
研发、科技交流与推广和地勘、规划、设计、评估、咨询及总承包等服务业	1	296.3	20.0	6.74
纺织品、服装、鞋帽（含皮草、毛、绒等）加工业	6	1559.4	94.5	6.06
食品加工制造业	3	1833.7	109.2	5.95
船舶制造业	3	2162.7	125.5	5.80
橡胶制品业	3	720.0	41.6	5.77
电梯及运输、仓储设备与设施制造业	1	641.3	36.9	5.76
石油、天然气开采及生产业	3	29931.3	1666.8	5.57

表1-9　2012中国企业500强中平均收入利润率不到2%的33个行业

名称	上榜企业数量	营业收入（亿元）	利润（亿元）	平均收入利润率（%）
软件、程序、线路的设计和计算机应用、网络工程等计算机、微电子服务业	3	1523.6	29.5	1.94
摩托车及零配件制造业	2	366.0	7.1	1.93
航空、航天、核工业与兵器制造业	5	10124.5	193.2	1.91
生活消费品和文体、玩具、家具、首饰、珠宝、宝石、工艺等轻工产品加工业	4	1306.0	23.9	1.83
农副食品及产品加工业	5	1740.7	31.8	1.83
旅游、旅馆及娱乐服务业	2	897.8	15.7	1.75
人寿保险业	5	6909.4	119.0	1.72
化工产品及医药内外商贸批发业	1	4589.5	76.1	1.66
化学原料及化学制品制造业	11	5338.0	88.3	1.65
一般有色冶金及压延加工业	24	13591.9	223.8	1.65
饮料加工业	2	880.3	14.4	1.63
工业机械、设备及零配件制造业	4	1033.2	16.3	1.58
机电、电子产品内外商贸及批发业	2	1930.8	28.9	1.50
医药专营批发、零售业	3	1751.5	24.6	1.40
电子元器件与仪器仪表、自动化控制设备制造业	3	2136.3	29.8	1.39
建筑业	42	33643.4	463.3	1.38
电力生产业	9	11479.8	156.5	1.36
公用事业、市政服务、公共设施经营与管理业	2	542.9	7.2	1.32
黑色冶金及压延加工业	58	40174.9	526.8	1.31
金属内外贸易及加工、配送、批发零售业	7	1876.3	24.0	1.28
计算机及零部件制造业	3	2617.0	33.2	1.27
电器商贸批发、零售业	3	4142.7	48.9	1.18
汽车和摩托车商贸、维修保养及租赁业	1	554.6	6.5	1.17
动力、发电、电力生产等机械、装备制造业	6	3612.3	39.4	1.09
纺织、服装、文体、烟酒、工艺、首饰等轻工产品内外商贸批发业	9	2526.3	27.0	1.07
物流、仓储、运输、配送服务业	5	3130.1	31.1	0.99
技术智力、人力资源、劳务等国际合作及其他对外经济合作服务业	2	520.0	3.6	0.70
矿产、能源内外商贸批发业	5	5610.6	32.8	0.58
商业零售业	11	6472.4	36.1	0.56
综合性内外商贸及批发、零售业	5	2034.1	10.1	0.50
生产资料内外贸易批发、零售业	5	5322.8	19.1	0.36
农业、渔业、畜牧业及林业	1	1040.1	2.1	0.20
水上运输业	2	2494.9	-41.8	-1.68

2012 中国 500 强企业有 4 个行业的平均资产利润率超过 10%，分别为“农林机械、设备及零配件制造业”、“互联网传媒、商务、娱乐服务业”、“黄金冶炼及压延加工业”、“橡胶制品业”（见表 1－10）。平均资产利润率超过 10% 的行业比上年减少了 4 个。平均资产利润率最高的是“农林机械、设备及零配件制造业”，达到 18.3%。“黄金冶炼及压延加工业”的平均资产利润率和平均收入利润率都超过了 10%。76 个行业中，只有 19 个行业的平均资产利润率高于 5%，比上年的 31 个明显减少。而平均资产利润率不到 2% 的，有 31 个行业，比上年增加了 18 个；平均资产利润率不到 1% 的，有 9 个行业，比上年增加了 5 个（见表 1－11）。

表 1－10　　2012 中国企业 500 强中资产利润率超过 10% 的 4 个行业

名称	上榜企业数量	资产（亿元）	利润（亿元）	资产利润率（%）
农林机械、设备及零配件制造业	1	261.5	9.0	18.32
互联网传媒、商务、娱乐服务业	1	285.0	102.0	17.96
黄金冶炼及压延加工业	4	1926.6	231.6	14.72
橡胶制品业	3	720.0	41.6	10.17

表 1－11　　2012 中国企业 500 强中资产利润率不到 1% 的 9 个行业

名称	上榜企业数量	资产（亿元）	利润（亿元）	资产利润率（%）
动力、发电、电力生产等机械、装备制造业	2	4068.5	277.9	0.97
综合保险业	6	3612.3	39.4	0.91
生产资料内外贸易批发、零售业	1	2255.9	51.9	0.89
财产保险业	5	5322.8	19.1	0.86
电力生产业	9	11479.8	156.5	0.43
人寿保险业	5	6909.4	119.0	0.41
公用事业、市政服务、公共设施经营与管理业	2	542.9	7.2	0.38
农业、渔业、畜牧业及林业	1	1040.1	2.1	0.17
水上运输业	2	2494.9	-41.8	-0.85

从资产周转率看，2012 中国 500 强企业的行业资产周转率也有显著差异。76 个行业中，有 10 个行业的资产周转率超过 2 次，与上年相同；其中“技术智力、人力资源、劳务等国际合作及其他对外经济合作服务业”的资产周转率最高，达到了 7.16 次/年。10 个资产周转最快的行业，有 9 个是服务业，有 7 个都是商贸流通领域的服务业，说明我国服务业、商贸流通服务业的高效商业模式。10 个行业中，只有“农林机械、设备及零配件制造业”一个制造业行业的资产周转率超过了 2 次/年（见表 1－12）。

76个行业中，资产周转率最低的10个行业都是服务业，包括公用事业、电力生产业、港口服务业、保险业、邮电通信业、商业银行业等（见表1－13）。

表1－12　2012中国企业500强中资产周转率最高的10个行业

名称	上榜企业数量	营业收入（亿元）	资产（亿元）	资产最周转率（次/年）
技术智力、人力资源、劳务等国际合作及其他对外经济合作服务业	2	520.0	3.6	7.16
电器商贸批发、零售业	3	4142.7	48.9	5.97
农林机械、设备及零配件制造业	1	261.5	9.0	5.30
金属内外贸易及加工、配送、批发零售业	7	1876.3	24.0	2.75
连锁超市	1	203.0	6.9	2.62
软件、程序、线路的设计和计算机应用、网络工程等计算机、微电子服务业	3	1523.6	29.5	2.60
矿产、能源内外商贸批发业	5	5610.6	32.8	2.52
综合性内外商贸及批发、零售业	5	2034.1	10.1	2.48
商业零售业	11	6472.4	36.1	2.42
生产资料内外贸易批发、零售业	5	5322.8	19.1	2.40

表1－13　2012中国企业500强中资产最周转率最低的10个行业

名称	上榜企业数量	营业收入（亿元）	资产（亿元）	资产最周转率（次/年）
财产保险业	1	2255.9	51.9	0.39
港口服务业	4	824.5	91.3	0.35
电力生产业	9	11479.8	156.5	0.32
公用事业、市政服务、公共设施经营与管理业	2	542.9	7.2	0.29
人寿保险业	5	6909.4	119.0	0.24
邮电通信业	4	13330.3	996.8	0.20
道路运输、城市公交、交通及辅助、服务业	3	760.5	62.0	0.16
综合保险业	2	4068.5	277.9	0.14
商务服务业	6	5025.1	430.3	0.13
商业银行业	14	32516.0	8414.8	0.05

表1－14　　2012中国企业500强分行业主要指标

（单位：亿元、万人）

行业名称	企业数	营业收入	利润	资产	纳税总额	从业人数
全国	500	448969.7	20967.1	1301606.7	33376.0	30165801
黑色冶金及压延加工业	58	40174.9	526.8	39253.9	1056.7	1763461
建筑业	42	33643.4	463.3	33680.8	1480.9	2913254
煤炭采掘及采选业	28	24553.2	870.6	30849.4	2351.7	2922965
一般有色冶金及压延加工业	24	13591.9	223.8	12903.8	354.3	619247
汽车及零配件制造业	19	23526.4	695.1	16042.6	2419.7	863681
银行业	14	32516.0	8414.8	714757.6	3740.4	1804936
房地产开发与经营、物业及房屋装饰、修缮、管理等服务业	14	6245.9	595.5	12387.9	682.2	207123
电力、电气、输变电等机械、设备、器材、元器件和电池、线缆制造业	13	3224.7	113.7	2612.6	120.0	225159
综合制造业（以制造业为主，含有服务业）	11	7217.2	171.3	6088.2	239.2	520960
化学原料及化学制品制造业	11	5338.0	88.3	6268.4	251.3	333660
商业零售业	11	6472.4	36.1	2673.0	129.5	697964
建筑材料及玻璃等制造业	10	4992.6	152.9	6137.9	431.4	389903
家用电器及零配件制造业	10	6864.2	182.4	5744.3	311.3	540591
电力生产业	9	11479.8	156.5	36436.5	953.6	697216
石化产品、炼焦及其他燃料加工业	9	27804.4	637.7	19081.0	3405.6	1096063
纺织、服装、文体、烟酒、工艺、首饰等轻工产品内外商贸批发业	9	2526.3	27.0	1320.6	53.3	77660
烟草加工业	8	4497.8	404.4	4091.1	2769.5	120071
纺织、印染业	8	3388.3	132.9	1751.0	98.4	244340
电力、热力、燃气等能源供应服务业	7	22233.6	497.4	30918.1	1386.3	1958942
金属内外贸易及加工、配送、批发零售业	7	1876.3	24.0	682.1	18.9	8556
纺织品、服装、鞋帽（含皮草、毛、绒等）加工业	6	1559.4	94.5	1719.8	76.0	154395
化学纤维制造业	6	2409.1	102.8	1584.5	87.6	89565
动力、发电、电力生产等机械、装备制造业	6	3612.3	39.4	4313.2	166.1	190499
商务服务业	6	5025.1	430.3	37384.0	443.6	377255
综合服务业（以服务业为主，含有制造业）	6	7103.3	239.7	11912.9	266.8	532252
农副食品及产品加工业	5	1740.7	31.8	879.0	48.5	145179
造纸及纸制品加工业	5	1672.4	60.7	1567.3	70.5	80322

续表

行业名称	企业数	营业收入	利润	资产	纳税总额	从业人数
医药制造业	5	1566.8	56.9	1200.1	81.3	101310
航空、航天、核工业与兵器制造业	5	10124.5	193.2	14352.5	418.7	1187660
物流、仓储、运输、配送服务业	5	3130.1	31.1	2760.7	96.2	124225
矿产、能源内外商贸批发业	5	5610.6	32.8	2226.3	158.1	128035
生产资料内外贸易批发、零售业	5	5322.8	19.1	2221.8	39.8	53859
综合性内外商贸及批发、零售业	5	2034.1	10.1	821.8	41.7	36256
人寿保险业	5	6909.4	119.0	28994.7	136.3	563627
酿酒制造业	4	1208.1	156.3	1783.2	249.9	119589
生活消费品和文体、玩具、家具、首饰、珠宝、宝石、工艺等轻工产品加工业	4	1306.0	23.9	833.7	23.2	81547
工程机械、设备及零配件制造业	4	2737.2	201.7	2327.9	111.5	136750
工业机械、设备及零配件制造业	4	1033.2	16.3	1066.5	41.3	95322
黄金冶炼及压延加工业	4	1926.6	231.6	1573.1	92.3	100796
港口服务业	4	824.5	91.3	2339.8	49.7	60472
航空运输及相关服务业	4	3752.8	100.1	7388.6	195.7	283541
邮电通信业	4	13330.3	996.8	66012.0	1104.0	1897249
石油、天然气开采及生产业	3	29931.3	1666.8	39236.9	5230.8	1892235
食品加工制造业	3	1833.7	109.2	2389.8	60.8	174475
肉食品加工业	3	1808.9	53.4	1048.8	47.5	202639
橡胶制品业	3	720.0	41.6	408.7	24.2	35963
金属制品业	3	614.7	12.4	422.3	25.0	33345
电子元器件与仪器仪表、自动化控制设备制造业	3	2136.3	29.8	1787.7	47.3	157603
计算机及零部件制造业	3	2617.0	33.2	2457.5	42.5	87058
通讯设备及其他电子设备、元器件制造业	3	4004.7	180.1	3372.5	353.3	275416
船舶制造业	3	2162.7	125.5	4332.2	83.5	184215
铁路运输及辅助服务业	3	3112.1	125.7	4517.9	85.6	261357
道路运输、城市公交、交通及辅助、服务业	3	760.5	62.0	4845.3	73.8	95066
软件、程序、线路的设计和计算机应用、网络工程等计算机、微电子服务业	3	1523.6	29.5	585.1	32.8	43871
电器商贸批发、零售业	3	4142.7	48.9	693.9	64.7	183905
医药专营批发、零售业	3	1751.5	24.6	1319.4	47.6	77678
饮料加工业	2	880.3	14.4	442.6	61.4	48165
轨道交通设备及零部件制造业	2	1718.7	41.0	2054.0	71.5	177392

续表

行业名称	企业数	营业收入	利润	资产	纳税总额	从业人数
摩托车及零配件制造业	2	366.0	7.1	465.6	12.7	26295
水上运输业	2	2494.9	-41.8	4897.7	60.2	118626
机电、电子产品内外商贸及批发业	2	1930.8	28.9	1316.3	80.3	68995
旅游、旅馆及娱乐服务业	2	897.8	15.7	959.5	42.8	98155
公用事业、市政服务、公共设施经营与管理业	2	542.9	7.2	1880.0	45.3	79819
技术智力、人力资源、劳务等国际合作及其他对外经济合作服务业	2	520.0	3.6	72.6	17.6	5351
综合保险业	2	4068.5	277.9	28560.4	162.4	175136
农业、渔业、畜牧业及林业	1	1040.1	2.1	1217.3	14.7	679676
乳制品加工业	1	374.5	18.1	199.3	21.9	21925
农林机械、设备及零配件制造业	1	261.5	9.0	49.4	3.3	23081
电梯及运输、仓储设备与设施制造业	1	641.3	36.9	643.6	18.2	64530
化工产品及医药内外商贸批发业	1	4589.5	76.1	2581.9	93.5	46996
粮油食品及农林、土畜、果蔬、水产品等内外商贸批发、零售业	1	1822.5	47.1	2600.0	0.0	98300
汽车和摩托车商贸、维修保养及租赁业	1	554.6	6.5	523.2	15.0	34834
连锁超市	1	203.0	6.9	77.4	6.5	4022
财产保险业	1	2255.9	51.9	5851.5	124.8	98609
研发、科技交流与推广和地勘、规划、设计、评估、咨询及总承包等服务业	1	296.3	20.0	284.5	20.9	30291
互联网传媒、商务、娱乐服务业	1	285.0	102.0	568.0	30.8	15320

四、2012 中国企业 500 强地域分布特征

十多年来，我国大企业发展都存在地区间的发展不平衡问题，大企业主要集中在东部沿海的经济发达地区。近年来中西部地区大企业数量有所增加。2012 中国企业 500 强中，东部地区有 355 家企业上榜，占 71%，比上年减少了 10 家；中部地区有 59 家企业上榜，占 11.8%，比上年增加了 3 家；西部地区有 62 家企业上榜，占 12.4%，比上年增加了 7 家；东部地区有 24 家，占 4.8%，比上年减少了 5 家。中部和西部地区比例均有所增加，东北地区比例有所减少。事实上，从 2002 年中国企业联合会第一次发布中国企业 500 强以来，东部地区的大企业数量都占 70% 以上；这种格局近十多年来没有大的变化。

从单个省份的上榜情况看，和上年一样，全国共有 29 个省区有企业进入 2012 中国企业 500 强，只有西藏、宁夏没有企业入围。

东部地区：浙江42家、山东48家、广东37家、江苏51家、河北24家、北京98家、天津18家、上海28家、福建9家。

中部地区：河南13家、安徽12家、湖南8家、湖北9家、江西6家、山西11家。

西部地区：重庆12家、四川13家、云南8家、陕西6家、广西5家、内蒙古6家、贵州2家、甘肃4家、新疆3家、青海1家、海南2家。

东北地区：辽宁15家、吉林3家、黑龙江6家。

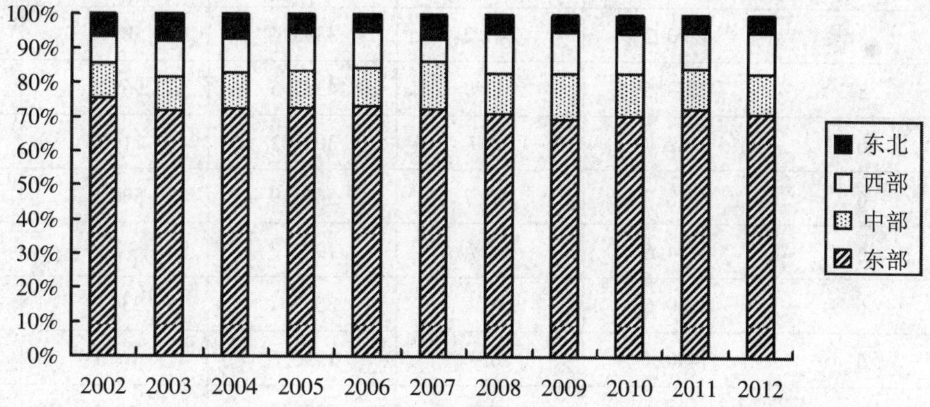

图1－4 历年中国企业500强的地区分布图

表1－15 2012中国500强企业地域分布

（单位：亿元，万人）

名称	企业数	营业收入	利润	资产	纳税总额	从业人数
全国	500	448969.7	20967.1	1301606.7	33376.0	3016.6
北京	98	227306.1	12825.3	926480.6	18920.5	1502.4
江苏	51	20732.7	654.3	13906.3	657.0	121.7
山东	48	20193.2	734.2	17322.0	1076.4	145.2
浙江	42	17731.3	428.6	13332.4	918.0	95.3
广东	37	29634.1	1587.3	96854.6	1944.8	236.6
上海	28	26730.1	1738.8	104367.6	2208.8	102.2
河北	24	11972.6	197.8	8421.6	388.8	69.3
天津	18	11778.7	236.6	8447.9	250.7	34.8
辽宁	15	7608.3	143.9	9162.5	547.1	82.6
河南	13	6345.0	56.4	5612.4	341.0	63.3
四川	13	5112.5	134.8	5347.4	255.6	51.4

续表

名称	企业数	营业收入	利润	资产	纳税总额	从业人数
重庆	12	3179.1	137.6	7648.3	136.3	35.1
安徽	12	6122.5	85.3	6064.7	324.8	44.7
山西	11	10593.8	253.2	10314.0	743.0	103.0
湖北	9	8997.2	251.7	7679.7	817.6	41.1
福建	9	4922.3	338.9	27132.7	319.3	16.5
湖南	8	4200.2	245.2	3803.4	583.7	17.4
云南	8	3078.6	140.9	4355.5	965.6	23.5
黑龙江	6	2332.7	25.7	3009.2	116.5	107.8
陕西	6	3758.7	187.7	5441.9	540.9	35.1
江西	6	2904.6	44.7	1957.7	94.2	20.1
内蒙古	6	2300.6	156.4	3093.7	234.1	14.2
广西	5	1490.1	16.3	1590.6	67.1	8.4
甘肃	4	2483.0	50.2	2326.2	62.1	12.2
吉林	3	4223.3	157.6	2543.5	501.4	11.7
新疆	3	1231.7	51.5	1392.4	55.1	9.0
贵州	2	492.7	76.0	610.4	256.4	2.8
海南	2	1263.9	9.2	3037.2	37.8	8.2
青海	1	250.1	1.0	350.3	11.6	1.2

五、2012 中国企业 500 强所有制分布特征

国民经济中存在规模庞大且控制着经济命脉的国有资本，是我国社会主义市场经济的基本特征。国有资本体现为数量不多但规模庞大的国有金融企业和国有工业企业上。

1. 国有及控股企业仍然保持绝对主导地位

经过多年的国有企业改革和并购重组，国有大企业成为了国有企业的主体，尤其 2003 年成立国资委系统后，国有大企业目前已经成长为具有巨大规模、强大盈利能力的企业群体。在历年中国企业 500 强中，国有及国有控股企业占 2/3，民营及民营控股企业占 1/3。这种格局近十年来没有大的变化。2012 中国企业 500 强与往年相比，所有制结构没有发生变化，国有及国有控股企业仍旧保持主导地位。在 2012 中国企业 500 强中，国有及国有控股企业共有 310 家，占总数的 62%，比上年减少了 6 家；实现营业收入 36.76 万亿元，较上年增长了 22.21%，占 500 强企业营业收入总额的 81.87%；资产总额为 116.73 万亿，较上年增长了 19.42%，占 500 强资产总额的 89.68%；实现利润

总额为 2.10 万亿元，较上年增长了 22.81%，占 500 强企业利润总额的 83.61%。

在 2012 中国企业 500 强中，民营企业共有 190 家，占总数的 38%，比上年增加了 6 家；实现营业收入 8.14 万亿元，较上年增长了 30.44%，占 500 强企业营业收入总额的 18.13%；资产总额为 13.43 万亿，较上年增长了 29.51%，占 500 强资产总额的 89.68%；实现利润总额为 0.34 万亿元，较上年减少了 8.96%，占 500 强企业利润总额的 16.39%（见表 1－16）。

表 1－16　　2012 中国企业 500 强按所有制主要指标

所有制	企业数	营业收入（亿元）	资产总额（亿元）	利润总额（亿元）	纳税总额（亿元）	从业人数（万人）
全国	500	448969.7	1301606.7	20967.1	33376.0	3016.6
国有及其控股	310	367576.1	1167306.8	17530.0	30064.0	2525.1
民营	190	81393.6	134299.9	3437.1	3312.0	491.5

2. 国有企业的赢利能力低于民营企业

国有企业在多数领域有着强大的控制力和影响力，但其经济效益和效率并不高，显著低于民营企业。从盈利水平看，2011 年，310 家国有企业的收入利润率和资产利润率分别为 4.77%、1.50%，前者显著高于 190 家民营企业的 4.22%，后者显著低于 190 家民营企业的 2.56%。出现这一现象的原因在于，2011 年国有企业和民营企业的营业收入都大幅增长（分别增长了 19% 和 30%），但国有企业利润总额增长了 22.8%，民营企业利润总额减少了 8.96%，显示出 2011 年我国民营大企业的经营状况有所恶化。

从资本运作效率看，2012 中国企业 500 强中的资产周转率与上年基本相同。其中，国有企业的资产周转率为 0.31 次/年，显著低于民营企业的 0.61 次/年。从资产负债率看，国有企业和民营企业基本处于同一水平，资产负债率都在 80% 以上，国有企业的稍高于民营企业。

从劳动生产率看，国有企业和民营企业的劳动生产率都有所提高，但国有企业劳动生产率明显低于民营企业。2012 中国企业 500 强中，国有企业的人均营业收入分别为 145.57 万元/人（上年为 129.06 万元/人），低于民营企业的 165.6 万元/人（上年 158.57 万元/人）；国有企业的人均利润为 6.94 万元/人（比上年的 7.32 万元/人明显下降），略低于民营企业的 6.99 万元/人（比上年的 9.60 万元/人大幅下降）。

从研发投入占营业收入的百分比看，国有企业的研发强度要显著低于民营企业的，2012 中国企业 500 强中的国有企业的平均研发强度为 1.23%（显著低于上年的 1.41%），而民营企业的平均研发强度为 1.81%（比上年略有增长）（见表 1－17）。

表 1-17　　2012 中国企业 500 强按所有制经济效益与效率

所有制	收入利润率（%）	资产利润率（%）	资产周转率（次/年）	人均营业收入（万元）	人均利润（万元）	平均研发强度（%）
500 强	4.67	1.61	0.34	148.83	6.95	1.33
国有	4.77	1.50	0.31	145.57	6.94	1.23
民营	4.22	2.56	0.61	165.6	6.99	1.81

注：平均研发强度等于填报研发数据的企业研发投入之和与其营业收入之和的百分比。

3. 非金融类国有企业与非金融类民营企业的比较

2012 中国企业 500 强中，共有 292 家非金融类国有企业，186 家非金融类民营企业。

从营业收入数据看，2011 年非金融类国有企业的营业收入平均增长了 23.4%，非金融类民营企业平均增长了 26.2%；从企业平均规模看，2011 年非金融类国有企业的平均营业收入为 1122.9 亿元，非金融类民营企业的为 405.0 亿元。

从利润数据看，2011 年非金融类国有企业的利润平均增长了 10.8%，民营企业的平均增长了 3.4%；从企业平均利润看，2011 年非金融类国有企业的平均利润为 32.8 亿元，民营企业的为 14.1 亿元。

从收入利润率和资产利润率看，2011 年非金融类国有企业的收入利润率为 2.90%，资产利润率为 2.04%；民营企业的收入利润率为 3.44%，资产利润率为 4.49%。

从资产负债率看，2011 年非金融类国有企业的平均资产负债率为 67.9%，民营企业的平均资产负债率为 61.1%。

从纳税看，2011 年非金融类国有企业的平均纳税额为 90.8 亿元，民营企业的平均纳税额为 16.2 亿元。

从研发投入看，2011 年非金融类国有企业的研发投入平均增长了 17.8%，研发强度平均为 1.26%；非金融类民营企业的研发投入平均增长了 26.9%，研发强度平均为 1.91%。

六、2012 中国企业 500 强的研发状况

1. 整体研发投入继续增长，平均研发强度有所下降

2012 中国企业 500 强有 423 家企业填报了研发数据（与上年持平），共投入研发资金 5115.84 亿元，较上年增长了 16.5%（增幅较上年的 27.8% 有大幅回落）；平均研发费用为 12.09 亿元，较上年的 10.4 亿元增长了 16.26（较上年 69.55% 的增幅有大幅回落）；423 家企业的平均研发强度（研发投入占营业收入的百分比）为 1.33%，低于前两年的 1.44%、1.40%。

2012 中国企业 500 强中，研发投入资金最大的五家企业均超过 100 亿元，分别是：中国石油天然气集团公司（242.86 亿元，增长了 7.38%；研发强度为 1.02%，较上年下降了 0.29 个百分点）、华为技术有限公司（219.00 亿元，增长了 20.33%；研发强度为 10.74%，较上年增长了 1.79 个百分点）、中国航空工业集团公司（216.80 亿元，增长了 17.53%；研发强度为 8.21%，降低了 0.58 个百

分点)、中国移动通信集团公司（143.51亿元，增长了5.4%；研发强度为2.54%，较上年下降了0.08个百分点)、中国船舶重工集团公司（102.15亿元，增长了17.04%；研发强度为6.28%，较上年下降了0.16个百分点)。可以看出，除了华为技术有限公司的研发强度有大幅增长，其余4家企业的研发强度有不同程度下降。

2012中国企业500强中，研发强度超过5%的有11家企业，超过10%的只有华为技术有限公司一家（见表1-18)。2011年，423家企业中有76家企业的研发投入出现了负增长，较上年增加了13家。

表1-18　2012中国企业500强研发强度超过5%的企业

500强名次	公司名称	2011年研发费用（万元）	研发费用增长率（%）	研发强度（%）
46	华为技术有限公司	2190000	20.3	10.74
124	中兴通讯股份有限公司	849262	19.8	9.85
322	腾讯控股有限公司	268482	59.3	9.42
97	中国航天科工集团公司	953563	9.8	8.52
29	中国航空工业集团公司	2167989	17.5	8.21
63	中国船舶重工集团公司	1021485	17.0	6.28
72	海尔集团公司	850926	11.0	5.64
282	哈尔滨电气集团公司	180589	-16.9	5.61
440	万达控股集团有限公司	109585	30.6	5.33
408	春风实业集团有限责任公司	115621	24.8	5.25
428	利华益集团股份有限公司	105590	18.2	5.05

2. 专利数和发明专利数量都大幅提高

从研发的专利产出看，有377家企业提供了专利数据，其中343家企业有发明专利数据（华为技术有限公司、郑州宇通集团有限公司、上海医药集团股份有限公司、浪潮电子信息产业股份有限公司等技术密集型企业未提供相关数据)。

从这些数据可以看出，2012中国企业500强共拥有专利25.84万项，比上年的22.08万项目增加了17.03%；其中共有发明专利7.5万项，比上年的5.82万项增加了28.87%，占全部专利数量的29.02%。从平均数据看，377家企业平均每家企业拥有专利数量685.41项，比上年的566.26项增长了21.04%；平均拥有发明专利197.73项，比上年的150.86项增加了31.07%。

最单个企业看，拥有专利数量超过10000项的有3家企业，分别是海尔集团公司、中兴通讯和国家电网公司。拥有发明专利数量超过1000项的有17家企业，比上年增加了6家，分别是：中兴通讯股份有限公司、中国石油化工集团公司、腾讯控股有限公司、海尔集团公司、中国移动通信集团公司、联想控股有限公司、TCL集团股份有限公司、中国化工集团公司、中国石油天然气集团公司、中国航空工业集团公司、中国北方机车车辆工业集团公司、宝钢集团有限公司、中国船舶重工集团公司、国家电网公司、东风汽车公司、中国铝业公司、中国兵器工业集团公司（见表 1－19）。

表 1－19　　2012 中国企业 500 强中拥有专利项目最多的 10 家企业

500 强排序	公司名称	2011 年研发费用（万元）	研发强度（%）	拥有专利项数（项）	发明专利项数（项）
72	海尔集团公司	850926	5.64	12318	4175
124	中兴通讯股份有限公司	849262	9.85	11000	10000
3	国家电网公司	645179	0.39	10653	1162
2	中国石油天然气集团公司	2428566	1.02	9844	1851
1	中国石油化工集团公司	710494	0.28	9112	7308
27	中国兵器装备集团公司	900053	3.23	7229	571
79	美的集团有限公司	505000	3.77	6980	154
33	中国冶金科工集团有限公司	533085	2.19	5984	964
21	宝钢集团有限公司	722781	2.29	5844	1333
29	中国航空工业集团公司	2167989	8.21	5711	1539

拥有专利数量尤其发明专利数量，是企业技术创新活动的重要指标，但科技产出包括中间产出和最终产出，专利只是衡量中间产出的指标，专利要转化成企业的营业收入和利润，最终还要表现为收益性产出、技术性产出和竞争性产出三个方面。企业能否通过加强技术创新，转变企业增长方式，促进国民经济的转型升级，最终都要靠企业创新活动和产出来决定。

七、2012 中国企业 500 强的国际化分析

进入 21 世纪以后，中国企业国际化进程进入快速发展时期，尤其在 2008 年国际金融危机以后，我国大企业的海外发展之路进入突飞猛进的增长时期。2011 年由于欧债危机等因素，全球经济形势低迷，一些资产价格被低估，尽管我国企业也有这样那样的困难，但我国大企业的国际化进程并没有放慢。

1. 海外营业收入大幅增长，但占营业收入比例有所下降

2012 中国企业 500 强中，有 267 家企业提供了海外营业收入数据，比上年减少了 5 家。也就是说，中国最大的 500 强企业中，有将近 50% 的企业还全部依靠国内市场。

2011 年，267 家填报海外营业收入数据的企业，共实现海外营业收入 5.00 万亿元，比上年的 3.46 万亿元增长了 44.51%（比上年的 38.4% 有大幅增长）；占 267 家营业收入总额的 11.14%，较上年的 14.13% 有所下降。

第一，海外营业收入超过 500 亿元的有 18 家企业，比上年增加了 7 家。其中，海外营业收入最高的是中石油集团，2011 年海外营收首次超过了 10000 亿元，达到了 11177.49 亿元，比上年增长了 51.46%，占营业收入的比例为 46.94%；其他企业见表 1－20。

表 1－20　　2012 中国企业 500 强中海外营业收入超过 500 亿元的企业

500 强排序	公司名称	2011 年营业收入（亿元）	2010 年海外收入（亿元）	海外收入增长率（%）	海外收入占比（%）
2	中国石油天然气集团公司	23812.8	11177.5	51.7	46.9
1	中国石油化工集团公司	25519.5	7201.2	49.2	28.2
13	中国中化集团公司	4589.5	3819.9	37.1	83.2
10	中国海洋石油总公司	4882.0	2018.4	46.0	41.3
46	华为技术有限公司	2039.3	1415.9	17.6	69.4
71	浙江吉利控股集团有限公司	1510.0	1277.6	156.3	84.6
54	中国远洋运输（集团）总公司	1861.7	1210.1	41.8	65.0
55	联想控股有限公司	1830.8	1082.4	41.2	59.1
22	中国兵器工业集团公司	3113.2	951.1	39.5	30.6
19	中国五矿集团公司	3524.0	951.0	54.6	27.0
145	珠海振戎公司	757.5	756.4	50.1	99.9
27	中国兵器装备集团公司	2790.3	751.8	41.5	26.9
60	中国电子信息产业集团有限公司	1682.4	701.3	−0.2	41.7
38	中国航空油料集团公司	2220.9	683.3	33.5	30.8
20	中国中信集团有限公司	3189.8	612.7	−6.6	19.2
8	中国银行股份有限公司	5276.1	598.0	7.1	11.3
21	宝钢集团有限公司	3162.5	526.0	80.8	16.6
56	中国电力建设集团有限公司	1828.9	515.1	28.2	28.2

第二，海外营业收入占营业收入比例超过 50% 的企业有 10 家。10 家企业中，海外收入增长率最大的是浙江吉利控股集团有限公司，2011 年海外营收比 2010 年增长了 156.3%，已经连续两年海外营收增速最高（见表 1－21）。

表 1－21　　2012 中国企业 500 强中海外营业收入超过 50% 的企业

500 强排序	公司名称	2010 年营业收入（亿元）	2010 年海外收入（亿元）	海外收入占比（%）	海外收入增长率（%）
145	珠海振戎公司	757.5	756.4	99.9	50.1
71	浙江吉利控股集团有限公司	1510.0	1277.6	84.6	156.3
13	中国中化集团公司	4589.5	3819.9	83.2	37.1
46	华为技术有限公司	2039.3	1415.9	69.4	17.6
368	中国新世纪控股集团有限公司	249.7	170.9	68.4	22.4
54	中国远洋运输（集团）总公司	1861.7	1210.1	65.0	41.8
231	浙江省国际贸易集团有限公司	422.8	250.4	59.2	1.0
55	联想控股有限公司	1830.8	1082.4	59.1	41.2
224	上海纺织（集团）有限公司	430.0	245.7	57.1	14.7
124	中兴通讯股份有限公司	862.5	467.6	54.2	24.0

第三，海外营业收入占比差异巨大。267 家企业中，海外营业收入占比超过 90% 的有 1 家企业；介于 50% -90% 之间的有 10 家企业；介于 30% -50% 之间的有 14 家企业；介于 10% -30% 的有 53 家，低于 10% 的有 190 家企业。一般认为海外收入超过 30% 是企业国际化经营能力的一个标志。2012 中国 500 强企业中海外收入比例高于 30% 的企业只有 24 家，而且多数以贸易或中间产品为主的企业，这说明中国大企业的国际竞争力还需要进一步提高，需要用更过硬的最终产品去占领国际市场（见表 1-22）。

表 1-22　　2012 中国企业 500 强海外收入占比情况

增长率	90% 以上	50% -90%	30% -50%	30% -10%	10% 以下	总数
企业数目	1	9	14	53	190	267
比例（%）	0.4	3.4	5.2	19.9	71.2	100

2. 2012 中国企业 500 强的海外资产大幅增长

随着我国大企业的全球化进程的加快，企业的海外资产及其占比都可能越来越大。2012 中国企业 500 强中，有 209 家企业申报了海外资产数据。从这些数据可以看到，2011 年 209 家企业的海外资产总额达到了 7.87 万亿元，较上年的 4.27 万亿元，较上年增长了 84.31%；占 209 家企业资产总额的 11.33%。

第一，海外资产超过 1000 亿元的有 11 家企业。其中海外资产最高的是中国银行，2011 年海外资产达到 27737.4 亿元，占总资产的比例为 23.92%；其他企业均为中央国有企业（见表 1-23）。

表 1-23　　2012 中国企业 500 强中海外资产超过 1000 亿元的企业

500 强排序	公司名称	2011 年资产（亿元）	2011 年海外资产（亿元）	海外资产增长率（%）	海外资产占比（%）
8	中国银行股份有限公司	118300.7	27737.4	23.9	23.5
4	中国工商银行股份有限公司	154768.7	7859.1	56.7	5.1
2	中国石油天然气集团公司	30278.8	6665.3	28.2	22.0
1	中国石油化工集团公司	17453.1	6386.9	22.2	36.6
40	交通银行股份有限公司	46111.8	3348.2	37.9	7.3
20	中国中信集团有限公司	32770.5	2788.8	41.1	8.5
10	中国海洋石油总公司	7185.3	2038.0	12.0	28.4
13	中国中化集团公司	2581.9	1774.4	10.9	68.7
54	中国远洋运输（集团）总公司	3287.3	1659.6	8.0	50.5
35	中国铝业公司	3966.2	1204.2	0.3	30.4

第二，海外资产占总资产比例超过30%的企业有14家。其中中国中化集团公司的海外资产占比最高，为68.73%。吉利控股集团次之，为65.43%；中远集团、TCL集团、珠海振戎公司位居3－5位（见表1－24）。

表1－24 2012中国企业500强中海外资产占比超过30%的企业

500强排序	公司名称	2011年资产（亿元）	2011年海外资产（亿元）	海外资产增长率（%）	海外资产占比（%）
13	中国中化集团公司	2581.9	1774.4	21.1	68.7
71	浙江吉利控股集团有限公司	1052.3	688.5	0.7	65.4
54	中国远洋运输（集团）总公司	3287.3	1659.6	2.9	50.5
173	TCL集团股份有限公司	740.1	327.0	38.4	44.2
145	珠海振戎公司	62.5	26.5	10.5	42.3
124	中兴通讯股份有限公司	1053.7	438.3	25.2	41.6
1	中国石油化工集团公司	17453.1	6386.9	17.5	36.6
167	中国海运（集团）总公司	1610.3	569.2	12.7	35.4
46	华为技术有限公司	1932.8	666.7	8.0	34.5
426	同方股份有限公司	301.7	101.9	21.3	33.8
19	中国五矿集团公司	2305.9	776.4	16.0	33.7
397	山东如意科技集团有限公司	121.6	40.0	19.7	32.9
474	深圳市中金岭南有色金属股份有限公司	140.4	43.7	-3.6	31.1
35	中国铝业公司	3966.2	1204.2	6.0	30.4

第三，海外资产增长率差异巨大。从2012中国企业500强数据看，2011年201家企业的海外资产增长率差异巨大。有2家企业增长率超过1000%（如下表）。此外还有36家企业的海外资产增长率介于100%－1000%；132家企业的海外资产介于0－100%之间；有31家企业海外资产出现了负增长，其中降幅最大的企业降幅均超过70%（见表1－25）。

表1－25 2012中国企业500强中海外资产增幅最大的10家企业

500强排序	公司名称	资产（亿元）	海外资产（亿元）	海外资产占比（%）	海外资产增长率（%）
328	山东京博控股股份有限公司	141.8	8.4	5.9	2182.8
337	山东晨鸣纸业集团股份有限公司	456.3	11.4	2.5	1082.7
119	中国北方机车车辆工业集团公司	1040.8	4.9	0.5	741.3
86	中国医药集团总公司	1028.2	6.4	0.6	620.2

续表

500强排序	公司名称	资产（亿元）	海外资产（亿元）	海外资产占比（%）	海外资产增长率（%）
280	北京市政路桥集团有限公司	291.9	1.5	0.5	538.9
273	中国恒天集团有限公司	434.6	38.6	8.9	475.8
400	新疆特变电工集团有限公司	460.4	1.3	0.3	460.7
87	光明食品（集团）有限公司	1847.1	59.2	3.2	449.8
79	美的集团有限公司	903.5	61.1	6.8	441.2
426	同方股份有限公司	301.7	101.9	33.8	417.9

3. 2012中国企业500强的海外职工人数大幅增长

2012中国企业500强共有201家企业填报了海外职工人数。2011年，201家企业的海外员工总数为54.92万人，较上年的34.74万人增长了88.09%，占这些企业职工总数1873.63万人的2.93%。单个企业看，海外员工人数最多的是中国石油天然气集团公司，2011年海外员工数量为9.6万人；海外员工人数占企业职工数量最多的是浙江吉利控股集团公司，2011年海外员工数量为1.98万人，占全公司人数的52.38，是2012中国企业500强中唯一一个海外员工人数占比超过50%的企业（见表1－26、1－27）。

表1－26　　2012中国企业500强中海外职工数量超过1万人的企业

500强排序	公司名称	员工数（人）	海外员工数（人）	海外员工比例（%）
2	中国石油天然气集团公司	1668072	95690	5.7
20	中国中信集团有限公司	155333	51464	33.1
1	中国石油化工集团公司	1021979	40936	4.0
46	华为技术有限公司	140000	23000	16.4
8	中国银行股份有限公司	289951	21121	7.3
71	浙江吉利控股集团有限公司	37800	19800	52.4
124	中兴通讯股份有限公司	89786	19487	21.7
252	雅戈尔集团股份有限公司	51266	16454	32.1
175	中国中材集团有限公司	78148	13059	16.7
29	中国航空工业集团公司	469048	12561	2.7
55	联想控股有限公司	37230	11221	30.1
59	中国化工集团公司	138553	10149	7.3

表 1－27　　2012 中国企业 500 强中海外职工占比超过 10% 的企业

500 强排序	公司名称	员工数（人）	海外员工数（人）	海外员工比例（%）
71	浙江吉利控股集团有限公司	37800	19800	52.4
20	中国中信集团有限公司	155333	51464	33.1
252	雅戈尔集团股份有限公司	51266	16454	32.1
55	联想控股有限公司	37230	11221	30.1
124	中兴通讯股份有限公司	89786	19487	21.7
396	安徽建工集团有限公司	12217	2479	20.3
131	万向集团公司	30749	6181	20.1
154	中国保利集团公司	29938	5945	19.9
168	广东省广新控股集团有限公司	24684	4889	19.8
397	山东如意科技集团有限公司	22395	3960	17.7
175	中国中材集团有限公司	78148	13059	16.7
13	中国中化集团公司	46996	7828	16.7
46	华为技术有限公司	140000	23000	16.4
165	中国有色矿业集团有限公司	35994	5581	15.5
72	海尔集团公司	72393	9649	13.3
491	新华锦集团有限公司	9458	1200	12.7
264	中天发展控股集团有限公司	5357	638	11.9
305	青建集团股份公司	10155	1083	10.7

八、兼并重组浪潮继续推进

2012 中国企业 500 强共 154 家进行了兼并重组活动。2011 年，154 家企业共并购重组了 1111 家企业，比上年的 1112 家持平，说明 2011 年的并购重组活动仍然十分活跃。和上年一样，2011 年的并购重组活动仍然是由国有企业主导的。2011 年，110 家国有企业共兼并重组了 918 企业，占全部并购数量的 82.63%；44 家民营企业共兼并重组了 193 家企业，占 17.37%；国有企业平均兼并重组了 8.34 家，民营企业平均兼并重组了 4.4 家。

从兼并重组的行业看，2011 年我国兼并重组最为活跃的主要在煤炭、建材、医药领域。在煤炭领域，2011 年山西焦煤集团、中国平煤神马能源化工集团、郑州煤炭工业集团、国电集团、河南神火集团、河南煤化工集团、山西煤化工集团、华电集团、开滦集团、中电投集团等 8 家企业就兼并重组了 512 家企业，占全部被兼并企业数量的 47.07%，接近一半。在建材领域，中国建筑材料集团、吉林亚泰集团共兼并收购了 71 家企业，占 6.4%；在医药领域，中国医药集团、广州医药集团共兼并收购了 56 家企业，占 5.04%（见表 1－28）。

表1-28　　2012中国企业500强中兼并重组超过10家的企业

500强排序	公司名称	营业收入增长率（%）	资产增长率（%）	并购或重组企业数（个）
83	山西焦煤集团有限责任公司	18.6	21.3	164
94	中国平煤神马能源化工集团有限责任公司	11.8	21.7	116
300	郑州煤炭工业（集团）有限责任公司	50.8	25.8	101
51	中国建筑材料集团有限公司	43.4	35.2	50
86	中国医药集团总公司	41.8	46.8	45
43	中国国电集团公司	29.7	23.8	34
298	河南神火集团有限公司	41.7	16.8	32
58	河南煤业化工集团有限责任公司	22.8	22.6	26
270	吉林亚泰（集团）股份有限公司	63.8	28.1	21
15	上海汽车集团股份有限公司	18.9	11.8	20
62	中国华电集团公司	25.5	18.3	16
75	开滦（集团）有限责任公司	56.1	19.4	12
107	陕西煤业化工集团有限责任公司	95.4	60.2	11
68	中国电力投资集团公司	24.2	13.5	11
277	广州医药集团有限公司	20.2	19.8	11
324	中国广东核电集团有限公司	46.5	29.7	10

九、中国大企业可持续成长中应当注意的几个问题

2011年，中国企业500强企业最突出的特征仍然是：（1）企业规模在持续快速扩张。入围中国企业500强的门槛更高了，营业收入超过1000亿元的企业数量大幅增加，进入世界500强的企业数量大幅增加且排名更加靠前。（2）500强企业在国民经济中的地位更加突出。500强企业占GDP的比例接高达95%；纳税总额接近40%。中国大企业的崛起成为改变世界企业和经济版图的最突出力量。然而，必须要指出的是，自2011年四季度以来，包括中国500强企业在内的中国企业都受到了我国宏观经济下行带来的巨大压力，尤其以钢铁、建材、有色、煤炭、重型机械、家电、房地产等重化工行业的企业感受最深。这一情况也部分地反映在2012中国企业500强的数据当中。但是，从2012年上半年宏观经济数据和企业运行态势看，此次经济下行态势以及我国大企业受到的外部冲击仍然在持续进行，并且有出现局部地区、部分行业严重恶化的趋势。在中国500强企业中，已经有企业在持续多年的高速增长后突然大幅亏损而接近破产的。这一现象不是偶然的，必须引起我国大企业的高度重视。短时间内的高速扩张固然可喜，但大企业的可持续成长、做强做优对于国民经济更有价值，也更难能可贵。在当前经济持续下行、内外需严重不足的态势下，我国大企业在发展中应当注意以下几个问题：

1. 我国大企业长期高速成长所依赖的基本条件正在改变

以中国企业 500 强为代表的大企业的崛起，是中国改革开放以来坚持走市场化取向的改革以及对内外开放的结果，现在已经成为我国国民经济中能够影响整体和地区经济增长、技术创新、产业链上下游配套企业发展的关键力量。500 强企业的高速成长，是多种生产要素、约束因素综合作用的结果。但是近两年来，我国大企业长期以来高速成长所依赖的基本条件正在发生根本变化。

第一，劳动力价格上升趋势不可逆转。尽管我国还存在较严重的结构性失业问题，但总体上人口红利的逐渐枯竭是不争的事实，尤其我国传统制造业所较多依赖的年轻劳动工人，无论在数量还是工作选择倾向上都变化。根据 2012 年上半年经济运行数据，我国多数省份的职工薪酬都有大幅上涨，尤其劳动密集型的纺织服装、酒店服务、电子加工组装等行业，劳动力成本均出现双位数的增长。在此背景下，以纺织服装、制鞋、电子组装等行业为代表，包括外资企业、民营企业在内的许多企业纷纷向劳动力价格更为便宜的东南亚各国转移，也有企业越来越多的开始使用机器人代替劳动工人。但对于绝大多数企业来说，向国外迁移和使用机器人未必是合适选择。对于我国市场高度分散、产品价格难以上去、利润率微薄的制造业来说，劳动力成本的快速上涨使原有的利润更加微薄。从各方面看，劳动力价格的上升趋势是不可逆转的。

第二，在现有金融体制下资金成本越来越高。从 2012 中国企业 500 强可以看出，上榜的 14 家商业银行的利润总额占比远高于 272 家制造业企业的利润总额占比。金融机构尤其是商业银行的巨额利润，很大程度上成为以制造业为主体的实体经济的资金成本。从 2011 年我国上市公司数据看，1849 家上市公司共实现营业总收入 20.1 万亿元，同比增长 23.5%；实现归属于母公司股东的净利润 1.8 万亿元，同比增长 14.1%；财务费用 1595.2 亿元，同比增长了 32%。财务费用增幅远高于净利润增幅和营业收入增幅。如果我国的金融体制不改变，从短期内我国企业的资金成本压力会越来越大。

第三，国内劳工关系出现显著变化。多项调查显示，新劳动合同法实施以来，我国企业的劳工关系维护成本大幅上涨。尤其注意的是，由于劳动合同法对劳资双方的约束不对等，近两年企业出现了裁员难现象，包括许多国有企业和部分民营企业，裁员的成本很高，还可能造成群体性事件，影响企业发展活力。

第四，碳排放成为硬约束。2009 年 11 月，国务院常务会议决定，到 2020 年我国单位国内生产总值二氧化碳排放比 2005 年下降 40% -45%，作为约束性指标纳入国民经济和社会发展中长期规划。在国际上，欧盟正在实施对各国航空企业征收航空碳税，正在酝酿对各国对欧出口产品实施碳标签战略。这对重化工业特征十分突出的中国 500 强企业是巨大挑战。

第五，利益相关方的公民意识和权利意识。长期以来，我国重化工企业的高速成长，一定程度上是以牺牲环境或居民个人权利为代价的。但近年来，随着我国利益相关方的公民意识和权利意识的逐渐觉醒，近两年来大连、什邡、启东等地均出现抗议企业投资的群体性事件，我国企业特别是重化工企业的投资和扩张可能面临着越来越多的社会压力。

2. 内外经济失衡情况下我国经济继续保持较快发展难度很大

当前我国宏观经济出现的下行态势，不同于 2008 年在国际金融危机影响下的经济下滑。此次经济下行，既有欧洲主权债务危机持续发酵、美国经济复苏缓慢、新兴市场经济国家国内经济风险骤增等外来因素影响，也有国内房地产限购、控制高速公路和铁路投资规模等国内原因。国内国外因素对于我国企业最大的影响是需求减少。就目前这两方面的实际效果看，世界经济可能陷入长期的低迷，欧美日等世界主要经济体的经济增长均充满不确定性；国内房地产调控政策仍将持续并可能长期化，以房地产业为龙头的重化工业高速发展时代可能就此终结。更为关键的问题是，我国经济在国内外经济再平衡的过程中，可能出现系统性风险，不能不防。所谓系统风险，是指中国市场中的几乎所有企业，无论是外资还是内资，国有企业还是民营企业，金融企业还是非金融企业，身处广东还是黑龙江，都不能通过资产组合来分散的风险。就目前看，影响系统性风险爆发的因素可能有四个方面：

第一，我国房地产泡沫的破灭。伴随我国城乡居民住房需求的改善升级以及住房制度的市场化改革，房地产业尤其产业关联范围广，成为我国经济增长的龙头产业和支柱产业之一。不可否认，我国居民居住条件在整体大幅改善的同时，在我国特有土地制度、财政制度和房地产管理制度下，房地产市场也成为资本高度集中的具有投机成分的暴利行业。房地产的泡沫化的危害十分严重，主要是阻碍城市化的深层次进行、严重干扰以制造业为主体的实体经济的正常运行、积聚金融风险等。由于房地产业与金融业、地方政府财政的高度相关性，2011 年以来我国实施的以挤压投机泡沫、稳定房价为目标的房地产调控政策，首先已经对地方财政产生了直接影响，也对部分房地产企业产生了较大影响，将来还可能会危及金融业。

第二，我国经济转型和企业转型效果不如预期。我国在十五计划以来就提出了经济转型的目标，但从目前实际效果看，经济转型的效果并不显著，我国经济结构仍然以粗放增长的重化工业为主导，技术创新和知识在经济增长中的地位并没有改善。从我国 500 强企业看，同样能看出我国经济结构的重型化特征。随着我国制造业利润率的不断降低，我国大企业也在不断探索转型升级的路径，其中，战略性新兴产业、海外并购、技术创新都是部分企业的选择。从实际效果看，少数企业是成功的，但多数企业特别是重化工业企业的转型仍然在探索，许多企业不容乐观。如果转型升级不成功，传统产业的发展空间又丧失，那么带来的危机相当严重。

第三，扩大内需效果不佳。去年中央经济工作会议指出，在当前经济下行压力加大之际，应当把扩大内需作为稳定经济增长的战略基点。扩大内需是为了弥补投资率下滑、出口贡献度降低带给经济增长的缺口。事实上，每当经济下滑就想起扩大内需，但“内虚”何以扩大“内需”？应当说，由于我国收入分配体制改革的推进停滞不前，我国贫富差距越来越大，加上教育、医疗、住房、养老等社会问题，我国扩大内需的这个战略基点还很不牢固。

第四，地方政府债务不能有效化解。2011 年我国地方政府债务超过 10 万亿元。在利率未市场化条件下，地方政府还可以靠低利率、土地财政偿付债务。但随着 2011 年以来房地产调控直接影响了地方政府的土地财政、经济下行影响了部分县市的支柱企业的经济效益，2012 年上半年就出现了一些地方政府财政危机加剧的现象。地方政府债务与金融机构高度相关，是我国可能出现系统性风险的最大隐患之一。

内外经济的失衡尤其是国内发展环境的可能恶化使得中国在愈来愈不确定的经济环境中，爆发系统性风险的可能性越来越大。假如以楼市为代表的资产泡沫最终破灭，且主要发达国家又在贸易和人民币汇率方面频频对中国发难，则中国有可能在尚未完成工业化和城市化的情况下，在经济遭受重创之后错过重振的时间窗口。2012年8月，中央国资委已经对中央国有企业发出预警，要求中央企业要充分认识当前形势的严峻性和紧迫性，抓紧作好3-5年渡难关、过寒冬的准备，“以扩大规模为目的的投资必须停止”。这值得所有所有500强企业重视。

3. 我国大企业仍然习惯于粗放式高速增长

进入新世纪以来我国大企业的高速增长，主要得益于企业外部市场空间的骤然扩大，一是国内在消费升级驱动下进入重化工业化阶段，对重化工业企业的市场需求急速扩张；二是我国加入了世界贸易组织，中国制造业企业的低成本优势能够在全球范围内得以发挥。但这种高速增长总体上是粗放式的。现在，我国大企业整体上习惯于在这种高速增长的粗放发展模式下生存发展。当外部条件发生根本变化的情况下，我国许多大企业并没有做好准备。

第一，应对外部经济条件变化的能力不足。此次经济下行态势，已经严重影响到我国大企业的正常运行和发展。这也突出显示出我国大企业在应对经济下行态势的能力不足。以肉制品加工业为例，经济下行带给相关企业的是市场需求量萎缩，开工率不足，毛利率极低。国外大企业在应对宏观经济及政策变化方面，许多都建立了长期跟踪研究宏观经济形势、产业发展规律、竞争对手动态、产业技术更新、产业链上下游动态、全球市场变化等研究机构。相对来讲，我国绝大多数500强企业在这方面十分欠缺。根据调查，中国500强企业中，只有少数几家成立了实质性的“经济研究院”，多数企业仅仅下设战略管理部（或研究室、研究中心），人数较少（10人左右），主要任务是给决策者提供发言稿、会议提案、企业内部文件等，通常无力完成更大规模的科学研究任务。应对外部变化主要靠决策层的敏感性和外部知识获得。

第二，管理粗放，不重视管理创新和技术创新。我国大企业多数过度依赖资源、土地、劳动力低成本。单位国内生产总值能耗接近于世界平均水平的3倍左右，资源和能源消耗过多，环境污染严重，劳动者报酬占国内生产总值的比重每况愈下。科技创新力薄弱。在基础原料、重大装备制造和关键核心技术等方面，与国际先进水平差距较大。许多重要产业对外技术依存度高，核心技术受制于人。虽然很多产品标注为中国制造，但研发设计、关键部件和市场营销都在国外，40%以上的产品销售额，要支付给国外专利持有者。只有加工、封装等劳动力密集型环节在国内。产品附加值低。我国90%左右的出口商品属于代工生产或者贴牌生产，产品增加值只相当于日本的4.37%、美国的4.38%、德国的5.56%。

第三，缺少对消费需求和消费规律的科学研究。我国大企业在高速扩张的市场背景下，过于依赖政府资源和政府政策，过于依赖大规模固定投资拉动，对消费者的心理和消费规律研究得比较少。2011年最值得我国企业家惊叹的是苹果公司的崛起和诺基亚公司的衰落。苹果公司依赖强大的技术创新能力和技术产业化、市场化能力，将技术有效转化为普通消费者心中渴望的东西，并通过体验式营销、时尚营销等刺激消费者的潜在需求。诺基亚公司在这场技术创新和商业模式的比拼中迅速衰落，值得我国大企业借鉴。

第四，过度依赖房地产。近几年，房地产市场的高速发展和高利润率的确让我国大企业找到了一条“捷径”。许多制造业大企业纷纷将资本投入房地产。根据对500强企业涉足房地产领域的调查，我国500强企业有超过60%的企业都不同程度介入房地产业。的确，许多500强企业在进入房地产领域后以较少的资本、较少的雇员而实现了较高的营业额和快速的增长率。但随着房地产调控政策的落实，一些企业的房地产业务受到了较大影响。

第五，以投资传统产业的思维模式进入战略性新兴产业。一些大企业在多种约束条件下主动或被动地开始转型。一些企业进入了战略性新兴产业，包括光伏、风电、新能源汽车、生物工程等。许多企业认为，在国家政策的大力支持下，企业投资战略性新兴产业，马上就可以成功快速转型、可以更高速增长。在找准转型方向和正确决策的同时，转型的心态也很重要。

4. 中小企业遇到的困难正向大企业传导

近两年来，我国企业在经历了前所未有的资金紧张和营商环境恶化，大企业与中小企业、小微企业之间的分化趋势进一步加剧。作为我国国民经济血肉的中小微型企业，在持续收紧的货币政策作用下，商业银行信贷基本断供，另一主要依赖的民间借贷市场的生态系统失衡，企业财务成本骤然上升，成为压垮不少中小微型企业的最后一根稻草，使局部地区出现了企业集中倒闭和企业家出逃现象。而通常在一个行业内，龙头企业的情况要好很多。但是，随着国内外经济形势的发展，我国中小微型企业遇到的危机可能正在向大企业传导。

第一，中小微型企业的融资环境恶化。广大中小微型企业所依赖的民间融资危机四伏。我国有1100万家中小微型企业、3700万户个体工商户，民间借贷是其重要融资渠道。但在近年来实业资本“脱实向虚”以及货币政策急剧调整之下，民间借贷市场出现了严重混乱，危机四伏。继温州、鄂尔多斯等地民间借贷危机之后，河南、山东等地的民间借贷可能爆发更大的危机，严重冲击广大中小企业的融资环境。2012年8月初浙江省人大财政经济委员会《关于2012年上半年全省经济运行情况的调研报告》发现，浙江企业经营效益下滑、生产经营综合成本提高，订单进一步减少，减产停产现象增多，仅温州一地，60.43%的规模以上工业企业出现减产停产。温州市3998家规模以上工业企业中，今年已停产企业有140家，产值同比下降有2276家，下降面达57%。

第二，中小微型企业的困难正在向大企业传导。2011年，我国大企业的整体经济效益要显著好于小微型企业，同一行业中许多小微型企业停产、半停产或倒闭，也造成我国大企业的配套生产能力减弱，影响企业整体竞争力。但是到了2012年上半年，我国许多大企业出现了经营困难。浙江省人大财政经济委员会《关于2012年上半年全省经济运行情况的调研报告》发现，小微企业去年以来面临的困难，正向大中型企业传导。数据显示，今年前5个月，浙江工业大型、中型和小微企业利润分别下降23.8%、18.3%和14.3%。

大企业与中小微型企业之间并非割裂存在的，而是产业链上的共同体。中小微型企业相对于大企业来说，相当于人体的血肉、神经末梢、微循环系统，大企业相当于神经骨骼。中小微型企业遇到危机，出现大面积的停产半停产、破产倒闭，大企业也不可能独善其身。

5. 我国大企业的管控水平是否能更有效地配置内外资源

我国大企业从小到大，没有较强的管控水平，是不可能成长为中国最大的500家企业的。规模巨大、分支机构众多、组织机构复杂，在多元化、跨地域经营、跨管理模式的情况下，如何建立集分权适当的管控，保证内部信息通畅、经营灵活，保证总部的驾驭能力，我国大企业也在不断探索新的管控模式来有效配置企业内部资源和外部资源。目前，控股公司的形式正在被我国大企业广泛采用。根据对2012中国企业500强的初步观察，有接近50%的企业正在采取控股公司或类控股公司模式，其中有40家企业的名称中就包含“控股”二字。就目前而言，我国大企业的整体管控水平还存在一些问题。

第一，跨区域、跨产业、跨文化背景的并购后整合的管控能力。在发改委、工信部、国资委、商务部等部委加快产业并购重组、加快企业走出去的背景下，我国大企业积极落实产业调整振兴规划，并购重组步法加快。2012中国企业500强共154家进行了兼并重组活动，共并购重组了1111家企业，说明2011年的并购重组活动仍然十分活跃；并购主要发生在煤炭、建材、医药等领域；也有一些企业进行了海外并购。不少企业在完成并购重组之后，对并购重组后的企业的管控在产权整合上仍然缺乏有效手段，在制度输入上尚无统一标准、在宏观管理上尚不能形成整体协调性，如何实现复合管控体系的充分植入，是未来大企业对并购企业管控需要解决的关键问题。

第二，对海外子公司和分支机构的跨境管控能力。我国企业近年来“走出去”的步伐不断加快，境外经营的规模不断扩大。据统计截至2011年底，约100家中央企业在境外设立了子企业或管理机构，纯境外单位资产和营业收入迅速增长。如何对大企业的跨境管控模式进行整体设计，通过“治理”保障远程出资人利益，通过“控制”重点抓制度输出+审计稽核，通过“宏观管理”实现资金、人力、项目等核心资源导入，通过重点管控模块的针对性设计破解远程“信息对称”问题，提升控制力，正成为我国大企业国际化进程迫切需要加以研究和解决的重要课题。

第三，核心业务多元化的管控能力。多元化是企业规模扩张的重要途径，如何驾驭多元化是对大企业管控能力的绝对挑战。一个追求卓越的企业，必然不会满足于一成不变的桎梏，即使坚守如企业精神、核心能力之类，其内涵与外延也必定在不断的改善或延伸；而作为“管控”，这一从广义来说几乎可以涵盖企业所有筹配资源、发挥经济力的管理手段和工具的概念，势必也将随着企业发展阶段之不同不断进行调整，即所谓“管控无好坏，适合即真理”。

第四，对产业链利益相关者的管控能力。我国大企业在产业链中通产占据龙头、核心角色。如何通过契约和监控机制、声誉机制、激励措施等各种措施，来提高大企业在产业链内部的信任度，并且通过订立协议、建立合作信任的联盟关系、建立产业链的沟通机制等管控途径来保证联盟的高效率运作；如何从产业组织者的视角出发，构建基于产业治理、产业控制、产业宏观管理三维度的体系，强化产业链整合，提升大企业的国际竞争力和影响力，将成为大企业未来产业链整合与管控所需要考虑的课题。

6. 我国大企业的国际化步伐仍处初级阶段

国际金融危机以来，我国大企业的国际化步伐迅速加快。全球金融危机影响下，海外资产估值较以往偏低，海外‘抄底’机会来临，我国进入大规模海外投资阶段。有数据显示，2011年中国企业共完成110起海外并购交易，与2010年相比增长93%；披露的并购金额达到280.99亿美元，同比增长112.9%。截止到2011年底，我国境内投资者共在全球178个国家和地区设立对外直接投资企业1.8万家，累计实现非金融类对外直接投资3220亿美元。其中，有成功的案例，也有失败的案例。成功的案例自然可供借鉴，但众多失败的案例的教训十分深刻。

第一，对跨国投资环境缺乏深入了解。跨国经营企业必须要深入了解投资国的政治、经济、文化、民族等关键信息，既了解经济信息，又了解非经济信息。我国企业由于存在着决策者们的主观性以及经营的封闭性等多种影响因素，国际市场信息收集的滞后，信息资料的处理和反馈功能比较弱，缺乏对国际市场全面、动态的了解。中信泰富是寻找资源的一个典型案例，澳大利亚铁矿品类很高，但对建路和码头等综合成本估计不足，对当地国家法律环保要求和当地老百姓可能的诉求了解不清楚，预计 20 亿美元，现在已经投资 70 多亿美元，将来可能继续追加一些成本才能达到预期目的。

第二，缺乏驾驭国际化经营的能力。企业开展国际化经营必须要有通晓国际惯例、熟悉国际市场规律、精通国际贸易法则的高技术水平、丰富的管理经验、善于把握国际市场动向的复合型经营管理人才。而我国大多数中小企业起点低，人才储备匮乏，现有管理及技术人才知识结构偏低，高级管理人才和技术人才尤为缺乏，管理经验不足，对于 WTO 游戏规则的掌控缺乏经验，对国际市场行情判断不准，很多情况下是主要管理人员凭借长期的市场经验积累和直觉去感觉和把握市场。这样就难以形成自己的国际化营销模式和建立自己稳定的消费群体，更难以与其他国际经济实体进行竞争。

第三，对于与所在社区的关系问题。近年来经常爆出我国海外公司被当地居民抗议、殴打甚至导致中方职工致死等事件。一些“走出去”时间较长、经验相对丰富的企业在互利共赢方面做得比较好，与投资所在国、当地政府建立了良好的关系，树立起了良好的形象。比如中色集团在赞比亚为当地人民无偿提供医疗设备及服务、捐助当地教育、免费供水供电等。但很多企业只看重国外的工程项目、经济利益、矿产资源，不注重与所在地周边居民的沟通。中国企业走出去，不能只注重自身经济效益，还要把自己看作是当地企业，尊重当地法律法规，保护当地员工合法权益，做好生态环保，承担必要的社会责任，注重互利共赢。

十、促进中国大企业持续稳定发展的若干建议

当今世界处于一个艰难的再平衡时期，中国经济社会也处于一个巨大的转型时期。这是一个“大变革、大调整”的时代。对于中国企业来说，一些旧的商业模式、经营模式会出现危机，但在国内外经济社会大调整时期也蕴藏着巨大的机会。从 2011 年中国企业的应对效果来看，许多企业过度依赖政府政策和行政资源，在应对市场变化和政策变化上捉襟见肘，顾此失彼，暴露出中国经济模式和中国企业成长模式的重大弊病。仅有一段时期，世界经济政治将继续在深化调整，世界经济可能会较长期低迷，中国企业应当审时度势，综合研判企业经营环境和形势，根据市场信号发展滚动更新发展策略，把前面的问题看的重一些，应对措施多一些，以稳为主，稳中求进。

1. 加强企业政策研究能力，提高应对复杂环境的能力

自国际金融危机后，国内许多大中型企业开始关注或研究与企业密切相关的全球政经动态、产业动态和政策环境变化。从全球看来，今后一两年仍然是复杂多变的，我国企业要主要关注以下几方面的政经动态，综合研判企业环境变化，并尽可能做出一定预判和预案，严防负面效应出现。

第一，要关注欧元区经济基本面和主权债务危机走势。欧盟是我国第一大贸易伙伴，其投资环

境比美国、日本等主要经济体都相对开放，更非前苏联地区、西亚北非地区的投资环境可比。欧洲经济在危机中受到严重打击，国内许多企业也将境外投资的主要目标瞄准了欧盟。但欧洲主权债务危机实质上反映出欧元区的经济基本面存在严重问题，劳动力成本高且国家税收有升高趋势，尽管目前欧元区资产价格有不同程度缩水，但欧元区债务危机尚处于深化之中，并未见底，相反还存在趋向恶化的可能。因此我国企业赴欧洲投资应密切关注。

第二，要密切关注多个地缘政治敏感问题。近两年，西亚部分国家政局动荡，国内石油供应很大部分来源于中东国家，这里政局动荡甚至伊朗爆发战争，对我国石油供应安全和国内经济平稳发展都是巨大挑战。能源消耗密集型企业应未雨绸缪，严密监测伊朗局势出现最坏的情况。另一方面，西亚北非地区是我国大型企业密集投资地区，要严密防范政局动荡尤其政权更迭带给中国企业的损失。

第三，要关注国内政策变化，经营决策以稳为主。近年来我国的市场化改革和政策执行面临多重两难，国内经济社会形势趋向外松内紧。我国企业在涉及农村土地、拆迁和房屋改造、工业污染物排放、劳动关系等方面，要严格遵守国内法律法规，再有能力条件下多承担一些社会责任，建立以市场机制为基础的、利益攸关方共享经济发展成果的和谐社区社会关系。

2. 踏实回归实业，谨慎投资和多元化

近年来我国经济中突出的问题是企业资本脱离实业现象显著，加之国内房地产政策的扭曲，以及金融政策设计和投资政策执行的严重滞后，形成了国内“游资”泛滥和实业精神衰落、实业资本微缩的坏结果。2011年温州企业危机是这一病症的症状。中央经济工作会议将房地产调控和发展实体经济发展重要位置，但企业发展真实需要的政策层出发，企业资本回归实体经济包括制造业和服务业，所需要的制度环境还欠缺很多，比如服务型政府的真正确立、企业税费负担的真正减少、民间投资玻璃门和弹簧门的真正打破等等。

第一，要锻炼耐寒意志。除了要改善我国企业的制度环境，我国企业从自身上也应该从2011年的温州企业危机上吸取教训，即严戒投资浮躁之风和过度追求赚取快钱大钱的心理，围绕主业踏实经营，将主要精力放在加强产品研究或开发、提升产品质量、塑造市场信得过的品牌上来，形成忙创业、守实业、强主业的企业风气。在部分受到国内外经济形势影响的行业部门，我国企业要磨练自己的耐寒意志，以企业发展战略为依托，密切观察市场信号，塑造灵活适应环境的商业模式，以稳为主，稳中求进。

第二要谨慎多元化，做自己擅长的事。近年来，我国许多企业在国际国内因素约束下，进行被动或主动转型。从整体上看，转型方向朝着增加产品附加值、向高端产业链延伸、面对中高端市场前进，转型领域朝着战略性新兴产业、传统垄断部门等领域前进。尤其在国家有关政策的大力支持下，出现了新一轮新兴产业投资热潮，因此不免出现企业多元化发展。2011年我国企业的一个重大教训是随政策起舞，盲目响应号召，做自己不擅长的事。比如众多企业蜂拥投资光伏产业而遭受重大损失，比如部分企业盲目赴海外并购企业而折戟。从今后一段时期看，我国企业投资要以谨慎投资为主，做自己擅长的领域，可以在熟悉的领域“精耕细作”；在经营策略上，以现金流第一为原则，牢牢控制自己的口袋；在经营范围上，应该逐渐增加在主业相关领域的经营经验，为未来做准备。

3. 加大研发投入，加强自主创新能力建设

大企业往往决定着技术标准和行业发展的方向，全世界研发投入的 80%、技术创新的 70%、技术转移的 60% 都是由世界 500 强企业主导完成的。目前我国的技术对外依赖度高达 50%，科技对发展的贡献率仅占 30%，发明专利只占世界总量的 1.8%。我国大企业自主创新能力的短缺，已经成为我国大企业迈向世界一流企业行列的最大挑战。要想全面扭转目前我国大企业在国际竞争格局中的不利地位，大企业自身必须从根本上改变对技术研发投入的态度，自觉按照国家中长期科技路线图与“十二五”科技发展纲要，制定符合自身实践的科技发展战略，提出短期与中长期科技发展规划与相应科技发展目标，积极进行企业自主创新能力建设。

首先，大企业应当继续加大对科技研发的投入。相当一部分具有国际竞争力的企业，都将企业销售收入的 5 - 10%，作为企业研发投入，以不断开发新产品，以持续维持企业在产业领域内的技术领先优势，以及更好的为用户提供产品与服务。目前在我国，大企业的科研投入明显不足；2012 中国 500 强中有 423 家企业申报了研发投入，研发投入的总费用仅仅占到这些企业全年销售收入的 1.33%，比它们去年的研发投入强度甚至还下降了 0.05 个百分点。在目前全球市场不景气的情况下，我国大企业中相当多的企业采取了缩减研发投入的传统策略。这虽然在短期内可以减少企业支出，提高企业利润率；但从长期看，必将使我国大企业的竞争能力受到损害。我国大企业应当尽快改变这种有害的传统思路，在当前世界经济格局大变革的背景下，在企业财力允许的前提下，实质性的增加企业研发投入，尽可能将企业研发投入费用占全年销售收入的比重提升到 5% 左右，争取在产业技术领域取得突破，从而为企业在经济形势好转后的国际市场竞争奠定良好科技基础。

其次，我国大企业应当始终坚持以市场为导向的产品研发策略。以市场为导向的产品研发已经成为当今企业竞争的利器，其重要意义也已经被众多国际一流企业的发展实践所证明。虽然我国大企业已经在整体上改变了以前对市场研究不重视的倾向，但仍然有相当一部分我国大企业并没有对市场研究给予应有的重视。市场研究费用投入的不足，市场研究结论的不恰当应用，在我国企业界依然是一个比较普遍的现象。为了更好的建立与强化我国大企业的市场竞争优势，我国大企业自身必须实质性的加强对市场研究的重视，加大对市场研究的投入，及时把握消费市场新的变化趋势，并主动根据消费需求的变化来进行预测与做出产品研发安排，以确保能够为消费市场提供他们所需要的产品与服务。其实就当前国内消费市场来说，与消费需求不足相比，我们更缺乏的是能够真正满足消费需求的产品与服务。

4. 大企业要努力建立互利共生的竞合关系

所谓互利共生，是指在生物界中某两物种间的一种互相依赖、双方获利的共生关系。对于企业来讲，就是大企业与中小企业、国有企业与民营企业、并购企业与利益攸关方、企业与公众之间的相互竞争、相互合作、相互支持的竞合关系。在经济危机条件下，要“抱团打天下”。当前我国许多大企业还没有与中小企业形成互利共生的竞合关系，而是将中小企业看作是纯粹竞争关系。经济危机时期是很好的企业联合时机。

首先要帮助产业链上下游的中小企业成长，而不是靠市场地位过度压缩中小企业而利润。具有成长性的中小企业是大企业的竞争对手。因此大企业与中小企业在竞争策略的相互攻击性是必然存在的，但是这种攻击性主要体现在产品质量、发明、创新和服务上，而不是攻击竞争对手本身。因为竞争的最终目的是赢得市场，不是消灭竞争对手。那种置竞争对手于死地的作法，一则会导致两败俱伤，造成资源的浪费；二则失去竞争对手，也就失去了外部压力。没外部压力，也就容易使自己失去前进的动力。外部敌人的存在是维持一个群体存在的必要条件。而接受竞争对手的存在，则可以增强自身的危机感和紧迫感，在经营管理过程中努力避免出现各种疏漏，使自己的企业尽快发展

其次企业之间要主动寻求合作。企业在竞争的同时，还要不断谋求合作。主要形式有：大企业与中小企业之间的合作，目的在于提高专业化协作效率；中小企业之间的合作，以便能够扩大事业的规模，追求规模效益；不同经营领域的企业之间合作，通过经营资源的相互利用和有机结合，开拓出新的经营领域和市场。通过合作，有效地避免了国内同行企业的竞争与辗轧；大大降低了各种非生产性费用，集中了财力，壮大了声势，为达到更大目标和利益分享奠定了坚实的基础。

5. 理顺治理结构，加强集团管控治理

随着我国企业规模的做大，许多大中型企业越来愈多的采用集团公司模式，企业跨行业、跨所有制、跨地区经营，子孙公司众多，管理难度颇大。尤其，多层级管控缺乏从上到下的统筹部署，二传手现象突出；下属企业本位主义思维严重，集团价值最大化受损，集团决策效率受到严重影响。从一般规律看，应该从以下三点建设科学有效的管控体系，提高动态战略管理能力和控制风险的能力。第一，要进一步提高信息化综合管理水平。要把信息资源开发利用作为信息化建设的核心内容，以科学的信息资源规划为先导，抓紧应用统一的信息管理平台，对企业产供销人财物各部门相互独立、标准各异的信息系统，进行系统集成、信息整合和应用整合。第二，要探索适合企业发展的治理架构和管控模式。要从治理、管控和宏观管理三大维度进行公司治理架构和管控模式的设计，实现企业跨地域、跨产业、多股权结构、多行业布局的统筹管理和横向协同。第三，要加强全面风险管理。国有企业和民营企业都要做好全面风险管理的学习、培训和组织变革工作。要按照确定的主业严控投资方向，防止盲目扩张。

6. 研究消费心理和规律，向先进企业学习

必须意识到，当前我国企业所处的环境正处于大变革的时代，一个缺乏创新动力和创新意识的企业必将被淘汰。管理创新，不应当是临时动议，更不是一场运动，而是企业管理的常态。我国企业的管理，目前主要还处于学习、借鉴、引进、消化、追赶这个阶段，真正在国际领先的创新方面，我们还鲜有建树。因此，在这个阶段，我国企业就要更好地使用对标管理这种方法，选对标杆，查找差距、提高改进自己。

第一，真正研究消费心理和消费规律。在高速扩张的市场背景下，我国许多企业过于依赖大规模固定投资拉动，对消费者的心理和消费规律研究得比较少。2011 年最值得我国企业家惊叹的是苹果公司的崛起和诺基亚公司的衰落。苹果公司依赖强大的技术创新能力和技术产业化、市场化能力，将技术有效转化为普通消费者心中渴望的东西，并通过体验式营销、时尚营销等刺激消费者的潜在需求。诺基亚公司在这场技术创新和商业模式的比拼中迅速衰落。苹果公司向全球 IT 企业输出了新

的商业模式和商业思想，打破传统计算机应用系统的垄断地位，作为跟随者的中国 IT 企业也从中获益颇丰。在投资增速和经济增速降低、国内消费有望成为驱动中国经济增长的主要引擎时，以“供给创造需求”将成为我国企业挖掘潜在市场的主要手段。这是对我国企业商业模式、技术创新、品牌塑造、市场营销、企业文化的综合考验。我国企业应该向先进企业学习，潜下心来研究消费偏好和规律，创造中等经济增速下的蓝海。

第二，通过对标向先进企业学习的同时，还要狠抓基础管理。企业管理的基础工作是企业决胜于市场的最基本的战斗力，企业管理基础工作薄弱的后果必然会导致管理粗放、松懈和秩序混乱。目前，许多中央企业对基础管理工作不够重视，许多大企业基础管理比较薄弱，例如，有的企业虽然制定了各项配套的规章制度，但没有与具体的业务流程相结合，导致了制度与流程“两张皮”，实际操作中难以落实；有的企业实施信息化的过程中，没有做好统一规划和布局，存在很多信息孤岛，不能实现全系统数据共享；有的企业不重视管理标准化工作，将国际企业管理标准认证工作仅仅当作一种应付，没有真正地利用认证工作提高管理水平；有的企业忽视了基础管理创新工作，围绕企业基础管理方面开展的创新活动很少。

第三，做好开源节流，降本增效。密切关注下半年经济走势，认真研究宏观经济的发展趋势，制定公司增供扩销、降本增效等经营措施。这里主要包括三个方面。一是要开源，即想办法扩大市场销售，稳定出口，拓宽内销渠道；二是降低成本，即要在降低人工成本、管理费用、财务费用、生产费用上下功夫，优化融资结构，防范财务风险；三是增加效益，即要压缩可控成本、减少损耗，加强精细化管理，加强资金运作和固定资产管理，提高资产利用效益和投资效益，建立好投资与效益的良性循环机制。

7. 掌握国际市场规则，突破国际化的初级阶段

我国大企业全球化的首要挑战或障碍就是全球各个国家或地区之间社会制度和文化的巨大差异，我国许多企业难以适应。无论是进入东南亚地区，非洲拉美，还是欧美，社会制度的差异使中国企业在全球化的过程中遭遇到额外的阻力，要克服非经济因素带来的障碍。我国企业要走全球化之路，就必须打破长时期在我国特色的制度环境和文化环境中生存和发展的习惯，掌握世界各国普遍通行的价值观念和市场规则，进而突破目前的全球化困境。

首先，要根据全球化的目的和出发点，企业自身的能力和行业特点，选择合适的切入点。例如，不同的市场进入有难易之分，进入新兴市场相对容易，进入成熟的发达市场比较困难；地理位置近的比较容易，地理遥远的比较困难，可选择先难后易（如海尔），或先易后难（如华为、中兴）。合资，收购兼并是一种选择，独资自建又是另一种模式。为了达到收购的目的，可保留原业务和管理层，不介入日常管理（如杭州东华链条），亦可收缩调整，将制造移回国内，保留研发，销售和营销（如万向集团）。

其次，建立具有全球视野的领导班子，保持最高管理层有一定比例的海外学习工作经验。实现领导力（决策层）的全球化，融合带有显著文化差异的中外领导层。平衡权利分配，优化组合。企业的领导，特别是主管全球化业务的领导，要有开放的胸怀，多学习和了解外界的情况。同时还要注意高级管理层中有全球化背景和经验的人员占一定的比例。

第三，要注意充分了解全球化的经营环境，对境外投资环境进行充分评估。通过收集当地的各种信息，了解当地的政策法规，研究如何遵守当地法规政策。熟悉经营环境，客户对企业产品和服务的需求，进而进行产品和服务的本地化。明确当地的人力资源，自然资源，和创新资源的供求情况，以便制定合适的供应链战略，同时善于利用我国政府的外交资源。

第四，加强产业链企业的联合，抱团走出去。企业只依靠自己的力量去实施全球化，势必势单力薄，独木难支。要联合各方一起走出去。两方，三方，甚至四方联合，形成合力。制造业和基础设施建筑企业，可以携手开辟海外市场。还可以与国内同行（如共同分包），甚至国外同行，建立合资、合作企业。同时联合金融资本，利用金融的力量，拓宽市场空间。

第五，保障资金安全与合理收益，建立合理的退出机制。安全第一，是我国企业走出去的第一要务。我国企业务必要在社会责任、环境保护、公益事业、企业形象、教育培训、当地员工等问题上合规经营，尤其在我国企业广泛存在的亚非拉美地区，尤其应当注意对外投资的安全问题，审慎评估地缘政治等投资风险。在事前，应该增强对当地运营的调研；在事中，就是尽量采用风险规避，风险转移等，比如大的投资应申请担保，或者和当地合作，尽量地使风险分散一些。加强外汇、利率管理能力，通过金融工具避免市场风险；认真研究当地法律法规政策以及相关规章制度，避免法律风险。通过建立风险预警、处理、善后工作小组，避免风险的扩大。

8. 进一步完善企业运行机制，提升企业发展活力

企业运行机制是企业的经营系统、技术创新系统、财务系统等运行过程中各环节内部以及各环节之间本质的内在的相互关联、相互制约的工作方式的总和。企业运行机制决定着企业活力，搞活企业的根本出路在于完善企业运行机制。自从改革开放以来，我国政府和企业都在不断推动企业运行机制的完善，已经基本上建立起基于社会主义市场经济体系的企业运行机制。但随着企业经营内外部环境的不断变化，在现有企业运行机制中又暴露出不利于企业持续发展的新问题；当前深化企业改革的一项重要内容就是从完善企业运行机制入手，进一步增强企业活力。总体上看，建立科学合理的企业运行机制，关键是做好两个方面的工作：一是企业外部环境的建设，二是企业内部机制的构建。

政府应在企业外部环境的优化上继续发挥积极作用，加快打造有利于我国大企业健康发展的外部环境。企业外部环境包括政治法律环境、经济环境、技术环境、文化环境、融资环境等多个方面，单靠企业自身的努力，难以对环境的优化产生实质性的影响，必须借助于政府经济管理职能的发挥，来进一步完善企业外部环境。改革开放以来，我国大企业的外部经营环境已经有了根本性的改善，已经为促进大企业健康发展创造了较好的外部环境。政府在财税体制、金融体制、价格体制、工资体制、就业体制、社会保障体制等方面的改革，有力地推动了政府在社会经济发展中的角色转换；既为企业解除了束缚，又为企业提供了公平参与市场竞争的舞台。但自2008年国际金融危机以来，现有税收体制与融资环境对企业发展的不利影响，日益成为舆论所关注的焦点，企业要求进一步减轻税收负担、完善融资环境的呼声持续高涨。目前以企业上缴税金占营业收入比测量的全国总体平均税负水平为6.65%，在G20中位居第17位；再加上远远高于发达国家企业的社保缴费压力，以及大量不合理的涉企收费，我国大企业发展的税费压力明显过大。政府应当在目前财力允许的情况下，加快推进能够切实有效减轻企业税收负担的结构性减税改革；应进一步清理整顿涉企收费，有效减轻企业的非税负担。应加快推进金融领域的市场化改革，鼓励民间资本进入金融领域，从而有效增加信贷资源供给，降低企业借贷成本，实现利润在实体经济与金融业之间的合理分配。

构建科学合理的企业内部机制，是进一步完善企业运行机制的基础。企业内部机制建设，包括体制、结构与制度等方面；对我国大企业来说，每一个方面的进一步完善，都是一项艰巨而复杂的任务。企业体制改革，包括所有制改革和现代企业制度建设，虽然已经取得了阶段性的成果，但无论是国有企业，还是民营企业，企业产权关系依然有待进一步理顺，现代企业制度的建设也只是部分完成了形式学习，真正的现代企业制度还没有完全建立起来。在企业组织结构层面，我国大企业管理层级过多，管理效率低下的痼疾，也没有得到有效清除；企业法人治理制度变革已经取得了一些成效，但部分大企业的股东大会、董事会与监事会并没有真正发挥其作用。我国大企业应继续深入推进企业体制改革与组织结构变革，彻底理顺产权关系，全面落实现代企业制度，采取高效灵活的组织结构模式。相对而言，我国大企业在企业内部管理制度建设方面做得最好，基本上都采取了先进的管理方法，有了比较规范的管理制度。但随着管理理论与管理实践的不断发展，我国大企业仍应主动关注与学习国外先进的管理经验与管理方法，以不断完善我国大企业的内部管理，提升大企业的管理效率。

第二章
2012中国制造业企业500强分析报告

2012中国制造业企业500强是中国企业联合会、中国企业家协会连续第8次向社会发布“中国制造业企业500强”排行榜。2012中国制造业企业500强的入围门槛继上年大幅度提高之后，今年又上了一个新的台阶，达到64.0亿元，比上年的55.4亿元提高了15.48%。

2012中国制造业企业500强中，有272家企业入围2012中国企业500强，比上年少了7家。这272家企业的营业收入总额为19.2万亿元，占2012中国企业500强总营业收入的42.7%，这个数值比上年（43.3%）下降了0.6个百分点；利润（本报告中所提到的利润均指归属母公司的利润，下同）总额为5250.2亿元，占2012中国企业500强实现利润总额的25.04%，这个数值比上年下降了5.16个百分点。

另外，在《财富》杂志2012年公布的全球500强中，有70家中国内地企业入围。其中，制造业企业有24家申报并入围，比去年多3家。

总体来说，2011年是国际金融危机持续深化和蔓延的一年，在此基础上引发的欧债危机更给中国企业尤其是制造业企业的发展带来不利因素。通过数据我们也不难看出，虽然大部分企业都受到了国际经济环境恶化的冲击，但我国制造业企业通过采取相应的应对措施，都在顽强地争取尽早度过这一艰难时期。

一、中国制造业企业500强的规模及其分布特征

1. 2012中国制造业企业500强的入围门槛有所提高，规模进一步增长

2012中国制造业企业500强的入围门槛已经由上年的55.4亿元提高到64.0亿元，提高了15.48%。据数据统计，2012中国制造业企业500强的总体规模有大幅度的增长，实现营业收入总额21.7万亿元，比上年营业收入总额增长了21.86%；资产总额达到19.7万亿元，比上年增长了17.27%；从业人数达到1261万人，比上年增长了10.00%。

从个体规模来看，2012中国制造业企业500强中规模最大的企业中国石油化工集团公司，2011年的营业收入已经突破了2万亿大关，达到了2.5万亿元，较上年增长了29.60%。另外，千亿企业（营业收入超过1000亿元、低于10000亿元的企业）数目由去年的28家增加到了37家；500亿企业（营业收入超过500亿元、低于1000亿元的企业）数目达到了61家，比去年增加了5家。2011－2012中国制造业企业500强的总体规模对比详见表2－1。

表 2－1　　2011－2012 中国制造业企业500 强总体规模对比

项目／年度	入围门槛（亿元）	总营收（亿元）	总资产（亿元）	从业人数（人）	入围中国500强企业个数	入围世界500强企业个数
2012 年	64.01	217147.75	196529.37	12607343	272	24
2011 年	55.43	178200.19	167593.25	11460831	279	21
增长率（%）	15.48	21.86	17.27	10.00	－2.51	14.29

从以上的数据分析可以看出，虽然国际金融危机的深化和欧债危机的蔓延对全球经济产生了深远影响，我国企业的发展受阻也在所难免，但从规模上来看，这一影响也并没有阻止2012 中国制造业企业500 强的规模持续扩大的步伐。

2. 2012 中国制造业企业500 强的个体差异仍然很大，企业间规模差距依然悬殊

2012 中国制造业企业500 强排名第1 位的中国石油化工集团公司实现营业收入2.5 万亿元，拥有资产总计达1.7 万亿元，而排名第500 位的浙江富陵控股集团有限公司的营业收入和资产分别为64.0 亿元、56.9 亿元，分别只占中国石油化工集团公司的0.25% 和0.33%，这两个比例与上年的数值（0.28% 和0.10%）比较之后，我们发现，制造业企业的规模差距没有加大，甚至略有减少。

再从入围2012 中国制造业企业500 强前10 名企业与后10 名企业的情况相比来看，前10 名企业营业收入总和与资产总额分别为5.5 万亿元和4.6 万亿元，后10 名企业营业收入总和与资产总额则分别为648.5 亿元和839.4 亿元，后10 名企业营业收入总和与资产总额仅为前10 名企业数据的1.17% 和1.84%，而上年这两个比值分别为1.26% 与1.25%。这又再一次说明，2012 中国制造业企业500 强在规模上的个体差距仍然很大，而且这种悬殊的差距在短期内无法改变。

3. 2012 中国制造业企业500 强的规模分布依旧延续了“两头窄、中间宽”的特点，主要力量仍然集中分布在中间水平

2012 中国制造业企业500 强的规模分布仍然呈现“两极分化”的现象，延续了以往“两头窄、中间宽”的模式。从营业收入看，2012 中国制造业企业500 强中仍然只有一家企业超过了万亿元，而且已经跨入2 万亿大关；千亿企业（营业收入超过1000 亿元、低于10000 亿元的企业）数目由去年的28 家增加到了37 家；500 亿企业（营业收入超过500 亿元、低于1000 亿元的企业）数目达到了61 家，比去年增加了5 家；百亿企业（营业收入超过100 亿元、低于500 亿元的企业）有315 家，比上年多25 家；营业收入不足100 亿元的企业有86 家，比上年少39 家。

从资产规模来看，2012 中国制造业企业500 强中有39 家企业资产达到1000 亿元以上，比上年多6 家，其中资产规模最大的是中国石油化工集团公司，资产为1.7 万亿元；另外，包括中国航空工业集团公司在内的38 家企业资产超过了1000 亿元；资产在500～1000 亿元的企业有52 家，比上年增加了8 家；资产在100～500 亿元的企业有245 家，比上年增加了18 家；资产在100 亿元以下的企业有162 家，比上年减少了32 家。可见，2012 中国制造业企业500 强资产规模的分布仍然很不均衡，主要力量仍然集中分布在中等规模的企业。不过，通过与2011年的相应数据比较，可以看出，规模中上等的企业数量在逐渐增多，规模偏小的企业数量在减少。2011－2012中国制造业企业500强整体规模分布对比情况见表2－2。

表2－2　　2011－2012中国制造业企业500强整体规模分布对照表

		2012年	2011年	增长情况
1000亿元以上	营业收入	38家	29家	增加9家
	总资产	39家	33家	增加6家
500～1000亿元	营业收入	61家	56家	增加5家
	总资产	52家	44家	增加8家
100～500亿元	营业收入	315家	290家	增加25家
	总资产	245家	227家	增加18家
100亿元以下	营业收入	86家	125家	减少39家
	总资产	162家	194家	减少32家

二、中国制造业企业500强的经济效益及其分布特征

1. 2012中国制造业企业500强总体经济效益下滑

2012中国制造业企业500强共实现利润6304.5亿元（实报497家），比上年的7301.8亿元（实报494家）减少了13.66%。其中，亏损企业14家，比上年多8家。可以看到，由于受到国际金融危机和欧债危机的影响，2012中国制造业企业的整体规模虽然有所提高，但总体经济效益却有所下滑。

从人均营业收入看，2012中国制造业企业500强人均营业收入为171.5万元，比上年的154.8万元提高了10.81%；从人均实现利润看，2012中国制造业企业500强人均利润为5.0万元，比上年降低了21.72%；从收入利润率看，2012中国制造业企业500强平均收入利润率为2.90%，比上年降低了1.24个百分点；从资产利润率来看，2012中国制造业企业500强平均资产利润率为3.18%，比上年降低了1.22个百分点。

从总体上看，2012中国制造业企业500强的总体经济效益下滑，盈利水平不如上年。这也充分说明，新一轮的国际经济局势动荡对我国实体经济的影响还是非常明显的，我国企业要尽早采取措施，调整发展方向，争取尽早摆脱危机的负面影响。

2. 2012中国制造业企业500强效益主体下移，中等效益水平的企业比重越来越大

2012中国制造业企业500强实现利润超过100亿元的企业有7家，比上年减少1家，其利润总额为1496.9亿元，占制造业500强利润总额的23.74%。这个比例比上年降低了1.06个百分点；实现利润50－100亿元的企业有19家，比上年减少2家，其利润总额为1228.4亿元，占制造业500强利润总额的19.49%；实现利润10～50亿元的企业有120家，比上年减少了15家，其利润总额为2335.7亿元，占制造业500强利润总额的37.05%；实现利润0～10亿元的企业有337家，比上年增

加了 13 家，其利润总额为 1338.1 亿元，占制造业 500 强利润总额的 21.22%。另外，有 14 家企业亏损，共亏损 94.6 亿元。有 3 家企业未填报利润情况。2011－2012 中国制造业企业 500 强利润分布情况见表 2－3。

表 2－3　　2011－2012 中国制造业企业 500 强利润分布情况对照表

	100 亿元以上	50～100 亿元	10～50 亿元	0～10 亿元	亏损企业	未填报企业
2012 年	7	19	120	337	14	3
2011 年	8	21	135	324	6	6
增长情况	减少 1 家	减少 2 家	减少 15 家	增加 13 家	增加 8 家	减少 3 家

通过以上数据的分析和比较不难看出，中国制造业企业 500 强的主要利润来源于经济效益处于中等规模的企业，而且越来越集中于利润偏低群体。

3. 2012 中国制造业企业 500 强的资产管理质量略有提高，盈利能力基本保持上年水平

资产周转率是衡量企业资产管理效率的重要财务指标，2012 中国制造业企业 500 强平均资产周转率达到 1.10 次/年，比上年增加了 0.04 次/年。资产周转率排在首位的是中国新世纪控股集团有限公司，达到 9.09 次/年，这已经是该公司继去年之后再一次排在资产周转率首位。按资产周转率排序，排在第 2 至第 5 位的分别是山东金诚石化集团有限公司、浙江栋梁新材股份有限公司、天正集团有限公司、邯郸市正大制管有限公司，资产周转率依次为 8.10 次/年、7.52 次/年、7.22 次/年、6.99 次/年。资产周转率大于 2.00 次/年的企业有 114 家，比上年多 4 家；资产周转率小于 1.00 次/年的企业有 163 家，比上年少 1 家。

净资产利润率是反映企业盈利能力的一个综合指标。2012 中国制造业企业 500 强平均净资产利润率为 12.15%，比上年减少了 0.65 个百分点。净资产利润率最高的潍坊特钢集团有限公司，达到 200.00%。排在第 2 至第 5 位的分别是胜达集团有限公司、中国黄金集团公司、奥克斯集团有限公司、厦门银鹭集团有限公司，净资产利润率分别为 165.86%、138.64%、84.33%、62.86%。净资产利润率超过 100.00% 的企业有 3 家，而上年没有企业净资产利润率超过 100.00%。虽然 2012 中国制造业企业 500 强的平均盈利能力略低于上年，但从单个企业比较来看，2012 中国制造业企业 500 强盈利水平最高的企业的净资产利润率几乎达到了上年最高的 4 倍。

从资本保值增值率看，2012 中国制造业企业 500 强平均资本保值增值率为 114.74%，比上年低 6.03 个百分点。其中，花园工贸集团有限公司的资本保值增值率最高，为 1141.76%，列第 2 到第 5 位的分别是森马集团有限公司 328.79%、唐人神集团股份有限公司 285.80%、浙江元立金属制品集团有限公司 265.26%、桐昆集团股份有限公司 245.95%。

通过与上年的数据比较可以发现，2012 中国制造业企业 500 强的资产管理质量和利用效率略有提高，盈利能力和资产增值能力与上年基本持平。

4. 2012 中国制造业企业 500 强纳税总额有所提高，对国家税收贡献保持稳定

纳税总额直接反映了中国制造业企业 500 强对国民经济发展所做的贡献。2012 中国制造业企业

500 强纳税总额达到了 1.5 万亿元，较上年 1.3 万亿元增长了 21.83%；占 2012 中国企业 500 强纳税总额的 45.70%，基本与上年持平；占 2011 年全国税收总收入的 17.00%，比上年略减 0.10 个百分点。可以看出，中国制造业企业对国家税收的贡献基本维持稳定。

从单个企业来看，2012 中国制造业企业 500 强中，纳税额超过 100 亿元的企业有 19 家，比上年增加了 1 家。其中，中国石油化工集团公司连续第二年纳税额超 1000 亿元，由上年的 2813.2 亿元增长到 3298.1 亿元。

三、中国制造业企业 500 强的行业结构与分布特征

从产业结构特征看，中国制造业企业 500 强门类比较齐全，传统产业、高新技术产业、轻工业、重工业等都有不同程度的发展。2012 中国制造业企业 500 强分布在 39 个行业中，由于没有企业入围，比上年少了木材、家具及竹、藤、棕、草制品制造业。

1. 2012 中国制造业企业 500 强的行业分布比较分散，但各行业的市场地位相对稳定

从 39 个行业中所分布的企业数目来看，2012 中国制造业企业 500 强的行业分布比较分散。入围企业数最多的行业，仍然是黑色冶金及压延加工业，共有 80 家企业入围，比上年少 1 家。自 2005 年推出中国制造业企业 500 强以来，该行业连续八年占据入围企业最多的地位。八年来，由于我国经济结构不断进行调整，钢铁行业并购重组现象频出，使得该行业的企业数连年递减，但仍然无法改变其在中国制造业企业 500 强中居于主导的行业地位。

入围企业数排在第 2 至第 5 位的行业分别是一般有色冶金及压延加工业 35 家、化学原料及化学制品制造业 35 家、电力、电气、输变电等机械、设备、器材、元器件和电池、线缆制造业 31 家、汽车及零配件制造业 28 家。以上提到的 5 个行业，四年来一直都排在入围企业数最多的前 5 位，只是位次稍有变化。

入围企业数最少的行业是乳制品加工业和电子办公设备及影像设备制造业，分别只有 1 家企业入围。其次是农林机械、设备及零配件制造业和轨道交通设备及零部件制造业，分别有 2 家企业入围。

通过 2012 中国制造业企业 500 强各行业入围企业数与前几年数据的对比我们发现，中国制造业企业 500 强的行业分布虽然比较分散，但各行业的市场地位相对稳定，个别企业的变动不会影响相关行业在整个国民经济中的地位。

2. 2012 中国制造业企业 500 强中大部分行业的平均盈利能力下降，各行业间的差距显著

收入利润率和资产利润率是两个能够反映企业盈利能力的指标。下面就这两个指标的变化和分布情况，分析入围 2012 中国制造业企业 500 强的各行业的盈利能力。

从收入利润率来看，2012 中国制造业企业 500 强的平均收入利润率是 2.90%。平均收入利润率高于 10% 的行业有 2 个，其中酿酒制造业的行业平均收入利润率连续四年最高，达到 12.55%；另一个是黄金冶炼及压延加工业，行业平均收入利润率为 12.02%。除酿酒制造业和黄金冶炼及压延加工业之外，行业平均收入利润率高于 2.90% 的还有烟草加工业等 19 个行业。另外，行业平均收入利润率最低的是动力、发电、电力生产等机械、装备制造业（1.39%）。

从资产利润率来看，2012 中国制造业企业 500 强的平均资产利润率为 3.18%。平均资产利润率

高于10%的行业有2个，其中黄金冶炼及压延加工业的行业平均资产利润率最高，为14.72%；另一个是农林机械、设备及零配件制造业，行业平均资产利润率为10.05%。除黄金冶炼及压延加工业和农林机械、设备及零配件制造业之外，还有20个行业的平均资产利润率高于3.18%。动力、发电、电力生产等机械、装备制造业的行业平均资产利润率最低，为1.12%。详见表2－4。

表2－4　　2011－2012中国制造业企业500强按行业平均指标对照表

	平均收入利润率（%）		平均资产利润率（%）		入围企业数	
	2012年	2011年	2012年	2011年	2012年	2011年
酿酒制造业	12.55	16.21	9.27	13.39	9	7
黄金冶炼及压延加工业	12.02	7.76	14.72	8.91	4	4
烟草加工业	8.79	8.68	9.92	9.04	14	16
电梯及运输、仓储设备与设施制造业	7.35	7.63	6.37	6.84	3	3
电子办公设备及影像设备制造业	7.27	7.8	1.87	3.78	1	1
工程机械、设备及零配件制造业	6.69	8.92	6.71	8.57	12	12
纺织品、服装、鞋帽（含皮草、毛、绒等）加工业	6.68	7.27	6.94	7.05	14	14
船舶制造业	6.30	7.16	3.31	3.64	8	10
塑料制品业	6.05	6.72	9.20	7.18	3	2
食品加工制造业	6.02	6.23	5.11	5.22	9	8
乳制品加工业	4.83	3.59	9.08	6.59	1	2
通讯设备及其他电子设备、元器件制造业	4.41	7.77	5.10	9.86	5	5
橡胶制品业	4.37	4.16	7.50	5.89	6	9
医药制造业	4.19	4.88	4.83	5.49	14	14
纺织、印染业	3.89	5.46	6.42	6.85	14	13
造纸及纸制品加工业	3.83	6.02	4.14	4.88	7	9
化学纤维制造业	3.82	5.8	6.01	8.68	14	14
建筑材料及玻璃等制造业	3.62	6.81	2.97	5.34	17	16
农林机械、设备及零配件制造业	3.48	3.55	10.05	19.42	2	1
汽车及零配件制造业	2.96	5.31	4.28	7.11	28	29
肉食品加工业	2.95	5.44	4.85	8.60	6	7
化学原料及化学制品制造业	2.67	3.27	2.39	2.96	35	27
家用电器及零配件制造业	2.61	3.74	3.17	4.78	13	16
综合制造业（以制造业为主，含有服务业）	2.43	3.63	2.87	3.92	23	23
工业机械、设备及零配件制造业	2.41	4.3	2.22	3.93	9	11
轨道交通设备及零部件制造业	2.39	2.54	2.00	2.04	2	2
石化产品、炼焦及其他燃料加工业	2.34	2.68	3.39	3.59	19	22
饮料加工业	2.23	10.56	4.26	20.21	3	2

续表

	平均收入利润率（%）		平均资产利润率（%）		入围企业数	
	2012 年	2011 年	2012 年	2011 年	2012 年	2011 年
农副食品及产品加工业	1.99	3.17	3.33	5.64	14	12
航空、航天、核工业与兵器制造业	1.91	2.92	1.35	1.93	5	5
电力、电气、输变电等机械、设备、器材、元器件和电池、线缆制造业	1.90	4.82	2.31	6.06	31	33
电子元器件与仪器仪表、自动化控制设备制造业	1.86	2.82	2.05	3.89	9	7
一般有色冶金及压延加工业	1.83	2.41	1.89	2.27	35	34
生活消费品和文体、玩具、家具、首饰、珠宝、宝石、工艺等轻工产品加工业	1.83	3.48	2.87	4.57	4	3
金属制品业	1.71	2.57	2.30	4.21	13	10
摩托车及零配件制造业	1.71	5.01	1.45	5.81	3	4
黑色冶金及压延加工业	1.56	2.22	1.45	2.23	80	81
计算机及零部件制造业	1.42	2.22	1.23	2.55	4	3
动力、发电、电力生产等机械、装备制造业	1.39	7.03	1.12	6.00	7	8

通过表 2－4 的数据对比分析可以看出，大部分入围 2012 中国制造业企业 500 强的行业的平均盈利能力有所下降，个别行业严重下滑，行业间差距显著。

3. 2012 中国制造业企业 500 强入围企业数最多的行业，盈利能力几乎垫底

如前所述，2012 中国制造业企业 500 强中入围企业数最多的行业分别是黑色冶金及压延加工业、一般有色冶金及压延加工业、化学原料及化学制品制造业、电力、电气、输变电等机械、设备、器材、元器件和电池、线缆制造业和汽车及零配件制造业。但从表 2－4 的数据可以看出，除了汽车及零配件制造业，其余 4 个行业的盈利能力都低于平均水平。值得指出的是，作为入围数量大户的黑色冶金及压延加工业虽然连续数年入围企业数最多，但盈利能力几乎垫底。这也从一个侧面反映了中国制造业企业“大而不强”的弱点。

2012 中国制造业企业 500 强分行业主要指标见表 2－5。

表 2－5　　2012 中国制造业企业 500 强分行业主要指标

	企业数	营业收入（万元）	利润（万元）	资产（万元）	纳税总额（万元）	从业人数（人）
全国	500	2171477546	63045413	1965293720	152525471	12607343
农副食品及产品加工业	14	27436685	544779	16378258	715784	256445
食品加工制造业	9	25535126	1536652	30046682	941786	251834

续表

	企业数	营业收入（万元）	利润（万元）	资产（万元）	纳税总额（万元）	从业人数（人）
乳制品加工业	1	3745137	180922	1992950	218954	21925
饮料加工业	3	9492109	211681	4968989	680685	54694
酿酒制造业	9	17990885	2258196	24350302	3460753	194333
烟草加工业	14	51446559	4522240	45567886	31649170	142009
纺织、印染业	14	40087367	1559049	24296763	1182163	295154
纺织品、服装、鞋帽（含皮草、毛、绒等）加工业	14	24396047	1630698	23502502	1236621	295542
肉食品加工业	6	20997783	619325	12777740	574856	221132
造纸及纸制品加工业	7	18650516	715031	17261225	786136	95182
生活消费品和文体、玩具、家具、首饰、珠宝、宝石、工艺等轻工产品加工业	4	13060327	239422	8337401	231638	81547
石化产品、炼焦及其他燃料加工业	19	289731829	6775811	199933407	34401252	1153448
化学原料及化学制品制造业	35	79377039	2116329	88725079	3761547	518371
医药制造业	14	26839023	1124723	23309108	1353165	199535
化学纤维制造业	14	32464656	1240454	20630936	1078630	116818
橡胶制品业	6	11756411	514101	6856492	396351	67549
塑料制品业	3	2986725	180825	1965569	90117	5888
建筑材料及玻璃等制造业	17	57160000	2067452	69507196	4722838	452563
黑色冶金及压延加工业	80	426993147	6645827	408134340	11268242	1886274
一般有色冶金及压延加工业	35	148119750	2481511	136545002	4120590	686912
金属制品业	13	17439747	298488	12956134	496695	94003
工程机械、设备及零配件制造业	12	36552117	2446520	36461731	1566897	190710
工业机械、设备及零配件制造业	9	15680889	377643	17020783	640975	144358
农林机械、设备及零配件制造业	2	4215514	146664	1458757	91079	35187
电力、电气、输变电等机械、设备、器材、元器件和电池、线缆制造业	31	53521639	1018524	44064953	1910599	355647
电梯及运输、仓储设备与设施制造业	3	8721356	640630	10053153	343229	79562
轨道交通设备及零部件制造业	2	17186524	410103	20540097	715323	177392
家用电器及零配件制造业	13	71611719	1867910	58864552	3197619	578279
黄金冶炼及压延加工业	4	19265754	2316017	15730956	923265	100796
电子元器件与仪器仪表、自动化控制设备制造业	9	26584788	494012	24124266	720141	209170
计算机及零部件制造业	4	27443888	388364	31451606	678986	103423

续表

	企业数	营业收入（万元）	利润（万元）	资产（万元）	纳税总额（万元）	从业人数（人）
通讯设备及其他电子设备、元器件制造业	5	42418935	1870820	36679788	3615755	308406
电子办公设备及影像设备制造业	1	759905	55264	2961624	84386	18162
汽车及零配件制造业	28	246237662	7300237	170562737	24817885	953302
摩托车及零配件制造业	3	5080253	87041	6006405	184288	40053
航空、航天、核工业与兵器制造业	5	101244527	1931912	143524945	4186867	1187660
动力、发电、电力生产等机械、装备制造业	7	37425196	459727	44492365	1720767	200890
综合制造业（以制造业为主，含有服务业）	23	83788556	2003722	69904697	2750600	599909
船舶制造业	8	28031456	1766787	53346344	1008837	233279

四、中国制造业企业 500 强的区域结构与分布特征

作为国民经济中具有举足轻重地位的制造业，其发展状况同国家经济发展的总趋势密切相关。中国制造业企业 500 强是我国制造业的佼佼者，代表中国制造业发展的最高水平，其地域分布情况能够较客观地反映整个中国制造业的地域分布现状。地方经济的发展离不开当地大企业的支撑，2012 中国制造业企业 500 强的地域分布基本上反映地区经济发展的现实情况。

2012 中国制造业企业 500 强在地域分布上，与以往相比变化不大。2012 中国制造业企业 500 强的所在地涉及了 30 个省、自治区、直辖市，全国 31 个省、自治区、直辖市中，只有西藏没有企业入围 2012 中国制造业企业 500 强。这 500 家企业在各个地区的分布同以往一样，呈现出不均衡性。其中东部地区有 342 家企业，占 68.40%；中部地区有 61 家企业，占 12.20%；西部地区有 66 家企业，占 13.20%；东北地区有 30 家企业，占 6.00%。

东部地区：浙江 84 家、江苏 48 家、山东 71 家、北京 36 家、河北 31 家、广东 19 家、天津 23 家、上海 19 家、福建 10 家、海南 1 家。这 10 省市共有 342 家企业入围，比上年少 3 家，占 2012 中国制造业企业 500 强总数的 68.40%，超过了 2/3 的比例。

中部地区：河南 10 家，安徽 11 家，湖南 8 家，湖北 15 家，江西 12 家，山西 5 家。这 6 省区共有 61 家企业入围 2012 中国制造业企业 500 强，比上年多 1 家，占 12.20%。

西部地区：四川 17 家、重庆 13 家、云南 9 家、陕西 5 家、广西 8 家、内蒙古 3 家、甘肃 3 家、贵州 2 家、新疆 3 家、青海 3 家、宁夏 1 家。这 11 个省市共有 67 家企业进入 2012 中国制造业企业 500 强，比上年多 5 家，占 13.20%。

东北地区：辽宁 22 家、黑龙江 5 家、吉林 3 家。这 3 个省共有 30 家企业进入 2012 中国制造业企业 500 强，比上年少了 3 家，占 6.00%。

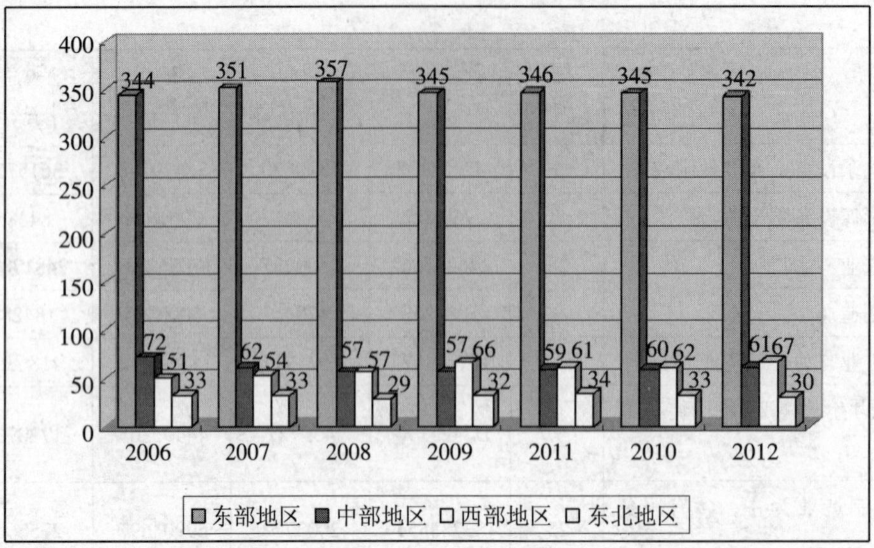

图 2－1　2006－2012 中国制造业企业 500 强区域分布变化示意图

图 2－1 是 2006－2012 中国制造业企业 500 强的企业在各个区域分布的变化示意图。从图中可以很明显地看出，各个区域入围的企业数目相对稳定，7 年来变化不大，但制造业逐渐向中西部转移的趋势略有显现。东部地区 7 年来入围中国制造业企业 500 强的企业数都远远高于其他 3 个地区，虽然自 2008 年国际金融危机以来，东部地区的企业经营受到不小的冲击，入围企业数目略微有所减少，但其仍然聚集了“中国制造”的主要力量。东北地区制造业的发展仍然落后于其他几个地区，起色不大。

2012 中国制造业企业 500 强分地区主要指标详见表 2－6。

表 2－6　　2012 中国制造业企业 500 强分地区主要指标

	企业数	营业收入（万元）	利润（万元）	资产（万元）	纳税总额（万元）	从业人数（人）
全国	500	2171477546	63045413	1965293720	152525471	12607343
浙江	84	169490089	5399051	117880162	8850727	850759
山东	71	195756670	7657643	137195075	8625652	1075875
江苏	48	161025218	5285766	105889202	4968233	661082
北京	36	644276673	13564397	649312302	49535891	4123970
河北	31	80772528	1775872	63604164	2352240	408982
天津	23	100901879	2478192	69939858	2470808	366568
辽宁	22	59875161	930769	73400323	3390174	521291
上海	19	140680983	6946830	160126943	16066391	623294
广东	19	113297375	3572111	98566077	7936204	977583

续表

	企业数	营业收入（万元）	利润（万元）	资产（万元）	纳税总额（万元）	从业人数（人）
四川	17	50587718	1581617	49155463	2682892	407323
湖北	15	89254486	2106699	69219991	7763386	431803
重庆	13	23076410	461321	27674967	1538079	210130
江西	12	35581312	69283	26027238	1544538	195409
安徽	11	38541703	739148	35196727	1833708	228865
河南	10	26206764	371306	19477622	845816	161734
福建	10	22885793	1092032	20887585	3020952	114016
云南	9	30249039	1511019	42715673	9666755	205685
湖南	8	39207978	2436897	38871009	5763148	146014
广西	8	16417761	387292	20511148	1710712	181526
黑龙江	5	8518540	237310	13867594	977348	81088
山西	5	16998527	296543	18287829	511355	82926
陕西	5	14836674	129872	17994198	507342	117261
吉林	3	41965101	1591688	25808924	5048620	124296
甘肃	3	22810140	501045	22079039	572527	89473
青海	3	3999964	261822	7881346	383849	35287
新疆	3	5008772	279702	8689550	305934	45978
内蒙古	3	11584859	541496	16108436	981821	90403
贵州	2	4926639	760047	6103728	2563666	27998
宁夏	1	1321360	45112	1511566	13198	12000
海南	1	1421430	33531	1309981	93505	8724

五、中国制造业企业500强的所有制分布特征

在2012中国制造业企业500强中，有216家国有企业，比上年减少4家，占总数的43.20%；284家民营企业，占总数的56.80%。三年来，中国制造业企业500强中的国有企业数目逐年减少，随着国家不断改善民营企业的营商环境，民营企业的活力越来越明显，这种趋势将继续维持。

1. 入围2012中国制造业企业500强的国有企业虽然在数量上少于民营企业，但规模却远远大于民营企业

入围2012中国制造业企业500强的216家国有企业的营业收入总额为14.7万亿元，占总数的67.67%；利润总额达到3895.5亿元，占总数的61.79%；资产总额为14.7万亿元，占总数的

74.69%；纳税总额达到1.3亿元，占总数的83.76%。而284家民营企业的营业收入总额为7.0万亿元，仅占总数的32.33%；利润总额达到2409.1亿元，占总数的38.21%；资产总额为5.0万亿元，占总数的25.31%；纳税总额达到2476.5亿元，占总数的16.24%。详见表2-7、表2-8。

表2-7　　2012 中国制造业企业 500 强按所有制分类的主要指标（万元）

	企业数	营业收入	利润	资产	纳税总额	从业人数
全国	500	2171477546	63045413	1965293720	152525471	12607343
国有	216	1469431645	38954520	1467783406	127760034	8705688
民营	284	702045901	24090893	497510314	24765437	3901655

注释：表中从业人数单位为人。

表2-8　　2012 中国制造业企业 500 强主要指标所有制分布

	企业数（%）	营业收入（%）	利润（%）	资产（%）	纳税总额（%）	从业人数（%）
国有	43.20	67.67	61.79	74.69	83.76	69.05
民营	56.80	32.33	38.21	25.31	16.24	30.95

2. 国有企业虽然在规模上占据优势，但其经济效率却低于民营企业

一直以来，国有企业无论在总体规模上还是个体规模上都占据了绝对优势，但在经济效益方面却差强人意。从盈利水平看，2012 中国制造业企业 500 强中 216 家国有企业的平均收入利润率为2.65%，低于284家民营企业的3.43%；平均资产利润率为2.65%，低于民营企业的4.84%。

从资产管理效率来看，2012 中国制造业企业 500 强中的国有企业的平均资产周转率为1.00次/年，低于民营企业的1.41次/年。

从劳动生产率指标来看，国有企业的人均营业收入为168.8万元，低于民营企业的179.9万元；国有企业的人均利润为4.0万元，低于民营企业的6.0万元。详见表2-9。

表2-9　　2012 中国制造业企业 500 强按所有制分类的经济效益与效率

	资产利润率（%）	人均利润（万元）	资产周转率（次/年）	人均营业收入（万元）	收入利润率（%）
国营	2.65	4.0	1.00	168.79	2.65
民营	4.84	6.0	1.41	179.94	3.43

六、中国制造业企业 500 强的研发状况

1. 2012 中国制造业企业 500 强研发投入费用有所增加，但占比仍然偏低

2012 中国制造业企业 500 强中有 465 家填报了研发投入数据，共投入研发费用总额为 3922.4 亿

元，比上年的3346.0亿元提高了17.22%；平均研发费用为8.4亿元，比上年增长了17.88%；研发投入费用最多的5家企业分别是华为技术有限公司（219.0亿元）、中国航空工业集团公司（216.8亿元）、中国船舶重工集团公司（102.2亿元）、中国航天科工集团公司（95.4亿元）、中国兵器装备集团公司（90.0亿元），其研发投入占各自营业收入的比例分别为10.74%、8.21%、6.28%、8.52%、3.23%。

2012中国制造业企业500强的研发费用占营业收入的平均比例为1.87%，比上年的1.99%略微有所降低。2012中国制造业企业500强的研发投入/营业收入超过10%的企业只有华为技术有限公司和太原重型机械集团有限公司2家，比上年减少1家；在5~10%之间的企业有28家，比上年增加7家；在3~5%之间的企业有86家，比上年减少15家；在1~3%之间的企业有180家，比上年增加7家；有169家企业的研发投入比例小于1%，比上年减少3家。

对于中国制造业企业500强来说，虽然研发投入逐年增加，但与国外一流企业相比，仍然存在较大差距。这也反映了我国企业还没有充分认识到加大研发投入，提高自主研发能力对企业发展的重要意义。

2. 2012中国制造业企业500强的研发投入增长率集中在中下游水平，有待进一步提高

2012中国制造业企业500强虽然总体的研发投入有所增加，但单个企业的研发投入增长率并不是很理想。在填报数据的465家企业中，有相当数量的企业自身研发投入的水平有了大幅度提高，但整体水平仍然相对落后。其中，有39家企业的研发投入增长率高于100%，比上年多1家，占总数的8.39%，最高的是河北敬业企业集团有限责任公司，研发投入增长率达到3293.83%；有38家企业的研发投入增长率在50~100%之间，比上年减少31家，占总数的8.17%；有86家企业的研发投入增长率在30~50%之间，比上年多8家，占总数的18.49%；有137家企业的研发投入增长率在10~30%之间，比上年减少13家，占总数的29.46%；有86家企业的研发投入增长率在0~10%之间，比上年增加16家，占总数的18.49%；另外，还有76家企业的研发投入增长率出现了负增长，比上年增加16家，占总数的16.34%。详见表2-10。

表2-10　2011-2012中国制造业企业500强研发投入增长情况对比

	超过100%	50~100%	30~50%	10~30%	0~10%	0以下
2011年	38家	69家	78家	150家	70	60家
占总数比例	8.14%	14.78%	16.77%	32.12%	14.99%	12.85%
2012年	39家	38家	86家	137家	86	76家
占总数比例	8.39%	8.17%	18.49%	29.46%	18.49	16.34%
增长情况	增加1家	减少31家	增加8家	减少13家	增加16家	增加16家

3. 专利数和发明专利数均有大幅提高，但与世界先进水平仍有较大差距

2012中国制造业企业500强中有441家企业填报了专利情况，共拥有专利22.4万项，比上年的18.8万项增加了19.18%；其中发明专利6.2万项，比上年4.7万项增加了32.98%，占全部拥有专利数量的 27.69%；从平均数来看，441 家企业平均每家拥有专利 509 项，比上年增长了 17.28%；平均拥有发明专利 141 项，比上年增长了 30.56%。拥有专利最多的企业是海尔集团公司，拥有 12318 项专利；拥有发明专利最多的企业是中兴通讯股份有限公司，拥有 10000 项发明专利。

专利数量尤其是发明专利的数量，能够反映一个企业的自主研发能力和研发水平。通过与国际上先进企业的对比不难看出，我国企业在科研水平和自主研发能力上还存在巨大的差距。企业要想获得高质量的发展，一定要重视科研经费的投入和积极获取自主知识产权。

七、中国制造业企业 500 强的海外经营状况

1. 2012 中国制造业企业 500 强的海外营业收入大幅增长，海外营业收入占总收入的比例略有提高

2012 中国制造业企业 500 强中，有 255 家企业填报了海外营业收入数据，共实现海外营业收入 2.4 万亿元，比上年的 1.6 万亿元增长了 54.04%；占其营业收入总额的 14.91%，比上年的 12.85% 提高了 2.06 个百分点；平均海外收入增长率为 43.07%，比去年降低了 3.10 个百分点。

海外营业收入超过 500 亿元的企业有 9 家，其中有 4 家企业超过了 1000 亿元，分别是中国石油化工集团公司（7201.2 亿元）、华为技术有限公司（1415.9 亿元）、浙江吉利控股集团有限公司（1277.6 亿元）、联想控股有限公司（1082.4 亿元）；海外营业收入占总收入比例超过 50% 的企业有 8 家，其中浙江吉利控股集团有限公司的海外营业收入占总收入的比例最高，达到 84.61%。

2. 2012 中国制造业企业 500 强的海外资产大幅度增长

2012 中国制造业企业 500 强中，有 164 家企业填报了海外资产数据。这 164 家企业的海外资产总额达到了 1.7 万亿元，比上年增加了 46.68%，占其资产总额的 12.61%。海外资产超过 500 亿元的企业有 6 家，其中，有 2 家企业超过了 1000 亿元，分别是中国石油化工集团公司（6386.9 亿元，占其总资产的 36.59%）和中国铝业公司（1204.2 亿元，占其总资产的 30.36%）。

3. 2012 中国制造业企业 500 强的海外从业人数大幅增加

2012 中国制造业企业 500 强共有 164 家企业填报了海外从业人数，共有海外员工 27.8 万人，较上年增加了 29.89%，占这些企业员工总数的 3.51%。

八、中国制造业企业 500 强发展中存在的问题

中国的制造业经过 30 多年计划经济条件下的自主发展，又经历了 30 多年市场经济条件下的自由开放发展，已经取得了举世瞩目的成就。2010 年，中国在全球制造业产值中的比重上升到 19.8%，超过美国的 19.4%，成为世界制造业第一大国。但在为这样的成就而感到高兴和自豪的同时，我们也应该清醒的认识到现阶段我国制造业发展过程中存在的困难和问题。

1. 中国制造业面临着发达国家“回归”制造业，发展中国家加速追赶的双重压力

发迹于欧洲的欧美主权债务危机，近两年来逐步由冰岛、希腊等边缘国家向意大利、法国等核心经济体发展。2011 年 8 月，标准普尔下调美国长期主权信用评级，欧美主权债务危机愈演愈烈，并由经济领域向社会、政治领域蔓延。此次欧债危机是国际金融危机的延续和深化，是西方国家多年来经济虚拟化、产业空心化，长期推行赤字财政、高福利制度以及举债消费的结果。它打破了旧

有的世界经济循环体系，促使西方国家反思和调整发展理念，推动全球经济治理模式深刻变革。

随着全球经济形势持续低迷，世界主要国家开始对危机后遗症进行清理，力图尽快走出危机。同时，开始重新认识制造业的价值，采取措施推动制造业的回归与复兴。发达国家开始反思虚拟经济过度发展的弊端，认识到经济增长必须建立在实体经济健康发展的基础之上，而夯实实体经济基础，首要的就是振兴制造业。因此，美国除了加强对金融机构和衍生金融产品的市场监管外，还把主要精力用于发展实体经济。奥巴马政府提出了“再工业化”的政策口号，极力促进制造业进一步发展。日本去年出现自1963年以来的首次贸易逆差，虽然这与去年的地震海啸等临时性因素有关，但从长远来看，日本产业转移造成的制造业空心化是其出现贸易赤字的根本原因，因此，日本出台相应政策扭转制造业流失的局面是必然的。由此，发达国家纷纷提出“再工业化”战略，试图实现从“产业空心化”到“再工业化”的回归，这是一个建立在持续创新基础上新的制造业格局与形态再造的过程，特别值得中国认真关注。

比较而言，新兴经济体更加注重发展实体经济，保持了相对较快的增长速度。比如，在中国学印度发展服务外包的同时，印度也在学习中国，并把发展制造业作为未来经济政策的重要取向。印度的经济规模、人口年龄结构、市场潜力和低劳动力成本的比较优势，都使我们对印度未来制造业发展前景不可低估。

对中国这样的发展中经济体来说，如何应对可能到来的制造业争夺战是问题核心。可以预见，世界各国未来在制造业领域的市场竞争将会加剧。对中国来说，未来很可能得双线作战：既需要应对来自越南等其他发展中国家对低端制造业的争夺，又需应对美国、日本等发达国家对高端制造业的争夺。

2. 我国制造业长期依赖的低成本优势正在逐渐消失

经过多年的努力，中国制造业快速发展，并且已经凭借国家资源的硬实力，即国家大面积的闲置土地、大量人口、低廉的甚至免费的自然资源，拿下了全球低端产品市场。然而，随着中国经济保持较快增长势头，对能源资源的需求持续提升。以往，我国能源特别是自然资源的使用成本非常低，众多制造业采取粗放型的增长方式。随着国内自然能源的消耗，资源类产品价格上涨的趋势不可逆转，直接带来制造业生产成本的上升。

另外，劳动力总量大、成本低曾是我国制造业的突出比较优势。随着人口结构的变化，这一优势也在不断流失。根据相关预测，2015年中国劳动力总量将达到峰值，之后将缓慢下降。近年来东部沿海地区大面积的“用工荒”和工资薪酬的快速上涨反映了这一变化。从制造业从业人员平均工资来看，当前越南是每月1000元左右，印度大概是600元，而中国东部沿海已经达到了2500元至3000元。波士顿咨询集团在发表的题为《制造业重返美国》的报告中说，在普通的中国工厂，工人们的工资和福利正以每年15%到20%的速度增长，这将会导致中国相对于美国低成本州的劳动力成本优势由现在的55%骤减至2015年的39%，而且美国工人还拥有更高的生产效率。10年来中国的年均工资涨幅达16%，这在很大程度上缩小了成本差距。中国不再是为美国供货的廉价工厂的“默认位置”。

低端产品的低价格来源于低廉的制造成本，然而，中国制造业面临的原材料价格上涨、劳动力成本上升、人民币升值以及国外反倾销等多重因素的制约不断加大，综合成本已经超过越南、印度等一些新兴发展中国家。而随着劳动力成本的进一步上升以及资源环境成本的不断提高，我国制造业将无法继续承受低端产品的低价格，中国制造业长期赖以生存的低成本优势正在逐渐丧失，面临着严峻的成本压力，依靠低廉的劳动力与资源环境成本以及采用低技术发展制造业的前景将“暗淡无光”。因此尽快实现从低端向高端的转型升级，就成了中国制造业的必然选择。

3. 我国制造业过于依赖粗放式的增长方式，缺乏终端市场和品牌运作方面的经验，发展质量不高

市场是中国一贯的优势资源，我国制造业企业过去的快速发展很大程度上正是受益于巨大的本土市场，本土市场让制造业企业在产品本身并不突出的情况下通过本土化的渠道和促销取得对国外产品的优势，同时凭借低成本优势让产品能够以较低价格走向国际市场，价格战成为主要的竞争手段。但是随着本土市场的成熟以及成本优势的消失，这种发展模式的基础正在消失。而我国企业非常缺乏全球营销经验，主要依靠国外分销商或合作伙伴在国际市场上推销中国商品。我国制造业正是过于依赖这种渠道优势，饱受终端和流通环节的双重压力，靠成本优势打价格战，导致制造业市场的无序价格竞争，难以提供更多的品牌支持建设。

市场经济条件下，品牌作为一个国家经济实力的象征和一个地区经济发达的重要标志，是一个产业整体素质的体现和科技进步的结晶，更是企业提升管理、创新发展的灵魂。目前我国经济总量居世界第二位、制造业总值居世界第一位，约 200 多种工业产品产量居世界首位，货物出口居世界第一位，在全球各大城市的商场中，随处可见“中国制造”的商品，但却难以寻找到“中国品牌”。由于缺乏国际知名品牌，很多企业只能采用代工模式，处于产业链低端。据统计，全国出口企业中拥有自主品牌的不到 20%。在专业的品牌研究机构——世界品牌实验室公布的《2011 年世界品牌 500 强》排行榜中，中国仅有 21 个品牌入围，而其中属于制造业企业的品牌只有 5 个。这不能不让我们为国内的制造业企业担忧。一个好的国际品牌已经不单是某一种产品的名字和产品质量的标志，它已经成为一种文化的象征，发挥着宣传本国思想意识、增强本国在世界上的认同感、传播和交流人类文明等巨大的作用。

近两年来，在规模优势开始丧失的时候，已然有部分企业开始了自我反思。比亚迪董事长兼总裁王传福说，比亚迪要更加关注售车质量，而不是“一味追求市场份额”，并指出，过去几年过于注重增长是错误的。与比亚迪类似，在体育用品行业，李宁在去年也提出要进行渠道整改，开始收缩庞大的经销网络，粗放式的增长让李宁看不到增长。李宁的 CEO 张志勇指出，“如果没有足够的品牌溢价，受制于租金上涨、行业增幅减缓等因素，这些低层级市场的店铺将陷入亏损。”

当前的经济形势，对我国制造业企业来说既是挑战更是机遇，制造业要想成功转型，按照丰田的微笑曲线思路，制造业必须向高附加值的价值环节过度，或是向上抓住研发与原材料环节；或是向下抓住终端市场与品牌溢价。希望我国制造业都能像比亚迪和李宁这样，尽早认识自身发展存在的问题，及时采取措施，转变经营模式，在产品核心竞争力上狠下功夫，只有这样才能突出重围，由“制造大国”变为“制造强国”及“品牌强国”，走出一条有制造业企业特色的全新发展道路。

4. 我国制造业技术创新能力仍然十分薄弱，缺乏核心竞争力

我国制造业的总体特征是大而不强，大量企业处于产业链的底层，从事高消耗、低附加值产品的生产，只在加工、生产环节建立起成本优势。以服装、机电、家电、化工、船舶、集装箱等为主，主要途径是为代理品牌加工，附加价值低，特点为劳动密集、生产简单、管理简单，但能源消耗大、污染较为严重。这些代加工生产很少涉及到价值链高端，无法形成企业自己的核心竞争力。很多企业，特别是代表制造业发展方向的装备制造业，由于缺乏核心技术和自主知识产权，不得不忍痛将大部分利润拱手让与别人。

据国内一些学者研究，我国制造业总体全要素生产率（TFP）在2003年之后处于下降趋势，这说明我国制造业自主创新能力仍然处于比较弱势的地位。其中，劳动密集型制造业以及采掘业比资本密集型制造业具有较高的全要素生产率，而技术密集型制造业的全要素生产率相对于其他类型的制造业更低。这主要是因为资本密集型和技术密集型制造业的技术创新能力较劳动密集型制造业低，导致中间投入和资本投入过高。因此，我国在制造业发展策略上需要着重加强技术创新能力，尤其是资本密集型和技术密集型制造业的自主创新能力，尽快缩小与发达国家的技术差距，减少对国外关键设备和核心技术的过度依赖。

然而，长期以来，我国制造业在技术引进方面，一直存在重硬件、轻软件，重引进、轻消化，重模仿、轻创新的问题。这主要归因于我国制造业自主创新缺乏基础研究支撑。基础研究是国家发展的基础竞争力，是科技创新与经济发展的不竭动力和源泉，是培育制造业自主创新能力的基石和沃土，缺乏基础研究支持，制造行业技术的自主创新只能是无源之水、无本之木。近年来，随着我国研发投入的不断增加，基础研究投入持续增长，有力地保障了基础研究的发展。但是，从基础研究投入累计量、投入强度以及人均研发经费等指标看，与发达国家的投入水平相比，与建设创新型国家的目标相比，我国基础研究投入仍有较大差距。特别值得注意的是，我国基础研究投入占R&D的比例长期徘徊在5%左右（美国的这一比例大概在20%左右），近年来甚至呈现逐年下降的趋势。由此，基础科研资金投入相对不足和基础科学研究能力相对较差成为我国制造业自主创新的障碍之一。

5. 大部分中国制造业企业跨国经营的技术含量不高，尚处于不成熟的低级阶段

虽然近年来，我国制造企业国际化经营涌现出了不少成功案例，但是总体来看，与国际一般趋势比较，不仅总量滞后，而且在产业结构、合作领域、合作方式、企业跨国经营能力等方面都存在不足与差距。

企业在国际化经营过程中，关键的问题是选择什么样的国际化战略路径。我国加入WTO后，市场开放和营销全球化成了中国企业必然的选择。我国企业不仅要承受跨国公司在中国本土带来的竞争压力，而且还要在人家的土地上与外国公司竞争。在这种大背景下，越来越多的优秀企业在尚未规划好国际化战略思路及实施路径的情况下，盲目踏上国际化征程。我国许多制造业企业首先是将“生产制造环节”进行国际化，这是我国企业对欧美发达国家企业将生产制造环节“中国化”的简单模仿，采取了生产制造环节“欧美化”。大部分制造企业简单的认为，生产制造环节的欧美化就是国际化，这是错误的想法。欧美发达国家之所以把制造环节中国化，看中的就是中国制造成本的比较优势，而我国企业进行的这种简单模仿，从根本上丧失了其赖以生存的基本条件，势必遭到重创。

九、中国制造业企业500强转型升级的路径选择

2012年1月18日，国务院印发关于《工业转型升级规划（2011—2015）的通知》。编制和实施《规划》，是推进中国特色新型工业化的根本要求，也是进一步调整和优化经济结构、促进工业转型升级的重要举措，对于实现我国工业由大到强的转变具有重要意义。“十二五”时期推动工业转型升级，要以科学发展为主题，以加快转变经济发展方式为主线，着力提升自主创新能力，推进信息化与工业化深度融合，改造提升传统产业，培育壮大战略性新兴产业，加快发展生产性服务业，调整和优化产业结构，把工业发展建立在创新驱动、集约高效、环境友好、惠及民生、内生增长的基础上，不断增强我国工业核心竞争力和可持续发展能力。

1. 促进企业基础管理水平的提升，夯实企业发展基础

一个企业的基础管理，涵盖了企业日常管理中的生产管理、技术管理、质量管理、安全管理等方方面面，是企业发展的根本，是企业永恒的主题。没有坚实的基础管理，企业就不可能健康持续的快速发展。可以说，基础管理工作是企业和谐发展的基石和根本所在。在全球化的竞争背景下，中国的制造业要想在国际竞争中获得竞争优势，良好的管理基础工作显得尤为重要。

要充分发挥主观能动性，加强自身基础管理建设，使管理由无序管理向有序管理转变，由实现突击性管理向常规化管理转变、由粗放型管理向精细化管理转变。

首先，从管理人员的思想认识抓起，强化对抓好基础管理重要性的认识。从各个企业的工作实践来看，凡是对基础管理较为重视的企业，其管理都比较规范和先进，产品质量亦是高标准，让顾客满意的。反之，其管理水平就徘徊不前，顾客抱怨不断。因此，首要的一点，就是要从思想上让广大的企业员工和管理干部充分认识加强基础管理的重要性和必要性。

其次，从制度建设人手，建立和完善基础管理的长效机制。俗话说，“没有规矩不成方圆”。对于企业来说，制订的最多、最普遍的恐怕也就是企业的管理制度了。企业相关管理部门应该认真的识别、分析公司的各个管理流程，确定各个流程的责任人和流程之间相关关系、相互作用，从实际出发，根据工作的要求，环境及员工的素质，用制度和流程搭建管理框架，依制度办事，初步形成用制度管人、用制度管事、用制度推进工作的长效机制。

再次，要以检查考核为重点，大力推进规程、制度执行力的落实。企业建立健全完善的基础管理考核体系，并且要通过加强检查考核来促进基础管理工作的落实。保证考核工作不流于形式，将考核工作由以往的“事后考核”变为“事前预防”。通过各种行之有效的检查考核管理办法，使企业基础管理的各项规章制度和标准真正做到任务落实，人员落实，时间落实和责任落实。

最后，要以提高员工的素质为根本，狠抓员工的思想、职业道德和操作、管理技能的教育培训。抓企业的基础管理必须坚持以人为本，充分调动和发挥人的主观能动性，充分挖掘人的潜在能力和创造精神。人的素质是决定管理水平能够得以提高的决定性因素。要大力强化各级员工的职业技能的培训，在教育培训上不能单纯地以培养骨干、尖子为目标，要突出群体性，广泛性，强化规范性和实效性。要注重细节管理，培养员工优良的工作作风和敬业爱岗精神。企业要实行自我控制、自我管理、自主管理，积极开展民主管理等活动，建设一支事业忠诚、爱岗敬业、技术过硬、能打硬

仗、士气高昂的员工队伍。要在企业内部形成一种人人关心、人人参与基础管理的氛围，树立起一种人人以身作则，敢于管理，对于违规违纪的行为“人人喊打”、无处藏身的正气，从根本上提高我国企业基础管理水平。

总之，基础管理的提升过程，就是一个梳理做什么、怎么做的过程，是把企业中零散的指导工作的信息文本化、制度化的过程，是从随意的、经验化的工作方式向“在框架中工作”的方式转变的过程。所谓基础不牢、地动山摇，正如盖房子，图纸再好，施工再严，若是建立在一个松散的地基上，是不可能建起巍巍大厦的。中国制造业要在全球化的背景下稳步前进，保持生产经营可持续发展，实现转型升级，必须要有一个坚实的地基，这个地基就是基础管理，我们必须要持之以恒、统筹安排、科学规划，使中国制造业的基础管理得到提升和突破，

2. 坚持自主创新，着力推进原始创新和集成创新，加快突破制约发展的关键技术、核心技术和系统集成技术

在激烈的竞争中，掌握核心技术就意味着企业有机会攫取商业价值链中附加价值最高的部分，并引领行业和技术的发展，在以后竞争中继续占据优势地位，为企业赢得可持续发展的动力。虽然决定企业成功的原因多样而复杂，但高科技企业重视专利，重视技术研发，无疑是企业成为行业领导者的一个关键因素。

从我国的航空、集成电路、高端装备等产业发展现状来看，如不高度重视集成创新和原始创新，就难以实现从以消化吸收引进技术为主的跟随性技术创新模式向以自主创新为主的领先型技术创新模式转变。如果没有自主创新的突破，制造业企业的发展将会举步维艰，抢占未来产业科技制高点的战略意图更无法实现。因此，我国制造业企业要想实现战略性转型升级，就应该以技术进步为突破口，促进自主创新能力建设，运用高新技术改造传统产业并积极发展高新技术产业。

首先，要选择合适的创新模式。对于我国企业来说，有三种创新模式可以选择。一种是跟踪型创新模式，即企业关注并及时跟踪核心技术的发展趋势，以最快的速度模仿，开发出与之相类似的新产品，借助领先企业的市场开拓成果，以较低的开发成本分享一定的市场份额。实施跟踪型技术创新应该是在学习基础上的二次创新，是在前人肩膀上再向上走一步的创造性活动。另一种是合作型创新模式。对大多数企业来说，技术创新的物质基础条件和技术能力都比较薄弱，完全以自身的力量来开展创新活动，短期内很难提高创新的技术水平，而通过与其他机构的合作来共同推进技术创新则是一种十分明智的选择。合作战略可以是纵向合作——企业与科研机构、高等院校进行合作，通过产学研究的紧密结合加速科技成果的产业化；也可以是横向合作——产品及规模均较为接近的企业共同出资组建研究中心，共同承担风险，获得利益。合作型技术创新模式是企业优化资源配置，提高创新有效性和效率的重要手段。最后，对于有实力的企业可以选择独立型创新模式。对于我国企业来说，大部分企业一直遵守引进消化吸收再创新的路径，这样既节约成本，又能在短时间内获取先进的技术。然而到了再创新这一阶段，就需要有实力有条件的企业进行独立创新，否则将永远依附于别人的技术。目前，部分央企响应国资委的号召建立企业中央研究院，正是符合独立型创新模式的要求。同时，大型制造企业设立中央研究院，也是其发展到一定阶段在战略上的必然选择。

其次，要发展高新技术产业。在促进自主创新能力建设过程中加快发展高新技术产业，形成高

新技术产业发展与自主创新能力建设的良性互动机制，使高新技术产业在更高的产业技术平台上带动和推进制造业结构整体优化、普遍升级，从而实现制造业发展方式的根本性转变，也可以从根本上破解制造业发展的资源环境制约“瓶颈”，增强发展的可持续性。

最后，大力实施知识产权战略。知识产权是科技创新成果的权利化体现，是保护科技优势和开拓市场的重要法律手段。只有对创新成果加以法律保护，形成自主知识产权，才能将技术优势转化为产品优势，提高科技经济竞争力。

总之，企业是自主创新的主体。要加快完善以企业为主体、市场为导向、产学研结合的技术创新体系，建立科学研究与高等教育有机结合的知识创新体系和专业化、社会化、网络化的科技服务体系。抓住时机，迎接挑战，增强信心，务实肯干，把自主创新真正作为企业转型和产业升级最有利的支撑，将自主创新成果更多地变成市场份额和经济效益，这样的转型与升级才具有生命力和实际意义。

3. 重视品牌的培育和保护，积极开展以品牌为中心的国际营销和服务，扩大产品市场，拓展发展空间

品牌，是指能够使某个企业的产品或服务与其他同类产品或服务区别开来的，并能在物质和非物质方面为消费者带来意义的一切标志。一个品牌不仅仅是一个产品的标志，更是产品的质量、性能、满足消费者效用的可靠程度的综合体现。品牌凝结着企业管理、市场信誉、追求完美的精神文化内涵，决定和影响着产品市场结构与服务定位。著名的品牌不仅是企业的无形资产，能给企业带来直接的和长远的经济效益，而且是社会的宝贵文化财富，对社会大众的思想意识和生活观念产生重要的影响。

品牌是构成企业核心竞争力的关键因素。当今国内外市场竞争的重要表现之一就是品牌的竞争，企业间在产品品质、价格、服务等要素方面的竞争，最终表现为品牌竞争。那些没有品牌的企业，大部分会沦为别人的加工厂，少部分被知名的品牌企业兼并收购，这已经成为越来越明显的趋势。目前，全球80%的市场已被20%的著名品牌所垄断。

品牌对于企业来说至关重要。“十二五”规划纲要提出，“推动自主品牌建设，提升品牌价值和效应，加快发展拥有国际知名品牌和国际竞争力的大型企业。”企业是品牌建设的主体，其中品牌战略是前提。品牌战略是企业战略的核心。要通过制定品牌战略，建立有效的体制机制，全面系统地规划品牌建设、品牌推广，确立清晰、稳定、统一的品牌形象，把竞争着眼点由产品竞争转移到品牌竞争上。企业要组织开展品牌培训活动，提高企业品牌培育意识和商标注册、运用、管理和保护能力；要推广先进的营销理论、品牌管理模式和方法，重点增强企业在市场调研、产品定位、营销策划、传播宣传、公关服务等方面的能力和水平。

来自于新加坡的品牌管理顾问和学者，同时也是《亚洲品牌战略》和《高技术、高接触品牌化》两本畅销书的作者，Paul Temporal 博士提出一个鲜明的观点，未来竞争优势来自于以客户为中心的组织，而不是市场营销。其实，客户关系管理（CRM）的实质就是在努力维系消费者和产品之间的关系，其最终目标也是为了企业的品牌得以延续和持久。Paul Temporal 博士指出，品牌作为一种关系，是基于企业和客户之间相互信任的前提条件下而建立起来的，所以，品牌管理的策略应该是感性的，而不是理性化的。与客户培养和塑造一个感性的、富有个性色彩的品牌关系需要经历这样一个过程：首先要有知名度，让客户获得足够的信息能够充分地了解品牌；其次，要获得客户对品牌的尊重，和客户建立起友谊关系，进而赢得客户的信任；最后，由信任而生成对品牌的忠诚，客户和品牌之间转变为水乳交融的合作伙伴关系。

充分的市场竞争中，对本土市场需求的精准把握可以使得企业获得优先的发展机会。中国奇瑞汽车的QQ车系，正是基于对低收入人群和青年人群需求的准确把握发展起来，从低端产品起家，向高端产品积累和创新，这是在中国证明可以成功的道路之一。中国人口众多地域广阔，这样庞大的本土市场必将包含众多的不同层级和不同区域的需求，中国制造业企业完全可以从中发掘更多的细分市场来完成企业的发展壮大。

4. 制定合理的国际化发展战略，促进制造业提高国际化经营水平

制造全球化是一个不可逆转的大趋势，是经济强国的竞技场。同时，全球化的形式和程度也是能否成为制造强国的标志。我们要清醒地认识到，全球制造业向中国转移是跨国公司为了获取更大的利润，而不是一种慈善事业，被动地接受这种转移，一味依靠外资和技术，追求GDP的高速增长，只能成为世界加工车间，是一种不可持续的发展战略。只有努力掌握创新产品的核心技术，加快制造业现代化和信息化的步伐，逐步从赚取低端利润向分享高端利润过渡，从被动接受资金和技术转移向其他国家输出资金和技术过渡，才能够从被动到主动，实现制造强国的理想，才是实现可持续发展的正确战略。

首先，中国制造业企业要“练好内功”，培育本土市场的竞争力，采取渐进性的国际化经营战略。跨国公司的发展历史表明，几乎所有的企业都是从国内市场起步，然后以母国为基地，逐步走向世界，最终发展成为跨国企业。从大多数跨国公司走向世界的过程来看，从国内经营到跨国经营是一个从被动到主动，从量变到质变的过程，并不是一蹴而就的突然飞跃。绝大多数企业在成为跨国公司之前，对跨国经营方式的选择都采用了“先易后难，逐步升级”的战略。一是解决后发劣势的困扰。“走出国门后才真的发现，很多对手远远比海尔强大得多。”张瑞敏形容这种差距，就相当于对方都是博士、硕士，而自己才中学毕业。一个新面孔在国外也根本无人搭理。二是国内市场与国外市场必须整体考虑。应该是先把国内市场做大后再尝试走出去，这可能也是转化后发劣势的问题，要做到“无利不为、无内不外”。因此，我国制造业企业应采取渐进性的国际化经营战略，即首先立足本国市场，根据所在行业的发展特点、自身的总体发展目标和所具有的比较优势，确定一个务实的发展目标，然后再逐步走上国际市场。

其次，中国制造业要选择正确的国际化战略方法和实施路径。在企业国际化问题上，有战略就会发现满眼是机会，没有战略就很难躲避风险。中国制造业企业的国际化，应当首先是技术研发环节的国际化，其次是市场销售环节的国际化，最后才是生产环节的国际化。需要注意的是，生产环节的国际化不是要把中国的生产车间移到欧美去，而是要移到比中国更具成本竞争优势的地方去。这样才能发挥中国制造成本的比较优势，才能有精力和实力去关注更具发展空间和利润空间的价值链高端。

5. 制造业向服务化转型，实现制造业与服务业的产业融合发展

产业融合发展是社会生产力进步和产业结构高度化的必然趋势，是现代产业经济发展的一种特征。根据国际经验，现代制造企业的生产与服务功能日益融合，制造业部门的功能也日趋服务化。制造业同服务业之间的界限越来越模糊，很多企业从制造业蔓延到服务业，甚至一些企业以制造为中心转向以服务为中心。同时，制造业的高端发展也呈现“服务化”的新趋向，附加值中有越来越大的比重来源于服务，而不是加工制造，服务含量在整个企业产值和增加值中所占的比重越来越高。服务型制造已成为制造业增加值的主要来源，其发达程度成为衡量现代社会经济发达程度的重要标志，也是全球制造业发展的一个重要趋势。美国的通用企业，从原始的产品制造（汽车制造）蔓延到汽车后市场领域即汽车融资，主要业务是向购买通用汽车公司产品的经销商提供贷款及票据贴现，同时也向消费者提供贷款从而扩大销售。另外，像丰田、IBM 等国外公司依托产品优势，在传统产品销售基础上提供增值服务，发展总集成、总承包和解决方案的延伸产业链发展模式，都是值得我国制造业企业好好学习的案例。

发达国家的实践表明，服务业的发展有利于促进制造业企业成本节约，延长产业链，提高附加值和利润率，制造业的发展转型要依托服务业的引领和参与。“微笑曲线”也形象地展示了生产性服务业对制造业的转型升级，提高制造业竞争力的作用。只有选择向附加价值较高的服务业，尤其是生产性服务业发展，才能实现制造业的转型升级，才能创造持久的竞争优势。因此，如何发挥生产性服务业在促进产业发展转型中的作用，将制造业增长基础从主要依靠增加物质资源消耗转向主要依靠科技进步、劳动者素质提高和管理创新等中间服务投入上来，是具有重大现实意义的研究课题。应将制造业与服务业的深度融合作为推动我国制造业结构调整和优化升级的重要着力点，加快构建服务型制造的产业技术体系，突破关键技术，鼓励探索新模式和新业态，培育现代服务型制造企业，实施服务型制造示范工程，加快推进制造业服务化。

6. 推动信息化与工业化深度融合，加快走新型工业化道路步伐，促进工业结构整体优化升级

我们处于信息时代，信息化在我国现代化进程中居于战略地位，离开了信息化的工业化，必然是“高投入、高消耗、高污染、低产出、低效率”的粗放发展方式，是不可持续的。越来越多的制造企业意识到，要保持和提升自己的竞争优势，就必须在产品研发、企业管理等方面全面实现信息化。到目前为止，中国制造业的信息化投入比例在企业营业额和利润中的比例仍然远远低于国际平均水平，而软件和咨询服务在其信息化投入中的比例，也更低于国际平均水平。正因为如此，中国政府不遗余力地推进信息化与工业化的融合，积极推广制造业信息化，2008 年，更组建了工业与信息化部。因此，中国制造业在产业升级的过程中，实现工业化与信息化融合是一个必然趋势。

从国家至企业，各个层面都要将制造业信息化工作实施以来的成功经验制度化、规范化，实施制造业信息化工作常态化，通过制造业信息化的长期持续发展，不断提高企业的自主创新能力、精细化科学管理能力、风险防范和抵御能力。

首先，推动生产过程信息技术的集成应用。深化生产过程中信息技术集成应用，是推进柔性制造、网络制造、智能制造、绿色制造等新型生产方式的基础，是一项需要坚持不懈推进的艰巨任务。其次，推进企业管理信息系统的综合集成。企业经营管理信息化是实现管理创新的重要手段，是推进经济发展方式转变的重要举措。要适应产业竞争格局的新变化，推进重点行业骨干企业生产制造、运营管理、采购销售等核心业务系统的综合集成，实现产销一体、管控衔接和集约生产，促进企业组织扁平化、决策科学化和运营一体化。

近年来，一大批传统制造业企业通过信息产业嫁接改造，焕发出勃勃生机。我国最大的花生油专业生产企业——山东鲁花集团，建立了能够为企业经营管理提供数字化服务的 ERP 系统，实现了财务、业务一体化，省时高效；实现了对分厂、分公司的随时监控和精细管理，为企业管理与决策提供了有力的技术支撑，显著提升了企业的整体竞争力。

7. 建设新型工业化基地和园区，推动产业集聚区建设，形成制造业转型升级新载体

产业集聚是指同一产业在某个特定地理区域内高度集中，产业资本要素在空间范围内不断汇聚的一个过程。实践表明，产业集聚能够强化专业化分工、优化生产要素配置、降低创新成本，是提高产业竞争力的重要途径，也是世界先进制造业和高端服务业发展的重要趋势。

首先，产业集聚可以提高劳动生产率。英国经济学家马歇尔发现，集中在一起的厂商比单个孤立的厂商更有效率。相关产业的企业在地理上的集中可以促进行业在区域内的分工与合作。这主要体现在：（1）有助于上下游企业都减少搜索原料产品的成本和交易费用，使产品生产成本显著降低；（2）集群内企业为提高协作效率，对生产链分工细化，有助于推动企业群劳动生产率的提高；（3）集聚使得企业能够更稳定、更有效率地得到供应商的服务，比较容易获得配套的产品和服务，及时了解本行业竞争所需要的信息；（4）集聚形成企业集群，有助于提高谈判能力，能以较低的代价从政府及其他公共机构处获得公共物品或服务；（5）由于集聚体本身可提供充足的就业机会和发展机会，会对外地相关人才产生磁场效应。集聚区内有大量拥有各种专门技能的人才，这种优势可使企业在短时间内以较低的费用找到合适的岗位人才，降低用人成本。

其次，产业集聚可以促进创新。企业的创新常常来源于企业之间，企业与用户之间的互动。在产业集聚中，新工艺、新技术能够迅速传播。企业更容易发现产品或服务的缺口，受到启发，发现市场机会，研发新的产品。由于集聚，不同公司员工之间接触沟通的机会增多，有助于相互间的思想碰撞而产生创新思维。同一园区企业管理人员与技术人员的定期交流会对各个企业带来创新灵感，这是知识技术外溢性的体现。

最后，产业集聚可以给集聚区内的企业带来竞争效益。波特的企业竞争优势的钻石模型中四个决定因素是：生产要素、需求条件、相关与支持产业、企业战略结构和同业间竞争，这四个因素是企业拥有竞争优势的必要条件。企业是区域经济发展的主体，产业园区的集聚企业具备这些条件，为提高本企业、本行业甚至本区域的竞争力提供了可能。产业集聚加剧了竞争，竞争是企业获得竞争优势的重要来源。竞争不仅仅表现在对市场的争夺，还表现在其他方面：同处一地的同行业企业有了业绩评价的标尺，可以相互比较。这给企业带来了创新的压力与动力，迫使企业不断降低成本，改进产品及提高服务，追赶技术变革的浪潮。集聚区内的企业比起那些散落在区外的企业，具有更强的竞争优势，更容易进入这一行业的前沿。

坚持把工业园区和产业基地作为转型升级的重要载体，加快推动制造业布局向集约高效、协调优化转变。许多制造业强国都有强大的产业集聚区作为支撑，如美国五大湖地区的汽车产业集聚区、西雅图的航空产业集聚区、硅谷的 IT 产业集聚区；日本的京滨工业区、阪神工业区、九州半导体产业集聚区；德国的慕尼黑高科技产业区、法兰克福化工产业集聚区等。这些产业集聚区不仅是国家重大产业布局的重要承载地，也是国家竞争力的重要体现。因此，要积极推动以产业链为纽带、资源要素集聚的产业集聚区建设，要推进工业企业和大项目向集聚区集聚，引导企业和各种创新要素向园区和基地集聚，实现集约化、规模化、生态化发展。以科学发展观为指导，把产业集聚区作为优化经济结构、转变发展方式、实现集约发展的有效载体，集中力量建设一批具有国际先进水平的工业园区和产业基地，形成以大企业为龙头、中小企业为基础的相互支撑、协调发展的产业格局，进一步提升集约化水平，切实增强产业自主创新能力，

2011 ~2020 年将是我国经济发展的重要时期，基本完成新型工业化，实现全面建设小康社会的奋斗目标，制造业仍将是支柱和主导力量。而制造业产业的升级转型则是发挥其支柱和主导作用的基础和前提。制造业只有通过新一轮产业升级才能不断地实现产业素质与效率的提高；只有通过新一轮产业转型，实现产业发展形态和发展模式的转变才能促使产业有质的飞跃，赢得新的竞争优势和发展的主动权。

第三章
2012 中国服务业企业 500 强分析报告

2012 中国服务业企业 500 强是由中国企业联合会、中国企业家协会连续第 8 次向社会发布的中国服务业 500 强企业年度排行榜。与 2011 中国服务业 500 强企业相比较，本年度发布的 2012 中国服务业企业 500 强，在入围门槛、营业收入、资产等各项规模指标上的增幅都有所放缓，千亿级企业表现出了快速增长的态势，但在规模分布方面仍然呈现金字塔的格局。在获利能力方面，净利润增幅降低，近 30% 企业利润呈现负增长，整体而言，逐渐趋于合理水平。在行业构成方面，金融行业占比继续增大，房地产行业受宏观调控影响，入围企业数量和获利水平双双下降。在宏观经济增速放缓的背景下，行业不断洗牌的过程中，企业的发展水平趋于理性。

一、2012 中国服务业企业 500 强的规模及分布特征

1. 2012 中国服务业企业 500 强营业收入增长放缓，门槛增幅降低

2012 中国服务业企业 500 强的规模增长显著，实现营业收入总额达 177869 亿元，资产总额达到 1055560 亿元，与 2011 中国服务业 500 强企业（以下简称上年）相比较，分别增长 20.8% 和 20.91%，营收增幅较上年态势趋缓；企业纳税总额为 10587 亿元，占全国税收 89720 亿元的 12%。但 500 家服务业企业的平均员工人数增幅却远远小于营收、资产的增幅，仅为 7.07%，为 22713 人。2012 中国服务业企业 500 强入围门槛为 23 亿元，较上年的 20 亿元，增长 15.1%，和上年 98.1% 的高增长相比，明显放缓。

表 3-1　　2011-2012 中国服务业企业 500 强企业总规模对比　　（单位：万元）

	总营收	总资产	纳税总额	员工数	入围门槛
2011	1472374551	8729819777	88626501	10924942	197242
2012	1778688808	10555597801	105869502	11965131	227029
增长情况	20.80%	20.91%	18.24%	7.07%	15.1%

注释：表中从业人数单位为人。

2. 千亿级企业快速壮大

2012 服务业榜单的企业有 145 家企业入围 2012 中国企业 500 强，占比 29%，和上年 143 家相比

小幅增长，但仍小于制造业企业的占比。有24家服务业企业进入世界500强的榜单，占入围总数的34.29%。比较服务业企业入围中国企业500强和世界500强的占比，可以发现，千亿级企业迅速壮大。另外，进入世界500强的榜单中的24家企业，除了少数企业排名略有下降，有83.3%的企业排名大幅提升，其中华润总公司和中国航空油料集团都提升了113名。

从进入世界500强的行业来看，分布在：银行（5家）、内外贸易（5家）、邮电通信（4家），保险（3家），能源供应（2家）、商业零售（1家）等、水运（1家）、铁路辅助（1家）、商务服务（1家）、综合服务（1家）。

表3-2　　2012中国服务业企业入围世界500强名单

排名	上年排名	公司名称（中英文）	营业收入（百万美元）	总部
7	7	国家电网公司	259142	北京
54	77	中国工商银行	109040	北京
77	108	中国建设银行	89648	北京
81	87	中国移动通信集团公司	87544	北京
84	127	中国农业银行	84803	北京
93	132	中国银行	80230	北京
113	168	中国中化集团公司	70990	北京
129	113	中国人寿保险（集团）公司	67274	北京
152	149	中国南方电网有限责任公司	60538	广州
194	221	中国中信集团有限公司	49339	北京
221	222	中国电信集团公司	45170	北京
233	346	中国华润总公司	43440	香港
242	328	中国平安保险（集团）股份有限公司	42110	深圳
258	343	中国邮政集团公司	40023	北京
292	289	中国人民保险集团股份有限公司	36549	北京
318	431	中国航空油料集团公司	34352	北京
326	398	交通银行	33872	上海
333	371	中国联合网络通信股份有限公司	33336	上海
349	430	中国铁路物资股份有限公司	31991	北京
367	435	中国机械工业集团有限公司	29846	北京
384	399	中国远洋运输（集团）总公司	28797	北京
393	366	中粮集团有限公司	28190	北京
416	508	天津市物资集团总公司	26411	天津
426	484	浙江物产集团	25833	杭州

从服务业企业500强的营业收入分布来看，超过1000亿元的有39家，100亿~1000亿元的企业数量有159家，60亿~100亿元的企业数量有79家，分别比上年增加企业数9家、7家和11家，增长率达到30%、4.16%、16.18%，低于60亿元的企业数量有223家，比上年减少27家，下降10.8%。相比较而言，营收达到千亿级企业的数量大大提高。

表3-3　　2011-2012中国服务业企业500强企业营收规模分布

	超过1000亿元	100亿~1000亿元	60亿~100亿元	60亿元以下
2011	30家	152家	68家	250家
2012	39家	159家	79家	223家
增长情况	9家	7家	11家	-27家
增长率	30.00%	4.61%	16.18%	-10.80%

在资产规模的分布上有更加明显的表现，有74家服务业资产达到1000亿元以上，比上年增加15家，增长率高达25.42%，其他区间段则没有表现出如此明显的增幅，资产在100亿~1000亿元的企业数量有151家，60亿~100亿元的企业数量有67家，分别比上年增加8家，3家，增长率为5.59%和18.18%和4.69%，低于60亿元的有206家，比上年减少25家，下降10.82%。

表3-4　　2011-2012中国服务业企业500强企业资产规模分布

	超过1000亿元	100亿~1000亿元	60亿~100亿元	60亿元以下	总数
2011	59家	143家	64家	231家	497家
2012	74家	151家	67家	206家	498家
增长情况	15家	8家	3家	-25家	—
增长率	25.42%	5.59%	4.69%	-10.82%	—

3. 规模分布呈金字塔形，较上年变化不大

2012中国服务业企业500强企业的规模分布仍延续了前几年的格局，继续呈现金字塔的状态，属于低数量区间的企业占据了绝大多数（如图3-1），并且和上年相比，在相同区间的企业存在数量上面变化不大，分部曲线基本一致（如图3-2）。2012中国服务业企业500强中，达到万亿以上的企业仍旧只有国家电网1家，百亿以上的企业数量为198家，百亿元以下的企业有302家，虽然比较上年的318家有所减少，占比仍旧高达63.6%，金字塔底部企业上升空间很大。

另外，企业间规模的差距仍旧很大，但较上年有所缓和。榜单中排名前30位的营业收入之和、资产之和所占各自比例分别为58.4%和72.2%，较上年的59.16%和75.16%有所降低，这其中排名前10的企业所实现的营收和占有的资产分别为34.9%57.5%。

和上年比较，因入围门槛提高所致，营业收入在20亿元以下的企业数量减少为0家，20亿-40

亿之间的企业数量为 138 家，比上年减少 21 家，晋升至 40－100 亿元之间的企业数量有所增加，为 164 家，比上年增加 12 家。高数量区间的数量也有或多或少的增幅，但和上年企业快速向高数量组别迈进的态势相比较，“步伐”明显放慢。

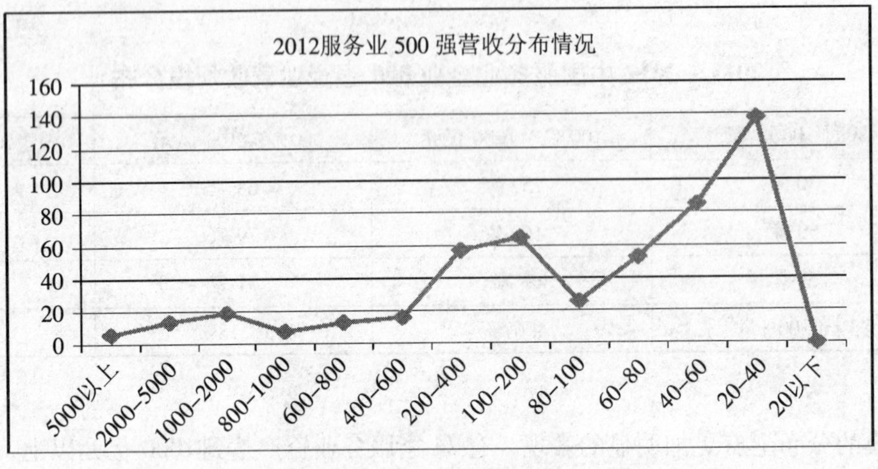

图 3－1　2012 服务业 500 强企业营业收入分布情况

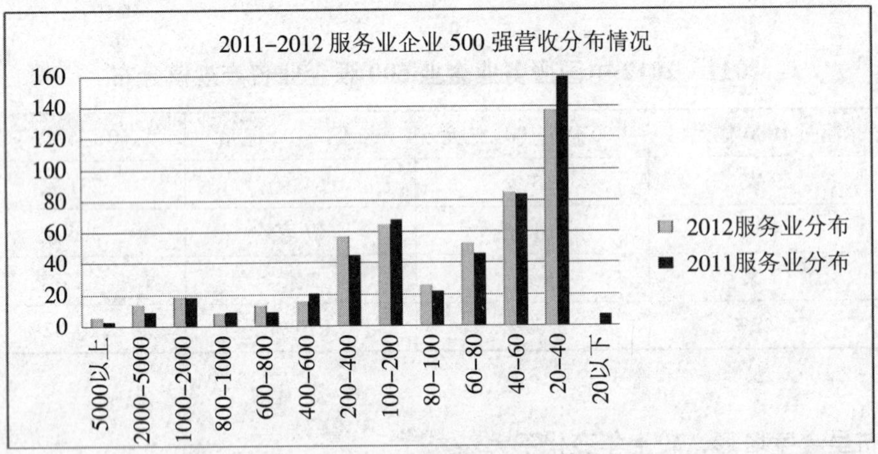

图 3－2　2011－2012 服务业 500 强企业营业收入分布情况对比

4. 2012 中国服务业企业 500 强的人均规模大幅降低，分布更加均衡

和上年相比，2012 中国服务业企业 500 强的各项人均指标都呈现显著提升，其中人均营业收入实现 145. 18 万元，增长 13. 83%，人均拥有资产 877. 46 万元，增长 10. 74%；较之上年两个指标的增长幅度 32. 92%、25. 56%，大幅降低。这其中的根结还在于营业收入、资产等总量指标增幅放缓。

表 3-5　　2011-2012 中国服务业企业 500 强人均规模指标对比

	人均营收（万元）	人均资产（万元）
2011	127.5	792.4
2012	145.2	877.5
增长情况	13.83%	10.74%

人均营业收入的分布中，人均营业收入超过 1000 万元的有 88 家，比上年增加 8 家；100 万至 1000 万的有 297 家，相比上年 278 家，增加 19 家；100 万以下的有 107 家，比上年的 133 家，减少 26 家。

从人均资产看，千万以上的企业有 105 家，比上年的 82 家，增加 23 家；100 万至 1000 万的有 289 家，相比上年 280 家，增加 9 家；100 万以下的有 97 家，比上年 117 家，减少 20 家。

二、2012 中国服务业企业 500 强的经济效益及特征

1. 2012 中国服务业企业 500 强利润增幅降低，近 30%企业利润负增长

2012 中国服务业 500 强企业实现净利润（指归属母公司净利润，下同）总额为 13624 亿元（497 家）。企业平均利润 311272 万元，较上年 245862 万元，增长 26.60%，比上年的 43.35% 的高增长率，大幅降低；人均利润为 11.3 万元，比上年增长 3.67%，较上年的 49.32% 增长率，降低 45 个百分点；平均利润增长率为 20.4%，较上年的 34.44%，降低近 14 个百分点，在榜单中可获得数据的 493 家企业中，利润实现负增长的有 143 家企业，占比近 30%，而上年仅为 72 家，占比 15%。

表 3-6　　2011-2012 中国服务业企业 500 强经济效益指标

	平均利润（万元）	人均利润（万元）	平均利润增长率（%）
2011	245862	10.9	34.44
2012	311272	11.3	20.4
增长情况	26.6%	3.67%	-14 个百分点

2. 2012 中国服务业企业 500 强利润进一步集中

2012 中国服务业企业实现利润超过 100 亿元的企业有 19 家，总利润总额为 10432 亿元，占 500 强利润总额的比重为 76.57%，较上年的 69.23% 有所提升；在 10 亿～100 亿元之间的企业有 83 家，实现利润 2459.8 亿元，占比 18.05%，较上年的 23.69% 有所降低，两者合计企业数为 102 家，占据 2012 我国服务业企业 500 强（493 家企业）全部利润的 94.63%，较上年提高近 2 个百分点，显示出利润进一步向少部分企业集中。而其余的企业中有 381 家的利润在 0 至 10 亿元之间，占利润总额的 5.86%，较上年的 7.84% 进一步降低。另有 10 家企业亏损，和上年基本持平。

表 3-7　　2012 中国服务业企业 500 强企业利润分布表

规模	个数	利润额（亿元）	占比
100 亿以上	19	10432	76.57%
10~100 亿之间	83	2460	18.05%
0~10 亿之间	381	798	5.86%
亏损	10	-71	-0.52%
总计	493	13624	100.00%

3. 2012 中国服务业企业 500 强盈利能力降低、利润增长水平趋向合理

从 2012 中国服务业 500 强企业利润增长率的变化来看，企业的获利水平趋于合理。榜单中企业利润增长率高达 50% 以上的企业的数量为 106 家，较上年 170 家相比，大幅降低；增长率为 30% 到 50% 之间的企业数量为 65 家，较上年 74 家相比也略有下降；而在 10% 到 30% 之间的企业数量和 0 到 30% 的企业数量都有所增加；受到经济大环境的影响，利润实现负增长的企业数量也大幅提高。在未来一段时间内，随着经济结构的调整和转型，企业经营环境更加透明，企业间竞争更加激烈，企业的高暴利现象会逐渐减少，盈利能力差的企业逐渐被淘汰，行业整体回归到较为合理的水平。

表 3-8　　2011-2012 中国服务业企业 500 强企业利润增长率对比

利润增长率	2011 个数	2012 个数	2011 占比	2012 占比
50% 以上	170	106	34.62%	21.50%
30% ~50%	74	65	15.07%	13.18%
10% ~30%	116	123	23.63%	24.95%
0~10%	59	65	12.02%	13.18%
0 以下	72	134	14.66%	27.18%
总计	491	493	100.00%	100.00%

另从收入利润率来看，2012 中国服务业企业 500 强的平均收入利润率为 7.67%，较上年 8.33% 降低了 0.66 个百分点。排在前 19 位，即收入利润率达到 30% 以上的企业中有 10 家银行，3 家证券公司，1 家网络公司；排在前 43 位，即收入利润率达到 20% 以上的企业中，有 33 家银行，3 证券公司；收入利润率在 10% 至 20% 之间的有 35 家，较上年 74 家大幅减少，占比 7%。另外有 407 家企业收入利润率在 0 至 10% 之间，占全部申报数据企业数量的 82.2%，较上年大幅提高，可见处于较低盈利水平的企业大幅增加。

企业平均资产利润率为 1.29%，较上年 1.39% 降低了 0.1 个百分点。其中超过 10% 的有 28 家，较上年的 45 家大幅降低，5% 至 10% 之间的企业有 68 家，3% 至 5% 的企业有 85 家，1% 至 3% 之间的有 181 家，0 至 1% 之间的 125 家。资产利润率在 3% 以下的企业占比高达 61.5%。

平均净资产利润率为 13.23%，延续了上年的增长势头，提高了 0.74 个百分点。

表 3-9 2011-2012 中国服务业企业 500 强企业各平均效率指标

	平均收入利润率（%）	平均资产利润率（%）	平均净资产利润率（%）
2011	8.33	1.39	12.49
2012	7.67	1.29	13.23
增长情况	-0.66 个百分点	-0.1 个百分点	0.74 个百分点

4. 2012 中国服务业企业 500 强资产利用状况稍有提升

从资产周转率看，2012 中国服务业企业 500 强企业平均资产周转率为 0.17 次/年，较上年 0.16 次/年有所回升。从分布情况看，资产周转率超过 10 次/年的有 10 家企业，较之上年的 5 家有所提升，1-10 次/年之间的有 256 家，小于 1 次/年的有 231 家。

三、2012 中国服务业企业 500 强的行业分布情况

表 3-10 2012 中国服务业企业 500 强分行业主要指标

	企业数	营业收入（亿元）	利润（亿元）	资产（亿元）	纳税总额（亿元）	从业人数（万人）
全国	500	177869	13624	1055560	10587	1197
电力、热力、燃气等能源供应服务业	18	23024	537	32969	1442	203
铁路运输及辅助服务业	5	3220	119	5099	90	28
道路运输、城市公交、交通及辅助、服务业	14	1364	105	7699	109	26
水上运输业	3	2532	-40	4964	61	12
港口服务业	7	1037	97	3375	67	9
航空运输及相关服务业	5	3882	109	7549	206	29
航空港及相关服务业	4	241	23	1122	26	3
邮电通信业	4	13330	997	66012	1104	190
软件、程序、线路的设计和计算机应用、网络工程等计算机、微电子服务业	7	1708	42	786	38	8
物流、仓储、运输、配送服务业	20	4097	50	4482	116	20
矿产、能源内外商贸批发业	15	6247	36	2458	174	13
化工产品及医药内外商贸批发业	5	4979	79	2658	122	5
机电、电子产品内外商贸及批发业	8	2176	43	1423	87	7
纺织、服装、文体、烟酒、工艺、首饰等轻工产品内外商贸批发业	28	3515	72	2077	100	11
粮油食品及农林、土畜、果蔬、水产品等内外商贸批发、零售业	15	2472	54	3227	9	16

续表

	企业数	营业收入（亿元）	利润（亿元）	资产（亿元）	纳税总额（亿元）	从业人数（万人）
生产资料内外贸易批发、零售业	26	6535	34	2969	52	7
金属内外贸易及加工、配送、批发零售业	30	3099	36	1046	25	2
综合性内外商贸及批发、零售业	16	2800	17	1121	54	6
汽车和摩托车商贸、维修保养及租赁业	18	1696	23	1107	33	8
电器商贸批发、零售业	7	4376	55	807	69	20
医药专营批发、零售业	11	2195	33	1490	55	9
商业零售业	48	8530	88	4150	208	95
连锁超市	11	763	20	386	23	7
银行业	34	33594	8715	744129	3880	187
人寿保险业	5	6909	119	28995	136	56
证券业	3	197	67	2190	41	3
财产保险业	2	2419	59	6079	134	12
其他金融服务业	2	189	7	798	11	1
商务服务业	19	5968	472	40560	510	47
房地产开发与经营、物业及房屋装饰、修缮、管理等服务业	51	8553	777	19225	888	34
旅游、旅馆及娱乐服务业	7	1154	30	1401	62	14
公用事业、市政服务、公共设施经营与管理业	15	1300	41	9669	89	15
技术智力、人力资源、劳务等国际合作及其他对外经济合作服务业	5	726	7	336	23	1
研发、科技交流与推广和地勘、规划、设计、评估、咨询及总承包等服务业	7	583	34	599	35	5
新闻、报刊、图书的出版发行与销售和广播、影视、音像、文体等文化产业	8	518	25	951	25	6
互联网传媒、商务、娱乐服务业	2	314	104	708	31	2
综合服务业（以服务业为主，含有制造业）	12	7511	252	12321	285	57
综合保险业	2	4068	278	28560	162	18
教育产业	1	48	8	64	3	3

1. 服务业 500 企业向少数行业集中趋势又现

2012 中国服务业企业 500 强共分布在 39 个行业中，较上年相比减少 1 个行业，因 2011 中国服务业企业 500 强榜单中排名 246 位的小肥羊，被百胜集团收购，今年的榜单中餐饮行业没有企业入围。

按照企业数量排序，前10位的行业拥有企业数292家，占58.4%，较上年的55.2%，增加3.2个百分点，其所实现的营收、利润，所占有的资产、员工人数，和所缴纳的税款分别占总量的比重为：55.44%、79.30%、80.78%、51.29%和68.53%，与上年的各个比重相比较，都有所下降。而排在后10位的行业所拥有的企业数量为28个，占比5.6%，较上年6.2%有所降低。

表3-11　2011-2012中国服务业企业500强包含企业数量前10的行业比较　（单位:%）

	企业数	营业收入	利润	资产	从业人数	纳税
2011	55.2	56.24	74.24	82.00	53.75	68.70
2012	58.4	55.44	79.30	80.78	51.29	68.53
增加（百分点）	3.2	1.85	4.72	0	0.98	0.46

从其他指标看，2012中国服务业企业集中在少数行业的趋势也有所缓和。营业收入排在前10位行业的实现营收占总额的67.58%，较上年的65.73%，提高了近2个百分点；按照利润排序，前10个行业实现利润占比90.83%，较上年86.11%，提高近5个百分点；从资产看，前10个行业拥有资产占比93.8%，和上年持平；从员工人数看，前10个行业拥有员工占比77.36%，较上年76.38%，提高1个百分点；从纳税水平来看，前10个行业缴纳税款占比83.69%，较上年83.23%，略有回升。

表3-12　2011-2012中国服务业企业500强各项指标前10的行业占总数比　（单位:%）

	企业数	营业收入	利润	资产	从业人数	纳税
2011	55.2	65.73	86.11	93.8	76.38	83.23
2012	58.4	67.58	90.83	93.8	77.36	83.69
增加（百分点）	3.2	1.85	4.72	0	0.98	0.46

2. 行业波动集中在贸易、银行、房地产三大行业

2012中国服务业企业500强中，含有企业数量排名前10的行业包括：房地产业（51家）；商业零售业（48家）；银行业（34家）；金属内外贸易（30家）；纺织、文体、烟酒等轻工产品内外商贸（28家）；生产资料内外贸易（26家）；物流、仓储（20家）；商务服务业（19家）；电力、热力、燃气等能源供应服务业（18家）；汽车和摩托车商贸、维修保养及租赁业（18家）。

相比于上年，上述10个行业出现了较大的变化，也是39个行业中变化最为显著的行业。其中：银行业增加9家；金属内外贸增加7家；生产资料内外贸易增加7家；房地产行业减少5家；纺织、文体、烟酒等轻工产品内外商贸减少5家。

表 3－13　　2011－2012 中国服务业企业 500 强前 10 大行业对比

2012 前 10 大行业	企业数量	2011 前 10 大行业	企业数量
房地产开发与经营、物业及房屋装饰、修缮、管理等服务业	51	房地产开发与经营、物业及房屋装饰、修缮、管理等服务业	56
商业零售业	48	商业零售业	47
银行业	34	纺织、服装、文体、烟酒、工艺、首饰等轻工产品内外商贸批发业	33
金属内外贸易及加工、配送、批发零售业	30	银行业	25
纺织、服装、文体、烟酒、工艺、首饰等轻工产品内外商贸批发业	28	金属内外贸易及加工、配送、批发零售业	23
生产资料内外贸易批发、零售业	26	汽车和摩托车商贸、维修保养及租赁业	20
物流、仓储、运输、配送服务业	20	电力、热力、燃气等能源供应服务业	19
商务服务业	19	生产资料内外贸易批发、零售业	19
电力、热力、燃气等能源供应服务业	18	物流、仓储、运输、配送服务业	18
汽车和摩托车商贸、维修保养及租赁业	18	综合性内外商贸及批发、零售业	16

2011 年，银行业的发展水平逆势上扬，在榜单中的占有比重大大增多，其获利水平也是以企业平均利润 256 亿元而在 39 个行业中位居榜首。利润水平排在前 5 名的行业还包括：邮电通信业，保险业，互联网传媒，电力、热力、燃气等能源供应服务业。这 5 大行业的利润水平高于所有行业的平均水平。

贸易大行业中，各个细分行业，无论是进入榜单的企业数量还是企业个体构成，都出现了较大的波动。上年榜单中，纺织、文体、烟酒等轻工产品内外商贸服务业增加了 5 家，今年榜单又减少了 5 家。今年榜单中的生产资料内外贸易增加了 7 家；金属内外贸增加 7 家；粮油、果蔬内外商贸业，增加 15 家；矿产、能源内外商贸批发业增加了 1 家企业。

受到调控的影响，房地产行业包含企业数量减少 5 家，回归到 2009 年的水平。行业重新洗牌，上年榜单中的 56 家企业，有 17 家落榜，新晋的企业 12 家，房地产大企业较上年变化了 29 家企业。从企业平均规模和利润看，平均营收为 1676971 万元，较上年 1179241 万元，增长 42.2%。平均利润为 152348.8 万元，较上年的 167981.4 万元，略有降低。

在 39 个行业中，有电力、热力、燃气等能源供应服务业；道路运输、交通服务业，港口服务业，航空运输及相关服务业，水上运输业等运输行业；电气商贸；保险业；旅游业；人力对外合作 7 大行业在榜单中的企业数量和构成都较为稳定。

四、2012 中国服务业企业 500 强的地域分布特征

1. 地区分布集中度降低

2012 中国服务业企业 500 强榜单中，拥有企业排名前 10 的地区拥有企业的数量为 384 家，占比

76.8%，相比上年的77.8%，降低1个百分点。而排名前5位的地区，拥有企业数量为263家，占比52.6%，较上年的54.4%，降低1.8个百分点，企业的地区分布集中度有所降低。另外，排名前三位的地区分别为，浙江、北京、广东，拥有企业数量分别为61家、60家和52家，相比于上年的北京（76家）、浙江（75家）和上海（54家），企业的地区分布更加均衡。全国共有28个省、自治区、直辖市的企业进入2011中国企业500强，只有贵州、西藏、甘肃没有企业入围。

表3-14 2012中国服务业企业500强分地区主要指标 （单位：万元）

	企业数	营业收入	利润	资产	纳税总额	从业人数
全国	500	177869	13624	1055560	10587	1197
北京	60	97638	9288	760933	6695	692
上海	46	14197	1185	92022	702	53
天津	32	4529	100	14805	98	13
重庆	22	2292	156	6576	116	32
黑龙江	3	221	13	1641	9	1
吉林	3	436	17	2004	16	2
辽宁	14	3038	118	6295	263	37
河北	20	2281	64	2352	71	19
河南	3	155	0	1679	14	3
山东	23	2586	89	5795	94	30
山西	11	3288	145	2913	194	27
陕西	4	213	9	683	17	2
安徽	12	1856	79	4707	58	7
江苏	44	6928	251	6358	221	32
湖南	15	688	28	1664	23	7
湖北	16	1635	73	4774	73	12
江西	2	120	12	573	8	2
浙江	61	7920	193	7982	308	26
广东	52	19743	1360	94897	1215	156
四川	8	566	58	2321	41	3
福建	24	4167	315	26800	234	15
广西	8	656	18	3110	26	5
云南	3	174	4	140	4	1
青海	1	54	2	230	5	1
宁夏	1	53	3	28	3	2
新疆	9	1112	32	1008	37	6
内蒙古	1	62	2	233	3	1
海南	2	1264	9	3037	38	8

注释：表中从业人数单位为万人。

表 3－15　　2012 中国服务业企业 500 强分地区主要指标占比　　（单位：%）

	企业数	营业收入	利润	资产	纳税总额	从业人数
北京	15.20	56.84	65.49	73.68	61.65	59.93
浙江	15.00	5.01	1.96	0.96	3.24	2.94
上海	10.80	8.30	8.67	8.93	10.74	4.08
天津	6.80	2.69	0.76	1.49	0.95	1.21
广东	6.60	10.23	10.35	7.67	9.37	13.09
江苏	6.40	3.35	1.88	0.47	1.77	2.54
福建	4.60	1.92	3.03	2.38	2.59	1.30
重庆	4.40	1.02	0.72	0.51	0.82	2.74
山东	4.20	1.44	0.73	0.48	0.83	1.06
河北	3.80	1.06	0.44	0.17	0.43	1.49
辽宁	3.00	1.42	1.21	0.42	1.75	1.18
湖南	2.80	0.63	0.60	0.18	0.96	0.70
湖北	2.80	0.81	0.42	0.34	0.50	1.20
安徽	2.60	0.98	0.63	0.48	0.51	0.67
山西	2.00	1.61	1.23	0.29	1.67	2.10
新疆	1.60	0.60	0.32	0.07	0.26	0.42
四川	1.40	0.28	0.34	0.22	0.40	0.35
广西	1.40	0.44	0.43	0.45	0.49	0.73
江西	0.80	0.14	0.14	0.07	0.12	0.42
陕西	0.60	0.09	0.05	0.05	0.13	0.17
内蒙古	0.60	0.10	0.18	0.02	0.11	0.45
海南	0.60	0.65	0.34	0.24	0.29	0.57
黑龙江	0.40	0.09	0.01	0.01	0.01	0.01
吉林	0.40	0.13	0.09	0.18	0.12	0.10
河南	0.40	0.06	-0.07	0.21	0.17	0.29
云南	0.40	0.07	0.01	0.01	0.03	0.05
青海	0.20	0.03	0.02	0.02	0.07	0.06
宁夏	0.20	0.03	0.02		0.02	0.14

2. 地区分布数量稳定

和上年相比，2012 中国服务业企业 500 强分布地区变化不大，东部减少 6 家，其他地区略有增长，分别为中部增加 2 家；西部增加 3 家；东北增加 1 家。

东部地区：北京 60 家、天津 32 家、河北 20 家、上海 46 家、江苏 44 家、浙江 61 家、福建 24 家、山东 23 家、广东 52 家和海南 2 家，合计企业数为 364，占总企业数为 72.8%，较上年的 370 家，稍微回落；这其中，广东和江苏较上年分别增加 19 家和 12 家，而广东是继上年增长 6 家之后的又一次快速增长。广东和江苏历来被认为是企业尤其是民营企业最为活跃的地区，在我们国家大力支持服务业发展的背景下，两个地区的服务业企业获得大发展也是预料之中。上海地区在上年增加企业 21 家之后，今年数量有所减少，原因可能是"世博经济"回归理性，和"世博"相关的企业短期爆发式增长率后，开始平稳发展。

中部地区：山西 11 家、安徽 12 家、江西 2 家、河南 3 家、湖北 16 家和湖南 15 家，合计企业数为 59 家，占总企业数为 11.8%，较上年的 57 家有所回升；

西部地区：内蒙古 1 家、广西 8 家、重庆 22 家、四川 8 家、云南 3 家、陕西 4 家、青海 1 家、宁夏 1 家和新疆 9 家，贵州、西藏、甘肃三个地区没有企业入围，合计企业数为 57 家，占总企业数为 11.4%，较上年的 54 家，略有增长。

东北地区：辽宁 14 家、吉林 3 家，黑龙江 3 家，合计企业数为 20 家，占总企业数为 4%，较上年的 19 家略微增加。

五、2012 中国服务业企业 500 强所有制分布特征

1. 国有企业数量占比有所提高

2012 中国服务业企业 500 强中，国有及国有控股企业共计 287 家，比上年 278 家，增加 9 家，占全部企业的 57.40%，较上年的 55.6%，增加 1.8 个百分点；拥有资产 948090 亿元，占资产总额的 89.82%，较上年的 90.27%，减少 0.45 个百分点；实现营业收入 144682 亿元，占营业收入总额的 81.34%，较上年的 82.36% 减少 1.02 个百分点；实现利润为 11608 亿元，占利润总额的 85.2%，较上年的 86.81% 减少 1.61 个百分点；实现纳税 9028 亿元，占纳税总额的 85.27%；拥有员工 1001 万人，占员工总数的 83.65%。

表 3-16　　2012 中国服务业企业 500 强企业的所有制结构分布

	企业数（个）	营业收入（亿元）	利润（亿元）	资产（亿元）	纳税总额（亿元）	从业人数（万人）
全国	500	177869	13624	1055560	10587	1197
国有	287	144682	11608	948090	9028	1001
民营	213	33187	2017	107470	1559	196

表 3-17　　2012 中国服务业企业 500 强按所有制主要指标　　（单位：%）

	企业数	营业收入	利润	资产	纳税总额	从业人数
国有	57.40	81.34	85.20	89.82	85.27	83.65
民营	42.60	18.66	14.80	10.18	14.73	16.34

2. 民营企业数量占比有所下降，资产、营收占比提高，利润占比下降

在 2012 中国服务业企业 500 强，前 100 位中的民营企业数量继续提高，有 22 家，比上年增加 1

家。但总个体而言，个头依然偏小，企业平均营业收入为156亿元，仅相当于国有企业平均营收504亿元的31%。

榜单中，民营企业共计213家，比上年减少9家，占42.6%；拥有资产总计107461亿元，占比10.18%，比上年的9.73%，增加0.45个百分点，实现营业收入331187亿元，占比18.66%，比上年的17.64%增加1.02个百分点；实现利润总额为2017亿元，比14.8%，比上年的17.07%减少2.27个百分点；实现纳税1559亿元，占比14.73%，比上年的13.19%，增加1.54个百分点；拥有员工196万人，占比16.34%，较上年的14.34%，增加2个百分点。

六、金融危机前后服务业企业发展情况

2006－2012中国服务业企业500强的数据显示，服务业大企业的营业收入、利润和入围门槛获得了不凡的增长。营业收入由2005年的61218亿元，增长至2011年的177869亿元，增长2.9倍；利润由2005年的2830亿元，增长至2011年的13624亿元，增长4.8倍；入围门槛由2005年的6亿元，增长至2011年的23亿元，增长3.8倍。利润的增长幅度要远大于营收和门槛的增长水平。

表3－18　　2006－2012年中国服务业500强企业各指标　　（单位：亿元）

	收入	利润	入围门槛
2006	61218	2830	6
2007	75339	3523	7
2008	91810	7102	10
2009	110883	7039	12
2010	116295	8594	10
2011	147319	12171	20
2012	177869	13624	23

从逐年的增长水平看，经历了金融危机的洗礼，服务业大企业经营水平和盈利能力更加趋于稳定和一致，并逐渐回归至2005年的水平。期间，利润的增长水平经历了“过山车”式的变化。和2006年相比，2007年的服务业500强企业利润水平实现爆发式增长，增长率达到101.58%。经历着金融危机爆发的的2008年，500家企业的利润总额增长为负，增长率为－0.88%。2009年开始，受到4万亿刺激计划的利好影响，利润指标逐渐回暖，增长率达到22.08%，2010年最高达到41.62%。去年，企业所处宏观环境偏紧，欧债危机爆发导致国外经济环境恶化，利润的增长水平回归至11.94%。

相比于利润的增长水平，营收和入围门槛也经历着相似的变化，只是在幅度方面略小于利润的变化，相对平缓。

表 3-19　2006 年-2011 年中国服务业 500 强企业各指标变化　（单位:%）

	营收增长率	利润增长率	入围门槛增长率
2006 年	23.07	24.51	22.13
2007 年	21.86	101.58	36.65
2008 年	20.77	-0.88	21.56
2009 年	4.88	22.08	-16.95
2010 年	26.68	41.62	98.47
2011 年	20.74	11.94	15.07

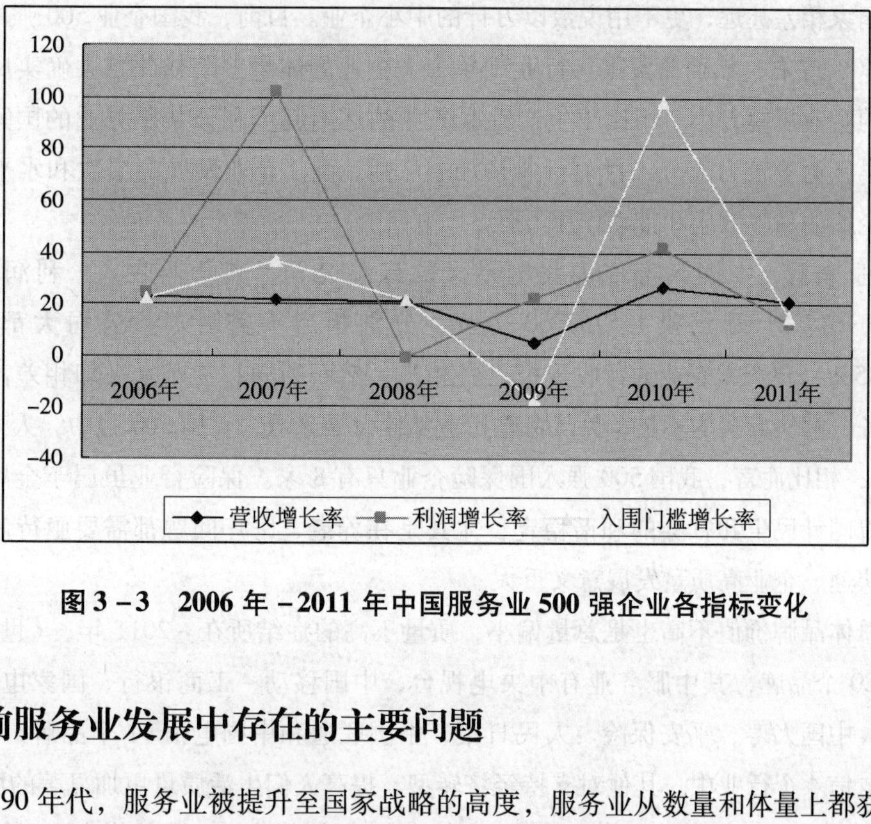

图 3-3　2006 年-2011 年中国服务业 500 强企业各指标变化

七、当前服务业发展中存在的主要问题

自 20 世纪 90 年代，服务业被提升至国家战略的高度，服务业从数量和体量上都获得了较为快速的成长。20 年过去，服务业的内部结构已经由传统服务业为主要构成逐渐向现代服务业的壮大转变，生产性服务业、生活服务业和公共服务业的结构逐步合理化。然而，服务业的发展中尚存在业总体供给不足，结构不合理，竞争力不强，对国民经济发展的贡献率不高，与经济社会加快发展、产业结构调整升级的要求不相适应等问题。

1. 服务业企业整体规模偏小、品牌价值不高

改革开放以来，我国经济迅猛发展，各项指标相继按照计划完成，并且大多都是提前完成。然而，2010 年，我国服务业增加值占 GDP 的比重为 43.1%，与"十一五"规划要求的 43.3%差 0.2 个百分点，意味着服务业的总量和就业都没有如期完成。2011 年，国家统计局公布数字，服务业占比

仍维持在43.10%的水平，与国际上处于同等发展水平的金砖国家同年数据（巴西66.6%；俄罗斯60.6%；印度54.7%；南非67.2%）横向对比，更显示着我国服务业增加值占GDP比重偏低的现状仍是一个严峻的事实。从纵向上看，2005年至2011年，各年服务业增加值占GDP比重分别为：40.9%，41.9%，41.8%，43.4%、43.1%和43.1%，缓慢增长。

总量偏小的背后的根本原因在于，服务业企业整体规模偏小、品牌价值不高，从而导致大企业的带动和辐射作用不足。从中美企业500强榜单的数据对比来看，2012美国最大的零售企业，沃尔玛的营业收入、利润和资产分别为：281618725.5万元、9891782.9万元和121863186.5万元，而我国最大的零售企业，百联集团三个指标分别为：22741719万元、42957万元和6834090万元，分别相当于沃尔玛的8.08%、0.43%和5.61%。商业零售是我国存在历史最悠久的传统行业，也是和人们最为相关的服务业之一，在服务业500强中也占有最大比重11.8%，然而单个大企业的规模和利润水平却与发达国家相差甚远，更不用说数以万计的中小企业。目前，我国企业500强的总体营收已经占据到美国的60%左右，然而商贸零售行业中单个大企业的体量差距如此之大确实反映了我国服务业部分行业中的企业规模太小。相比于生产性服务业的逐渐起步和公共服务业的国家控制，生活性服务业开放较早，竞争较为充分，目前行业格局小、散、乱，企业发展的层次和水平跟不上人们的多样需求，大企业的品牌效应和带动作用不强。

从保险行业来看，中国人寿作为我国最大的保险公司，其营业收入、利润和资产分别为43492820万元、677721万元和195762960万元，分别相当于美国寿险公司大都会的97.71%、15.41%和38.85%，单个大企业的营收规模已经相当，然而利润和资产水平却相差甚远，其内在原因则是创新服务、解决方案的不足，另从保险行业整体发展来看，美国500强中，人寿和财产保险共入围企业35家，相比而言，我国500强入围保险企业只有8家。保险行业虽属于金融业的范畴，其发展水平关系着国计民生和社会的和谐稳定，尤其是在养老、医疗问题都需要亟待解决的当下，保险行业的总量快速、企业高质量发展意义重大。

服务业的总体品牌价值不高也是总量偏小，质量不高的症结所在。2011年，《世界品牌500强》中，我国入围20个品牌，其中服务业有中央电视台、中国移动、工商银行、国家电网、中国银行、中国建设银行、中国人寿、平安保险、人民日报、中国联通和中国电信11个品牌，仅分布在传媒、银行、保险、电信4个行业中，其他对支持经济转型、提高人们生活质量更加显著的服务业行业则没有涉及。2012年《中国500最具价值品牌》，分布前10名的行业中，除传媒和金融，其他均为制造行业。在世界的视野内，服务业的品牌价值尚存在局限性，在国内范围，制造业比服务业更受到青睐，服务业的品牌影响力亟待提高。

2. 企业识别、抵抗风险能力较差

服务业企业的快速成长过程中，往往不注重风险识别和规避，风险控制水平和管理能力跟不上企业发展的速度，外界环境的动荡对企业的业绩影响较为显著。从服务业500强的数据看，金融危机之前，2007年，500强企业的利润增长率曾高达101.8%，而金融危机爆发，这一指标降为负值。这一现象在外向型的出口企业中更为显著，2011年的上市公司中，航运海运、纺织服装等外需依赖型企业出现大幅亏损。干散货船队世界排名第一的中国远洋净利润同比下降271%，创下A股市场最大跌幅，航运业和海运业也成为2011年“亏损户”为集中的行业。本世纪以来，中国远洋的业绩似乎也成为验证外向经济阴晴的标尺。而这正反应了企业识别风险、抗风险能力的不足。

我国服务业企业总体规模偏小，大企业不强、小企业众多，经济大环境的改变对服务业的整体发展会产生巨大影响。另外，在我国经济发展的上升通道中伴随着大量谋利的机会，国家从战略层面鼓励服务业的大发展的有利环境中，企业对风险的识别和控制意识不强；另外资金、成本的压力也导致了企业在客观上无暇顾及风险。分析其根本原因还在于服务业企业在经济中的依附地位和服务地位。经济环境的好坏和消费水平的高低直接决定了对服务的需求，现今的服务业企业的发展水平很难去抓住机遇，主动化解产业的风险。然而，企业若要实现可持续、健康发展，风险的识别和控制必须放到重要位置。

3. 人才瓶颈凸显

目前，人才已经成为制约服务业企业发展、壮大的主要因素之一。不仅高端人才难以匹配；随着人口红利的逐步丧失，低学历人才也极度缺乏。

高端服务业对产业的带动、渗透和整合作用的发挥，需要人才的保障。以物业管理公司为例，目前全球最大的几家物业管理服务公司提供的都是“一站式”地产咨询及顾问管理服务，包括环球物业企业服务、研究及顾问、物业管理、酒店管理和顾问服务、设施管理、估价及顾问、物业投资、写字楼代理、商铺顾问及代理服务、工业房地产投资服务、住宅服务、建筑顾问等涵盖房地产业链条上下游所有行业的服务，需要管理、专业技术、研究咨询、投资等各种高端的人才的匹配。而目前我国的物业管理服务则仅限于区内环境的绿化、卫生、交通、治安项目进行维护，若朝着国际先进企业的方向发展，各项业务的专业人才亟待同步。企业的管理能力、整合能力等的不足归根结底仍是人才的不足。

另从家庭服务业和住宿餐饮等人力资源密集的行业来看，现在招工难问题已经凸显。随着人口红利的逐渐消失，人力资本密集的行业面临数量和综合素质不足的双重考验，这不仅导致企业存续的困难，更制约着企业的服务水平的提高。以北京地区的家庭服务业为例，40余万名家庭服务人员中，农村籍外来家政服务人员占90%，初中文化以下占84%，上岗前接受过家政服务业务培训的不到30%，取得岗位职业技能鉴定证书的不到15%。从业人员综合素质低，成为制约整个行业水平发展的主要瓶颈。

4. 行业结构性矛盾仍然存在

服务业涉及到生产、生活的各个方面，范围广泛，大致可以依据其服务对象的不同分为：生产性服务业、生活行服务业和公共服务业。除了总量的供给不足，行业结构矛盾仍然存在，并随着我国消费水平的提高和经济转型升级的迫切要求，这一问题更加突出，不仅在服务业总体中的比重需要调整、优化，各个细分行业也面临着由低端向高端亟待转型。

过去几年，以商贸流通、餐饮住宿、居民生活服务、交通运输等为主要内容的传统服务业发展迅速，带动了整个服务业规模和效益的迅速提高，这也导致了当前我国服务业中行业分布不均衡。从2012中国服务业500强的数据来看，商贸批发、零售行业企业数占比47.6%，而真正代表服务业发展水平和对制造业以及对整个经济有较强支撑作用的商务服务、研发、信息服务、现代物流等生产性服务业却发育不足，公共服务业也因市场化不彻底导致总供给不足。

生活服务业，和人们日常生活息息相关，直接面向人们提供物质和精神生活消费产品及服务。在我国包含旅游、餐饮住宿、休闲娱乐、家政、洗浴美容、商品零售等几个传统行业。随着人口老龄化，家庭小型化，所需服务高端化、个性化趋势日益明显，医疗、健康、社会保障等方面的需求更为迫切，我国已有的生活服务业发展水平比较低、行业发展不规范，服务类别相对传统和单一，服务布局不合理和网点结构失衡，尚不能与人们日益增长的多样化的需要协同发展。与发达国家的横向对比来看，美国的废物处理、健康管理等行业发展较为成熟，并在美国500强中占据席位，而在我国这样类型的行业刚刚起步，需要快速发展、壮大。另外，特别需要提出的是，家政服务，作为新兴的服务需求，在国家的政策支持下，行业在过去几年获得了蓬勃发展，据不完全统计，我国现有家庭服务企业60余万家，从业人员近两千余万，却也存在着企业规模小、服务人员素质偏低、行业标准不健全、法律空白、行业发展不规范、服务水平参差不齐等问题，此类行业急需国家法律的保障和规律，急需大企业的出现来整合行业的有序发展。

生产性服务业，层次水平低，不能对经济结构的改善，制造业的转型升级，提供应有的支撑是其发展中的问题所在，而且部分行业的“过度发展”对经济的快速发展构成压力。其中，银行业最为突出。在2012我国服务业500强的利润居39个行业首位，占到全行业的利润比重高达63.97%。在上市公司的23个大行业中，根据2012年一季度数据，金融服务业利润占比高达54%。从2001年至2010年，美国全部企业利润当中金融行业利润占比约30%，最高一年曾达到40%，被认为是典型的金融业“过度发达”状态，而我国目前的局面已经超出“过度”。金融业的利润就是实体经济的成本，作为服务业的金融行业应该服务和服从于实业发展。银监会公布的数据显示，2011年商业银行净息差为2.7%，利息收入占比达80.7%，可见金融行业的改革势在必行。

公共服务业目前仍存在供给不足的问题。由于受计划经济体制影响，我国社会服务体系相当不完善，义务教育、医疗保险、社会保障、社会治安等供给较为短缺，不能完全满足社会需要，这些限制了人们的即期消费，影响人们生活水平的提高、服务业其他领域的壮大和整体国民经济的增长。公共服务业的产业化和社会化问题亟待解决，政企不分、政事不分、营利性机构与非营利性机构不分、政府的“越位”和“错位”现象亟待改变。

5. 服务业对相关产业的渗透性不强

随着分工的深化和全球产业结构调整升级，企业生产经营的规模不断扩大，大量服务被外包，必然引发对中间服务的大量需求，推动以最终消费为主的服务业向以中间消费（生产者服务）为主的服务业加快演进，这正是生产性服务业产生的原因和发展的必要性。生产者服务业的迅速发展会使制造业对服务业的依赖加深，并形成相互依赖、相互作用、良性互动的互补性和渗透性关系，目前许多发达国家已经达到了这样一个水平，大量的中间需求从产业链中被分离出来，服务业涉及到产业链上的各个环节，也成就了很多有能力的大企业对产业链的整合。

而在此之前，制造业和服务业的关系较为松散，相对独立，甚至于服务业很大程度上依赖于制造业的发展。目前，我国的服务业正是处于这样一个发展阶段。在2012中国服务业500强中，商贸流通行业占到全行业的比重占到60%之多，服务业大企业仍依附于制造业的发展特征显著，更不用说服务业对制造业的渗透和全产业的整合和提升了。

目前各地都希望通过科技教育、金融、三四方物流、休闲旅游业、医疗保健、文化娱乐、咨询信息、创意设计、节庆展会、IT 资讯、商务活动、企业服务业（智力资本、商务活动）、专业中介等高端服务业的引进促进本地相关产业发展，实现产业结构优化升级，但我国高端服务业发展尚未从产业链中脱离出来，企业对引致性需求的开发和满足不到位，高端服务业企业单兵作战现象明显，并没有很好地发挥对整个产业链的带动作用，对相关产业的渗透性不强。

6. 服务业聚集应防止实质性融合不足

服务业集聚发展模式是当今服务业发展的潮流，因聚集的企业在地理位置的接近、联系的增加所带来的外部经济效果显著而成为现代服务业发展的重要引擎。20 世纪 80 年代，服务业布局的“集聚化”受到西方学者的关注。在我国，到 2004 年，才由上海市提出以区为单位，建设一批集商务、住宿、旅游、购物、餐饮、休闲为一体的现代服务业集聚区，并计划在“十一五”期间建设 20 个现代服务业集聚区，江苏紧随其后，在服务业集聚区建设上已迈出实质性步伐。短短七、八年的时间过去，服务业聚集的理念和设想已经在全国各地遍地开花，并大都开始了实质性的推进。目前，服务业聚集的形式大致包括：物流园区、总部基地、科技创业园、创意产业园、软件与服务外包基地、文化商旅综合体、新型专业市场、综合性生产服务集聚区等。然而，服务业聚集的关键在于“神似”而非“形似”，在各地大力打造各式各样聚集区的同时，要考虑企业间、产业间实质性的融合。否则，必然会浪费大量的人力、物力成本，甚至影响服务业快速成长。

目前，我国服务业聚集区的发展中存在着以下三个问题。第一，各地基本遵循规划主导型发展思路。以上海为例，服务业集聚区多数属于规划主导型，出于思维惯性和管理手段的路径依赖，仍是以“抓规模和大项目、追求规模和形象、追求整齐划一、追求主导产业”的工业发展思路在搞服务业，忽略了服务业对更大范围产业与城市功能的辐射，导致服务业集聚区的活力不足，对更大范围区域的功能性服务平台建设不够。第二，企业间的竞争与协作水平低。目前集聚区的普遍做法是以优惠政策吸引企业形成空间集聚，这种集聚不是以价值链、产业链的联系为基础，而是靠“行政捏合”或“模仿经济”成长起来，忽视了必要的产业生态的营造，从而使得产业关联、技术关联，企业间实现创新资源共享和互补，享受知识外溢的效果很难实现。第三，配套支撑条件仍不完善。目前相配套的国内企业发展跟不上聚集区的内在要求，相关技术标准、专业人才和配套设施达不到所需要的水平，即便是最早发展服务业聚集区的上海也是如此。

八、促进服务业健康发展的政策建议

服务业企业的最大做强是当务之急，国家层面把推动服务业大发展作为产业结构优化升级的战略重点，营造有利于服务业发展的政策和体制环境，企业也应积极通过并购重组、服务创新、利用先进的信息技术、注重人才培养等方式来快速成长，提高企业规模和品牌，提升服务质量。

1. 加强行业内的并购重组

近年来，我国服务业企业并购异常活跃，对于企业的壮大、行业的优化起到了积极作用。3 年来，房地产行业，发生并购案件 1060 起，披露金额 435.16 亿美元，是服务业的几个大行业中并购案件和涉及金额最多的细分行业，其中交易金额在 1 亿美元以上的有 107 起；连锁经营行业（酒店、餐饮、批发、零售等）发生并购 508 起，披露金额 173.81 亿美元；交通运输行业，发生并购案件 496 起，披露金额 258.09 亿美元；电信增值行业，发生并购 291 起，披露金额 146.24 亿美元；文化传媒领域发生并购案件 256 起，披露金额 79.4 亿美元；互联网产业，发生并购案件 263 起，披露金额 133.06 亿美元；教育及人力资源产业发生并购 42 起，披露金额 6.23 亿美元。

房地产行业在我国服务业领域中占有重要份额，连锁经营作为传统服务业的最大的组成部分，其活跃的并购态势反映了服务业并购环境的不断成熟、政策的逐渐完善以及企业通过并购最大做强的内在要求；文化传媒领域受到《文化产业振兴规划》的利好影响，自 2009 年 7 月专项规划出台至今，获得快速发展，并购也异常活跃；互联网产业、电信增值服务业和教育及人力资源产业作为新兴的服务代表了服务业整体的发展方向和水平，行业内大幅度的并购正是以我国服务业的发展空间巨大为前提。

随着 WTO 过渡期结束，我国服务全面对外开放，国际资本进入活跃，并且呈现快速增长的势头，并购交易金额已经由 2004 年的 0.4 亿美元增长至 2010 年为 15.5 亿美元（同年，制造业跨国并购交易额仅为 9.8 亿美元）。从 1992 年国务院做出《关于加快第三产业发展的决定》到如今“十二五”中提出“营造环境，推动服务业大发展”，服务业的政策环境不断完善。然而，我国的服务业格局中却存在这着企业规模偏小，行业散乱，缺乏行业标准和规范等一系列问题，所以在不断利好的环境中，面对外资的进入我国服务业的步伐不断加快，继续加快并购重组，成为企业的必要选择。

并购是企业发展壮大最快速、最便捷的手段，更是优化行业结构的有效方式。服务业大企业可以根据自身实际加强行业的并购，提高规模、拓展渠道、吸收人才，发挥大企业的支撑和渗透作用。中小企业可以整合资源走集团化发展的道路，集中优势资源、增强企业抗风险能力，加大对员工培训和管理提升的投入力度，将企业做大做强。

2. 坚持业态创新，加强产业融合

目前，我国尚存在服务业对产业链的上下游渗透性不足和支撑力不强的问题，而这其中的原因在于生产者服务（中间消费）从制造业中分离的过程中，现有的服务业的存在形式和内容不能很好的满足这一需求。因此服务业企业需要加强业态的创新，切实满足中间消费所需，促进产业的融合。

新型业态，是相对旧业态，即传统业态而言，它超越了传统的组织模式、经营模式、运作模式等，形成了相应的经济规模，构成了比较稳定的形态。新型业态的出现主要依靠分工细化和融合两个路径，既有不同于传统业态发展起来的新形式，如金融信息服务业、楼宇经济、物联网、软件业、高端物流业、电子商务、工业设计、文化创意；也有对传统产业的融合而成的新业态，如集客运、餐饮、住宿等于一体的旅游产业业态，集最优采购、仓储、加工包装、分销、配送与信息处理一体化的供应链管理服务业业态，集专业策划提供综合解决方案与金融投资为一体的创投（PE）模式业态，集信息搜集加工与为服务对象定制解决方案的咨询业业态，集创意设计、内容生产、影像制作、传播推广的媒体产业业态以及电子商务业态。

目前，企业作为新型业态的主体创造者，需要突破既有的知识结构和认知模式，探索改变传统的分工组织方式和业务流程关系，充分释放存量资源效能，提高资源配置效率；努力发掘与先进制造业、现代服务业及改造提升基础和传统产业相关联的新型业态。最终使得企业的服务竞争能力得到提升，对相关产业的渗透能力、支撑能力和整合能力得到加强。

3. 以信息技术促进服务业网络化发展

随着互联网全覆盖式的普及，服务业当前正处于网络化的运作环境。并表现出几个特点：一是，整合性，相比传统服务业分散性的服务，现今消费者所需要的全方位、一揽子式的解决方案，需要服务企业整合自己所有服务资源来实现。二是，时空性，网络环境下，服务业的发展对时空性要求越来越高，跨度也越来越大。三是，网络的外部性，这体现在服务质量的传播速度更快。四是，网络服务密集性，如今消费者的服务需求表现出更多的专业化、个性化、人性化特点，要求整个服务行业知识水平，或者专业化层次要高。现代服务业的发展中，网络化是重要的特质，也是必然的选择。因为网络化不仅可以优化服务行业的结构，拓宽服务范围和内涵；可以加快服务创新，改善传统的服务模式和管理方法；也可以增加市场信息的透明度，推进服务业的整体升级。同时对于消费者而言，新型的需求更需要服务网络的支撑。

信息技术的快速发展，正是为服务业的网络化运行提供了基础支撑，如果运用得当，会增强企业的竞争实力，优化行业的发展。其中云计算技术的应用是重要的组成部分。云计算技术的发展把资源和服务整合在一个平台上进行融合共享，让信息技术和信息服务实现社会化、集约化、专业化，服务业的提供者和使用者之间的联系更加紧密、也更加容易。依托于此，企业可以随时随地为消费者提供个性化服务。服务业的网络化不仅包含组织的网络化，也包含信息的网络化。云计算的存储平台和物联平台不仅使得组织网络化的实现更加容易、更加低廉，更通过云存储把各种服务要素联结起来，形成一个“即需即供”的网络，实现信息的网络化。目前，高端服务业主要是，依托信息技术和现代管理理念发展起来的处于服务产业价值链高端环节的服务业，包括高端金融、高端航运、现代信息和现代物流等。信息技术不仅大大促进了现代服务业的高端化发展，更能通过网络化来推动传统服务业的改造和升级。

另外，信息技术也堪称服务业与制造业融合的“黏合剂”。例如，机械、电子设备制造企业事实上不再是简单的销售产品，而是在销售产品的同时提供与该产品相配套的包括电子控制、信息系统、软件包、操作以及维护服务在内的一个完整系统服务，也称为“产品—服务包”。服务业与制造业的融合以及对制造业转型升级的支持，需要信息技术的强力运用。

4. 加大人才的培养力度

解决服务业发展中的人才瓶颈，加大力度培养合适的人才是关键。现代服务业的快速发展迫切需要高端专业人才；传统服务业的转型升级，更需要大量掌握职业技能的人才，尤其是随着人口红利的逐步消失，具有较高职业水准的人才培养更为关键。

建设高端人才队伍，支撑高端服务业发展。高端服务业是知识密集型产业，生产率的提高和技术进步是支持服务业快速增长和经济增长质量整体提高的关键，而高端服务人才是其发展的重要支撑。国家层面应出台政策加大高端服务紧缺人才引进和培养力度，建立高端服务人力资源储备库。一是通过多种途径引进国内外高端服务人才。如放宽高端服务人才户籍准入限制，营造高端人才安居乐业的环境，发展专业化和国际化的社会人才中介机构，拓宽引才渠道等。二是通过各种方式加快培育高端服务人才。如制定高端服务人才分类开发计划，以引导高等院校、社会培训机构发展不同层次和类型的高端服务专业教育，通过不同渠道和不同形式培养高端服务业急需的人才。企业也应根据需要积极实施内部培养，加大人力资源的投入水平，并在全球一体化的背景下在世界的范围搜罗合适的人才。

充分利用大学这一教育平台，为服务业的发展所需人才提供基础支持。大学的专业设置要和新兴的人才需求做最紧密的联系，甚至于对产业的发展做前瞻性的储备。以家政行业为例，美国有近千家大学开设有“家政系”，还有很多大学专门设立了“家政学院”，培养家政专业的研究生、博士生。美国的家政行业规模庞大，而且吸纳了大量高学历就业人口，这从根本上保证了家政服务水平层次的提高和对产业链上下游的整合能力的具备。从国外的经验来看，发达国家已经从整个产业链的各个节点开始有针对性地培养产业人才，从高端的企业管理人员到终端的家政服务员都有不同层次的培训和教育，为家庭服务业源源不断地输送优秀的专业人才，保证整个行业的持续健康发展。而我国目前只有 20 余所中等专科学校和近 30 所高等职业学院开设了和家庭服务有关的专业，北京市家政服务业 40 余万名家庭服务人员中初中水平以下文化的人员占到 84%，这也是我国家政服务业的水平低的原因所在。

5. 加快培育大企业，发挥主导力量

服务业结构的优化，产业的健康发展，既需要政府职能有效发挥，行业协会的标准的建立，又需要市场经济的微观主体——企业的积极参与。因为，任何的干预行为最终要落实到企业主体的行为上，通过企业行为传导其产业政策措施，以实现经济结构的优化升级。这其中大企业发挥了重大作用。

因为第一，大企业的市场地位能够对产业的优化升级产生巨大的推动作用，其资金、技术实力雄厚，相对丰富的管理能力，能够承担起对产业发展具有重大带动作用的项目的建设。第二，大企业在市场自发的技术创新中居于主体地位，其技术路径、战略转型、管理提升等能够对整个产业产生巨大的辐射和带动作用。第三，以大企业为主导的产业集群推动大中小企业之间的分工合作和产业升级，支持中小企业发展配套产业和产品，强化企业专业化分工与配套协作，提升产业集群的竞争力。第四，大企业是并购活动的主要推动者，对行业结构调整的巨大推动力。

然而，目前我国服务业中，大企业的规模相对比较小，发展水平还不高。这在前述中美 500 强中服务业大企业的比较可见一斑。另外，我国服务业发展尤其是生活服务业处于小散乱的格局，行业整合势在必行，现代服务业的发展又需要大企业的带动和有利支撑。所以，加快服务业大企业的发展，发挥其主导力量成为必然选择。首先，企业主体应尽快运用资本纽带与产品纽带组建大型集团。其次，政策环境方面对大企业的行业整合、并购提供有利支撑。第三，适时推动企业要素的跨区域优化重组，促进以大企业为龙头的产业集群建设，鼓励大企业进行行业标准的建设。

6. 积极扩大服务业对外开放

积极扩大服务业对外开放，坚持以开放促进改革，提高服务业的发展水平。应坚持进口与出口并重、“引进来”与“走出去”并重的方针，全面提升服务业的开放水平，努力提高服务贸易在对外贸易中的比重。

加大对外开放力度，鼓励高端服务业发展。我国的高端服务业要想在全球产业链中占有一席之地，单纯依靠自己的技术创新和积累难度很大。应通过加大对外开放力度，鼓励软件和信息服务、文化、建筑服务等优质服务出口，大力发展服务外包，使“中国服务”与“中国制造”并肩进入国际市场，同时扩大服务进口，鼓励引进先进技术、管理经验和高端服务人才引进。二者并重。服务业企业也要善于利用国外优秀企业进入中国投资的机会，学习其先进的技术和管理经验，使得高端服务获得快速、高质量的发展。另外要加强同海外著名大企业集团、行业协会等的联系与合作，嵌入全球高端服务产业链中，实现互利共赢、错位发展。比如，上海市充分利用CEPA（《内地与香港关于建立更紧密经贸关系的安排》）系列协议和ECFA（《海峡两岸经济合作框架协议》）优惠政策融入全球金融服务链中，并逐渐攀升至金融高端服务环节，形成上海市的高端金融服务业。这一做法值得借鉴。

第四章
2012 中国跨国公司分析报告

我国自 20 世纪 90 年代中期提出“走出去”战略，特别是加入世贸组织（WTO）以来，中国企业已经越来越多的开始国际化经营，海外投资、并购活动日趋活跃。2008 年国际金融危机爆发以来，中国企业对外投资逆势增长，海外并购迅速增加。据商务部统计，2012 年上半年，我国非金融类对外直接投资 354 亿美元，同比增长 48.2%。2011 年我国境内投资者共对全球 132 个国家和地区的 3391 家境外企业进行了非金融类对外直接投资，累计实现直接投资 601 亿美元，同比增长 1.8%。其中股本投资和其他投资 457 亿美元，占 76%；利润再投资 144 亿美元，占 24%。而 2008 年—2010 年的对外直接投资分别为 407 亿美元、433 亿美元和 590 亿美元。截止到 2011 年底，国内企业已经在全球 178 个国家和地区设立了 1.8 万家海外企业，几乎覆盖了所有的行业领域，涌现出了华为、海尔、吉利、中国中化等跨国公司。但总体而言，中国企业国际化经营还处于初级阶段，我国的跨国公司与世界一流跨国公司还有较大差距。

为了贯彻国家“十二五”规划纲要精神，发展我国大型跨国公司，提高国际化经营水平，同时为社会各界提供我国大企业跨国经营水平及其相关信息，中国企业联合会从 2012 年开始推出中国跨国公司报告。中国跨国公司报告将以中国企业联合会在中国企业 500 强的基础上，参照联合国贸易和发展组织的标准，每年推出的“中国 100 大跨国公司及跨国指数”作为分析重点。

一、2012 中国 100 大跨国公司及跨国指数基本情况

中国 100 大跨国公司是由拥有海外资产、海外营业收入、海外员工的非金融企业，依据企业海外资产总额的多少排序产生，跨国指数按照（海外营业收入 ÷ 营业收入总额 + 海外资产 ÷ 资产总额 + 海外员工 ÷ 员工总数）÷ 3 × 100% 计算得出。

2012 中国 100 大跨国公司共拥有海外资产 38221 亿元，占 100 大跨国公司总资产 278361 亿元的 13.73%，比 2011 中国 100 大跨国公司的海外资产 32505 亿元增长了 17.59%；实现海外收入 43517 亿元，占 100 大跨国公司总收入 202319 亿元的 21.51%，比 2011 中国 100 大跨国公司的海外收入 31011 亿元增长了 40.33%；海外员工 48.5 万人，占 100 大跨国公司总员工数量 1367.7 万人的 3.55%，比 2011 中国 100 大跨国公司的海外员工 41.5 万人增长了 16.93%。从海外资产总量排名看，中国石油天然气集团公司、中国石油化工集团公司和中国中信集团有限公司分别以 6665 亿元、6387

亿元和2789亿元名列2012中国100大跨国公司前三甲，江苏南通三建集团有限公司以8.82亿元海外资产名列第100位；2012中国100大跨国公司入围门槛比上年略有提高，只提高了1.13亿元。从海外营业收入总额排名看，中国石油天然气集团公司、中国石油化工集团公司和中国中化集团公司分别以11177亿元、7201亿元和3820亿元位居前三名。从海外员工总数排名看，中国石油天然气集团公司、中国中化集团公司和中国石油化工集团公司分别95690人、51464人和40936人位居前三位。（详见表4—1）。

2012中国100大跨国公司平均跨国指数为12.93%。浙江吉利控股集团有限公司、中国中化集团公司、中国远洋运输（集团）总公司、华为技术有限公司、中兴通讯股份有限公司、联想控股有限公司、TCL集团股份有限公司、山东如意科技集团有限公司、深圳市中金岭南有色金属股份有限公司、中国海运（集团）总公司分别以67.48%、56.20%、40.59%、40.12%、39.17%、37.98%、28.07%、27.70%、27.47%、26.91%名列前十位。2012中国100大跨国公司中，跨国指数大于30%的公司仅有6家，大于20%的公司也只有20家，而跨国指数小于10%的企业多达55家。（详见表4—1）。

从公司总部所在地看，2012中国100大跨国公司主要在经济发达地区，其中北京占49%、广东占8%、山东占7%、上海占6%、浙江占5%、江苏占4%。从公司性质看，2012中国100大跨国公司中，国有控股企业有80家，占据明显的主导地位，民营企业只有20家。从行业分布看，2012中国100大跨国公司的行业分布比较分散，超过4家企业的行业只有4个，分别是建筑业11家、一般有色冶金及压延加工业9家、黑色冶金及压延加工业6家、家用电器及零配件制造业5家。

二、中国大企业国际化的特点

1. 跨国并购成为企业开拓国际市场的重要方式。

2003年中国以收购方式实现的对外直接投资占18.0%，2009年占40.4%，2010年占43.2%，呈逐年增加之势。公开信息显示，2008年中国企业海外并购案例41宗、2009年49宗、2010年188宗、2011年207宗。2012年中石化以24.4亿美元收购美国德温能源公司页岩油气资产1/3的权益，三一重工以3.24亿欧元收购全球混凝土机械巨头德国普茨迈斯特公司90%的股权，山东重工3.74亿欧元获得全球豪华游艇巨头意大利法拉帝集团75%的控股权，广西柳工斥资3.35亿元人民币收购波兰企业HSW的工程机械事业部，国家电网以3.87亿欧元收购葡萄牙国家能源网公司25%的股份，等等，这些预示着中国企业的海外收购正在进入一个新阶段。中国企业通过并购除了能够获得商誉、新产品、新技术和整套先进设备之外，提升企业的整体实力越来越被企业看重。并购可以快速获得更多的跨国管理经验，有利于参与东道国市场的竞争；通过并购企业在当地进行生产，可以绕过贸易壁垒，从而扩大企业在世界市场的占有份额；有利于企业技术外溢，加速技术在企业间的流动，从而更好地掌握先进技术以及提高企业产品质量；并购还可以更快地培养全球化经营和管理人才。这些都会进一步提升企业的综合实力和开拓国际市场能力，也有利于中国企业巩固自己的国际市场地位。

2. 投资区域和领域不断拓宽

在投资区域上，中国企业的对外投资虽然继续保持对亚洲、非洲等市场区域的投资优势，但对欧洲、大洋洲的投资合作规模日益扩大。截至 2010 年底，中国在全球 178 个国家（地区）共有 1.6 万家境外企业，投资区域覆盖率达到 72.7%，其中对亚洲、非洲地区投资覆盖率分别达 90% 和 85%。在投资领域上，逐步由贸易和对外承包工程，拓展到设计研发、生产制造、资源开发、物流和园区建设等领域。目前，中国的对外直接投资覆盖了国民经济所有行业类别，其中绝大部分投资流向商务服务、金融、批发和零售、采矿、交通运输和制造六大行业，在上述六大行业累计投资存量 2802 亿美元，占中国对外直接投资存量总额的 88.3%。

3. 境外业务开始实现转型升级

最近 10 年来，中国企业的国际业务已经实现全面升级，由早期协助销售的办事处发展成为研发、生产、营销、服务、信息等多功能的业务中心。例如，联想已在全球范围内构建起以中国北京、美国罗利和日本大和三地为支点的全球创新三角研发体系，拥有遍布全球的 46 个世界一流的实验室。华为的国际化从 2009 年开始已进入第三个阶段，即全球化配置资源阶段。在该阶段，华为在全球各个主要地方已经进行了人力中心的建设，基于全球优化的资源配置，依托本地化优势来进行本地化的经营。如其在欧洲设有 37 个代表处、6 个研发中心，至此，其研发、服务以及生产和销售业务遍布整个欧洲，员工人数约有 7000 人，其中 65% 以上为本地员工。海尔、海信、TCL 等企业在东盟、非洲等地区建立了完整的研、产、销体系。

4. 国际化经营水平有所提高

2012 中国企业 500 强中 261 家填报海外营业收入指标数据的企业平均实现海外营业收入 191 亿元，比上年增长了 39.28%；平均海外资产达到 290 亿元，较上年增长 28.20%；平均海外员工为 3108 人，较上年增长 29.93%。

2012 中国 100 大跨国公司及跨国指数数据显示，2012 中国 100 大跨国公司共拥有海外资产 38221 亿元、实现海外收入 43517 亿元、海外员工 485480 人，分别比上年增长了 17.59%、40.33% 和 16.93%。

三、中国大企业国际化的差距与存在的主要问题

跨国公司是指具有全球性经营动机和一体化的经营战略，在多个国家拥有从事生产经营活动的分支机构，并将它们置于统一的全球性经营计划之下的大型企业。按照这一标准衡量，我国跨国公司绝大多数还没有达到中国企业国际化总体上还处于初级阶段。即使 2012 中国 100 大跨国公司也有很大差距。2012 中国 100 大跨国公司的平均跨国指数，不仅远远低于 2012 世界 100 大跨国公司 62.25% 的平均水平，而且远远低于 2012 发展中国家 100 大跨国公司 38.95% 的平均水平。其中跨国指数在 30% 以上的只有 6 家，达到 2012 世界 100 大跨国公司的平均跨国指数的企业只有 1 家，达到 2012 发展中国家 100 大跨国公司平均跨国指数的企业也只有 5 家，还有 5 家企业的跨国指数没有超过 1%。2012 中国 100 大跨国公司平均海外资产只占总资产的 13.73%、海外收入只占总营业收入的

21.51%、海外员工只占员工总数量的3.55%，而2012世界100大跨国公司平均海外资产占总资产的62.91%、海外收入占总营业收入的64.93%、海外员工占员工总数量的58.90%，2012发展中国家100大跨国公司平均海外资产占总资产的28.78%、海外收入占总营业收入的45.92%、海外员工占员工总数量的42.16%。我国的跨国公司与世界级跨国公司的差距不仅体现在上述数据上，而且在海外资产质量、业务模式、运营模式、企业文化、人才结构、管理模式、资源整合等方面的差距更大。我国大多数企业对国际市场还缺乏深入的认知和全面把握，对国际惯例、通行规则还不熟悉，对“走出去”遭遇的挫折和教训尚未上升到规律性来认识和掌握，工作中还存在一些亟待解决的突出问题：

1. 没有明确的战略导向和发展规划

一些企业对“走出去”，实施国际化经营缺乏总体的和长远的谋划，对世界经济发展格局缺乏战略性认识，经营目标与方向不明确，不少国内企业国际化经营的目的是为了荣誉、名声，不重视企业社会责任的履行，仅为“走出去”而“走出去”，而不是可持续发展。缺乏对海外扩张能力和机会上的分析论证和准备，缺乏市场定位、经营策略的灵活调整，海外并购目标多是竞争优势已转弱的企业，或者是对方为甩包袱才出售的企业。如TCL并购汤姆逊后，反而出现业务萎缩和巨额亏损，最大的原因也在于战略准备不足。咨询大师罗兰·贝格直言：跨国并购失败的中国企业更多的是机会导向，而非战略导向。很多企业想要抓住“买便宜货”的机会，买的都是些已经破产或接近破产的西方企业。有的企业境外投资的目的是为了转移国内已淘汰的废旧设备、享受国家优惠政策；有些企业不顾自身条件，对外承诺许多项目而不能实现，造成不良影响。

我国企业即使制定了宏伟的发展战略，也往往流于文字形式，实施效果不理想，战略实施远没能达到预期的效果。有的企业制订了战略之后，在战略实施方面不坚决，一遇到阻力就动摇信心，马上回到过去的那种经验管理中。还有的企业不考虑企业的实际，就盲目地推行企业发展战略、进攻战略，在保证的措施不到位、执行力不够等的情况下轻率地推行，使战略的实施步履维艰。

2. 放权过大、内控不强

一些企业国际化经营的管理制度尚不健全，境外经营风险意识不强，不能严格履行对外投资管理程序，缺乏有效的风险管控措施。一些企业尚未建立适应国际化经营的组织架构，对“走出去”工作缺少整体的协调配合机制和必要的后台支撑；一些企业为了抢占市场先机，采取在海外设办事机构、遍地撒网或投机式的扩张。当扩张过快、管理半径过长时，为了满足快速反应往往给分支机构下放很大的自主决策权，风险管理和内部控制制度又难以及时跟上，易产生监督机制失灵。如中航油新加坡公司因为内部缺乏有效的风险管理，分公司一把手权力过大，集团对分公司资金权限、设置止损点等又缺乏有效监管，最终在原油期货交易中栽了大跟头。

3. 缺乏技术和人才

大部分企业的技术创新和研发能力相对较弱，多以技术含量低、劳动密集型产品作为自己“走出去”的发展定位，缺少具有自主知识产权的产品，没有形成独特的优势和竞争力。国际化管理人才是具有复合式知识与技能结构的管理精英，我国企业普遍缺乏与国际化经营相适应的人才队伍，人才匮乏已成为影响企业国际化经营的最主要因素，在培养、使用、吸引和留住国际化经营人才特别是高端人才方面缺乏经验和必要的措施，尚未建立有效的机制。在处理国际事务时往往过于依赖国外银行、律师和中介机构，从而影响到中国企业的科学决策。企业“走出去”不仅要与国内企业竞争，更多的是要与外国企业尤其是一些大型的跨国公司进行竞争，为了赢得竞争，最急需的就是既通晓技术和管理专业知识，又能够进行跨文化、跨语言交流的国际化高端人才。而大多数中国企业在跨国经营的人力资源建设方面严重滞后，没有认识到跨文化沟通的重要性和复杂性。国际化人才缺乏导致了企业产品创新和管理创新跟不上国内外市场的步伐，这使企业付出了不小的代价。

4. 环境复杂、水土不服

环境复杂性表现在东道国政局不稳、政策多变、交易审批环节繁冗等。我国企业在国际化经营中若对东道国意识形态、法律环境了解不透彻，就会时常面临配额、技术许可、环保标准等限制，特别是我国国家战略与大企业之间千丝万缕的联系容易引发西方国家的不安和敌对情绪，加以恶意阻挠，致使企业“走出去”水土不服。比如中铝并购力拓的协议遭遇后者单方面毁约；中海油竞购尤尼科也被竞争对手雪佛龙游说美国政界强势介入，最终导致并购失败。

5. 协同困难、整合不顺

由于我国企业国际化的范围是在不同国家、不同地区、不同民族，因此在企业实施并购和国际联盟等路径时，各个企业的价值观、经营理念以及宗教信仰、风俗习惯都有很大的不同。文化差异或冲突可能会带来诸多不利的影响，如管理决策的低效率、企业目标的不统一、企业缺乏凝聚力、管理费用大幅增加等等。这些都将加大企业国际化经营的难度，甚至可能最终导致企业国际化经营的失败。国际化并购要求对被并购企业的营销渠道、治理结构、企业文化、业务流程等要素进行全面协同、无缝整合，方能实现“1+1>2”的效应。但一些企业缺乏对中外双方管理理念和办事方法等方面差异加以认真研究，不能做到彼此理解、优势互补，难免使并购后的协同效应大打折扣，想象中的“馅饼”反而变成“陷阱”。一些企业专注于并购后发挥其制造能力和成本优势，却忽视了通过市场和经营模式整合实现收入增长，致使国际化经营的动力和空间受限，最后的结果就是“买得来、管不了、干不好”

6. 资源配置能力弱

世界一流跨国公司可以利用它们的知名品牌和技术，实现资源的全球化配置。具体体现为，生产线可以建立在生产成本最低的国家，产品则销售到世界上价格最高和市场潜力最大的国家；人才可以从世界不同国家招募，然后派到所需要的地方。我国企业近几年走出去的步伐在加快，但更多的是在一些不发达国家承包工程、投资于一些资源开发，所需要的人员一般都由国内派出，产品也是销售到国内。所以，我国企业的海外经营同世界一流跨国公司的全球化经营是两个不同的概念，虽然在企业的统计报表上都是来自于国外的收入，但所从事的业务则是不同的。企业的经营活动还没有实现资源的全球化配置，更多的是服务于国内经济发展的需要。

四、不断增强国际化能力，努力提高国际化经营水平

国家“十二五”规划纲要明确提出“逐步发展我国大型跨国公司和跨国金融机构，提高国际化

经营水平”，这为中国企业国际化经营指明了方向。当前和今后一个时期，中国企业只有树立全球视野，增强紧迫感和危机意识，抓住新的机遇、迎接新的挑战，从战略规划、管控模式和组织架构、人力资源管理、资源整合、风险防范机制、跨文化管理等方面不断修炼并增强国际化能力，努力提升国际化经营水平，才能打造一批真正意义上大而强的跨国公司。

1. 实施国际化经营战略规划

企业要制订国际化经营战略的总体方案，实施国际化经营工作统筹布局，超前谋划。根据国内外经济发展的宏观环境，结合行业发展和自身实际情况，立足全局和长远，明确企业实施国际化经营所处的发展阶段，深入分析面临的机遇与挑战，明确不同阶段国际化经营的主要目标和任务，确定应采取的方针、策略等，全面规划、分步实施。要统筹做好国内外业务规划布局，合理安排境内外项目，在资金、人力、资源等方面给予保障。要密切关注世界经济、科技和行业发展的最新趋势，把握同行业世界一流跨国公司的动态，灵敏调整企业策略，提高国际化战略的前瞻性，努力克服企业在参与国际市场竞争时的盲目性与偶然性，大力增强抵御国际市场风险能力。要根据国际化的目的和出发点，企业自身的能力和行业特点，选择合适的切入点。不同的市场进入有难易之分，进入新兴市场相对容易，进入成熟的发达市场比较困难；地理位置近的比较容易，地理遥远的比较困难，可选择先难后易，如海尔；或先易后难，如华为、中兴。合资，收购兼并是一种选择；独资自建又是另一种模式。要制定细化的、可控的战略规划和质询流程，并利用信息化工具控制和把握战略的执行，能够在企业总体战略方向的指导下，有效布局和分配资源，并从实质上对下属业务单元的战略计划进行质询和平衡。

2. 建立与国际化经营相适应的管控模式和组织架构

企业国际化经营战略的落实，必须有合适的管控模式，特别是完善的组织架构来保证。同时，有效的管理体制和组织架构又是企业实现规范化管理、有效规避风险的基础和根本保障。企业应依据自身的特点和战略需要构建全球协同机制，包括全球统一的业务标准、服务理念、全球战略统领地区团队的工作目标、各部分之间充分合作和资源共享机制等等。我国企业要建立并不断完善境外经营管理的组织架构，明确职责、理顺关系、落实责任，重视国际化经营组织架构和经营模式的创新。一是构建符合自身国际化经营要求的组织架构。方式一是设立海外业务管理部门，独立于国内业务进行单独管理，以海外扩张为目的；方式二是以业务线条为主导，对海内外进行统筹管理，以资源整合为目的；方式三是集团总部对海内外分支机构进行统一的职能式管理，基于价值链整合业务和管理环节。企业在国际化经营的初期，一般采取设立国际部或海外事业部等组织架构。这时的海外业务为独立的业务组合单元。随着公司在海外业务的拓展和规模的扩大、国内外的业务运营环境产生差距。这时，公司由原来的海外事业部架构逐渐转型为以职能部门、产品、市场、区域、客户群为区分的矩阵式架构。当企业处于在全球一体化成长和发展时，企业需要在全球范围内配置资源、整合运营流程、延伸供应链，于是相应地要建立整合的业务板块与区域管理的矩阵模式。各企业可根据国际化经营的实际情况，设立专门的国际化业务管理部门、境外事业部或境外经营实体等，实行规范管理。二是明确公司总部与海外专业分支机构经营职能定位。按照责权利相统一的原则，科学划分公司总部与海外公司的职责与权限，探索职能模块、业务条线、区域板块的矩阵式运作模式，实现跨地域、多层次经营的资源有效配置，促使公司发挥宏观管理的管控效力。只有灵活的、柔性的、网络状的矩阵式管理，乃至于更新的组织管控，才有可能适应全球化的运作。发挥公司总部在海外分支机构发展过程中的技术和资源支持、竞争优势附加值注入、品牌无形资产支撑、战略引领及推动国际联盟合作等关键作用，强化公司总部对海外分支机构影响力。通过推进分级授权，统一公司品牌，设计内外业务合作模式，构筑“协同作战”机制，形成内外制衡或互补机制，强化公司控制力。三是建立与本企业特点相结合的国际化经营管理体系。加强国际市场开发、境外项目管理、风险控制部门与人力资源、财务、后勤保障等部门的协作，构建高效运转的管理体制和运行机制，对一些重点项目，可以采取成立联合工作组的方式，简化程序，提高效率。四是在体制上保证境外企业的活力。要向跨国公司学习，探索复杂产权结构下，通过完善公司治理、明晰产权，创新国际化经营工作的有效方式。要根据投资方式方法和融资模式的创新要求，学会作为战略投资者，提升资本运作层面有效管理的能力。五是稳妥推进全球化管控体系建设。根据海外分支机构类型（事业部、分公司、子公司等）由浅入深、由易到难地个性化导入国内类似分支机构的管控模式，稳妥推进全球化管控体系建设，并最终探索形成一套成熟的适合全球化管控的可复制管控体系。六是出台专门的国际业务考核体系。出台有别于国内、区别于其它板块、专适国际业务的考核办法，对国际经营占企业签约、产值、利润的比重下达指标，给予相应的政策倾斜和优惠条件，在调动子分公司走出去的同时，引导海外分支机构增强价值创造能力，提升资本回报水平。

3. 加强跨国经营人力资源管理

中国企业要成为世界一流跨国公司就必须有世界级人才，世界一流跨国公司不仅善于从世界范围内吸引中级和高级人才，并公平对待、充分尊重具有多元文化背景的员工，全面激发员工的创造力和主动性，在企业文化上体现海纳百川的气魄，而且在构建全球知识流动机制的基础上，使员工形成开放的学习与合作态度，树立灵活的全球职业发展理念，从而最大限度地发挥全球范围的智力优势。中国企业要在以下五个方面下功夫。一是制定明确的人才计划。要根据企业国际化发展战略要求制定全球的人才计划和分配，如哪些部门和业务环节需要本地化员工，哪些地方需要全球的管理人员。二是加大国际化人才培训力度。要依据国际化人才培训需求，完善企业内部人才培养培训体系。通过与国外跨国公司、知名院校建立战略合作关系，选派优秀人才到境外研修，培养人才的国际化思维、全球视野和跨文化经营管理能力。要注重在跨国经营和海外投资项目中培养人才，通过实践锻炼，使得大批国际化人才在跨国经营中茁壮成长。要通过多种方式选派员工参加海外工作，体验海外文化和生活方式，培养一批能够融入海外市场，具有多元文化背景的专家，使得企业的触角多元化、丰富化。如中国建筑股份有限公司大胆使用年轻的管理人员，从企业内部培养国际化的人才。通过多年的全球化运作，已经培养了一大批年轻的全球化业务骨干。30 出头的年轻人，在海外独当一面，管理几万人，数亿美元的工程。三是加大海外优秀人才引进力度。要根据企业发展需要，注重择优聘用外籍人士参与海外分支机构管理；可以逐步加大从国外知名院校接受优秀毕业生的工作力度，为国际化经营管理人才队伍建设做好人才储备。同时，要建立有效的激励机制吸引和挽留国际先进人才。四是加大境内外人才交流力度。要建立交换项目，为员工提供在不同工作环境中工作的机会，促进不同文化背景的员工相互沟通与交流，设计共同的信息和通讯技术平台，鼓励知识共享和建设性讨论。要有计划地选派国内优秀的经营管理人才到境外合资合作企业、海外分支机构工作锻炼，使其进一步熟悉国外的经营环境和国际商业规则，提高涉外工作能力、多元化团队领导力和跨国经营管理水平。要注重把经过海外复杂环境考验、境外工作业绩突出的优秀人才优化配置到集团总部、国内重要分支机构的关键岗位上，使其在推动企业国际化经营中担当重任。五是实施人员本土化战略。招聘和雇佣当地各类人才，有利于跨文化交流和沟通，降低东道国市场进入门槛。

4. 大力提高资源整合能力

只有具备一流的资源整合能力，有效推动资源优化配置，才能真正提高国际化经营水平。企业需要能够根据战略的需要，结合下属单位的绩效表现，把有限的资源进行价值链和资产层面的合理配置，真正提高公司整体的投资回报和价值最大。一是开展持续性的资源整合，专注于企业核心竞争力的提升。从国际经验看，跨国企业的发展历程不但是一个不断并购做大的过程，也是根据发展战略，通过对非优势、不具发展潜力业务剥离出售等手段不断调整优化的过程。所有的跨国公司在发展过程中，都在不断出售自己的原有业务、收购新的业务，不断对业务进行调整和优化。公司按照企业的战略发展方向，对哪些业务需要退出，哪些业务需要加强，通过什么手段来加强（如自建，还是并购等），都需要有清晰的思路，并可以通过落实到投资项目层面和对战略性投资项目的动态控制来实现业务的组合管理。二是全球化的资源配置。世界一流跨国公司的资源整合早已不局限于某个区域和国家，而是在全球范围内有效配置资源，实现从跨国公司到全球化公司的转变。在资源最便宜的地方开采资源，在制造成本最低的地方生产加工，在融资成本最低的地方进行融资，在市场最大的地方卖产品，在研发能力最强的地方搞研发，实现在全球最适合的地方运营，最有效利用全球资源和能力。这已成为世界一流跨国公司必备的一种能力。三是切实推进并购重组后整合，实现1+1>2。跨国并购由于其投资环境的高度复杂性，致使并购结果具有很强的不确定性，这种不确定性往往给跨国公司带来极大的风险。尽管并购是目前跨国投资的主要方式，但国际经验表明，并购特别是跨国并购成功的概率非常低。对于我国来说，由于自主创新能力和核心竞争力薄弱，也缺乏管理国际品牌和营销渠道的经验，实施跨国购并的风险更大。因此，我国企业国际化中，特别是对发达国家的投资中，应慎重采取购并方式，一旦确定采取购并的方式，应对购并可能带来的各种风险进行详尽的分析并提出有效对策。并购完成后要进行有效的整合，企业应当重视整合过程中的沟通管理，如果目标企业具有较好的管理模式、经营理念和企业文化，不妨保留其原有的管理制度，而将主要精力放在管理控制方面。同时企业也要注意维护好客户关系，使他们认可合并后的产品和服务，在留住老客户的基础上吸引新顾客，并利用联合产品去创造新的品牌。企业文化的整合是并购后整合过程中难度最大的任务，被并购企业所在国的员工、媒体、投资者甚至是工会仍然对我国企业持偏见和怀疑的态度，因此，并购后要想把文化的冲突降到最低程度，就要学会建立起一种共同的文化。可以在领导、决策、激励与报酬方面借鉴当地习惯做法，以减少文化冲突所引起的企业不稳定。

5. 建立全面有效的风险防范机制

一是以经济效益评价作为对外投资项目是否可行的首要标准。要将符合企业战略发展作为对外投资的基本出发点，规范投资决策程序，严控风险，提高投资质量和效益。对外投资项目要严格履行内部投资决策程序，审慎决策，投资规模要结合企业的财务状况和负债水平综合考虑，不能超出合理经济承受能力。要加强项目前期的尽职调查和可行性研究工作，充分利用中介机构的力量，但更重要的是逐步培养和形成自己的专业化队伍。二是加强对境外项目的运营管理和过程监控。推动项目的决策程序、策划和实施过程、后期运营的专业化管理。要切实加强项目现场管理，选派责任心强、协调能力强的管理人员负责现场项目管理工作。要建立定期审计和经营管理检查机制，及时发现和解决境外项目运营中存在的问题。三是加强对境外子企业财务监督和重大经营事项的预算控制，将境外资金纳入公司统一的资金管理体系。要加强对外派劳务人员的培训，加强管理，提高素质，维护其合法权益。四是提高风险意识，建立和完善境外业务全面风险管理体系。密切跟踪研究国际、地区和国别形势，增强分析判断能力和风险识别能力。加强对项目所在国政治、经济、法律、风俗文化等方面的研究，降低境外经营风险。五是牢固树立依法合规、守法经营的理念，全力打造国际化经营法律风险防范的完整链条，提高涉外法律风险防范能力。注意整合企业内外部法律资源，利用好外部律师事务所等专业中介机构，为法律风险防范提供支撑和保障。妥善应对境外法律纠纷案件，提高依法维权的能力和水平。重视境外安全和突发事件的管理，建立健全有效应对、妥善处置突发事件的应急预案，确保境外机构和人员安全。

6. 强化跨文化管理

企业要保持其在海外经营的持久发展，就需要和当地国家以及社会的利益共融，不仅为自己负责，还要为当地的人文社会环境负责，而能否与当地文化融合是我国企业跨国经营成功的关键所在。一是树立多元文化意识。加强和实施跨文化培训和海外员工职业生涯规划，理解和尊重东道国文化、社会宗教信仰及民风民俗，熟悉东道国的语言和政治法律等。二是注重对企业融合文化的培养和优化。加强跨文化沟通和交流，培养跨文化创新团队，妥善处理文化冲突，尽可能规避文化冲突和信任危机。遵守当地法律法规，尊重、适应当地风俗习惯，按照当地文化习惯处理社会责任问题。三是力求企业整体文化认同与本土化之间达到平衡。一方面能够体现企业全球一体化的战略思维和一致的运营理念；另一方面要充分尊重、主动适应本土文化，对本土的新事物保持高度敏感，积极接纳并吸收。在企业管理层，要建立多文化、多背景的团队推进组织间交流与合作，应该安排熟悉当地市场、并与总部关系紧密的管理人员在各个地区履行本地化运营职能。四是定期向当地及其他利益相关方公布企业社会责任报告。树立长远发展的理念，加强责任沟通管理机制的建设，积极、正面、及时应对各类社会责任危机，树立一个敢于应对、勇于负责的企业形象。要加强与当地企业合作，积极推进本土化经营，提高对当地经济增长的贡献度，促进当地就业。五是努力建构良好的公共关系。要积极融入到当地社会中去，更加注重对自然环境和各类资源的保护，真正做到在环境保护、当地社区稳定、商业诚信、社区公益、慈善活动等方面积极作为，做一个融入当地社区的“企业公民”，力争公司效益和社区发展的双赢，在当地居民中树立起企业和国家的良好形象。

表4-1 **2012中国100大跨国公司及跨国指数**

名次	公司名称	营业收入（万元）	海外收入（万元）	资产总额（万元）	海外资产（万元）	员工人数（人）	海外员工数（人）	跨国指数（%）
1	中国石油天然气集团公司	238127823	111774918	302787624	66652990	1668072	95690	24.90
2	中国石油化工集团公司	255195093	72012290	174530740	63869378	1021979	40936	22.94
3	中国中信集团有限公司	31897579	6127143	327705276	27887855	155333	51464	20.28
4	中国海洋石油总公司	48819940	20184353	71853423	20379606	98400	2311	24.02
5	中国中化集团公司	45895329	38199163	25818873	17744089	46996	7828	56.20
6	中国远洋运输（集团）总公司	18616997	12100725	32873163	16595750	72897	4591	40.59
7	中国铝业公司	23170175	375624	39662045	12042177	184355	292	10.71
8	中国五矿集团公司	35240263	9510135	23059076	7764171	115137	7315	22.34
9	浙江吉利控股集团有限公司	15099498	12776051	10522681	6885239	37800	19800	67.48
10	中国保利集团公司	6879579	1164971	29343494	6873151	29938	5945	20.07
11	华为技术有限公司	20392900	14158788	19328300	6667000	140000	23000	40.12
12	中国化工集团公司	17912484	4379588	24770050	5849743	138553	10149	18.46
13	中国海运（集团）总公司	6331566	2563173	16103357	5691822	45729	2248	26.91
14	中国电力建设集团有限公司	18288685	5151126	24254506	5642686	200309	2128	17.50
15	中国交通建设股份有限公司	29537049	4014841	35956792	5377522	96300	2974	10.55
16	中国建筑工程总公司	49149463	2813628	51838846	5245449	188480	7190	6.55
17	中国华能集团公司	26817338	2219244	75318815	4789967	136091	1070	5.14
18	中国兵器装备集团公司	27902743	7517699	26110034	4631295	228245	1866	15.17
19	中兴通讯股份有限公司	8625446	4675785	10536811	4382750	89786	19487	39.17
20	中国联合网络通信集团有限公司	21627705	110035	52374734	4082081	299818	240	2.79
21	海航集团有限公司	9389178	629630	29668196	3771961	79969	2943	7.70
22	联想控股有限公司	18307801	10824388	15048975	3713641	37230	11221	37.98
23	中国冶金科工集团有限公司	24316627	1384044	36019944	3677440	160399	3993	6.13
24	兖矿集团有限公司	8400427	938132	13972222	3524557	97239	1526	12.65
25	中国铁道建筑总公司	46188331	1839844	43405284	3381228	291598	5373	4.54
26	TCL集团股份有限公司	6075155	2231857	7401432	3270078	56190	1842	28.07
27	宝钢集团有限公司	31624500	5260117	47381978	3198219	104190	396	7.92
28	中国外运长航集团有限公司	10311252	641413	12107165	2973589	74806	519	10.49
29	中国兵器工业集团公司	31131604	9511387	26196283	2972879	279563	2992	14.32
30	中国电子信息产业集团有限公司	16823613	7013004	14478294	2954550	126539	7980	22.80
31	海尔集团公司	15092957	4322342	14359988	2884897	72393	9649	20.69
32	中国航空集团公司	9926836	3584215	18331989	2689937	65867	2033	17.96
33	国家电网公司	167535929	253756	221159075	2510959	1582554	1011	0.45
34	中国移动通信集团公司	56597234	393829	116326421	2262360	216677	4565	1.58
35	首钢总公司	23349783	3625374	36765922	2224940	120371	2074	7.77

续表

名次	公司名称	营业收入（万元）	海外收入（万元）	资产总额（万元）	海外资产（万元）	员工人数（人）	海外员工数（人）	跨国指数（%）
36	中国航空工业集团公司	26399877	2295749	51576797	2069674	469048	12561	5. 13
37	中联重科股份有限公司	8480577	223794	7158177	1967800	28833	1074	11. 28
38	中国有色矿业集团有限公司	6408199	1214094	7156803	1696226	35994	5581	19. 38
39	山东钢铁集团有限公司	12433831	2074827	15457160	1443760	98943	347	8. 79
40	金川集团股份有限公司	12182333	195969	8779834	1290171	34945	2482	7. 80
41	武汉钢铁（集团）公司	22148880	1358490	22224918	1206946	115582	175	3. 91
42	中国港中旅集团公司	5515152	355105	5960415	1131846	44201	3150	10. 85
43	中国能源建设集团有限公司	12220893	1088156	14294481	1040616	164400	9492	7. 32
44	同方股份有限公司	2096205	621474	3017095	1019059	17169	286	21. 70
45	中国广东核电集团有限公司	2831461	409747	24873504	1012475	27272	590	6. 90
46	江苏沙钢集团有限公司	20750672	1927843	17068665	967839	44331	664	5. 49
47	中国黄金集团公司	7912335	206127	5321821	933028	45939	1196	7. 58
48	中国电信集团公司	29202423	319707	65384072	931523	491447	2175	0. 99
49	紫金矿业集团股份有限公司	3976392	41645	5232020	894911	21002	425	6. 73
50	鞍钢集团公司	15573577	1479358	27171022	877873	210528	72	4. 25
51	广东省广晟资产经营有限公司	3608244	411500	7318441	852200	50013	875	8. 27
52	中国通用技术（集团）控股有限责任公司	12984580	871810	9529851	838671	44311	330	5. 42
53	中国航空油料集团公司	22208907	6833262	3685699	805240	9694	67	17. 77
54	广东省广新控股集团有限公司	6323500	1788005	3633447	794067	24684	4889	23. 31
55	三一集团有限公司	8020000	342504	8281283	777346	66940	2500	5. 80
56	神华集团有限责任公司	28029695	34248	62690874	760327	166596	369	0. 52
57	黑龙江北大荒农垦集团总公司	10400731	717923	12173149	698662	679676	406	4. 23
58	海信集团有限公司	7157576	1203322	5385741	660705	31432	423	10. 14
59	美的集团有限公司	13411615	4171373	9034514	610808	145000	7500	14. 35
60	光明食品（集团）有限公司	12455402	201249	18470910	592271	116402	1211	1. 95
61	北京汽车集团有限公司	20077517	642003	16857443	591789	68262	2068	3. 25
62	中国诚通控股集团有限公司	6500944	55495	6510145	567456	30508	265	3. 48
63	万向集团公司	8354223	1449219	5559670	557681	30749	6181	15. 83
64	中国东方航空集团公司	8889947	2629893	12258944	505610	77363	636	11. 51
65	中国中纺集团公司	3483519	962838	1861164	493042	9495	50	18. 22
66	上海汽车集团股份有限公司	43480395	98578	31863318	473349	115932	267	0. 65
67	云南建工集团有限公司	2429521	51937	2159469	455291	36853	230	7. 95
68	北京建工集团有限责任公司	4794807	260475	3344023	440734	10266	351	7. 34
69	深圳市中金岭南有色金属股份有限公司	1866905	782166	1404240	436977	11066	1039	27. 47

续表

名次	公司名称	营业收入（万元）	海外收入（万元）	资产总额（万元）	海外资产（万元）	员工人数（人）	海外员工数（人）	跨国指数（%）
70	上海电气（集团）总公司	9284032	407600	15077705	430843	64425	1929	3.41
71	山东如意科技集团有限公司	2275501	740000	1216126	400000	22395	3960	27.70
72	中国恒天集团有限公司	3362386	445517	4346288	386330	53561	2176	8.73
73	陕西有色金属控股集团有限责任公司	6127444	172808	8577521	377325	41689	190	2.56
74	苏宁电器集团有限公司	19473387	65101	5978647	363807	175905	384	2.21
75	四川长虹电子集团有限公司	7655369	545148	6026544	358190	70762	500	4.59
76	重庆轻纺控股（集团）公司	2520496	351928	2790396	332454	26338	4349	14.13
77	中国机械工业集团有限公司	19295713	3831717	16864123	324508	95529	722	7.51
78	雅戈尔集团股份有限公司	3603107	237927	5996245	276594	51266	16454	14.44
79	国家开发投资公司	7738102	199654	27664009	254146	87492	524	1.37
80	中国华电集团公司	16337131	126732	52586195	250336	108522	690	0.63
81	北京京城机电控股有限责任公司	2602824	178908	3576941	249187	25434	787	5.64
82	中国核工业集团公司	4618671	443195	25777800	229120	84838	813	3.81
83	沈阳远大企业集团	2024443	329578	1390508	218029	17195	651	11.92
84	金龙精密铜管集团股份有限公司	3505197	810879	1419064	213809	4650	432	15.83
85	云天化集团有限责任公司	4613894	521086	8034945	196431	36359	467	5.01
86	北大方正集团有限公司	5765741	145321	6508594	196100	32659	226	2.08
87	青建集团股份公司	3042666	589509	959972	188490	10155	1083	16.56
88	波司登股份有限公司	1821341	165320	1357115	153112	24658	165	7.01
89	中国建筑材料集团有限公司	19409221	1128444	20751094	145888	125439	829	2.39
90	南山集团有限公司	6360389	52172	5513516	137379	39186	97	1.19
91	安徽建工集团有限公司	2288571	109788	1886049	127619	12217	2479	10.62
92	海亮集团有限公司	6779700	430560	3162900	119337	10325	376	4.59
93	广西柳工集团有限公司	2157159	211678	2896953	111382	18762	262	5.02
94	沈阳机床（集团）有限责任公司	1801128	81962	2000000	109766	19482	380	4.00
95	新希望集团有限公司	7538106	203052	4347024	107562	79736	1244	2.24
96	中国南车集团公司	8263113	613786	10132195	107166	89777	329	2.95
97	三河汇福粮油集团有限公司	1835019	115070	1070000	106463	3000	305	8.80
98	浙江省建设投资集团有限公司	3532060	83765	2477116	92540	149117	107	2.06
99	江西省煤炭集团公司	1835923	54784	1914239	91208	67865	2308	3.72
100	江苏南通三建集团有限公司	2508002	174571	1237845	88173	93562	5694	6.72
	合计	2023185553	435170057	2783608586	381872769	13676979	485480	12.93

第五章
2012 中国企业效益 200 佳分析报告

2012 中国企业效益 200 佳是中国企业联合会、中国企业家协会在 2012 中国企业 500 强、中国制造业企业 500 强、中国服务业企业 500 强的基础上，依据企业归属母公司净利润产生的。详见表 5 - 1。本报告主要对 2012 中国企业效益 200 佳的数据所呈现出的特点进行分析。

一、2012 中国企业效益 200 佳对国民经济的财税贡献突出

2012 中国企业效益 200 佳的合计净利润为 2.00 万亿元，是 2012 中国企业 500 强合计净利润（2.10 万亿元）的 95.56%，比 2011 中国企业效益 200 佳的合计净利润（1.93 万亿元）增长了 3.86%，增长幅度下降明显；纳税总额 2.8 万亿元，占 2011 年全国税收总额 9.6 万亿元的 29.17%，比 2011 中国企业效益 200 佳纳税总额增长了 21.74%。这些数字表明，尽管中国企业效益 200 佳受国际金融危机和欧债危机的影响，企业经营状况受到一定冲击，但向国家上缴的税收仍然在增加。今年，中国工商银行股份有限公司已经连续第四年位列中国企业效益 200 佳的首位，排在第二位至第十位的企业分别是中国建设银行股份有限公司、中国银行股份有限公司、中国农业银行股份有限公司、中国石油天然气集团公司、中国移动通信集团公司、中国石油化工集团公司、交通银行股份有限公司、中国海洋石油总公司、国家电网公司。与上年相比，前十位变化不大，工、建、中、农、交几大银行仍然保持一贯的良好收益水平，连续四年跻身前十位。

二、2012 中国企业效益 200 佳的规模增速有所放缓

2012 中国企业效益 200 佳的营业收入总额为 28.8 万亿元，占 2012 中国企业 500 强营业收入 44.9 万亿元的 64.14%，比 2011 中国企业效益 200 佳的营业收入总额（24.8 万亿元）增长了 16.13%；2012 中国企业效益 200 佳的资产总额为 115.8 万亿元，占 2012 中国企业 500 强资产总额 130.2 万亿元的 88.94%，比 2011 中国企业效益 200 佳的资产总额（98.3 万亿元）增长了 17.80%。这些数字说明，由于国际金融危机和欧债危机的渗透和蔓延，导致我国企业经营状况受到一定影响，2012 中国企业效益 200 佳的增速有所放缓，当前的增长正在回归到一种理性增长的轨道上。

表5－1 **2012中国企业效益200佳**

名次	企业名称	地区	净利润（万元）	营业收入（万元）	纳税总额（万元）	资产（万元）	所有者权益（万元）	从业人数
1	中国工商银行股份有限公司	北京	20826500	70955700	9592926	1547686800	95674200	408859
2	中国建设银行股份有限公司	北京	16943900	57957800	7385909	1228183400	81666100	329438
3	中国银行股份有限公司	北京	12418200	52761100	4083000	1183006600	72316200	289951
4	中国农业银行股份有限公司	北京	12192700	54622700	7200200	1167757700	64960100	447401
5	中国石油天然气集团公司	北京	10549019	238127823	40143112	302787624	151392432	1668072
6	中国移动通信集团公司	北京	7565730	56597234	6389409	116326421	67577090	216677
7	中国石油化工集团公司	北京	6111302	255195093	32981339	174530740	57640284	1021979
8	交通银行股份有限公司	上海	5073649	21814231	2382174	461117683	27180234	90149
9	中国海洋石油总公司	北京	4712479	48819940	8232148	71853423	32642776	98400
10	国家电网公司	北京	3670914	167535929	10242404	221159075	85036650	1582554
11	神华集团有限责任公司	北京	3666756	28029695	5211093	62690874	26894881	166596
12	中国中信集团有限公司	北京	3651603	31897579	3080984	327705276	20510794	155333
13	招商银行股份有限公司	广东	3612900	14196800	1726300	279497100	16499700	45344
14	中国民生银行股份有限公司	北京	2792000	13599800	15382	222906400	12959700	40820
15	上海浦东发展银行股份有限公司	上海	2728598	6791767	1185087	268469369	14881286	31231
16	兴业银行股份有限公司	福建	2550500	11843900	1098600	240879800	11520900	34611
17	上海汽车集团股份有限公司	上海	2022187	43480395	6302440	31863318	10236231	115932
18	中国邮政集团公司	北京	1996059	25875158	1490724	426034354	14179133	889307
19	中国平安保险（集团）股份有限公司	广东	1947500	24891500	1624200	228542400	13086700	175136
20	中国光大银行股份有限公司	北京	1806789	8596744	950614	201670762	10313938	28267
21	中国黄金集团公司	北京	1510332	7912335	266190	5321821	1089363	45939
22	中国第一汽车集团公司	吉林	1485256	36852527	4825334	21421444	8097162	82175
23	上海烟草集团有限责任公司	上海	1468810	9110435	6334517	10256304	8963953	16576
24	陕西延长石油（集团）有限责任公司	陕西	1406357	12365267	3932940	17728154	6262718	125763
25	中国华润总公司	广东	1216557	28084506		63700000	9121687	350524
26	宝钢集团有限公司	上海	1206858	31624500	1272182	47381978	22738721	104190
27	大秦铁路股份有限公司	山西	1169882	4500704	506427	9412073	6283710	95480
28	华为技术有限公司	广东	1164700	20392900	2300000	19328300	6622800	140000
29	中国交通建设股份有限公司	北京	1160133	29537049	1474810	35956792	7123022	96300
30	恒大地产集团有限公司	广东	1138170	6191819	925095	17902341	3268656	32644
31	腾讯控股有限公司	广东	1020308	2849607	307917	5680437	2846383	15320

续表

名次	企业名称	地区	净利润（万元）	营业收入（万元）	纳税总额（万元）	资产（万元）	所有者权益（万元）	从业人数
32	山东能源集团有限公司	山东	1007592	15600946	1687997	17902653	4393278	263853
33	中联重科股份有限公司	湖南	960247	8480577	391019	7158177	3563476	28833
34	广发银行股份有限公司	广东	958573	4782419	574502	91898182	5270598	18641
35	华夏银行股份有限公司	北京	922193	3354380	574077	124414118	6390108	19169
36	北京银行	北京	894670	2072773	473454	95649868	5038334	7339
37	东风汽车公司	湖北	854103	40672043	3721986	23205842	3831020	161377
38	中国太平洋保险（集团）股份有限公司	上海	831300	15793400		57061200	7679600	
39	中国长江电力股份有限公司	湖北	770083	2070038	662138	15838503	6824642	7648
40	光明食品（集团）有限公司	上海	764503	12455402	422105	18470910	7317835	116402
41	中国中化集团公司	北京	761274	45895329	934669	25818873	5735892	46996
42	山东魏桥创业集团有限公司	山东	728979	16101478	513948	8182408	4316909	141299
43	潍坊特钢集团有限公司	山东	721777	1127578	39923		360888	6270
44	中国建筑工程总公司	北京	716356	49149463	2830386	51838846	4972448	188480
45	中国中煤能源集团有限公司	北京	711130	11538699	1743185	21237829	5844363	120212
46	天津汽车工业（集团）有限公司	天津	681181	9696768	852200	4413671	2254366	34518
47	中国人寿保险（集团）公司	北京	677721	43492820	1085938	195762960	3715761	133783
48	湖南中烟工业有限责任公司	湖南	673611	7251504	4585782	5260454	4277987	22466
49	中国中铁股份有限公司	北京	669001	46072022	1846933	46873210	7202021	294761
50	江苏华厦融创置地集团有限公司	江苏	659960	1906715	371666	3878733	3159229	2500
51	四川省宜宾五粮液集团有限公司	四川	654215	4872960	716884	5899508	3611373	50237
52	重庆龙湖企业拓展有限公司	重庆	632756	2530133	258536	8250566	2194054	7300
53	绿地控股集团有限公司	上海	624366	14787372	877766	18816137	1961070	4000
54	南山集团有限公司	山东	621804	6360389	213999	5513516	2982791	39186
55	三一集团有限公司	湖南	619095	8020000	490680	8281283	1850829	66940
56	中国贵州茅台酒厂（集团）有限责任公司	贵州	601563	2429810	922023	4474769	2251878	17934
57	中国航空工业集团公司	北京	601491	26399877	835580	51576797	11756136	469048
58	紫金矿业集团股份有限公司	福建	571257	3976392	450122	5232020	2500861	21002
59	江苏扬子江船业集团公司	江苏	564494	3461903	200777	4980168	1837576	17334
60	红塔烟草（集团）有限责任公司	云南	551431	7726123	4307135	9613158	6075443	32241
61	中国船舶重工集团公司	北京	540953	16255968	555846	35053371	7139965	162000

续表

名次	企业名称	地区	净利润（万元）	营业收入（万元）	纳税总额（万元）	资产（万元）	所有者权益（万元）	从业人数
62	红云红河烟草（集团）有限责任公司	云南	532302	6605405	4402481	6218381	4228649	13721
63	珠海格力电器股份有限公司	广东	523694	8351725	532448	8521159	1760687	81659
64	中国人民保险集团股份有限公司	北京	518680	22558820	1247997	58515200	3134358	98609
65	中国航天科工集团公司	北京	517727	11191632	316003	13864031	4882599	125966
66	世纪金源投资集团有限公司	北京	497002	2688906	358017	5100974	1871776	19267
67	中国南方电网有限责任公司	广东	488369	39138167	2520534	52297356	17640359	301539
68	中国五矿集团公司	北京	487252	35240263	983233	23059076	3099999	115137
69	广州富力地产股份有限公司	广东	483484	2737009	433338	8415888	484165	16416
70	苏宁电器集团有限公司	江苏	482059	19473387	607100	5978647	2232833	175905
71	上海国际港务（集团）股份有限公司	上海	472419	2177886	199300	8325751	4532851	19971
72	中粮集团有限公司	北京	470990	18225205		26000034	5573587	98300
73	中国广东核电集团有限公司	广东	468756	2831461	644141	24873504	4454544	27272
74	内蒙古伊泰集团有限公司	内蒙古	452909	4024572	831364	5666773	1652492	6402
75	中国保利集团公司	北京	432356	6879579	1268296	29343494	2673188	29938
76	天津中环电子信息集团有限公司	天津	430298	11028125	334878	3859806	2053483	45630
77	武汉钢铁（集团）公司	湖北	429533	22148880	790073	22224918	4854916	115582
78	重庆农村商业银行股份有限公司	重庆	427081	1809345	161663	34437989	2741538	13716
79	中国建筑材料集团有限公司	北京	424412	19409221	1507397	20751094	1589129	125439
80	浙江省能源集团有限公司	浙江	420869	5934469	432608	11105390	5320273	15076
81	徐州工程机械集团有限公司	江苏	419862	8713785	139372	4942098	1985379	22215
82	中国机械工业集团有限公司	北京	407711	19295713	1044640	16864123	2846882	95529
83	江苏洋河酒厂股份有限公司	江苏	402099	1274092	442302	1888317	989055	7957
84	海尔集团公司	山东	395557	15092957	673238	14359988	1432534	72393
85	国家开发投资公司	北京	395323	7738102	872814	27664009	5054098	87492
86	山西晋城无烟煤矿业集团有限责任公司	山西	393993	12537059	958882	14404976	3622761	155535
87	内蒙古电力（集团）有限责任公司	内蒙古	393182	5444412	293947	5334440	1663981	36655
88	中国航空集团公司	北京	387922	9926836	476836	18331989	3029249	65867
89	中国兵器工业集团公司	北京	386454	31131604	828055	26196283	6156866	279563
90	恒力集团有限公司	江苏	379667	5229566	217834	4855315	1804307	38120
91	金川集团股份有限公司	甘肃	373495	12182333	247094	8779834	2777265	34945

续表

名次	企业名称	地区	净利润（万元）	营业收入（万元）	纳税总额（万元）	资产（万元）	所有者权益（万元）	从业人数
92	万向集团公司	浙江	371262	8354223	218024	5559670	1711650	30749
93	上海复星高科技（集团）有限公司	上海	370364	5798111	362220	12854104	1727295	31046
94	中国国际海运集装箱（集团）股份有限公司	广东	369093	6412505	182253	6436171	2161367	64530
95	大连万达集团股份有限公司	辽宁	364061	10510228	1634000	20302685	922700	46757
96	中国电信集团公司	北京	360007	29202423	1626562	65384072	34978501	491447
97	陕西煤业化工集团有限责任公司	陕西	353610	10074123	1043701	21521638	3406318	121348
98	徽商银行股份有限公司	安徽	349261	769616	157129	25698156	1708353	4799
99	安徽海螺集团有限责任公司	安徽	346615	7271887	865442	9093247	1553671	46626
100	江苏新世纪造船有限公司	江苏	346170	1642408	73146	1863869	823611	4483
101	江苏沙钢集团有限公司	江苏	345974	20750672	603313	17068665	3485404	44331
102	美的集团有限公司	广东	344910	13411615	600900	9034514	1249428	145000
103	长城汽车股份有限公司	河北	342620	3008948	314410	3313486	1673711	42002
104	江苏苏宁环球集团有限公司	江苏	337500	4102800	214610	7540590		
105	广东省交通集团有限公司	广东	335959	3088660	297256	18156998	5522359	49710
106	天津百利机电控股集团有限公司	天津	334694	5666007	206518	3656740	1656505	37106
107	隆基泰和实业有限公司	河北	330186	3860158	232537	2610037	890964	22091
108	北京汽车集团有限公司	北京	317806	20077517	1920030	16857443	1306594	68262
109	中国铁道建筑总公司	北京	316358	46188331	1834946	43405284	3875726	291598
110	中国核工业集团公司	北京	312410	4618671	605103	25777800	5053122	84838
111	海通证券股份有限公司	上海	310303	929273	164897	9887638	4504237	7294
112	天狮集团有限公司	天津	299178	2890657	40826	1184647	869386	2335
113	中国东方航空集团公司	上海	293781	8889947	283008	12258944	1193017	77363
114	海信集团有限公司	山东	293017	7157576	322795	5385741	1805263	31432
115	广州农村商业银行股份有限公司	广东	290119	1222606	169152	27373720	2074001	6555
116	兖矿集团有限公司	山东	288012	8400427	912370	13972222	1841090	97239
117	新疆广汇实业投资（集团）有限责任公司	新疆	283872	8020696	295905	6762318	1105013	50708
118	新华人寿保险股份有限公司	北京	279900	10920900		38677100	3130600	49031
119	中国通用技术（集团）控股有限责任公司	北京	265615	12984580	715905	9529851	2467041	44311
120	山西焦煤集团有限责任公司	山西	265072	12538413	1640573	15226736	4656819	201455

续表

名次	企业名称	地区	净利润（万元）	营业收入（万元）	纳税总额（万元）	资产（万元）	所有者权益（万元）	从业人数
121	盛京银行有限公司	辽宁	263945	1166425	112872	22308897	1164606	2981
122	山东大王集团有限公司	山东	262791	6605515	291463	4827668	1425685	26277
123	青岛港（集团）有限公司	山东	259518	1827548	113619	3010733	1697909	13996
124	绿城房地产集团有限公司	浙江	257464	3530000	560905	12797653	1193990	4383
125	雅戈尔集团股份有限公司	浙江	254951	3603107	296633	5996245	1471457	51266
126	雨润控股集团有限公司	江苏	253206	9074651	227845	7280056	1749240	110000
127	西子联合控股有限公司	浙江	250537	1633851	137476	3441982	931061	10402
128	青海盐湖工业股份有限公司	青海	248113	677756	190464	2937121	1367616	12182
129	湖北中烟工业有限责任公司	湖北	246726	4950378	2550366	3025565	1533225	6435
130	山东胜通集团股份有限公司	山东	245181	2064332	157608	1031034	475160	6500
131	中南控股集团有限公司	江苏	244088	2750000	167193	4010234	813354	46000
132	中国南方航空集团公司	广东	240526	9322152	823760	13626868	1402652	60342
133	成都银行股份有限公司	四川	240368	496505		18139419	1094833	3816
134	江西铜业集团公司	江西	240339	13549328	384522	8348113	1818140	28129
135	中国化学工程股份有限公司	北京	237578	4353800	185500	4565620	1522670	39650
136	浙江中烟工业有限责任公司	浙江	230157	4315413	2442537	2705498	2405399	3189
137	中国电力建设集团有限公司	北京	229089	18288685	772154	24254506	3164215	200309
138	福佳集团有限公司	辽宁	223406	2101800	313621	4761861	2634402	2379
139	广州汽车工业集团有限公司	广东	223055	15998660	2120606	10987748	1832115	53133
140	上海人民企业（集团）有限公司	上海	221974	2413666	77153	1201585	1174192	27320
141	广州越秀集团有限公司	广东	215629	1558266	159990	10622139	1484602	10681
142	广东粤海控股有限公司	广东	212644	1506556	196356	5953354	1971149	13255
143	天津银行股份有限公司	天津	211901	498026	86573	23535998	1420659	4353
144	华侨城集团公司	广东	207662	3355300	460529	8464102	1093139	38229
145	广发证券股份有限公司	广东	206368	594567	174991	7681075	3163510	11230
146	中兴通讯股份有限公司	广东	206017	8625446	898461	10536811	2423172	89786
147	中国南车集团公司	北京	205535	8263113	385274	10132195	1628687	89777
148	广州银行股份有限公司	广东	205098	761291	76714	20598539	1137215	2242
149	中国北方机车车辆工业集团公司	北京	204568	8923411	330049	10407902	2231500	87615
150	上海医药集团股份有限公司	上海	204224	5489987	214807	4766782	2307847	37249
151	浙江荣盛控股集团有限公司	浙江	202004	3485658	175243	2768586	1011746	5776
152	卓尔控股有限公司	湖北	201842	1191517	94000	1300929	565516	1245
153	中国煤炭科工集团有限公司	北京	199596	2962654	208884	2844681	716956	30291

续表

名次	企业名称	地区	净利润（万元）	营业收入（万元）	纳税总额（万元）	资产（万元）	所有者权益（万元）	从业人数
154	广东省广晟资产经营有限公司	广东	194312	3608244	181876	7318441	2157018	50013
155	新疆特变电工集团有限公司	新疆	192973	2253721	117006	4603723	1844592	20987
156	中国医药集团总公司	北京	190766	12501324	375708	10282301	2117752	53617
157	安徽省交通投资集团有限责任公司	安徽	189504	558676	21868	3766785	547543	12540
158	铜陵有色金属集团控股有限公司	安徽	187633	9403158	211914	5582978	1550947	29146
159	海亮集团有限公司	浙江	187340	6779700	113600	3162900	606573	10325
160	渤海银行股份有限公司	天津	183800	641900	124000	31250000	1650900	4465
161	内蒙古鄂尔多斯羊绒集团有限责任公司	内蒙古	182874	1958837	173934	4133170	1248991	20472
162	山东中烟工业有限责任公司	山东	182755	2521379	1430872	2202249	1588529	15379
163	内蒙古伊利实业集团股份有限公司	内蒙古	180922	3745137	218954	1992950	602385	21925
164	包头钢铁（集团）有限责任公司	内蒙古	177700	5880885	588933	9982316	1978296	48006
165	联想控股有限公司	北京	177480	18307801	263276	15048975	1533221	37230
166	内蒙古伊东资源集团股份有限公司	内蒙古	175871	1952233	234203	3827226	1153911	8100
167	青岛啤酒股份有限公司	山东	173793	2315805	515696	2163415	1111044	34193
168	无锡产业发展集团有限公司	江苏	172857	5163102	86509	3006670	1288375	21500
169	宁波申洲针织有限公司	浙江	170385	904344	68091	854956	607823	48600
170	厦门建发集团有限公司	福建	169252	8285683	494849	6663702	887378	14943
171	新华联控股有限公司	北京	168652	3516633	188339	2702276	653351	39256
172	北京能源投资（集团）有限公司	北京	167738	2225958	284725	10240959	3192202	11258
173	海澜集团有限公司	江苏	166402	2801268	73255	1848557	1066028	26000
174	波司登股份有限公司	江苏	166332	1821341	103097	1357115	641306	24658
175	广西洋浦南华糖业集团股份有限公司	广西	163304	1175197	165235	1651781	508504	27333
176	山东招金集团有限公司	山东	162351	3028718	71992	2067866	822304	13272
177	四川省烟草公司成都市公司	四川	161361	1216866	177980	653902	563553	1424
178	河北津西钢铁集团股份有限公司	河北	161230	5296009	141655	2945060	763228	11215
179	鞍钢集团公司	辽宁	159872	15573577	968083	27171022	8208481	210528
180	天津城市基础设施建设投资集团有限公司	天津	158705	882417	38309	44123166	12635758	5966

续表

名次	企业名称	地区	净利润（万元）	营业收入（万元）	纳税总额（万元）	资产（万元）	所有者权益（万元）	从业人数
181	贵州中烟工业有限责任公司	贵州	158484	2496829	1641643	1628959	988487	10064
182	浙江省交通投资集团有限公司	浙江	157493	2445751	215745	13764918	2454462	21983
183	威高集团有限公司	山东	157308	1313239	101692	1180873	778717	14459
184	新兴际华集团有限公司	北京	156868	14761161	230929	6416183	1786624	77512
185	江苏阳光集团有限公司	江苏	155877	3132445	108518	2001938	711216	15800
186	中金再生资源（中国）投资有限公司	上海	155162	4345043	37606	1465038	529329	600
187	光大证券股份有限公司	上海	154447	449848	67027	4332914	2147624	8148
188	申能（集团）有限公司	上海	153440	2919784	153457	9558119	4656689	15233
189	吉林银行	吉林	152449	960469	122065	18642803	1214318	7151
190	广东省粤电集团有限公司	广东	152030	5342692	536769	13217285	5398498	13914
191	临沂新程金锣肉制品集团有限公司	山东	151729	3982268	45653	1196748	956559	30135
192	福耀玻璃工业集团股份有限公司	福建	151261	968941	100156	1221219	623167	17125
193	汉口银行	湖北	150873	353302	64662	13794270	812426	2029
194	华泰集团有限公司	山东	150728	2720066	153698	2251344	311884	15042
195	上海外高桥造船有限公司	上海	149939	1908827	78652	3287921	869283	4881
196	扬子江药业集团有限公司	江苏	148784	2810802	168271	1129617	948516	8633
197	浙江恒逸集团有限公司	浙江	147125	5629501	219963	2939598	642732	7202
198	山东大海集团有限公司	山东	145027	1860235	71125	880135	260476	6130
199	山西煤炭运销集团有限公司	山西	144956	15860928	1079224	11131669	2514550	103745
200	河南煤业化工集团有限责任公司	河南	144411	18049846	1242536	17226871	2172068	186320
	合计		200368168	2879703566	277169647	11576635798	1443731021	18497874

三、2012 中国企业效益 200 佳的结构分析

1. 银行业入围企业数继续领跑中国企业效益 200 佳；银行业、石油、天然气开采及生产业、邮电通信业效益最好

2012 中国企业效益 200 佳分布在 58 个行业，入围企业居前三位的行业分别是银行业、房地产开发与经营、物业及房屋装饰、修缮、管理等服务业、煤炭采掘及采选业。其中，银行业入围的企业有 23 家，比上年多 7 家，占总数的 11.5%，共实现营业收入 3.3 万亿元、利润 8620 亿元；房地产开发与经营、物业及房屋装饰、修缮、管理等服务业入围的企业有 14 家，占总数的 7.0%，共实现营业收入 6105 亿元、利润 617 亿元；煤炭采掘及采选业入围的企业有 10 家，比上年减少 1 家，占总数的

6.0%，共实现营业收入 1.2 万亿元、利润 746 亿元。这三个行业企业数之和达到 47 家，合计利润总额 9983 亿元，占 2012 中国企业效益 200 佳企业利润总额的 49.82%。

效益居前三位的行业分别是银行业、石油天然气开采及生产业、邮电通讯业，其中，银行业的 23 家企业实现利润 8620 亿元，石油、天然气开采及生产业的 3 家企业实现利润 1667 亿元，邮电通信业的 3 家企业实现利润 992 亿元，合计利润 11279 亿元，占 2012 中国企业效益 200 佳利润的 56.29%。2012 中国企业效益 200 佳分行业主要经济指标情况见表 5-2。

表 5-2　2012 中国企业效益 200 佳分行业主要经济指标情况

名称	企业数	营业收入（万元）	净利润（万元）	资产（万元）	纳税总额（万元）	从业人数
全国	200	2879703566	200368168	11576635798	277169647	18497874
银行业	23	332029599	86196067	7348917573	38317055	1843327
房地产开发与经营、物业及房屋装饰、修缮、管理等服务业	14	61052023	6173488	130764635	6894610	207892
煤炭采掘及采选业	10	122746013	7459356	193677798	15505904	1327060
汽车及零配件制造业	9	183304183	6470327	120629292	20361539	609648
烟草加工业	8	44977466	4044276	40910568	27695333	120071
黑色冶金及压延加工业	8	117163262	3359812	133190142	4635091	617634
建筑业	7	196339350	3572603	210904492	9111922	1157098
电力、热力、燃气等能源供应服务业	5	217754307	4901330	304360899	13633728	1925660
一般有色冶金及压延加工业	5	48274908	1610611	31387341	1171129	141731
纺织品、服装、鞋帽（含皮草、毛、绒等）加工业	5	11088897	940944	14190043	715010	170996
商务服务业	4	44750481	4453882	368641080	4332030	306093
综合服务业（以服务业为主，含有制造业）	4	62280494	2340496	116669935	2608841	526699
酿酒制造业	4	10892667	1831670	14426009	2596905	110321
航空、航天、核工业与兵器制造业	4	73341784	1818082	117414911	2584741	959415
电力生产业	4	15688603	1784051	59263732	2136995	85489
船舶制造业	4	23269106	1601556	45185329	908421	188698
家用电器及零配件制造业	4	44013873	1557178	37301402	2129381	330484
石油、天然气开采及生产业	3	299313030	16667855	392369201	52308200	1892235
邮电通信业	3	111674815	9921796	607744847	9506695	1597431
黄金冶炼及压延加工业	3	14917445	2243940	12621707	788304	80213
工程机械、设备及零配件制造业	3	25214362	1999204	20381558	1021071	117988
通讯设备及其他电子设备、元器件制造业	3	40046471	1801015	33724917	3533339	275416
食品加工制造业	3	16521256	1226985	21307338	628166	146070

续表

名称	企业数	营业收入（万元）	净利润（万元）	资产（万元）	纳税总额（万元）	从业人数
纺织、印染业	3	21094158	1029883	11064481	693591	163229
综合制造业（以制造业为主，含有服务业）	3	44555007	1026268	38615456	1533792	185439
建筑材料及玻璃等制造业	3	27650049	922288	31065560	2472995	189190
航空运输及相关服务业	3	28138935	922229	44217801	1583604	203572
电力、电气、输变电等机械、设备、器材、元器件和电池、线缆制造业	3	10333394	749641	9462048	400677	85413
化学纤维制造业	3	14344725	728796	10563499	613040	51098
道路运输、城市公交、交通及辅助、服务业	3	6093087	682956	35688701	534869	84233
证券业	3	1973688	671118	21901627	406915	26672
医药制造业	3	9614028	510316	7077272	484770	60341
综合保险业	2	40684900	2778800	285603600	1624200	175136
人寿保险业	2	54413720	957621	234440060	1085938	182814
港口服务业	2	4005434	731937	11336484	312919	33967
电梯及运输、仓储设备与设施制造业	2	8046356	619630	9878153	319729	74932
造纸及纸制品加工业	2	9325581	413519	7079012	445161	41319
轨道交通设备及零部件制造业	2	17186524	410103	20540097	715323	177392
肉食品加工业	2	13056919	404935	8476804	273498	140135
石化产品、炼焦及其他燃料加工业	1	255195093	6111302	174530740	32981339	1021979
铁路运输及辅助服务业	1	4500704	1169882	9412073	506427	95480
互联网传媒、商务、娱乐服务业	1	2849607	1020308	5680437	307917	15320
化工产品及医药内外商贸批发业	1	45895329	761274	25818873	934669	46996
财产保险业	1	22558820	518680	58515200	1247997	98609
电器商贸批发、零售业	1	19473387	482059	5978647	607100	175905
粮油食品及农林、土畜、果蔬、水产品等内外商贸批发、零售业	1	18225205	470990	26000034		98300
机电、电子产品内外商贸及批发业	1	12984580	265615	9529851	715905	44311
化学原料及化学制品制造业	1	677756	248113	2937121	190464	12182
橡胶制品业	1	2064332	245181	1031034	157608	6500
研发、科技交流与推广和地勘、规划、设计、评估、咨询及总承包等服务业	1	2962654	199596	2844681	208884	30291
医药专营批发、零售业	1	12501324	190766	10282301	375708	53617
乳制品加工业	1	3745137	180922	1992950	218954	21925
计算机及零部件制造业	1	18307801	177480	15048975	263276	37230

续表

名称	企业数	营业收入（万元）	净利润（万元）	资产（万元）	纳税总额（万元）	从业人数
物流、仓储、运输、配送服务业	1	8285683	169252	6663702	494849	14943
纺织、服装、文体、烟酒、工艺、首饰等轻工产品内外商贸批发业	1	1216866	161361	653902	177980	1424
公用事业、市政服务、公共设施经营与管理业	1	882417	158705	44123166	38309	5966
金属内外贸易及加工、配送、批发零售业	1	4345043	155162	1465038	37606	600
矿产、能源内外商贸批发业	1	15860928	144956	11131669	1079224	103745

2. 2012 中国企业效益 200 佳企业总部主要集中在东部地区

中国经济发展的地区不均衡在 2012 中国企业效益 200 佳的地区分布上得到了充分体现。从企业总部所在地区看，2012 中国企业效益 200 佳分布在 27 个省、自治区、直辖市，入围企业主要集中在东部地区。其中东部地区 153 家，占 76.5%；中部地区 19 家，占 9.5%；西部地区 22 家，占 11.0%；东北地区 6 家，只占 3.0%。入围企业最多的地区全部来自东部，它们是北京 52 家、广东 25 家、上海 18 家、山东 17 家、江苏 16 家、浙江 11 家，合计 139 家企业，占 69.5%；其入围企业的合计利润分别为 12679 亿元、1643 亿元、1721 亿元、595 亿元、525 亿元、265 亿元，合计 17426 亿元，占 2012 中国企业效益 200 佳利润总额的 86.97%。详见表 5－3。

表 5－3　　2012 中国企业效益 200 佳企业总部所在地区分布情况

名称	企业数	营业收入（万元）	净利润（万元）	资产（万元）	纳税总额（万元）	从业人数
全国	200	2879703566	200368168	11576635798	277169647	18497874
北京	52	1794635853	126785000	8506021389	168450984	11764790
广东	25	229256473	16426433	970664432	18468088	1813115
上海	18	191179874	17206324	981375695	20414398	707585
山东	17	98080456	5947919	86128593	7317688	827055
江苏	16	94108937	5245331	73630589	3804808	565436
浙江	11	46616017	2649587	65097396	4880825	208951
天津	7	31303900	2299757	112024028	1683304	134373
湖北	6	71386158	2653160	79390027	7883225	294316
内蒙古	6	23006076	1563458	30936875	2341335	141560
辽宁	4	29352030	1011284	74544465	3028576	262645
山西	4	45437104	1973903	50175454	4185106	556215
安徽	4	18003337	1073013	44141166	1256353	93111

续表

名称	企业数	营业收入（万元）	净利润（万元）	资产（万元）	纳税总额（万元）	从业人数
福建	4	25074916	3442270	253996741	2143727	87681
河北	3	12165115	834036	8868583	688602	75308
湖南	3	23752081	2252953	20699914	5467481	118239
四川	3	6586331	1055944	24692829	894864	55477
重庆	2	4339478	1059837	42688555	420199	21016
吉林	2	37812996	1637705	40064247	4947399	89326
陕西	2	22439390	1759967	39249792	4976641	247111
贵州	2	4926639	760047	6103728	2563666	27998
云南	2	14331528	1083733	15831539	8709616	45962
新疆	2	10274417	476845	11366041	412911	71695
河南	1	18049846	144411	17226871	1242536	186320
江西	1	13549328	240339	8348113	384522	28129
广西	1	1175197	163304	1651781	165235	27333
甘肃	1	12182333	373495	8779834	247094	34945
青海	1	677756	248113	2937121	190464	12182

3. 2012中国企业效益200佳中国有及国有控股企业占主体地位，税收贡献巨大

从2012中国企业效益200佳的所有制结构分布来看，国有及国有控股企业有137家，占总数的68.5%，比上年增加5家；民营企业有63家，占总数的31.5%，比上年减少5家。137家国有及国有控股企业共实现利润17140亿元，比上年增加了6.79%，占2012中国企业效益200佳利润总额的85.54%，这一比值比上年增加了2.35个百分点；实现纳税总额25499亿元，比上年增加了20.30%，占2012中国企业效益200佳纳税总额的92.00%，这一比值比上年降低了将近1个百分点。以上数据充分说明，国有及国有控股企业在2012中国企业效益200佳中仍然占据主体地位，对国家税收的贡献依旧维持在高位不变。详见表5-4。

表5-4　2012中国企业效益200佳企业所有制结构分布情况

名称	企业数	营业收入（万元）	利润（万元）	资产（万元）	纳税总额（万元）	从业人数
全国	200	2879703566	200368168	11576635798	277169647	18497874
国有	137	2512339477	171401665	10507096680	254987948	16317015
民营	63	367364089	28966503	1069539118	22181699	2180859

第六章
2012 中外企业 500 强对比分析报告

2011 年，世界经济总体走势经历了一个由较快增长到明显减速的变化。5 月以前，世界经济延续上年底的较强走势，显示出持续复苏的态势。进入 6、7 月后，欧债危机持续发酵，国际金融市场剧烈震荡，发达国家经济再现疲态，全球经济再次出现衰退的风险加大。国际货币基金组织发布的《世界经济展望》显示，2011 年世界经济增长 3.8%，增速较 2010 年减少 1.4 个百分点。发达国家增长 1.6%，增速降低 1.6 个百分点。其中美国增长 1.8%，欧元区增长 1.6%，英国增长 0.9%，日本出现 0.9% 的负增长。欧元区中的德国增长 3.0%，法国增长 1.6%。新兴和发展中经济体仍是世界经济增长的主要推动力，经济增长达到 6.2%，较 2010 年减少 1.1 个百分点。其中，中国增长 9.2%，印度增长 7.4%。与动荡不安的世界经济形势相对应，2012 世界 500 强、美国 500 强、中国企业 500 强的规模扩张速度有所放缓，经济效益增幅明显下降。但总体上看，国际金融危机爆发以来，经过 2 年的停滞和衰退以及 2 年的恢复性增长，2012 世界 500 强的各项指标已经超过金融危机前的水平；2012 美国 500 强除了就业指标外，其他各项指标也超过了 2008 年金融危机前的水平。2012 中国企业 500 强的营业收入与净利润分别相当于 2008 中国企业 500 强的 2.05 倍与 1.61 倍；中国企业入围世界 500 强取得历史性进步，与美国 500 强的规模差距持续缩小，进一步提高发展质量，努力实现持续健康发展，成为中国大企业发展的主要任务。

一、中国内地企业入围世界 500 强跃居第二位

（一）世界 500 强版图持续调整，中国内地入围企业数量超越日本

在 2002 年以来的世界 500 强中，中国企业异军突起，成为世界 500 前版图中令人瞩目的群体。中国内地企业在 2002 世界 500 强中只有 11 家，在 2009 世界 500 强中超过了英国，在 2010 世界 500 强中同时超过了法国和德国，在 2012 世界 500 强中超过了日本，成为世界 500 强的第二来源地，打破了长期以来美日占据前两位的格局。

从发达国家企业入围的情况看，11 年来世界 500 强的版图发生了明显的变化，美、日企业持续减少，法、德、英企业相对稳定但总体上也在减少。具体见表 6－1 与图 6－1。在 2002 世界 500 强中，美国企业有 198 家，日本企业有 88 家，法国企业有 37 家，德国企业有 35 家，英国企业有 31 家；在 2012 世界 500 强中，美国企业已经下降到 132 家，日本企业下降到 68 家，法国企业下降到 32

家，德国企业下降到32家，英国企业下降到26家。中国内地企业则从11家增加到70家，北京已经成为世界500强企业第二大总部基地，仅次于东京。

表6－1　2002年以来主要经济体世界500强入围企业数量

	2002	2003	2004	2005	2006	2007	2008	2009	2010	2011	2012
美国	198	192	190	176	144	162	153	140	139	133	132
中国	11	11	15	16	19	22	26	37	46	58	70
日本	88	88	82	81	59	67	64	68	71	68	68
法国	37	40	37	39	33	38	39	40	39	35	32
德国	35	35	33	37	32	37	37	39	37	34	32
英国	31	34	35	35	35	33	34	26	29	31	26

（注：表中中国只包括中国内地企业，不含港台企业。）

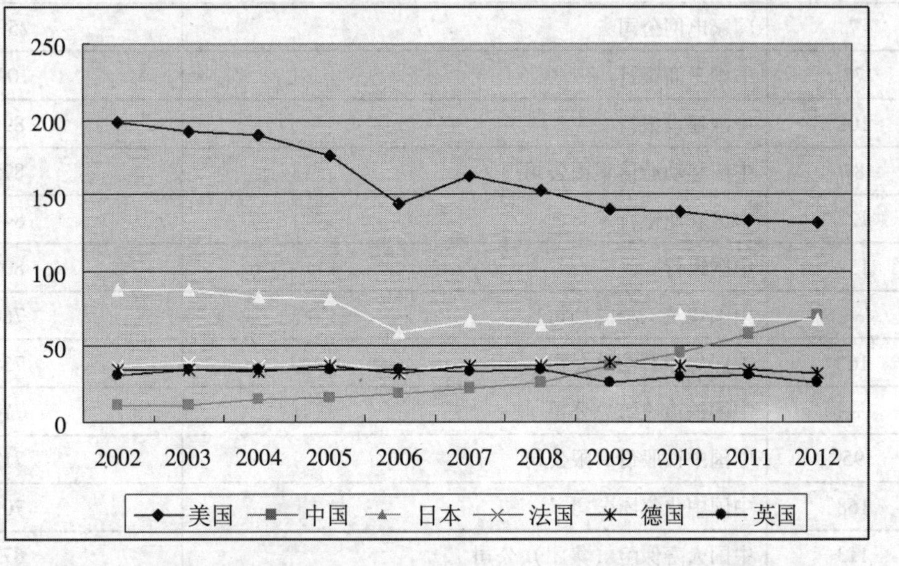

图6－1　2002年以来主要经济体世界500强入围企业数量变化趋势

2012世界500强中各国上榜企业的数量和国家的经济实力排名有着高度的一致，上榜企业数量最多的六个国家，同时也是在GDP世界排名中最靠前的六个国家。2012世界500强中，上榜企业数量最多的国家依次是美国、中国、日本、德国、法国和英国。而最新公布的数据显示，在2011年GDP世界排名中位居前六位的国家同样是：美国、中国、日本、德国、法国和英国。

（二）入围企业连续两年净增12家，总体名次获得较大提升

中国经济在2011年所取得的高达9.2%的增速，在为全球经济复苏做出积极贡献的同时，也显著地推动了中国企业在全球地位的快速提升。总体上看，中国内地企业继续保持强劲发展态势，不

仅新入围企业数量令全球惊叹，入围企业排名提升速度也十分惊人。

在2012世界500强中，连同港台企业在内，中国企业入围数量达到了79家，其中台湾6家，香港3家。内地有70家企业入围，比上年净增12家。具体入榜企业名单见表6-2所示。上一年度中国内地入围企业净增加数同样是12家，这已经是连续第二年中国内地新入围企业实现快速增长。今年上榜的中国企业中共有13家新面孔，它们是：中国电建、天津物资、中国华电、山东魏桥创业、山西煤炭运销、中国电力投资、山东能源、鞍钢集团、浙江吉利控股、绿地控股、新兴际华、开滦集团和招商银行。除了上述13家新上榜的公司之外，还有3家企业改变了申报的主体。但去年排名第354位的中国中钢因财务危机未申报而退出2012世界500强榜单。

表6-2　　中国内地2012世界500强上榜企业名单

排名	上年排名	公司名称	营业收入（百万美元）
5	5	中国石油化工集团公司	375214
6	6	中国石油天然气集团公司	352338
7	7	国家电网公司	259142
54	77	中国工商银行	109040
77	108	中国建设银行	89648
81	87	中国移动通信集团公司	87544
84	127	中国农业银行	84803
93	132	中国银行	80230
100	—	中国建筑工程总公司	76024
101	162	中国海洋石油总公司	75514
111	—	中国铁道建筑总公司	71443
112	95	中国中铁股份有限公司	71263
113	168	中国中化集团公司	70990
129	113	中国人寿保险（集团）公司	67274
130	—	上海汽车集团股份有限公司	67255
142	145	东风汽车集团	62911
152	149	中国南方电网有限责任公司	60538
165	197	中国第一汽车集团公司	57003
169	229	中国五矿集团公司	54509
194	221	中国中信集团有限公司	49339
197	212	宝钢集团有限公司	48916
205	250	中国兵器工业集团公司	48154
216	211	中国交通建设股份有限公司	45959
221	222	中国电信集团公司	45170
233	346	中国华润总公司	43440

续表

排名	上年排名	公司名称	营业收入（百万美元）
234	293	神华集团	43356
238	227	中国南方工业集团公司	43160
242	328	中国平安	42110
246	276	中国华能集团公司	41481
250	311	中国航空工业集团公司	40835
258	343	中国邮政集团公司	40023
269	279	河北钢铁集团	38722
280	297	中国冶金科工集团有限公司	37613
292	289	中国人民保险	36549
295	326	首钢集团	36117
298	331	中国铝业公司	35839
318	431	中国航空油料集团公司	34352
321	341	武汉钢铁（集团）公司	34260
326	398	交通银行	33872
330	458	冀中能源集团	33661
333	371	中国联通	33336
341	405	中国国电集团公司	32580
346	367	江苏沙钢集团	32097
349	430	中国铁路物资股份有限公司	31991
351	352	华为投资控股有限公司	31543
365	485	中国建筑材料集团有限公司	30022
367	435	中国机械工业集团有限公司	29846
369	375	中国大唐集团公司	29603
370	450	联想集团	29574
384	399	中国远洋运输（集团）总公司	28797
390	—	中国电力建设集团有限公司	28289
393	366	中粮集团有限公司	28190
397	446	河南煤业化工有限责任公司	27919
402	475	中国化工集团公司	27707
416	508	天津市物资集团总公司	26411
425	408	中国电子信息集团有限公司	26023
426	484	浙江物产集团	25833
433	504	中国华电集团公司	25270
434	463	中国船舶重工集团公司	25145

续表

排名	上年排名	公司名称	营业收入（百万美元）
440	—	山东魏桥创业集团有限公司	24906
447	—	山西煤炭运销集团有限公司	24533
450	467	中国太平洋保险	24429
451	519	中国电力投资集团公司	24400
460	—	山东能源集团有限公司	24131
462	—	鞍钢集团公司	24089
475	688	浙江吉利控股集团	23356
483	—	绿地控股集团有限公司	22873
484	—	新兴际华集团	22832
490	—	开滦集团	22519
498	—	招商银行	22094

中国内地企业在世界 500 强的地位在加速提升。去年入围的 58 家中国内地企业今年有 57 家企业再度入围，其中中国石化、中国石油、国家电网连续第三年跻身世界 500 强前 10 名。在连续两年入围的 57 家中国内地企业中，有 47 家去年入围企业的榜单排名进一步提升，1 家企业与去年持平，9 家企业排名有所下降。从平均值看，全部 47 家排名上升企业的名次平均提升了 46.4 个名次，超过了去年的平均上升 42.6 个名次的速度。从绝对值看，有 4 家入围企业排名提升幅度超过 100 个名次，其中冀中能源集团上升最快，排名从去年的 458 名，一举跃升 128 名，今年排名第 330 位。而南方电网、中国人保、中国交通建设、中国铁建、中国南方工业、中国人寿、中铁股份司、中国电子信息、中粮集团 9 家企业排名有不同幅度下降。所有连续两年入榜中国内地企业排名上升分布情况见表 6 - 3 所示。

表 6 - 3　　中国内地企业在 2012 世界 500 强中排名上升区间分布情况

排名上升幅度区间	企业分布数量
上升 10 名以内	5
上升 11 - 20 名	5
上升 21 - 30 名	6
上升 31 - 40 名	7
上升 41 - 50 名	6
上升 51 - 100 名	14
上升 100 名以上	4

（三）中国企业对世界 500 强增长贡献突出，运营绩效略好于平均水平

中国企业在世界 500 强中的份额保持明显上升态势。中国内地入围企业的营业收入占 2012 世界

500强的比重为13.01%，比上年提高2.35个百分点；内地入围企业的净利润占2012世界500强的13.09%，比上年提高1.94个百分点。中国内地入围企业的净利润份额稍高于营业收入份额，表明入围2012世界500强的中国内地企业的盈利能力稍高于世界500强的平均水平。中国入围企业的资产总额占全部500强资产总额的13.07%，股东权益占全部500强的12.99%，表明中国企业的资产经营能力与世界500强的平均水平基本相当。但是，中国企业雇员数占世界500强雇员总数量的24.71%，明显高于其它各项指标的占比，呈现出典型的劳动力密集型企业特征。具体数据见表6-4所示。

表6-4　　2012入围世界500强中国内地企业所占世界份额（亿美元）

	营业收入	净利润	资产总额	股东权益	从业人员
中国	38359.4	2133.6	153476.3	17839.0	15699737
世界	294885.2	16300.7	1174557.9	137342.3	63526739
中国占比（%）	13.01	13.09	13.07	12.99	24.71

注：其中从业人员的单位为（人）。

从增长贡献看，中国内地入围企业对2012世界500强营业收入与净利润增长做出了突出贡献。2012世界500强实现营业收入29.5万亿美元，较上年增加3.4万亿美元；实现净利润1.6万亿美元，较上年增加1070亿美元。其中，70家中国内地入围企业合计实现营业收入3.8万亿美元，较上年增加1.1万亿美元；实现净利润2134亿美元，较上年增加435亿美元。中国内地入围企业营业收入增长额相当于2012世界500强营业收入增长额的30.74%，中国内地入围企业净利润增长额相当于2012世界500强净利润增长额的40.65%。

表6-5对2012世界500强及中国内地入围企业的运营绩效进行了比较；二者的对比结果表明，中国内地入围企业的运营绩效略好于2012世界500强的总体水平。在三项利润率指标中，中国内地入围企业的营业收入利润率与股东权益利润率均略高于2012世界500强的平均水平，但中国内地入围企业的资产利润率与2012世界500强的平均水平一致。在资产周转率指标上，无论是总资产周转率，还是净资产周转率，中国内地入围企业都与2012世界500强平均水平一致。

表6-5　　2012世界500强及中国入围企业运营绩效比较

	中国入围企业水平	2012世界500强总体水平
营业收入利润率	5.56%	5.53%
资产利润率	1.39%	1.39%
股东权益利润率	11.96%	11.87%
总资产周转率	0.25	0.25
净资产周转率	2.15	2.15

(四) 中国内地入围企业平均规模不占优势，但人均指标有所好转

与去年一样，中国内地入围企业的企业平均指标和人均指标继续全面落后于2012世界500强的平均水平，但人均指标整体上看有所好转。表6-6对中国内地入围企业与世界企业500强分别从企业平均水平、从业人员平均水平的角度进行了比较。从比较结果看，无论是从企业平均营业收入的角度，还是从企业平均净利润、平均资产总额、平均股东权益的角度看，中国内地入围企业的企业平均水平均低于世界企业500强的企业平均水平；中国内地入围企业平均雇员数量远高于世界企业500强的企业平均雇员水平，相当于世界企业500强平均企业雇员的176.53%。从入围世界500强企业的人均指标角度看，中国内地入围企业的人均营业收入、人均净利润、人均资产总额与人均股东权益均远低于世界企业500强的平均水平。与去年相比较，2012世界500强中入围的中国内地企业，其平均营业收入、平均资产总额、平均雇员指标呈向世界500强企业平均水平趋近的趋势，而平均净利润、平均股东权益与世界500强企业的平均水平的差距则有所拉大；中国内地入围企业的人均净利润、人均股东权益与去年持平，但人均营业收入、人均资产总额与去年相比有较大幅度上升，人均营业收入、人均资产总额与世界500强人均营业收入、人均资产总额的相对值均有所提升。

表6-6　　2012世界企业500强与中国内地入围企业的比较

	营业收入	净利润	资产总额	股东权益	从业人员
世界500强企业的企业平均值（亿美元）	589.8	32.6	2349.4	274.7	127053.5
中国内地入围企业的企业平均值（亿美元）	548.0	30.5	2192.5	254.8	224282
世界500强企业的人均值（万美元）	46.4	2.6	184.9	21.6	
中国内地入围企业的人均值（万美元）	24.4	1.4	97.8	11.4	

注：其中从业人员的单位为（人）。

(五) 在主要经济体中平均规模不占优势，绩效指标相对较好

表6-7对美国、中国、日本、德国、法国与英国入围2012世界500强企业的主要指标进行了比较；从对比结果看，中国内地入围企业的总体水平、企业平均水平基本上都处于主要经济体的中间水平，人均指标相对而言也比较靠后，但中国内地入围企业的部分绩效指标在主要经济体中相对处于较好水平。

在总量水平上，中国内地入围企业基本上都处于主要经济体的第二位。2012世界500强中，中国内地企业有70家入围，排名第二位；中国内地入围企业实现营业收入3.8万亿美元，远低于美国入围企业8.4万亿美元的营业收入，但已经高于日本入围企业的营业收入，在营业收入排名中也居于第二位。中国内地入围企业的资产总额为15.3万亿美元，远低于美国的25.7万亿美元，也低于日本的16.2万亿美元，在资产总额排名中位居第三。中国内地入围企业的股东权益为1.8万亿美元，远低于美国的3.8万亿美元，但高于日本的1.5万亿美元，位居第二位。中国内地入围企业实现净利润

2133.6亿美元，虽然远低于美国入围企业5540.3亿美元的净利润，却远高于英国入围企业1193.9亿美元的净利润，排在主要经济体利润榜的第二位。中国企业资产总额15.3万亿美元，少于美国企业和日本企业，居主要经济体的第三位。

从企业平均水平看，中国内地入围企业在主要经济体企业中不具备优势。从主要经济体入围企业的平均水平角度看，今年中国内地70家入围企业的平均营业收入为548亿美元，排在德、法、美、英之后，仅高于日本入围企业。中国内地入围企业的平均净利润为30.5亿美元，低于英国和美国入围企业平均净利润水平，但高于法国、德国和日本企业。中国内地入围企业的平均资产总额为2192.5亿美元，远低于英国与法国，也低于德国与日本，但稍高于美国，居于主要经济体的倒数第二位。中国内地入围企业的平均股东权益为254.8亿美元，远低于英国、法国，也低于美国入围企业，但稍高于德国和日本，居第四位。

从主要经济体入围企业的人均指标角度看，中国内地入围企业的情况更加不容乐观。中国内地入围企业的人均营业收入为24.4万美元，尽管比去年提升3.65万美元，但依然在主要经济体排名中位居最后，远低于美国、日本、法国、英国、德国入围企业的人均营业收入水平；中国内地入围企业的人均营业收入只相当于日本企业的37.1%，相当于英国企业的44.8%，相当于美国企业的47.6%，相当于德国企业的52.2%，相当于法国企业的59.6%。中国内地入围企业人均净利润为1.4万美元，比去年增加0.13万美元，在主要经济体排名中位居倒数第二，远低于英国与美国，也低于德国与法国，仅稍高于受地震与海啸影响的日本入围企业的人均营业收入水平。

表6-7　　2012世界500强主要经济体入围企业的比较

国家	美国	中国	日本	德国	法国	英国
企业数量（家）	132	70	68	32	32	26
百分比（%）	26.40	14.00	13.60	6.40	6.40	5.20
营业收入（亿美元）	84069.4	38359.5	36308.6	21928.5	21153.1	15456.5
净利润（亿美元）	5540.3	2133.6	725.3	799.4	893.5	1193.9
资产（亿美元）	257345.5	153476.3	161869.7	84576.4	115318.1	121370.1
股东权益（亿美元）	37807.2	17839.0	15166.8	7499.0	9634.1	9999.2
雇员人数（人）	16405434	15699737	5521238	4689742	5169203	2835622
企业平均营业收入（亿美元）	636.9	548.0	534.0	685.3	661.0	594.5
企业平均净利润（亿美元）	42.0	30.5	10.7	25.0	27.9	45.9
资产（亿美元）	1949.6	2192.5	2380.4	2643.0	3603.7	4668.1
股东权益（亿美元）	286.4	254.8	223.0	234.3	301.1	384.6
雇员人数（人）	124283.6	224282.0	81194.7	146554.4	161537.6	109062.4
人均营业收入（万美元）	51.2	24.4	65.8	46.8	40.9	54.5
人均净利润（万美元）	3.4	1.4	1.3	1.7	1.7	4.2

在主要经济体中，中国内地入围企业的盈利能力处于相对较好的水平，但中国内地企业的资产周转率并不占有优势。六个主要经济体的效率效益指标比较具体见表 6－8 所示。从主要利润率指标的比较看，中国内地入围企业的盈利能力在主要经济体中处于相对领先地位。中国内地入围 2012 世界 500 强的 70 家企业的股东权益利润率为 11. 96%，在六个主要经济体中仅次于美国，高于其他四个国家。中国内地入围企业的总产利润率为 1. 39%，在主要经济体中，同样仅低于美国，但明显高于其他四个国家。中国内地入围企业的平均营业收入利润率为 5. 56%，在主要经济体中，低于英国与美国，但与法国、德国与日本相比，具有明显的优势。中国内地入围企业的总资产周转率为 0. 25 次/年，在主要经济体中，低于美国和德国，但高于日本、英国与法国。中国内地入围企业的净资产周转率为 2. 15 次/年，在主要经济体中，低于德国、日本、美国和法国，仅仅高于英国。

表 6－8　　主要经济体世界 500 强企业效率效益指标比较

	美国	中国	日本	德国	法国	英国
营业收入利润率	6. 59%	5. 56%	2. 00%	3. 65%	4. 22%	7. 72%
资产利润率	2. 15%	1. 39%	0. 45%	0. 95%	0. 77%	0. 98%
股东权益利润率	14. 65%	11. 96%	4. 78%	10. 66%	9. 27%	11. 94%
总资产周转率	0. 33	0. 25	0. 22	0. 26	0. 18	0. 13
净资产周转率	2. 22	2. 15	2. 39	2. 92	2. 20	1. 55

（六）中国内地入围企业结构性缺陷有所改善

2012 世界 500 强中，中国内地（不包括港台）共有五家民营企业上榜，它们分别是今年继续入榜的中国平安保险（集团）股份有限公司、江苏沙钢集团、华为投资控股有限公司，以及今年新入榜的山东魏桥创业集团有限公司和浙江吉利控股集团。与去年相比，今年新增两家中国内地民营企业入围世界 500 强。由于在 2012 中国 500 强的第 70－80 位有五家未进入 2012 世界 500 强的民营企业，预计在今后几年中，中国内地民营企业入围世界 500 强的数量将继续增长。随着中国内地民营企业上榜数量的持续增长，世界 500 强中中国内地上榜企业的所有制结构将不断得到改善。

尽管企业入围数量继续快速增长，但 2012 世界 500 强中中国内地入围企业的行业结构仍然比较令人担忧。从行业来看，我国这次入围的 70 家内地企业，仍然主要集中在金属产品、公用设施、采矿与原油生产、工程与建筑、商业储蓄银行等领域，基本上都属于资金密集型、资源垄断或行政垄断性较高行业，与世界 500 强的主要行业之间存在有一定的差距（具体行业分布见表 6－9 所示）。相比之下，技术型、创新型的电子类、IT 类企业所占比重仍然较小。70 家入围 2012 世界 500 强的中国内地企业中，广义科技类企业只有六家，与去年持平；其中电子类仅有 2 家，计算机类仅 1 家（具体企业见表 6－10 所示）。在航空航天、信息技术、高端制造等制造类行业的企业数量以及现代物流、保险等服务行业的企业数量依然明显少于美国与日本。2012 世界 500 强中国入围企业的行业分布凸显了我国内地大企业发展行业结构的不合理，反映了我国技术类和创新类企业与国际先进企业之间的差距和不足。

表 6-9　　2012 世界 500 强与中国入围企业行业分布前五位

世界 500 强整体行业分布			中国入围企业行业分布		
行业类别	企业数量（个）	百分比（%）	行业类别	企业数量（个）	百分比（%）
银行：商业储蓄	54	10.80	金属产品	9	12.86
炼油	44	8.80	公用设施	7	10.00
车辆与零部件	33	6.60	采矿、原油生产	6	8.57
食品店和杂货店	24	4.80	工程与建筑	6	8.57
公用设施	22	4.40	商业储蓄银行	6	8.57

表 6-10　　2012 世界 500 强中来自中国内地的广义科技类企业

2012 排名	2011 排名	企业名称	营业收入（百万美元）	利润（百万美元）	所属行业
81	87	中国移动	87543.7	11702.5	电信
221	222	中国电信	45169.8	556.9	电信
333	371	中国联通	33336.1	218.4	电信
351	352	华为投资控股有限公司	31543.4	1815.3	网络、通讯设备
370	450	联想集团	29574.4	473.0	计算机、办公设备
425	408	中国电子信息集团有限公司	26022.5	203.0	网络、通讯设备

企业总部仍然高度集中于北京，但集中度呈下降趋势，有更多省份的大企业入围世界 500 强。与经济的区域不平衡类似，进入世界 500 强的我国内地企业基本上都集中在东部经济发达地区。我国东部地区表现出极强的企业总部集聚现象，并且在事实上成为孕育我国世界级大企业的摇篮。这次入围世界 500 强的 70 家中国内地企业中，总部位于东部经济较为发达省份的占据绝大多数；尤其是北京，70 家入围的内地企业中 44 家总部位于北京，比去年增加三家，北京成为“第二大世界 500 强总部之都”，仅次于拥有 49 家世界 500 强企业总部的东京。总部位于中部省份的企业数量较少，位于西部省份的则几近于零。除北京外，总部位于上海的有 6 家，位于广东的有 4 家，位于河北的有 3 家，浙江、山东、湖北分别有 2 家，天津、江苏、辽宁、河南、山西、吉林分别有 1 家。不过与去年相比，中国入围世界 500 强企业总部集中于北京的比率有所下降。去年入围世界 500 强的 58 家内地企业中有 41 家总部在北京，集中率高达 70.69%；今年我国入围世界 500 强内地企业总部在北京的集中率为 62.86%，下降了 7.83 个百分点。随着民营企业与地方国有企业的发展壮大，未来北京的总部集中度料将进一步下降。

二、2012 中国企业 500 强与世界企业 500 强比较分析

尽管世界经济仍然危机重重，但 2012 年世界 500 强总收入仍然达到了创纪录的 29.5 万亿美元，

比上年增长了 13. 23%；总利润达 1. 6 万亿美元，比上年增长了 7%；资产总额为 117. 5 万亿美元，股东权益 13. 7 万亿美元，雇员总数为 6352. 7 万人，同比分别增长了 4. 42%、4. 29%、和 4. 64%。2012 世界 500 强除营业收入增速略高于去年外，其他指标的增速均出现较大幅度回落。2008 年金融危机以来的快速恢复性增长期已经过去，世界 500 强企业开始走上相对常态化的稳健增长阶段。2012 世界 500 强入围门槛为 220. 06 亿美元，比去年提高了 24. 68 亿美元，增长了 12. 63%。与全球金融危机前的 2008 世界 500 强相比，2012 世界 500 强营业收入总额、净利润总额、资产总额、股东权益总额、雇员总数分别增长了 24. 85%、2. 57%、12. 01%、23. 80%、17. 31%；金融危机以来，今年世界 500 强净利润首次超过了金融危机爆发前 2008 世界 500 强净利润水平。

（一）中国企业 500 强规模扩张快于世界 500 强，亏损面与亏损额小于世界 500 强

与去年一样，2012 中国企业 500 强继续实现了规模的快速扩张，其规模扩张速度依然快于世界 500 强；但在规模快速扩张的同时，2012 中国企业 500 强盈利增长却明显落后于世界 500 强。2012 世界 500 强的营业收入 29. 5 万亿美元，增长了 13. 23%；资产总额 117. 5 万亿美元，增长了 4. 42%；雇员 6352. 7 万人，增长了 4. 64%。2012 中国企业 500 强实现营业收入 6. 9 万亿美元，比去年增长 31. 6%；资产总额 20. 7 万亿美元，比去年增长 26. 56%；雇员 2723. 9 万人，增长了 10. 74%。2012 中国企业 500 强的营业收入、资产总额与雇员增长速度均超过了 2012 世界 500 强。但 2012 中国企业 500 强盈利增长低于世界 500 强的总体水平。2012 中国企业 500 强实现净利润 3243. 1 亿美元，比去年增长 5. 15%；2012 世界 500 强实现了净利润 1. 6 万亿美元，增长了 7. 03%。尽管与去年高达 58. 57% 的高速增长相比，2012 世界 500 强净利润增速已经明显回落，但仍然比 2012 中国企业 500 强净利润增速快 1. 88 个百分点。具体见图 6 – 2 所示。

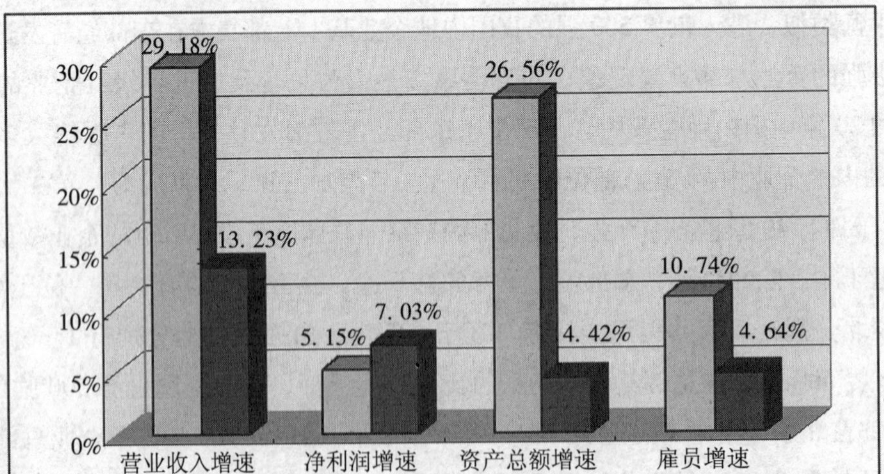

图 6 – 2　2012 中国企业 500 强与世界 500 强指标增速对比

从营业收入利润率、资产利润率看，2012中国企业500强的营业收入利润率为4.67%，低于世界500强的5.53%；资产利润率为1.57%，高于世界500强的1.39%；股东权益利润率为12.08%，高于世界500强的11.87%。具体见图6-3所示。总体上看，尽管中国企业500强的营业收入利润贡献不如世界500强，但在资产经营方面，中国企业500强仍然总体上优于世界500强，相对获得了更高的资产利润率与股东权益利润率。

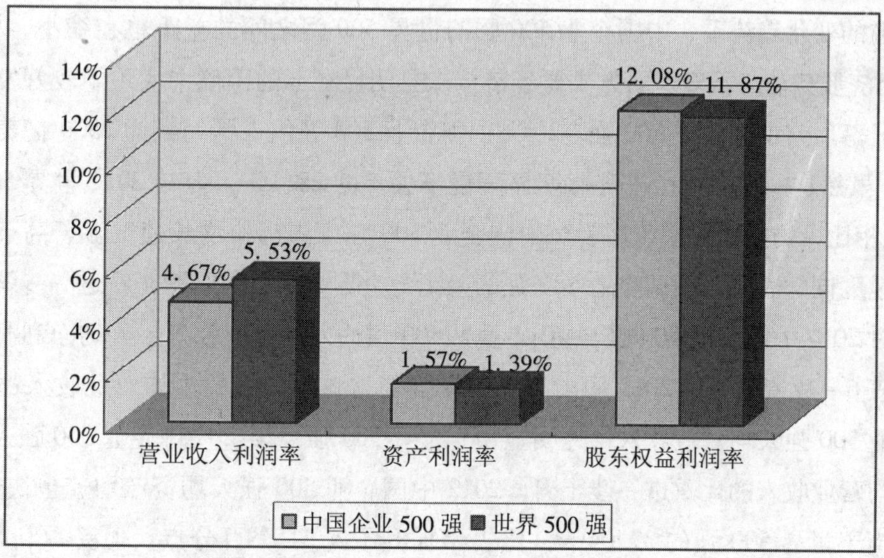

图6-3 2012中国企业500强与世界500强利润率指标对比

从企业亏损面与亏损额看，2012中国企业500强总体上要好于世界500强，亏损面与亏损额均明显小于世界500强。2012世界500强中，有多达58家企业出现亏损，合计亏损1664.6亿美元。而在2012中国企业500强中，只有17家企业发生了不同程度的亏损，亏损面明显小于世界500强；17家企业合计申报亏损额124.7亿元，折合美元为亏损19.3亿美元，2012中国企业500强的亏损额也显著小于世界500强的亏损额。

（二）中国企业500强与世界500强总量规模差距进一步缩小，人均指标有好有坏

各指标的相对比值的变化，也表明2012中国企业500强与世界500强之间差距存在有进一步缩小的趋势。最近三年以来，中国企业500强营业收入与世界500强营业收入的相对比值一直都在稳步提升；随着中国企业500强自身规模的不断扩张，已经有越来越多的中国企业进入到世界500强。如表6-11所示，中国企业500强资产总额，三年前只占世界500强的13.04%，今年这一比例已经持续上升到17.59%。从股东权益的相对比值看，2012中国企业500强的股东权益占世界500强的相对比值也比去年上升了0.44个百分点，表明中国企业500强的净资产比世界500强相对实现了更快增长。总体上看，中国企业500强与世界500强之间的规模差距在进一步缩小，而且在资产质量上具有一定的优势。

表 6－11　　　　　中国企业 500 强与世界 500 强各指标相对值

	营业收入	资产	股东权益
2010 中国企业 500 强/2010 世界 500 强	17.53%	13.04%	
2011 中国企业 500 强/2011 世界 500 强	20.69%	14.26%	19.11%
2012 中国企业 500 强/2012 世界 500 强	23.55%	17.59%	19.55%

从入围门槛的变化趋势看，中国企业 500 强与世界 500 强之间的差距也在缩小。尽管 2012 世界 500 强在世界经济形势动荡不安、西方主要经济体未见明显复苏的困境中实现了较好发展，但其入围门槛的增速明显落后与中国企业 500 强。2012 中国企业 500 强的入围门槛为 25.0 亿美元，比去年增长了 18.65%；虽然这一入围门槛提升速度显著慢于去年的 28.1%，但与 2012 世界 500 强入围门槛 12.63% 的增速相比，仍然明显快于后者。中国企业 500 强入围门槛增长速度显著高于世界 500 强入围门槛的增长速度同样表明，中国企业 500 强的差距与世界 500 强的差距正在进一步缩小。

表 6－12 对 2012 中国企业 500 强与 2012 世界 500 强的人均营业收入、人均净利润、人均资产进行了对比。从表 6－12 结果看，2012 中国企业 500 强与世界 500 强的人均营业收入都实现了较快增长，但中国企业 500 强人均营业收入增速明显快于世界 500 强，2012 中国企业 500 强人均营业收入占世界 500 强人均营业收入的比重进一步上升。2012 中国企业 500 强人均资产增速也快于世界 500 强，人均资产已相当于世界 500 强的 37.04%，比去年提升了 4.31 个百分点。但受盈利增长缓慢影响，2012 中国企业 500 强的人均净利润出现下滑，而同期世界 500 强人均盈利继续增长，导致 2012 中国企业 500 强人均净利润占世界 500 强人均净利润的百分比下滑了 4.76 个百分点。表 6－12 表明，在所分析的三项人均指标中，中国企业 500 强均全面落后于世界 500 强，所有指标都不到世界 500 强人均指标的 50%。这既表明中国大企业的人员产出效率十分低下，同时也表明，中国大企业在今后还存在有非常大的减员增效空间。

表 6－12　　　　　中国企业 500 强与世界 500 强人均指标比较

		营业收入	净利润	资产
中国企业 500 强人均指标	2011	19.74	1.13	58.75
	2012	23.02	1.08	68.48
世界 500 强人均指标	2011	41.50	2.43	179.50
	2012	46.42	2.57	184.89
中国企业 500 强人均指标/世界 500 强人均指标	2011	47.56%	46.66%	32.73%
	2012	49.59%	41.90%	37.04%

（三）中国企业 500 强营业收入、净利润的区间分布更不合理，首末位差距进一步扩大

2012 世界 500 强与中国企业 500 强首末位企业的规模差距均呈扩大趋势，但中国企业 500 强差距

扩大更为明显。2011世界500强第一位的营业收入相当于最后一位营业收入的21.6倍，2012世界500强这一比例小幅扩大为22倍；2011中国企业500强第一位的营业收入相对于最后一位营业收入的138.7倍，2012中国企业500强这一比例显著扩大为145.8倍。具体见表6-13所示。从首末位的规模差距看，世界500强之间的规模差距明显小于中国企业500强。在中国企业500强中，排名前列的企业规模已经与国际大企业相当，尤其是排在前三位的中国石油化工集团公司、中国石油天然气集团公司与国家电网公司，在世界500强中已经分别排在第五、六、七位；但排名靠后的企业，与国际大企业相比，还存在有较大差距，有待进一步做大做强。

由于在两年排行榜上首末位企业存在有变化，因此2012世界500强与中国500强在净利润、资产、股东权益与雇员人数方面的差距变化缺乏规律性。但总体上看，2012世界500强首末位企业的盈利能力差距明显扩大，首位企业净利润相当于末位企业净利润的倍数从去年的42.9倍迅速扩大为122.9倍；而2012中国企业500强的这一比例则出现相反变化，从去年的191.4倍收缩为115.8倍。

表6-13　　世界500强、中国企业500强首末位差距

	营业收入	净利润	资产	股东权益	雇员人数
2011中国企业500强首末位倍数	138.7	191.4	210.5	282.1	52.9
2012中国企业500强首末位倍数	145.8	115.8	96.6	97.3	40.8
2011世界500强首末位倍数	21.6	42.9	12.3	23.2	368.7
2012世界500强首末位倍数	22.0	122.9	50.0	68.3	2.9

将世界500强、中国企业500强以每百家企业进行分组比较，观察其营业收入的区间分布比率，可以得到同样的结论。世界500强、中国企业500强营业收入的区间规模分布和去年基本一致。2012中国企业500强前100名企业占全部企业营业收入的64.80%，而世界500强的前100名企业占46.23%；中国企业500强101-200名占全部企业营业收入的16.41%，世界500强101-200名占全部企业营业收入的20.69%；中国企业500强201-300名占全部企业营业收入的8.51%，世界500强201-300名占全部企业营业收入的14.04%；中国企业500强301-400名占全部企业营业收入的5.85%，世界500强301-400名占全部企业营业收入的10.71%；中国企业500强401-500名占全部企业营业收入的4.43%，世界500强401-500名占全部企业营业收入的8.34%。具体如图6-4所示。显然，与2012世界500强相比，2012中国企业500强的营业收入分布更加集中在前100位，而世界500强的营业收入分布则相对更为均匀化、合理化。

从按照企业营业收入规模划分的区间统计结果看，2012世界500强与中国企业500强的净利润分布都出现了不同程度的前端集中趋势；但与世界500强相比，2012中国企业500强的净利润分布更为不合理。2012中国企业500强前100名企业占全部净利润的71.88%，世界500强前100名占全部净利润的48.93%；中国企业500强第101-200名占全部净利润的12.68%，世界500强第101-200名占全部净利润的22.47%；中国企业500强第201-300名占全部净利润的6.07%，世界500强

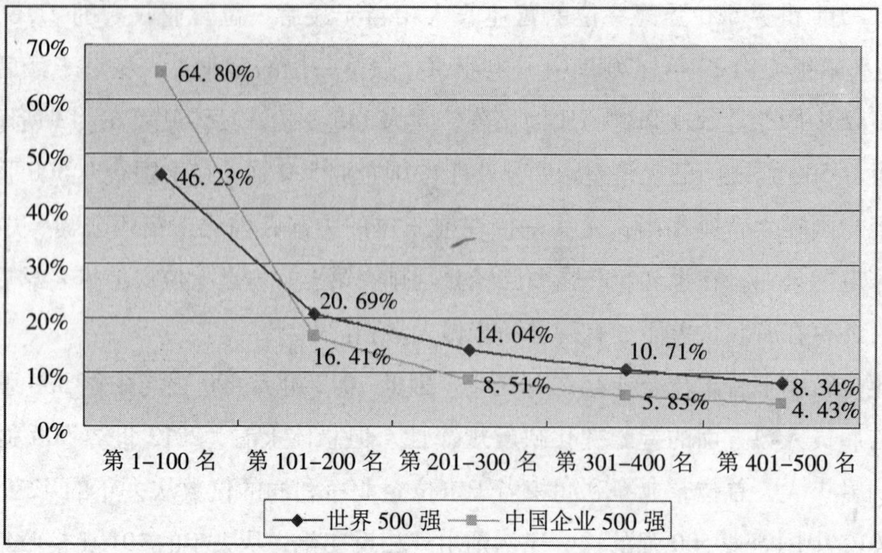

图 6－4　2012 中国企业 500 强、世界 500 强营业收入的区间分布

第 201－300 名占全部净利润的 12. 92%；中国企业 500 强第 301－400 名占全部净利润的 5. 05%，世界 500 强第 301－400 名占全部净利润的 8. 14%；中国企业 500 强第 401－500 名占全部净利润的 4. 31%，世界 500 强 401－500 名占全部净利润的 7. 54%。具体如图 6－5 所示。2012 中国企业 500 强的净利润明显高度集中在排名前 100 位的大企业，而世界 500 强的净利润分布则相对更为分散。与营业收入分布相比，2012 中国企业 500 强的净利润相对更为集中于前 100 企业；中国企业 500 强净利润分布与营业收入分布的背离相对显得更为明显。与去年相比较，世界 500 强、中国企业 500 强的净利润都有继续向前端企业集中的趋势；世界 500 强排名前 100 位企业的净利润总和占比从去年的 43% 进一步上升到了今年的 48. 93%，中国企业 500 强则从去年的 67% 上升到了 71. 88%。

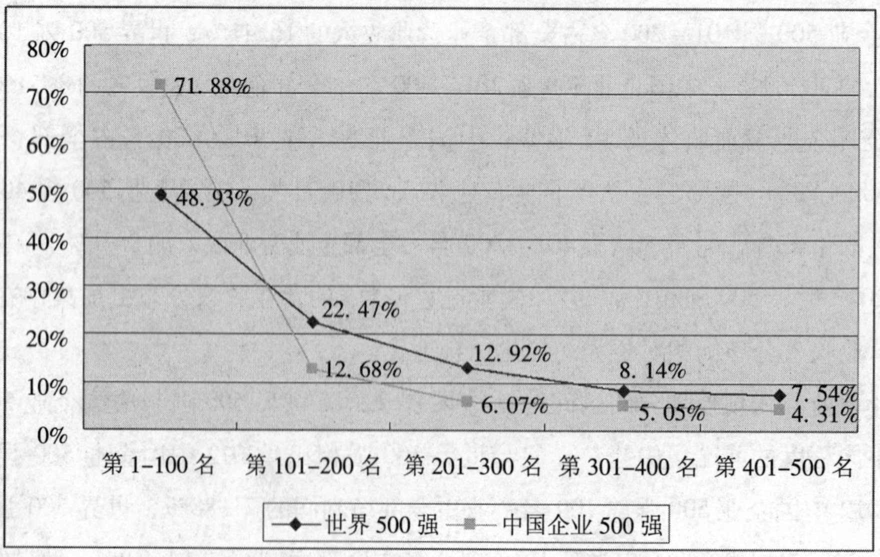

图 6－5　2012 中国企业 500 强、世界 500 强净利润的区间分布（按营业收入排名）

如果按照净利润进行排序，然后分别统计2012世界500强与中国企业500强净利润的区间分布，可以得到其区间分布图如图6-6所示。2012中国企业500强前100名企业占全部净利润的85.09%，世界500强前100名占全部净利润的73.52%；中国企业500强第101-200名占全部净利润的9.08%，世界500强第101-200名占全部净利润的22.50%；中国企业500强第201-300名占全部净利润的4.07%，世界500强第201-300名占全部净利润的9.90%；中国企业500强第301-400名占全部净利润的1.83%，世界500强第301-400名占全部净利润的3.93%；中国企业500强第401-500名占全部净利润的-0.07%，世界500强401-500名占全部净利润的-9.85%。尽管世界500强的净利润也同样主要来自净利润排名前100位的企业，但显然中国企业500强净利润的前端集中程度显得更为明显。中国企业500强明显好于世界500强的是，虽然中国企业500强的后100名企业也存在有亏损，但其亏损总额明显小于世界500强净利润后100名的企业；中国企业500强后100名的企业净利润总额为基本接近于0，但世界500强净利润后100名的企业却出现了较大额度的亏损，其亏损额相当于世界500强企业全部净利润的9.85%。

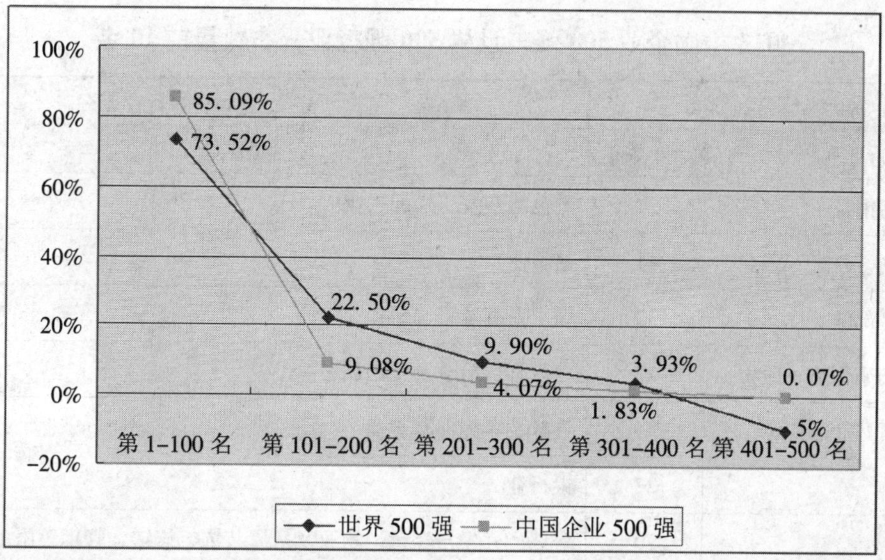

图6-6 2012中国企业500强、世界500强净利润区间分布（按净利润排名）

（四）中国企业500强、世界500强行业分布差异显著

由于存在有分类标准上的差异，中国企业500强与世界500强的行业分布并不存在完全的可比性，但从具体指标的行业排名比较角度，仍然可以发现一些2012中国企业500强与世界500强在行业分布上的差异。尤其是保险业，在2012中国企业500强与世界500强中的地位存在明显差异。无论是按照企业分布数量、还是按照营业收入或净利润排名，财产与意外保险、人寿与健康保险都居于2012世界500强前10大行业之列；但在2012中国500强企业中，只有5家人寿保险公司和1家财产保险公司入围，合计营业收入只占中国500强的2.04%，归属于母公司的净利润仅占中国500强的

0.81%。

与2012世界500强按照企业分布数量排名的前10大行业相比，2012中国企业500强的前10大行业具有更为典型的传统特征，并表现出更突出的劳动密集型与资源开采或利用特征；而2012世界500强中，银行与保险业等广义金融类企业占据有明显的数量优势，现代服务业的地位更为突出。表6-14分别列出了2012中国企业500强、世界500强企业分布数量最多的前10个行业。从表6-14结果看，在前10大行业中，中国企业500强与世界500强内容基本一致的是银行、汽车、金属产品3个行业。但即使是这些内容基本一致的行业，它们的排名还存在显著差异，譬如银行业，商业及储蓄银行在2012世界500强中占据了54席，排名高居第一位；而在2012中国企业500强中，银行业只占据14席，排名位居第6位。此外，人寿与健康保险、食品与杂货店、电信、公用设施、采矿与原油生产、财产与意外保险都进入了世界500强的前10行业；而黑色冶金及压延加工业、建筑业、煤炭采掘及采选业、房地产开发及相关服务业、综合制造业与电力、电气、输变电等机械、设备、器材、元器件和线缆制造业则进入了中国企业500强的前10大行业。

表6-14　　2012中国企业500强与世界500强行业分布数量前10名

排名	世界500强行业排名		中国企业500强行业排名	
	行业名称	企业数量	行业名称	企业数量
1	商业储蓄银行	54	黑色冶金及压延加工业	58
2	石油炼制	44	建筑业	42
3	车辆与零部件	32	煤炭采掘及采选业	28
4	人寿与健康保险（股份）	27	一般有色冶金及压延加工业	24
5	食品、医药和杂货店	24	汽车及零配件制造业	18
6	公用设施	22	银行业	14
7	电信	20	房地产开发与经营、物业及房屋装饰、修缮、管理等服务业	14
8	金属产品	18	电力、电气、输变电等机械、设备、器材、元器件和线缆制造业	13
9	采矿、原油生产	17	综合制造业（以制造业为主，含有服务业）	12
10	财产与意外保险（股份）	14	化学原料及化学制品制造业	11

从营业收入角度看，资源性行业在2012中国企业500强前10大营收行业中占有十分重要的地位。表6-15分别列出了2012中国企业500强、2012世界500强按照营业收入排名的前10大行业。与按照企业数量排名的行业分布结果相比，2012世界500强的金属产品行业排名退出了前10位，取而代之的是电子、电气设备进入了营业收入排名前10行业；在营业收入排名前10的行业中，除公用设施行业之外，其他都属于竞争性行业。2012中国企业500强居于企业数量分布前10位的电力、电气、输变电等机械、设备、器材、元器件和线缆制造业、房地产开发与经营、物业及房屋装饰、修

缮、管理等服务业、综合制造业（以制造业为主，含有服务业）、化学原料及化学制品制造业退出了营业收入排名前10位，取而代之的是石油、天然气开采及生产业、电力、热力、燃气等能源供应服务业和邮电通信业；这四个行业都具有很典型的自然垄断与资源属性，与其他资源垄断开采与利用性行业一起，更进一步强化了2012中国企业500强营业收入前10大行业的资源属性。与去年相比较，2012中国企业500强营业收入排名前10位的行业，其资源属性更为显著。

表6－15 2012中国企业500强与世界500强营业收入前10行业（单位：亿美元）

排名	世界500强行业排名		中国企业500强行业排名	
	行业名称	营业收入	行业名称	营业收入
1	石油炼制	50896.5	黑色冶金及压延加工业	6214.0
2	商业储蓄银行	32296.2	建筑业	5203.7
3	车辆与零部件	23207.8	银行业	5029.4
4	人寿与健康保险（股份）	15411.3	石油、天然气开采及生产业	4629.6
5	食品、医药和杂货店	13096.1	石化产品、炼焦及其他燃料加工业	4300.6
6	电信	12365.5	煤炭采掘及采选业	3797.7
7	公用设施	11498.0	汽车及零配件制造业	3638.9
8	电子、电气设备	10038.7	电力、热力、燃气等能源供应服务业	3439.0
9	采矿、原油生产	8985.7	一般有色冶金及压延加工业	2102.3
10	财产与意外保险（股份）	8082.4	邮电通信业	2061.8

与2012世界500强净利润排名前10大行业相比，2012中国企业500强净利润排名前10大行业具有更典型的制造业与劳动力密集型特征，而且利润过渡集中于单一行业。表6－16分别列出了2012中国企业500强、2012世界500强按照净利润排名的前10大行业。从表6－16结果看，银行业、炼油、原油开采、电信、汽车都同时进入了2012中国企业500强、2012世界500强净利润排名前10大行业之中。此外，制药、能源、人寿与健康保险、计算机、办公设备、财产与意外保险则进入了2012世界500强净利润排名前10大行业；而煤炭采掘及采选业、黑色冶金及压延加工业、房地产开发与经营、物业及房屋装饰、修缮、管理等服务业、建筑业、电力、热力、燃气等能源供应服务业则进入了2012中国企业500强净利润排名前10行业，这5个行业都具有典型的劳动力密集特征。2012中国企业500强的净利润中，归属于服务业的银行业集中贡献了利润总额的40%以上；而在2012世界500强中净利润的行业分布相对分散化，石油炼制与银行业是2012世界500强利润排名前两位的行业，但其贡献的利润总额合计也仅占世界500强净利润总额的38.41%，与前10行业中的其他八个行业之间的净利润差距远没有中国企业500强明显。

表 6－16　2012 中国企业 500 强与世界 500 强净利润前 10 行业（亿美元）

排名	世界 500 强行业排名		中国企业 500 强行业排名	
	行业名称	净利润	行业名称	净利润
1	石油炼制	3189.1	银行业	1301.6
2	商业储蓄银行	3072.9	石油、天然气开采及生产业	257.8
3	车辆与零部件	1164.4	邮电通信业	154.2
4	采矿、原油生产	1002.9	煤炭采掘及采选业	134.7
5	制药	810.0	汽车及零配件制造业	107.5
6	电信	706.3	石化产品、炼焦及其他燃料加工业	98.6
7	能源	535.3	房地产开发与经营、物业及房屋装饰、修缮、管理等服务业	92.1
8	人寿与健康保险（股份）	526.7	黑色冶金及压延加工业	81.5
9	计算机、办公设备	414.2	电力、热力、燃气等能源供应服务业	76.9
10	财产与意外保险（股份）	370.2	建筑业	71.7

三、2012 中国企业 500 强与美国企业 500 强比较分析

2012 年 5 月 8 日，《财富》杂志公布了 2012 年度的“美国 500 强企业”榜单。数据显示，2012 美国 500 强企业继续延续了上一年度的增长态势，各主要指标基本上已经恢复到 2008 年金融危机前的水平。2012 美国 500 强企业营业收入总额为 11.8 万亿美元，增长了 8.96%，增速明显快于美国全年 GDP 增速；实现利润总额 8215 亿美元，增长了 15.93%。2012 美国 500 强企业的业绩变化，基本上反映了 2011 年美国经济的持续缓慢复苏态势。从入围企业名单看，2011 美国企业 500 强企业中有 473 家企业再次入围 2012 美国 500 强，有 27 家企业没能再次入围。新入围企业中，有 22 家企业排名位居 2012 美国 500 强榜单 400 名以后；新入围企业最高排名为 31 位，是一家来自石油领域的企业。受美国经济持续缓慢复苏影响，2012 美国 500 强企业入围门槛进一步提高；今年榜单入围门槛为 47.7 亿元，比上一年提高了 3.8 亿美元，增幅为 8.7%，但增幅略低于 2012 美国 500 强总体营业收入增长水平。2012 美国 500 强企业入围门槛的提升速度与去年相比有所提高，2011 美国 500 强企业入围门槛增幅为 5.43%。

金融危机以来，除 2010 美国 500 强营业收入较上一年度出现萎缩外，其他各年度均实现了增长；尤其是 2011 美国 500 强和 2012 美国 500 强的营业总收入均实现了较快增长。2012 美国 500 强营业收入增长了 8.96%，增速居于 2001 年以来的第四位，仅低于 2005、2006 和 2011 美国 500 强营业收入增速。金融危机导致 2008、2009 美国 500 强总体利润出现大幅下滑，但 2010 和 2011 美国 500 强利润实现了高速增长。2012 美国 500 强利润总额增长了 15.93%，与 2010 和 2011 美国 500 强利润增速相比明显收窄。总体上看，2012 美国 500 强企业的经营业绩在进一步回升，营业收入和利润总额均创出了历史新高。

（一）中国企业 500 强营业收入已相当于美国 500 强的近六成份额

2012 中国 500 强的营业收入、资产总额、所有者权益与雇员增长都超过了美国 500 强。2012 年中国企业 500 强共实现营业收入人民币 44.9 万亿元，折合美元为 6.9 万亿美元，以美元计算的营业收入比去年增长 29.18%；2011 中国企业 500 强资产总额总规模为人民币 130.2 万亿元，股东权益总规模为人民币 16.9 万亿元，折合美元分别为 20.7 万亿美元、2.7 万亿美元，以美元计算分别比去年增长 26.56%、4.05%。2012 美国企业 500 强共实现营业收入 11.8 万亿美元，比去年增长 8.96%；2011 美国企业 500 强资产总额总规模为 34.6 万亿美元，股东权益总规模为 5.8 万亿美元，分别比去年增长 2.72%、-3.50%。2012 中国企业 500 强与美国企业 500 强营业收入、资产总额、所有者权益与从业人员的今年增速比较具体如图 6-7 所示。

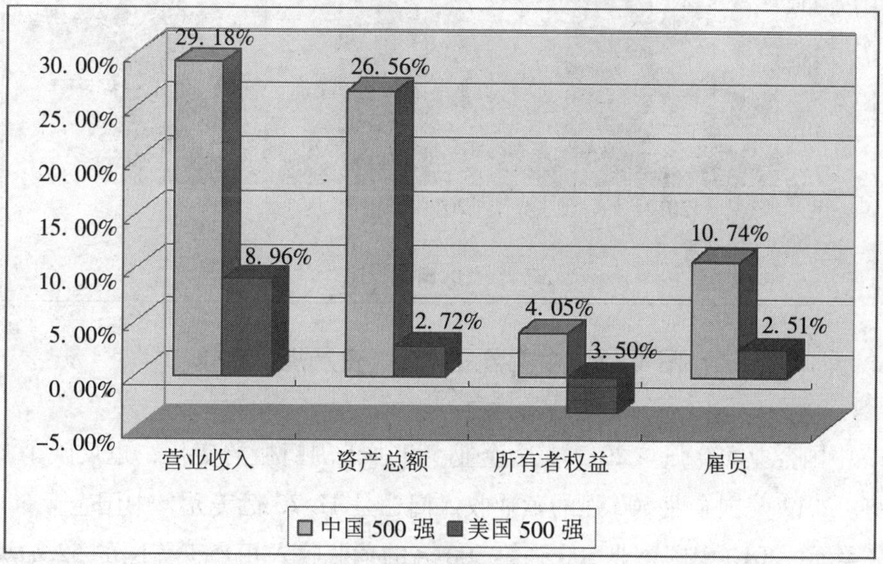

图 6-7 2012 中国企业 500 强、美国企业 500 强各指标增长速度比较

从图 6-7 看，2012 中国企业 500 强的营业收入、资产总额、所有者权益、从业人员增长速度均明显高于 2012 美国企业 500 强；其中营业收入与资产总额增速的差距与去年相比显著加大，中国 500 强的从业人员增长也显著超过美国 500 强。由于中国 500 强资产规模增速明显快于美国 500 强，因此，兼并重组可能对中国 500 强的营业收入、资产总额、所有者权益与雇员增长做出了相对更多的贡献。

由于营业收入与资产总额的双双快速增长，2012 中国 500 强的总体营业收入规模与资产规模均已相当于美国 500 强的近 60%。中国企业 500 强营业收入、资产总额持续以高于美国企业 500 强的速度快速增长，进一步缩小了中国企业 500 强与美国企业 500 强之间的差距。2010 中国企业 500 强营业收入为美国企业 500 强的 41.4%，比上年提高了 7 个百分点；2010 中国企业 500 强资产总额为美国企业 500 强的 46.4%，比上年提高了 9.5 个百分点。2011 中国企业 500 强营业收入为美国企业 500 强的 49.85%，比上年进一步提高 8.56 个百分点；2011 中国企业 500 强资产总额为美国企业 500 强的

48.41%，比上年提高了 1.16 个百分点。2012 中国企业 500 强营业收入为美国 500 强的 59.10%，比上提高了 9.25 个百分点；2012 中国企业 500 强资产总额为美国企业 500 强的 59.64%，比上年提高了 11.24 个百分点。具体对比如图 5－8 所示。中国企业 500 强营业收入、资产总额与美国企业 500 强项相比相对份额的变化趋势表明，中国企业 500 强正在加快追赶步伐，进一步缩小与美国企业 500 强之间的差距。

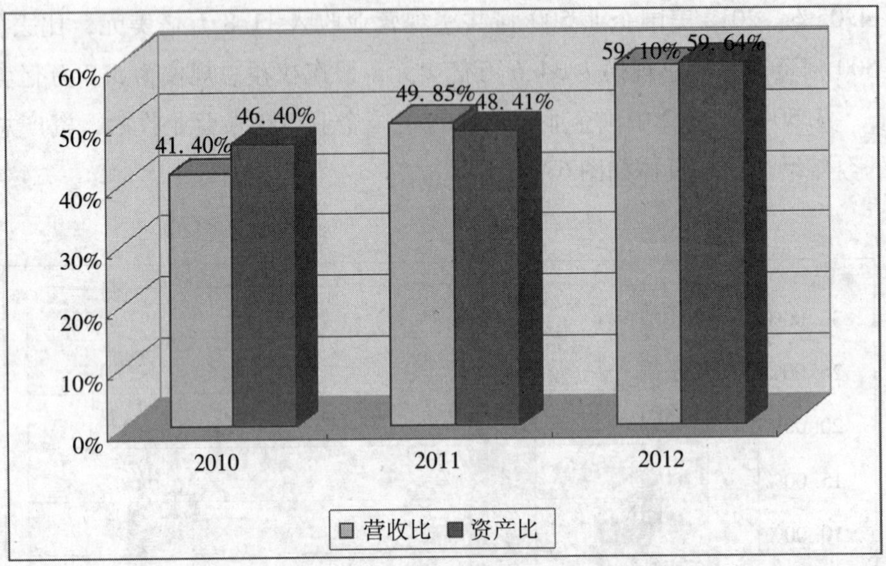

图 6－8　中美营业收入、资产规模比较

此外，2012 中国企业 500 强与 2012 美国企业 500 强入围门槛的变化，也反映了二者之间差距进一步缩小的趋势。2012 美国企业 500 强的营业收入门槛是 47.70 亿美元，中国企业 500 强的营业收入门槛是 25.00 亿美元，2010 中国企业 500 强第 500 名的营业收入相当于美国的 52.41%，比去年大幅提高了 4.37 个百分点，中国 500 强入围门槛首次超过了美国 500 强入围门槛的 50%。

（二）中美两国 500 强净利润增长双双回落，但盈利差距再次拉大

2012 中美两国 500 强企业的盈利增速均出现不同程度的回落，但与美国 500 强相比，中国 500 强净利润增长放缓更为明显。2012 中国企业 500 强实现净利润人民币 2.10 万亿元，折合为 3243.06 亿美元，比去年增长 5.15%；利润增幅大幅回落 33.36 个百分点，没有能够继续保持前两年 500 强企业在我国经济恢复性增长中所实现的利润高速增长。同期，美国 500 强净利润增速也由上一年的 81.4% 快速回落到了 15.93%。虽然两国 500 强企业的整体盈利增速在 2011 年度均出现了较大幅度的回落，但显然中国 500 强的增速趋缓更为明显，盈利增长相对较为乏力。尽管在刺激内外需政策的支持下，2012 中国 500 强企业在 2011 年度实现了近 30% 的营业收入增长，但净利润的增长显然没有能够与销售收入增长保持同步。一方面是原材料价格不断上涨与劳动力成本刚性上升，另一方面是过度竞争导致产品价格持续下降；受双重挤压影响，企业的利润空间大幅缩小，企业盈利变得十分困难，企业利润率整体下滑。从归属母公司净利润占营业收入的比重看，2012 中国企业 500 强中，有

多达33个行业的营业收入利润率低于2%。其中企业数量居于前两位的黑色冶金及压延加工业、建筑业的营业收入利润分别只有1.31%、1.38%；而在2011中国500强中，黑色冶金及压延加工业、建筑业的营业收入利润分别为2.17%、2.09%，均高于2012中国500强中的营业收入利润率水平。受宏观调控与国内国际大环境影响，黑色冶金及压延加工业、建筑业的营业收入利润的整体下滑，显然在很大程度上拉低了2012中国500强的净利润增长速度。

由于金融危机以来，美国500强盈利一直处于快速恢复性增长过程之中，而中国500强盈利基本上呈相对较平稳增长态势，今年已经是中国500强净利润增速连续第三年落后于美国500强。金融危机对美国500强企业强烈冲击，导致2008美国500强与2009美国500强的净利润总额出现大幅下滑。在这两年里，中美两国500强企业的盈利差距显著缩小。但自2010年以来，随着美国500强企业盈利状况的不断快速恢复，两国500强企业的盈利能力差距再次被拉大。2011中国企业500强的净利润总额相当于美国500强净利润总额的43.53%；但由于中国500强企业去年利润增长趋缓，导致2012中国企业500强的利润总额占美国500强净利润总额的百分比下滑到了39.48%，下滑了4.05个百分点。

（三）中国企业500强主要绩效指标全面低于美国企业500强

表6-17对2012中美两国500强的主要绩效指标进行了比较；从营业收入利润率、总资产利润率、股东权益利润率看，2012中国企业500强均低于美国500强。受金融危机影响，2009美国500强与2010美国500强营业收入利润率、总资产利润率与股东权益利润率连续低于中国500强。但这一趋势在2011年出现明显变化，2011中国企业500强盈利能力增长乏力，营业收入利润率与总资产利润率均落后于2011美国企业500强。与去年一样，2012中国企业500强的营业收入利润率、总资产利润率连续第二年低于美国500强。2012中国企业500强平均营业收入利润率为4.67%，平均总资产利润率为1.57%，平均股东权益收益率为12.08%；其中营业收入利润率与总资产利润率与去年相比均有一定程度的下降，但股东权益利润率却比去年小幅上升了0.13个百分点。2012美国企业500强平均营业收入利润率为6.99%，平均总资产利润率为2.37%，平均股东权益收益率为14.18%，三项利润率指标均比去年有不同幅度上升；与去年相比，美国企业500强的盈利能力进一步增强。与2012美国500强相比，2012中国企业500强的三项利润率指标全面落后。具体比较见表6-17和图6-9所示。

表6-17　　2011中国企业500强与美国企业500强利润率对比

	营业收入利润率		总资产利润率		股东权益利润率	
	2011	2012	2011	2012	2011	2012
中国500强	5.74%	4.67%	1.89%	1.57%	11.95%	12.08%
美国500强	6.57%	6.99%	2.10%	2.37%	11.81%	14.18%

注：美国企业全部申报了净利润，但中国企业有4家没有申报净利润，这可能影响了中国500强的实际利润率。

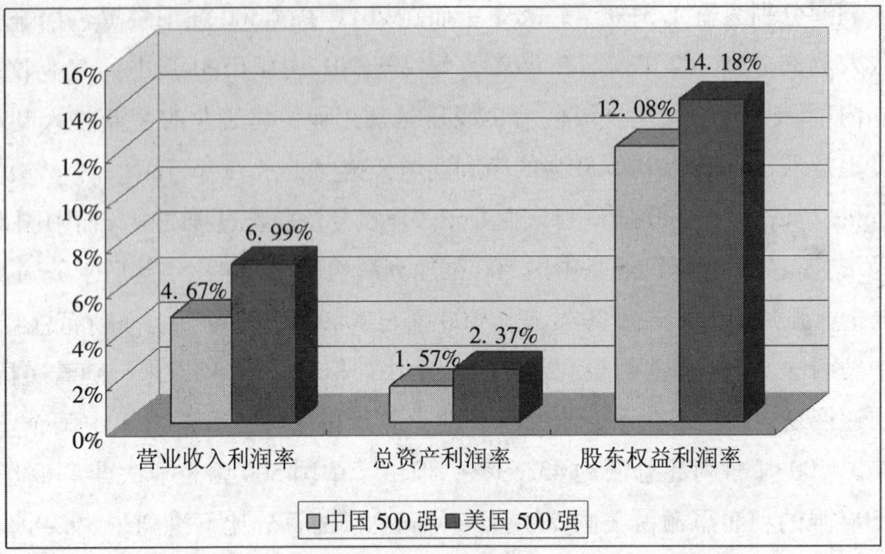

图 6 - 9　2012 中美两国 500 强三项利润率指标对比

尽管 2012 美国 500 强整体实现了较快的盈利增长，但从具体情况看，2012 美国 500 强企业亏损面与亏损额仍然较大；2011 年度共有 45 家美国 500 强企业发生经营亏损，合计亏损总额为 507 亿美元；亏损企业、亏损额分别比上一年减少 5 家、56 亿美元，企业亏损面和亏损额连续两年下降。2012 中国企业 500 强中，除四家企业为申报利润外，有 17 家企业发生亏损，合计亏损总额为 124. 70 亿元，折合 19. 29 亿美元。无论是亏损面，还是亏损企业亏损额，2012 中国 500 强均小于美国 500 强；但与去年相比，亏损企业增加了 10 家，亏损额增加了 72. 46 亿元，折合多亏 11. 54 亿美元。2012 美国 500 强亏损较集中的是食品与药品商店行业亏损企业最多，9 家企业有 4 家企业发生亏损；亏损程度最严重的前两家企业都是住房抵押贷款公司。2012 中国企业 500 强亏损较集中的是电力生产业，同样是 9 家企业有 4 家企业发生亏损；亏损最严重的两家企业分别是水上运输业企业和建筑业企业。

（四）中国企业 500 强就业贡献大，但人均指标均低于美国 500 强

2012 中国 500 强比美国 500 强承担了更多就业责任。2011 年中国城镇新增就业达到 1221 万，创下历史新高，全国就业总人数比上年增长 1. 47%，全国城镇登记失业率为 4. 1%。2012 中国企业 500 强的雇员总数比去年 500 强雇员总数增加了 10. 74%，净增 2926789 万人。中国 500 强企业雇员增长速度远高于全国就业增长率，对我国就业增长贡献远大于中小企业。从劳动力就业净贡献看，中国 500 强企业在去年吸纳了全国新增就业者的 24%。2012 美国 500 强企业雇员总数有所增加，全年平均雇员总数为 25511018 人，比上一年度增加 2. 51%；美国 500 强企业总体雇员数量的增长为 2011 年美国失业率的下降做出了重要贡献，但其贡献显著小于中国 500 强企业。

从人均指标看，中国企业 500 强依然维持着长期以来的弱势局面。2012 中国 500 强的人均营业收入、人均净利润、人均总资产与人均股东权益依然全面显著低于美国 500 强。具体数据见表 6 - 18

所示。整体上看，中国500强企业更多地表现出了劳动密集型的倾向。或者说，由于国有企业在中国500强企业中占据了绝大多数，因而出于对非经济责任的承担需要，更多的承担和完成了政府促进就业的任务。2012中国500强企业的人均营业收入为23.02万美元、人均净利润为1.08万美元、人均总资产为68.48万美元、人均股东权益为8.90万美元；其中人均营业收入与人均总资产与去年相比有较大幅度的提高，但人均净利润比去年有一定幅度下降。在2012美国500强中，人均营业收入、人均净利润与人均总资产均比去年有一定程度提升。从2012中国500强与美国500强的比值看，除人均总资产超过了美国500强的50%以外，其他两项指标均不同程度的低于美国500强的50%，其中人均净利润仅相当于美国500强的33.39%。从中美两国人均指标的相对值看，与去年相比，中国500强的人均营业收入与人均总资产相对值比去年有较大幅度提升，但人均净利润相对值较去年有较大幅度下滑。

表6-18　　中美两国500强人均指标比较

		人均营业收入	人均净利润	人均总资产
中国500强	2011	19.74	1.13	59.92
	2012	23.02	1.08	68.48
美国500强	2011	43.34	2.85	135.49
	2012	46.06	3.22	135.77
中/美（%）	2011	45.54	39.77	44.23
	2012	49.98	33.39	50.44

人均净利润的明显下滑，可能暗示2012中国500强企业在去年陷入了比较尴尬的经营局面。2012中国企业500强营业收入与资产规模的扩张，可能并不是来自劳动者的价值创造，而是来自对低效资产的大规模并购。2012中国500强企业报告了1111起并购事件，154家有并购行为的企业，平均并购次数达到了7次。在所报告并购事项的企业中，有7家企业出现了不同程度的亏损；此外，2001年度有40家企业并购后归属于母公司的利润出现不同程度下滑，其中多达7家并购企业利润下滑幅度超过了50%，最大下滑幅度达到了86.7%。低效甚至无效的纯粹规模扩张式的并购，确实在比较短的时间内促进了中国500强企业的做大，但却没有能够促进中国500强企业在去年进一步做强做优。

（五）中国企业500强、美国企业500强行业分布差异显著

中美两国500强在行业分类上具有一定的差异，但总体上看，差异并不是太大，可以支持在中国企业500强与美国企业500强之间进行行业分布的比较。中美两国500强企业，无论是在行业数量分布结构上，还是在营业收入或利润贡献结构上，二者之间均存在有非常显著的差异。

1. 美国500强主要行业服务企业占优，中国500强主要行业呈现重工业特征

2012美国500强更多的体现出服务特征，而2012中国500强则呈现出明显的重工业特征。按照美国的行业分类标准，2012美国企业500强分布在72个不同的行业，比去年多了一个行业；按照中

国的行业分类标准，2012 中国企业 50 强分布在 76 个行业，行业总数量与去年相同。总体上看，两国 500 强企业的行业分布均比较分散，两国大企业的来源相对都比较广泛。从行业分布频数看，2012 美国企业 500 强企业分布数量的前 10 位依次是：公用事业：天然气和电力，专业零售商，商业银行，化学品，汽车及零部件，保险：财产险（股票），电信，航空航天和国防，食品类消费品，采矿、原油生产；与去年相比，采矿与原油生产替代石油炼制进入了前 10。2012 中国企业 500 强企业分布数量的前 10 位依次是：黑色冶金及压延加工业，建筑业，煤炭采掘及采选业，一般有色冶金及压延加工业，汽车及零配件制造业，银行业，房地产开发与经营、物业及房屋装饰、修缮、管理等服务业，电力、电气、输变电等机械、设备、器材、元器件和线缆制造业，综合制造业（以制造业为主，含有服务业），化学原料及化学制品制造业；中国 500 强前 10 行业与去年相同，只是在排序上有所变化。在 2012 中美两国 500 强企业数量分布的前 10 行业中，只有银行、汽车及零部件制造两个行业相同，其他八个行业都不相同。具体见表 6－19 所示。

表 6－19　　2012 中国企业 500 强与世界 500 强企业来源前 10 行业

排名	美国 500 强行业排名		中国企业 500 强行业排名	
	行业名称	企业数量	行业名称	企业数量
1	公用事业：天然气和电力	22	黑色冶金及压延加工业	58
2	专业零售商	22	建筑业	42
3	商业银行	20	煤炭采掘及采选业	28
4	化学品	16	一般有色冶金及压延加工业	24
5	汽车及零部件	16	汽车及零配件制造业	18
6	保险：财产保险（股票）	15	银行业	14
7	电信	15	房地产开发与经营、物业及房屋装饰、修缮、管理等服务业	14
8	航空航天和国防	14	电力、电气、输变电等机械、设备、器材、元器件和线缆制造业	13
9	食品类消费品	14	综合制造业（以制造业为主，含有服务业）	12
10	采矿、原油生产	13	化学原料及化学制品制造业	11

尽管二者入围企业的行业来源数量基本上差不多，但 2012 中国企业 500 强的行业集中度依然远高于美国 500 强，并且这一现象有进一步强化趋势。2012 美国企业 500 强企业数量前 10 行业合计有 167 家公司，占 500 强席位的 33.4%，美国 500 强企业行业分布与去年相比进一步分散；2011 中国企业 500 强企业数量前 10 行业合计有 234 家公司，占 500 强席位的 46.8%；中国 500 强企业行业分布与去年相比略有集中。从具体行业的企业入围数量看，中国 500 强企业的行业集中特征更为明显。2012 美国 500 强企业中来自公用事业、专业零售商的企业数量最多，但也只有 22 家；而在 2012 中国企业 500 强中，有多达 58 家企业来自黑色冶金及压延加工业，有多达 42 家企业来自建筑业，煤炭采掘及采选业入围 28 家，一般有色冶金及压延加工业入围 24 家。

2. 服务与技术性行业在美国500强营业收入贡献中占有重要地位，资源垄断行业对中国500强营业收入贡献更为突出

资源垄断性行业在2012中国500强行业营业收入前10行业中占有优势地位，而美国500强营业收入排名前10行业中服务与技术性行业更多。2012中国企业500强前10大营业收入行业分别是：黑色冶金及压延加工业，建筑业，银行业，石油、天然气开采及生产业，石化产品、炼焦及其他燃料加工业，煤炭采掘及采选业，汽车及零配件制造业，电力、热力、燃气等能源供应服务业，一般有色冶金及压延加工业，邮电通信业；营业收入前10大行业与去年一致，但排序上有所变化，与企业数量分布特征基本一致。2012美国企业500强前10大营业收入行业分别是：石油炼制，商业银行，一般普通零售，多元化金融，汽车及零部件，电信，食品和药品店，保险：财产险（股票），专业零售商，航空航天和国防；营业收入前10大行业与去年一致，但在排序上有所变化；美国500强前10大营业收入行业与企业数量分布行业并不完全一致，公用事业、化学品、食品类消费、采矿与原油生产四个分别位居第一、第四、第九与第十的企业来源行业，并没有进入到营业收入排名的前10。具体见表6－20所示。

与前些年一样，2012中国企业500强和2012美国企业500强基于营业收入排名的前10大行业存在有显著差异。2012中国企业500强和2012美国企业500强营业收入前10大行业中，二者所共有的行业有石油、银行、电信、汽车。在2012中国企业500强中，黑色冶金及压延加工业，建筑业，石油、天然气开采及生产业，煤炭采掘及采选业，电力、热力、燃气等能源供应服务业，一般有色冶金及压延加工业也进入了营业收入前10行业，这些行业更多的具有资源垄断特征；而在2012美国企业500强中，位居前10大营业收入行业的还有一般商业零售、多元化金融、保险：财产保险（股份）、食品和药店、专业零售商、航空航天与国防，这些行业更多的是具有商业服务色彩，或者是特殊的技术性垄断行业。

表6－20　2012中国企业500强与世界500强前10行业（单位：亿美元）

排名	美国500强行业排名		中国企业500强行业排名	
	行业名称	营业收入	行业名称	营业收入
1	石油炼制	13091.1	黑色冶金及压延加工业	6214.0
2	商业银行	6721.8	建筑业	5203.8
3	一般普通零售	6614.8	银行业	5029.4
4	多元化金融	4880.2	石油、天然气开采及生产业	4629.6
5	汽车及零部件	4734.7	石化产品、炼焦及其他燃料加工业	4300.6
6	电信	4501.1	煤炭采掘及采选业	3797.7
7	食品和药品店	4289.8	汽车及零配件制造业	3638.9
8	保险：财产保险（股票）	4221.7	电力、热力、燃气等能源供应服务业	3439.0
9	专业零售商	4110.0	一般有色冶金及压延加工业	2102.3
10	航空航天和国防	3525.6	邮电通信业	2061.8

从营业收入的相对比看，尽管 2012 中国 500 强中有多达 58 家黑色冶金及压延加工业企业入围，而且营业收入也在全部 76 个行业中高居第一位，但却只相当于 2012 美国 500 强中行业营业收入排名第一的石油炼制行业营业总收入的 47.47%。此外，从总体上看，2012 中国 500 强营业收入的行业分布相对更为集中，前 10 大行业的地位显得更为重要，后端行业的贡献明显小于美国 500 强。2012 中国 500 强营业收入贡献前 10 大行业营业总收入占全部 500 强营业总收入的 60.76%；而 2012 美国 500 强营业收入贡献前 10 大行业营业总收入只占全部 500 强营业总收入的 48.25%，远低于中国 500 强。具体区间分布情况见图 6－10 所示。

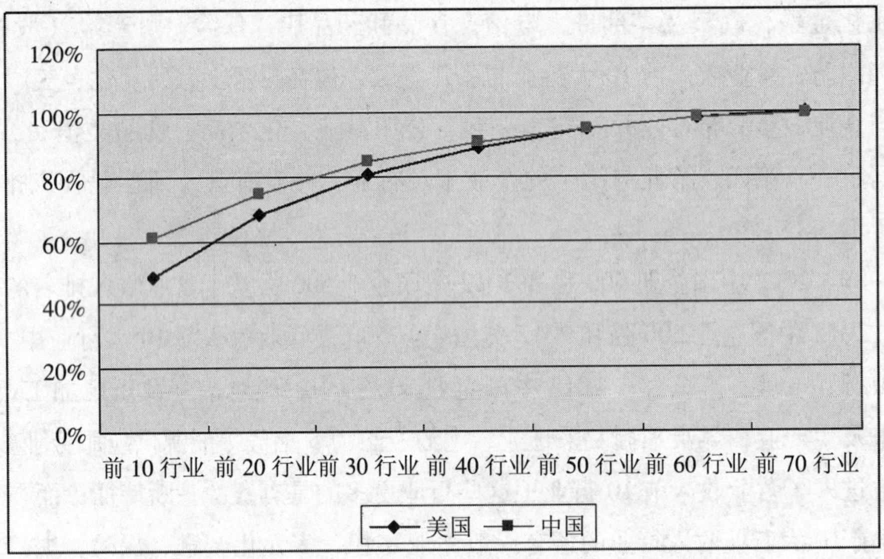

图 6－10　中美两国 500 强行业营业收入分区间分布

3. 技术密集型行业贡献了美国 500 强更多利润，银行业在中国 500 强行业盈利排名中高居榜首

2012 美国 500 强利润更多来自技术密集型行业，而 2012 中国 500 强利润主要集中在传统产业，银行业的利润贡献尤为突出。2012 中国企业 500 强净利润前 10 大行业分别是：银行业，石油、天然气开采及生产业，邮电通信业，煤炭采掘及采选业，汽车及零配件制造业，石化产品、炼焦及其他燃料加工业，房地产开发与经营、物业及房屋装饰、修缮、管理等服务业，黑色冶金及压延加工业，电力、热力、燃气等能源供应服务业，建筑业；电力、热力、燃气等能源供应服务业替代商务服务业进入到了 2012 中国 500 强 10 大利润贡献行业之列。2012 美国企业 500 强净利润前 10 大行业分别是：石油炼制，商业银行，医药，保险：财产保险（股票），汽车及零部件，计算机、办公设备，计算机软件，采矿、原油生产，航空航天和国防，公用事业：天然气和电力；汽车及零部件、航空航天和国防代替去年的电信、一般商业零售进入了利润贡献前 10 行业。具体见表 6－21 所示。总体上看，2012 中国企业 500 强净利润排行榜前 10 位仍然都属于技术含量不高的传统产业；而在 2012 美国企业 500 强的净利润排行榜前 10 大行业中，不少行业都具有典型的技术密集特征，如制药、计算机与办公设备、计算机软件行业、航空航天和国防。总体上看，美国 500 强企业中技术密集型行业对利润贡献的作用在增加，这在很大程度上解释了2012中美两国500强盈利能力差距再次拉大的原因。

表6-21　　2012中国企业500强与世界500强前10行业（单位：亿美元）

排名	美国500强行业排名		中国企业500强行业排名	
	行业名称	净利润	行业名称	净利润
1	石油炼制	878.1	银行业	1301.6
2	商业银行	823.9	石油、天然气开采及生产业	257.8
3	医药	492.5	邮电通信业	154.2
4	保险：财产保险（股票）	389.5	煤炭采掘及采选业	134.7
5	汽车及零部件	385.5	汽车及零配件制造业	107.5
6	计算机、办公设备	384.5	石化产品、炼焦及其他燃料加工业	98.6
7	计算机软件	322.9	房地产开发与经营、物业及房屋装饰、修缮、管理等服务业	92.1
8	采矿、原油生产	266.5	黑色冶金及压延加工业	81.5
9	航空航天和国防	245.2	电力、热力、燃气等能源供应服务业	76.9
10	公用事业：天然气和电力	232.1	建筑业	71.7

银行业在2012中美两国500强中均占有相对突出的地位，但在中国500强中，银行业的地位显得更为突出。与去年一样，银行业在美国500强中，依然是第二大收入行业；但在盈利贡献排行榜上，却让出了利润榜第一的位置。随着石油价格的持续下降，石油炼制行业的盈利能力不断增强，石油炼制行业成为了2012美国500强中最赚钱的行业，而银行业则退居第二。但从利润总量上看，银行业在去年依然实现了13.04%的增长，只是增速慢于石油炼制行业，去年石油炼制行业利润增长了31.08%。在中国500强中，与去年一样，银行业虽然仍然只是第三大营业收入行业，但依然是强势占据利润贡献榜的第一位。2012中国500强中，银行业利润占全部500强企业总利润的40.13%；而在2012美国500强中，银行业的利润只占全部500强利润的10.03%。从中美两国500强中银行业营业收入与净利润对比看，二者之间差异更为明显。2012中国500强中银行业的营业收入只相当于同期美国500强中银行业营业收入的74.82%，而其实现的净利润却相当于美国500强中银行业的157.97%；中国银行业的单位营业收入利润率相当于美国银行业的2.11倍。具体见表6-22所示。

表6-22　　中美两国500强银行业比较

	美国银行业	中国银行业	中/美比值
营业收入（亿美元）	6721.8	5029.4	74.82%
净利润（亿美元）	823.9	1301.6	157.97%
单位营业收入利润（美元）	0.12	0.26	211.13%

从行业利润的集中度看，2012中美两国500强行业利润贡献区间分布也存在有明显的差异。由

于银行业利润的特殊性，2012 中国企业 500 强的利润有 75.33% 来自前 10 个主要行业；而 2012 美国 500 强的前 10 大利润贡献行业，只贡献了 500 强企业全部利润总额的 53.82%。2012 中国企业 500 强的利润集中度明显高于美国 500 强。2012 中美两国 500 强企业利润总额按照行业汇总的分区间分布状况具体如图 6－11 所示。

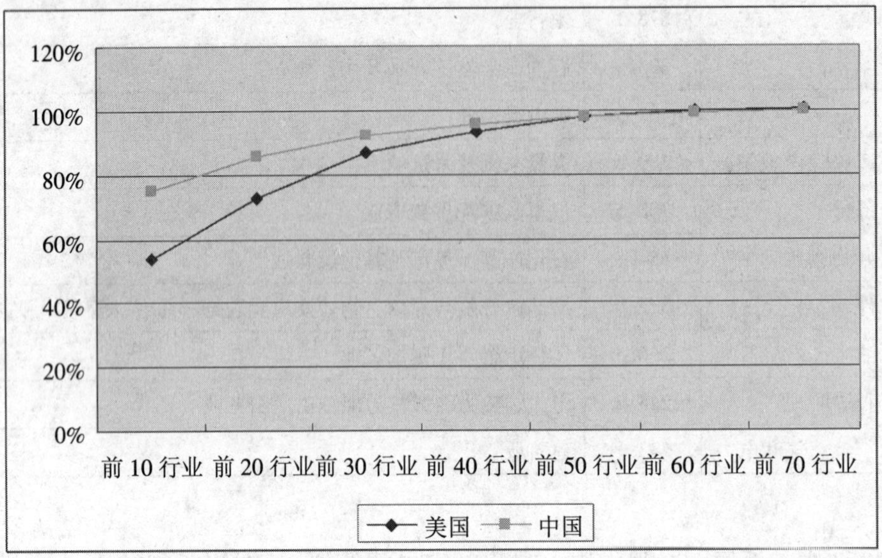

图 6－11　2012 中美两国 500 强行业利润分区间分布

第七章
2012 中国 500 强与世界 500 强行业领先企业主要经济指标对比

表 7－1　　2012 中国 500 强与世界 500 强金属业领先企业比较

	安赛乐米塔尔（1）（卢森堡）	宝钢（2）	（2）／（1）（%）
营业收入（万元人民币）	61059935	31624500	51.79
利润（万元人民币）	1463075	1206858	82.49
资产（万元人民币）	76795369	47381978	61.70
所有者权益（万元人民币）	35719802	22738721	63.66
收入利润率（%）	2.40	3.82	159.27
资产利润率（%）	1.91	2.55	133.69
净资产利润率（%）	4.10	5.31	129.58
劳动生产率（万元人民币/人）	234.37	303.53	129.51
人均利润（万元人民币）	5.62	11.58	206.26

表 7－2　　2012 中国 500 强与世界 500 强计算机、办公设备业领先企业比较

	惠普（1）（美国）	联想集团（2）	（2）／（1）（%）
营业收入（万元人民币）	82266437	18307801	22.25
利润（万元人民币）	4573482	177480	3.88
资产（万元人民币）	81607367	15048975	18.44
所有者权益（万元人民币）	24337226	1533221	6.30
收入利润率（%）	5.56	0.97	17.44
资产利润率（%）	5.60	1.18	21.04
净资产利润率（%）	18.79	11.58	61.60
劳动生产率（万元人民币/人）	235.32	491.75	208.97
人均利润（万元人民币）	13.08	4.77	36.44

表 7－3　　2012 中国 500 强与世界 500 强工程与建筑业领先企业比较

	万喜（1）（法国）	中国建筑工程总公司（2）	（2）／（1）（%）
营业收入（万元人民币）	33221689	49149463	147.94
利润（万元人民币）	1711856	716356	41.85
资产（万元人民币）	49553302	51838846	104.61
所有者权益（万元人民币）	10544556	4972448	47.16
收入利润率（%）	5.15	1.46	28.29
资产利润率（%）	3.45	1.38	40.00
净资产利润率（%）	16.23	14.41	88.74
劳动生产率（万元人民币/人）	181.22	260.77	143.89
人均利润（万元人民币）	9.34	3.80	40.70

表7-4 2012中国500强与世界500强银行业领先企业比较

	荷兰国际集团（1）（荷兰）	中国工商银行（2）	（2）/（1）（%）
营业收入（万元人民币）	97346969	70955700	72.89
利润（万元人民币）	4261019	20826500	488.77
资产（万元人民币）	1041846695	1547686800	148.55
所有者权益（万元人民币）	37181800	95674200	257.31
收入利润率（%）	4.38	29.35	670.56
资产利润率（%）	0.41	1.35	329.02
净资产利润率（%）	11.46	21.77	189.95
劳动生产率（万元人民币/人）	932.27	173.55	18.62
人均利润（万元人民币）	40.81	50.94	124.83

表7-5 2012中国500强与世界500强航天与防务业领先企业比较

	波音（1）（美国）	中国兵器工业集团公司（2）	（2）/（1）（%）
营业收入（万元人民币）	44438552	31131604	70.06
利润（万元人民币）	2597717	386454	14.88
资产（万元人民币）	50398379	26196283	51.98
所有者权益（万元人民币）	2214766	6156866	277.99
收入利润率（%）	5.85	1.24	21.24
资产利润率（%）	5.15	1.48	28.62
净资产利润率（%）	117.29	6.28	5.35
劳动生产率（万元人民币/人）	258.82	111.36	43.03
人均利润（万元人民币）	15.13	1.38	9.14

表7-6 2012中国500强与世界500强公用事业领先企业比较

	意大利国家电力公司（1）（意大利）	国家电网公司（2）	（2）/（1）（%）
营业收入（万元人民币）	71479510	167535929	234.38
利润（万元人民币）	3728869	3670914	98.45
资产（万元人民币）	138908255	221159075	159.21
所有者权益（万元人民币）	31732025	85036650	267.98
收入利润率（%）	5.22	2.19	42.00
资产利润率（%）	2.68	1.66	61.83
净资产利润率（%）	11.75	4.32	36.74
劳动生产率（万元人民币/人）	948.51	105.86	11.16
人均利润（万元人民币）	49.48	2.32	4.69

表 7－7　　2012 中国 500 强与世界 500 强电子电器设备业领先企业比较

	三星（1）（韩国）	海尔（2）	（2）/（1）（%）
营业收入（万元人民币）	96295533.49	15092957	15.67
利润（万元人民币）	7796449.332	395557	5.07
资产（万元人民币）	85145195.86	14359988	16.87
所有者权益（万元人民币）	53396409.97	1432534	2.68
收入利润率（%）	8.10	2.62	32.37
资产利润率（%）	9.16	2.75	30.08
净资产利润率（%）	14.60	27.61	189.11
劳动生产率（万元人民币/人）	434.30	208.49	48.01
人均利润（万元人民币）	35.16	5.46	15.54

表 7－8　　2012 中国 500 强与世界 500 强采掘业领先企业比较

	嘉能可国际（1）（瑞士）	神华集团（2）	（2）/（1）（%）
营业收入（万元人民币）	120350991	28029695	23.29
利润（万元人民币）	2617113	3666756	140.11
资产（万元人民币）	54291705	62690874	115.47
所有者权益（万元人民币）	18439584	26894881	145.85
收入利润率（%）	2.17	13.08	601.58
资产利润率（%）	4.82	5.85	121.34
净资产利润率（%）	14.19	13.63	96.06
劳动生产率（万元人民币/人）	2075.02	168.25	8.11
人均利润（万元人民币）	45.12	22.01	48.78

表 7－9　　2012 中国 500 强与世界 500 强工程机械业领先企业比较

	卡特彼勒（1）（美国）	徐州工程机械集团有限公司（2）	（2）/（1）（%）
营业收入（万元人民币）	38880420	8713785	22.41
利润（万元人民币）	3186051	419862	13.18
资产（万元人民币）	51318310	4942098	9.63
所有者权益（万元人民币）	8117449	1985379	24.46
收入利润率（%）	8.19	4.82	58.80
资产利润率（%）	6.21	8.50	136.84
净资产利润率（%）	39.25	21.15	53.88
劳动生产率（万元人民币/人）	310.80	392.25	126.21
人均利润（万元人民币）	25.47	18.90	74.21

表7-10 2012中国500强与世界500强半导体电子器件业领先企业比较

	英特尔（1）（美国）	中国电子信息产业集团（2）	（2）/（1）（%）
营业收入（万元人民币）	34911433	16823613	48.19
利润（万元人民币）	8367262	131245	1.57
资产（万元人民币）	44811371	14478294	32.31
所有者权益（万元人民币）	28928062	1480290	5.12
收入利润率（%）	23.97	0.78	3.25
资产利润率（%）	18.67	0.91	4.85
净资产利润率（%）	28.92	8.87	30.65
劳动生产率（万元人民币/人）	348.77	132.95	38.12
人均利润（万元人民币）	83.59	1.04	1.24

表7-11 2012中国500强与世界500强化学品制造业领先企业比较

	巴斯夫公司（1）（德国）	中国化工集团（2）	（2）/（1）（%）
营业收入（万元人民币）	66070530	17912484	27.11
利润（万元人民币）	5562723	64693	1.16
资产（万元人民币）	50043953	24770050	49.50
所有者权益（万元人民币）	19746832	1965350	9.95
收入利润率（%）	8.42	0.36	4.29
资产利润率（%）	11.12	0.26	2.35
净资产利润率（%）	28.17	3.29	11.68
劳动生产率（万元人民币/人）	594.47	129.28	21.75
人均利润（万元人民币）	50.05	0.47	0.93

表7-12 2012中国500强与世界500强专业零售业领先企业比较

	好市多（1）（美国）	苏宁电器（2）	（2）/（1）（%）
营业收入（万元人民币）	57485326	19473387	33.88
利润（万元人民币）	945212	482059	51.00
资产（万元人民币）	16861838	5978647	35.46
所有者权益（万元人民币）	7562340	2232833	29.53
收入利润率（%）	1.64	2.48	150.55
资产利润率（%）	5.61	8.06	143.84
净资产利润率（%）	12.50	21.59	172.73
劳动生产率（万元人民币/人）	449.10	110.70	24.65
人均利润（万元人民币）	7.38	2.74	37.11

表 7 – 13　　2012 中国 500 强与世界 500 强建材玻璃业领先企业比较

	圣戈班（1）（法国）	中国建筑材料（2）	（2）/（1）（%）
营业收入（万元人民币）	37860405	19409221	51.27
利润（万元人民币）	1154232	424412	36.77
资产（万元人民币）	37821530	20751094	54.87
所有者权益（万元人民币）	14573478	1589129	10.90
收入利润率（%）	3.05	2.19	71.73
资产利润率（%）	3.05	2.05	67.02
净资产利润率（%）	7.92	26.71	337.21
劳动生产率（万元人民币/人）	194.50	154.73	79.55
人均利润（万元人民币）	5.93	3.38	57.06

表 7 – 14　　2012 中国 500 强与世界 500 强炼油业领先企业比较

	荷兰皇家壳牌（1）（荷兰）	中国石油化工集团公司（2）	（2）/（1）（%）
营业收入（万元人民币）	313231828	255195093	81.47
利润（万元人民币）	19989105	6111302	30.57
资产（万元人民币）	217542983	174530740	80.23
所有者权益（万元人民币）	106810967	57640284	53.96
收入利润率（%）	6.38	2.39	37.53
资产利润率（%）	9.19	3.50	38.11
净资产利润率（%）	18.71	10.60	56.65
劳动生产率（万元人民币/人）	3480.35	249.71	7.17
人均利润（万元人民币）	222.10	5.98	2.69

表 7 – 15　　2012 中国 500 强与世界 500 强贸易业领先企业比较

	三菱（1）（日本）	中国中化集团公司（2）	（2）/（1）（%）
营业收入（万元人民币）	45574423	45895329	100.70
利润（万元人民币）	3716197	761274	20.49
资产（万元人民币）	96401250	25818873	26.78
所有者权益（万元人民币）	26873969	5735892	21.34
收入利润率（%）	8.154128347	1.66	20.34
资产利润率（%）	3.854926128	2.95	76.49
净资产利润率（%）	13.82824032	13.27	95.98
劳动生产率（万元人民币/人）	722.74	976.58	135.12
人均利润（万元人民币）	58.93	16.20	27.49

表7-16 2012中国500强与世界500强汽车业领先企业比较

	丰田汽车（1）（日本）	上海汽车集团（2）	（2）/（1）（%）
营业收入（万元人民币）	152167533	43480395	28.57
利润（万元人民币）	2321847	2022187	87.09
资产（万元人民币）	234721253	31863318	13.57
所有者权益（万元人民币）	80792597	10236231	12.67
收入利润率（%）	1.53	4.65	304.80
资产利润率（%）	0.99	6.35	641.58
净资产利润率（%）	2.87	19.76	687.42
劳动生产率（万元人民币/人）	466.91	375.05	80.33
人均利润（万元人民币）	7.12	17.44	244.84

表7-17 2012中国500强与世界500强财产和意外保险业领先企业比较

	伯克希尔-哈撒韦公司（1）（美国）	中国人民保险公司（2）	（2）/（1）（%）
营业收入（万元人民币）	92897166	22558820	24.28
利润（万元人民币）	6629416	518680	7.82
资产（万元人民币）	247402948	58515200	23.65
所有者权益（万元人民币）	103870337	3134358	3.02
收入利润率（%）	7.14	2.30	32.22
资产利润率（%）	2.68	0.89	33.08
净资产利润率（%）	6.38	16.55	259.28
劳动生产率（万元人民币/人）	342.97	228.77	66.70
人均利润（万元人民币）	24.48	5.26	21.49

表7-18 2012中国500强与世界500强食品生产业领先企业比较

	雀巢（1）（瑞士）	光明食品（集团）有限公司（2）	（2）/（1）（%）
营业收入（万元人民币）	61034979	12455402	20.41
利润（万元人民币）	6912269	764503	11.06
资产（万元人民币）	76901602	18470910	24.02
所有者权益（万元人民币）	38283323	7317835	19.11
收入利润率（%）	11.33	6.14	54.20
资产利润率（%）	8.99	4.14	46.05
净资产利润率（%）	18.06	10.45	57.86
劳动生产率（万元人民币/人）	186.08	107.00	57.50
人均利润（万元人民币）	21.07	6.57	31.17

表7－19　　2012 中国500强与世界500强通讯业领先企业比较

	日本电报电话公司（1）（日本）	中国移动（2）	（2）／（1）（%）
营业收入（万元人民币）	86036877	56597234	65.78
利润（万元人民币）	3829661	7565730	197.56
资产（万元人民币）	148483922	116326421	78.34
所有者权益（万元人民币）	60363882	67577090	111.95
收入利润率（%）	4.45	13.37	300.32
资产利润率（%）	2.58	6.50	252.17
净资产利润率（%）	6.34	11.20	176.47
劳动生产率（万元人民币/人）	383.68	261.21	68.08
人均利润（万元人民币）	17.08	34.92	204.45

表7－20　　2012 中国500强与世界500强烟草业领先企业比较

	菲利普莫里斯国际公司（1）（美国）	上海烟草集团有限责任公司（2）	（2）／（1）（%）
营业收入（万元人民币）	20104832	9110435	45.31
利润（万元人民币）	5554253	1468810	26.44
资产（万元人民币）	22360634	10256304	45.87
所有者权益（万元人民币）	144291	8963953	6212.43
收入利润率（%）	27.63	16.12	58.36
资产利润率（%）	24.84	14.32	57.65
净资产利润率（%）	3849.35	16.39	0.43
劳动生产率（万元人民币/人）	257.42	549.62	213.51
人均利润（万元人民币）	71.12	88.61	124.60

表7－21　　2012 中国500强与世界500强饮料业领先企业比较

	可口可乐公司（1）（美国）	杭州娃哈哈集团有限公司（2）	（2）／（1）（%）
营业收入（万元人民币）	30090334	6785504	22.55
利润（万元人民币）	5541969	19499	0.35
资产（万元人民币）	50390818	3234994	6.42
所有者权益（万元人民币）	19932897	196798	0.99
收入利润率（%）	18.42	0.29	1.56
资产利润率（%）	11.00	0.60	5.48
净资产利润率（%）	27.80	9.91	35.64
劳动生产率（万元人民币/人）	205.82	233.46	113.43
人均利润（万元人民币）	37.91	0.67	1.77

表7-22 2012中国500强与世界500强邮件包裹货运业领先企业比较

	德国邮政（1）（德国）	中国邮政集团公司（2）	（2）/（1）（%）
营业收入（万元人民币）	49333743	25875158	52.45
利润（万元人民币）	1045487	1996059	190.92
资产（万元人民币）	31419501	426034354	1355.96
所有者权益（万元人民币）	9005876	14179133	157.44
收入利润率（%）	2.12	7.71	364.01
资产利润率（%）	3.33	0.47	14.08
净资产利润率（%）	11.61	14.08	121.26
劳动生产率（万元人民币/人）	116.49	29.10	24.98
人均利润（万元人民币）	2.47	2.24	90.92

表7-23 2012中国500强与世界500强制药业领先企业比较

	辉瑞制药有限公司（1）（美国）	上海医药（2）	（2）/（1）（%）
营业收入（万元人民币）	43919397	5489987	12.50
利润（万元人民币）	6471019	204224	3.16
资产（万元人民币）	118458180	4766782	4.02
所有者权益（万元人民币）	51787097	2307847	4.46
收入利润率（%）	14.73	3.72	25.25
资产利润率（%）	5.46	4.28	78.43
净资产利润率（%）	12.50	8.85	70.82
劳动生产率（万元人民币/人）	423.52	147.39	34.80
人均利润（万元人民币）	62.40	5.48	8.79

表7-24 2012中国500强与世界500强网络通信设备业领先企业比较

	诺基亚（1）（芬兰）	华为（2）	（2）/（1）（%）
营业收入（万元人民币）	34752713	20392900	58.68
利润（万元人民币）	-1046393	1164700	
资产（万元人民币）	29617317	19328300	65.26
所有者权益（万元人民币）	9712648	6622800	68.19
收入利润率（%）	-3.01	5.71	
资产利润率（%）	-3.53	6.03	
净资产利润率（%）	-10.77	17.59	
劳动生产率（万元人民币/人）	267.23	145.66	54.51
人均利润（万元人民币）	-8.05	8.32	

表 7－25　　2012 中国 500 强与世界 500 强能源业领先企业比较

	俄罗斯天然气工业（1）（俄罗斯）	中国石油天然气集团公司（2）	（2）/（1）（%）
营业收入（万元人民币）	86257525	238127823	276.07
利润（万元人民币）	28744021	10549019	36.70
资产（万元人民币）	213882916	302787624	141.57
所有者权益（万元人民币）	146442934	151392432	103.38
收入利润率（%）	33.32	4.43	13.29
资产利润率（%）	13.44	3.48	25.92
净资产利润率（%）	19.63	6.97	35.50
劳动生产率（万元人民币/人）	215.11	142.76	66.37
人均利润（万元人民币）	71.68	6.32	8.82

表 7－26　　2012 中国 500 强与世界 500 强人寿健康保险业领先企业比较

	安盛（1）（法国）	中国人寿保险（集团）公司（2）	（2）/（1）（%）
营业收入（万元人民币）	92266033	43492820	47.14
利润（万元人民币）	3887072	677721	17.44
资产（万元人民币）	597242904	195762960	32.78
所有者权益（万元人民币）	39725914	3715761	9.35
收入利润率（%）	4.21	1.56	36.99
资产利润率（%）	0.65	0.35	53.19
净资产利润率（%）	9.78	18.24	186.40
劳动生产率（万元人民币/人）	951.21	325.10	34.18
人均利润（万元人民币）	40.07	5.07	12.64

表 7－27　　2012 中国 500 强与世界 500 强工业设备业领先企业比较

	韩国现代重工集团（1）（韩国）	盾安控股集团有限公司（2）	（2）/（1）（%）
营业收入（万元人民币）	31346328	3383134	10.79
利润（万元人民币）	1493461	102070	6.83
资产（万元人民币）	26808124	2736352	10.21
所有者权益（万元人民币）	8960951	646571	7.22
收入利润率（%）	4.76	3.02	63.32
资产利润率（%）	5.57	3.73	66.96
净资产利润率（%）	16.67	15.79	94.72
劳动生产率（万元人民币/人）	896.22	209.37	23.36
人均利润（万元人民币）	42.70	6.32	14.79

表7-28　　2012中国500强与世界500强铁路运输业领先企业比较

	德国联邦铁路公司（1）（德国）	中国铁路物资股份有限公司（2）	（2）/（1）（%）
营业收入（万元人民币）	34141428	20682328	60.58
利润（万元人民币）	1185718	100553	8.48
资产（万元人民币）	42367378	6336761	14.96
所有者权益（万元人民币）	12263316	787475	6.42
收入利润率（%）	3.47	0.49	14.00
资产利润率（%）	2.80	1.59	56.70
净资产利润率（%）	9.67	12.77	132.06
劳动生产率（万元人民币/人）	120.08	2269.29	1889.79
人均利润（万元人民币）	4.17	11.03	264.55

表7-29　　2012中国500强与世界500强零售业领先企业比较

	沃尔玛（1）（美国）	百联集团（2）	（2）/（1）（%）
营业收入（万元人民币）	288962114	22741719	7.87
利润（万元人民币）	10149717	42957	0.42
资产（万元人民币）	121863187	6834090	5.61
所有者权益（万元人民币）	44934868	1099235	2.45
收入利润率（%）	3.51	0.19	5.38
资产利润率（%）	8.33	0.63	7.55
净资产利润率（%）	22.59	3.91	17.30
劳动生产率（万元人民币/人）	131.35	251.81	191.71
人均利润（万元人民币）	4.61	0.48	10.31

表7-30　　2012中国500强与世界500强多元化金融业领先企业比较

	通用电气公司（1）（美国）	中国中信集团有限公司（2）	（2）/（1）（%）
营业收入（万元人民币）	95436696	31897579	33.42
利润（万元人民币）	9148905	3651603	39.91
资产（万元人民币）	451927012	327705276	72.51
所有者权益（万元人民币）	73366419	20510794	27.96
收入利润率（%）	9.59	11.45	119.42
资产利润率（%）	2.02	1.11	55.04
净资产利润率（%）	12.47	17.80	142.77
劳动生产率（万元人民币/人）	317.07	205.35	64.77
人均利润（万元人民币）	30.40	23.51	77.34

注：本章中，营业收入与利润以平均汇率计算（1：6.4652），资产与所有者权益以年底汇率计算（1：6.3009）。

第八章
2012 中国企业 500 强数据资料

表8-1 **2012中国企业500强**

上年名次	名次	企业名称	地区	营业收入（万元）	净利润（万元）	资产（万元）	所有者权益（万元）	从业人数
1	1	中国石油化工集团公司	北京	255195093	6111302	174530740	57640284	1021979
2	2	中国石油天然气集团公司	北京	238127823	10549019	302787624	151392432	1668072
3	3	国家电网公司	北京	167535929	3670914	221159075	85036650	1582554
4	4	中国工商银行股份有限公司	北京	70955700	20826500	1547686800	95674200	408859
8	5	中国建设银行股份有限公司	北京	57957800	16943900	1228183400	81666100	329438
5	6	中国移动通信集团公司	北京	56597234	7565730	116326421	67577090	216677
10	7	中国农业银行股份有限公司	北京	54622700	12192700	1167757700	64960100	447401
11	8	中国银行股份有限公司	北京	52761100	12418200	1183006600	72316200	289951
12	9	中国建筑工程总公司	北京	49149463	716356	51838846	4972448	188480
16	10	中国海洋石油总公司	北京	48819940	4712479	71853423	32642776	98400
7	11	中国铁道建筑总公司	北京	46188331	316358	43405284	3875726	291598
6	12	中国中铁股份有限公司	北京	46072022	669001	46873210	7202021	294761
17	13	中国中化集团公司	北京	45895329	761274	25818873	5735892	46996
9	14	中国人寿保险（集团）公司	北京	43492820	677721	195762960	3715761	133783
15	15	上海汽车集团股份有限公司	上海	43480395	2022187	31863318	10236231	115932
13	16	东风汽车公司	湖北	40672043	854103	23205842	3831020	161377
14	17	中国南方电网有限责任公司	广东	39138167	488369	52297356	17640359	301539
18	18	中国第一汽车集团公司	吉林	36852527	1485256	21421444	8097162	82175
24	19	中国五矿集团公司	北京	35240263	487252	23059076	3099999	115137
21	20	中国中信集团有限公司	北京	31897579	3651603	327705276	20510794	155333
20	21	宝钢集团有限公司	上海	31624500	1206858	47381978	22738721	104190
26	22	中国兵器工业集团公司	北京	31131604	386454	26196283	6156866	279563
19	23	中国交通建设股份有限公司	北京	29537049	1160133	35956792	7123022	96300
22	24	中国电信集团公司	北京	29202423	360007	65384072	34978501	491447
38	25	中国华润总公司	广东	28084506	1216557	63700000	9121687	350524
29	26	神华集团有限责任公司	北京	28029695	3666756	62690874	26894881	166596
23	27	中国兵器装备集团公司	北京	27902743	113830	26110034	3685673	228245
27	28	中国华能集团公司	北京	26817338	16474	75318815	3214795	136091
31	29	中国航空工业集团公司	北京	26399877	601491	51576797	11756136	469048
37	30	中国邮政集团公司	北京	25875158	1996059	426034354	14179133	889307
28	31	河北钢铁集团有限公司	河北	25034171	128217	31618912	5434478	133107
34	32	中国平安保险（集团）股份有限公司	广东	24891500	1947500	228542400	13086700	175136
30	33	中国冶金科工集团有限公司	北京	24316627	-258327	36019944	3326604	160399
32	34	首钢总公司	北京	23349783	137559	36765922	8586597	120371
35	35	中国铝业公司	北京	23170175	49391	39662045	2394769	184355
33	36	百联集团有限公司	上海	22741719	42957	6834090	1099235	90313
25	37	中国人民保险集团股份有限公司	北京	22558820	518680	58515200	3134358	98609

上年名次	名次	企业名称	地区	营业收入（万元）	净利润（万元）	资产（万元）	所有者权益（万元）	从业人数
54	38	中国航空油料集团公司	北京	22208907	110243	3685699	841631	9694
36	39	武汉钢铁（集团）公司	湖北	22148880	429533	22224918	4854916	115582
46	40	交通银行股份有限公司	上海	21814231	5073649	461117683	27180234	90149
60	41	冀中能源集团有限责任公司	河北	21761831	85404	12059416	1597601	105886
43	42	中国联合网络通信集团有限公司	北京	21627705	46613	52374734	15744928	299818
47	43	中国国电集团公司	北京	21063069	-59138	66340733	3454560	142522
42	44	江苏沙钢集团有限公司	江苏	20750672	345974	17068665	3485404	44331
53	45	中国铁路物资股份有限公司	北京	20682328	100553	6336761	787475	9114
39	46	华为技术有限公司	广东	20392900	1164700	19328300	6622800	140000
50	47	北京汽车集团有限公司	北京	20077517	317806	16857443	1306594	68262
57	48	天津物产集团有限公司	天津	19703668	73805	9819150	1535259	6164
52	49	国美电器有限公司	北京	19600000				
51	50	苏宁电器集团有限公司	江苏	19473387	482059	5978647	2232833	175905
66	51	中国建筑材料集团有限公司	北京	19409221	424412	20751094	1589129	125439
55	52	中国机械工业集团有限公司	北京	19295713	407711	16864123	2846882	95529
44	53	中国大唐集团公司	北京	19116766	-85642	60552664	1486779	102876
45	54	中国远洋运输（集团）总公司	北京	18616997	-421367	32873163	10352496	72897
59	55	联想控股有限公司	北京	18307801	177480	15048975	1533221	37230
80	56	中国电力建设集团有限公司	北京	18288685	229089	24254506	3164215	200309
41	57	中粮集团有限公司	北京	18225205	470990	26000034	5573587	98300
58	58	河南煤业化工集团有限责任公司	河南	18049846	144411	17226871	2172068	186320
64	59	中国化工集团公司	北京	17912484	64693	24770050	1965350	138553
49	60	中国电子信息产业集团有限公司	北京	16823613	131245	14478294	1480290	126539
65	61	浙江省物产集团公司	浙江	16701187	62138	5223320	488434	17401
67	62	中国华电集团公司	北京	16337131	-13965	52586195	2181019	108522
61	63	中国船舶重工集团公司	北京	16255968	540953	35053371	7139965	162000
69	64	山东魏桥创业集团有限公司	山东	16101478	728979	8182408	4316909	141299
48	65	广州汽车工业集团有限公司	广东	15998660	223055	10987748	1832115	53133
72	66	山西煤炭运销集团有限公司	山西	15860928	144956	11131669	2514550	103745
62	67	中国太平洋保险（集团）股份有限公司	上海	15793400	831300	57061200	7679600	
68	68	中国电力投资集团公司	北京	15774566	-76825	50302570	3283729	121716
75	69	山东能源集团有限公司	山东	15600946	1007592	17902653	4393278	263853
56	70	鞍钢集团公司	辽宁	15573577	159872	27171022	8208481	210528
115	71	浙江吉利控股集团有限公司	浙江	15099498	58180	10522681	983744	37800
63	72	海尔集团公司	山东	15092957	395557	14359988	1432534	72393
87	73	绿地控股集团有限公司	上海	14787372	624366	18816137	1961070	4000
104	74	新兴际华集团有限公司	北京	14761161	156868	6416183	1786624	77512
91	75	开滦（集团）有限责任公司	河北	14558782	69300	5774984	1331817	71987

上年名次	名次	企业名称	地区	营业收入（万元）	净利润（万元）	资产（万元）	所有者权益（万元）	从业人数
110	76	招商银行股份有限公司	广东	14196800	3612900	279497100	16499700	45344
149	77	中国民生银行股份有限公司	北京	13599800	2792000	222906400	12959700	40820
96	78	江西铜业集团公司	江西	13549328	240339	8348113	1818140	28129
70	79	美的集团有限公司	广东	13411615	344910	9034514	1249428	145000
89	80	中国通用技术（集团）控股有限责任公司	北京	12984580	265615	9529851	2467041	44311
118	81	正威国际集团有限公司	广东	12801904		5032302	3917884	15016
71	82	太原钢铁（集团）有限公司	山西	12702036	134439	11213058	2839510	39478
76	83	山西焦煤集团有限责任公司	山西	12538413	265072	15226736	4656819	201455
100	84	山西潞安矿业（集团）有限责任公司	山西	12538411	126312	10568803	1701237	78000
114	85	山西晋城无烟煤矿业集团有限责任公司	山西	12537059	393993	14404976	3622761	155535
95	86	中国医药集团总公司	北京	12501324	190766	10282301	2117752	53617
77	87	光明食品（集团）有限公司	上海	12455402	764503	18470910	7317835	116402
73	88	山东钢铁集团有限公司	山东	12433831	14910	15457160	2276891	98943
78	89	陕西延长石油（集团）有限责任公司	陕西	12365267	1406357	17728154	6262718	125763
216	90	中国能源建设集团有限公司	北京	12220893	40417	14294481	1835905	164400
92	91	金川集团股份有限公司	甘肃	12182333	373495	8779834	2777265	34945
	92	大同煤矿集团有限责任公司	山西	11998656	74111	11794860	2831931	159192
108	93	阳泉煤业（集团）有限责任公司	山西	11976128	142243	11298464	1510559	148380
74	94	中国平煤神马能源化工集团有限责任公司	河南	11921921	−20750	10017940	1686129	150670
193	95	兴业银行股份有限公司	福建	11843900	2550500	240879800	11520900	34611
85	96	中国中煤能源集团有限公司	北京	11538699	711130	21237829	5844363	120212
94	97	中国航天科工集团公司	北京	11191632	517727	13864031	4882599	125966
86	98	天津中环电子信息集团有限公司	天津	11028125	430298	3859806	2053483	45630
97	99	大连大商集团有限公司	辽宁	11010716	23999	1913176	387955	211066
90	100	新华人寿保险股份有限公司	北京	10920900	279900	38677100	3130600	49031
194	101	大连万达集团股份有限公司	辽宁	10510228	364061	20302685	922700	46757
99	102	天津钢管集团股份有限公司	天津	10409205	34444	7357580	1567218	10811
79	103	黑龙江北大荒农垦集团总公司	黑龙江	10400731	21111	12173149	1412379	679676
98	104	上海建工集团股份有限公司	上海	10390000	127593	7962023	1067458	29086
88	105	中国外运长航集团有限公司	北京	10311252	65118	12107165	3621352	74806
101	106	天津天钢集团有限公司	天津	10300017	24935	6584991	1677773	16151
158	107	陕西煤业化工集团有限责任公司	陕西	10074123	353610	21521638	3406318	121348
102	108	中国航空集团公司	北京	9926836	387922	18331989	3029249	65867
93	109	潍柴控股集团有限公司	山东	9826166	101542	7205306	404368	44170
84	110	天津汽车工业（集团）有限公司	天津	9696768	681181	4413671	2254366	34518
121	111	铜陵有色金属集团控股有限公司	安徽	9403158	187633	5582978	1550947	29146
129	112	海航集团有限公司	海南	9389178	79043	29668196	1087836	79969
106	113	中国南方航空集团公司	广东	9322152	240526	13626868	1402652	60342

上年名次	名次	企业名称	地区	营业收入（万元）	净利润（万元）	资产（万元）	所有者权益（万元）	从业人数
81	114	上海电气（集团）总公司	上海	9284032	71736	15077705	1683826	64425
116	115	马钢（集团）控股有限公司	安徽	9229817	6908	9211083	1899692	54547
113	116	本钢集团有限公司	辽宁	9193926	58582	12575923	2456676	87219
109	117	上海烟草集团有限责任公司	上海	9110435	1468810	10256304	8963953	16576
128	118	雨润控股集团有限公司	江苏	9074651	253206	7280056	1749240	110000
125	119	中国北方机车车辆工业集团公司	北京	8923411	204568	10407902	2231500	87615
105	120	中国东方航空集团公司	上海	8889947	293781	12258944	1193017	77363
117	121	华晨汽车集团控股有限公司	辽宁	8750507	22637	5841041	193696	40400
123	122	徐州工程机械集团有限公司	江苏	8713785	419862	4942098	1985379	22215
82	123	天津冶金集团有限公司	天津	8689609	19552	6910223	842277	14923
112	124	中兴通讯股份有限公司	广东	8625446	206017	10536811	2423172	89786
	125	中国光大银行股份有限公司	北京	8596744	1806789	201670762	10313938	28267
111	126	天津天铁冶金集团有限公司	天津	8525589	20663	7364205	1170109	26881
164	127	中联重科股份有限公司	湖南	8480577	960247	7158177	3563476	28833
144	128	酒泉钢铁（集团）有限责任公司	甘肃	8442378	68420	10324649	1741136	35617
139	129	兖矿集团有限公司	山东	8400427	288012	13972222	1841090	97239
124	130	湖南华菱钢铁集团有限责任公司	湖南	8396468	109322	13068442	1436454	
122	131	万向集团公司	浙江	8354223	371262	5559670	1711650	30749
137	132	珠海格力电器股份有限公司	广东	8351725	523694	8521159	1760687	81659
119	133	厦门建发集团有限公司	福建	8285683	169252	6663702	887378	14943
130	134	杭州钢铁集团公司	浙江	8284861	101267	4021800	1154813	13943
120	135	中国南车集团公司	北京	8263113	205535	10132195	1628687	89777
107	136	泰康人寿保险股份有限公司	北京	8028546	136120	35107414	1250439	240000
127	137	新疆广汇实业投资（集团）有限责任公司	新疆	8020696	283872	6762318	1105013	50708
167	138	三一集团有限公司	湖南	8020000	619095	8281283	1850829	66940
162	139	中国黄金集团公司	北京	7912335	1510332	5321821	1089363	45939
135	140	南京钢铁集团有限公司	江苏	7844459	45020	3689991	787346	12670
133	141	江苏悦达集团有限公司	江苏	7824522	73282	4684644	676730	28706
134	142	国家开发投资公司	北京	7738102	395323	27664009	5054098	87492
132	143	红塔烟草（集团）有限责任公司	云南	7726123	551431	9613158	6075443	32241
141	144	四川长虹电子集团有限公司	四川	7655369	15637	6026544	388172	70762
136	145	珠海振戎公司	北京	7574454	17152	625187	155153	102
145	146	新希望集团有限公司	四川	7538106	125619	4347024	1003869	79736
151	147	安徽海螺集团有限责任公司	安徽	7271887	346615	9093247	1553671	46626
140	148	湖南中烟工业有限责任公司	湖南	7251504	673611	5260454	4277987	22466
160	149	北京建龙重工集团有限公司	北京	7212870	110364	5866519	1119410	53081
131	150	海信集团有限公司	山东	7157576	293017	5385741	1805263	31432
202	151	山西煤炭进出口集团有限公司	山西	7116297	51155	5389409	597108	13371

上年名次	名次	企业名称	地区	营业收入（万元）	净利润（万元）	资产（万元）	所有者权益（万元）	从业人数
138	152	广厦控股集团有限公司	浙江	7103764	132570	2698736	1030664	99873
159	153	淮南矿业（集团）有限责任公司	安徽	6960140	82129	12826900	2707534	85839
	154	中国保利集团公司	北京	6879579	432356	29343494	2673188	29938
171	155	上海浦东发展银行股份有限公司	上海	6791767	2728598	268469369	14881286	31231
148	156	杭州娃哈哈集团有限公司	浙江	6785504	19499	3234994	196798	29065
153	157	海亮集团有限公司	浙江	6779700	187340	3162900	606573	10325
	158	神州数码控股有限公司	北京	6747188	122708	2620477	656303	12838
181	159	山东大王集团有限公司	山东	6605515	262791	4827668	1425685	26277
147	160	红云红河烟草（集团）有限责任公司	云南	6605405	532302	6218381	4228649	13721
174	161	厦门国贸控股有限公司	福建	6584846	11452	3096990	185489	16745
143	162	广东物资集团公司	广东	6559131	24365	3071687	438762	9359
178	163	中国诚通控股集团有限公司	北京	6500944	37686	6510145	989629	30508
157	164	中国国际海运集装箱（集团）股份有限公司	广东	6412505	369093	6436171	2161367	64530
186	165	中国有色矿业集团有限公司	北京	6408199	72413	7156803	799494	35994
163	166	南山集团有限公司	山东	6360389	621804	5513516	2982791	39186
126	167	中国海运（集团）总公司	上海	6331566	2967	16103357	4859060	45729
146	168	广东省广新控股集团有限公司	广东	6323500	23268	3633447	246951	24684
168	169	中天钢铁集团有限公司	江苏	6265259	98291	4289525	1328180	12280
183	170	恒大地产集团有限公司	广东	6191819	1138170	17902341	3268656	32644
155	171	武汉商联（集团）股份有限公司	湖北	6145372	13725	2141247	209258	58034
180	172	陕西有色金属控股集团有限责任公司	陕西	6127444	86451	8577521	2755372	41689
156	173	TCL 集团股份有限公司	广东	6075155	101317	7401432	1130550	56190
170	174	天津市一轻集团（控股）有限公司	天津	6015152	133783	3322744	942639	33493
169	175	中国中材集团有限公司	北京	6001024	96714	9118010	892230	78148
173	176	广州铁路（集团）公司	广东	5938111	-13806	29429669	18673067	156763
177	177	浙江省能源集团有限公司	浙江	5934469	420869	11105390	5320273	15076
175	178	包头钢铁（集团）有限责任公司	内蒙古	5880885	177700	9982316	1978296	48006
142	179	福建联合石油化工有限公司	福建	5842851	-84996	4278979	1049559	2051
190	180	安徽省徽商集团有限公司	安徽	5800207		1284295	92782	15400
184	181	上海复星高科技（集团）有限公司	上海	5798111	370364	12854104	1727295	31046
185	182	天津渤海化工集团公司	天津	5782479	24566	9296192	2505952	42382
154	183	北大方正集团有限公司	北京	5765741	84054	6508594	1284780	32659
222	184	天津百利机电控股集团有限公司	天津	5666007	334694	3656740	1656505	37106
221	185	浙江恒逸集团有限公司	浙江	5629501	147125	2939598	642732	7202
201	186	湖北宜化集团有限责任公司	湖北	5604919	81128	5304432	652632	30365
152	187	庞大汽贸集团股份有限公司	河北	5545514	64990	5232105	973179	34834
172	188	中国港中旅集团公司	北京	5515152	132860	5960415	1381686	44201
200	189	上海东浩国际服务贸易（集团）有限公司	上海	5501946	43315	1755735	541360	3957

上年名次	名次	企业名称	地区	营业收入（万元）	净利润（万元）	资产（万元）	所有者权益（万元）	从业人数
213	190	上海医药集团股份有限公司	上海	5489987	204224	4766782	2307847	37249
176	191	内蒙古电力（集团）有限责任公司	内蒙古	5444412	393182	5334440	1663981	36655
182	192	浙江省兴合集团公司	浙江	5428860	25842	2505000	227829	11335
161	193	江苏华西集团公司	江苏	5384760	94902	3139213	852159	20783
197	194	广东省粤电集团有限公司	广东	5342692	152030	13217285	5398498	13914
210	195	河北津西钢铁集团股份有限公司	河北	5296009	161230	2945060	763228	11215
241	196	恒力集团有限公司	江苏	5229566	379667	4855315	1804307	38120
189	197	日照钢铁控股集团有限公司	山东	5177050	120791	5793291	1234783	11860
187	198	无锡产业发展集团有限公司	江苏	5163102	172857	3006670	1288375	21500
219	199	新华联合冶金控股集团有限公司	北京	5149035	80873	3548994	627391	13892
166	200	河南省漯河市双汇实业集团有限责任公司	河南	5032467	129353	2011186	958454	62504
217	201	山东省商业集团有限公司	山东	5029869	49810	5542052	287010	180000
195	202	江苏新长江实业集团有限公司	江苏	5007567	138384	2679676	629926	8698
256	203	湖北中烟工业有限责任公司	湖北	4950378	246726	3025565	1533225	6435
209	204	中国东方电气集团有限公司	四川	4908802	87992	9811521	1094046	27632
179	205	比亚迪股份有限公司	广东	4882690	138463	6562440	2112450	177624
204	206	四川省宜宾五粮液集团有限公司	四川	4872960	654215	5899508	3611373	50237
192	207	安阳钢铁集团有限责任公司	河南	4856940	-23815	4179243	490368	30201
205	208	三胞集团有限公司	江苏	4820320	91284	2435218	713550	20000
207	209	北京建工集团有限责任公司	北京	4794807	21161	3344023	344686	10266
236	210	广发银行股份有限公司	广东	4782419	958573	91898182	5270598	18641
191	211	天津荣程联合钢铁集团有限公司	天津	4626240	11857	1256750	551487	4986
188	212	中国核工业集团公司	北京	4618671	312410	25777800	5053122	84838
211	213	云天化集团有限责任公司	云南	4613894	139521	8034945	1761395	36359
274	214	杭州汽轮动力集团有限公司	浙江	4592990	66355	2207066	350628	5078
199	215	大秦铁路股份有限公司	山西	4500704	1169882	9412073	6283710	95480
228	216	江苏汇鸿国际集团有限公司	江苏	4464024	30403	2819010	527263	5535
208	217	新余钢铁集团有限公司	江西	4421302	15898	3456919	792602	28087
231	218	青岛钢铁控股集团有限责任公司	山东	4361364	2727	1777226	331815	13424
240	219	中国化学工程股份有限公司	北京	4353800	237578	4565620	1522670	39650
229	220	山东黄金集团有限公司	山东	4348309	72077	3109249	438984	20583
390	221	中金再生资源（中国）投资有限公司	上海	4345043	155162	1465038	529329	600
225	222	浙江中烟工业有限责任公司	浙江	4315413	230157	2705498	2405399	3189
203	223	上海城建（集团）公司	上海	4310000	62050	5813696	690395	14372
220	224	上海纺织（集团）有限公司	上海	4299799	36543	2332622	594978	16723
218	225	上海华谊（集团）公司	上海	4299642	78627	4802695	1457402	32346
215	226	广西玉柴机器集团有限公司	广西	4292060		3279593	888235	23241
243	227	淮北矿业（集团）有限责任公司	安徽	4287851	75288	7447056	911721	89917

上年名次	名次	企业名称	地区	营业收入（万元）	净利润（万元）	资产（万元）	所有者权益（万元）	从业人数
226	228	奇瑞汽车股份有限公司	安徽	4270954	38189	5324471	1179663	24963
263	229	重庆建工集团股份有限公司	重庆	4264581	42305	4359398	303445	14835
234	230	河北敬业企业集团有限责任公司	河北	4257824	67121	1196568	485685	15568
230	231	浙江省国际贸易集团有限公司	浙江	4228172	70944	2730778	581132	15640
246	232	江苏三房巷集团有限公司	江苏	4192708	87718	1796421	773574	6128
265	233	江苏西城三联控股集团	江苏	4173937	31578	1169122		5413
249	234	江西萍钢实业股份有限公司	江西	4109451	26186	2882821	748148	21205
262	235	江苏苏宁环球集团有限公司	江苏	4102800	337500	7540590		
239	236	大冶有色金属集团控股有限公司	湖北	4063253	33313	1948496	409036	15689
227	237	内蒙古伊泰集团有限公司	内蒙古	4024572	452909	5666773	1652492	6402
244	238	重庆商社（集团）有限公司	重庆	4008678	21722	1819678	202204	91375
206	239	厦门海翼集团有限公司	福建	4007330	50325	3400793	533430	22842
235	240	临沂新程金锣肉制品集团有限公司	山东	3982268	151729	1196748	956559	30135
268	241	紫金矿业集团股份有限公司	福建	3976392	571257	5232020	2500861	21002
224	242	黑龙江龙煤矿业控股集团有限责任公司	黑龙江	3929141	80797	6628463	1838139	258527
	243	隆基泰和实业有限公司	河北	3860158	330186	2610037	890964	22091
281	244	四川华西集团有限公司	四川	3772125	27771	2516418	499398	52990
269	245	中国工艺（集团）公司	北京	3765347	54947	1154322	199548	2191
261	246	内蒙古伊利实业集团股份有限公司	内蒙古	3745137	180922	1992950	602385	21925
288	247	江苏申特钢铁有限公司	江苏	3703425	8682	923292	181643	4342
258	248	浪潮电子信息产业股份有限公司	山东	3668253	81333	795632	434675	11033
232	249	安徽江淮汽车集团有限公司	安徽	3664316	30803	2432869	311561	31193
245	250	太平人寿保险有限公司	上海	3625401	67653	13260183	789599	22468
316	251	广东省广晟资产经营有限公司	广东	3608244	194312	7318441	2157018	50013
237	252	雅戈尔集团股份有限公司	浙江	3603107	254951	5996245	1471457	51266
291	253	厦门象屿集团有限公司	福建	3597454	34292	1927507	264570	2739
293	254	滨化集团公司	山东	3581864	127975	1164287	658241	4107
251	255	北京控股集团有限公司	北京	3555879	51779	8580066	2122420	65305
255	256	北京金隅集团有限责任公司	北京	3543837	116885	8120777	1027921	32928
252	257	浙江省建设投资集团有限公司	浙江	3532060	24308	2477116	155610	149117
150	258	绿城房地产集团有限公司	浙江	3530000	257464	12797653	1193990	4383
257	259	通威集团有限公司	四川	3525196	39224	1001873	458673	17856
214	260	广东格兰仕集团有限公司	广东	3517642	23209	1848828	434953	41041
270	261	红豆集团有限公司	江苏	3517139	99147	1817260	627902	17782
283	262	新华联控股有限公司	北京	3516633	168652	2702276	653351	39256
323	263	金龙精密铜管集团股份有限公司	河南	3505197	13080	1419064	154890	4650
275	264	中天发展控股集团有限公司	浙江	3495609	114232	2223739	515953	5357
286	265	浙江荣盛控股集团有限公司	浙江	3485658	202004	2768586	1011746	5776

上年名次	名次	企业名称	地区	营业收入（万元）	净利润（万元）	资产（万元）	所有者权益（万元）	从业人数
253	266	中国中纺集团公司	北京	3483519	37793	1861164	531742	9495
248	267	浙江省商业集团有限公司	浙江	3474645	28424	4511521	248407	9890
247	268	北京首都旅游集团有限责任公司	北京	3462653	24205	3634687	745643	53954
329	269	江苏扬子江船业集团公司	江苏	3461903	564494	4980168	1837576	17334
360	270	吉林亚泰（集团）股份有限公司	吉林	3390318	74844	3397670	781957	30402
371	271	盾安控股集团有限公司	浙江	3383134	102070	2736352	646571	16159
318	272	广西建工集团有限责任公司	广西	3368893	13808	1256555	162635	14399
312	273	中国恒天集团有限公司	北京	3362386	1788	4346288	284367	53561
233	274	华侨城集团公司	广东	3355300	207662	8464102	1093139	38229
306	275	华夏银行股份有限公司	北京	3354380	922193	124414118	6390108	19169
272	276	南方石化集团有限公司	广东	3345223	4266	1431330	83519	1123
273	277	广州医药集团有限公司	广东	3307758	32552	1656809	283352	14203
297	278	四川省川威集团有限公司	四川	3295502	79051	1770488	783995	16847
	279	广东振戎能源有限公司	广东	3253530	14928	1174860	48250	198
305	280	北京市政路桥集团有限公司	北京	3250590	20882	2918487	301619	16879
278	281	海南大印集团有限公司	海南	3250024	12992	703755	262373	1596
242	282	哈尔滨电气集团公司	黑龙江	3218506	66703	5550724	792895	25953
339	283	义马煤业集团股份有限公司	河南	3217603	103983	4136407	1297602	56749
284	284	奥克斯集团有限公司	浙江	3209693	70812	1501918	83966	20458
354	285	青山控股集团有限公司	浙江	3200000	50060	1150031	227159	10000
282	286	天津一商集团有限公司	天津	3199774	19394	715861	176155	3979
271	287	广东省丝绸纺织集团有限公司	广东	3195849	6588	1074379	121524	6657
259	288	宁波金田投资控股有限公司	浙江	3150260	39930	594350	282288	5144
277	289	湖南省建筑工程集团总公司	湖南	3138910	16870	1161008	271531	41751
250	290	陕西汽车集团有限责任公司	陕西	3136574	6769	2956437	314628	31956
338	291	重庆钢铁（集团）有限责任公司	重庆	3134818	-42626	6755979	1199832	22216
266	292	江苏阳光集团有限公司	江苏	3132445	155877	2001938	711216	15800
350	293	远大物产集团有限公司	浙江	3128623	9811	431624	59055	552
276	294	江铃汽车集团公司	江西	3110904	71689	2441389	400163	25097
295	295	四川宏达（集团）有限公司	四川	3090273	22910	3130449	250025	18611
238	296	广东省交通集团有限公司	广东	3088660	335959	18156998	5522359	49710
196	297	北京城建集团有限责任公司	北京	3082122	16032	5119739	293977	27501
346	298	河南神火集团有限公司	河南	3081679	3859	3466476	180190	35317
308	299	广州市建筑集团有限公司	广东	3076281	10409	1699890	176390	19308
374	300	郑州煤炭工业（集团）有限责任公司	河南	3064417	-2848	3120422	497759	50260
320	301	唐山瑞丰钢铁（集团）有限公司	河北	3064204	32747	916033	320143	11630
304	302	江阴澄星实业集团有限公司	江苏	3056368	124189	1895097	699322	5062
334	303	广西投资集团有限公司	广西	3054523	11794	5410797	854928	18740

上年名次	名次	企业名称	地区	营业收入（万元）	净利润（万元）	资产（万元）	所有者权益（万元）	从业人数
285	304	成都建筑工程集团总公司	四川	3047944	25683	6461768	429889	130965
333	305	青建集团股份公司	山东	3042666	21178	959972	174657	10155
326	306	陕西东岭工贸集团股份有限公司	陕西	3030988	12404	1997642	507935	10383
287	307	山东泰山钢铁集团有限公司	山东	3030960	12400	1150067	168963	9451
300	308	合肥百货大楼集团股份有限公司	安徽	3030000	50465	617161	231458	7960
294	309	山东招金集团有限公司	山东	3028718	162351	2067866	822304	13272
307	310	阳光保险集团股份有限公司	北京	3025797	28335	7139309	1216627	118345
264	311	长城汽车股份有限公司	河北	3008948	342620	3313486	1673711	42002
292	312	中国盐业总公司	北京	2990465	27961	4242458	552801	55738
434	313	中国轻工业品进出口总公司	北京	2970108	20814	992811	205592	1559
332	314	中国煤炭科工集团有限公司	北京	2962654	199596	2844681	716956	30291
296	315	申能（集团）有限公司	上海	2919784	153440	9558119	4656689	15233
357	316	山东金诚石化集团有限公司	山东	2903978	70488	358509	311516	1600
355	317	桐昆集团股份有限公司	浙江	2903279	111922	1058379	649983	11594
336	318	中国国际技术智力合作公司	北京	2896600	29528	375882	133061	2831
267	319	天狮集团有限公司	天津	2890657	299178	1184647	869386	2335
331	320	杭州橡胶（集团）公司	浙江	2871992	95908	1682303	529595	22563
327	321	陕西建工集团总公司	陕西	2852235	11269	1637231	141632	20238
386	322	腾讯控股有限公司	广东	2849607	1020308	5680437	2846383	15320
289	323	唐山港陆钢铁有限公司	河北	2834638	44126	1574225	692313	9131
396	324	中国广东核电集团有限公司	广东	2831461	468756	24873504	4454544	27272
	325	张家港保税区日祥贸易有限公司	江苏	2828153	-5626	342593	-11092	3
298	326	扬子江药业集团有限公司	江苏	2810802	148784	1129617	948516	8633
299	327	海澜集团有限公司	江苏	2801268	166402	1848557	1066028	26000
356	328	山东京博控股股份有限公司	山东	2800372	71948	1418139	329934	6190
406	329	中南控股集团有限公司	江苏	2750000	244088	4010234	813354	46000
311	330	重庆机电控股（集团）公司	重庆	2746262	121560	2980492	607629	34929
	331	广州富力地产股份有限公司	广东	2737009	483484	8415888	484165	16416
411	332	河北普阳钢铁有限公司	河北	2735432	103018	1381684	673028	9870
407	333	华泰集团有限公司	山东	2720066	150728	2251344	311884	15042
372	334	江苏南通二建集团有限公司	江苏	2712983	26828	1510850	76506	89228
353	335	重庆化医控股（集团）公司	重庆	2694469	42708	4086344	651481	37731
335	336	福建省三钢（集团）有限责任公司	福建	2693169	40944	2176266	629319	18533
400	337	山东晨鸣纸业集团股份有限公司	山东	2688961	60827	4563083	1352862	17862
313	338	世纪金源投资集团有限公司	北京	2688906	497002	5100974	1871776	19267
363	339	安徽省皖北煤电集团有限责任公司	安徽	2673782	6882	3224850	640655	43354
343	340	万基控股集团有限公司	河南	2668122	-25852	2095838	325993	13991
369	341	昆明钢铁控股有限公司	云南	2666719	120101	4109113	1703248	18088

上年名次	名次	企业名称	地区	营业收入（万元）	净利润（万元）	资产（万元）	所有者权益（万元）	从业人数
309	342	百兴集团有限公司	江苏	2663325	63505	718126	452540	4521
302	343	人民电器集团有限公司	浙江	2657124	110820	668212	405607	23000
426	344	盛虹集团有限公司	江苏	2650231	99084	2426629	674955	20745
342	345	华盛江泉集团有限公司	山东	2632688	78302	1157765	583472	23062
358	346	云南煤化工集团有限公司	云南	2619587	6745	4342328	576456	37879
	347	四川德胜集团钢铁有限公司	四川	2619416	67947	2451265	731918	14158
280	348	晶龙实业集团有限公司	河北	2618725	94275	2514967	459293	21984
317	349	山东时风（集团）有限责任公司	山东	2615282	90446	493603	340502	23081
373	350	旭阳控股有限公司	北京	2610381	28192	2188930	342452	7060
367	351	江苏国泰国际集团有限公司	江苏	2609515	13862	986576	147692	10000
383	352	重庆市能源投资集团公司	重庆	2607722	28596	5729526	1710903	75543
431	353	河北省物流产业集团有限公司	河北	2605480	4382	398686	49352	1229
	354	华芳集团有限公司	江苏	2605193	27433	957962	392379	22257
382	355	北京京城机电控股有限责任公司	北京	2602824	38853	3576941	746532	25434
341	356	山东太阳纸业股份有限公司	山东	2585783	49546	1910181	400913	9315
	357	湖南博长控股集团有限公司	湖南	2568853	23654	1519365	240240	7577
429	358	东营方圆有色金属有限公司	山东	2554060	115169	945076	458798	2523
	359	重庆龙湖企业拓展有限公司	重庆	2530133	632756	8250566	2194054	7300
310	360	南京医药产业（集团）有限责任公司	江苏	2529861	17310	1727289	566931	13548
351	361	山东中烟工业有限责任公司	山东	2521379	182755	2202249	1588529	15379
467	362	重庆轻纺控股（集团）公司	重庆	2520496	25298	2790396	496406	26338
391	363	浙江前程投资股份有限公司	浙江	2518770	23100	772024	123886	948
301	364	正泰集团股份有限公司	浙江	2515732	65669	2344693	514485	22274
364	365	江苏南通三建集团有限公司	江苏	2508002	92456	1237845	425236	93562
397	366	西部矿业集团有限公司	青海	2500703	9634	3503006	456274	12255
314	367	海城市西洋镁矿有限公司	辽宁	2500000	120000	1070000	570000	11000
362	368	中国新世纪控股集团有限公司	浙江	2497183	38262	274836	216053	5580
359	369	贵州中烟工业有限责任公司	贵州	2496829	158484	1628959	988487	10064
384	370	西王集团有限公司	山东	2489802	102956	1837390	689265	14000
324	371	河北文丰钢铁有限公司	河北	2484514	59102	1156118	324146	6250
349	372	九州通医药集团股份有限公司	湖北	2483868	37413	1183875	37413	10513
	373	泸州老窖集团有限责任公司	四川	2462383	133281	5294200	1117120	17225
319	374	浙江省交通投资集团有限公司	浙江	2445751	157493	13764918	2454462	21983
322	375	天津友发钢管集团有限公司	天津	2440771	26751	948479	198417	7645
462	376	中国贵州茅台酒厂（集团）有限责任公司	贵州	2429810	601563	4474769	2251878	17934
321	377	云南建工集团有限公司	云南	2429521	37240	2159469	301471	36853
337	378	上海人民企业（集团）有限公司	上海	2413666	221974	1201585	1174192	27320
365	379	天津二轻集团（控股）有限公司	天津	2412039	28047	1496602	523163	18827

上年名次	名次	企业名称	地区	营业收入（万元）	净利润（万元）	资产（万元）	所有者权益（万元）	从业人数
466	380	福建省能源集团有限责任公司	福建	2391485	46326	3671051	689912	31882
330	381	上海华冶钢铁集团有限公司	上海	2374837	27637	659059	470846	1672
352	382	徐州矿务集团有限公司	江苏	2362996	71380	3568678	940962	58044
370	383	天音通信有限公司	广东	2353700	6426	960399	269431	8000
435	384	安徽国贸集团控股有限公司	安徽	2344526	9182	1716477	152326	5683
387	385	河南豫联能源集团有限责任公司	河南	2343163	-46565	2495141	650841	8186
348	386	广东省建筑工程集团有限公司	广东	2323889	29537	1178381	163004	28995
381	387	青岛啤酒股份有限公司	山东	2315805	173793	2163415	1111044	34193
385	388	东北特殊钢集团有限责任公司	辽宁	2315199	7198	4720559	730229	26325
378	389	沈阳煤业（集团）有限责任公司	辽宁	2315060	67802	3025281	553925	43954
380	390	天正集团有限公司	浙江	2310051	76957	320088	185032	9479
398	391	天津市医药集团有限公司	天津	2308748	130811	2641041	1280514	16147
408	392	北京外企服务集团有限责任公司	北京	2303171	6750	350389	51857	2520
377	393	亚邦投资控股集团有限公司	江苏	2302923	65479	1916890	559422	8960
347	394	南金兆集团有限公司	山东	2297778	20116	1513592	311458	4636
438	395	四川公路桥梁建设集团有限公司	四川	2296702	54440	3703623	354054	9020
433	396	安徽建工集团有限公司	安徽	2288571	18813	1886049	116245	12217
376	397	山东如意科技集团有限公司	山东	2275501	107226	1216126	588851	22395
469	398	华勤橡胶工业集团有限公司	山东	2264099	74639	1373815	680915	6900
449	399	宁波银亿集团有限公司	浙江	2259246	107721	3162807	392231	8992
366	400	新疆特变电工集团有限公司	新疆	2253721	192973	4603723	1844592	20987
344	401	东方国际（集团）有限公司	上海	2228308	32897	1192001	488567	6065
421	402	北京能源投资（集团）有限公司	北京	2225958	167738	10240959	3192202	11258
415	403	天津港（集团）有限公司	天津	2211000	61837	8999999	2032154	17675
393	404	丰立集团有限公司	江苏	2209692	20315	1905725	410663	3280
403	405	浙江中成控股集团有限公司	浙江	2208876	51866	986345	350319	50958
361	406	德力西集团有限公司	浙江	2208842	45584	1103939	284742	21000
452	407	湖南晟通科技集团有限公司	湖南	2208552	27217	927127	342534	4150
402	408	春风实业集团有限责任公司	河北	2203483	8470	499638	123729	13400
459	409	山西省国新能源发展集团有限公司	山西	2190414	25976	1149379	188616	1400
447	410	石家庄北国人百集团有限责任公司	河北	2187276	38479	777605	128071	32000
465	411	白银有色集团股份有限公司	甘肃	2185429	59130	2974556	1026247	18911
395	412	上海国际港务（集团）股份有限公司	上海	2177886	472419	8325751	4532851	19971
468	413	中太建设集团股份有限公司	河北	2168205	67502	459802	363116	87652
418	414	广西柳工集团有限公司	广西	2157159	17729	2896953	136820	18762
496	415	辽宁铁法能源有限责任公司	辽宁	2151142	131541	2205110	1174632	45838
	416	阜新矿业（集团）有限责任公司	辽宁	2150426	69136	1737390	69136	46126
419	417	江苏省苏中建设集团股份有限公司	江苏	2139315	25796	1662454	75456	79418

上年名次	名次	企业名称	地区	营业收入（万元）	净利润（万元）	资产（万元）	所有者权益（万元）	从业人数
412	418	广州万宝集团有限公司	广东	2133479	23610	1451417	175139	16456
476	419	山东博汇集团有限公司	山东	2123890	82567	2121146	372619	11826
437	420	云南锡业集团（控股）有限责任公司	云南	2116237	25052	3686629	394163	27345
446	421	河北建工集团有限责任公司	河北	2112999	5186	585085	44737	8027
494	422	老凤祥股份有限公司	上海	2112640	52294	727659	216855	2889
432	423	江苏金浦集团有限公司	江苏	2103148	87078	1090291	380998	8500
328	424	福佳集团有限公司	辽宁	2101800	223406	4761861	2634402	2379
451	425	山东石横特钢集团有限公司	山东	2099539	80141	781640	307171	5539
405	426	同方股份有限公司	北京	2096205	70743	3017095	853598	17169
445	427	郑州宇通集团有限公司	河南	2095208	128711	2191985	441726	11076
427	428	利华益集团股份有限公司	山东	2091663	75147	1370316	621073	3960
463	429	黑龙江省建设集团有限公司	黑龙江	2088357	9085	1482067	178070	75127
430	430	山东东明石化集团有限公司	山东	2080062	23396	994114	223209	4248
488	431	传化集团有限公司	浙江	2079132	52115	1851106	837805	8914
440	432	亨通集团有限公司	江苏	2074786	32041	2064078	552991	8378
	433	河北建设集团有限公司	河北	2074164	16676	1284819	67577	4851
303	434	北京银行	北京	2072773	894670	95649868	5038334	7339
399	435	山东高速集团有限公司	山东	2070570	126294	16530925	2498677	23373
	436	中国长江电力股份有限公司	湖北	2070038	770083	15838503	6824642	7648
	437	山东胜通集团股份有限公司	山东	2064332	245181	1031034	475160	6500
424	438	苏州创元投资发展（集团）有限公司	江苏	2059404	66515	1842286	565357	21196
392	439	江苏省苏豪控股集团有限公司	江苏	2059192	18348	2062106	487279	8000
413	440	万达控股集团有限公司	山东	2056319	42597	1505328	262118	10095
	441	冀东发展集团有限责任公司	河北	2050480	24672	4794565	432936	26489
457	442	新疆天业（集团）有限公司	新疆	2042809	37733	2558104	410052	18112
	443	四川省达州钢铁集团有限责任公司	四川	2040650	14659	1059450	231243	8409
443	444	江苏双良集团有限公司	江苏	2036762	31886	1911850	590145	5200
315	445	江苏高力集团有限公司	江苏	2029466	68463	773451	526958	4022
	446	广西北部湾国际港务集团有限公司	广西	2028587	119123	3061622	721857	8830
388	447	无锡尚德太阳能电力有限公司	江苏	2026749	-61404	1976941	500594	11619
394	448	沈阳远大企业集团	辽宁	2024443	56552	1390508	579197	17195
	449	甘肃省建设投资（控股）集团总公司	甘肃	2020003	1212	1183242	42211	32727
	450	正邦集团有限公司	江西	2018954	12068	533587	92422	30587
471	451	维维集团股份有限公司	江苏	2017836	124212	1190540	706989	19100
461	452	精功集团有限公司	浙江	2017818	46842	2850602	371787	13844
423	453	云南冶金集团股份有限公司	云南	2008235	-3442	5391405	845181	32325
	454	长春欧亚集团股份有限公司	吉林	1990319	16166	616087	99149	4681
	455	山西建筑工程（集团）总公司	山西	1979123	3972	1550141	37083	33727

上年名次	名次	企业名称	地区	营业收入（万元）	净利润（万元）	资产（万元）	所有者权益（万元）	从业人数
420	456	内蒙古鄂尔多斯羊绒集团有限责任公司	内蒙古	1958837	182874	4133170	1248991	20472
	457	内蒙古伊东资源集团股份有限公司	内蒙古	1952233	175871	3827226	1153911	8100
416	458	沂州集团有限公司	山东	1942497	136659	1175840	653396	5400
417	459	西林钢铁集团有限公司	黑龙江	1939398	26576	2450900	138436	13338
	460	大汉控股集团有限公司	湖南	1936912	21760	657792	148342	2213
470	461	浙江宝业建设集团有限公司	浙江	1936233	24537	356923	105735	55670
428	462	江苏法尔胜泓昇集团有限公司	江苏	1926051	68283	872713	369399	6101
489	463	远东控股集团有限公司	江苏	1925335	19064	1666063	259271	7506
481	464	山东科达集团有限公司	山东	1921025	72365	883759	438095	9080
495	465	浙江八达建设集团有限公司	浙江	1913338	69845	562233	151230	48321
379	466	上海外高桥造船有限公司	上海	1908827	149939	3287921	869283	4881
448	467	江苏华厦融创置地集团有限公司	江苏	1906715	659960	3878733	3159229	2500
425	468	利群集团股份有限公司	山东	1905687	55774	1240988	467015	8666
	469	嘉晨集团有限公司	辽宁	1900016	75068	1328070	1162256	11096
	470	弘阳集团有限公司	江苏	1897848	91449	1874231	584094	2165
497	471	杉杉控股有限公司	浙江	1892041	75316	2045147	870830	14217
472	472	天津市津能投资公司	天津	1880770	10401	4650562	1434081	7926
441	473	北京首都创业集团有限公司	北京	1873198	19831	10219411	589120	14514
460	474	深圳市中金岭南有色金属股份有限公司	广东	1866905	109360	1404240	666193	11066
	475	山东大海集团有限公司	山东	1860235	145027	880135	260476	6130
	476	河北兴华钢铁有限公司	河北	1857676	90109	575718		6000
480	477	隆鑫控股有限公司	重庆	1839548	46489	2853461	509098	10489
	478	江西省煤炭集团公司	江西	1835923	80451	1914239	803169	67865
478	479	三河汇福粮油集团有限公司	河北	1835019	37980	1070000	171984	3000
477	480	浙江昆仑控股集团有限公司	浙江	1834575	55593	1190379	199073	27912
	481	宜昌三峡全通涂镀板有限公司	湖北	1832998	50874	1924338	809348	5451
485	482	青岛港（集团）有限公司	山东	1827548	259518	3010733	1697909	13996
	483	澳洋集团有限公司	江苏	1821700	28458	1138937	243176	10193
487	484	河南豫光金铅集团有限责任公司	河南	1821497	28301	1296197	117175	6876
455	485	波司登股份有限公司	江苏	1821341	166332	1357115	641306	24658
450	486	重庆力帆控股有限公司	重庆	1819979	24265	1802719	457609	15806
	487	重庆华南物资（集团）有限公司	重庆	1814852	5847	616001	33854	590
464	488	宁波富邦控股集团有限公司	浙江	1812280	28830	2522104	383174	10496
	489	重庆农村商业银行股份有限公司	重庆	1809345	427081	34437989	2741538	13716
490	490	河北新金钢铁有限公司	河北	1806371	41620	648146	235482	5727
422	491	新华锦集团有限公司	山东	1803929	17065	520874	70907	9458
456	492	山东淄博傅山企业集团有限公司	山东	1801934	15624	606011	27018	8672
493	493	沈阳机床（集团）有限责任公司	辽宁	1801128	1227	2000000	171459	19482

上年名次	名次	企业名称	地区	营业收入（万元）	净利润（万元）	资产（万元）	所有者权益（万元）	从业人数
	494	天瑞集团有限公司	河南	1792252	132089	2467460	753357	16276
	495	山东昊龙集团有限公司	山东	1786123	99485	800177	360742	9543
439	496	大连机床集团有限责任公司	辽宁	1785273	58295	1582243	319421	6120
444	497	江苏金辉集团公司	江苏	1779431	31286	421240	240870	560
	498	广州轻工工贸集团有限公司	广东	1773397	41690	1099149	397932	10536
482	499	武安市裕华钢铁有限公司	河北	1763688	60162	828178	656855	8523
409	500	哈药集团有限公司	黑龙江	1750696	52793	1806530	592135	25078
		合计		4489696479	209670499	13016066900	1691266781	30165801

说　明

1. 2012 中国企业 500 强是中国企业联合会、中国企业家协会参照国际惯例，组织企业自愿申报，并经专家审定确认后产生的。申报企业包括在中国境内注册、2011 年完成营业收入达到 130 亿元人民币以上（含 130 亿元）的企业（不包括行政性公司和资产经营公司，不包括在华外资、港澳台独资、控股企业，也不包括行政性公司、政企合一的单位（如铁路局）以及各类资产经营公司，但包括在境外注册、投资主体为中国自然人或法人、主要业务在境内，属于我国银监会、保监会和各级国资委监管的企业，都有资格申报参加排序。属于集团公司的控股子公司或相对控股子公司，由于其财务报表最后能被合并到集团母公司的财务会计报表中去，因此只允许其母公司申报。

2. 表中所列数据由企业自愿申报或属于上市公司公开数据、并已经公认会计师事务所或审计师事务所等单位认可。

3. 营业收入或销售收入是 2011 年不含增值税的收入，包括企业的所有收入，即主营业务和非主营业务、境内和境外的收入。商业银行的营业额为 2011 年利息总额和非利息营业额之和。保险公司是 2011 年保险费和年金收入扣除储蓄的资本收益或损失。净利润是 2011 年上交所得税后的净利润扣除少数股权收益后的归属母公司利润。资产是 2011 年度末的资产总额。所有者权益是 2011 年末所有者权益总额扣除少数股东权益后的母公司所有者权益。研究开发费用是 2011 年企业投入研究开发的所有费用。从业人数是 2011 年度的平均人数（含所有被合并报表企业的人数）。

4. 行业分类既参照了国家统计局的分类方法，为了进行对比分析，也参考了美国《财富》杂志的分类方法，企业主要是依据其主营业务收入所在行业来划分。

5. 地区分类是按企业总部所在地划分。

二〇一二年八月十日

表 8－2 **2012 中国企业 500 强新上榜企业名单**

名次	企业名称	地区	营业收入（万元）	净利润（万元）	资产（万元）	所有者权益（万元）	从业人数
92	大同煤矿集团有限责任公司	山西	11998656	74111	11794860	2831931	159192
125	中国光大银行股份有限公司	北京	8596744	1806789	201670762	10313938	28267
154	中国保利集团公司	北京	6879579	432356	29343494	2673188	29938
158	神州数码控股有限公司	北京	6747188	122708	2620477	656303	12838
243	隆基泰和实业有限公司	河北	3860158	330186	2610037	890964	22091
279	广东振戎能源有限公司	广东	3253530	14928	1174860	48250	198
325	张家港保税区日祥贸易有限公司	江苏	2828153	－5626	342593	－11092	3
331	广州富力地产股份有限公司	广东	2737009	483484	8415888	484165	16416
347	四川德胜集团钢铁有限公司	四川	2619416	67947	2451265	731918	14158
354	华芳集团有限公司	江苏	2605193	27433	957962	392379	22257
357	湖南博长控股集团有限公司	湖南	2568853	23654	1519365	240240	7577
359	重庆龙湖企业拓展有限公司	重庆	2530133	632756	8250566	2194054	7300
373	泸州老窖集团有限责任公司	四川	2462383	133281	5294200	1117120	17225
416	阜新矿业（集团）有限责任公司	辽宁	2150426	69136	1737390	69136	46126
433	河北建设集团有限公司	河北	2074164	16676	1284819	67577	4851
436	中国长江电力股份有限公司	湖北	2070038	770083	15838503	6824642	7648
437	山东胜通集团股份有限公司	山东	2064332	245181	1031034	475160	6500
441	冀东发展集团有限责任公司	河北	2050480	24672	4794565	432936	26489
443	四川省达州钢铁集团有限责任公司	四川	2040650	14659	1059450	231243	8409
446	广西北部湾国际港务集团有限公司	广西	2028587	119123	3061622	721857	8830
449	甘肃省建设投资（控股）集团总公司	甘肃	2020003	1212	1183242	42211	32727
450	正邦集团有限公司	江西	2018954	12068	533587	92422	30587
454	长春欧亚集团股份有限公司	吉林	1990319	16166	616087	99149	4681
455	山西建筑工程（集团）总公司	山西	1979123	3972	1550141	37083	33727
457	内蒙古伊东资源集团股份有限公司	内蒙古	1952233	175871	3827226	1153911	8100
460	大汉控股集团有限公司	湖南	1936912	21760	657792	148342	2213
469	嘉晨集团有限公司	辽宁	1900016	75068	1328070	1162256	11096
470	弘阳集团有限公司	江苏	1897848	91449	1874231	584094	2165
475	山东大海集团有限公司	山东	1860235	145027	880135	260476	6130
476	河北兴华钢铁有限公司	河北	1857676	90109	575718	1	6000
478	江西省煤炭集团公司	江西	1835923	80451	1914239	803169	67865
481	宜昌三峡全通涂镀板有限公司	湖北	1832998	50874	1924338	809348	5451
483	澳洋集团有限公司	江苏	1821700	28458	1138937	243176	10193
487	重庆华南物资（集团）有限公司	重庆	1814852	5847	616001	33854	590
489	重庆农村商业银行股份有限公司	重庆	1809345	427081	34437989	2741538	13716
494	天瑞集团有限公司	河南	1792252	132089	2467460	753357	16276
495	山东昊龙集团有限公司	山东	1786123	99485	800177	360742	9543
498	广州轻工工贸集团有限公司	广东	1773397	41690	1099149	397932	10536

表 8－3　　2012 中国企业 500 强各行业企业分布

排名	企业名称	总排名	营业收入（万元）
农业、渔业、畜牧业及林业			
1	黑龙江北大荒农垦集团总公司	103	10400731
	合计		10400731
煤炭采掘及采选业			
1	神华集团有限责任公司	26	28029695
2	冀中能源集团有限责任公司	41	21761831
3	河南煤业化工集团有限责任公司	58	18049846
4	山东能源集团有限公司	69	15600946
5	开滦（集团）有限责任公司	75	14558782
6	山西焦煤集团有限责任公司	83	12538413
7	山西潞安矿业（集团）有限责任公司	84	12538411
8	山西晋城无烟煤矿业集团有限责任公司	85	12537059
9	大同煤矿集团有限责任公司	92	11998656
10	阳泉煤业（集团）有限责任公司	93	11976128
11	中国平煤神马能源化工集团有限责任公司	94	11921921
12	中国中煤能源集团有限公司	96	11538699
13	陕西煤业化工集团有限责任公司	107	10074123
14	兖矿集团有限公司	129	8400427
15	淮南矿业（集团）有限责任公司	153	6960140
16	淮北矿业（集团）有限责任公司	227	4287851
17	内蒙古伊泰集团有限公司	237	4024572
18	黑龙江龙煤矿业控股集团有限责任公司	242	3929141
19	义马煤业集团股份有限公司	283	3217603
20	河南神火集团有限公司	298	3081679
21	郑州煤炭工业（集团）有限责任公司	300	3064417
22	安徽省皖北煤电集团有限责任公司	339	2673782
23	徐州矿务集团有限公司	382	2362996
24	沈阳煤业（集团）有限责任公司	389	2315060
25	辽宁铁法能源有限责任公司	415	2151142
26	阜新矿业（集团）有限责任公司	416	2150426
27	内蒙古伊东资源集团股份有限公司	457	1952233
28	江西省煤炭集团公司	478	1835923
	合计		245531902
石油、天然气开采及生产业			
1	中国石油天然气集团公司	2	238127823
2	中国海洋石油总公司	10	48819940
3	陕西延长石油（集团）有限责任公司	89	12365267
	合计		299313030

排名	企业名称	总排名	营业收入（万元）
建筑业			
1	中国建筑工程总公司	9	49149463
2	中国铁道建筑总公司	11	46188331
3	中国中铁股份有限公司	12	46072022
4	中国交通建设股份有限公司	23	29537049
5	中国冶金科工集团有限公司	33	24316627
6	中国电力建设集团有限公司	56	18288685
7	中国能源建设集团有限公司	90	12220893
8	上海建工集团股份有限公司	104	10390000
9	广厦控股集团有限公司	152	7103764
10	北京建工集团有限责任公司	209	4794807
11	中国化学工程股份有限公司	219	4353800
12	上海城建（集团）公司	223	4310000
13	重庆建工集团股份有限公司	229	4264581
14	四川华西集团有限公司	244	3772125
15	浙江省建设投资集团有限公司	257	3532060
16	中天发展控股集团有限公司	264	3495609
17	广西建工集团有限责任公司	272	3368893
18	北京市政路桥集团有限公司	280	3250590
19	湖南省建筑工程集团总公司	289	3138910
20	北京城建集团有限责任公司	297	3082122
21	广州市建筑集团有限公司	299	3076281
22	成都建筑工程集团总公司	304	3047944
23	青建集团股份公司	305	3042666
24	陕西建工集团总公司	321	2852235
25	中南控股集团有限公司	329	2750000
26	江苏南通二建集团有限公司	334	2712983
27	江苏南通三建集团有限公司	365	2508002
28	云南建工集团有限公司	377	2429521
29	广东省建筑工程集团有限公司	386	2323889
30	四川公路桥梁建设集团有限公司	395	2296702
31	安徽建工集团有限公司	396	2288571
32	浙江中成控股集团有限公司	405	2208876
33	中太建设集团股份有限公司	413	2168205
34	江苏省苏中建设集团股份有限公司	417	2139315
35	河北建工集团有限责任公司	421	2112999
36	黑龙江省建设集团有限公司	429	2088357
37	河北建设集团有限公司	433	2074164
38	甘肃省建设投资（控股）集团总公司	449	2020003

排名	企业名称	总排名	营业收入（万元）
39	山西建筑工程（集团）总公司	455	1979123
40	浙江宝业建设集团有限公司	461	1936233
41	浙江八达建设集团有限公司	465	1913338
42	浙江昆仑控股集团有限公司	480	1834575
	合计		336434313
电力生产业			
1	中国华能集团公司	28	26817338
2	中国国电集团公司	43	21063069
3	中国大唐集团公司	53	19116766
4	中国华电集团公司	62	16337131
5	中国电力投资集团公司	68	15774566
6	内蒙古电力（集团）有限责任公司	191	5444412
7	广东省粤电集团有限公司	194	5342692
8	中国广东核电集团有限公司	324	2831461
9	中国长江电力股份有限公司	436	2070038
	合计		114797473
农副食品及产品加工业			
1	新希望集团有限公司	146	7538106
2	通威集团有限公司	259	3525196
3	西王集团有限公司	370	2489802
4	正邦集团有限公司	450	2018954
5	三河汇福粮油集团有限公司	479	1835019
	合计		17407077
食品加工制造业			
1	光明食品（集团）有限公司	87	12455402
2	中国盐业总公司	312	2990465
3	天狮集团有限公司	319	2890657
	合计		18336524
乳制品加工业			
1	内蒙古伊利实业集团股份有限公司	246	3745137
	合计		3745137
肉食品加工业			
1	雨润控股集团有限公司	118	9074651
2	河南省漯河市双汇实业集团有限责任公司	200	5032467
3	临沂新程金锣肉制品集团有限公司	240	3982268
	合计		18089386

排名	企业名称	总排名	营业收入（万元）
饮料加工业			
1	杭州娃哈哈集团有限公司	156	6785504
2	维维集团股份有限公司	451	2017836
	合计		8803340
酿酒制造业			
1	四川省宜宾五粮液集团有限公司	206	4872960
2	泸州老窖集团有限责任公司	373	2462383
3	中国贵州茅台酒厂（集团）有限责任公司	376	2429810
4	青岛啤酒股份有限公司	387	2315805
	合计		12080958
烟草加工业			
1	上海烟草集团有限责任公司	117	9110435
2	红塔烟草（集团）有限责任公司	143	7726123
3	湖南中烟工业有限责任公司	148	7251504
4	红云红河烟草（集团）有限责任公司	160	6605405
5	湖北中烟工业有限责任公司	203	4950378
6	浙江中烟工业有限责任公司	222	4315413
7	山东中烟工业有限责任公司	361	2521379
8	贵州中烟工业有限责任公司	369	2496829
	合计		44977466
纺织、印染业			
1	山东魏桥创业集团有限公司	64	16101478
2	上海纺织（集团）有限公司	224	4299799
3	江苏阳光集团有限公司	292	3132445
4	华芳集团有限公司	354	2605193
5	山东如意科技集团有限公司	397	2275501
6	山东大海集团有限公司	475	1860235
7	澳洋集团有限公司	483	1821700
8	山东昊龙集团有限公司	495	1786123
	合计		33882474
纺织品、服装、鞋帽（含皮草、毛、绒等）加工业			
1	雅戈尔集团股份有限公司	252	3603107
2	红豆集团有限公司	261	3517139
3	海澜集团有限公司	327	2801268
4	内蒙古鄂尔多斯羊绒集团有限责任公司	456	1958837
5	杉杉控股有限公司	471	1892041

排名	企业名称	总排名	营业收入（万元）
6	波司登股份有限公司	485	1821341
	合计		15593733
造纸及纸制品加工业			
1	山东大王集团有限公司	159	6605515
2	华泰集团有限公司	333	2720066
3	山东晨鸣纸业集团股份有限公司	337	2688961
4	山东太阳纸业股份有限公司	356	2585783
5	山东博汇集团有限公司	419	2123890
	合计		16724215
生活消费品和文体、玩具、家具、首饰、珠宝、宝石、工艺等轻工产品加工业			
1	天津市一轻集团（控股）有限公司	174	6015152
2	重庆轻纺控股（集团）公司	362	2520496
3	天津二轻集团（控股）有限公司	379	2412039
4	老凤祥股份有限公司	422	2112640
	合计		13060327
石化产品、炼焦及其他燃料加工业			
1	中国石油化工集团公司	1	255195093
2	福建联合石油化工有限公司	179	5842851
3	山东金诚石化集团有限公司	316	2903978
4	山东京博控股股份有限公司	328	2800372
5	云南煤化工集团有限公司	346	2619587
6	旭阳控股有限公司	350	2610381
7	利华益集团股份有限公司	428	2091663
8	山东东明石化集团有限公司	430	2080062
9	嘉晨集团有限公司	469	1900016
	合计		278044003
化学原料及化学制品制造业			
1	中国化工集团公司	59	17912484
2	天津渤海化工集团公司	182	5782479
3	湖北宜化集团有限责任公司	186	5604919
4	云天化集团有限责任公司	213	4613894
5	上海华谊（集团）公司	225	4299642
6	滨化集团公司	254	3581864
7	江阴澄星实业集团有限公司	302	3056368
8	亚邦投资控股集团有限公司	393	2302923
9	江苏金浦集团有限公司	423	2103148

排名	企业名称	总排名	营业收入（万元）
10	传化集团有限公司	431	2079132
11	新疆天业（集团）有限公司	442	2042809
	合计		53379662
医药制造业			
1	上海医药集团股份有限公司	190	5489987
2	广州医药集团有限公司	277	3307758
3	扬子江药业集团有限公司	326	2810802
4	天津市医药集团有限公司	391	2308748
5	哈药集团有限公司	500	1750696
	合计		15667991
化学纤维制造业			
1	浙江恒逸集团有限公司	185	5629501
2	恒力集团有限公司	196	5229566
3	江苏三房巷集团有限公司	232	4192708
4	浙江荣盛控股集团有限公司	265	3485658
5	桐昆集团股份有限公司	317	2903279
6	盛虹集团有限公司	344	2650231
	合计		24090943
橡胶制品业			
1	杭州橡胶（集团）公司	320	2871992
2	华勤橡胶工业集团有限公司	398	2264099
3	山东胜通集团股份有限公司	437	2064332
	合计		7200423
建筑材料及玻璃等制造业			
1	中国建筑材料集团有限公司	51	19409221
2	安徽海螺集团有限责任公司	147	7271887
3	中国中材集团有限公司	175	6001024
4	北京金隅集团有限责任公司	256	3543837
5	吉林亚泰（集团）股份有限公司	270	3390318
6	海城市西洋镁矿有限公司	367	2500000
7	冀东发展集团有限责任公司	441	2050480
8	沈阳远大企业集团	448	2024443
9	沂州集团有限公司	458	1942497
10	天瑞集团有限公司	494	1792252
	合计		49925959
黑色冶金及压延加工业			

排名	企业名称	总排名	营业收入（万元）
1	宝钢集团有限公司	21	31624500
2	河北钢铁集团有限公司	31	25034171
3	首钢总公司	34	23349783
4	武汉钢铁（集团）公司	39	22148880
5	江苏沙钢集团有限公司	44	20750672
6	鞍钢集团公司	70	15573577
7	新兴际华集团有限公司	74	14761161
8	太原钢铁（集团）有限公司	82	12702036
9	山东钢铁集团有限公司	88	12433831
10	天津钢管集团股份有限公司	102	10409205
11	天津天钢集团有限公司	106	10300017
12	马钢（集团）控股有限公司	115	9229817
13	本钢集团有限公司	116	9193926
14	天津冶金集团有限公司	123	8689609
15	天津天铁冶金集团有限公司	126	8525589
16	酒泉钢铁（集团）有限责任公司	128	8442378
17	湖南华菱钢铁集团有限责任公司	130	8396468
18	杭州钢铁集团公司	134	8284861
19	南京钢铁集团有限公司	140	7844459
20	北京建龙重工集团有限公司	149	7212870
21	中天钢铁集团有限公司	169	6265259
22	包头钢铁（集团）有限责任公司	178	5880885
23	河北津西钢铁集团股份有限公司	195	5296009
24	日照钢铁控股集团有限公司	197	5177050
25	新华联合冶金控股集团有限公司	199	5149035
26	江苏新长江实业集团有限公司	202	5007567
27	安阳钢铁集团有限责任公司	207	4856940
28	天津荣程联合钢铁集团有限公司	211	4626240
29	新余钢铁集团有限公司	217	4421302
30	青岛钢铁控股集团有限责任公司	218	4361364
31	河北敬业企业集团有限责任公司	230	4257824
32	江苏西城三联控股集团	233	4173937
33	江西萍钢实业股份有限公司	234	4109451
34	江苏申特钢铁有限公司	247	3703425
35	四川省川威集团有限公司	278	3295502
36	青山控股集团有限公司	285	3200000
37	重庆钢铁（集团）有限责任公司	291	3134818
38	唐山瑞丰钢铁（集团）有限公司	301	3064204
39	陕西东岭工贸集团股份有限公司	306	3030988
40	山东泰山钢铁集团有限公司	307	3030960
41	唐山港陆钢铁有限公司	323	2834638
42	河北普阳钢铁有限公司	332	2735432
43	福建省三钢（集团）有限责任公司	336	2693169
44	昆明钢铁控股有限公司	341	2666719
45	四川德胜集团钢铁有限公司	347	2619416
46	湖南博长控股集团有限公司	357	2568853
47	河北文丰钢铁有限公司	371	2484514
48	天津友发钢管集团有限公司	375	2440771
49	东北特殊钢集团有限责任公司	388	2315199
50	南金兆集团有限公司	394	2297778
51	山东石横特钢集团有限公司	425	2099539
52	四川省达州钢铁集团有限责任公司	443	2040650
53	西林钢铁集团有限公司	459	1939398
54	河北兴华钢铁有限公司	476	1857676
55	宜昌三峡全通涂镀板有限公司	481	1832998
56	河北新金钢铁有限公司	490	1806371
57	山东淄博傅山企业集团有限公司	492	1801934
58	武安市裕华钢铁有限公司	499	1763688
	合计		401749313

一般有色冶金及压延加工业

排名	企业名称	总排名	营业收入（万元）
1	中国铝业公司	35	23170175
2	江西铜业集团公司	78	13549328
3	正威国际集团有限公司	81	12801904
4	金川集团股份有限公司	91	12182333
5	铜陵有色金属集团控股有限公司	111	9403158
6	海亮集团有限公司	157	6779700
7	中国有色矿业集团有限公司	165	6408199
8	南山集团有限公司	166	6360389
9	陕西有色金属控股集团有限责任公司	172	6127444
10	大冶有色金属集团控股有限公司	236	4063253
11	金龙精密铜管集团股份有限公司	263	3505197
12	宁波金田投资控股有限公司	288	3150260
13	四川宏达（集团）有限公司	295	3090273
14	广西投资集团有限公司	303	3054523
15	万基控股集团有限公司	340	2668122
16	东营方圆有色金属有限公司	358	2554060
17	西部矿业集团有限公司	366	2500703
18	河南豫联能源集团有限责任公司	385	2343163
19	湖南晟通科技集团有限公司	407	2208552
20	白银有色集团股份有限公司	411	2185429
21	云南锡业集团（控股）有限责任公司	420	2116237

排名	企业名称	总排名	营业收入（万元）
22	云南冶金集团股份有限公司	453	2008235
23	深圳市中金岭南有色金属股份有限公司	474	1866905
24	河南豫光金铅集团有限责任公司	484	1821497
	合计		135919039

金属制品业

排名	企业名称	总排名	营业收入（万元）
1	春风实业集团有限责任公司	408	2203483
2	精功集团有限公司	452	2017818
3	江苏法尔胜泓昇集团有限公司	462	1926051
	合计		6147352

工程机械、设备及零配件制造业

排名	企业名称	总排名	营业收入（万元）
1	徐州工程机械集团有限公司	122	8713785
2	中联重科股份有限公司	127	8480577
3	三一集团有限公司	138	8020000
4	广西柳工集团有限公司	414	2157159
	合计		27371521

工业机械、设备及零配件制造业

排名	企业名称	总排名	营业收入（万元）
1	盾安控股集团有限公司	271	3383134
2	中国恒天集团有限公司	273	3362386
3	沈阳机床（集团）有限责任公司	493	1801128
4	大连机床集团有限责任公司	496	1785273
	合计		10331921

农林机械、设备及零配件制造业

排名	企业名称	总排名	营业收入（万元）
1	山东时风（集团）有限责任公司	349	2615282
	合计		2615282

电力、电气、输变电等机械、设备、器材、元器件和电池、线缆制造业

排名	企业名称	总排名	营业收入（万元）
1	天津百利机电控股集团有限公司	184	5666007
2	人民电器集团有限公司	343	2657124
3	北京京城机电控股有限责任公司	355	2602824
4	正泰集团股份有限公司	364	2515732
5	上海人民企业（集团）有限公司	378	2413666
6	天正集团有限公司	390	2310051
7	新疆特变电工集团有限公司	400	2253721
8	德力西集团有限公司	406	2208842
9	亨通集团有限公司	432	2074786
10	无锡尚德太阳能电力有限公司	447	2026749

排名	企业名称	总排名	营业收入（万元）
11	远东控股集团有限公司	463	1925335
12	宁波富邦控股集团有限公司	488	1812280
13	江苏金辉集团公司	497	1779431
	合计		32246548

电梯及运输、仓储设备与设施制造业

排名	企业名称	总排名	营业收入（万元）
1	中国国际海运集装箱（集团）股份有限公司	164	6412505
	合计		6412505

轨道交通设备及零部件制造业

排名	企业名称	总排名	营业收入（万元）
1	中国北方机车车辆工业集团公司	119	8923411
2	中国南车集团公司	135	8263113
	合计		17186524

家用电器及零配件制造业

排名	企业名称	总排名	营业收入（万元）
1	海尔集团公司	72	15092957
2	美的集团有限公司	79	13411615
3	珠海格力电器股份有限公司	132	8351725
4	四川长虹电子集团有限公司	144	7655369
5	海信集团有限公司	150	7157576
6	TCL 集团股份有限公司	173	6075155
7	广东格兰仕集团有限公司	260	3517642
8	奥克斯集团有限公司	284	3209693
9	广州万宝集团有限公司	418	2133479
10	江苏双良集团有限公司	444	2036762
	合计		68641973

黄金冶炼及压延加工业

排名	企业名称	总排名	营业收入（万元）
1	中国黄金集团公司	139	7912335
2	山东黄金集团有限公司	220	4348309
3	紫金矿业集团股份有限公司	241	3976392
4	山东招金集团有限公司	309	3028718
	合计		19265754

电子元器件与仪器仪表、自动化控制设备制造业

排名	企业名称	总排名	营业收入（万元）
1	中国电子信息产业集团有限公司	60	16823613
2	晶龙实业集团有限公司	348	2618725
3	山东科达集团有限公司	464	1921025
	合计		21363363

计算机及零部件制造业

排名	企业名称	总排名	营业收入（万元）
1	联想控股有限公司	55	18307801
2	北大方正集团有限公司	183	5765741
3	同方股份有限公司	426	2096205
	合计		26169747

通讯设备及其他电子设备、元器件制造业

排名	企业名称	总排名	营业收入（万元）
1	华为技术有限公司	46	20392900
2	天津中环电子信息集团有限公司	98	11028125
3	中兴通讯股份有限公司	124	8625446
	合计		40046471

汽车及零配件制造业

排名	企业名称	总排名	营业收入（万元）
1	上海汽车集团股份有限公司	15	43480395
2	东风汽车公司	16	40672043
3	中国第一汽车集团公司	18	36852527
4	北京汽车集团有限公司	47	20077517
5	广州汽车工业集团有限公司	65	15998660
6	浙江吉利控股集团有限公司	71	15099498
7	天津汽车工业（集团）有限公司	110	9696768
8	华晨汽车集团控股有限公司	121	8750507
9	万向集团公司	131	8354223
10	江苏悦达集团有限公司	141	7824522
11	无锡产业发展集团有限公司	198	5163102
12	奇瑞汽车股份有限公司	228	4270954
13	厦门海翼集团有限公司	239	4007330
14	安徽江淮汽车集团有限公司	249	3664316
15	陕西汽车集团有限责任公司	290	3136574
16	江铃汽车集团公司	294	3110904
17	长城汽车股份有限公司	311	3008948
18	郑州宇通集团有限公司	427	2095208
	合计		235263996

摩托车及零配件制造业

排名	企业名称	总排名	营业收入（万元）
1	隆鑫控股有限公司	477	1839548
2	重庆力帆控股有限公司	486	1819979
	合计		3659527

航空、航天、核工业与兵器制造业

排名	企业名称	总排名	营业收入（万元）
1	中国兵器工业集团公司	22	31131604
2	中国兵器装备集团公司	27	27902743
3	中国航空工业集团公司	29	26399877
4	中国航天科工集团公司	97	11191632
5	中国核工业集团公司	212	4618671
	合计		101244527

船舶制造业

排名	企业名称	总排名	营业收入（万元）
1	中国船舶重工集团公司	63	16255968
2	江苏扬子江船业集团公司	269	3461903
3	上海外高桥造船有限公司	466	1908827
	平均数		7208899
	合计		21626698

动力、发电、电力生产等机械、装备制造业

排名	企业名称	总排名	营业收入（万元）
1	潍柴控股集团有限公司	109	9826166
2	上海电气（集团）总公司	114	9284032
3	中国东方电气集团有限公司	204	4908802
4	杭州汽轮动力集团有限公司	214	4592990
5	广西玉柴机器集团有限公司	226	4292060
6	哈尔滨电气集团公司	282	3218506
	合计		36122556

综合制造业（以制造业为主，含有服务业）

排名	企业名称	总排名	营业收入（万元）
1	中国五矿集团公司	19	35240263
2	上海复星高科技（集团）有限公司	181	5798111
3	江苏华西集团公司	193	5384760
4	比亚迪股份有限公司	205	4882690
5	新华联控股有限公司	262	3516633
6	重庆机电控股（集团）公司	330	2746262
7	重庆化医控股（集团）公司	335	2694469
8	百兴集团有限公司	342	2663325
9	华盛江泉集团有限公司	345	2632688
10	中国新世纪控股集团有限公司	368	2497183
11	苏州创元投资发展（集团）有限公司	438	2059404
12	万达控股集团有限公司	440	2056319
	合计		72172107

电力、热力、燃气等能源供应服务业

排名	企业名称	总排名	营业收入（万元）
1	国家电网公司	3	167535929
2	中国南方电网有限责任公司	17	39138167
3	浙江省能源集团有限公司	177	5934469
4	申能（集团）有限公司	315	2919784
5	福建省能源集团有限责任公司	380	2391485

排名	企业名称	总排名	营业收入（万元）
6	北京能源投资（集团）有限公司	402	2225958
7	山西省国新能源发展集团有限公司	409	2190414
	合计		22336206
铁路运输及辅助服务业			
1	中国铁路物资股份有限公司	45	20682328
2	广州铁路（集团）公司	176	5938111
3	大秦铁路股份有限公司	215	4500704
	合计		31121143
道路运输、城市公交、交通及辅助、服务业			
1	广东省交通集团有限公司	296	3088660
2	浙江省交通投资集团有限公司	374	2445751
3	山东高速集团有限公司	435	2070570
	合计		7604981
水上运输业			
1	中国远洋运输（集团）总公司	54	18616997
2	中国海运（集团）总公司	167	6331566
	合计		24948563
港口服务业			
1	天津港（集团）有限公司	403	2211000
2	上海国际港务（集团）股份有限公司	412	2177886
3	广西北部湾国际港务集团有限公司	446	2028587
4	青岛港（集团）有限公司	482	1827548
	合计		8245021
航空运输及相关服务业			
1	中国航空集团公司	108	9926836
2	海航集团有限公司	112	9389178
3	中国南方航空集团公司	113	9322152
4	中国东方航空集团公司	120	8889947
	合计		37528113
邮电通信业			
1	中国移动通信集团公司	6	56597234
2	中国电信集团公司	24	29202423
3	中国邮政集团公司	30	25875158
4	中国联合网络通信集团有限公司	42	21627705
	合计		133302520

排名	企业名称	总排名	营业收入（万元）
软件、程序、线路的设计和计算机应用、网络工程等计算机、微电子服务业			
1	神州数码控股有限公司	158	6747188
2	三胞集团有限公司	208	4820320
3	浪潮电子信息产业股份有限公司	248	3668253
	合计		15235761
物流、仓储、运输、配送服务业			
1	中国外运长航集团有限公司	105	10311252
2	厦门建发集团有限公司	133	8285683
3	中国诚通控股集团有限公司	163	6500944
4	厦门象屿集团有限公司	253	3597454
5	河北省物流产业集团有限公司	353	2605480
	合计		31300813
矿产、能源内外商贸批发业			
1	中国航空油料集团公司	38	22208907
2	山西煤炭运销集团有限公司	66	15860928
3	珠海振戎公司	145	7574454
4	山西煤炭进出口集团有限公司	151	7116297
5	南方石化集团有限公司	276	3345223
	合计		56105809
化工产品及医药内外商贸批发业			
1	中国中化集团公司	13	45895329
	合计		45895329
机电、电子产品内外商贸及批发业			
1	中国通用技术（集团）控股有限责任公司	80	12984580
2	广东省广新控股集团有限公司	168	6323500
	合计		19308080
纺织、服装、文体、烟酒、工艺、首饰等轻工产品内外商贸批发业			
1	浙江省国际贸易集团有限公司	231	4228172
2	中国工艺（集团）公司	245	3765347
3	中国中纺集团公司	266	3483519
4	广东省丝绸纺织集团有限公司	287	3195849
5	江苏国泰国际集团有限公司	351	2609515
6	安徽国贸集团控股有限公司	384	2344526
7	江苏省苏豪控股集团有限公司	439	2059192

排名	企业名称	总排名	营业收入（万元）
8	新华锦集团有限公司	491	1803929
9	广州轻工工贸集团有限公司	498	1773397
	合计		25263446
粮油食品及农林、土畜、果蔬、水产品等内外商贸批发、零售业			
1	中粮集团有限公司	57	18225205
	合计		18225205
生产资料内外贸易批发、零售业			
1	天津物产集团有限公司	48	19703668
2	浙江省物产集团公司	61	16701187
3	广东物资集团公司	162	6559131
4	安徽省徽商集团有限公司	180	5800207
5	江苏汇鸿国际集团有限公司	216	4464024
	合计		53228217
金属内外贸易及加工、配送、批发零售业			
1	中金再生资源（中国）投资有限公司	221	4345043
2	广东振戎能源有限公司	279	3253530
3	张家港保税区日祥贸易有限公司	325	2828153
4	上海华冶钢铁集团有限公司	381	2374837
5	丰立集团有限公司	404	2209692
6	大汉控股集团有限公司	460	1936912
7	重庆华南物资（集团）有限公司	487	1814852
	合计		18763019
综合性内外商贸及批发、零售业			
1	厦门国贸控股有限公司	161	6584846
2	浙江省兴合集团公司	192	5428860
3	远大物产集团有限公司	293	3128623
4	中国轻工业品进出口总公司	313	2970108
5	东方国际（集团）有限公司	401	2228308
	合计		20340745
汽车和摩托车商贸、维修保养及租赁业			
1	庞大汽贸集团股份有限公司	187	5545514
	合计		5545514
电器商贸批发、零售业			
1	国美电器有限公司	49	19600000
2	苏宁电器集团有限公司	50	19473387

排名	企业名称	总排名	营业收入（万元）
3	天音通信有限公司	383	2353700
	合计		41427087
医药专营批发、零售业			
1	中国医药集团总公司	86	12501324
2	南京医药产业（集团）有限责任公司	360	2529861
3	九州通医药集团股份有限公司	372	2483868
	合计		17515053
商业零售业			
1	百联集团有限公司	36	22741719
2	大连大商集团有限公司	99	11010716
3	武汉商联（集团）股份有限公司	171	6145372
4	山东省商业集团有限公司	201	5029869
5	重庆商社（集团）有限公司	238	4008678
6	浙江省商业集团有限公司	267	3474645
7	天津一商集团有限公司	286	3199774
8	合肥百货大楼集团股份有限公司	308	3030000
9	石家庄北国人百集团有限责任公司	410	2187276
10	长春欧亚集团股份有限公司	454	1990319
11	利群集团股份有限公司	468	1905687
	合计		64724055
连锁超市			
1	江苏高力集团有限公司	445	2029466
	合计		2029466
银行业			
1	中国工商银行股份有限公司	4	70955700
2	中国建设银行股份有限公司	5	57957800
3	中国农业银行股份有限公司	7	54622700
4	中国银行股份有限公司	8	52761100
5	交通银行股份有限公司	40	21814231
6	招商银行股份有限公司	76	14196800
7	中国民生银行股份有限公司	77	13599800
8	兴业银行股份有限公司	95	11843900
9	中国光大银行股份有限公司	125	8596744
10	上海浦东发展银行股份有限公司	155	6791767
11	广发银行股份有限公司	210	4782419
12	华夏银行股份有限公司	275	3354380
13	北京银行	434	2072773

排名	企业名称	总排名	营业收入（万元）
14	重庆农村商业银行股份有限公司	489	1809345
	合计		325159459
人寿保险业			
1	中国人寿保险（集团）公司	14	43492820
2	新华人寿保险股份有限公司	100	10920900
3	泰康人寿保险股份有限公司	136	8028546
4	太平人寿保险有限公司	250	3625401
5	阳光保险集团股份有限公司	310	3025797
	合计		69093464
财产保险业			
1	中国人民保险集团股份有限公司	37	22558820
	合计		22558820
综合保险业			
1	中国平安保险（集团）股份有限公司	32	24891500
2	中国太平洋保险（集团）股份有限公司	67	15793400
	合计		40684900
商务服务业			
1	中国中信集团有限公司	20	31897579
2	国家开发投资公司	142	7738102
3	广东省广晟资产经营有限公司	251	3608244
4	重庆市能源投资集团公司	352	2607722
5	浙江前程投资股份有限公司	363	2518770
6	天津市津能投资公司	472	1880770
	合计		50251187
房地产开发与经营、物业及房屋装饰、修缮、管理等服务业			
1	绿地控股集团有限公司	73	14787372
2	大连万达集团股份有限公司	101	10510228
3	恒大地产集团有限公司	170	6191819
4	江苏苏宁环球集团有限公司	235	4102800
5	隆基泰和实业有限公司	243	3860158
6	绿城房地产集团有限公司	258	3530000
7	华侨城集团公司	274	3355300
8	广州富力地产股份有限公司	331	2737009
9	世纪金源投资集团有限公司	338	2688906
10	重庆龙湖企业拓展有限公司	359	2530133
11	宁波银亿集团有限公司	399	2259246
12	福佳集团有限公司	424	2101800
13	江苏华厦融创置地集团有限公司	467	1906715
14	弘阳集团有限公司	470	1897848
	合计		62459334
旅游、旅馆及娱乐服务业			
1	中国港中旅集团公司	188	5515152
2	北京首都旅游集团有限责任公司	268	3462653
	合计		8977805
公用事业、市政服务、公共设施经营与管理业			
1	北京控股集团有限公司	255	3555879
2	北京首都创业集团有限公司	473	1873198
	合计		5429077
技术智力、人力资源、劳务等国际合作及其他对外经济合作服务业			
1	中国国际技术智力合作公司	318	2896600
2	北京外企服务集团有限责任公司	392	2303171
	合计		5199771
研发、科技交流与推广和地勘、规划、设计、评估、咨询及总承包等服务业			
1	中国煤炭科工集团有限公司	314	2962654
	合计		2962654
互联网传媒、商务、娱乐服务业			
1	腾讯控股有限公司	322	2849607
	合计		2849607
综合服务业（以服务业为主，含有制造业）			
1	中国华润总公司	25	28084506
2	中国机械工业集团有限公司	52	19295713
3	新疆广汇实业投资（集团）有限责任公司	137	8020696
4	中国保利集团公司	154	6879579
5	上海东浩国际服务贸易（集团）有限公司	189	5501946
6	海南大印集团有限公司	281	3250024
	合计		71032464

表8－4 2012中国企业500强各地区企业分布

排名	企业名称	总排名	营业收入（万元）	排名	企业名称	总排名	营业收入（万元）
北京				40	中国电力建设集团有限公司	56	18288685
1	中国石油化工集团公司	1	255195093	41	中粮集团有限公司	57	18225205
2	中国石油天然气集团公司	2	238127823	42	中国化工集团公司	59	17912484
3	国家电网公司	3	167535929	43	中国电子信息产业集团有限公司	60	16823613
4	中国工商银行股份有限公司	4	70955700	44	中国华电集团公司	62	16337131
5	中国建设银行股份有限公司	5	57957800	45	中国船舶重工集团公司	63	16255968
6	中国移动通信集团公司	6	56597234	46	中国电力投资集团公司	68	15774566
7	中国农业银行股份有限公司	7	54622700	47	新兴际华集团有限公司	74	14761161
8	中国银行股份有限公司	8	52761100	48	中国民生银行股份有限公司	77	13599800
9	中国建筑工程总公司	9	49149463	49	中国通用技术（集团）控股有限责任公司	80	12984580
10	中国海洋石油总公司	10	48819940	50	中国医药集团总公司	86	12501324
11	中国铁道建筑总公司	11	46188331	51	中国能源建设集团有限公司	90	12220893
12	中国中铁股份有限公司	12	46072022	52	中国中煤能源集团有限公司	96	11538699
13	中国中化集团公司	13	45895329	53	中国航天科工集团公司	97	11191632
14	中国人寿保险（集团）公司	14	43492820	54	新华人寿保险股份有限公司	100	10920900
15	中国五矿集团公司	19	35240263	55	中国外运长航集团有限公司	105	10311252
16	中国中信集团有限公司	20	31897579	56	中国航空集团公司	108	9926836
17	中国兵器工业集团公司	22	31131604	57	中国北方机车车辆工业集团公司	119	8923411
18	中国交通建设股份有限公司	23	29537049	58	中国光大银行股份有限公司	125	8596744
19	中国电信集团公司	24	29202423	59	中国南车集团公司	135	8263113
20	神华集团有限责任公司	26	28029695	60	泰康人寿保险股份有限公司	136	8028546
21	中国兵器装备集团公司	27	27902743	61	中国黄金集团公司	139	7912335
22	中国华能集团公司	28	26817338	62	国家开发投资公司	142	7738102
23	中国航空工业集团公司	29	26399877	63	珠海振戎公司	145	7574454
24	中国邮政集团公司	30	25875158	64	北京建龙重工集团有限公司	149	7212870
25	中国冶金科工集团有限公司	33	24316627	65	中国保利集团公司	154	6879579
26	首钢总公司	34	23349783	66	神州数码控股有限公司	158	6747188
27	中国铝业公司	35	23170175	67	中国诚通控股集团有限公司	163	6500944
28	中国人民保险集团股份有限公司	37	22558820	68	中国有色矿业集团有限公司	165	6408199
29	中国航空油料集团公司	38	22208907	69	中国中材集团有限公司	175	6001024
30	中国联合网络通信集团有限公司	42	21627705	70	北大方正集团有限公司	183	5765741
31	中国国电集团公司	43	21063069	71	中国港中旅集团公司	188	5515152
32	中国铁路物资股份有限公司	45	20682328	72	新华联合冶金控股集团有限公司	199	5149035
33	北京汽车集团有限公司	47	20077517	73	北京建工集团有限责任公司	209	4794807
34	国美电器有限公司	49	19600000	74	中国核工业集团公司	212	4618671
35	中国建筑材料集团有限公司	51	19409221	75	中国化学工程股份有限公司	219	4353800
36	中国机械工业集团有限公司	52	19295713	76	中国工艺（集团）公司	245	3765347
37	中国大唐集团公司	53	19116766	77	北京控股集团有限公司	255	3555879
38	中国远洋运输（集团）总公司	54	18616997	78	北京金隅集团有限责任公司	256	3543837
39	联想控股有限公司	55	18307801	79	新华联控股有限公司	262	3516633

排名	企业名称	总排名	营业收入（万元）
80	中国中纺集团公司	266	3483519
81	北京首都旅游集团有限责任公司	268	3462653
82	中国恒天集团有限公司	273	3362386
83	华夏银行股份有限公司	275	3354380
84	北京市政路桥集团有限公司	280	3250590
85	北京城建集团有限责任公司	297	3082122
86	阳光保险集团股份有限公司	310	3025797
87	中国盐业总公司	312	2990465
88	中国轻工业品进出口总公司	313	2970108
89	中国煤炭科工集团有限公司	314	2962654
90	中国国际技术智力合作公司	318	2896600
91	世纪金源投资集团有限公司	338	2688906
92	旭阳控股有限公司	350	2610381
93	北京京城机电控股有限责任公司	355	2602824
94	北京外企服务集团有限责任公司	392	2303171
95	北京能源投资（集团）有限公司	402	2225958
96	同方股份有限公司	426	2096205
97	北京银行	434	2072773
98	北京首都创业集团有限公司	473	1873198
	合计		2273061272
上海			
1	上海汽车集团股份有限公司	15	43480395
2	宝钢集团有限公司	21	31624500
3	百联集团有限公司	36	22741719
4	交通银行股份有限公司	40	21814231
5	中国太平洋保险（集团）股份有限公司	67	15793400
6	绿地控股集团有限公司	73	14787372
7	光明食品（集团）有限公司	87	12455402
8	上海建工集团股份有限公司	104	10390000
9	上海电气（集团）总公司	114	9284032
10	上海烟草集团有限责任公司	117	9110435
11	中国东方航空集团公司	120	8889947
12	上海浦东发展银行股份有限公司	155	6791767
13	中国海运（集团）总公司	167	6331566
14	上海复星高科技（集团）有限公司	181	5798111
15	上海东浩国际服务贸易（集团）有限公司	189	5501946
16	上海医药集团股份有限公司	190	5489987
17	中金再生资源（中国）投资有限公司	221	4345043
18	上海城建（集团）公司	223	4310000
19	上海纺织（集团）有限公司	224	4299799
20	上海华谊（集团）公司	225	4299642
21	太平人寿保险有限公司	250	3625401
22	申能（集团）有限公司	315	2919784
23	上海人民企业（集团）有限公司	378	2413666
24	上海华冶钢铁集团有限公司	381	2374837
25	东方国际（集团）有限公司	401	2228308
26	上海国际港务（集团）股份有限公司	412	2177886
27	老凤祥股份有限公司	422	2112640
28	上海外高桥造船有限公司	466	1908827
	合计		267300643
天津			
1	天津物产集团有限公司	48	19703668
2	天津中环电子信息集团有限公司	98	11028125
3	天津钢管集团股份有限公司	102	10409205
4	天津天钢集团有限公司	106	10300017
5	天津汽车工业（集团）有限公司	110	9696768
6	天津冶金集团有限公司	123	8689609
7	天津天铁冶金集团有限公司	126	8525589
8	天津市一轻集团（控股）有限公司	174	6015152
9	天津渤海化工集团公司	182	5782479
10	天津百利机电控股集团有限公司	184	5666007
11	天津荣程联合钢铁集团有限公司	211	4626240
12	天津一商集团有限公司	286	3199774
13	天狮集团有限公司	319	2890657
14	天津友发钢管集团有限公司	375	2440771
15	天津二轻集团（控股）有限公司	379	2412039
16	天津市医药集团有限公司	391	2308748
17	天津港（集团）有限公司	403	2211000
18	天津市津能投资公司	472	1880770
	合计		117786618
重庆			
1	重庆建工集团股份有限公司	229	4264581
2	重庆商社（集团）有限公司	238	4008678
3	重庆钢铁（集团）有限责任公司	291	3134818
4	重庆机电控股（集团）公司	330	2746262
5	重庆化医控股（集团）公司	335	2694469
6	重庆市能源投资集团公司	352	2607722
7	重庆龙湖企业拓展有限公司	359	2530133
8	重庆轻纺控股（集团）公司	362	2520496

排名	企业名称	总排名	营业收入（万元）
9	隆鑫控股有限公司	477	1839548
10	重庆力帆控股有限公司	486	1819979
11	重庆华南物资（集团）有限公司	487	1814852
12	重庆农村商业银行股份有限公司	489	1809345
	合计		31790883
黑龙江			
1	黑龙江北大荒农垦集团总公司	103	10400731
2	黑龙江龙煤矿业控股集团有限责任公司	242	3929141
3	哈尔滨电气集团公司	282	3218506
4	黑龙江省建设集团有限公司	429	2088357
5	西林钢铁集团有限公司	459	1939398
6	哈药集团有限公司	500	1750696
	合计		23326829
吉林			
1	中国第一汽车集团公司	18	36852527
2	吉林亚泰（集团）股份有限公司	270	3390318
	平均数		14077721
	合计		42233164
辽宁			
1	鞍钢集团公司	70	15573577
2	大连大商集团有限公司	99	11010716
3	大连万达集团股份有限公司	101	10510228
4	本钢集团有限公司	116	9193926
5	华晨汽车集团控股有限公司	121	8750507
6	海城市西洋镁矿有限公司	367	2500000
7	东北特殊钢集团有限责任公司	388	2315199
8	沈阳煤业（集团）有限责任公司	389	2315060
9	辽宁铁法能源有限责任公司	415	2151142
10	阜新矿业（集团）有限责任公司	416	2150426
11	福佳集团有限公司	424	2101800
12	沈阳远大企业集团	448	2024443
13	嘉晨集团有限公司	469	1900016
14	沈阳机床（集团）有限责任公司	493	1801128
15	大连机床集团有限责任公司	496	1785273
	合计		76083441
河北			
1	河北钢铁集团有限公司	31	25034171

排名	企业名称	总排名	营业收入（万元）
2	冀中能源集团有限责任公司	41	21761831
3	开滦（集团）有限责任公司	75	14558782
4	庞大汽贸集团股份有限公司	187	5545514
5	河北津西钢铁集团股份有限公司	195	5296009
6	河北敬业企业集团有限责任公司	230	4257824
7	隆基泰和实业有限公司	243	3860158
8	唐山瑞丰钢铁（集团）有限公司	301	3064204
9	长城汽车股份有限公司	311	3008948
10	唐山港陆钢铁有限公司	323	2834638
11	河北普阳钢铁有限公司	332	2735432
12	晶龙实业集团有限公司	348	2618725
13	河北省物流产业集团有限公司	353	2605480
14	河北文丰钢铁有限公司	371	2484514
15	春风实业集团有限责任公司	408	2203483
16	石家庄北国人百集团有限责任公司	410	2187276
17	中太建设集团股份有限公司	413	2168205
18	河北建工集团有限责任公司	421	2112999
19	河北建设集团有限公司	433	2074164
20	冀东发展集团有限责任公司	441	2050480
21	河北兴华钢铁有限公司	476	1857676
22	三河汇福粮油集团有限公司	479	1835019
23	河北新金钢铁有限公司	490	1806371
24	武安市裕华钢铁有限公司	499	1763688
	合计		119725591
河南			
1	河南煤业化工集团有限责任公司	58	18049846
2	中国平煤神马能源化工集团有限责任公司	94	11921921
3	河南省漯河市双汇实业集团有限责任公司	200	5032467
4	安阳钢铁集团有限责任公司	207	4856940
5	金龙精密铜管集团股份有限公司	263	3505197
6	义马煤业集团股份有限公司	283	3217603
7	河南神火集团有限公司	298	3081679
8	郑州煤炭工业（集团）有限责任公司	300	3064417
9	万基控股集团有限公司	340	2668122
10	河南豫联能源集团有限责任公司	385	2343163
11	郑州宇通集团有限公司	427	2095208
12	河南豫光金铅集团有限责任公司	484	1821497
13	天瑞集团有限公司	494	1792252
	合计		63450312

排名	企业名称	总排名	营业收入（万元）
山东			
1	山东魏桥创业集团有限公司	64	16101478
2	山东能源集团有限公司	69	15600946
3	海尔集团公司	72	15092957
4	山东钢铁集团有限公司	88	12433831
5	潍柴控股集团有限公司	109	9826166
6	兖矿集团有限公司	129	8400427
7	海信集团有限公司	150	7157576
8	山东大王集团有限公司	159	6605515
9	南山集团有限公司	166	6360389
10	日照钢铁控股集团有限公司	197	5177050
11	山东省商业集团有限公司	201	5029869
12	青岛钢铁控股集团有限责任公司	218	4361364
13	山东黄金集团有限公司	220	4348309
14	临沂新程金锣肉制品集团有限公司	240	3982268
15	浪潮电子信息产业股份有限公司	248	3668253
16	滨化集团公司	254	3581864
17	青建集团股份公司	305	3042666
18	山东泰山钢铁集团有限公司	307	3030960
19	山东招金集团有限公司	309	3028718
20	山东金诚石化集团有限公司	316	2903978
21	山东京博控股股份有限公司	328	2800372
22	华泰集团有限公司	333	2720066
23	山东晨鸣纸业集团股份有限公司	337	2688961
24	华盛江泉集团有限公司	345	2632688
25	山东时风（集团）有限责任公司	349	2615282
26	山东太阳纸业股份有限公司	356	2585783
27	东营方圆有色金属有限公司	358	2554060
28	山东中烟工业有限责任公司	361	2521379
29	西王集团有限公司	370	2489802
30	青岛啤酒股份有限公司	387	2315805
31	南金兆集团有限公司	394	2297778
32	山东如意科技集团有限公司	397	2275501
33	华勤橡胶工业集团有限公司	398	2264099
34	山东博汇集团有限公司	419	2123890
35	山东石横特钢集团有限公司	425	2099539
36	利华益集团股份有限公司	428	2091663
37	山东东明石化集团有限公司	430	2080062
38	山东高速集团有限公司	435	2070570
39	山东胜通集团股份有限公司	437	2064332
40	万达控股集团有限公司	440	2056319
41	沂州集团有限公司	458	1942497
42	山东科达集团有限公司	464	1921025
43	利群集团股份有限公司	468	1905687
44	山东大海集团有限公司	475	1860235
45	青岛港（集团）有限公司	482	1827548
46	新华锦集团有限公司	491	1803929
47	山东淄博傅山企业集团有限公司	492	1801934
48	山东昊龙集团有限公司	495	1786123
	合计		201931513
山西			
1	山西煤炭运销集团有限公司	66	15860928
2	太原钢铁（集团）有限公司	82	12702036
3	山西焦煤集团有限责任公司	83	12538413
4	山西潞安矿业（集团）有限责任公司	84	12538411
5	山西晋城无烟煤矿业集团有限责任公司	85	12537059
6	大同煤矿集团有限责任公司	92	11998656
7	阳泉煤业（集团）有限责任公司	93	11976128
8	山西煤炭进出口集团有限公司	151	7116297
9	大秦铁路股份有限公司	215	4500704
10	山西省国新能源发展集团有限公司	409	2190414
11	山西建筑工程（集团）总公司	455	1979123
	合计		105938169
陕西			
1	陕西延长石油（集团）有限责任公司	89	12365267
2	陕西煤业化工集团有限责任公司	107	10074123
3	陕西有色金属控股集团有限责任公司	172	6127444
4	陕西汽车集团有限责任公司	290	3136574
5	陕西东岭工贸集团股份有限公司	306	3030988
6	陕西建工集团总公司	321	2852235
	合计		37586631
安徽			
1	铜陵有色金属集团控股有限公司	111	9403158
2	马钢（集团）控股有限公司	115	9229817
3	安徽海螺集团有限责任公司	147	7271887
4	淮南矿业（集团）有限责任公司	153	6960140
5	安徽省徽商集团有限公司	180	5800207
6	淮北矿业（集团）有限责任公司	227	4287851
7	奇瑞汽车股份有限公司	228	4270954

排名	企业名称	总排名	营业收入（万元）
8	安徽江淮汽车集团有限公司	249	3664316
9	合肥百货大楼集团股份有限公司	308	3030000
10	安徽省皖北煤电集团有限责任公司	339	2673782
11	安徽国贸集团控股有限公司	384	2344526
12	安徽建工集团有限公司	396	2288571
	合计		61225209

江苏

排名	企业名称	总排名	营业收入（万元）
1	江苏沙钢集团有限公司	44	20750672
2	苏宁电器集团有限公司	50	19473387
3	雨润控股集团有限公司	118	9074651
4	徐州工程机械集团有限公司	122	8713785
5	南京钢铁集团有限公司	140	7844459
6	江苏悦达集团有限公司	141	7824522
7	中天钢铁集团有限公司	169	6265259
8	江苏华西集团公司	193	5384760
9	恒力集团有限公司	196	5229566
10	无锡产业发展集团有限公司	198	5163102
11	江苏新长江实业集团有限公司	202	5007567
12	三胞集团有限公司	208	4820320
13	江苏汇鸿国际集团有限公司	216	4464024
14	江苏三房巷集团有限公司	232	4192708
15	江苏西城三联控股集团	233	4173937
16	江苏苏宁环球集团有限公司	235	4102800
17	江苏申特钢铁有限公司	247	3703425
18	红豆集团有限公司	261	3517139
19	江苏扬子江船业集团公司	269	3461903
20	江苏阳光集团有限公司	292	3132445
21	江阴澄星实业集团有限公司	302	3056368
22	张家港保税区日祥贸易有限公司	325	2828153
23	扬子江药业集团有限公司	326	2810802
24	海澜集团有限公司	327	2801268
25	中南控股集团有限公司	329	2750000
26	江苏南通二建集团有限公司	334	2712983
27	百兴集团有限公司	342	2663325
28	盛虹集团有限公司	344	2650231
29	江苏国泰国际集团有限公司	351	2609515
30	华芳集团有限公司	354	2605193
31	南京医药产业（集团）有限责任公司	360	2529861
32	江苏南通三建集团有限公司	365	2508002
33	徐州矿务集团有限公司	382	2362996
34	亚邦投资控股集团有限公司	393	2302923
35	丰立集团有限公司	404	2209692
36	江苏省苏中建设集团股份有限公司	417	2139315
37	江苏金浦集团有限公司	423	2103148
38	亨通集团有限公司	432	2074786
39	苏州创元投资发展（集团）有限公司	438	2059404
40	江苏省苏豪控股集团有限公司	439	2059192
41	江苏双良集团有限公司	444	2036762
42	江苏高力集团有限公司	445	2029466
43	无锡尚德太阳能电力有限公司	447	2026749
44	维维集团股份有限公司	451	2017836
45	江苏法尔胜泓昇集团有限公司	462	1926051
46	远东控股集团有限公司	463	1925335
47	江苏华厦融创置地集团有限公司	467	1906715
48	弘阳集团有限公司	470	1897848
49	澳洋集团有限公司	483	1821700
50	波司登股份有限公司	485	1821341
51	江苏金辉集团公司	497	1779431
	合计		207326822

湖南

排名	企业名称	总排名	营业收入（万元）
1	中联重科股份有限公司	127	8480577
2	湖南华菱钢铁集团有限责任公司	130	8396468
3	三一集团有限公司	138	8020000
4	湖南中烟工业有限责任公司	148	7251504
5	湖南省建筑工程集团总公司	289	3138910
6	湖南博长控股集团有限公司	357	2568853
7	湖南晟通科技集团有限公司	407	2208552
8	大汉控股集团有限公司	460	1936912
	合计		42001776

湖北

排名	企业名称	总排名	营业收入（万元）
1	东风汽车公司	16	40672043
2	武汉钢铁（集团）公司	39	22148880
3	武汉商联（集团）股份有限公司	171	6145372
4	湖北宜化集团有限责任公司	186	5604919
5	湖北中烟工业有限责任公司	203	4950378
6	大冶有色金属集团控股有限公司	236	4063253
7	九州通医药集团股份有限公司	372	2483868
8	中国长江电力股份有限公司	436	2070038
9	宜昌三峡全通涂镀板有限公司	481	1832998

排名	企业名称	总排名	营业收入（万元）
	合计		89971749
江西			
1	江西铜业集团公司	78	13549328
2	新余钢铁集团有限公司	217	4421302
3	江西萍钢实业股份有限公司	234	4109451
4	江铃汽车集团公司	294	3110904
5	正邦集团有限公司	450	2018954
6	江西省煤炭集团公司	478	1835923
	合计		29045862
浙江			
1	浙江省物产集团公司	61	16701187
2	浙江吉利控股集团有限公司	71	15099498
3	万向集团公司	131	8354223
4	杭州钢铁集团公司	134	8284861
5	广厦控股集团有限公司	152	7103764
6	杭州娃哈哈集团有限公司	156	6785504
7	海亮集团有限公司	157	6779700
8	浙江省能源集团有限公司	177	5934469
9	浙江恒逸集团有限公司	185	5629501
10	浙江省兴合集团公司	192	5428860
11	杭州汽轮动力集团有限公司	214	4592990
12	浙江中烟工业有限责任公司	222	4315413
13	浙江省国际贸易集团有限公司	231	4228172
14	雅戈尔集团股份有限公司	252	3603107
15	浙江省建设投资集团有限公司	257	3532060
16	绿城房地产集团有限公司	258	3530000
17	中天发展控股集团有限公司	264	3495609
18	浙江荣盛控股集团有限公司	265	3485658
19	浙江省商业集团有限公司	267	3474645
20	盾安控股集团有限公司	271	3383134
21	奥克斯集团有限公司	284	3209693
22	青山控股集团有限公司	285	3200000
23	宁波金田投资控股有限公司	288	3150260
24	远大物产集团有限公司	293	3128623
25	桐昆集团股份有限公司	317	2903279
26	杭州橡胶（集团）公司	320	2871992
27	人民电器集团有限公司	343	2657124
28	浙江前程投资股份有限公司	363	2518770
29	正泰集团股份有限公司	364	2515732
30	中国新世纪控股集团有限公司	368	2497183
31	浙江省交通投资集团有限公司	374	2445751
32	天正集团有限公司	390	2310051
33	宁波银亿集团有限公司	399	2259246
34	浙江中成控股集团有限公司	405	2208876
35	德力西集团有限公司	406	2208842
36	传化集团有限公司	431	2079132
37	精功集团有限公司	452	2017818
38	浙江宝业建设集团有限公司	461	1936233
39	浙江八达建设集团有限公司	465	1913338
40	杉杉控股有限公司	471	1892041
41	浙江昆仑控股集团有限公司	480	1834575
42	宁波富邦控股集团有限公司	488	1812280
	合计		177313194
广东			
1	中国南方电网有限责任公司	17	39138167
2	中国华润总公司	25	28084506
3	中国平安保险（集团）股份有限公司	32	24891500
4	华为技术有限公司	46	20392900
5	广州汽车工业集团有限公司	65	15998660
6	招商银行股份有限公司	76	14196800
7	美的集团有限公司	79	13411615
8	正威国际集团有限公司	81	12801904
9	中国南方航空集团公司	113	9322152
10	中兴通讯股份有限公司	124	8625446
11	珠海格力电器股份有限公司	132	8351725
12	广东物资集团公司	162	6559131
13	中国国际海运集装箱（集团）股份有限公司	164	6412505
14	广东省广新控股集团有限公司	168	6323500
15	恒大地产集团有限公司	170	6191819
16	TCL 集团股份有限公司	173	6075155
17	广州铁路（集团）公司	176	5938111
18	广东省粤电集团有限公司	194	5342692
19	比亚迪股份有限公司	205	4882690
20	广发银行股份有限公司	210	4782419
21	广东省广晟资产经营有限公司	251	3608244
22	广东格兰仕集团有限公司	260	3517642
23	华侨城集团公司	274	3355300
24	南方石化集团有限公司	276	3345223
25	广州医药集团有限公司	277	3307758

排名	企业名称	总排名	营业收入（万元）
26	广东振戎能源有限公司	279	3253530
27	广东省丝绸纺织集团有限公司	287	3195849
28	广东省交通集团有限公司	296	3088660
29	广州市建筑集团有限公司	299	3076281
30	腾讯控股有限公司	322	2849607
31	中国广东核电集团有限公司	324	2831461
32	广州富力地产股份有限公司	331	2737009
33	天音通信有限公司	383	2353700
34	广东省建筑工程集团有限公司	386	2323889
35	广州万宝集团有限公司	418	2133479
36	深圳市中金岭南有色金属股份有限公司	474	1866905
37	广州轻工工贸集团有限公司	498	1773397
	合计		296341331
四川			
1	四川长虹电子集团有限公司	144	7655369
2	新希望集团有限公司	146	7538106
3	中国东方电气集团有限公司	204	4908802
4	四川省宜宾五粮液集团有限公司	206	4872960
5	四川华西集团有限公司	244	3772125
6	通威集团有限公司	259	3525196
7	四川省川威集团有限公司	278	3295502
8	四川宏达（集团）有限公司	295	3090273
9	成都建筑工程集团总公司	304	3047944
10	四川德胜集团钢铁有限公司	347	2619416
11	泸州老窖集团有限责任公司	373	2462383
12	四川公路桥梁建设集团有限公司	395	2296702
13	四川省达州钢铁集团有限责任公司	443	2040650
	合计		51125428
福建			
1	兴业银行股份有限公司	95	11843900
2	厦门建发集团有限公司	133	8285683
3	厦门国贸控股有限公司	161	6584846
4	福建联合石油化工有限公司	179	5842851
5	厦门海翼集团有限公司	239	4007330
6	紫金矿业集团股份有限公司	241	3976392
7	厦门象屿集团有限公司	253	3597454
8	福建省三钢（集团）有限责任公司	336	2693169
9	福建省能源集团有限责任公司	380	2391485
	合计		49223110
广西			
1	广西玉柴机器集团有限公司	226	4292060
2	广西建工集团有限责任公司	272	3368893
3	广西投资集团有限公司	303	3054523
4	广西柳工集团有限公司	414	2157159
5	广西北部湾国际港务集团有限公司	446	2028587
	合计		14901222

排名	企业名称	总排名	营业收入（万元）
贵州			
1	贵州中烟工业有限责任公司	369	2496829
2	中国贵州茅台酒厂（集团）有限责任公司	376	2429810
	合计		4926639
云南			
1	红塔烟草（集团）有限责任公司	143	7726123
2	红云红河烟草（集团）有限责任公司	160	6605405
3	云天化集团有限责任公司	213	4613894
4	昆明钢铁控股有限公司	341	2666719
5	云南煤化工集团有限公司	346	2619587
6	云南建工集团有限公司	377	2429521
7	云南锡业集团（控股）有限责任公司	420	2116237
8	云南冶金集团股份有限公司	453	2008235
	合计		30785721
甘肃			
1	金川集团股份有限公司	91	12182333
2	酒泉钢铁（集团）有限责任公司	128	8442378
3	白银有色集团股份有限公司	411	2185429
4	甘肃省建设投资（控股）集团总公司	449	2020003
	合计		24830143
青海			
1	西部矿业集团有限公司	366	2500703
	合计		2500703
新疆			
1	新疆广汇实业投资（集团）有限责任公司	137	8020696
2	新疆特变电工集团有限公司	400	2253721
3	新疆天业（集团）有限公司	442	2042809
	合计		12317226
内蒙古			
1	包头钢铁（集团）有限责任公司	178	5880885
2	内蒙古电力（集团）有限责任公司	191	5444412
3	内蒙古伊泰集团有限公司	237	4024572
4	内蒙古伊利实业集团股份有限公司	246	3745137
5	内蒙古鄂尔多斯羊绒集团有限责任公司	456	1958837
6	内蒙古伊东资源集团股份有限公司	457	1952233
	合计		23006076
海南			
1	海航集团有限公司	112	9389178
2	海南大印集团有限公司	281	3250024
	合计		12639202

表8-5　2012中国企业500强净利润排序前100名企业

排名	公司名称	总排名	净利润（万元）	排名	公司名称	总排名	净利润（万元）
1	中国工商银行股份有限公司	4	20826500	51	重庆龙湖企业拓展有限公司	359	632756
2	中国建设银行股份有限公司	5	16943900	52	绿地控股集团有限公司	73	624366
3	中国银行股份有限公司	8	12418200	53	南山集团有限公司	166	621804
4	中国农业银行股份有限公司	7	12192700	54	三一集团有限公司	138	619095
5	中国石油天然气集团公司	2	10549019	55	中国贵州茅台酒厂（集团）有限责任公司	376	601563
6	中国移动通信集团公司	6	7565730	56	中国航空工业集团公司	29	601491
7	中国石油化工集团公司	1	6111302	57	紫金矿业集团股份有限公司	241	571257
8	交通银行股份有限公司	40	5073649	58	江苏扬子江船业集团公司	269	564494
9	中国海洋石油总公司	10	4712479	59	红塔烟草（集团）有限责任公司	143	551431
10	国家电网公司	3	3670914	60	中国船舶重工集团公司	63	540953
11	神华集团有限责任公司	26	3666756	61	红云红河烟草（集团）有限责任公司	160	532302
12	中国中信集团有限公司	20	3651603	62	珠海格力电器股份有限公司	132	523694
13	招商银行股份有限公司	76	3612900	63	中国人民保险集团股份有限公司	37	518680
14	中国民生银行股份有限公司	77	2792000	64	中国航天科工集团公司	97	517727
15	上海浦东发展银行股份有限公司	155	2728598	65	世纪金源投资集团有限公司	338	497002
16	兴业银行股份有限公司	95	2550500	66	中国南方电网有限责任公司	17	488369
17	上海汽车集团股份有限公司	15	2022187	67	中国五矿集团公司	19	487252
18	中国邮政集团公司	30	1996059	68	广州富力地产股份有限公司	331	483484
19	中国平安保险（集团）股份有限公司	32	1947500	69	苏宁电器集团有限公司	50	482059
20	中国光大银行股份有限公司	125	1806789	70	上海国际港务（集团）股份有限公司	412	472419
21	中国黄金集团公司	139	1510332	71	中粮集团有限公司	57	470990
22	中国第一汽车集团公司	18	1485256	72	中国广东核电集团有限公司	324	468756
23	上海烟草集团有限责任公司	117	1468810	73	内蒙古伊泰集团有限公司	237	452909
24	陕西延长石油（集团）有限责任公司	89	1406357	74	中国保利集团公司	154	432356
25	中国华润总公司	25	1216557	75	天津中环电子信息集团有限公司	98	430298
26	宝钢集团有限公司	21	1206858	76	武汉钢铁（集团）公司	39	429533
27	大秦铁路股份有限公司	215	1169882	77	重庆农村商业银行股份有限公司	489	427081
28	华为技术有限公司	46	1164700	78	中国建筑材料集团有限公司	51	424412
29	中国交通建设股份有限公司	23	1160133	79	浙江省能源集团有限公司	177	420869
30	恒大地产集团有限公司	170	1138170	80	徐州工程机械集团有限公司	122	419862
31	腾讯控股有限公司	322	1020308	81	中国机械工业集团有限公司	52	407711
32	山东能源集团有限公司	69	1007592	82	海尔集团公司	72	395557
33	中联重科股份有限公司	127	960247	83	国家开发投资公司	142	395323
34	广发银行股份有限公司	210	958573	84	山西晋城无烟煤矿业集团有限责任公司	85	393993
35	华夏银行股份有限公司	275	922193	85	内蒙古电力（集团）有限责任公司	191	393182
36	北京银行	434	894670	86	中国航空集团公司	108	387922
37	东风汽车公司	16	854103	87	中国兵器工业集团公司	22	386454
38	中国太平洋保险（集团）股份有限公司	67	831300	88	恒力集团有限公司	196	379667
39	中国长江电力股份有限公司	436	770083	89	金川集团股份有限公司	91	373495
40	光明食品（集团）有限公司	87	764503	90	万向集团公司	131	371262
41	中国中化集团公司	13	761274	91	上海复星高科技（集团）有限公司	181	370364
42	山东魏桥创业集团有限公司	64	728979	92	中国国际海运集装箱（集团）股份有限公司	164	369093
43	中国建筑工程总公司	9	716356	93	大连万达集团股份有限公司	101	364061
44	中国中煤能源集团有限公司	96	711130	94	中国电信集团公司	24	360007
45	天津汽车工业（集团）有限公司	110	681181	95	陕西煤业化工集团有限责任公司	107	353610
46	中国人寿保险（集团）公司	14	677721	96	安徽海螺集团有限责任公司	147	346615
47	湖南中烟工业有限责任公司	148	673611	97	江苏沙钢集团有限公司	44	345974
48	中国中铁股份有限公司	12	669001	98	美的集团有限公司	79	344910
49	江苏华厦融创置地集团有限公司	467	659960	99	长城汽车股份有限公司	311	342620
50	四川省宜宾五粮液集团有限公司	206	654215	100	江苏苏宁环球集团有限公司	235	337500
					中国企业500强平均数		424359

表8-6 2012中国企业500强资产排序前100名企业

排名	公司名称	总排名	资产（万元）	排名	公司名称	总排名	资产（万元）
1	中国工商银行股份有限公司	4	1547686800	51	海航集团有限公司	112	29668196
2	中国建设银行股份有限公司	5	1228183400	52	广州铁路（集团）公司	176	29429669
3	中国银行股份有限公司	8	1183006600	53	中国保利集团公司	154	29343494
4	中国农业银行股份有限公司	7	1167757700	54	国家开发投资公司	142	27664009
5	交通银行股份有限公司	40	461117683	55	鞍钢集团公司	70	27171022
6	中国邮政集团公司	30	426034354	56	中国兵器工业集团公司	22	26196283
7	中国中信集团有限公司	20	327705276	57	中国兵器装备集团公司	27	26110034
8	中国石油天然气集团公司	2	302787624	58	中粮集团有限公司	57	26000034
9	招商银行股份有限公司	76	279497100	59	中国中化集团公司	13	25818873
10	上海浦东发展银行股份有限公司	155	268469369	60	中国核工业集团公司	212	25777800
11	兴业银行股份有限公司	95	240879800	61	中国广东核电集团有限公司	324	24873504
12	中国平安保险（集团）股份有限公司	32	228542400	62	中国化工集团公司	59	24770050
13	中国民生银行股份有限公司	77	222906400	63	中国电力建设集团有限公司	56	24254506
14	国家电网公司	3	221159075	64	东风汽车公司	16	23205842
15	中国光大银行股份有限公司	125	201670762	65	中国五矿集团公司	19	23059076
16	中国人寿保险（集团）公司	14	195762960	66	武汉钢铁（集团）公司	39	22224918
17	中国石油化工集团公司	1	174530740	67	陕西煤业化工集团有限责任公司	107	21521638
18	华夏银行股份有限公司	275	124414118	68	中国第一汽车集团公司	18	21421444
19	中国移动通信集团公司	6	116326421	69	中国中煤能源集团有限公司	96	21237829
20	北京银行	434	95649868	70	中国建筑材料集团有限公司	51	20751094
21	广发银行股份有限公司	210	91898182	71	大连万达集团股份有限公司	101	20302685
22	中国华能集团公司	28	75318815	72	华为技术有限公司	46	19328300
23	中国海洋石油总公司	10	71853423	73	绿地控股集团有限公司	73	18816137
24	中国国电集团公司	43	66340733	74	光明食品（集团）有限公司	87	18470910
25	中国电信集团公司	24	65384072	75	中国航空集团公司	108	18331989
26	中国华润总公司	25	63700000	76	广东省交通集团有限公司	296	18156998
27	神华集团有限责任公司	26	62690874	77	山东能源集团有限公司	69	17902653
28	中国大唐集团公司	53	60552664	78	恒大地产集团有限公司	170	17902341
29	中国人民保险集团股份有限公司	37	58515200	79	陕西延长石油（集团）有限责任公司	89	17728154
30	中国太平洋保险（集团）股份有限公司	67	57061200	80	河南煤业化工集团有限责任公司	58	17226871
31	中国华电集团公司	62	52586195	81	江苏沙钢集团有限公司	44	17068665
32	中国联合网络通信集团有限公司	42	52374734	82	中国机械工业集团有限公司	52	16864123
33	中国南方电网有限责任公司	17	52297356	83	北京汽车集团有限公司	47	16857443
34	中国建筑工程总公司	9	51838846	84	山东高速集团有限公司	435	16530925
35	中国航空工业集团公司	29	51576797	85	中国海运（集团）总公司	167	16103357
36	中国电力投资集团公司	68	50302570	86	中国长江电力股份有限公司	436	15838503
37	宝钢集团有限公司	21	47381978	87	山东钢铁集团有限公司	88	15457160
38	中国中铁股份有限公司	12	46873210	88	山西焦煤集团有限责任公司	83	15226736
39	中国铁道建筑总公司	11	43405284	89	上海电气（集团）总公司	114	15077705
40	中国铝业公司	35	39662045	90	联想控股有限公司	55	15048975
41	新华人寿保险股份有限公司	100	38677100	91	中国电子信息产业集团有限公司	60	14478294
42	首钢总公司	34	36765922	92	山西晋城无烟煤矿业集团有限责任公司	85	14404976
43	中国冶金科工集团有限公司	33	36019944	93	海尔集团公司	72	14359988
44	中国交通建设股份有限公司	23	35956792	94	中国能源建设集团有限公司	90	14294481
45	泰康人寿保险股份有限公司	136	35107414	95	兖矿集团有限公司	129	13972222
46	中国船舶重工集团公司	63	35053371	96	中国航天科工集团公司	97	13864031
47	重庆农村商业银行股份有限公司	489	34437989	97	浙江省交通投资集团有限公司	374	13764918
48	中国远洋运输（集团）总公司	54	32873163	98	中国南方航空集团公司	113	13626868
49	上海汽车集团股份有限公司	15	31863318	99	太平人寿保险有限公司	250	13260183
50	河北钢铁集团有限公司	31	31618912	100	广东省粤电集团有限公司	194	13217285
					中国企业500强平均数		26084302

表 8－7　　2012 中国企业 500 强从业人数排序前 100 名企业

排名	公司名称	总排名	从业人数	排名	公司名称	总排名	从业人数
1	中国石油天然气集团公司	2	1668072	51	中国华能集团公司	28	136091
2	国家电网公司	3	1582554	52	中国人寿保险（集团）公司	14	133783
3	中国石油化工集团公司	1	1021979	53	河北钢铁集团有限公司	31	133107
4	中国邮政集团公司	30	889307	54	成都建筑工程集团总公司	304	130965
5	黑龙江北大荒农垦集团总公司	103	679676	55	中国电子信息产业集团有限公司	60	126539
6	中国电信集团公司	24	491447	56	中国航天科工集团公司	97	125966
7	中国航空工业集团公司	29	469048	57	陕西延长石油（集团）有限责任公司	89	125763
8	中国农业银行股份有限公司	7	447401	58	中国建筑材料集团有限公司	51	125439
9	中国工商银行股份有限公司	4	408859	59	中国电力投资集团公司	68	121716
10	中国华润总公司	25	350524	60	陕西煤业化工集团有限责任公司	107	121348
11	中国建设银行股份有限公司	5	329438	61	首钢总公司	34	120371
12	中国南方电网有限责任公司	17	301539	62	中国中煤能源集团有限公司	96	120212
13	中国联合网络通信集团有限公司	42	299818	63	阳光保险集团股份有限公司	310	118345
14	中国中铁股份有限公司	12	294761	64	光明食品（集团）有限公司	87	116402
15	中国铁道建筑总公司	11	291598	65	上海汽车集团股份有限公司	15	115932
16	中国银行股份有限公司	8	289951	66	武汉钢铁（集团）公司	39	115582
17	中国兵器工业集团公司	22	279563	67	中国五矿集团公司	19	115137
18	山东能源集团有限公司	69	263853	68	雨润控股集团有限公司	118	110000
19	黑龙江龙煤矿业控股集团有限责任公司	242	258527	69	中国华电集团公司	62	108522
20	泰康人寿保险股份有限公司	136	240000	70	冀中能源集团有限责任公司	41	105886
21	中国兵器装备集团公司	27	228245	71	宝钢集团有限公司	21	104190
22	中国移动通信集团公司	6	216677	72	山西煤炭运销集团有限公司	66	103745
23	大连大商集团有限公司	99	211066	73	中国大唐集团公司	53	102876
24	鞍钢集团公司	70	210528	74	广厦控股集团有限公司	152	99873
25	山西焦煤集团有限责任公司	83	201455	75	山东钢铁集团有限公司	88	98943
26	中国电力建设集团有限公司	56	200309	76	中国人民保险集团股份有限公司	37	98609
27	中国建筑工程总公司	9	188480	77	中国海洋石油总公司	10	98400
28	河南煤业化工集团有限责任公司	58	186320	78	中粮集团有限公司	57	98300
29	中国铝业公司	35	184355	79	兖矿集团有限公司	129	97239
30	山东省商业集团有限公司	201	180000	80	中国交通建设股份有限公司	23	96300
31	比亚迪股份有限公司	205	177624	81	中国机械工业集团有限公司	52	95529
32	苏宁电器集团有限公司	50	175905	82	大秦铁路股份有限公司	215	95480
33	中国平安保险（集团）股份有限公司	32	175136	83	江苏南通三建集团有限公司	365	93562
34	神华集团有限责任公司	26	166596	84	重庆商社（集团）有限公司	238	91375
35	中国能源建设集团有限公司	90	164400	85	百联集团有限公司	36	90313
36	中国船舶重工集团公司	63	162000	86	交通银行股份有限公司	40	90149
37	东风汽车公司	16	161377	87	淮北矿业（集团）有限责任公司	227	89917
38	中国冶金科工集团有限公司	33	160399	88	中兴通讯股份有限公司	124	89786
39	大同煤矿集团有限责任公司	92	159192	89	中国南车集团公司	135	89777
40	广州铁路（集团）公司	176	156763	90	江苏南通二建集团有限公司	334	89228
41	山西晋城无烟煤矿业集团有限责任公司	85	155535	91	中太建设集团股份有限公司	413	87652
42	中国中信集团有限公司	20	155333	92	中国北方机车车辆工业集团公司	119	87615
43	中国平煤神马能源化工集团有限责任公司	94	150670	93	国家开发投资公司	142	87492
44	浙江省建设投资集团有限公司	257	149117	94	本钢集团有限公司	116	87219
45	阳泉煤业（集团）有限责任公司	93	148380	95	淮南矿业（集团）有限责任公司	153	85839
46	美的集团有限公司	79	145000	96	中国核工业集团公司	212	84838
47	中国国电集团公司	43	142522	97	中国第一汽车集团公司	18	82175
48	山东魏桥创业集团有限公司	64	141299	98	珠海格力电器股份有限公司	132	81659
49	华为技术有限公司	46	140000	99	海航集团有限公司	112	79969
50	中国化工集团公司	59	138553	100	新希望集团有限公司	146	79736
					中国企业 500 强平均数		60818

表8-8　　2012中国企业500强研发费用排序前100名企业

排名	公司名称	总排名	研发费用（万元）	排名	公司名称	总排名	研发费用（万元）
1	中国石油天然气集团公司	2	2428566	51	腾讯控股有限公司	322	268482
2	华为技术有限公司	46	2190000	52	中国电力建设集团有限公司	56	267636
3	中国航空工业集团公司	29	2167989	53	山西晋城无烟煤矿业集团有限责任公司	85	266022
4	中国移动通信集团公司	6	1435144	54	马钢（集团）控股有限公司	115	262673
5	中国船舶重工集团公司	63	1021485	55	联想控股有限公司	55	262124
6	中国航天科工集团公司	97	953563	56	陕西延长石油（集团）有限责任公司	89	260188
7	中国兵器装备集团公司	27	900053	57	中联重科股份有限公司	127	256113
8	中国电信集团公司	24	882649	58	中国中煤能源集团有限公司	96	249953
9	中国中铁股份有限公司	12	866136	59	上海建工集团股份有限公司	104	237405
10	海尔集团公司	72	850926	60	兖矿集团有限公司	129	231883
11	中兴通讯股份有限公司	124	849262	61	中国能源建设集团有限公司	90	229789
12	中国铁道建筑总公司	11	847216	62	TCL集团股份有限公司	173	226700
13	中国兵器工业集团公司	22	795404	63	新希望集团有限公司	146	224804
14	宝钢集团有限公司	21	722781	64	中国南方电网有限责任公司	17	219732
15	中国石油化工集团公司	1	710494	65	中国北方机车车辆工业集团公司	119	218937
16	武汉钢铁（集团）公司	39	696947	66	四川长虹电子集团有限公司	144	215810
17	浙江吉利控股集团有限公司	71	675510	67	陕西煤业化工集团有限责任公司	107	213710
18	国家电网公司	3	645179	68	天津天铁冶金集团有限公司	126	205771
19	山东魏桥创业集团有限公司	64	595634	69	中国核工业集团公司	212	204203
20	上海汽车集团股份有限公司	15	592133	70	安阳钢铁集团有限责任公司	207	203920
21	中国冶金科工集团有限公司	33	533085	71	冀中能源集团有限责任公司	41	201556
22	美的集团有限公司	79	505000	72	上海电气（集团）总公司	114	200864
23	河南煤业化工集团有限责任公司	58	492740	73	三一集团有限公司	138	192641
24	中国第一汽车集团公司	18	477547	74	北大方正集团有限公司	183	189799
25	首钢总公司	34	454050	75	日照钢铁控股集团有限公司	197	181196
26	神华集团有限责任公司	26	418864	76	哈尔滨电气集团公司	282	180589
27	中国工商银行股份有限公司	4	415999	77	中国海洋石油总公司	10	174416
28	中国建筑工程总公司	9	413890	78	徐州工程机械集团有限公司	122	169250
29	东风汽车公司	16	404799	79	广州汽车工业集团有限公司	65	169070
30	中国化工集团公司	59	403157	80	天津中环电子信息集团有限公司	98	165676
31	山东钢铁集团有限公司	88	386550	81	包头钢铁（集团）有限责任公司	178	159646
32	中国电子信息产业集团有限公司	60	376142	82	恒力集团有限公司	196	156210
33	中国平煤神马能源化工集团有限责任公司	94	365680	83	中国东方电气集团有限公司	204	151323
34	鞍钢集团公司	70	362217	84	中国中材集团有限公司	175	150948
35	酒泉钢铁（集团）有限责任公司	128	349465	85	南山集团有限公司	166	148405
36	河北钢铁集团有限公司	31	345418	86	山东能源集团有限公司	69	146848
37	江苏沙钢集团有限公司	44	342043	87	湖北宜化集团有限责任公司	186	142783
38	山西潞安矿业（集团）有限责任公司	84	328576	88	大同煤矿集团有限责任公司	92	137765
39	中国交通建设股份有限公司	23	325943	89	天津渤海化工集团公司	182	137517
40	中国铝业公司	35	325348	90	奇瑞汽车股份有限公司	228	137507
41	中国建筑材料集团有限公司	51	315985	91	昆明钢铁控股有限公司	341	132648
42	中国南车集团公司	135	314544	92	河北津西钢铁集团股份有限公司	195	130301
43	北京汽车集团有限公司	47	297559	93	潍柴控股集团有限公司	109	130139
44	太原钢铁（集团）有限公司	82	294408	94	四川省宜宾五粮液集团有限公司	206	124012
45	湖南华菱钢铁集团有限责任公司	130	287020	95	山东泰山钢铁集团有限公司	307	121423
46	阳泉煤业（集团）有限责任公司	93	283030	96	山西焦煤集团有限责任公司	83	120848
47	江西铜业集团公司	78	282000	97	上海复星高科技（集团）有限公司	181	120806
48	中国机械工业集团有限公司	52	281754	98	天津市一轻集团（控股）有限公司	174	118000
49	铜陵有色金属集团控股有限公司	111	279720	99	春风实业集团有限责任公司	408	115621
50	珠海格力电器股份有限公司	132	274173	100	天津钢管集团股份有限公司	102	114855
					中国企业500强平均数		121724

表8-9　　2012中国企业500强研发费所占比例排序前100名企业

排名	公司名称	总排名	研发费所占比例（%）	排名	公司名称	总排名	研发费所占比例（%）
1	华为技术有限公司	46	10.74	51	中国电信集团公司	24	3.02
2	中兴通讯股份有限公司	124	9.85	52	中联重科股份有限公司	127	3.02
3	腾讯控股有限公司	322	9.42	53	中国贵州茅台酒厂（集团）有限责任公司	376	3.02
4	中国航天科工集团公司	97	8.52	54	重庆钢铁（集团）有限责任公司	291	3.01
5	中国航空工业集团公司	29	8.21	55	杭州橡胶（集团）公司	320	3.00
6	中国船舶重工集团公司	63	6.28	56	山东金诚石化集团有限公司	316	3.00
7	海尔集团公司	72	5.64	57	山东昊龙集团有限公司	495	3.00
8	哈尔滨电气集团公司	282	5.61	58	华勤橡胶工业集团有限公司	398	3.00
9	万达控股集团有限公司	440	5.33	59	恒力集团有限公司	196	2.99
10	春风实业集团有限责任公司	408	5.25	60	新希望集团有限公司	146	2.98
11	利华益集团股份有限公司	428	5.05	61	申能（集团）有限公司	315	2.97
12	昆明钢铁控股有限公司	341	4.97	62	铜陵有色金属集团控股有限公司	111	2.97
13	山东胜通集团股份有限公司	437	4.84	63	东北特殊钢集团有限责任公司	388	2.86
14	重庆龙湖企业拓展有限公司	359	4.54	64	马钢（集团）控股有限公司	115	2.85
15	重庆力帆控股有限公司	486	4.49	65	天津二轻集团（控股）有限公司	379	2.82
16	浙江吉利控股集团有限公司	71	4.47	66	四川长虹电子集团有限公司	144	2.82
17	中国核工业集团公司	212	4.42	67	大连机床集团有限责任公司	496	2.81
18	安阳钢铁集团有限责任公司	207	4.20	68	兖矿集团有限公司	129	2.76
19	酒泉钢铁（集团）有限责任公司	128	4.14	69	河南煤业化工集团有限责任公司	58	2.73
20	山东泰山钢铁集团有限公司	307	4.01	70	包头钢铁（集团）有限责任公司	178	2.71
21	同方股份有限公司	426	3.97	71	河北敬业企业集团有限责任公司	230	2.65
22	郑州宇通集团有限公司	427	3.86	72	山西潞安矿业（集团）有限责任公司	84	2.62
23	中国南车集团公司	135	3.81	73	华泰集团有限公司	333	2.58
24	内蒙古鄂尔多斯羊绒集团有限责任公司	456	3.80	74	湖北宜化集团有限责任公司	186	2.55
25	沈阳机床（集团）有限责任公司	493	3.80	75	中国兵器工业集团公司	22	2.55
26	美的集团有限公司	79	3.77	76	中国移动通信集团公司	6	2.54
27	无锡尚德太阳能电力有限公司	447	3.75	77	亨通集团有限公司	432	2.54
28	TCL集团股份有限公司	173	3.73	78	四川省宜宾五粮液集团有限公司	206	2.54
29	山东魏桥创业集团有限公司	64	3.70	79	内蒙古伊利实业集团股份有限公司	246	2.53
30	上海外高桥造船有限公司	466	3.63	80	中国中材集团有限公司	175	2.52
31	日照钢铁控股集团有限公司	197	3.50	81	江苏西城三联控股集团	233	2.50
32	正泰集团股份有限公司	364	3.46	82	河北津西钢铁集团股份有限公司	195	2.46
33	湖南华菱钢铁集团有限责任公司	130	3.42	83	中国北方机车车辆工业集团公司	119	2.45
34	广西柳工集团有限公司	414	3.40	84	山东石横特钢集团有限公司	425	2.42
35	山东晨鸣纸业集团股份有限公司	337	3.30	85	天津天铁冶金集团有限公司	126	2.41
36	北大方正集团有限公司	183	3.29	86	三一集团有限公司	138	2.40
37	珠海格力电器股份有限公司	132	3.28	87	精功集团有限公司	452	2.39
38	中国兵器装备集团公司	27	3.23	88	陕西汽车集团有限责任公司	290	2.38
39	奇瑞汽车股份有限公司	228	3.22	89	天津渤海化工集团公司	182	2.38
40	郑州煤炭工业（集团）有限责任公司	300	3.21	90	福建省三钢（集团）有限责任公司	336	2.36
41	中国煤炭科工集团有限公司	314	3.21	91	阳泉煤业（集团）有限责任公司	93	2.36
42	中国新世纪控股集团有限公司	368	3.18	92	鞍钢集团公司	70	2.33
43	扬子江药业集团有限公司	326	3.15	93	南山集团有限公司	166	2.33
44	武汉钢铁（集团）公司	39	3.15	94	太原钢铁（集团）有限公司	82	2.32
45	人民电器集团有限公司	343	3.12	95	宁波银亿集团有限公司	399	2.30
46	山东钢铁集团有限公司	88	3.11	96	宝钢集团有限公司	21	2.29
47	中国东方电气集团有限公司	204	3.08	97	中国恒天集团有限公司	273	2.29
48	中国平煤神马能源化工集团有限责任公司	94	3.07	98	上海建工集团股份有限公司	104	2.28
49	盾安控股集团有限公司	271	3.05	99	安徽江淮汽车集团有限公司	249	2.28
50	江苏法尔胜泓昇集团有限公司	462	3.03	100	维维集团股份有限公司	451	2.25
					平均数		1.33

表8－10 2012中国企业500强净资产利润率排序前100名企业

排名	公司名称	总排名	净资产利润率（%）	排名	公司名称	总排名	净资产利润率（%）
1	中国黄金集团公司	139	138.64	51	潍柴控股集团有限公司	109	25.11
2	九州通医药集团股份有限公司	372	100.00	52	东营方圆有色金属有限公司	358	25.10
3	阜新矿业（集团）有限责任公司	416	100.00	53	河北建设集团有限公司	433	24.68
4	广州富力地产股份有限公司	331	99.86	54	中国东方航空集团公司	120	24.63
5	奥克斯集团有限公司	284	84.33	55	北京汽车集团有限公司	47	24.32
6	山东淄博傅山企业集团有限公司	492	57.83	56	河南豫光金铅集团有限责任公司	484	24.15
7	山东大海集团有限公司	475	55.68	57	老凤祥股份有限公司	422	24.11
8	山东胜通集团股份有限公司	437	51.60	58	新华锦集团有限公司	491	24.07
9	张家港保税区日祥贸易有限公司	325	50.72	59	内蒙古电力（集团）有限责任公司	191	23.63
10	华泰集团有限公司	333	48.33	60	浙江宝业建设集团有限公司	461	23.21
11	浙江八达建设集团有限公司	465	46.18	61	山东能源集团有限公司	69	22.93
12	天正集团有限公司	390	41.59	62	浙江恒逸集团有限公司	185	22.89
13	大连万达集团股份有限公司	101	39.46	63	江苏金浦集团有限公司	423	22.86
14	隆基泰和实业有限公司	243	37.06	64	紫金矿业集团股份有限公司	241	22.84
15	腾讯控股有限公司	322	35.85	65	山东金诚石化集团有限公司	316	22.63
16	江苏南通二建集团有限公司	334	35.07	66	陕西延长石油（集团）有限责任公司	89	22.46
17	恒大地产集团有限公司	170	34.82	67	安徽海螺集团有限责任公司	147	22.31
18	天狮集团有限公司	319	34.41	68	东风汽车公司	16	22.29
19	江苏省苏中建设集团股份有限公司	417	34.19	69	中国国际技术智力合作公司	318	22.19
20	三一集团有限公司	138	33.45	70	山东博汇集团有限公司	419	22.16
21	绿地控股集团有限公司	73	31.84	71	中天发展控股集团有限公司	264	22.14
22	广东振戎能源有限公司	279	30.94	72	兴业银行股份有限公司	95	22.14
23	海亮集团有限公司	157	30.88	73	三河汇福粮油集团有限公司	479	22.08
24	江苏扬子江船业集团公司	269	30.72	74	青山控股集团有限公司	285	22.04
25	天津汽车工业（集团）有限公司	110	30.22	75	江苏新长江实业集团有限公司	202	21.97
26	石家庄北国人百集团有限责任公司	410	30.05	76	江苏阳光集团有限公司	292	21.92
27	内蒙古伊利实业集团股份有限公司	246	30.03	77	招商银行股份有限公司	76	21.90
28	中南控股集团有限公司	329	30.01	78	山东京博控股股份有限公司	328	21.81
29	珠海格力电器股份有限公司	132	29.74	79	合肥百货大楼集团股份有限公司	308	21.80
30	中金再生资源（中国）投资有限公司	221	29.31	80	中国工商银行股份有限公司	4	21.77
31	郑州宇通集团有限公司	427	29.14	81	江苏南通三建集团有限公司	365	21.74
32	重庆龙湖企业拓展有限公司	359	28.84	82	万向集团公司	131	21.69
33	浙江昆仑控股集团有限公司	480	27.93	83	苏宁电器集团有限公司	50	21.59
34	中国煤炭科工集团有限公司	314	27.84	84	绿城房地产集团有限公司	258	21.56
35	海尔集团公司	72	27.61	85	中国民生银行股份有限公司	77	21.54
36	美的集团有限公司	79	27.61	86	上海复星高科技（集团）有限公司	181	21.44
37	山东昊龙集团有限公司	495	27.58	87	徐州工程机械集团有限公司	122	21.15
38	中国工艺（集团）公司	245	27.54	88	河北津西钢铁集团股份有限公司	195	21.12
39	宁波银亿集团有限公司	399	27.46	89	海城市西洋镁矿有限公司	367	21.05
40	内蒙古伊泰集团有限公司	237	27.41	90	恒力集团有限公司	196	21.04
41	人民电器集团有限公司	343	27.32	91	天津中环电子信息集团有限公司	98	20.95
42	中联重科股份有限公司	127	26.95	92	沂州集团有限公司	458	20.92
43	中国贵州茅台酒厂（集团）有限责任公司	376	26.71	93	江苏华厦融创置地集团有限公司	467	20.89
44	中国建筑材料集团有限公司	51	26.71	94	南山集团有限公司	166	20.85
45	山东时风（集团）有限责任公司	349	26.56	95	中国建设银行股份有限公司	5	20.75
46	世纪金源投资集团有限公司	338	26.55	96	晶龙实业集团有限公司	348	20.53
47	山东石横特钢集团有限公司	425	26.09	97	长城汽车股份有限公司	311	20.47
48	波司登股份有限公司	485	25.94	98	天津百利机电控股集团有限公司	184	20.20
49	新华联控股有限公司	262	25.81	99	重庆机电控股（集团）公司	330	20.01
50	新疆广汇实业投资（集团）有限责任公司	137	25.69	100	浙江荣盛控股集团有限公司	265	19.97
					中国企业500强平均数		12.42

表 8－11　　　　2012 中国企业 500 强资产利润率排序前 100 名企业

排名	公司名称	总排名	资产利润率（%）	排名	公司名称	总排名	资产利润率（%）
1	中国黄金集团公司	139	28.38	51	青岛港（集团）有限公司	482	8.62
2	天狮集团有限公司	319	25.25	52	红云红河烟草（集团）有限责任公司	160	8.56
3	天正集团有限公司	390	24.04	53	浙江中烟工业有限责任公司	222	8.51
4	山东胜通集团股份有限公司	437	23.78	54	徐州工程机械集团有限公司	122	8.50
5	山东金诚石化集团有限公司	316	19.66	55	山东中烟工业有限责任公司	361	8.30
6	上海人民企业（集团）有限公司	378	18.47	56	山东科达集团有限公司	464	8.19
7	山东时风（集团）有限责任公司	349	18.32	57	合肥百货大楼集团股份有限公司	308	8.18
8	腾讯控股有限公司	322	17.96	58	湖北中烟工业有限责任公司	203	8.15
9	江苏华厦融创置地集团有限公司	467	17.01	59	苏宁电器集团有限公司	50	8.06
10	人民电器集团有限公司	343	16.58	60	青岛啤酒股份有限公司	387	8.03
11	山东大海集团有限公司	475	16.48	61	内蒙古伊泰集团有限公司	237	7.99
12	河北兴华钢铁有限公司	476	15.65	62	江苏金浦集团有限公司	423	7.99
13	天津汽车工业（集团）有限公司	110	15.43	63	陕西延长石油（集团）有限责任公司	89	7.93
14	中太建设集团股份有限公司	413	14.68	64	中国国际技术智力合作公司	318	7.86
15	上海烟草集团有限责任公司	117	14.32	65	山东招金集团有限公司	309	7.85
16	中国新世纪控股集团有限公司	368	13.92	66	江苏法尔胜泓昇集团有限公司	462	7.82
17	中国贵州茅台酒厂（集团）有限责任公司	376	13.44	67	恒力集团有限公司	196	7.82
18	中联重科股份有限公司	127	13.41	68	江苏阳光集团有限公司	292	7.79
19	扬子江药业集团有限公司	326	13.17	69	深圳市中金岭南有色金属股份有限公司	474	7.79
20	湖南中烟工业有限责任公司	148	12.81	70	重庆龙湖企业拓展有限公司	359	7.67
21	临沂新程金锣肉制品集团有限公司	240	12.68	71	三一集团有限公司	138	7.48
22	隆基泰和实业有限公司	243	12.65	72	江苏南通三建集团有限公司	365	7.47
23	大秦铁路股份有限公司	215	12.43	73	河北普阳钢铁有限公司	332	7.46
24	山东昊龙集团有限公司	495	12.43	74	江苏金辉集团公司	497	7.43
25	浙江八达建设集团有限公司	465	12.42	75	内蒙古电力（集团）有限责任公司	191	7.37
26	波司登股份有限公司	485	12.26	76	浙江荣盛控股集团有限公司	265	7.30
27	东营方圆有色金属有限公司	358	12.19	77	武安市裕华钢铁有限公司	499	7.26
28	沂州集团有限公司	458	11.62	78	老凤祥股份有限公司	422	7.19
29	江苏扬子江船业集团公司	269	11.33	79	中国煤炭科工集团有限公司	314	7.02
30	南山集团有限公司	166	11.28	80	中国第一汽车集团公司	18	6.93
31	海城市西洋镁矿有限公司	367	11.21	81	浙江宝业建设集团有限公司	461	6.87
32	天津中环电子信息集团有限公司	98	11.15	82	华盛江泉集团有限公司	345	6.76
33	四川省宜宾五粮液集团有限公司	206	11.09	83	宁波金田投资控股有限公司	288	6.72
34	滨化集团公司	254	10.99	84	华泰集团有限公司	333	6.70
35	紫金矿业集团股份有限公司	241	10.92	85	万向集团公司	131	6.68
36	中金再生资源（中国）投资有限公司	221	10.59	86	中国海洋石油总公司	10	6.56
37	桐昆集团股份有限公司	317	10.57	87	江阴澄星实业集团有限公司	302	6.55
38	维维集团股份有限公司	451	10.43	88	中国移动通信集团公司	6	6.50
39	长城汽车股份有限公司	311	10.34	89	河南省漯河市双汇实业集团有限责任公司	200	6.43
40	山东石横特钢集团有限公司	425	10.25	90	河北新金钢铁有限公司	490	6.42
41	浪潮电子信息产业股份有限公司	248	10.22	91	恒大地产集团有限公司	170	6.36
42	世纪金源投资集团有限公司	338	9.74	92	上海汽车集团股份有限公司	15	6.35
43	贵州中烟工业有限责任公司	369	9.73	93	新华联控股有限公司	262	6.24
44	天津百利机电控股集团有限公司	184	9.15	94	珠海格力电器股份有限公司	132	6.15
45	内蒙古伊利实业集团股份有限公司	246	9.08	95	中南控股集团有限公司	329	6.09
46	海澜集团有限公司	327	9.00	96	华为技术有限公司	46	6.03
47	山东魏桥创业集团有限公司	64	8.91	97	辽宁铁法能源有限责任公司	415	5.97
48	江苏高力集团有限公司	445	8.85	98	海亮集团有限公司	157	5.92
49	百兴集团有限公司	342	8.84	99	郑州宇通集团有限公司	427	5.87
50	山东如意科技集团有限公司	397	8.82	100	神华集团有限责任公司	26	5.85
					中国企业 500 强平均数		1.61

表8－12　　2012中国企业500强收入利润率排序前100名企业

排名	公司名称	总排名	收入利润率（%）	排名	公司名称	总排名	收入利润率（%）
1	北京银行	434	43.16	51	新疆特变电工集团有限公司	400	8.56
2	上海浦东发展银行股份有限公司	155	40.18	52	隆基泰和实业有限公司	243	8.55
3	中国长江电力股份有限公司	436	37.20	53	江苏苏宁环球集团有限公司	235	8.23
4	腾讯控股有限公司	322	35.81	54	红云红河烟草（集团）有限责任公司	160	8.06
5	江苏华厦融创置地集团有限公司	467	34.61	55	上海外高桥造船有限公司	466	7.86
6	中国工商银行股份有限公司	4	29.35	56	中国平安保险（集团）股份有限公司	32	7.82
7	中国建设银行股份有限公司	5	29.23	57	山东大海集团有限公司	475	7.80
8	华夏银行股份有限公司	275	27.49	58	三一集团有限公司	138	7.72
9	大秦铁路股份有限公司	215	25.99	59	中国邮政集团公司	30	7.71
10	招商银行股份有限公司	76	25.45	60	北京能源投资（集团）有限公司	402	7.54
11	重庆龙湖企业拓展有限公司	359	25.01	61	青岛啤酒股份有限公司	387	7.50
12	中国贵州茅台酒厂（集团）有限责任公司	376	24.76	62	天瑞集团有限公司	494	7.37
13	重庆农村商业银行股份有限公司	489	23.60	63	绿城房地产集团有限公司	258	7.29
14	中国银行股份有限公司	8	23.54	64	恒力集团有限公司	196	7.26
15	交通银行股份有限公司	40	23.26	65	山东中烟工业有限责任公司	361	7.25
16	中国农业银行股份有限公司	7	22.32	66	内蒙古电力（集团）有限责任公司	191	7.22
17	上海国际港务（集团）股份有限公司	412	21.69	67	红塔烟草（集团）有限责任公司	143	7.14
18	兴业银行股份有限公司	95	21.53	68	浙江省能源集团有限公司	177	7.09
19	中国光大银行股份有限公司	125	21.02	69	雅戈尔集团股份有限公司	252	7.08
20	中国民生银行股份有限公司	77	20.53	70	沂州集团有限公司	458	7.04
21	广发银行股份有限公司	210	20.04	71	天津汽车工业（集团）有限公司	110	7.02
22	中国黄金集团公司	139	19.09	72	中国核工业集团公司	212	6.76
23	世纪金源投资集团有限公司	338	18.48	73	中国煤炭科工集团有限公司	314	6.74
24	恒大地产集团有限公司	170	18.38	74	山东能源集团有限公司	69	6.46
25	广州富力地产股份有限公司	331	17.66	75	浙江省交通投资集团有限公司	374	6.44
26	中国广东核电集团有限公司	324	16.56	76	上海复星高科技（集团）有限公司	181	6.39
27	江苏扬子江船业集团公司	269	16.31	77	贵州中烟工业有限责任公司	369	6.35
28	上海烟草集团有限责任公司	117	16.12	78	中国保利集团公司	154	6.28
29	紫金矿业集团股份有限公司	241	14.37	79	珠海格力电器股份有限公司	132	6.27
30	青岛港（集团）有限公司	482	14.20	80	华侨城集团公司	274	6.19
31	四川省宜宾五粮液集团有限公司	206	13.43	81	中国中煤能源集团有限公司	96	6.16
32	中国移动通信集团公司	6	13.37	82	维维集团股份有限公司	451	6.16
33	神华集团有限责任公司	26	13.08	83	光明食品（集团）有限公司	87	6.14
34	山东胜通集团股份有限公司	437	11.88	84	郑州宇通集团有限公司	427	6.14
35	中国中信集团有限公司	20	11.45	85	辽宁铁法能源有限责任公司	415	6.11
36	长城汽车股份有限公司	311	11.39	86	山东高速集团有限公司	435	6.10
37	陕西延长石油（集团）有限责任公司	89	11.37	87	海澜集团有限公司	327	5.94
38	中联重科股份有限公司	127	11.32	88	天津百利机电控股集团有限公司	184	5.91
39	内蒙古伊泰集团有限公司	237	11.25	89	广西北部湾国际港务集团有限公司	446	5.87
40	广东省交通集团有限公司	296	10.88	90	深圳市中金岭南有色金属股份有限公司	474	5.86
41	福佳集团有限公司	424	10.63	91	浙江荣盛控股集团有限公司	265	5.80
42	天狮集团有限公司	319	10.35	92	中国国际海运集装箱（集团）股份有限公司	164	5.76
43	南山集团有限公司	166	9.78	93	华为技术有限公司	46	5.71
44	中国海洋石油总公司	10	9.65	94	天津市医药集团有限公司	391	5.67
45	内蒙古鄂尔多斯羊绒集团有限责任公司	456	9.34	95	山东昊龙集团有限公司	495	5.57
46	湖南中烟工业有限责任公司	148	9.29	96	华泰集团有限公司	333	5.54
47	上海人民企业（集团）有限公司	378	9.20	97	中国化学工程股份有限公司	219	5.46
48	波司登股份有限公司	485	9.13	98	泸州老窖集团有限责任公司	373	5.41
49	内蒙古伊东资源集团股份有限公司	457	9.01	99	广东省广晟资产经营有限公司	251	5.39
50	中南控股集团有限公司	329	8.88	100	山东招金集团有限公司	309	5.36
					中国企业500强平均数		4.67

表 8 – 13　　　　2012 中国企业 500 强人均收入排序前 100 名企业

排名	公司名称	总排名	人均收入（万元）	排名	公司名称	总排名	人均收入（万元）
1	张家港保税区日祥贸易有限公司	325	942718	51	丰立集团有限公司	404	674
2	珠海振戎公司	145	74259	52	海亮集团有限公司	157	657
3	广东振戎能源有限公司	279	16432	53	中天发展控股集团有限公司	264	653
4	中金再生资源（中国）投资有限公司	221	7242	54	天津天钢集团有限公司	106	638
5	远大物产集团有限公司	293	5668	55	内蒙古伊泰集团有限公司	237	629
6	绿地控股集团有限公司	73	3697	56	南京钢铁集团有限公司	140	619
7	天津物产集团有限公司	48	3197	57	宁波金田投资控股有限公司	288	612
8	江苏金辉集团公司	497	3178	58	三河汇福粮油集团有限公司	479	612
9	重庆华南物资（集团）有限公司	487	3076	59	江阴澄星实业集团有限公司	302	604
10	南方石化集团有限公司	276	2979	60	浙江荣盛控股集团有限公司	265	603
11	福建联合石油化工有限公司	179	2849	61	杭州钢铁集团公司	134	594
12	浙江前程投资股份有限公司	363	2657	62	百兴集团有限公司	342	589
13	中国航空油料集团公司	38	2291	63	天津冶金集团有限公司	123	582
14	中国铁路物资股份有限公司	45	2269	64	江苏新长江实业集团有限公司	202	576
15	河北省物流产业集团有限公司	353	2120	65	厦门建发集团有限公司	133	554
16	海南大印集团有限公司	281	2036	66	上海烟草集团有限责任公司	117	550
17	中国轻工业品进出口总公司	313	1905	67	山西煤炭进出口集团有限公司	151	532
18	山东金诚石化集团有限公司	316	1815	68	湖南晟通科技集团有限公司	407	532
19	中国工艺（集团）公司	245	1719	69	利华益集团股份有限公司	428	528
20	山西省国新能源发展集团有限公司	409	1565	70	神州数码控股有限公司	158	526
21	上海华冶钢铁集团有限公司	381	1420	71	中天钢铁集团有限公司	169	510
22	上海东浩国际服务贸易（集团）有限公司	189	1390	72	江苏高力集团有限公司	445	505
23	浙江中烟工业有限责任公司	222	1353	73	中国海洋石油总公司	10	496
24	厦门象屿集团有限公司	253	1313	74	南金兆集团有限公司	394	496
25	天狮集团有限公司	319	1238	75	联想控股有限公司	55	492
26	中国国际技术智力合作公司	318	1023	76	山东东明石化集团有限公司	430	490
27	东营方圆有色金属有限公司	358	1012	77	江西铜业集团公司	78	482
28	中国中化集团公司	13	977	78	红云红河烟草（集团）有限责任公司	160	481
29	天津钢管集团股份有限公司	102	963	79	广东省丝绸纺织集团有限公司	287	480
30	浙江省物产集团公司	61	960	80	浙江省兴合集团公司	192	479
31	天津荣程联合钢铁集团有限公司	211	928	81	河北津西钢铁集团股份有限公司	195	472
32	北京外企服务集团有限责任公司	392	914	82	江苏沙钢集团有限公司	44	468
33	杭州汽轮动力集团有限公司	214	904	83	北京建工集团有限责任公司	209	467
34	福佳集团有限公司	424	883	84	山东京博控股股份有限公司	328	452
35	弘阳集团有限公司	470	877	85	中国第一汽车集团公司	18	448
36	大汉控股集团有限公司	460	875	86	中国新世纪控股集团有限公司	368	448
37	滨化集团公司	254	872	87	日照钢铁控股集团有限公司	197	437
38	江苏申特钢铁有限公司	247	853	88	河北建设集团有限公司	433	428
39	正威国际集团有限公司	81	853	89	长春欧亚集团股份有限公司	454	425
40	江苏汇鸿国际集团有限公司	216	807	90	安徽国贸集团控股有限公司	384	413
41	绿城房地产集团有限公司	258	805	91	浙江吉利控股集团有限公司	71	399
42	天津一商集团有限公司	286	804	92	河北文丰钢铁有限公司	371	398
43	浙江恒逸集团有限公司	185	782	93	浙江省能源集团有限公司	177	394
44	江苏西城三联控股集团	233	771	94	厦门国贸控股有限公司	161	393
45	湖北中烟工业有限责任公司	203	769	95	徐州工程机械集团有限公司	122	392
46	江苏华厦融创置地集团有限公司	467	763	96	江苏双良集团有限公司	444	392
47	金龙精密铜管集团股份有限公司	263	754	97	上海外高桥造船有限公司	466	391
48	老凤祥股份有限公司	422	731	98	广东省粤电集团有限公司	194	384
49	广东物资集团公司	162	701	99	合肥百货大楼集团股份有限公司	308	381
50	江苏三房巷集团有限公司	232	684	100	山东石横特钢集团有限公司	425	379
					中国企业 500 强平均数		147

表8－14　2012中国企业500强人均净利润排序前100名企业

排名	公司名称	总排名	人均净利润（万元）	排名	公司名称	总排名	人均净利润（万元）
1	江苏华厦融创置地集团有限公司	467	263.98	51	沂州集团有限公司	458	25.31
2	中金再生资源（中国）投资有限公司	221	258.60	52	中国工艺（集团）公司	245	25.08
3	珠海振戎公司	145	168.16	53	江阴澄星实业集团有限公司	302	24.53
4	绿地控股集团有限公司	73	156.09	54	浙江前程投资股份有限公司	363	24.37
5	天狮集团有限公司	319	128.13	55	山东大海集团有限公司	475	23.66
6	北京银行	434	121.91	56	上海国际港务（集团）股份有限公司	412	23.66
7	中国长江电力股份有限公司	436	100.69	57	中国中信集团有限公司	20	23.51
8	福佳集团有限公司	424	93.91	58	神华集团有限责任公司	26	22.01
9	上海烟草集团有限责任公司	117	88.61	59	内蒙古伊东资源集团股份有限公司	457	21.71
10	上海浦东发展银行股份有限公司	155	87.37	60	中天发展控股集团有限公司	264	21.32
11	重庆龙湖企业拓展有限公司	359	86.68	61	浙江恒逸集团有限公司	185	20.43
12	招商银行股份有限公司	76	79.68	62	天津汽车工业（集团）有限公司	110	19.73
13	广东振戎能源有限公司	279	75.39	63	利华益集团股份有限公司	428	18.98
14	兴业银行股份有限公司	95	73.69	64	徐州工程机械集团有限公司	122	18.90
15	浙江中烟工业有限责任公司	222	72.17	65	山西省国新能源发展集团有限公司	409	18.55
16	内蒙古伊泰集团有限公司	237	70.74	66	青岛港（集团）有限公司	482	18.54
17	中国民生银行股份有限公司	77	68.40	67	海亮集团有限公司	157	18.14
18	腾讯控股有限公司	322	66.60	68	老凤祥股份有限公司	422	18.10
19	中国光大银行股份有限公司	125	63.92	69	中国第一汽车集团公司	18	18.07
20	绿城房地产集团有限公司	258	58.74	70	远大物产集团有限公司	293	17.77
21	交通银行股份有限公司	40	56.28	71	上海汽车集团股份有限公司	15	17.44
22	江苏金辉集团公司	497	55.87	72	扬子江药业集团有限公司	326	17.23
23	中国建设银行股份有限公司	5	51.43	73	中国广东核电集团有限公司	324	17.19
24	广发银行股份有限公司	210	51.42	74	红塔烟草（集团）有限责任公司	143	17.10
25	中国工商银行股份有限公司	4	50.94	75	江苏高力集团有限公司	445	17.02
26	华夏银行股份有限公司	275	48.11	76	上海华冶钢铁集团有限公司	381	16.53
27	中国海洋石油总公司	10	47.89	77	中国中化集团公司	13	16.20
28	东营方圆有色金属有限公司	358	45.65	78	江苏新长江实业集团有限公司	202	15.91
29	山东金诚石化集团有限公司	316	44.06	79	南山集团有限公司	166	15.87
30	中国银行股份有限公司	8	42.83	80	贵州中烟工业有限责任公司	369	15.75
31	弘阳集团有限公司	470	42.24	81	河北兴华钢铁有限公司	476	15.02
32	红云红河烟草（集团）有限责任公司	160	38.79	82	隆基泰和实业有限公司	243	14.95
33	湖北中烟工业有限责任公司	203	38.34	83	北京能源投资（集团）有限公司	402	14.90
34	山东胜通集团股份有限公司	437	37.72	84	山东石横特钢集团有限公司	425	14.47
35	浙江荣盛控股集团有限公司	265	34.97	85	中国保利集团公司	154	14.44
36	中国移动通信集团公司	6	34.92	86	河北津西钢铁集团股份有限公司	195	14.38
37	恒大地产集团有限公司	170	34.87	87	江苏三房巷集团有限公司	232	14.31
38	中国贵州茅台酒厂（集团）有限责任公司	376	33.54	88	百兴集团有限公司	342	14.05
39	中联重科股份有限公司	127	33.30	89	广西北部湾国际港务集团有限公司	446	13.49
40	中国黄金集团公司	139	32.88	90	中国轻工业品进出口总公司	313	13.35
41	江苏扬子江船业集团公司	269	32.57	91	杭州汽轮动力集团有限公司	214	13.07
42	滨化集团公司	254	31.16	92	四川省宜宾五粮液集团有限公司	206	13.02
43	重庆农村商业银行股份有限公司	489	31.14	93	三河汇福粮油集团有限公司	479	12.66
44	上海外高桥造船有限公司	466	30.72	94	厦门象屿集团有限公司	253	12.52
45	湖南中烟工业有限责任公司	148	29.98	95	大秦铁路股份有限公司	215	12.25
46	广州富力地产股份有限公司	331	29.45	96	山东招金集团有限公司	309	12.23
47	浙江省能源集团有限公司	177	27.92	97	万向集团公司	131	12.07
48	中国农业银行股份有限公司	7	27.25	98	中国交通建设股份有限公司	23	12.05
49	紫金矿业集团股份有限公司	241	27.20	99	宁波银亿集团有限公司	399	11.98
50	世纪金源投资集团有限公司	338	25.80	100	天津物产集团有限公司	48	11.97
					中国企业500强平均数		6.92

表 8－15　　2012 中国企业 500 强人均资产排序前 100 名企业

排名	公司名称	总排名	人均资产（万元）	排名	公司名称	总排名	人均资产（万元）
1	张家港保税区日祥贸易有限公司	325	114198	51	上海外高桥造船有限公司	466	674
2	北京银行	434	13033	52	中国轻工业品进出口总公司	313	637
3	上海浦东发展银行股份有限公司	155	8596	53	申能（集团）有限公司	315	627
4	中国光大银行股份有限公司	125	7134	54	浙江省交通投资集团有限公司	374	626
5	兴业银行股份有限公司	95	6960	55	上海烟草集团有限责任公司	117	619
6	华夏银行股份有限公司	275	6490	56	中国人民保险集团股份有限公司	37	593
7	招商银行股份有限公司	76	6164	57	太平人寿保险有限公司	250	590
8	珠海振戎公司	145	6129	58	中国大唐集团公司	53	589
9	广东振戎能源有限公司	279	5934	59	天津市津能投资公司	472	587
10	中国民生银行股份有限公司	77	5461	60	丰立集团有限公司	404	581
11	交通银行股份有限公司	40	5115	61	中国华能集团公司	28	553
12	广发银行股份有限公司	210	4930	62	中国中化集团公司	13	549
13	绿地控股集团有限公司	73	4704	63	恒大地产集团有限公司	170	548
14	中国银行股份有限公司	8	4080	64	中国移动通信集团公司	6	537
15	中国工商银行股份有限公司	4	3785	65	中国工艺（集团）公司	245	527
16	中国建设银行股份有限公司	5	3728	66	广州富力地产股份有限公司	331	513
17	绿城房地产集团有限公司	258	2920	67	江苏汇鸿国际集团有限公司	216	509
18	中国农业银行股份有限公司	7	2610	68	天津港（集团）有限公司	403	509
19	重庆农村商业银行股份有限公司	489	2511	69	天狮集团有限公司	319	507
20	中金再生资源（中国）投资有限公司	221	2442	70	日照钢铁控股集团有限公司	197	488
21	中国中信集团有限公司	20	2110	71	中国华电集团公司	62	485
22	福建联合石油化工有限公司	179	2086	72	浙江荣盛控股集团有限公司	265	479
23	中国长江电力股份有限公司	436	2071	73	中国邮政集团公司	30	479
24	福佳集团有限公司	424	2002	74	内蒙古伊东资源集团股份有限公司	457	473
25	天津物产集团有限公司	48	1593	75	湖北中烟工业有限责任公司	203	470
26	江苏华厦融创置地集团有限公司	467	1551	76	中国国电集团公司	43	465
27	中国人寿保险（集团）公司	14	1463	77	天津冶金集团有限公司	123	463
28	中国平安保险（集团）股份有限公司	32	1305	78	浙江省商业集团有限公司	267	456
29	南方石化集团有限公司	276	1275	79	宝钢集团有限公司	21	455
30	重庆龙湖企业拓展有限公司	359	1130	80	红云红河烟草（集团）有限责任公司	160	453
31	重庆华南物资（集团）有限公司	487	1044	81	中国远洋运输（集团）总公司	54	451
32	中国保利集团公司	154	980	82	厦门建发集团有限公司	133	446
33	广东省粤电集团有限公司	194	950	83	上海东浩国际服务贸易（集团）有限公司	189	444
34	中国广东核电集团有限公司	324	912	84	海南大印集团有限公司	281	441
35	北京能源投资（集团）有限公司	402	910	85	杭州汽轮动力集团有限公司	214	435
36	内蒙古伊泰集团有限公司	237	885	86	大连万达集团股份有限公司	101	434
37	弘阳集团有限公司	470	866	87	上海国际港务（集团）股份有限公司	412	417
38	浙江中烟工业有限责任公司	222	848	88	中天发展控股集团有限公司	264	415
39	山西省国新能源发展集团有限公司	409	821	89	上海复星高科技（集团）有限公司	181	414
40	浙江前程投资股份有限公司	363	814	90	中国电力投资集团公司	68	413
41	新华人寿保险股份有限公司	100	789	91	四川公路桥梁建设集团有限公司	395	411
42	远大物产集团有限公司	293	782	92	浙江恒逸集团有限公司	185	408
43	江苏金辉集团公司	497	752	93	天津天钢集团有限公司	106	408
44	浙江省能源集团有限公司	177	737	94	上海城建（集团）公司	223	405
45	中国海洋石油总公司	10	730	95	联想控股有限公司	55	404
46	山东高速集团有限公司	435	707	96	山西煤炭进出口集团有限公司	151	403
47	北京首都创业集团有限公司	473	704	97	上海华冶钢铁集团有限公司	381	394
48	厦门象屿集团有限公司	253	704	98	江苏沙钢集团有限公司	44	385
49	中国铁路物资股份有限公司	45	695	99	中国航空油料集团公司	38	380
50	天津钢管集团股份有限公司	102	681	100	神华集团有限责任公司	26	376
					中国企业 500 强平均数		429

表8-16　2012中国企业500强收入增长率排序前100名企业

排名	公司名称	总排名	收入增长率（%）	排名	公司名称	总排名	收入增长率（%）
1	宜昌三峡全通涂镀板有限公司	481	218.82	51	郑州煤炭工业（集团）有限责任公司	300	50.78
2	湖南博长控股集团有限公司	357	155.82	52	中南控股集团有限公司	329	50.66
3	中金再生资源（中国）投资有限公司	221	131.65	53	辽宁铁法能源有限责任公司	415	50.60
4	浙江吉利控股集团有限公司	71	121.14	54	金龙精密铜管集团股份有限公司	263	50.50
5	广西北部湾国际港务集团有限公司	446	101.04	55	华泰集团有限公司	333	50.40
6	陕西煤业化工集团有限责任公司	107	95.36	56	中国华润总公司	25	49.34
7	大同煤矿集团有限责任公司	92	94.13	57	华勤橡胶工业集团有限公司	398	48.83
8	正威国际集团有限公司	81	88.77	58	酒泉钢铁（集团）有限责任公司	128	48.25
9	新兴际华集团有限公司	74	83.70	59	远大物产集团有限公司	293	47.67
10	山西晋城无烟煤矿业集团有限责任公司	85	82.90	60	老凤祥股份有限公司	422	47.57
11	江西省煤炭集团公司	478	81.43	61	山西潞安矿业（集团）有限责任公司	84	47.50
12	中国轻工业品进出口总公司	313	79.91	62	山东能源集团有限公司	69	47.19
13	甘肃省建设投资（控股）集团总公司	449	76.77	63	嘉晨集团有限公司	469	47.13
14	山西煤炭进出口集团有限公司	151	75.20	64	中国广东核电集团有限公司	324	46.46
15	广东振戎能源有限公司	279	73.12	65	重庆建工集团股份有限公司	229	45.88
16	中国民生银行股份有限公司	77	69.70	66	江苏西城三联控股集团	233	45.56
17	杭州汽轮动力集团有限公司	214	67.27	67	腾讯控股有限公司	322	45.05
18	中联重科股份有限公司	127	66.75	68	中国航空油料集团公司	38	44.98
19	盾安控股集团有限公司	271	66.23	69	海航集团有限公司	112	44.75
20	重庆轻纺控股（集团）公司	362	65.01	70	山东大王集团有限公司	159	43.84
21	兴业银行股份有限公司	95	64.22	71	广西建工集团有限责任公司	272	43.42
22	吉林亚泰（集团）股份有限公司	270	63.80	72	中国建筑材料集团有限公司	51	43.39
23	河北省物流产业集团有限公司	353	62.70	73	中国光大银行股份有限公司	125	43.03
24	恒力集团有限公司	196	60.90	74	招商银行股份有限公司	76	42.98
25	三一集团有限公司	138	59.76	75	白银有色集团股份有限公司	411	42.89
26	内蒙古伊东资源集团股份有限公司	457	59.70	76	传化集团有限公司	431	42.60
27	冀东发展集团有限责任公司	441	59.39	77	重庆钢铁（集团）有限责任公司	291	42.58
28	阜新矿业（集团）有限责任公司	416	59.02	78	安徽国贸集团控股有限公司	384	42.24
29	阳泉煤业（集团）有限责任公司	93	58.50	79	江苏申特钢铁有限公司	247	42.09
30	天津百利机电控股集团有限公司	184	58.17	80	中太建设集团股份有限公司	413	41.99
31	江西铜业集团公司	78	56.92	81	上海医药集团股份有限公司	190	41.78
32	盛虹集团有限公司	344	56.87	82	中国医药集团总公司	86	41.78
33	中国贵州茅台酒厂（集团）有限责任公司	376	56.74	83	河南神火集团有限公司	298	41.66
34	福建省能源集团有限责任公司	380	56.50	84	铜陵有色金属集团控股有限公司	111	41.31
35	开滦（集团）有限责任公司	75	56.10	85	四川华西集团有限公司	244	41.19
36	浙江恒逸集团有限公司	185	56.04	86	山东博汇集团有限公司	419	40.93
37	绿地控股集团有限公司	73	56.01	87	中国有色矿业集团有限公司	165	40.90
38	四川德胜集团钢铁有限公司	347	55.90	88	山西建筑工程（集团）总公司	455	40.78
39	河北建设集团有限公司	433	55.54	89	北京建龙重工集团有限公司	149	40.69
40	四川省达州钢铁集团有限责任公司	443	55.26	90	滨化集团公司	254	40.68
41	中国黄金集团公司	139	54.45	91	山西省国新能源发展集团有限公司	409	40.65
42	义马煤业集团股份有限公司	283	54.25	92	广发银行股份有限公司	210	40.31
43	重庆农村商业银行股份有限公司	489	53.26	93	河北津西钢铁集团股份有限公司	195	40.26
44	河北普阳钢铁有限公司	332	53.11	94	雨润控股集团有限公司	118	40.14
45	江苏扬子江船业集团公司	269	52.72	95	山东魏桥创业集团有限公司	64	40.00
46	青山控股集团有限公司	285	52.38	96	宁波银亿集团有限公司	399	39.89
47	广东省广晟资产经营有限公司	251	52.36	97	中国恒天集团有限公司	273	39.79
48	正邦集团有限公司	450	52.32	98	四川公路桥梁建设集团有限公司	395	39.77
49	弘阳集团有限公司	470	51.78	99	大汉控股集团有限公司	460	39.73
50	冀中能源集团有限责任公司	41	51.27	100	厦门象屿集团有限公司	253	39.61
					中国企业500强平均数		23.79

表 8－17　　2012 中国企业 500 强净利润增长率排序前 100 名企业

排名	公司名称	总排名	净利润增长率（%）	排名	公司名称	总排名	净利润增长率（%）
1	中国铁道建筑总公司	11	11488.21	51	合肥百货大楼集团股份有限公司	308	76.61
2	四川宏达（集团）有限公司	295	809.49	52	青建集团股份公司	305	76.29
3	大同煤矿集团有限责任公司	92	690.77	53	上海华谊（集团）公司	225	75.17
4	中国化工集团公司	59	502.92	54	山西煤炭进出口集团有限公司	151	75.09
5	阜新矿业（集团）有限责任公司	416	480.24	55	成都建筑工程集团总公司	304	72.59
6	西林钢铁集团有限公司	459	475.61	56	中国大唐集团公司	53	71.72
7	广西建工集团有限责任公司	272	311.32	57	河北建设集团有限公司	433	71.33
8	中国铝业公司	35	277.63	58	中国诚通控股集团有限公司	163	70.75
9	广州轻工工贸集团有限公司	498	258.41	59	广州医药集团有限公司	277	70.26
10	山东泰山钢铁集团有限公司	307	257.46	60	海尔集团公司	72	68.14
11	阳光保险集团股份有限公司	310	245.51	61	绿城房地产集团有限公司	258	68.08
12	淮北矿业（集团）有限责任公司	227	226.22	62	中国贵州茅台酒厂（集团）有限责任公司	376	68.03
13	天瑞集团有限公司	494	219.20	63	大冶有色金属集团控股有限公司	236	67.82
14	包头钢铁（集团）有限责任公司	178	199.32	64	上海复星高科技（集团）有限公司	181	66.83
15	阳泉煤业（集团）有限责任公司	93	198.45	65	隆基泰和实业有限公司	243	66.54
16	武汉钢铁（集团）公司	39	178.60	66	云南建工集团有限公司	377	66.11
17	广西柳工集团有限公司	414	178.01	67	恒力集团有限公司	196	63.91
18	内蒙古电力（集团）有限责任公司	191	173.44	68	中太建设集团股份有限公司	413	63.61
19	四川长虹电子集团有限公司	144	164.72	69	盾安控股集团有限公司	271	63.09
20	中国工艺（集团）公司	245	156.81	70	中国南车集团公司	135	62.66
21	宜昌三峡全通涂镀板有限公司	481	153.66	71	河北建工集团有限责任公司	421	62.16
22	青山控股集团有限公司	285	147.63	72	红塔烟草（集团）有限责任公司	143	59.85
23	广东振戎能源有限公司	279	143.33	73	开滦（集团）有限责任公司	75	59.77
24	江西省煤炭集团公司	478	141.42	74	重庆化医控股（集团）公司	335	59.55
25	山东黄金集团有限公司	220	137.21	75	中国民生银行股份有限公司	77	58.81
26	TCL 集团股份有限公司	173	134.24	76	中国建筑工程总公司	9	57.24
27	宁波金田投资控股有限公司	288	133.29	77	利华益集团股份有限公司	428	56.31
28	内蒙古伊利实业集团股份有限公司	246	132.79	78	维维集团股份有限公司	451	56.01
29	江苏金浦集团有限公司	423	125.43	79	上海建工集团股份有限公司	104	55.92
30	湖南博长控股集团有限公司	357	122.44	80	铜陵有色金属集团控股有限公司	111	55.77
31	利群集团股份有限公司	468	118.26	81	江苏国泰国际集团有限公司	351	55.19
32	中国邮政集团公司	30	116.49	82	广发银行股份有限公司	210	54.89
33	内蒙古伊东资源集团股份有限公司	457	116.17	83	中国北方机车车辆工业集团公司	119	54.80
34	金川集团股份有限公司	91	112.93	84	中国新世纪控股集团有限公司	368	54.52
35	中国联合网络通信集团有限公司	42	111.27	85	中国中材集团有限公司	175	54.04
36	中金再生资源（中国）投资有限公司	221	110.02	86	华夏银行股份有限公司	275	53.97
37	中国建筑材料集团有限公司	51	100.16	87	安徽海螺集团有限责任公司	147	53.28
38	北京汽车集团有限公司	47	95.00	88	重庆龙湖企业拓展有限公司	359	53.20
39	中国盐业总公司	312	92.57	89	天津一商集团有限公司	286	53.08
40	山东石横特钢集团有限公司	425	92.42	90	吉林亚泰（集团）股份有限公司	270	52.11
41	天津港（集团）有限公司	403	91.12	91	北京建龙重工集团有限公司	149	52.01
42	江铃汽车集团公司	294	90.36	92	天津物产集团有限公司	48	51.64
43	石家庄北国人百集团有限责任公司	410	90.02	93	山西省国新能源发展集团有限公司	409	51.45
44	山东中烟工业有限责任公司	361	83.16	94	中国中煤能源集团有限公司	96	51.36
45	老凤祥股份有限公司	422	83.10	95	万向集团公司	131	51.33
46	广东省建筑工程集团有限公司	386	83.00	96	酒泉钢铁（集团）有限责任公司	128	50.84
47	上海纺织（集团）有限公司	224	81.54	97	江苏省苏中建设集团股份有限公司	417	50.46
48	云天化集团有限责任公司	213	80.77	98	江苏扬子江船业集团公司	269	50.24
49	中联重科股份有限公司	127	77.29	99	广东省丝绸纺织集团有限公司	287	50.21
50	江阴澄星实业集团有限公司	302	76.80	100	恒大地产集团有限公司	170	49.98
					中国企业 500 强平均数		15.01

表 8－18　　2012 中国企业 500 强资产增长率排序前 100 名企业

排名	公司名称	总排名	资产增长率（%）	排名	公司名称	总排名	资产增长率（%）
1	海南大印集团有限公司	281	226.74	51	远东控股集团有限公司	463	44.04
2	中太建设集团股份有限公司	413	153.33	52	宜昌三峡全通涂镀板有限公司	481	44.00
3	湖南博长控股集团有限公司	357	143.94	53	天津物产集团有限公司	48	43.97
4	三河汇福粮油集团有限公司	479	104.38	54	大连万达集团股份有限公司	101	43.74
5	内蒙古伊东资源集团股份有限公司	457	102.06	55	山西晋城无烟煤矿业集团有限责任公司	85	43.65
6	陕西东岭工贸集团股份有限公司	306	95.45	56	河北建设集团有限公司	433	43.33
7	中国平安保险（集团）股份有限公司	32	95.06	57	山西煤炭进出口集团有限公司	151	40.87
8	桐昆集团股份有限公司	317	86.60	58	云南建工集团有限公司	377	40.42
9	隆基泰和实业有限公司	243	73.63	59	长城汽车股份有限公司	311	39.82
10	恒大地产集团有限公司	170	71.39	60	西林钢铁集团有限公司	459	39.79
11	阳光保险集团股份有限公司	310	71.25	61	河南豫光金铅集团有限责任公司	484	39.53
12	中国诚通控股集团有限公司	163	69.79	62	厦门象屿集团有限公司	253	39.22
13	广东振戎能源有限公司	279	69.78	63	中国华润总公司	25	38.77
14	青建集团股份公司	305	68.60	64	四川华西集团有限公司	244	38.69
15	浙江恒逸集团有限公司	185	64.02	65	TCL 集团股份有限公司	173	38.40
16	江苏国泰国际集团有限公司	351	62.21	66	山东能源集团有限公司	69	38.21
17	陕西煤业化工集团有限责任公司	107	60.16	67	合肥百货大楼集团股份有限公司	308	37.96
18	隆鑫控股有限公司	477	59.01	68	中国化工集团公司	59	37.91
19	腾讯控股有限公司	322	58.54	69	黑龙江北大荒农垦集团总公司	103	37.65
20	上海医药集团股份有限公司	190	58.03	70	浙江八达建设集团有限公司	465	37.59
21	江苏苏宁环球集团有限公司	235	56.88	71	河北津西钢铁集团股份有限公司	195	37.19
22	广西北部湾国际港务集团有限公司	446	56.39	72	江苏金辉集团公司	497	37.08
23	长春欧亚集团股份有限公司	454	56.16	73	安徽海螺集团有限责任公司	147	36.95
24	三一集团有限公司	138	55.82	74	山东胜通集团股份有限公司	437	36.70
25	广西建工集团有限责任公司	272	55.74	75	紫金矿业集团股份有限公司	241	36.25
26	新疆广汇实业投资（集团）有限责任公司	137	55.07	76	苏宁电器集团有限公司	50	36.16
27	维维集团股份有限公司	451	53.48	77	山东省商业集团有限公司	201	35.76
28	世纪金源投资集团有限公司	338	53.05	78	内蒙古伊泰集团有限公司	237	35.70
29	奥克斯集团有限公司	284	52.80	79	万达控股集团有限公司	440	35.69
30	徐州工程机械集团有限公司	122	52.28	80	绿地控股集团有限公司	73	35.65
31	青山控股集团有限公司	285	51.92	81	山东魏桥创业集团有限公司	64	35.64
32	恒力集团有限公司	196	51.01	82	中国有色矿业集团有限公司	165	35.57
33	新疆特变电工集团有限公司	400	50.97	83	德力西集团有限公司	406	35.25
34	正泰集团股份有限公司	364	50.66	84	中天发展控股集团有限公司	264	35.24
35	盾安控股集团有限公司	271	50.56	85	中国建筑材料集团有限公司	51	35.20
36	盛虹集团有限公司	344	49.62	86	唐山港陆钢铁有限公司	323	34.89
37	庞大汽贸集团股份有限公司	187	48.53	87	中国贵州茅台酒厂（集团）有限责任公司	376	34.84
38	成都建筑工程集团总公司	304	48.42	88	冀中能源集团有限责任公司	41	34.10
39	天津钢管集团股份有限公司	102	47.68	89	金川集团股份有限公司	91	33.98
40	山西省国新能源发展集团有限公司	409	47.60	90	山东博汇集团有限公司	419	33.81
41	江苏省苏中建设集团股份有限公司	417	47.09	91	唐山瑞丰钢铁（集团）有限公司	301	33.80
42	海航集团有限公司	112	47.03	92	北京汽车集团有限公司	47	33.44
43	中国医药集团总公司	86	46.84	93	大汉控股集团有限公司	460	33.43
44	重庆市能源投资集团公司	352	46.62	94	杭州汽轮动力集团有限公司	214	33.28
45	南方石化集团有限公司	276	46.52	95	中国化学工程股份有限公司	219	33.26
46	海亮集团有限公司	157	46.38	96	山东招金集团有限公司	309	32.83
47	九州通医药集团股份有限公司	372	45.81	97	河北普阳钢铁有限公司	332	32.77
48	江苏扬子江船业集团公司	269	45.41	98	老凤祥股份有限公司	422	32.16
49	白银有色集团股份有限公司	411	45.09	99	中国人民保险集团股份有限公司	37	32.12
50	中天钢铁集团有限公司	169	44.91	100	上海城建（集团）公司	223	32.11
					中国企业 500 强平均数		17.49

表 8-19　　2012 中国企业500强研发费用增长率排序前100名企业

排名	公司名称	总排名	研发费用增长率（%）	排名	公司名称	总排名	研发费用增长率（%）
1	河北敬业企业集团有限责任公司	230	3293.83	51	中国航空油料集团公司	38	94.23
2	东方国际（集团）有限公司	401	2720.00	52	吉林亚泰（集团）股份有限公司	270	88.41
3	北京首都创业集团有限公司	473	1900.00	53	义马煤业集团股份有限公司	283	86.16
4	山西煤炭运销集团有限公司	66	1238.57	54	四川省达州钢铁集团有限责任公司	443	85.45
5	中国航空集团公司	108	1125.52	55	北京能源投资（集团）有限公司	402	85.41
6	中国电力投资集团公司	68	921.74	56	中国中化集团公司	13	85.07
7	山西晋城无烟煤矿业集团有限责任公司	85	819.73	57	重庆建工集团股份有限公司	229	79.09
8	西林钢铁集团有限公司	459	709.23	58	山东能源集团有限公司	69	77.90
9	山东石横特钢集团有限公司	425	642.53	59	新兴际华集团有限公司	74	76.75
10	内蒙古伊东资源集团股份有限公司	457	597.44	60	中国通用技术（集团）控股有限责任公司	80	75.53
11	安徽省皖北煤电集团有限责任公司	339	565.49	61	上海东浩国际服务贸易（集团）有限公司	189	72.72
12	湖南博长控股集团有限公司	357	552.54	62	云南煤化工集团有限公司	346	72.43
13	西部矿业集团有限公司	366	533.80	63	陕西延长石油（集团）有限责任公司	89	71.90
14	黑龙江北大荒农垦集团总公司	103	511.55	64	神华集团有限责任公司	26	71.30
15	本钢集团有限公司	116	432.93	65	华勤橡胶工业集团有限公司	398	70.82
16	中国中纺集团公司	266	431.22	66	中国海运（集团）总公司	167	70.43
17	江苏悦达集团有限公司	141	410.35	67	中国国际技术智力合作公司	318	69.14
18	广西建工集团有限责任公司	272	385.39	68	中国联合网络通信集团有限公司	42	68.72
19	北京控股集团有限公司	255	384.39	69	广厦控股集团有限公司	152	68.22
20	中国华电集团公司	62	352.42	70	河北建设集团有限公司	433	68.08
21	北京金隅集团有限责任公司	256	308.84	71	浙江省能源集团有限公司	177	67.60
22	四川华西集团有限公司	244	277.97	72	宁波银亿集团有限公司	399	66.65
23	浙江省物产集团公司	61	270.12	73	河北津西钢铁集团股份有限公司	195	65.99
24	中国大唐集团公司	53	244.80	74	中国邮政集团公司	30	65.58
25	桐昆集团股份有限公司	317	215.13	75	大秦铁路股份有限公司	215	64.42
26	中太建设集团股份有限公司	413	214.72	76	北京汽车集团有限公司	47	64.12
27	大汉控股集团有限公司	460	213.79	77	内蒙古鄂尔多斯羊绒集团有限责任公司	456	64.12
28	北京首都旅游集团有限责任公司	268	212.50	78	天津市津能投资公司	472	63.96
29	中国五矿集团公司	19	192.90	79	中联重科股份有限公司	127	62.45
30	隆基泰和实业有限公司	243	184.32	80	新华联控股有限公司	262	61.40
31	昆明钢铁控股有限公司	341	182.98	81	腾讯控股有限公司	322	59.29
32	重庆市能源投资集团公司	352	176.59	82	江西铜业集团公司	78	57.54
33	中国外运长航集团有限公司	105	168.26	83	广州轻工工贸集团有限公司	498	57.07
34	陕西煤业化工集团有限责任公司	107	162.54	84	中国化工集团公司	59	54.69
35	云南冶金集团股份有限公司	453	162.39	85	广东物资集团公司	162	54.65
36	中国平安保险（集团）股份有限公司	32	160.46	86	盾安控股集团有限公司	271	54.30
37	沈阳远大企业集团	448	160.18	87	内蒙古电力（集团）有限责任公司	191	54.20
38	河北钢铁集团有限公司	31	136.37	88	百联集团有限公司	36	54.03
39	云天化集团有限责任公司	213	132.30	89	新华锦集团有限公司	491	53.81
40	山西潞安矿业（集团）有限责任公司	84	127.66	90	南京钢铁集团有限公司	140	53.24
41	山东胜通集团股份有限公司	437	122.22	91	中国建筑材料集团有限公司	51	52.38
42	中国诚通控股集团有限公司	163	116.08	92	正邦集团有限公司	450	52.31
43	浙江吉利控股集团有限公司	71	110.83	93	中国有色矿业集团有限公司	165	52.28
44	中国东方航空集团公司	120	102.59	94	山东高速集团有限公司	435	51.94
45	山西煤炭进出口集团有限公司	151	100.83	95	郑州煤炭工业（集团）有限责任公司	300	50.66
46	冀东发展集团有限责任公司	441	100.70	96	山东京博控股股份有限公司	328	49.21
47	中国医药集团总公司	86	99.91	97	重庆轻纺控股（集团）公司	362	49.16
48	中国黄金集团公司	139	97.64	98	山东黄金集团有限公司	220	47.74
49	浙江省建设投资集团有限公司	257	95.70	99	酒泉钢铁（集团）有限责任公司	128	47.33
50	中国电信集团公司	24	94.57	100	阳光保险集团股份有限公司	310	47.11
					中国企业500强平均数		19.67

第九章
2012 中国制造业企业 500 强数据资料

表9-1　　2012中国制造业企业500强

名次	企业名称	地区	营业收入（万元）	净利润（万元）	资产（万元）	所有者权益（万元）	从业人数
1	中国石油化工集团公司	北京	255195093	6111302	174530740	57640284	1021979
2	上海汽车集团股份有限公司	上海	43480395	2022187	31863318	10236231	115932
3	东风汽车公司	湖北	40672043	854103	23205842	3831020	161377
4	中国第一汽车集团公司	吉林	36852527	1485256	21421444	8097162	82175
5	中国五矿集团公司	北京	35240263	487252	23059076	3099999	115137
6	宝钢集团有限公司	上海	31624500	1206858	47381978	22738721	104190
7	中国兵器工业集团公司	北京	31131604	386454	26196283	6156866	279563
8	中国兵器装备集团公司	北京	27902743	113830	26110034	3685673	228245
9	中国航空工业集团公司	北京	26399877	601491	51576797	11756136	469048
10	河北钢铁集团有限公司	河北	25034171	128217	31618912	5434478	133107
11	首钢总公司	北京	23349783	137559	36765922	8586597	120371
12	中国铝业公司	北京	23170175	49391	39662045	2394769	184355
13	武汉钢铁（集团）公司	湖北	22148880	429533	22224918	4854916	115582
14	江苏沙钢集团有限公司	江苏	20750672	345974	17068665	3485404	44331
15	华为技术有限公司	广东	20392900	1164700	19328300	6622800	140000
16	北京汽车集团有限公司	北京	20077517	317806	16857443	1306594	68262
17	中国建筑材料集团有限公司	北京	19409221	424412	20751094	1589129	125439
18	联想控股有限公司	北京	18307801	177480	15048975	1533221	37230
19	中国化工集团公司	北京	17912484	64693	24770050	1965350	138553
20	中国电子信息产业集团有限公司	北京	16823613	131245	14478294	1480290	126539
21	中国船舶重工集团公司	北京	16255968	540953	35053371	7139965	162000
22	山东魏桥创业集团有限公司	山东	16101478	728979	8182408	4316909	141299
23	广州汽车工业集团有限公司	广东	15998660	223055	10987748	1832115	53133
24	鞍钢集团公司	辽宁	15573577	159872	27171022	8208481	210528
25	浙江吉利控股集团有限公司	浙江	15099498	58180	10522681	983744	37800
26	海尔集团公司	山东	15092957	395557	14359988	1432534	72393
27	新兴际华集团有限公司	北京	14761161	156868	6416183	1786624	77512
28	江西铜业集团公司	江西	13549328	240339	8348113	1818140	28129
29	美的集团有限公司	广东	13411615	344910	9034514	1249428	145000
30	正威国际集团有限公司	广东	12801904		5032302	3917884	15016
31	太原钢铁（集团）有限公司	山西	12702036	134439	11213058	2839510	39478
32	光明食品（集团）有限公司	上海	12455402	764503	18470910	7317835	116402
33	山东钢铁集团有限公司	山东	12433831	14910	15457160	2276891	98943
34	金川集团股份有限公司	甘肃	12182333	373495	8779834	2777265	34945
35	中国航天科工集团公司	北京	11191632	517727	13864031	4882599	125966
36	天津中环电子信息集团有限公司	天津	11028125	430298	3859806	2053483	45630
37	天津钢管集团股份有限公司	天津	10409205	34444	7357580	1567218	10811

名次	企业名称	地区	营业收入（万元）	净利润（万元）	资产（万元）	所有者权益（万元）	从业人数
38	天津天钢集团有限公司	天津	10300017	24935	6584991	1677773	16151
39	潍柴控股集团有限公司	山东	9826166	101542	7205306	404368	44170
40	天津汽车工业（集团）有限公司	天津	9696768	681181	4413671	2254366	34518
41	铜陵有色金属集团控股有限公司	安徽	9403158	187633	5582978	1550947	29146
42	上海电气（集团）总公司	上海	9284032	71736	15077705	1683826	64425
43	马钢（集团）控股有限公司	安徽	9229817	6908	9211083	1899692	54547
44	本钢集团有限公司	辽宁	9193926	58582	12575923	2456676	87219
45	上海烟草集团有限责任公司	上海	9110435	1468810	10256304	8963953	16576
46	雨润控股集团有限公司	江苏	9074651	253206	7280056	1749240	110000
47	中国北方机车车辆工业集团公司	北京	8923411	204568	10407902	2231500	87615
48	华晨汽车集团控股有限公司	辽宁	8750507	22637	5841041	193696	40400
49	徐州工程机械集团有限公司	江苏	8713785	419862	4942098	1985379	22215
50	天津冶金集团有限公司	天津	8689609	19552	6910223	842277	14923
51	中兴通讯股份有限公司	广东	8625446	206017	10536811	2423172	89786
52	天津天铁冶金集团有限公司	天津	8525589	20663	7364205	1170109	26881
53	中联重科股份有限公司	湖南	8480577	960247	7158177	3563476	28833
54	酒泉钢铁（集团）有限责任公司	甘肃	8442378	68420	10324649	1741136	35617
55	湖南华菱钢铁集团有限责任公司	湖南	8396468	109322	13068442	1436454	
56	万向集团公司	浙江	8354223	371262	5559670	1711650	30749
57	珠海格力电器股份有限公司	广东	8351725	523694	8521159	1760687	81659
58	杭州钢铁集团公司	浙江	8284861	101267	4021800	1154813	13943
59	中国南车集团公司	北京	8263113	205535	10132195	1628687	89777
60	三一集团有限公司	湖南	8020000	619095	8281283	1850829	66940
61	中国黄金集团公司	北京	7912335	1510332	5321821	1089363	45939
62	南京钢铁集团有限公司	江苏	7844459	45020	3689991	787346	12670
63	江苏悦达集团有限公司	江苏	7824522	73282	4684644	676730	28706
64	红塔烟草（集团）有限责任公司	云南	7726123	551431	9613158	6075443	32241
65	四川长虹电子集团有限公司	四川	7655369	15637	6026544	388172	70762
66	新希望集团有限公司	四川	7538106	125619	4347024	1003869	79736
67	安徽海螺集团有限责任公司	安徽	7271887	346615	9093247	1553671	46626
68	湖南中烟工业有限责任公司	湖南	7251504	673611	5260454	4277987	22466
69	北京建龙重工集团有限公司	北京	7212870	110364	5866519	1119410	53081
70	海信集团有限公司	山东	7157576	293017	5385741	1805263	31432
71	杭州娃哈哈集团有限公司	浙江	6785504	19499	3234994	196798	29065
72	海亮集团有限公司	浙江	6779700	187340	3162900	606573	10325
73	山东大王集团有限公司	山东	6605515	262791	4827668	1425685	26277
74	红云红河烟草（集团）有限责任公司	云南	6605405	532302	6218381	4228649	13721
75	中国国际海运集装箱（集团）股份有限公司	广东	6412505	369093	6436171	2161367	64530

名次	企业名称	地区	营业收入（万元）	净利润（万元）	资产（万元）	所有者权益（万元）	从业人数
76	中国有色矿业集团有限公司	北京	6408199	72413	7156803	799494	35994
77	南山集团有限公司	山东	6360389	621804	5513516	2982791	39186
78	中天钢铁集团有限公司	江苏	6265259	98291	4289525	1328180	12280
79	陕西有色金属控股集团有限责任公司	陕西	6127444	86451	8577521	2755372	41689
80	TCL 集团股份有限公司	广东	6075155	101317	7401432	1130550	56190
81	天津市一轻集团（控股）有限公司	天津	6015152	133783	3322744	942639	33493
82	中国中材集团有限公司	北京	6001024	96714	9118010	892230	78148
83	包头钢铁（集团）有限责任公司	内蒙古	5880885	177700	9982316	1978296	48006
84	福建联合石油化工有限公司	福建	5842851	-84996	4278979	1049559	2051
85	上海复星高科技（集团）有限公司	上海	5798111	370364	12854104	1727295	31046
86	天津渤海化工集团公司	天津	5782479	24566	9296192	2505952	42382
87	北大方正集团有限公司	北京	5765741	84054	6508594	1284780	32659
88	天津百利机电控股集团有限公司	天津	5666007	334694	3656740	1656505	37106
89	浙江恒逸集团有限公司	浙江	5629501	147125	2939598	642732	7202
90	湖北宜化集团有限责任公司	湖北	5604919	81128	5304432	652632	30365
91	上海医药集团股份有限公司	上海	5489987	204224	4766782	2307847	37249
92	江苏华西集团公司	江苏	5384760	94902	3139213	852159	20783
93	河北津西钢铁集团股份有限公司	河北	5296009	161230	2945060	763228	11215
94	恒力集团有限公司	江苏	5229566	379667	4855315	1804307	38120
95	日照钢铁控股集团有限公司	山东	5177050	120791	5793291	1234783	11860
96	无锡产业发展集团有限公司	江苏	5163102	172857	3006670	1288375	21500
97	新华联合冶金控股集团有限公司	北京	5149035	80873	3548994	627391	13892
98	河南省漯河市双汇实业集团有限责任公司	河南	5032467	129353	2011186	958454	62504
99	江苏新长江实业集团有限公司	江苏	5007567	138384	2679676	629926	8698
100	湖北中烟工业有限责任公司	湖北	4950378	246726	3025565	1533225	6435
101	中国东方电气集团有限公司	四川	4908802	87992	9811521	1094046	27632
102	比亚迪股份有限公司	广东	4882690	138463	6562440	2112450	177624
103	四川省宜宾五粮液集团有限公司	四川	4872960	654215	5899508	3611373	50237
104	安阳钢铁集团有限责任公司	河南	4856940	-23815	4179243	490368	30201
105	天津荣程联合钢铁集团有限公司	天津	4626240	11857	1256750	551487	4986
106	中国核工业集团公司	北京	4618671	312410	25777800	5053122	84838
107	云天化集团有限责任公司	云南	4613894	139521	8034945	1761395	36359
108	杭州汽轮动力集团有限公司	浙江	4592990	66355	2207066	350628	5078
109	新余钢铁集团有限公司	江西	4421302	15898	3456919	792602	28087
110	青岛钢铁控股集团有限责任公司	山东	4361364	2727	1777226	331815	13424
111	山东黄金集团有限公司	山东	4348309	72077	3109249	438984	20583
112	浙江中烟工业有限责任公司	浙江	4315413	230157	2705498	2405399	3189
113	上海纺织（集团）有限公司	上海	4299799	36543	2332622	594978	16723

名次	企业名称	地区	营业收入（万元）	净利润（万元）	资产（万元）	所有者权益（万元）	从业人数
114	上海华谊（集团）公司	上海	4299642	78627	4802695	1457402	32346
115	广西玉柴机器集团有限公司	广西	4292060		3279593	888235	23241
116	奇瑞汽车股份有限公司	安徽	4270954	38189	5324471	1179663	24963
117	河北敬业企业集团有限责任公司	河北	4257824	67121	1196568	485685	15568
118	江苏三房巷集团有限公司	江苏	4192708	87718	1796421	773574	6128
119	江苏西城三联控股集团	江苏	4173937	31578	1169122	1159122	5413
120	江西萍钢实业股份有限公司	江西	4109451	26186	2882821	748148	21205
121	大冶有色金属集团控股有限公司	湖北	4063253	33313	1948496	409036	15689
122	厦门海翼集团有限公司	福建	4007330	50325	3400793	533430	22842
123	临沂新程金锣肉制品集团有限公司	山东	3982268	151729	1196748	956559	30135
124	紫金矿业集团股份有限公司	福建	3976392	571257	5232020	2500861	21002
125	内蒙古伊利实业集团股份有限公司	内蒙古	3745137	180922	1992950	602385	21925
126	江苏申特钢铁有限公司	江苏	3703425	8682	923292	181643	4342
127	安徽江淮汽车集团有限公司	安徽	3664316	30803	2432869	311561	31193
128	雅戈尔集团股份有限公司	浙江	3603107	254951	5996245	1471457	51266
129	滨化集团公司	山东	3581864	127975	1164287	658241	4107
130	北京金隅集团有限责任公司	北京	3543837	116885	8120777	1027921	32928
131	通威集团有限公司	四川	3525196	39224	1001873	458673	17856
132	广东格兰仕集团有限公司	广东	3517642	23209	1848828	434953	41041
133	红豆集团有限公司	江苏	3517139	99147	1817260	627902	17782
134	新华联控股有限公司	北京	3516633	168652	2702276	653351	39256
135	金龙精密铜管集团股份有限公司	河南	3505197	13080	1419064	154890	4650
136	浙江荣盛控股集团有限公司	浙江	3485658	202004	2768586	1011746	5776
137	江苏扬子江船业集团公司	江苏	3461903	564494	4980168	1837576	17334
138	吉林亚泰（集团）股份有限公司	吉林	3390318	74844	3397670	781957	30402
139	盾安控股集团有限公司	浙江	3383134	102070	2736352	646571	16159
140	中国恒天集团有限公司	北京	3362386	1788	4346288	284367	53561
141	广州医药集团有限公司	广东	3307758	32552	1656809	283352	14203
142	四川省川威集团有限公司	四川	3295502	79051	1770488	783995	16847
143	哈尔滨电气集团公司	黑龙江	3218506	66703	5550724	792895	25953
144	奥克斯集团有限公司	浙江	3209693	70812	1501918	83966	20458
145	青山控股集团有限公司	浙江	3200000	50060	1150031	227159	10000
146	宁波金田投资控股有限公司	浙江	3150260	39930	594350	282288	5144
147	陕西汽车集团有限责任公司	陕西	3136574	6769	2956437	314628	31956
148	重庆钢铁（集团）有限责任公司	重庆	3134818	-42626	6755979	1199832	22216
149	江苏阳光集团有限公司	江苏	3132445	155877	2001938	711216	15800
150	江铃汽车集团公司	江西	3110904	71689	2441389	400163	25097
151	四川宏达（集团）有限公司	四川	3090273	22910	3130449	250025	18611

名次	企业名称	地区	营业收入（万元）	净利润（万元）	资产（万元）	所有者权益（万元）	从业人数
152	唐山瑞丰钢铁（集团）有限公司	河北	3064204	32747	916033	320143	11630
153	江阴澄星实业集团有限公司	江苏	3056368	124189	1895097	699322	5062
154	广西投资集团有限公司	广西	3054523	11794	5410797	854928	18740
155	陕西东岭工贸集团股份有限公司	陕西	3030988	12404	1997642	507935	10383
156	山东泰山钢铁集团有限公司	山东	3030960	12400	1150067	168963	9451
157	山东招金集团有限公司	山东	3028718	162351	2067866	822304	13272
158	长城汽车股份有限公司	河北	3008948	342620	3313486	1673711	42002
159	中国盐业总公司	北京	2990465	27961	4242458	552801	55738
160	山东金诚石化集团有限公司	山东	2903978	70488	358509	311516	1600
161	桐昆集团股份有限公司	浙江	2903279	111922	1058379	649983	11594
162	天狮集团有限公司	天津	2890657	299178	1184647	869386	2335
163	杭州橡胶（集团）公司	浙江	2871992	95908	1682303	529595	22563
164	唐山港陆钢铁有限公司	河北	2834638	44126	1574225	692313	9131
165	扬子江药业集团有限公司	江苏	2810802	148784	1129617	948516	8633
166	海澜集团有限公司	江苏	2801268	166402	1848557	1066028	26000
167	山东京博控股股份有限公司	山东	2800372	71948	1418139	329934	6190
168	重庆机电控股（集团）公司	重庆	2746262	121560	2980492	607629	34929
169	河北普阳钢铁有限公司	河北	2735432	103018	1381684	673028	9870
170	华泰集团有限公司	山东	2720066	150728	2251344	311884	15042
171	重庆化医控股（集团）公司	重庆	2694469	42708	4086344	651481	37731
172	福建省三钢（集团）有限责任公司	福建	2693169	40944	2176266	629319	18533
173	山东晨鸣纸业集团股份有限公司	山东	2688961	60827	4563083	1352862	17862
174	万基控股集团有限公司	河南	2668122	-25852	2095838	325993	13991
175	昆明钢铁控股有限公司	云南	2666719	120101	4109113	1703248	18088
176	百兴集团有限公司	江苏	2663325	63505	718126	452540	4521
177	人民电器集团有限公司	浙江	2657124	110820	668212	405607	23000
178	盛虹集团有限公司	江苏	2650231	99084	2426629	674955	20745
179	华盛江泉集团有限公司	山东	2632688	78302	1157765	583472	23062
180	云南煤化工集团有限公司	云南	2619587	6745	4342328	576456	37879
181	四川德胜集团钢铁有限公司	四川	2619416	67947	2451265	731918	14158
182	晶龙实业集团有限公司	河北	2618725	94275	2514967	459293	21984
183	山东时风（集团）有限责任公司	山东	2615282	90446	493603	340502	23081
184	旭阳控股有限公司	北京	2610381	28192	2188930	342452	7060
185	华芳集团有限公司	江苏	2605193	27433	957962	392379	22257
186	北京京城机电控股有限责任公司	北京	2602824	38853	3576941	746532	25434
187	山东太阳纸业股份有限公司	山东	2585783	49546	1910181	400913	9315
188	湖南博长控股集团有限公司	湖南	2568853	23654	1519365	240240	7577
189	东营方圆有色金属有限公司	山东	2554060	115169	945076	458798	2523

名次	企业名称	地区	营业收入（万元）	净利润（万元）	资产（万元）	所有者权益（万元）	从业人数
190	山东中烟工业有限责任公司	山东	2521379	182755	2202249	1588529	15379
191	重庆轻纺控股（集团）公司	重庆	2520496	25298	2790396	496406	26338
192	正泰集团股份有限公司	浙江	2515732	65669	2344693	514485	22274
193	西部矿业集团有限公司	青海	2500703	9634	3503006	456274	12255
194	海城市西洋镁矿有限公司	辽宁	2500000	120000	1070000	570000	11000
195	中国新世纪控股集团有限公司	浙江	2497183	38262	274836	216053	5580
196	贵州中烟工业有限责任公司	贵州	2496829	158484	1628959	988487	10064
197	西王集团有限公司	山东	2489802	102956	1837390	689265	14000
198	河北文丰钢铁有限公司	河北	2484514	59102	1156118	324146	6250
199	泸州老窖集团有限责任公司	四川	2462383	133281	5294200	1117120	17225
200	天津友发钢管集团有限公司	天津	2440771	26751	948479	198417	7645
201	中国贵州茅台酒厂（集团）有限责任公司	贵州	2429810	601563	4474769	2251878	17934
202	上海人民企业（集团）有限公司	上海	2413666	221974	1201585	1174192	27320
203	天津二轻集团（控股）有限公司	天津	2412039	28047	1496602	523163	18827
204	河南豫联能源集团有限责任公司	河南	2343163	-46565	2495141	650841	8186
205	青岛啤酒股份有限公司	山东	2315805	173793	2163415	1111044	34193
206	东北特殊钢集团有限责任公司	辽宁	2315199	7198	4720559	730229	26325
207	天正集团有限公司	浙江	2310051	76957	320088	185032	9479
208	天津市医药集团有限公司	天津	2308748	130811	2641041	1280514	16147
209	亚邦投资控股集团有限公司	江苏	2302923	65479	1916890	559422	8960
210	南金兆集团有限公司	山东	2297778	20116	1513592	311458	4636
211	山东如意科技集团有限公司	山东	2275501	107226	1216126	588851	22395
212	华勤橡胶工业集团有限公司	山东	2264099	74639	1373815	680915	6900
213	新疆特变电工集团有限公司	新疆	2253721	192973	4603723	1844592	20987
214	德力西集团有限公司	浙江	2208842	45584	1103939	284742	21000
215	湖南晟通科技集团有限公司	湖南	2208552	27217	927127	342534	4150
216	春风实业集团有限责任公司	河北	2203483	8470	499638	123729	13400
217	白银有色集团股份有限公司	甘肃	2185429	59130	2974556	1026247	18911
218	广西柳工集团有限公司	广西	2157159	17729	2896953	136820	18762
219	广州万宝集团有限公司	广东	2133479	23610	1451417	175139	16456
220	山东博汇集团有限公司	山东	2123890	82567	2121146	372619	11826
221	云南锡业集团（控股）有限责任公司	云南	2116237	25052	3686629	394163	27345
222	老凤祥股份有限公司	上海	2112640	52294	727659	216855	2889
223	江苏金浦集团有限公司	江苏	2103148	87078	1090291	380998	8500
224	山东石横特钢集团有限公司	山东	2099539	80141	781640	307171	5539
225	同方股份有限公司	北京	2096205	70743	3017095	853598	17169
226	郑州宇通集团有限公司	河南	2095208	128711	2191985	441726	11076
227	利华益集团股份有限公司	山东	2091663	75147	1370316	621073	3960

名次	企业名称	地区	营业收入（万元）	净利润（万元）	资产（万元）	所有者权益（万元）	从业人数
228	山东东明石化集团有限公司	山东	2080062	23396	994114	223209	4248
229	传化集团有限公司	浙江	2079132	52115	1851106	837805	8914
230	亨通集团有限公司	江苏	2074786	32041	2064078	552991	8378
231	山东胜通集团股份有限公司	山东	2064332	245181	1031034	475160	6500
232	苏州创元投资发展（集团）有限公司	江苏	2059404	66515	1842286	565357	21196
233	万达控股集团有限公司	山东	2056319	42597	1505328	262118	10095
234	冀东发展集团有限责任公司	河北	2050480	24672	4794565	432936	26489
235	新疆天业（集团）有限公司	新疆	2042809	37733	2558104	410052	18112
236	四川省达州钢铁集团有限责任公司	四川	2040650	14659	1059450	231243	8409
237	江苏双良集团有限公司	江苏	2036762	31886	1911850	590145	5200
238	无锡尚德太阳能电力有限公司	江苏	2026749	-61404	1976941	500594	11619
239	沈阳远大企业集团	辽宁	2024443	56552	1390508	579197	17195
240	正邦集团有限公司	江西	2018954	12068	533587	92422	30587
241	维维集团股份有限公司	江苏	2017836	124212	1190540	706989	19100
242	精功集团有限公司	浙江	2017818	46842	2850602	371787	13844
243	云南冶金集团股份有限公司	云南	2008235	-3442	5391405	845181	32325
244	内蒙古鄂尔多斯羊绒集团有限责任公司	内蒙古	1958837	182874	4133170	1248991	20472
245	沂州集团有限公司	山东	1942497	136659	1175840	653396	5400
246	西林钢铁集团有限公司	黑龙江	1939398	26576	2450900	138436	13338
247	江苏法尔胜泓昇集团有限公司	江苏	1926051	68283	872713	369399	6101
248	远东控股集团有限公司	江苏	1925335	19064	1666063	259271	7506
249	山东科达集团有限公司	山东	1921025	72365	883759	438095	9080
250	上海外高桥造船有限公司	上海	1908827	149939	3287921	869283	4881
251	嘉晨集团有限公司	辽宁	1900016	75068	1328070	1162256	11096
252	杉杉控股有限公司	浙江	1892041	75316	2045147	870830	14217
253	深圳市中金岭南有色金属股份有限公司	广东	1866905	109360	1404240	666193	11066
254	山东大海集团有限公司	山东	1860235	145027	880135	260476	6130
255	河北兴华钢铁有限公司	河北	1857676	90109	575718		6000
256	隆鑫控股有限公司	重庆	1839548	46489	2853461	509098	10489
257	三河汇福粮油集团有限公司	河北	1835019	37980	1070000	171984	3000
258	宜昌三峡全通涂镀板有限公司	湖北	1832998	50874	1924338	809348	5451
259	澳洋集团有限公司	江苏	1821700	28458	1138937	243176	10193
260	河南豫光金铅集团有限责任公司	河南	1821497	28301	1296197	117175	6876
261	波司登股份有限公司	江苏	1821341	166332	1357115	641306	24658
262	重庆力帆控股有限公司	重庆	1819979	24265	1802719	457609	15806
263	宁波富邦控股集团有限公司	浙江	1812280	28830	2522104	383174	10496
264	河北新金钢铁有限公司	河北	1806371	41620	648146	235482	5727
265	山东淄博傅山企业集团有限公司	山东	1801934	15624	606011	27018	8672

名次	企业名称	地区	营业收入（万元）	净利润（万元）	资产（万元）	所有者权益（万元）	从业人数
266	沈阳机床（集团）有限责任公司	辽宁	1801128	1227	2000000	171459	19482
267	天瑞集团有限公司	河南	1792252	132089	2467460	753357	16276
268	山东昊龙集团有限公司	山东	1786123	99485	800177	360742	9543
269	大连机床集团有限责任公司	辽宁	1785273	58295	1582243	319421	6120
270	江苏金辉集团公司	江苏	1779431	31286	421240	240870	560
271	武安市裕华钢铁有限公司	河北	1763688	60162	828178	656855	8523
272	哈药集团有限公司	黑龙江	1750696	52793	1806530	592135	25078
273	山东渤海实业股份有限公司	山东	1728834	10486	1229198	198003	3305
274	攀枝花钢城集团有限公司	四川	1722662	9228	947734	226294	15734
275	四平红嘴集团总公司	吉林	1722256	31588	989810	432030	11719
276	北京燕京啤酒集团公司	北京	1716231	90290	1873907	408567	39115
277	浙江元立金属制品集团有限公司	浙江	1704473	12354	1271402	158259	18000
278	宝胜集团有限公司	江苏	1699240	19836	820878	241532	7980
279	三角集团有限公司	山东	1683275	42436	810747	320922	9651
280	天津纺织集团（控股）有限公司	天津	1676839	9350	2281352	356023	14262
281	上海良友（集团）有限公司	上海	1672855	46146	1579900	462726	6404
282	广西有色金属集团有限公司	广西	1669036	4566	2134912	187930	22358
283	玲珑集团有限公司	山东	1661503	55318	981393	335728	7066
284	北京二商集团有限责任公司	北京	1657379	16856	1021496	350093	13351
285	浙江龙盛控股有限公司	浙江	1654089	87371	1051403	792524	5115
286	河北新武安钢铁集团文安集团钢铁有限公司	河北	1653240	52204	520939	394365	5000
287	太极集团有限公司	重庆	1650315	4280	872753	185776	12984
288	江苏新世纪造船有限公司	江苏	1642408	346170	1863869	823611	4483
289	西子联合控股有限公司	浙江	1633851	250537	3441982	931061	10402
290	江苏三木集团有限公司	江苏	1632347	33518	755823	319120	5216
291	太原重型机械集团有限公司	山西	1613368	11325	2889365	301670	14428
292	杭州富春江冶炼有限公司	浙江	1612810	26709	297315	107012	2038
293	维科控股集团股份有限公司	浙江	1608204	77168	1307474	304653	12679
294	福田雷沃国际重工股份有限公司	山东	1600232	56218	965154	225991	12106
295	福星集团控股有限公司	湖北	1597553	95584	2801365	995854	8722
296	凌源钢铁集团有限责任公司	辽宁	1593851	20217	1996657	560504	9780
297	江苏华宏实业集团有限公司	江苏	1569986	25102	509894	220556	3960
298	河北新武安钢铁集团明芳钢铁有限公司	河北	1568914	34712	485065		7500
299	杭州华东医药集团有限公司	浙江	1565202	9449	1191927	25601	8865
300	富海集团有限公司	山东	1530727	86557	497662	288410	2146
301	四川科伦实业集团有限公司	四川	1529474	99095	1217342	828919	15849
302	天能电池集团有限公司	浙江	1526364	67288	476049	300758	10425
303	永鼎集团有限公司	江苏	1526155	19551	920977	82675	3124

名次	企业名称	地区	营业收入（万元）	净利润（万元）	资产（万元）	所有者权益（万元）	从业人数
304	逸盛大化石化有限公司	辽宁	1515670	139501	999894	342484	568
305	杭州锦江集团有限公司	浙江	1514953	79163	2966040	931003	7500
306	上海美特斯邦威服饰股份有限公司	上海	1502262	120601	888249	412594	16725
307	双胞胎（集团）股份有限公司	江西	1487749	52842	283055	119008	8000
308	三环集团公司	湖北	1477637	10894	1370130	351061	24343
309	山推工程机械股份有限公司	山东	1470205	47934	1380917	432236	3944
310	北方重工集团有限公司	辽宁	1459830	17039	2056338	340790	10462
311	中国西电集团公司	陕西	1452030	-45921	3302848	1010181	22993
312	广西农垦集团有限责任公司	广西	1451211	36628	2854592	876106	58879
313	环宇集团有限公司	浙江	1448862	41259	1202021	361885	5712
314	德龙钢铁有限公司	河北	1447792	22425	524479	283244	4433
315	庆铃汽车（集团）有限公司	重庆	1446896	18653	1276442	518212	4093
316	河南济源钢铁（集团）有限公司	河南	1434992	35256	966486	247097	5974
317	唐山三友集团有限公司	河北	1422377	23020	1492407	296498	14942
318	海马汽车集团股份有限公司	海南	1421430	33531	1309981	650052	8724
319	宗申产业集团有限公司	重庆	1420726	16287	1350225	237823	13758
320	广西中烟工业有限责任公司	广西	1411888	110077	1035586	893258	4234
321	江西赛维LDK太阳能高科技有限公司	江西	1392985	-542313	3494722	462325	24245
322	升华集团控股有限公司	浙江	1392769	25733	1076140	141733	6579
323	红狮控股集团有限公司	浙江	1386905	140516	1269825	508782	8194
324	天津天士力集团有限公司	天津	1381080	94149	1696535	685722	9257
325	浙江东南网架集团有限公司	浙江	1380334	12355	1463195	331444	7888
326	奥康集团有限公司	浙江	1372982	69087	475011	190573	15083
327	江西稀有金属钨业控股集团有限公司	江西	1362330	9538	1413964	338270	5758
328	正和集团股份有限公司	山东	1360610	35012	408568	171322	2038
329	金海重工股份有限公司	浙江	1349006	70711	2967941	849211	3363
330	天津有色金属集团有限公司	天津	1338924	-4944	290755	76349	1266
331	超威电源（集团）有限公司	浙江	1337205	45534	418252	174780	9723
332	方大特钢科技股份有限公司	江西	1333398	72309	989544	280568	7856
333	成都神钢工程机械（集团）有限公司	四川	1330312	80652	1367281	155063	4754
334	宁夏宝塔石化集团有限公司	宁夏	1321360	45112	1511566	531994	12000
335	山东垦利石化有限责任公司	山东	1317862	8316	438293	67686	3170
336	沪东中华造船（集团）有限公司	上海	1317028	40009	2042708	327847	12715
337	威高集团有限公司	山东	1313239	157308	1180873	778717	14459
338	巨化集团公司	浙江	1305405	29990	1350074	336101	15905
339	兴达投资集团有限公司	江苏	1304192	38736	548879	230951	950
340	卧龙控股集团有限公司	浙江	1302640	65399	1360450	403039	10391
341	沈阳化工集团有限公司	辽宁	1300727	7585	721667	72215	4786

名次	企业名称	地区	营业收入（万元）	净利润（万元）	资产（万元）	所有者权益（万元）	从业人数
342	山东华星石油化工集团有限公司	山东	1296179	26235	829945	320467	1485
343	京东方科技集团股份有限公司	北京	1274141	56087	6876942	2558589	16365
344	江苏洋河酒厂股份有限公司	江苏	1274092	402099	1888317	989055	7957
345	河北前进钢铁集团有限公司	河北	1273238	44978	409736	150365	4082
346	春和集团有限公司	浙江	1266673	2678	1961815	202521	25000
347	华新水泥股份有限公司	湖北	1263804	122006	2172968	858341	12515
348	四川九洲电器集团有限责任公司	四川	1252918	43821	1221743	269688	14245
349	精工控股集团有限公司	浙江	1247465	12583	1450189	127627	9341
350	大连重工·起重集团有限公司	辽宁	1245068	106202	2372801	523392	6885
351	湘电集团有限公司	湖南	1240253	11713	2449423	193991	11759
352	纳爱斯集团有限公司	浙江	1227332	88685	982413	773654	12289
353	惠州市德赛集团有限公司	广东	1221208	45362	968616	332415	16911
354	福建省汽车工业集团有限公司	福建	1216858	-12774	951773	97292	5106
355	华立集团股份有限公司	浙江	1215723				
356	美锦能源集团有限公司	山西	1212814	113193	2520702	988590	7425
357	双星集团有限责任公司	山东	1211210	619	977200	30971	14869
358	柳州五菱汽车有限责任公司	广西	1206687	43194	1246934	311494	7979
359	山东金岭集团有限公司	山东	1204249	106935	863882	369059	4658
360	崇利制钢有限公司	河北	1201161	2440	438497	159745	2710
361	天津农垦集团有限公司	天津	1201139	16968	1505943	542144	9738
362	山东鲁北企业集团总公司	山东	1200515	42321	929976	193528	5253
363	天津市建筑材料集团（控股）有限公司	天津	1196006	13922	918364	405833	7421
364	江苏大明金属制品有限公司	江苏	1194100	10400	444400	151500	1212
365	浙江大东南集团有限公司	浙江	1191948	48971	380838	206785	2518
366	厦门钨业股份有限公司	福建	1191040	102082	1265580	344067	9185
367	湖北稻花香集团公司	湖北	1188564	52635	1523863	225373	11653
368	大连冰山集团有限公司	辽宁	1186459	10194	1154430	389590	13503
369	新凤鸣集团股份有限公司	浙江	1184194	56161	339048	169800	5801
370	上海胜华电缆（集团）有限公司	上海	1180153	20090	332100	74594	6300
371	广西洋浦南华糖业集团股份有限公司	广西	1175197	163304	1651781	508504	27333
372	邢台钢铁有限责任公司	河北	1169516	32592	894781	232586	6839
373	山东临工工程机械有限公司	山东	1166606	124630	918978	317740	3206
374	金发科技股份有限公司	广东	1154696	93524	1016263	405439	2591
375	山东联盟化工集团有限公司	山东	1151461	70124	642412	336794	6521
376	龙岩烟草工业有限责任公司	福建	1148302	62772	827857	562875	1513
377	华鲁控股集团有限公司	山东	1145296	25797	2131417	338603	17586
378	云南白药集团股份有限公司	云南	1131232	121091	909092	555528	3942
379	潍坊特钢集团有限公司	山东	1127578	721777		360888	6270

名次	企业名称	地区	营业收入（万元）	净利润（万元）	资产（万元）	所有者权益（万元）	从业人数
380	江西中烟工业有限责任公司	江西	1122744	74888	791616	678700	6015
381	武汉邮电科学研究院	湖北	1119546	25984	1733128	428580	18745
382	重庆烟草工业有限责任公司	重庆	1118712	98948	667130	354655	3887
383	宜昌兴发集团有限责任公司	湖北	1116632	30575	1181321	392089	6497
384	五得利面粉集团有限公司	河北	1115955	29095	219033	211975	4000
385	诸城外贸有限责任公司	山东	1108606	42316	1049726	431341	7686
386	红太阳集团有限公司	江苏	1106999	15666	1207330	234071	6276
387	华峰集团有限公司	浙江	1101853	34577	1347759	340680	5866
388	江苏天地龙集团有限公司	江苏	1099665	23601	356526	154144	1158
389	辛集市澳森钢铁有限公司	河北	1099013	59448	527467	316604	6200
390	陕西法士特汽车传动集团有限责任公司	陕西	1089638	70169	1159750	845100	10240
391	浙江天圣控股集团有限公司	浙江	1088420	22465	908715	239901	3685
392	浙江栋梁新材股份有限公司	浙江	1087387	15864	144629	104688	995
393	华通机电集团有限公司	浙江	1079104	56883	318552	116470	4956
394	河北钢铁集团龙海钢铁有限公司	河北	1069886	17364	452666	197802	6080
395	兴乐集团有限公司	浙江	1067398	17268	239786	133151	3256
396	山东神驰化工有限公司	山东	1067227	58009	372993	191928	496
397	上海奥盛投资控股（集团）有限公司	上海	1053748	29218	604597	295879	1405
398	杭州金鱼电器集团有限公司	浙江	1052866	11543	523211	92310	9071
399	山东泉林纸业有限责任公司	山东	1046014	54152	1019053	411307	10594
400	利时集团股份有限公司	浙江	1043614	33032	824854	360085	5809
401	唐人神集团股份有限公司	湖南	1041771	12038	206738	148795	4289
402	祐康食品集团有限公司	浙江	1032830	58478	760206	324214	8645
403	山东澳亚纺织有限公司	山东	1032504	98630	658731	389452	7860
404	沈阳鼓风机集团股份有限公司	辽宁	1030327	29848	1206959	299511	6724
405	四川郎酒集团有限责任公司	四川	1030000	134216	1067842	331539	10019
406	山东鲁花集团有限公司	山东	1023267	37265	902477	213249	7633
407	天津大桥焊材集团有限公司	天津	1020000	10667	296467	102702	4500
408	海天塑机集团有限公司	浙江	1018049	142894	1268964	646969	6718
409	澳柯玛股份有限公司	山东	1017444	3709	488397	60164	8281
410	唐山东华钢铁企业集团有限公司	河北	1012000	47438	232000	2800	
411	重庆市博赛矿业（集团）有限公司	重庆	1011205	40758	527527	265420	6155
412	山东恒源石油化工股份有限公司	山东	1010014	17803	270359	127416	1928
413	江苏上上电缆集团有限公司	江苏	1009374	34013	439924	191230	2773
414	河北新武安钢铁集团烘熔钢铁有限公司	河北	1000000	504	336000	246000	4500
415	东辰控股集团有限公司	山东	990401	73907	466312	308151	1590
416	成都亚光电子股份有限公司	四川	975158	11636	539613	93510	1442
417	山东创新金属科技股份有限公司	山东	974364	13161	257022	36402	1316

名次	企业名称	地区	营业收入（万元）	净利润（万元）	资产（万元）	所有者权益（万元）	从业人数
418	重庆小康工业集团股份有限公司	重庆	973007	48769	896636	148845	10410
419	浙江翔盛集团有限公司	浙江	970307	13646	723965	129182	3450
420	福耀玻璃工业集团股份有限公司	福建	968941	151261	1221219	623167	17125
421	铜陵精达铜材（集团）有限责任公司	安徽	960994	2589	504937	26598	2034
422	富通集团有限公司	浙江	955990	32526	873362	357228	5030
423	兰溪自立铜业有限公司	浙江	945381	3270	255120	33835	918
424	天津塑力线缆集团有限公司	天津	938005	47340	909694	446377	3420
425	厦门烟草工业有限责任公司	福建	932447	67091	752394	520267	1659
426	鲁西化工集团股份有限公司	山东	931645	42339	1317366	510454	11721
427	浙江富春江通信集团有限公司	浙江	928023	14089	652780	254384	2940
428	景德镇市焦化工业集团有限责任公司	江西	922320	1195	1060627	148872	9210
429	森马集团有限公司	浙江	912800	124371	1040539	830566	1987
430	厦门银鹭集团有限公司	福建	908463	144070	780704	229189	15000
431	宁波申洲针织有限公司	浙江	904344	170385	854956	607823	48600
432	人本集团有限公司	浙江	901133	17795	612083	214630	17026
433	惠州市华阳集团有限公司	广东	899436	29009	409553	163051	20336
434	五矿营口中板有限责任公司	辽宁	899062	5131	1512260	505123	2414
435	胜达集团有限公司	浙江	880287	54420	568750	32810	4266
436	铜陵化学工业集团有限公司	安徽	879423	5117	1074971	101408	8019
437	开氏集团有限公司	浙江	878475	12382	442073	79191	2723
438	三花控股集团有限公司	浙江	877116	70597	1207833	399440	7132
439	中国第一重型机械集团公司	黑龙江	874940	27050	3476705	1026168	12089
440	湖北新洋丰肥业股份有限公司	湖北	871705	47002	514657	164648	5779
441	上海浦东电线电缆（集团）有限公司	上海	871528	32409	234270	166432	2140
442	文安县新钢钢铁有限公司	河北	867918	48357	571664	293388	5500
443	青岛即发集团控股有限公司	山东	862249	27631	453609	233268	19216
444	浙江航民实业集团有限公司	浙江	860191	13196	475333	82569	9801
445	宁波博洋控股集团有限公司	浙江	860150	11580	308491	52867	3218
446	花园工贸集团有限公司	浙江	853433	43009	464604	2151234	5867
447	杭叉集团股份有限公司	浙江	834245	19044	273280	98468	2230
448	广州广船国际股份有限公司	广东	829643	51833	1188551	410761	3503
449	兴惠化纤集团有限公司	浙江	829601	34308	422057	174417	3365
450	山西建邦集团有限公司	山西	821596	30497	452137	158529	4108
451	西宁特殊钢集团有限责任公司	青海	821505	4075	1441219	231669	10850
452	大化集团有限责任公司	辽宁	819091	423	1242579	237880	6139
453	富丽达集团控股有限公司	浙江	812692	43587	1182673	172679	6309
454	东北制药集团有限责任公司	辽宁	809440	-10392	641172	92788	11164
455	上海致达科技集团有限公司	上海	805973	10298	1421536		7626

名次	企业名称	地区	营业收入（万元）	净利润（万元）	资产（万元）	所有者权益（万元）	从业人数
456	万丰奥特控股集团有限公司	浙江	801669	59527	501513	296469	6647
457	安徽楚江投资集团有限公司	安徽	798920	36045	293965	105614	4580
458	中国华录集团有限公司	辽宁	793863	15461	897022	330593	4372
459	鲁泰集团公司	山东	779323	84853	976679	508610	23639
460	北京纺织控股有限责任公司	北京	764837	21681	1332930	439272	15333
461	云南南磷集团股份有限公司	云南	761607	18218	410622	201208	3785
462	深圳华强集团有限公司	广东	759905	55264	2961624	508931	18162
463	北京顺鑫农业股份有限公司	北京	758020	30683	1033286	285428	6518
464	山东华兴机械股份有限公司	山东	758017	16342	457218	126476	2292
465	龙大食品集团有限公司	山东	751878	16156	354580	116187	6626
466	江西江锂科技有限公司	江西	749847	34644	330881	81353	1220
467	四川化工控股（集团）有限责任公司	四川	738537	-37566	2001586	293276	23807
468	黑龙江烟草工业有限责任公司	黑龙江	735000	64188	582735	504323	4630
469	安徽淮海实业发展集团有限公司	安徽	731013	22013	581039	118897	17007
470	辽宁禾丰牧业股份有限公司	辽宁	723401	15841	249969	108206	3500
471	杭州诺贝尔集团有限公司	浙江	721300	18000	962996	237375	11500
472	天津市恒兴钢业有限公司	天津	712726	35198	279859	169528	750
473	新疆中泰化学（集团）股份有限公司	新疆	712242	48996	1527723	715583	6879
474	振石控股集团有限公司	浙江	710668	41038	1017997	292954	3842
475	闰土控股集团有限公司	浙江	706506	68262	861745	576831	5259
476	霸州市新利钢铁有限公司	河北	704999	-2904	391886		4000
477	常熟市龙腾特种钢有限公司	江苏	703524	18311	555763	176889	3606
478	龙达集团有限公司	浙江	702015	8525	478320	122889	2353
479	湖北枝江酒业集团公司	湖北	701040	16104	164481	45206	6000
480	中国四联仪器仪表集团有限公司	重庆	699977	15932	814863	91465	11334
481	农夫山泉股份有限公司	浙江	688769	67970	543455	209871	6529
482	华菱星马汽车（集团）股份有限公司	安徽	685369	50486	593274	266422	4326
483	金洲集团有限公司	浙江	684084	2347	373458	68376	4000
484	江苏隆力奇集团有限公司	江苏	677892	17390	431566	164377	4946
485	青海盐湖工业股份有限公司	青海	677756	248113	2937121	1367616	12182
486	浙江诺力机械股份有限公司	浙江	675000	21000	175000	62000	4630
487	邯郸市正大制管有限公司	河北	672000	5643	96190	32546	2000
488	江苏华亚化纤有限公司	江苏	662691	23805	396070	140755	2150
489	温州开元集团有限公司	浙江	661428	7029	348031	33185	1678
490	林州市林丰铝电有限责任公司	河南	656926	748	355022	85545	2000
491	华翔集团股份有限公司	浙江	654475	26876	830702	148606	7753
492	瓦房店轴承集团有限责任公司	辽宁	654303	14288	669209	206280	11629
493	广州无线电集团有限公司	广东	654103	37139	1819299	270283	10376

名次	企业名称	地区	营业收入（万元）	净利润（万元）	资产（万元）	所有者权益（万元）	从业人数
494	青岛九联集团股份有限公司	山东	652518	17569	219630	91515	13561
495	太原煤炭气化（集团）有限责任公司	山西	648713	7089	1212567	231961	17487
496	安徽叉车集团有限责任公司	安徽	645852	12750	503893	136221	6424
497	天津金耀集团有限公司（天津药业集团有限公司）	天津	645754	54782	1467218	796917	4119
498	福娃集团有限公司	湖北	645534	10238	124487	68440	2650
499	河北曲寨集团有限公司	河北	643337	63087	978056	452433	4500
500	浙江富陵控股集团有限公司	浙江	640081	38330	568468	262645	779
	合计		2171477546	63045413	1965293720	523384343	12607343

说　明

1. 2012中国制造业企业500强是中国企业联合会、中国企业家协会参照国际惯例，组织企业自愿申报，并经专家审定确认后产生的。申报企业包括在中国境内注册、2011年完成营业收入达到40亿元（人民币）以上（含40亿元）的企业（不包括行政性公司和资产经营公司，不包括在华外资、港澳台独资、控股企业；但包括在境外注册、投资主体为中国自然人或法人、主要业务在境内的企业，属于我国银监会、保监会和各级国资委监管的企业）。为了避免重复，属于集团公司控股的企业，如果其财务报表最后能被合并到母公司的财务会计报表中去，则只允许其母公司申报。

2. 表中所列数据由企业自愿申报或属于上市公司公开数据、并已经公认会计师事务所或审计师事务所等单位认可。

3. 销售收入是2011年不含增值税的收入，包括企业的所有收入，即主营业务和非主营业务、境内和境外的收入。净利润是2011年上交所得税后的净利润扣除少数股权收益后的归属母公司利润。资产是2011年度末的资产总额。所有者权益是2011年末所有者权益总额扣除少数股东权益后的母公司所有者权益。研究开发费用是2011年企业投入研究开发的所有费用。从业人数是2011年度的平均人数（含所有被合并报表企业的人数）。

4. 行业分类既参照了国家统计局的分类方法，为了进行对比分析，也参考了美国《财富》杂志的分类方法，企业主要是依据其主营业务收入所在行业来划分。

5. 地区分类是按企业总部所在地划分。

二〇一二年八月十日

表9-2　2012中国制造业企业500强各行业企业分布

排名	企业名称	总排名	营业收入（万元）
农副食品及产品加工业			
1	新希望集团有限公司	66	7538106
2	通威集团有限公司	131	3525196
3	西王集团有限公司	197	2489802
4	正邦集团有限公司	240	2018954
5	三河汇福粮油集团有限公司	257	1835019
6	山东渤海实业股份有限公司	273	1728834
7	双胞胎（集团）股份有限公司	307	1487749
8	广西农垦集团有限责任公司	312	1451211
9	天津农垦集团有限公司	361	1201139
10	五得利面粉集团有限公司	384	1115955
11	山东鲁花集团有限公司	406	1023267
12	辽宁禾丰牧业股份有限公司	470	723401
13	青岛九联集团股份有限公司	494	652518
14	福娃集团有限公司	498	645534
	合计		27436685
食品加工制造业			
1	光明食品（集团）有限公司	32	12455402
2	中国盐业总公司	159	2990465
3	天狮集团有限公司	162	2890657
4	上海良友（集团）有限公司	281	1672855
5	北京二商集团有限责任公司	284	1657379
6	广西洋浦南华糖业集团股份有限公司	371	1175197
7	祐康食品集团有限公司	402	1032830
8	厦门银鹭集团有限公司	430	908463
9	龙大食品集团有限公司	465	751878
	合计		25535126
乳制品加工业			
1	内蒙古伊利实业集团股份有限公司	125	3745137
	合计		3745137
饮料加工业			
1	杭州娃哈哈集团有限公司	71	6785504
2	维维集团股份有限公司	241	2017836
3	农夫山泉股份有限公司	481	688769
	合计		9492109
酿酒制造业			
1	四川省宜宾五粮液集团有限公司	103	4872960
2	泸州老窖集团有限责任公司	199	2462383
3	中国贵州茅台酒厂（集团）有限责任公司	201	2429810
4	青岛啤酒股份有限公司	205	2315805
5	北京燕京啤酒集团公司	276	1716231
6	江苏洋河酒厂股份有限公司	344	1274092
7	湖北稻花香集团公司	367	1188564
8	四川郎酒集团有限责任公司	405	1030000
9	湖北枝江酒业集团公司	479	701040
	合计		17990885
烟草加工业			
1	上海烟草集团有限责任公司	45	9110435
2	红塔烟草（集团）有限责任公司	64	7726123
3	湖南中烟工业有限责任公司	68	7251504
4	红云红河烟草（集团）有限责任公司	74	6605405
5	湖北中烟工业有限责任公司	100	4950378
6	浙江中烟工业有限责任公司	112	4315413
7	山东中烟工业有限责任公司	190	2521379
8	贵州中烟工业有限责任公司	196	2496829
9	广西中烟工业有限责任公司	320	1411888
10	龙岩烟草工业有限责任公司	376	1148302
11	江西中烟工业有限责任公司	380	1122744
12	重庆烟草工业有限责任公司	382	1118712
13	厦门烟草工业有限责任公司	425	932447
14	黑龙江烟草工业有限责任公司	468	735000
	合计		51446559
纺织、印染业			
1	山东魏桥创业集团有限公司	22	16101478
2	上海纺织（集团）有限公司	113	4299799
3	江苏阳光集团有限公司	149	3132445
4	华芳集团有限公司	185	2605193
5	山东如意科技集团有限公司	211	2275501
6	山东大海集团有限公司	254	1860235
7	澳洋集团有限公司	259	1821700
8	山东昊龙集团有限公司	268	1786123
9	天津纺织集团（控股）有限公司	280	1676839

排名	企业名称	总排名	营业收入（万元）
10	浙江天圣控股集团有限公司	391	1088420
11	山东澳亚纺织有限公司	403	1032504
12	兴惠化纤集团有限公司	449	829601
13	富丽达集团控股有限公司	453	812692
14	北京纺织控股有限责任公司	460	764837
	合计		40087367

纺织品、服装、鞋帽（含皮草、毛、绒等）加工业

排名	企业名称	总排名	营业收入（万元）
1	雅戈尔集团股份有限公司	128	3603107
2	红豆集团有限公司	133	3517139
3	海澜集团有限公司	166	2801268
4	内蒙古鄂尔多斯羊绒集团有限责任公司	244	1958837
5	杉杉控股有限公司	252	1892041
6	波司登股份有限公司	261	1821341
7	维科控股集团股份有限公司	293	1608204
8	上海美特斯邦威服饰股份有限公司	306	1502262
9	奥康集团有限公司	326	1372982
10	森马集团有限公司	429	912800
11	宁波申洲针织有限公司	431	904344
12	青岛即发集团控股有限公司	443	862249
13	宁波博洋控股集团有限公司	445	860150
14	鲁泰集团公司	459	779323
	合计		24396047

肉食品加工业

排名	企业名称	总排名	营业收入（万元）
1	雨润控股集团有限公司	46	9074651
2	河南省漯河市双汇实业集团有限责任公司	98	5032467
3	临沂新程金锣肉制品集团有限公司	123	3982268
4	诸城外贸有限责任公司	385	1108606
5	唐人神集团股份有限公司	401	1041771
6	北京顺鑫农业股份有限公司	463	758020
	合计		20997783

造纸及纸制品加工业

排名	企业名称	总排名	营业收入（万元）
1	山东大王集团有限公司	73	6605515
2	华泰集团有限公司	170	2720066
3	山东晨鸣纸业集团股份有限公司	173	2688961
4	山东太阳纸业股份有限公司	187	2585783
5	山东博汇集团有限公司	220	2123890
6	山东泉林纸业有限责任公司	399	1046014

排名	企业名称	总排名	营业收入（万元）
7	胜达集团有限公司	435	880287
	合计		18650516

生活消费品和文体、玩具、家具、首饰、珠宝、宝石、工艺等轻工产品加工业

排名	企业名称	总排名	营业收入（万元）
1	天津市一轻集团（控股）有限公司	81	6015152
2	重庆轻纺控股（集团）公司	191	2520496
3	天津二轻集团（控股）有限公司	203	2412039
4	老凤祥股份有限公司	222	2112640
	合计		13060327

石化产品、炼焦及其他燃料加工业

排名	企业名称	总排名	营业收入（万元）
1	中国石油化工集团公司	1	255195093
2	福建联合石油化工有限公司	84	5842851
3	山东金诚石化集团有限公司	160	2903978
4	山东京博控股股份有限公司	167	2800372
5	云南煤化工集团有限公司	180	2619587
6	旭阳控股有限公司	184	2610381
7	利华益集团股份有限公司	227	2091663
8	山东东明石化集团有限公司	228	2080062
9	嘉晨集团有限公司	251	1900016
10	富海集团有限公司	300	1530727
11	正和集团股份有限公司	328	1360610
12	宁夏宝塔石化集团有限公司	334	1321360
13	山东垦利石化有限责任公司	335	1317862
14	山东华星石油化工集团有限公司	342	1296179
15	美锦能源集团有限公司	356	1212814
16	山东神驰化工有限公司	396	1067227
17	山东恒源石油化工股份有限公司	412	1010014
18	景德镇市焦化工业集团有限责任公司	428	922320
19	太原煤炭气化（集团）有限责任公司	495	648713
	合计		289731829

化学原料及化学制品制造业

排名	企业名称	总排名	营业收入（万元）
1	中国化工集团公司	19	17912484
2	天津渤海化工集团公司	86	5782479
3	湖北宜化集团有限责任公司	90	5604919
4	云天化集团有限责任公司	107	4613894
5	上海华谊（集团）公司	114	4299642
6	滨化集团公司	129	3581864

排名	企业名称	总排名	营业收入（万元）
7	江阴澄星实业集团有限公司	153	3056368
8	亚邦投资控股集团有限公司	209	2302923
9	江苏金浦集团有限公司	223	2103148
10	传化集团有限公司	229	2079132
11	新疆天业（集团）有限公司	235	2042809
12	浙江龙盛控股有限公司	285	1654089
13	江苏三木集团有限公司	290	1632347
14	逸盛大化石化有限公司	304	1515670
15	唐山三友集团有限公司	317	1422377
16	升华集团控股有限公司	322	1392769
17	巨化集团公司	338	1305405
18	沈阳化工集团有限公司	341	1300727
19	纳爱斯集团有限公司	352	1227332
20	山东金岭集团有限公司	359	1204249
21	山东鲁北企业集团总公司	362	1200515
22	山东联盟化工集团有限公司	375	1151461
23	宜昌兴发集团有限责任公司	383	1116632
24	红太阳集团有限公司	386	1106999
25	东辰控股集团有限公司	415	990401
26	鲁西化工集团股份有限公司	426	931645
27	铜陵化学工业集团有限公司	436	879423
28	湖北新洋丰肥业股份有限公司	440	871705
29	大化集团有限责任公司	452	819091
30	云南南磷集团股份有限公司	461	761607
31	四川化工控股（集团）有限责任公司	467	738537
32	新疆中泰化学（集团）股份有限公司	473	712242
33	闰土控股集团有限公司	475	706506
34	江苏隆力奇集团有限公司	484	677892
35	青海盐湖工业股份有限公司	485	677756
	合计		79377039

医药制造业

排名	企业名称	总排名	营业收入（万元）
1	上海医药集团股份有限公司	91	5489987
2	广州医药集团有限公司	141	3307758
3	扬子江药业集团有限公司	165	2810802
4	天津市医药集团有限公司	208	2308748
5	哈药集团有限公司	272	1750696
6	太极集团有限公司	287	1650315
7	杭州华东医药集团有限公司	299	1565202
8	四川科伦实业集团有限公司	301	1529474
9	天津天士力集团有限公司	324	1381080
10	威高集团有限公司	337	1313239
11	华鲁控股集团有限公司	377	1145296
12	云南白药集团股份有限公司	378	1131232
13	东北制药集团有限责任公司	454	809440
14	天津金耀集团有限公司（天津药业集团有限公司）	497	645754
	合计		26839023

化学纤维制造业

排名	企业名称	总排名	营业收入（万元）
1	浙江恒逸集团有限公司	89	5629501
2	恒力集团有限公司	94	5229566
3	江苏三房巷集团有限公司	118	4192708
4	浙江荣盛控股集团有限公司	136	3485658
5	桐昆集团股份有限公司	161	2903279
6	盛虹集团有限公司	178	2650231
7	江苏华宏实业集团有限公司	297	1569986
8	兴达投资集团有限公司	339	1304192
9	新凤鸣集团股份有限公司	369	1184194
10	华峰集团有限公司	387	1101853
11	浙江翔盛集团有限公司	419	970307
12	开氏集团有限公司	437	878475
13	龙达集团有限公司	478	702015
14	江苏华亚化纤有限公司	488	662691
	合计		32464656

橡胶制品业

排名	企业名称	总排名	营业收入（万元）
1	杭州橡胶（集团）公司	163	2871992
2	华勤橡胶工业集团有限公司	212	2264099
3	山东胜通集团股份有限公司	231	2064332
4	三角集团有限公司	279	1683275
5	玲珑集团有限公司	283	1661503
6	双星集团有限责任公司	357	1211210
	合计		11756411

塑料制品业

排名	企业名称	总排名	营业收入（万元）
1	浙江大东南集团有限公司	365	1191948
2	金发科技股份有限公司	374	1154696
3	浙江富陵控股集团有限公司	500	640081
	合计		2986725

排名	企业名称	总排名	营业收入（万元）
建筑材料及玻璃等制造业			
1	中国建筑材料集团有限公司	17	19409221
2	安徽海螺集团有限责任公司	67	7271887
3	中国中材集团有限公司	82	6001024
4	北京金隅集团有限责任公司	130	3543837
5	吉林亚泰（集团）股份有限公司	138	3390318
6	海城市西洋镁矿有限公司	194	2500000
7	冀东发展集团有限责任公司	234	2050480
8	沈阳远大企业集团	239	2024443
9	沂州集团有限公司	245	1942497
10	天瑞集团有限公司	267	1792252
11	红狮控股集团有限公司	323	1386905
12	华新水泥股份有限公司	347	1263804
13	天津市建筑材料集团（控股）有限公司	363	1196006
14	上海奥盛投资控股（集团）有限公司	397	1053748
15	福耀玻璃工业集团股份有限公司	420	968941
16	杭州诺贝尔集团有限公司	471	721300
17	河北曲寨集团有限公司	499	643337
	合计		57160000

排名	企业名称	总排名	营业收入（万元）
黑色冶金及压延加工业			
1	宝钢集团有限公司	6	31624500
2	河北钢铁集团有限公司	10	25034171
3	首钢总公司	11	23349783
4	武汉钢铁（集团）公司	13	22148880
5	江苏沙钢集团有限公司	14	20750672
6	鞍钢集团公司	24	15573577
7	新兴际华集团有限公司	27	14761161
8	太原钢铁（集团）有限公司	31	12702036
9	山东钢铁集团有限公司	33	12433831
10	天津钢管集团股份有限公司	37	10409205
11	天津天钢集团有限公司	38	10300017
12	马钢（集团）控股有限公司	43	9229817
13	本钢集团有限公司	44	9193926
14	天津冶金集团有限公司	50	8689609
15	天津天铁冶金集团有限公司	52	8525589
16	酒泉钢铁（集团）有限责任公司	54	8442378
17	湖南华菱钢铁集团有限责任公司	55	8396468
18	杭州钢铁集团公司	58	8284861
19	南京钢铁集团有限公司	62	7844459
20	北京建龙重工集团有限公司	69	7212870
21	中天钢铁集团有限公司	78	6265259
22	包头钢铁（集团）有限责任公司	83	5880885
23	河北津西钢铁集团股份有限公司	93	5296009
24	日照钢铁控股集团有限公司	95	5177050
25	新华联合冶金控股集团有限公司	97	5149035
26	江苏新长江实业集团有限公司	99	5007567
27	安阳钢铁集团有限责任公司	104	4856940
28	天津荣程联合钢铁集团有限公司	105	4626240
29	新余钢铁集团有限公司	109	4421302
30	青岛钢铁控股集团有限责任公司	110	4361364
31	河北敬业企业集团有限责任公司	117	4257824
32	江苏西城三联控股集团	119	4173937
33	江西萍钢实业股份有限公司	120	4109451
34	江苏申特钢铁有限公司	126	3703425
35	四川省川威集团有限公司	142	3295502
36	青山控股集团有限公司	145	3200000
37	重庆钢铁（集团）有限责任公司	148	3134818
38	唐山瑞丰钢铁（集团）有限公司	152	3064204
39	陕西东岭工贸集团股份有限公司	155	3030988
40	山东泰山钢铁集团有限公司	156	3030960
41	唐山港陆钢铁有限公司	164	2834638
42	河北普阳钢铁有限公司	169	2735432
43	福建省三钢（集团）有限责任公司	172	2693169
44	昆明钢铁控股有限公司	175	2666719
45	四川德胜集团钢铁有限公司	181	2619416
46	湖南博长控股集团有限公司	188	2568853
47	河北文丰钢铁有限公司	198	2484514
48	天津友发钢管集团有限公司	200	2440771
49	东北特殊钢集团有限责任公司	206	2315199
50	南金兆集团有限公司	210	2297778
51	山东石横特钢集团有限公司	224	2099539
52	四川省达州钢铁集团有限责任公司	236	2040650
53	西林钢铁集团有限公司	246	1939398
54	河北兴华钢铁有限公司	255	1857676
55	宜昌三峡全通涂镀板有限公司	258	1832998
56	河北新金钢铁有限公司	264	1806371
57	山东淄博傅山企业集团有限公司	265	1801934
58	武安市裕华钢铁有限公司	271	1763688

排名	企业名称	总排名	营业收入（万元）
59	四平红嘴集团总公司	275	1722256
60	河北新武安钢铁集团文安集团钢铁有限公司	286	1653240
61	凌源钢铁集团有限责任公司	296	1593851
62	河北新武安钢铁集团明芳钢铁有限公司	298	1568914
63	德龙钢铁有限公司	314	1447792
64	河南济源钢铁（集团）有限公司	316	1434992
65	方大特钢科技股份有限公司	332	1333398
66	河北前进钢铁集团有限公司	345	1273238
67	崇利制钢有限公司	360	1201161
68	邢台钢铁有限责任公司	372	1169516
69	潍坊特钢集团有限公司	379	1127578
70	辛集市澳森钢铁有限公司	389	1099013
71	河北钢铁集团龙海钢铁有限公司	394	1069886
72	唐山东华钢铁企业集团有限公司	410	1012000
73	河北新武安钢铁集团烘熔钢铁有限公司	414	1000000
74	五矿营口中板有限责任公司	434	899062
75	文安县新钢钢铁有限公司	442	867918
76	山西建邦集团有限公司	450	821596
77	西宁特殊钢集团有限责任公司	451	821505
78	天津市恒兴钢业有限公司	472	712726
79	振石控股集团有限公司	474	710668
80	常熟市龙腾特种钢有限公司	477	703524
	合计		426993147

一般有色冶金及压延加工业

排名	企业名称	总排名	营业收入（万元）
1	中国铝业公司	12	23170175
2	江西铜业集团公司	28	13549328
3	正威国际集团有限公司	30	12801904
4	金川集团股份有限公司	34	12182333
5	铜陵有色金属集团控股有限公司	41	9403158
6	海亮集团有限公司	72	6779700
7	中国有色矿业集团有限公司	76	6408199
8	南山集团有限公司	77	6360389
9	陕西有色金属控股集团有限责任公司	79	6127444
10	大冶有色金属集团控股有限公司	121	4063253
11	金龙精密铜管集团股份有限公司	135	3505197
12	宁波金田投资控股有限公司	146	3150260
13	四川宏达（集团）有限公司	151	3090273
14	广西投资集团有限公司	154	3054523
15	万基控股集团有限公司	174	2668122
16	东营方圆有色金属有限公司	189	2554060
17	西部矿业集团有限公司	193	2500703
18	河南豫联能源集团有限责任公司	204	2343163
19	湖南晟通科技集团有限公司	215	2208552
20	白银有色集团股份有限公司	217	2185429
21	云南锡业集团（控股）有限责任公司	221	2116237
22	云南冶金集团股份有限公司	243	2008235
23	深圳市中金岭南有色金属股份有限公司	253	1866905
24	河南豫光金铅集团有限责任公司	260	1821497
25	广西有色金属集团有限公司	282	1669036
26	杭州富春江冶炼有限公司	292	1612810
27	江西稀有金属钨业控股集团有限公司	327	1362330
28	天津有色金属集团有限公司	330	1338924
29	厦门钨业股份有限公司	366	1191040
30	山东创新金属科技股份有限公司	417	974364
31	兰溪自立铜业有限公司	423	945381
32	人本集团有限公司	432	901133
33	安徽楚江投资集团有限公司	457	798920
34	江西江锂科技有限公司	466	749847
35	林州市林丰铝电有限责任公司	490	656926
	合计		148119750

金属制品业

排名	企业名称	总排名	营业收入（万元）
1	春风实业集团有限责任公司	216	2203483
2	精功集团有限公司	242	2017818
3	江苏法尔胜泓昇集团有限公司	247	1926051
4	浙江元立金属制品集团有限公司	277	1704473
5	福星集团控股有限公司	295	1597553
6	浙江东南网架集团有限公司	325	1380334
7	精工控股集团有限公司	349	1247465
8	江苏大明金属制品有限公司	364	1194100
9	浙江栋梁新材股份有限公司	392	1087387
10	天津大桥焊材集团有限公司	407	1020000
11	霸州市新利钢铁有限公司	476	704999
12	金洲集团有限公司	483	684084
13	邯郸市正大制管有限公司	487	672000
	合计		17439747

工程机械、设备及零配件制造业

排名	企业名称	总排名	营业收入（万元）
1	徐州工程机械集团有限公司	49	8713785

排名	企业名称	总排名	营业收入（万元）
2	中联重科股份有限公司	53	8480577
3	三一集团有限公司	60	8020000
4	广西柳工集团有限公司	218	2157159
5	太原重型机械集团有限公司	291	1613368
6	山推工程机械股份有限公司	309	1470205
7	成都神钢工程机械（集团）有限公司	333	1330312
8	大连重工·起重集团有限公司	350	1245068
9	山东临工工程机械有限公司	373	1166606
10	中国第一重型机械集团公司	439	874940
11	杭叉集团股份有限公司	447	834245
12	安徽叉车集团有限责任公司	496	645852
	合计		36552117

工业机械、设备及零配件制造业

排名	企业名称	总排名	营业收入（万元）
1	盾安控股集团有限公司	139	3383134
2	中国恒天集团有限公司	140	3362386
3	沈阳机床（集团）有限责任公司	266	1801128
4	大连机床集团有限责任公司	269	1785273
5	北方重工集团有限公司	310	1459830
6	大连冰山集团有限公司	368	1186459
7	沈阳鼓风机集团股份有限公司	404	1030327
8	海天塑机集团有限公司	408	1018049
9	瓦房店轴承集团有限责任公司	492	654303
	合计		15680889

农林机械、设备及零配件制造业

排名	企业名称	总排名	营业收入（万元）
1	山东时风（集团）有限责任公司	183	2615282
2	福田雷沃国际重工股份有限公司	294	1600232
	合计		4215514

电力、电气、输变电等机械、设备、器材、元器件和电池、线缆制造业

排名	企业名称	总排名	营业收入（万元）
1	天津百利机电控股集团有限公司	88	5666007
2	人民电器集团有限公司	177	2657124
3	北京京城机电控股有限责任公司	186	2602824
4	正泰集团股份有限公司	192	2515732
5	上海人民企业（集团）有限公司	202	2413666
6	天正集团有限公司	207	2310051
7	新疆特变电工集团有限公司	213	2253721
8	德力西集团有限公司	214	2208842
9	亨通集团有限公司	230	2074786
10	无锡尚德太阳能电力有限公司	238	2026749
11	远东控股集团有限公司	248	1925335
12	宁波富邦控股集团有限公司	263	1812280
13	江苏金辉集团公司	270	1779431
14	宝胜集团有限公司	278	1699240
15	天能电池集团有限公司	302	1526364
16	永鼎集团有限公司	303	1526155
17	中国西电集团公司	311	1452030
18	环宇集团有限公司	313	1448862
19	江西赛维 LDK 太阳能高科技有限公司	321	1392985
20	超威电源（集团）有限公司	331	1337205
21	湘电集团有限公司	351	1240253
22	上海胜华电缆（集团）有限公司	370	1180153
23	华通机电集团有限公司	393	1079104
24	兴乐集团有限公司	395	1067398
25	江苏上上电缆集团有限公司	413	1009374
26	铜陵精达铜材（集团）有限责任公司	421	960994
27	富通集团有限公司	422	955990
28	天津塑力线缆集团有限公司	424	938005
29	浙江富春江通信集团有限公司	427	928023
30	上海浦东电线电缆（集团）有限公司	441	871528
31	温州开元集团有限公司	489	661428
	合计		53521639

电梯及运输、仓储设备与设施制造业

排名	企业名称	总排名	营业收入（万元）
1	中国国际海运集装箱（集团）股份有限公司	75	6412505
2	西子联合控股有限公司	289	1633851
3	浙江诺力机械股份有限公司	486	675000
	合计		8721356

轨道交通设备及零部件制造业

排名	企业名称	总排名	营业收入（万元）
1	中国北方机车车辆工业集团公司	47	8923411
2	中国南车集团公司	59	8263113
	合计		17186524

家用电器及零配件制造业

排名	企业名称	总排名	营业收入（万元）
1	海尔集团公司	26	15092957
2	美的集团有限公司	29	13411615
3	珠海格力电器股份有限公司	57	8351725

排名	企业名称	总排名	营业收入（万元）
4	四川长虹电子集团有限公司	65	7655369
5	海信集团有限公司	70	7157576
6	TCL集团股份有限公司	80	6075155
7	广东格兰仕集团有限公司	132	3517642
8	奥克斯集团有限公司	144	3209693
9	广州万宝集团有限公司	219	2133479
10	江苏双良集团有限公司	237	2036762
11	杭州金鱼电器集团有限公司	398	1052866
12	澳柯玛股份有限公司	409	1017444
13	惠州市华阳集团有限公司	433	899436
	合计		71611719

黄金冶炼及压延加工业

排名	企业名称	总排名	营业收入（万元）
1	中国黄金集团公司	61	7912335
2	山东黄金集团有限公司	111	4348309
3	紫金矿业集团股份有限公司	124	3976392
4	山东招金集团有限公司	157	3028718
	合计		19265754

电子元器件与仪器仪表、自动化控制设备制造业

排名	企业名称	总排名	营业收入（万元）
1	中国电子信息产业集团有限公司	20	16823613
2	晶龙实业集团有限公司	182	2618725
3	山东科达集团有限公司	249	1921025
4	惠州市德赛集团有限公司	353	1221208
5	成都亚光电子股份有限公司	416	975158
6	三花控股集团有限公司	438	877116
7	中国华录集团有限公司	458	793863
8	中国四联仪器仪表集团有限公司	480	699977
9	广州无线电集团有限公司	493	654103
	合计		26584788

计算机及零部件制造业

排名	企业名称	总排名	营业收入（万元）
1	联想控股有限公司	18	18307801
2	北大方正集团有限公司	87	5765741
3	同方股份有限公司	225	2096205
4	京东方科技集团股份有限公司	343	1274141
	合计		27443888

通讯设备及其他电子设备、元器件制造业

排名	企业名称	总排名	营业收入（万元）
1	华为技术有限公司	15	20392900
2	天津中环电子信息集团有限公司	36	11028125
3	中兴通讯股份有限公司	51	8625446
4	四川九洲电器集团有限责任公司	348	1252918
5	武汉邮电科学研究院	381	1119546
	合计		42418935

电子办公设备及影像设备制造业

排名	企业名称	总排名	营业收入（万元）
1	深圳华强集团有限公司	462	759905
	合计		759905

汽车及零配件制造业

排名	企业名称	总排名	营业收入（万元）
1	上海汽车集团股份有限公司	2	43480395
2	东风汽车公司	3	40672043
3	中国第一汽车集团公司	4	36852527
4	北京汽车集团有限公司	16	20077517
5	广州汽车工业集团有限公司	23	15998660
6	浙江吉利控股集团有限公司	25	15099498
7	天津汽车工业（集团）有限公司	40	9696768
8	华晨汽车集团控股有限公司	48	8750507
9	万向集团公司	56	8354223
10	江苏悦达集团有限公司	63	7824522
11	无锡产业发展集团有限公司	96	5163102
12	奇瑞汽车股份有限公司	116	4270954
13	厦门海翼集团有限公司	122	4007330
14	安徽江淮汽车集团有限公司	127	3664316
15	陕西汽车集团有限责任公司	147	3136574
16	江铃汽车集团公司	150	3110904
17	长城汽车股份有限公司	158	3008948
18	郑州宇通集团有限公司	226	2095208
19	三环集团公司	308	1477637
20	庆铃汽车（集团）有限公司	315	1446896
21	海马汽车集团股份有限公司	318	1421430
22	福建省汽车工业集团有限公司	354	1216858
23	柳州五菱汽车有限责任公司	358	1206687
24	陕西法士特汽车传动集团有限责任公司	390	1089638
25	重庆小康工业集团股份有限公司	418	973007
26	万丰奥特控股集团有限公司	456	801669
27	华菱星马汽车（集团）股份有限公司	482	685369
28	华翔集团股份有限公司	491	654475
	合计		246237662

排名	企业名称	总排名	营业收入（万元）
摩托车及零配件制造业			
1	隆鑫控股有限公司	256	1839548
2	重庆力帆控股有限公司	262	1819979
3	宗申产业集团有限公司	319	1420726
	合计		5080253
航空、航天、核工业与兵器制造业			
1	中国兵器工业集团公司	7	31131604
2	中国兵器装备集团公司	8	27902743
3	中国航空工业集团公司	9	26399877
4	中国航天科工集团公司	35	11191632
5	中国核工业集团公司	106	4618671
	合计		101244527
船舶制造业			
1	中国船舶重工集团公司	21	16255968
2	江苏扬子江船业集团公司	137	3461903
3	上海外高桥造船有限公司	250	1908827
4	江苏新世纪造船有限公司	288	1642408
5	金海重工股份有限公司	329	1349006
6	沪东中华造船（集团）有限公司	336	1317028
7	春和集团有限公司	346	1266673
8	广州广船国际股份有限公司	448	829643
	合计		28031456
动力、发电、电力生产等机械、装备制造业			
1	潍柴控股集团有限公司	39	9826166
2	上海电气（集团）总公司	42	9284032
3	中国东方电气集团有限公司	101	4908802
4	杭州汽轮动力集团有限公司	108	4592990

排名	企业名称	总排名	营业收入（万元）
5	广西玉柴机器集团有限公司	115	4292060
6	哈尔滨电气集团公司	143	3218506
7	卧龙控股集团有限公司	340	1302640
	平均数		5346457
	合计		37425196
综合制造业（以制造业为主，含有服务业）			
1	中国五矿集团公司	5	35240263
2	上海复星高科技（集团）有限公司	85	5798111
3	江苏华西集团公司	92	5384760
4	比亚迪股份有限公司	102	4882690
5	新华联控股有限公司	134	3516633
6	重庆机电控股（集团）公司	168	2746262
7	重庆化医控股（集团）公司	171	2694469
8	百兴集团有限公司	176	2663325
9	华盛江泉集团有限公司	179	2632688
10	中国新世纪控股集团有限公司	195	2497183
11	苏州创元投资发展（集团）有限公司	232	2059404
12	万达控股集团有限公司	233	2056319
13	攀枝花钢城集团有限公司	274	1722662
14	杭州锦江集团有限公司	305	1514953
15	华立集团股份有限公司	355	1215723
16	江苏天地龙集团有限公司	388	1099665
17	利时集团股份有限公司	400	1043614
18	重庆市博赛矿业（集团）有限公司	411	1011205
19	浙江航民实业集团有限公司	444	860191
20	花园工贸集团有限公司	446	853433
21	上海致达科技集团有限公司	455	805973
22	山东华兴机械股份有限公司	464	758017
23	安徽淮海实业发展集团有限公司	469	731013
	合计		83788556

表9－3　　2012中国制造业企业500强各地区企业分布

排名	企业名称	总排名	营业收入（万元）
北京			
1	中国石油化工集团公司	1	255195093
2	中国五矿集团公司	5	35240263
3	中国兵器工业集团公司	7	31131604
4	中国兵器装备集团公司	8	27902743
5	中国航空工业集团公司	9	26399877
6	首钢总公司	11	23349783
7	中国铝业公司	12	23170175
8	北京汽车集团有限公司	16	20077517
9	中国建筑材料集团有限公司	17	19409221
10	联想控股有限公司	18	18307801
11	中国化工集团公司	19	17912484
12	中国电子信息产业集团有限公司	20	16823613
13	中国船舶重工集团公司	21	16255968
14	新兴际华集团有限公司	27	14761161
15	中国航天科工集团公司	35	11191632
16	中国北方机车车辆工业集团公司	47	8923411
17	中国南车集团公司	59	8263113
18	中国黄金集团公司	61	7912335
19	北京建龙重工集团有限公司	69	7212870
20	中国有色矿业集团有限公司	76	6408199
21	中国中材集团有限公司	82	6001024
22	北大方正集团有限公司	87	5765741
23	新华联合冶金控股集团有限公司	97	5149035
24	中国核工业集团公司	106	4618671
25	北京金隅集团有限责任公司	130	3543837
26	新华联控股有限公司	134	3516633
27	中国恒天集团有限公司	140	3362386
28	中国盐业总公司	159	2990465
29	旭阳控股有限公司	184	2610381
30	北京京城机电控股有限责任公司	186	2602824
31	同方股份有限公司	225	2096205
32	北京燕京啤酒集团公司	276	1716231
33	北京二商集团有限责任公司	284	1657379
34	京东方科技集团股份有限公司	343	1274141
35	北京纺织控股有限责任公司	460	764837
36	北京顺鑫农业股份有限公司	463	758020
	合计		644276673
上海			
1	上海汽车集团股份有限公司	2	43480395
2	宝钢集团有限公司	6	31624500
3	光明食品（集团）有限公司	32	12455402
4	上海电气（集团）总公司	42	9284032
5	上海烟草集团有限责任公司	45	9110435
6	上海复星高科技（集团）有限公司	85	5798111
7	上海医药集团股份有限公司	91	5489987
8	上海纺织（集团）有限公司	113	4299799
9	上海华谊（集团）公司	114	4299642
10	上海人民企业（集团）有限公司	202	2413666
11	老凤祥股份有限公司	222	2112640
12	上海外高桥造船有限公司	250	1908827
13	上海良友（集团）有限公司	281	1672855
14	上海美特斯邦威服饰股份有限公司	306	1502262
15	沪东中华造船（集团）有限公司	336	1317028
16	上海胜华电缆（集团）有限公司	370	1180153
17	上海奥盛投资控股（集团）有限公司	397	1053748
18	上海浦东电线电缆（集团）有限公司	441	871528
19	上海致达科技集团有限公司	455	805973
	合计		140680983
天津			
1	天津中环电子信息集团有限公司	36	11028125
2	天津钢管集团股份有限公司	37	10409205
3	天津天钢集团有限公司	38	10300017
4	天津汽车工业（集团）有限公司	40	9696768
5	天津冶金集团有限公司	50	8689609
6	天津天铁冶金集团有限公司	52	8525589
7	天津市一轻集团（控股）有限公司	81	6015152
8	天津渤海化工集团公司	86	5782479
9	天津百利机电控股集团有限公司	88	5666007
10	天津荣程联合钢铁集团有限公司	105	4626240
11	天狮集团有限公司	162	2890657
12	天津友发钢管集团有限公司	200	2440771
13	天津二轻集团（控股）有限公司	203	2412039
14	天津市医药集团有限公司	208	2308748
15	天津纺织集团（控股）有限公司	280	1676839
16	天津天士力集团有限公司	324	1381080
17	天津有色金属集团有限公司	330	1338924
18	天津农垦集团有限公司	361	1201139

排名	企业名称	总排名	营业收入（万元）
19	天津市建筑材料集团（控股）有限公司	363	1196006
20	天津大桥焊材集团有限公司	407	1020000
21	天津塑力线缆集团有限公司	424	938005
22	天津市恒兴钢业有限公司	472	712726
23	天津金耀集团有限公司（天津药业集团有限公司）	497	645754
	合计		100901879
重庆			
1	重庆钢铁（集团）有限责任公司	148	3134818
2	重庆机电控股（集团）公司	168	2746262
3	重庆化医控股（集团）公司	171	2694469
4	重庆轻纺控股（集团）公司	191	2520496
5	隆鑫控股有限公司	256	1839548
6	重庆力帆控股有限公司	262	1819979
7	太极集团有限公司	287	1650315
8	庆铃汽车（集团）有限公司	315	1446896
9	宗申产业集团有限公司	319	1420726
10	重庆烟草工业有限责任公司	382	1118712
11	重庆市博赛矿业（集团）有限公司	411	1011205
12	重庆小康工业集团股份有限公司	418	973007
13	中国四联仪器仪表集团有限公司	480	699977
	合计		23076410
黑龙江			
1	哈尔滨电气集团公司	143	3218506
2	西林钢铁集团有限公司	246	1939398
3	哈药集团有限公司	272	1750696
4	中国第一重型机械集团公司	439	874940
5	黑龙江烟草工业有限责任公司	468	735000
	合计		8518540
吉林			
1	中国第一汽车集团公司	4	36852527
2	吉林亚泰（集团）股份有限公司	138	3390318
3	四平红嘴集团总公司	275	1722256
	合计		41965101
辽宁			
1	鞍钢集团公司	24	15573577
2	本钢集团有限公司	44	9193926
3	华晨汽车集团控股有限公司	48	8750507
4	海城市西洋镁矿有限公司	194	2500000
5	东北特殊钢集团有限责任公司	206	2315199
6	沈阳远大企业集团	239	2024443
7	嘉晨集团有限公司	251	1900016
8	沈阳机床（集团）有限责任公司	266	1801128
9	大连机床集团有限责任公司	269	1785273
10	凌源钢铁集团有限责任公司	296	1593851
11	逸盛大化石化有限公司	304	1515670
12	北方重工集团有限公司	310	1459830
13	沈阳化工集团有限公司	341	1300727
14	大连重工·起重集团有限公司	350	1245068
15	大连冰山集团有限公司	368	1186459
16	沈阳鼓风机集团股份有限公司	404	1030327
17	五矿营口中板有限责任公司	434	899062
18	大化集团有限责任公司	452	819091
19	东北制药集团有限责任公司	454	809440
20	中国华录集团有限公司	458	793863
21	辽宁禾丰牧业股份有限公司	470	723401
22	瓦房店轴承集团有限责任公司	492	654303
	合计		59875161
河北			
1	河北钢铁集团有限公司	10	25034171
2	河北津西钢铁集团股份有限公司	93	5296009
3	河北敬业企业集团有限责任公司	117	4257824
4	唐山瑞丰钢铁（集团）有限公司	152	3064204
5	长城汽车股份有限公司	158	3008948
6	唐山港陆钢铁有限公司	164	2834638
7	河北普阳钢铁有限公司	169	2735432
8	晶龙实业集团有限公司	182	2618725
9	河北文丰钢铁有限公司	198	2484514
10	春风实业集团有限责任公司	216	2203483
11	冀东发展集团有限责任公司	234	2050480
12	河北兴华钢铁有限公司	255	1857676
13	三河汇福粮油集团有限公司	257	1835019
14	河北新金钢铁有限公司	264	1806371
15	武安市裕华钢铁有限公司	271	1763688
16	河北新武安钢铁集团文安集团钢铁有限公司	286	1653240
17	河北新武安钢铁集团明芳钢铁有限公司	298	1568914
18	德龙钢铁有限公司	314	1447792

排名	企业名称	总排名	营业收入（万元）
19	唐山三友集团有限公司	317	1422377
20	河北前进钢铁集团有限公司	345	1273238
21	崇利制钢有限公司	360	1201161
22	邢台钢铁有限责任公司	372	1169516
23	五得利面粉集团有限公司	384	1115955
24	辛集市澳森钢铁有限公司	389	1099013
25	河北钢铁集团龙海钢铁有限公司	394	1069886
26	唐山东华钢铁企业集团有限公司	410	1012000
27	河北新武安钢铁集团烘熔钢铁有限公司	414	1000000
28	文安县新钢钢铁有限公司	442	867918
29	霸州市新利钢铁有限公司	476	704999
30	邯郸市正大制管有限公司	487	672000
31	河北曲寨集团有限公司	499	643337
	合计		80772528

河南			
1	河南省漯河市双汇实业集团有限责任公司	98	5032467
2	安阳钢铁集团有限责任公司	104	4856940
3	金龙精密铜管集团股份有限公司	135	3505197
4	万基控股集团有限公司	174	2668122
5	河南豫联能源集团有限责任公司	204	2343163
6	郑州宇通集团有限公司	226	2095208
7	河南豫光金铅集团有限责任公司	260	1821497
8	天瑞集团有限公司	267	1792252
9	河南济源钢铁（集团）有限公司	316	1434992
10	林州市林丰铝电有限责任公司	490	656926
	合计		26206764

山东			
1	山东魏桥创业集团有限公司	22	16101478
2	海尔集团公司	26	15092957
3	山东钢铁集团有限公司	33	12433831
4	潍柴控股集团有限公司	39	9826166
5	海信集团有限公司	70	7157576
6	山东大王集团有限公司	73	6605515
7	南山集团有限公司	77	6360389
8	日照钢铁控股集团有限公司	95	5177050
9	青岛钢铁控股集团有限责任公司	110	4361364
10	山东黄金集团有限公司	111	4348309
11	临沂新程金锣肉制品集团有限公司	123	3982268
12	滨化集团公司	129	3581864

排名	企业名称	总排名	营业收入（万元）
13	山东泰山钢铁集团有限公司	156	3030960
14	山东招金集团有限公司	157	3028718
15	山东金诚石化集团有限公司	160	2903978
16	山东京博控股股份有限公司	167	2800372
17	华泰集团有限公司	170	2720066
18	山东晨鸣纸业集团股份有限公司	173	2688961
19	华盛江泉集团有限公司	179	2632688
20	山东时风（集团）有限责任公司	183	2615282
21	山东太阳纸业股份有限公司	187	2585783
22	东营方圆有色金属有限公司	189	2554060
23	山东中烟工业有限责任公司	190	2521379
24	西王集团有限公司	197	2489802
25	青岛啤酒股份有限公司	205	2315805
26	南金兆集团有限公司	210	2297778
27	山东如意科技集团有限公司	211	2275501
28	华勤橡胶工业集团有限公司	212	2264099
29	山东博汇集团有限公司	220	2123890
30	山东石横特钢集团有限公司	224	2099539
31	利华益集团股份有限公司	227	2091663
32	山东东明石化集团有限公司	228	2080062
33	山东胜通集团股份有限公司	231	2064332
34	万达控股集团有限公司	233	2056319
35	沂州集团有限公司	245	1942497
36	山东科达集团有限公司	249	1921025
37	山东大海集团有限公司	254	1860235
38	山东淄博傅山企业集团有限公司	265	1801934
39	山东昊龙集团有限公司	268	1786123
40	山东渤海实业股份有限公司	273	1728834
41	三角集团有限公司	279	1683275
42	玲珑集团有限公司	283	1661503
43	福田雷沃国际重工股份有限公司	294	1600232
44	富海集团有限公司	300	1530727
45	山推工程机械股份有限公司	309	1470205
46	正和集团股份有限公司	328	1360610
47	山东垦利石化有限责任公司	335	1317862
48	威高集团有限公司	337	1313239
49	山东华星石油化工集团有限公司	342	1296179
50	双星集团有限责任公司	357	1211210
51	山东金岭集团有限公司	359	1204249
52	山东鲁北企业集团总公司	362	1200515
53	山东临工工程机械有限公司	373	1166606

排名	企业名称	总排名	营业收入（万元）
54	山东联盟化工集团有限公司	375	1151461
55	华鲁控股集团有限公司	377	1145296
56	潍坊特钢集团有限公司	379	1127578
57	诸城外贸有限责任公司	385	1108606
58	山东神驰化工有限公司	396	1067227
59	山东泉林纸业有限责任公司	399	1046014
60	山东澳亚纺织有限公司	403	1032504
61	山东鲁花集团有限公司	406	1023267
62	澳柯玛股份有限公司	409	1017444
63	山东恒源石油化工股份有限公司	412	1010014
64	东辰控股集团有限公司	415	990401
65	山东创新金属科技股份有限公司	417	974364
66	鲁西化工集团股份有限公司	426	931645
67	青岛即发集团控股有限公司	443	862249
68	鲁泰集团公司	459	779323
69	山东华兴机械股份有限公司	464	758017
70	龙大食品集团有限公司	465	751878
71	青岛九联集团股份有限公司	494	652518
	合计		195756670
山西			
1	太原钢铁（集团）有限公司	31	12702036
2	太原重型机械集团有限公司	291	1613368
3	美锦能源集团有限公司	356	1212814
4	山西建邦集团有限公司	450	821596
5	太原煤炭气化（集团）有限责任公司	495	648713
	合计		16998527
陕西			
1	陕西有色金属控股集团有限责任公司	79	6127444
2	陕西汽车集团有限责任公司	147	3136574
3	陕西东岭工贸集团股份有限公司	155	3030988
4	中国西电集团公司	311	1452030
5	陕西法士特汽车传动集团有限责任公司	390	1089638
	合计		14836674
安徽			
1	铜陵有色金属集团控股有限公司	41	9403158
2	马钢（集团）控股有限公司	43	9229817
3	安徽海螺集团有限责任公司	67	7271887
4	奇瑞汽车股份有限公司	116	4270954
5	安徽江淮汽车集团有限公司	127	3664316
6	铜陵精达铜材（集团）有限责任公司	421	960994
7	铜陵化学工业集团有限公司	436	879423
8	安徽楚江投资集团有限公司	457	798920
9	安徽淮海实业发展集团有限公司	469	731013
10	华菱星马汽车（集团）股份有限公司	482	685369
11	安徽叉车集团有限责任公司	496	645852
	合计		38541703
江苏			
1	江苏沙钢集团有限公司	14	20750672
2	雨润控股集团有限公司	46	9074651
3	徐州工程机械集团有限公司	49	8713785
4	南京钢铁集团有限公司	62	7844459
5	江苏悦达集团有限公司	63	7824522
6	中天钢铁集团有限公司	78	6265259
7	江苏华西集团公司	92	5384760
8	恒力集团有限公司	94	5229566
9	无锡产业发展集团有限公司	96	5163102
10	江苏新长江实业集团有限公司	99	5007567
11	江苏三房巷集团有限公司	118	4192708
12	江苏西城三联控股集团	119	4173937
13	江苏申特钢铁有限公司	126	3703425
14	红豆集团有限公司	133	3517139
15	江苏扬子江船业集团公司	137	3461903
16	江苏阳光集团有限公司	149	3132445
17	江阴澄星实业集团有限公司	153	3056368
18	扬子江药业集团有限公司	165	2810802
19	海澜集团有限公司	166	2801268
20	百兴集团有限公司	176	2663325
21	盛虹集团有限公司	178	2650231
22	华芳集团有限公司	185	2605193
23	亚邦投资控股集团有限公司	209	2302923
24	江苏金浦集团有限公司	223	2103148
25	亨通集团有限公司	230	2074786
26	苏州创元投资发展（集团）有限公司	232	2059404
27	江苏双良集团有限公司	237	2036762
28	无锡尚德太阳能电力有限公司	238	2026749
29	维维集团股份有限公司	241	2017836
30	江苏法尔胜泓昇集团有限公司	247	1926051
31	远东控股集团有限公司	248	1925335

排名	企业名称	总排名	营业收入（万元）
32	澳洋集团有限公司	259	1821700
33	波司登股份有限公司	261	1821341
34	江苏金辉集团公司	270	1779431
35	宝胜集团有限公司	278	1699240
36	江苏新世纪造船有限公司	288	1642408
37	江苏三木集团有限公司	290	1632347
38	江苏华宏实业集团有限公司	297	1569986
39	永鼎集团有限公司	303	1526155
40	兴达投资集团有限公司	339	1304192
41	江苏洋河酒厂股份有限公司	344	1274092
42	江苏大明金属制品有限公司	364	1194100
43	红太阳集团有限公司	386	1106999
44	江苏天地龙集团有限公司	388	1099665
45	江苏上上电缆集团有限公司	413	1009374
46	常熟市龙腾特种钢有限公司	477	703524
47	江苏隆力奇集团有限公司	484	677892
48	江苏华亚化纤有限公司	488	662691
	合计		161025218
湖南			
1	中联重科股份有限公司	53	8480577
2	湖南华菱钢铁集团有限责任公司	55	8396468
3	三一集团有限公司	60	8020000
4	湖南中烟工业有限责任公司	68	7251504
5	湖南博长控股集团有限公司	188	2568853
6	湖南晟通科技集团有限公司	215	2208552
7	湘电集团有限公司	351	1240253
8	唐人神集团股份有限公司	401	1041771
	合计		39207978
湖北			
1	东风汽车公司	3	40672043
2	武汉钢铁（集团）公司	13	22148880
3	湖北宜化集团有限责任公司	90	5604919
4	湖北中烟工业有限责任公司	100	4950378
5	大冶有色金属集团控股有限公司	121	4063253
6	宜昌三峡全通涂镀板有限公司	258	1832998
7	福星集团控股有限公司	295	1597553
8	三环集团公司	308	1477637
9	华新水泥股份有限公司	347	1263804
10	湖北稻花香集团公司	367	1188564

排名	企业名称	总排名	营业收入（万元）
11	武汉邮电科学研究院	381	1119546
12	宜昌兴发集团有限责任公司	383	1116632
13	湖北新洋丰肥业股份有限公司	440	871705
14	湖北枝江酒业集团公司	479	701040
15	福娃集团有限公司	498	645534
	合计		89254486
江西			
1	江西铜业集团公司	28	13549328
2	新余钢铁集团有限公司	109	4421302
3	江西萍钢实业股份有限公司	120	4109451
4	江铃汽车集团公司	150	3110904
5	正邦集团有限公司	240	2018954
6	双胞胎（集团）股份有限公司	307	1487749
7	江西赛维 LDK 太阳能高科技有限公司	321	1392985
8	江西稀有金属钨业控股集团有限公司	327	1362330
9	方大特钢科技股份有限公司	332	1333398
10	江西中烟工业有限责任公司	380	1122744
11	景德镇市焦化工业集团有限责任公司	428	922320
12	江西江锂科技有限公司	466	749847
	合计		35581312
浙江			
1	浙江吉利控股集团有限公司	25	15099498
2	万向集团公司	56	8354223
3	杭州钢铁集团公司	58	8284861
4	杭州娃哈哈集团有限公司	71	6785504
5	海亮集团有限公司	72	6779700
6	浙江恒逸集团有限公司	89	5629501
7	杭州汽轮动力集团有限公司	108	4592990
8	浙江中烟工业有限责任公司	112	4315413
9	雅戈尔集团股份有限公司	128	3603107
10	浙江荣盛控股集团有限公司	136	3485658
11	盾安控股集团有限公司	139	3383134
12	奥克斯集团有限公司	144	3209693
13	青山控股集团有限公司	145	3200000
14	宁波金田投资控股有限公司	146	3150260
15	桐昆集团股份有限公司	161	2903279
16	杭州橡胶（集团）公司	163	2871992
17	人民电器集团有限公司	177	2657124
18	正泰集团股份有限公司	192	2515732

排名	企业名称	总排名	营业收入（万元）
19	中国新世纪控股集团有限公司	195	2497183
20	天正集团有限公司	207	2310051
21	德力西集团有限公司	214	2208842
22	传化集团有限公司	229	2079132
23	精功集团有限公司	242	2017818
24	杉杉控股有限公司	252	1892041
25	宁波富邦控股集团有限公司	263	1812280
26	浙江元立金属制品集团有限公司	277	1704473
27	浙江龙盛控股有限公司	285	1654089
28	西子联合控股有限公司	289	1633851
29	杭州富春江冶炼有限公司	292	1612810
30	维科控股集团股份有限公司	293	1608204
31	杭州华东医药集团有限公司	299	1565202
32	天能电池集团有限公司	302	1526364
33	杭州锦江集团有限公司	305	1514953
34	环宇集团有限公司	313	1448862
35	升华集团控股有限公司	322	1392769
36	红狮控股集团有限公司	323	1386905
37	浙江东南网架集团有限公司	325	1380334
38	奥康集团有限公司	326	1372982
39	金海重工股份有限公司	329	1349006
40	超威电源（集团）有限公司	331	1337205
41	巨化集团公司	338	1305405
42	卧龙控股集团有限公司	340	1302640
43	春和集团有限公司	346	1266673
44	精工控股集团有限公司	349	1247465
45	纳爱斯集团有限公司	352	1227332
46	华立集团股份有限公司	355	1215723
47	浙江大东南集团有限公司	365	1191948
48	新凤鸣集团股份有限公司	369	1184194
49	华峰集团有限公司	387	1101853
50	浙江天圣控股集团有限公司	391	1088420
51	浙江栋梁新材股份有限公司	392	1087387
52	华通机电集团有限公司	393	1079104
53	兴乐集团有限公司	395	1067398
54	杭州金鱼电器集团有限公司	398	1052866
55	利时集团股份有限公司	400	1043614
56	祐康食品集团有限公司	402	1032830
57	海天塑机集团有限公司	408	1018049
58	浙江翔盛集团有限公司	419	970307
59	富通集团有限公司	422	955990
60	兰溪自立铜业有限公司	423	945381
61	浙江富春江通信集团有限公司	427	928023
62	森马集团有限公司	429	912800
63	宁波申洲针织有限公司	431	904344
64	人本集团有限公司	432	901133
65	胜达集团有限公司	435	880287
66	开氏集团有限公司	437	878475
67	三花控股集团有限公司	438	877116
68	浙江航民实业集团有限公司	444	860191
69	宁波博洋控股集团有限公司	445	860150
70	花园工贸集团有限公司	446	853433
71	杭叉集团股份有限公司	447	834245
72	兴惠化纤集团有限公司	449	829601
73	富丽达集团控股有限公司	453	812692
74	万丰奥特控股集团有限公司	456	801669
75	杭州诺贝尔集团有限公司	471	721300
76	振石控股集团有限公司	474	710668
77	闰土控股集团有限公司	475	706506
78	龙达集团有限公司	478	702015
79	农夫山泉股份有限公司	481	688769
80	金洲集团有限公司	483	684084
81	浙江诺力机械股份有限公司	486	675000
82	温州开元集团有限公司	489	661428
83	华翔集团股份有限公司	491	654475
84	浙江富陵控股集团有限公司	500	640081
	合计		169490089

广东			
1	华为技术有限公司	15	20392900
2	广州汽车工业集团有限公司	23	15998660
3	美的集团有限公司	29	13411615
4	正威国际集团有限公司	30	12801904
5	中兴通讯股份有限公司	51	8625446
6	珠海格力电器股份有限公司	57	8351725
7	中国国际海运集装箱（集团）股份有限公司	75	6412505
8	TCL集团股份有限公司	80	6075155
9	比亚迪股份有限公司	102	4882690
10	广东格兰仕集团有限公司	132	3517642
11	广州医药集团有限公司	141	3307758
12	广州万宝集团有限公司	219	2133479
13	深圳市中金岭南有色金属股份有限公司	253	1866905

排名	企业名称	总排名	营业收入（万元）
14	惠州市德赛集团有限公司	353	1221208
15	金发科技股份有限公司	374	1154696
16	惠州市华阳集团有限公司	433	899436
17	广州广船国际股份有限公司	448	829643
18	深圳华强集团有限公司	462	759905
19	广州无线电集团有限公司	493	654103
	合计		113297375
四川			
1	四川长虹电子集团有限公司	65	7655369
2	新希望集团有限公司	66	7538106
3	中国东方电气集团有限公司	101	4908802
4	四川省宜宾五粮液集团有限公司	103	4872960
5	通威集团有限公司	131	3525196
6	四川省川威集团有限公司	142	3295502
7	四川宏达（集团）有限公司	151	3090273
8	四川德胜集团钢铁有限公司	181	2619416
9	泸州老窖集团有限责任公司	199	2462383
10	四川省达州钢铁集团有限责任公司	236	2040650
11	攀枝花钢城集团有限公司	274	1722662
12	四川科伦实业集团有限公司	301	1529474
13	成都神钢工程机械（集团）有限公司	333	1330312
14	四川九洲电器集团有限责任公司	348	1252918
15	四川郎酒集团有限责任公司	405	1030000
16	成都亚光电子股份有限公司	416	975158
17	四川化工控股（集团）有限责任公司	467	738537
	合计		50587718
福建			
1	福建联合石油化工有限公司	84	5842851
2	厦门海翼集团有限公司	122	4007330
3	紫金矿业集团股份有限公司	124	3976392
4	福建省三钢（集团）有限责任公司	172	2693169
5	福建省汽车工业集团有限公司	354	1216858
6	厦门钨业股份有限公司	366	1191040
7	龙岩烟草工业有限责任公司	376	1148302
8	福耀玻璃工业集团股份有限公司	420	968941
9	厦门烟草工业有限责任公司	425	932447
10	厦门银鹭集团有限公司	430	908463
	合计		22885793

排名	企业名称	总排名	营业收入（万元）
广西			
1	广西玉柴机器集团有限公司	115	4292060
2	广西投资集团有限公司	154	3054523
3	广西柳工集团有限公司	218	2157159
4	广西有色金属集团有限公司	282	1669036
5	广西农垦集团有限责任公司	312	1451211
6	广西中烟工业有限责任公司	320	1411888
7	柳州五菱汽车有限责任公司	358	1206687
8	广西洋浦南华糖业集团股份有限公司	371	1175197
	合计		16417761
贵州			
1	贵州中烟工业有限责任公司	196	2496829
2	中国贵州茅台酒厂（集团）有限责任公司	201	2429810
	合计		4926639
云南			
1	红塔烟草（集团）有限责任公司	64	7726123
2	红云红河烟草（集团）有限责任公司	74	6605405
3	云天化集团有限责任公司	107	4613894
4	昆明钢铁控股有限公司	175	2666719
5	云南煤化工集团有限公司	180	2619587
6	云南锡业集团（控股）有限责任公司	221	2116237
7	云南冶金集团股份有限公司	243	2008235
8	云南白药集团股份有限公司	378	1131232
9	云南南磷集团股份有限公司	461	761607
	合计		30249039
甘肃			
1	金川集团股份有限公司	34	12182333
2	酒泉钢铁（集团）有限责任公司	54	8442378
3	白银有色集团股份有限公司	217	2185429
	合计		22810140
青海			
1	西部矿业集团有限公司	193	2500703
2	西宁特殊钢集团有限责任公司	451	821505
3	青海盐湖工业股份有限公司	485	677756
	合计		3999964
宁夏			

排名	企业名称	总排名	营业收入（万元）
1	宁夏宝塔石化集团有限公司	334	1321360
	合计		1321360
新疆			
1	新疆特变电工集团有限公司	213	2253721
2	新疆天业（集团）有限公司	235	2042809
3	新疆中泰化学（集团）股份有限公司	473	712242
	合计		5008772

排名	企业名称	总排名	营业收入（万元）
内蒙古			
1	包头钢铁（集团）有限责任公司	83	5880885
2	内蒙古伊利实业集团股份有限公司	125	3745137
3	内蒙古鄂尔多斯羊绒集团有限责任公司	244	1958837
	合计		11584859
海南			
1	海马汽车集团股份有限公司	318	1421430
	合计		1421430

表9-4　　2012中国制造业企业500强净利润排序前100名企业

排名	公司名称	总排名	净利润（万元）	排名	公司名称	总排名	净利润（万元）
1	中国石油化工集团公司	1	6111302	51	雅戈尔集团股份有限公司	128	254951
2	上海汽车集团股份有限公司	2	2022187	52	雨润控股集团有限公司	46	253206
3	中国黄金集团公司	61	1510332	53	西子联合控股有限公司	289	250537
4	中国第一汽车集团公司	4	1485256	54	青海盐湖工业股份有限公司	485	248113
5	上海烟草集团有限责任公司	45	1468810	55	湖北中烟工业有限责任公司	100	246726
6	宝钢集团有限公司	6	1206858	56	山东胜通集团股份有限公司	231	245181
7	华为技术有限公司	15	1164700	57	江西铜业集团公司	28	240339
8	中联重科股份有限公司	53	960247	58	浙江中烟工业有限责任公司	112	230157
9	东风汽车公司	3	854103	59	广州汽车工业集团有限公司	23	223055
10	光明食品（集团）有限公司	32	764503	60	上海人民企业（集团）有限公司	202	221974
11	山东魏桥创业集团有限公司	22	728979	61	中兴通讯股份有限公司	51	206017
12	潍坊特钢集团有限公司	379	721777	62	中国南车集团公司	59	205535
13	天津汽车工业（集团）有限公司	40	681181	63	中国北方机车车辆工业集团公司	47	204568
14	湖南中烟工业有限责任公司	68	673611	64	上海医药集团股份有限公司	91	204224
15	四川省宜宾五粮液集团有限公司	103	654215	65	浙江荣盛控股集团有限公司	136	202004
16	南山集团有限公司	77	621804	66	新疆特变电工集团有限公司	213	192973
17	三一集团有限公司	60	619095	67	铜陵有色金属集团控股有限公司	41	187633
18	中国贵州茅台酒厂（集团）有限责任公司	201	601563	68	海亮集团有限公司	72	187340
19	中国航空工业集团公司	9	601491	69	内蒙古鄂尔多斯羊绒集团有限责任公司	244	182874
20	紫金矿业集团股份有限公司	124	571257	70	山东中烟工业有限责任公司	190	182755
21	江苏扬子江船业集团公司	137	564494	71	内蒙古伊利实业集团股份有限公司	125	180922
22	红塔烟草（集团）有限责任公司	64	551431	72	包头钢铁（集团）有限责任公司	83	177700
23	中国船舶重工集团公司	21	540953	73	联想控股有限公司	18	177480
24	红云红河烟草（集团）有限责任公司	74	532302	74	青岛啤酒股份有限公司	205	173793
25	珠海格力电器股份有限公司	57	523694	75	无锡产业发展集团有限公司	96	172857
26	中国航天科工集团公司	35	517727	76	宁波申洲针织有限公司	431	170385
27	中国五矿集团公司	5	487252	77	新华联控股有限公司	134	168652
28	天津中环电子信息集团有限公司	36	430298	78	海澜集团有限公司	166	166402
29	武汉钢铁（集团）公司	13	429533	79	波司登股份有限公司	261	166332
30	中国建筑材料集团有限公司	17	424412	80	广西洋浦南华糖业集团股份有限公司	371	163304
31	徐州工程机械集团有限公司	49	419862	81	山东招金集团有限公司	157	162351
32	江苏洋河酒厂股份有限公司	344	402099	82	河北津西钢铁集团股份有限公司	93	161230
33	海尔集团公司	26	395557	83	鞍钢集团公司	24	159872
34	中国兵器工业集团公司	7	386454	84	贵州中烟工业有限责任公司	196	158484
35	恒力集团有限公司	94	379667	85	威高集团有限公司	337	157308
36	金川集团股份有限公司	34	373495	86	新兴际华集团有限公司	27	156868
37	万向集团公司	56	371262	87	江苏阳光集团有限公司	149	155877
38	上海复星高科技（集团）有限公司	85	370364	88	临沂新程金锣肉制品集团有限公司	123	151729
39	中国国际海运集装箱（集团）股份有限公司	75	369093	89	福耀玻璃工业集团股份有限公司	420	151261
40	安徽海螺集团有限责任公司	67	346615	90	华泰集团有限公司	170	150728
41	江苏新世纪造船有限公司	288	346170	91	上海外高桥造船有限公司	250	149939
42	江苏沙钢集团有限公司	14	345974	92	扬子江药业集团有限公司	165	148784
43	美的集团有限公司	29	344910	93	浙江恒逸集团有限公司	89	147125
44	长城汽车股份有限公司	158	342620	94	山东大海集团有限公司	254	145027
45	天津百利机电控股集团有限公司	88	334694	95	厦门银鹭集团有限公司	430	144070
46	北京汽车集团有限公司	16	317806	96	海天塑机集团有限公司	408	142894
47	中国核工业集团公司	106	312410	97	红狮控股集团有限公司	323	140516
48	天狮集团有限公司	162	299178	98	云天化集团有限责任公司	107	139521
49	海信集团有限公司	70	293017	99	逸盛大化石化有限公司	304	139501
50	山东大王集团有限公司	73	262791	100	比亚迪股份有限公司	102	138463
					中国制造业企业500强平均数		127012

表9-5 **2012中国制造业企业500强资产排序前100名企业**

排名	公司名称	总排名	资产（万元）	排名	公司名称	总排名	资产（万元）
1	中国石油化工集团公司	1	174530740	51	江西铜业集团公司	28	8348113
2	中国航空工业集团公司	9	51576797	52	三一集团有限公司	60	8281283
3	宝钢集团有限公司	6	47381978	53	山东魏桥创业集团有限公司	22	8182408
4	中国铝业公司	12	39662045	54	北京金隅集团有限责任公司	130	8120777
5	首钢总公司	11	36765922	55	云天化集团有限责任公司	107	8034945
6	中国船舶重工集团公司	21	35053371	56	TCL集团股份有限公司	80	7401432
7	上海汽车集团股份有限公司	2	31863318	57	天津天铁冶金集团有限公司	52	7364205
8	河北钢铁集团有限公司	10	31618912	58	天津钢管集团股份有限公司	37	7357580
9	鞍钢集团公司	24	27171022	59	雨润控股集团有限公司	46	7280056
10	中国兵器工业集团公司	7	26196283	60	潍柴控股集团有限公司	39	7205306
11	中国兵器装备集团公司	8	26110034	61	中联重科股份有限公司	53	7158177
12	中国核工业集团公司	106	25777800	62	中国有色矿业集团有限公司	76	7156803
13	中国化工集团公司	19	24770050	63	天津冶金集团有限公司	50	6910223
14	东风汽车公司	3	23205842	64	京东方科技集团股份有限公司	343	6876942
15	中国五矿集团公司	5	23059076	65	重庆钢铁（集团）有限责任公司	148	6755979
16	武汉钢铁（集团）公司	13	22224918	66	天津天钢集团有限公司	38	6584991
17	中国第一汽车集团公司	4	21421444	67	比亚迪股份有限公司	102	6562440
18	中国建筑材料集团有限公司	17	20751094	68	北大方正集团有限公司	87	6508594
19	华为技术有限公司	15	19328300	69	中国国际海运集装箱（集团）股份有限公司	75	6436171
20	光明食品（集团）有限公司	32	18470910	70	新兴际华集团有限公司	27	6416183
21	江苏沙钢集团有限公司	14	17068665	71	红云红河烟草（集团）有限责任公司	74	6218381
22	北京汽车集团有限公司	16	16857443	72	四川长虹电子集团有限公司	65	6026544
23	山东钢铁集团有限公司	33	15457160	73	雅戈尔集团股份有限公司	128	5996245
24	上海电气（集团）总公司	42	15077705	74	四川省宜宾五粮液集团有限公司	103	5899508
25	联想控股有限公司	18	15048975	75	北京建龙重工集团有限公司	69	5866519
26	中国电子信息产业集团有限公司	20	14478294	76	华晨汽车集团控股有限公司	48	5841041
27	海尔集团公司	26	14359988	77	日照钢铁控股集团有限公司	95	5793291
28	中国航天科工集团公司	35	13864031	78	铜陵有色金属集团控股有限公司	41	5582978
29	湖南华菱钢铁集团有限责任公司	55	13068442	79	万向集团公司	56	5559670
30	上海复星高科技（集团）有限公司	85	12854104	80	哈尔滨电气集团公司	143	5550724
31	本钢集团有限公司	44	12575923	81	南山集团有限公司	77	5513516
32	太原钢铁（集团）有限公司	31	11213058	82	广西投资集团有限公司	154	5410797
33	广州汽车工业集团有限公司	23	10987748	83	云南冶金集团股份有限公司	243	5391405
34	中兴通讯股份有限公司	51	10536811	84	海信集团有限公司	70	5385741
35	浙江吉利控股集团有限公司	25	10522681	85	奇瑞汽车股份有限公司	116	5324471
36	中国北方机车车辆工业集团公司	47	10407902	86	中国黄金集团公司	61	5321821
37	酒泉钢铁（集团）有限责任公司	54	10324649	87	湖北宜化集团有限责任公司	90	5304432
38	上海烟草集团有限责任公司	45	10256304	88	泸州老窖集团有限责任公司	199	5294200
39	中国南车集团公司	59	10132195	89	湖南中烟工业有限责任公司	68	5260454
40	包头钢铁（集团）有限责任公司	83	9982316	90	紫金矿业集团股份有限公司	124	5232020
41	中国东方电气集团有限公司	101	9811521	91	正威国际集团有限公司	30	5032302
42	红塔烟草（集团）有限责任公司	64	9613158	92	江苏扬子江船业集团公司	137	4980168
43	天津渤海化工集团公司	86	9296192	93	徐州工程机械集团有限公司	49	4942098
44	马钢（集团）控股有限公司	43	9211083	94	恒力集团有限公司	94	4855315
45	中国中材集团有限公司	82	9118010	95	山东大王集团有限公司	73	4827668
46	安徽海螺集团有限责任公司	67	9093247	96	上海华谊（集团）公司	114	4802695
47	美的集团有限公司	29	9034514	97	冀东发展集团有限责任公司	234	4794565
48	金川集团股份有限公司	34	8779834	98	上海医药集团股份有限公司	91	4766782
49	陕西有色金属控股集团有限责任公司	79	8577521	99	东北特殊钢集团有限责任公司	206	4720559
50	珠海格力电器股份有限公司	57	8521159	100	江苏悦达集团有限公司	63	4684644
					中国制造业企业500强平均数		3946373

表9-6　　2012 中国制造业企业500强从业人数排序前100名企业

排名	公司名称	总排名	从业人数	排名	公司名称	总排名	从业人数
1	中国石油化工集团公司	1	1021979	51	四川省宜宾五粮液集团有限公司	103	50237
2	中国航空工业集团公司	9	469048	52	宁波申洲针织有限公司	431	48600
3	中国兵器工业集团公司	7	279563	53	包头钢铁（集团）有限责任公司	83	48006
4	中国兵器装备集团公司	8	228245	54	安徽海螺集团有限责任公司	67	46626
5	鞍钢集团公司	24	210528	55	中国黄金集团公司	61	45939
6	中国铝业公司	12	184355	56	天津中环电子信息集团有限公司	36	45630
7	比亚迪股份有限公司	102	177624	57	江苏沙钢集团有限公司	14	44331
8	中国船舶重工集团公司	21	162000	58	潍柴控股集团有限公司	39	44170
9	东风汽车公司	3	161377	59	天津渤海化工集团公司	86	42382
10	美的集团有限公司	29	145000	60	长城汽车股份有限公司	158	42002
11	山东魏桥创业集团有限公司	22	141299	61	陕西有色金属控股集团有限责任公司	79	41689
12	华为技术有限公司	15	140000	62	广东格兰仕集团有限公司	132	41041
13	中国化工集团公司	19	138553	63	华晨汽车集团控股有限公司	48	40400
14	河北钢铁集团有限公司	10	133107	64	太原钢铁（集团）有限公司	31	39478
15	中国电子信息产业集团有限公司	20	126539	65	新华联控股有限公司	134	39256
16	中国航天科工集团公司	35	125966	66	南山集团有限公司	77	39186
17	中国建筑材料集团有限公司	17	125439	67	北京燕京啤酒集团公司	276	39115
18	首钢总公司	11	120371	68	恒力集团有限公司	94	38120
19	光明食品（集团）有限公司	32	116402	69	云南煤化工集团有限公司	180	37879
20	上海汽车集团股份有限公司	2	115932	70	浙江吉利控股集团有限公司	25	37800
21	武汉钢铁（集团）公司	13	115582	71	重庆化医控股（集团）公司	171	37731
22	中国五矿集团公司	5	115137	72	上海医药集团股份有限公司	91	37249
23	雨润控股集团有限公司	46	110000	73	联想控股有限公司	18	37230
24	宝钢集团有限公司	6	104190	74	天津百利机电控股集团有限公司	88	37106
25	山东钢铁集团有限公司	33	98943	75	云天化集团有限责任公司	107	36359
26	中兴通讯股份有限公司	51	89786	76	中国有色矿业集团有限公司	76	35994
27	中国南车集团公司	59	89777	77	酒泉钢铁（集团）有限责任公司	54	35617
28	中国北方机车车辆工业集团公司	47	87615	78	金川集团股份有限公司	34	34945
29	本钢集团有限公司	44	87219	79	重庆机电控股（集团）公司	168	34929
30	中国核工业集团公司	106	84838	80	天津汽车工业（集团）有限公司	40	34518
31	中国第一汽车集团公司	4	82175	81	青岛啤酒股份有限公司	205	34193
32	珠海格力电器股份有限公司	57	81659	82	天津市一轻集团（控股）有限公司	81	33493
33	新希望集团有限公司	66	79736	83	北京金隅集团有限责任公司	130	32928
34	中国中材集团有限公司	82	78148	84	北大方正集团有限公司	87	32659
35	新兴际华集团有限公司	27	77512	85	上海华谊（集团）公司	114	32346
36	海尔集团公司	26	72393	86	云南冶金集团股份有限公司	243	32325
37	四川长虹电子集团有限公司	65	70762	87	红塔烟草（集团）有限责任公司	64	32241
38	北京汽车集团有限公司	16	68262	88	陕西汽车集团有限责任公司	147	31956
39	三一集团有限公司	60	66940	89	海信集团有限公司	70	31432
40	中国国际海运集装箱（集团）股份有限公司	75	64530	90	安徽江淮汽车集团有限公司	127	31193
41	上海电气（集团）总公司	42	64425	91	上海复星高科技（集团）有限公司	85	31046
42	河南省漯河市双汇实业集团有限责任公司	98	62504	92	万向集团公司	56	30749
43	广西农垦集团有限责任公司	312	58879	93	正邦集团有限公司	240	30587
44	TCL 集团股份有限公司	80	56190	94	吉林亚泰（集团）股份有限公司	138	30402
45	中国盐业总公司	159	55738	95	湖北宜化集团有限责任公司	90	30365
46	马钢（集团）控股有限公司	43	54547	96	安阳钢铁集团有限责任公司	104	30201
47	中国恒天集团有限公司	140	53561	97	临沂新程金锣肉制品集团有限公司	123	30135
48	广州汽车工业集团有限公司	23	53133	98	铜陵有色金属集团控股有限公司	41	29146
49	北京建龙重工集团有限公司	69	53081	99	杭州娃哈哈集团有限公司	71	29065
50	雅戈尔集团股份有限公司	128	51266	100	中联重科股份有限公司	53	28833
					中国制造业企业500强平均数		25315

表9-7 2012中国制造业企业500强研发费用排序前100名企业

排名	公司名称	总排名	研发费用（万元）	排名	公司名称	总排名	研发费用（万元）
1	华为技术有限公司	15	2190000	51	广州汽车工业集团有限公司	23	169070
2	中国航空工业集团公司	9	2167989	52	太原重型机械集团有限公司	291	168130
3	中国船舶重工集团公司	21	1021485	53	天津中环电子信息集团有限公司	36	165676
4	中国航天科工集团公司	35	953563	54	包头钢铁（集团）有限责任公司	83	159646
5	中国兵器装备集团公司	8	900053	55	恒力集团有限公司	94	156210
6	海尔集团公司	26	850926	56	中国东方电气集团有限公司	101	151323
7	中兴通讯股份有限公司	51	849262	57	中国中材集团有限公司	82	150948
8	中国兵器工业集团公司	7	795404	58	南山集团有限公司	77	148405
9	宝钢集团有限公司	6	722781	59	湖北宜化集团有限责任公司	90	142783
10	中国石油化工集团公司	1	710494	60	天津渤海化工集团公司	86	137517
11	武汉钢铁（集团）公司	13	696947	61	奇瑞汽车股份有限公司	116	137507
12	浙江吉利控股集团有限公司	25	675510	62	昆明钢铁控股有限公司	175	132648
13	山东魏桥创业集团有限公司	22	595634	63	河北津西钢铁集团股份有限公司	93	130301
14	上海汽车集团股份有限公司	2	592133	64	潍柴控股集团有限公司	39	130139
15	美的集团有限公司	29	505000	65	四川省宜宾五粮液集团有限公司	103	124012
16	中国第一汽车集团公司	4	477547	66	山东泰山钢铁集团有限公司	156	121423
17	首钢总公司	11	454050	67	上海复星高科技（集团）有限公司	85	120806
18	东风汽车公司	3	404799	68	天津市一轻集团（控股）有限公司	81	118000
19	中国化工集团公司	19	403157	69	春风实业集团有限责任公司	216	115621
20	山东钢铁集团有限公司	33	386550	70	天津钢管集团股份有限公司	37	114855
21	中国电子信息产业集团有限公司	20	376142	71	河北敬业企业集团有限责任公司	117	112675
22	鞍钢集团公司	24	362217	72	天津汽车工业（集团）有限公司	40	112615
23	酒泉钢铁（集团）有限责任公司	54	349465	73	万达控股集团有限公司	233	109585
24	河北钢铁集团有限公司	10	345418	74	武汉邮电科学研究院	381	106365
25	江苏沙钢集团有限公司	14	342043	75	利华益集团股份有限公司	227	105590
26	中国铝业公司	12	325348	76	江苏西城三联控股集团	119	104348
27	中国建筑材料集团有限公司	17	315985	77	京东方科技集团股份有限公司	343	103355
28	中国南车集团公司	59	314544	78	盾安控股集团有限公司	139	103320
29	北京汽车集团有限公司	16	297559	79	南京钢铁集团有限公司	62	102400
30	太原钢铁（集团）有限公司	31	294408	80	山东胜通集团股份有限公司	231	100000
31	湖南华菱钢铁集团有限责任公司	55	287020	81	中国有色矿业集团有限公司	76	96952
32	江西铜业集团公司	28	282000	82	内蒙古伊利实业集团股份有限公司	125	94654
33	铜陵有色金属集团控股有限公司	41	279720	83	重庆钢铁（集团）有限责任公司	148	94500
34	珠海格力电器股份有限公司	57	274173	84	湘电集团有限公司	351	93283
35	马钢（集团）控股有限公司	43	262673	85	天津百利机电控股集团有限公司	88	90478
36	联想控股有限公司	18	262124	86	安徽海螺集团有限责任公司	67	88754
37	中联重科股份有限公司	53	256113	87	山东晨鸣纸业集团股份有限公司	173	88751
38	TCL集团股份有限公司	80	226700	88	扬子江药业集团有限公司	165	88540
39	新希望集团有限公司	66	224804	89	山东金诚石化集团有限公司	160	87119
40	中国北方机车车辆工业集团公司	47	218937	90	正泰集团股份有限公司	192	87059
41	四川长虹电子集团有限公司	65	215810	91	杭州橡胶（集团）公司	163	86160
42	天津天铁冶金集团有限公司	52	205771	92	红云红河烟草（集团）有限责任公司	74	85188
43	中国核工业集团公司	106	204203	93	安徽江淮汽车集团有限公司	127	83547
44	安阳钢铁集团有限责任公司	104	203920	94	同方股份有限公司	225	83169
45	上海电气（集团）总公司	42	200864	95	人民电器集团有限公司	177	82917
46	三一集团有限公司	60	192641	96	重庆力帆控股有限公司	262	81719
47	北大方正集团有限公司	87	189799	97	郑州宇通集团有限公司	226	80846
48	日照钢铁控股集团有限公司	95	181196	98	中国新世纪控股集团有限公司	195	79415
49	哈尔滨电气集团公司	143	180589	99	上海华谊（集团）公司	114	79236
50	徐州工程机械集团有限公司	49	169250	100	中国恒天集团有限公司	140	76884
					中国制造业企业500强平均数		84646

表9-8　　2012中国制造业企业500强研发费所占比例排序前100名企业

排名	公司名称	总排名	研发费所占比例（%）	排名	公司名称	总排名	研发费所占比例（%）
1	华为技术有限公司	15	10.74	51	诸城外贸有限责任公司	385	3.81
2	太原重型机械集团有限公司	291	10.42	52	沈阳机床（集团）有限责任公司	266	3.80
3	中兴通讯股份有限公司	51	9.85	53	内蒙古鄂尔多斯羊绒集团有限责任公司	244	3.80
4	武汉邮电科学研究院	381	9.50	54	美的集团有限公司	29	3.77
5	中国航天科工集团公司	35	8.52	55	无锡尚德太阳能电力有限公司	238	3.75
6	中国华录集团有限公司	458	8.28	56	TCL集团股份有限公司	80	3.73
7	中国航空工业集团公司	9	8.21	57	江苏上上电缆集团有限公司	413	3.70
8	京东方科技集团股份有限公司	343	8.11	58	山东魏桥创业集团有限公司	22	3.70
9	湘电集团有限公司	351	7.52	59	沈阳鼓风机集团股份有限公司	404	3.68
10	广州无线电集团有限公司	493	6.59	60	海马汽车集团股份有限公司	318	3.64
11	中国船舶重工集团公司	21	6.28	61	青岛即发集团控股有限公司	443	3.63
12	四川九洲电器集团有限责任公司	348	5.93	62	上海外高桥造船有限公司	250	3.63
13	山东泉林纸业有限责任公司	399	5.88	63	沪东中华造船（集团）有限公司	336	3.62
14	澳柯玛股份有限公司	409	5.87	64	惠州市华阳集团有限公司	433	3.58
15	海尔集团公司	26	5.64	65	海天塑机集团有限公司	408	3.54
16	哈尔滨电气集团公司	143	5.61	66	华鲁控股集团有限公司	377	3.52
17	福耀玻璃工业集团股份有限公司	420	5.43	67	日照钢铁控股集团有限公司	95	3.50
18	瓦房店轴承集团有限责任公司	492	5.35	68	正泰集团股份有限公司	192	3.46
19	万达控股集团有限公司	233	5.33	69	江西稀有金属钨业控股集团有限公司	327	3.45
20	金发科技股份有限公司	374	5.30	70	三角集团有限公司	279	3.43
21	万丰奥特控股集团有限公司	456	5.30	71	湖南华菱钢铁集团有限责任公司	55	3.42
22	春风实业集团有限责任公司	216	5.25	72	三环集团公司	308	3.41
23	惠州市德赛集团有限公司	353	5.16	73	广西柳工集团有限公司	218	3.40
24	大连重工·起重集团有限公司	350	5.15	74	厦门银鹭集团有限公司	430	3.32
25	中国西电集团公司	311	5.14	75	山东晨鸣纸业集团股份有限公司	173	3.30
26	利华益集团股份有限公司	227	5.05	76	中国第一重型机械集团公司	439	3.29
27	山东金岭集团有限公司	359	5.02	77	北大方正集团有限公司	87	3.29
28	东辰控股集团有限公司	415	5.01	78	双星集团有限责任公司	357	3.29
29	威高集团有限公司	337	5.00	79	珠海格力电器股份有限公司	57	3.28
30	福娃集团有限公司	498	5.00	80	玲珑集团有限公司	283	3.24
31	昆明钢铁控股有限公司	175	4.97	81	唐山三友集团有限公司	317	3.24
32	山东胜通集团股份有限公司	231	4.84	82	中国兵器装备集团公司	8	3.23
33	广州广船国际股份有限公司	448	4.78	83	奇瑞汽车股份有限公司	116	3.22
34	深圳华强集团有限公司	462	4.63	84	鲁泰集团公司	459	3.20
35	重庆力帆控股有限公司	262	4.49	85	浙江大东南集团有限公司	365	3.19
36	浙江吉利控股集团有限公司	25	4.47	86	中国新世纪控股集团有限公司	195	3.18
37	山东澳亚纺织有限公司	403	4.44	87	陕西法士特汽车传动集团有限责任公司	390	3.17
38	福田雷沃国际重工股份有限公司	294	4.42	88	富通集团有限公司	422	3.16
39	中国核工业集团公司	106	4.42	89	武汉钢铁（集团）公司	13	3.15
40	安阳钢铁集团有限责任公司	104	4.20	90	扬子江药业集团有限公司	165	3.15
41	天津塑力线缆集团有限公司	424	4.20	91	鲁西化工集团股份有限公司	426	3.13
42	酒泉钢铁（集团）有限责任公司	54	4.14	92	山东华兴机械股份有限公司	464	3.12
43	北方重工集团有限公司	310	4.12	93	人民电器集团有限公司	177	3.12
44	春和集团有限公司	346	4.08	94	上海浦东电线电缆（集团）有限公司	441	3.12
45	安徽叉车集团有限责任公司	496	4.03	95	上海致达科技集团有限公司	455	3.11
46	山东泰山钢铁集团有限公司	156	4.01	96	山东钢铁集团有限公司	33	3.11
47	同方股份有限公司	225	3.97	97	超威电源（集团）有限公司	331	3.10
48	郑州宇通集团有限公司	226	3.86	98	环宇集团有限公司	313	3.10
49	龙大食品集团有限公司	465	3.83	99	逸盛大化石化有限公司	304	3.10
50	中国南车集团公司	59	3.81	100	浙江富春江通信集团有限公司	427	3.09
					中国制造业企业500强平均数		1.87

表9－9 2012中国制造业企业500强净资产利润率排序前100名企业

排名	公司名称	总排名	净资产利润率（%）	排名	公司名称	总排名	净资产利润率（%）
1	潍坊特钢集团有限公司	379	200.00	51	人民电器集团有限公司	177	27.32
2	胜达集团有限公司	435	165.86	52	中联重科股份有限公司	53	26.95
3	中国黄金集团公司	61	138.64	53	上海胜华电缆（集团）有限公司	370	26.93
4	奥克斯集团有限公司	144	84.33	54	西子联合控股有限公司	289	26.91
5	厦门银鹭集团有限公司	430	62.86	55	中国贵州茅台酒厂（集团）有限责任公司	201	26.71
6	山东淄博傅山企业集团有限公司	265	57.83	56	中国建筑材料集团有限公司	17	26.71
7	山东大海集团有限公司	254	55.68	57	山东时风（集团）有限责任公司	183	26.56
8	成都神钢工程机械（集团）有限公司	333	52.01	58	山东石横特钢集团有限公司	224	26.09
9	山东胜通集团股份有限公司	231	51.60	59	超威电源（集团）有限公司	331	26.05
10	华通机电集团有限公司	393	48.84	60	波司登股份有限公司	261	25.94
11	华泰集团有限公司	170	48.33	61	新华联控股有限公司	134	25.81
12	双胞胎（集团）股份有限公司	307	44.40	62	方大特钢科技股份有限公司	332	25.77
13	江西江锂科技有限公司	466	42.58	63	山东澳亚纺织有限公司	403	25.33
14	江苏新世纪造船有限公司	288	42.03	64	维科控股集团股份有限公司	293	25.33
15	天正集团有限公司	207	41.59	65	富丽达集团控股有限公司	453	25.24
16	逸盛大化石化有限公司	304	40.73	66	潍柴控股集团有限公司	39	25.11
17	江苏洋河酒厂股份有限公司	344	40.65	67	东营方圆有色金属有限公司	189	25.10
18	四川郎酒集团有限责任公司	405	40.48	68	杭州富春江冶炼有限公司	292	24.96
19	山东临工工程机械有限公司	373	39.22	69	福田雷沃国际重工股份有限公司	294	24.88
20	杭州华东医药集团有限公司	299	36.91	70	北京汽车集团有限公司	16	24.32
21	奥康集团有限公司	326	36.25	71	福耀玻璃工业集团股份有限公司	420	24.27
22	山东创新金属科技股份有限公司	417	36.15	72	河南豫光金铅集团有限责任公司	260	24.15
23	湖北枝江酒业集团公司	479	35.62	73	老凤祥股份有限公司	222	24.11
24	天狮集团有限公司	162	34.41	74	东辰控股集团有限公司	415	23.98
25	安徽楚江投资集团有限公司	457	34.13	75	浙江大东南集团有限公司	365	23.68
26	浙江诺力机械股份有限公司	486	33.87	76	永鼎集团有限公司	303	23.65
27	三一集团有限公司	60	33.45	77	湖北稻花香集团公司	367	23.35
28	新凤鸣集团股份有限公司	369	33.07	78	金发科技股份有限公司	374	23.07
29	重庆小康工业集团股份有限公司	418	32.76	79	浙江恒逸集团有限公司	89	22.89
30	农夫山泉股份有限公司	481	32.39	80	江苏金浦集团有限公司	223	22.86
31	广西洋浦南华糖业集团股份有限公司	371	32.11	81	紫金矿业集团股份有限公司	124	22.84
32	海亮集团有限公司	72	30.88	82	山东金诚石化集团有限公司	160	22.63
33	江苏扬子江船业集团公司	137	30.72	83	天能电池集团有限公司	302	22.37
34	天津汽车工业（集团）有限公司	40	30.22	84	安徽海螺集团有限责任公司	67	22.31
35	山东神驰化工有限公司	396	30.22	85	东风汽车公司	3	22.29
36	内蒙古伊利实业集团股份有限公司	125	30.03	86	山东博汇集团有限公司	220	22.16
37	富海集团有限公司	300	30.01	87	北京燕京啤酒集团公司	276	22.10
38	河北前进钢铁集团有限公司	345	29.91	88	海天塑机集团有限公司	408	22.09
39	珠海格力电器股份有限公司	57	29.74	89	三河汇福粮油集团有限公司	257	22.08
40	厦门钨业股份有限公司	366	29.67	90	青山控股集团有限公司	145	22.04
41	上海美特斯邦威服饰股份有限公司	306	29.23	91	江苏新长江实业集团有限公司	99	21.97
42	郑州宇通集团有限公司	226	29.14	92	江苏阳光集团有限公司	149	21.92
43	山东金岭集团有限公司	359	28.98	93	宁波博洋控股集团有限公司	445	21.90
44	湖北新洋丰肥业股份有限公司	440	28.55	94	山东鲁北企业集团总公司	362	21.87
45	宁波申洲针织有限公司	431	28.03	95	山东京博控股股份有限公司	167	21.81
46	重庆烟草工业有限责任公司	382	27.90	96	云南白药集团股份有限公司	378	21.80
47	红狮控股集团有限公司	323	27.62	97	万向集团公司	56	21.69
48	美的集团有限公司	29	27.61	98	上海复星高科技（集团）有限公司	85	21.44
49	海尔集团公司	26	27.61	99	温州开元集团有限公司	489	21.18
50	山东昊龙集团有限公司	268	27.58	100	徐州工程机械集团有限公司	49	21.15
					中国制造业企业500强平均数		12.17

表9-10　　2012 中国制造业企业500强资产利润率排序前100名企业

排名	公司名称	总排名	资产利润率（%）	排名	公司名称	总排名	资产利润率（%）
1	中国黄金集团公司	61	28.38	51	浙江诺力机械股份有限公司	486	12.00
2	天狮集团有限公司	162	25.25	52	森马集团有限公司	429	11.95
3	天正集团有限公司	207	24.04	53	万丰奥特控股集团有限公司	456	11.87
4	山东胜通集团股份有限公司	231	23.78	54	沂州集团有限公司	245	11.62
5	江苏洋河酒厂股份有限公司	344	21.29	55	江苏扬子江船业集团公司	137	11.33
6	唐山东华钢铁企业集团有限公司	410	20.45	56	南山集团有限公司	77	11.28
7	宁波申洲针织有限公司	431	19.93	57	辛集市澳森钢铁有限公司	389	11.27
8	山东金诚石化集团有限公司	160	19.66	58	海天塑机集团有限公司	408	11.26
9	双胞胎（集团）股份有限公司	307	18.67	59	海城市西洋镁矿有限公司	194	11.21
10	江苏新世纪造船有限公司	288	18.57	60	天津中环电子信息集团有限公司	36	11.15
11	上海人民企业（集团）有限公司	202	18.47	61	四川省宜宾五粮液集团有限公司	103	11.09
12	厦门银鹭集团有限公司	430	18.45	62	红狮控股集团有限公司	323	11.07
13	山东时风（集团）有限责任公司	183	18.32	63	黑龙江烟草工业有限责任公司	468	11.01
14	华通机电集团有限公司	393	17.86	64	滨化集团公司	129	10.99
15	富海集团有限公司	300	17.39	65	河北前进钢铁集团有限公司	345	10.98
16	人民电器集团有限公司	177	16.58	66	浙江栋梁新材股份有限公司	392	10.97
17	新凤鸣集团股份有限公司	369	16.56	67	紫金矿业集团股份有限公司	124	10.92
18	山东大海集团有限公司	254	16.48	68	山东联盟化工集团有限公司	375	10.92
19	东辰控股集团有限公司	415	15.85	69	超威电源（集团）有限公司	331	10.89
20	河北兴华钢铁有限公司	255	15.65	70	广西中烟工业有限责任公司	320	10.63
21	山东神驰化工有限公司	396	15.55	71	桐昆集团股份有限公司	161	10.57
22	天津汽车工业（集团）有限公司	40	15.43	72	江西江锂科技有限公司	466	10.47
23	山东澳亚纺织有限公司	403	14.97	73	维维集团股份有限公司	241	10.43
24	重庆烟草工业有限责任公司	382	14.83	74	长城汽车股份有限公司	158	10.34
25	奥康集团有限公司	326	14.54	75	山东石横特钢集团有限公司	224	10.25
26	上海烟草集团有限责任公司	45	14.32	76	河北新武安钢铁集团文安集团钢铁有限公司	286	10.02
27	天能电池集团有限公司	302	14.13	77	广西洋浦南华糖业集团股份有限公司	371	9.89
28	逸盛大化石化有限公司	304	13.95	78	湖北枝江酒业集团公司	479	9.79
29	中国新世纪控股集团有限公司	195	13.92	79	贵州中烟工业有限责任公司	196	9.73
30	上海浦东电线电缆（集团）有限公司	441	13.83	80	胜达集团有限公司	435	9.57
31	上海美特斯邦威服饰股份有限公司	306	13.58	81	江西中烟工业有限责任公司	380	9.46
32	山东临工工程机械有限公司	373	13.56	82	花园工贸集团有限公司	446	9.26
33	中国贵州茅台酒厂（集团）有限责任公司	201	13.44	83	金发科技股份有限公司	374	9.20
34	中联重科股份有限公司	53	13.41	84	天津百利机电控股集团有限公司	88	9.15
35	威高集团有限公司	337	13.32	85	湖北新洋丰肥业股份有限公司	440	9.13
36	云南白药集团股份有限公司	378	13.32	86	内蒙古伊利实业集团股份有限公司	125	9.08
37	五得利面粉集团有限公司	384	13.28	87	纳爱斯集团有限公司	352	9.03
38	扬子江药业集团有限公司	165	13.17	88	海澜集团有限公司	166	9.00
39	浙江大东南集团有限公司	365	12.86	89	杭州富春江冶炼有限公司	292	8.98
40	湖南中烟工业有限责任公司	68	12.81	90	厦门烟草工业有限责任公司	425	8.92
41	临沂新程金锣肉制品集团有限公司	123	12.68	91	山东魏桥创业集团有限公司	22	8.91
42	天津市恒兴钢业有限公司	472	12.58	92	百兴集团有限公司	176	8.84
43	四川郎酒集团有限责任公司	405	12.57	93	山东如意科技集团有限公司	211	8.82
44	农夫山泉股份有限公司	481	12.51	94	鲁泰集团公司	459	8.69
45	山东昊龙集团有限公司	268	12.43	95	正和集团股份有限公司	328	8.57
46	福耀玻璃工业集团股份有限公司	420	12.39	96	红云红河烟草（集团）有限责任公司	74	8.56
47	山东金岭集团有限公司	359	12.38	97	华菱星马汽车（集团）股份有限公司	482	8.51
48	安徽楚江投资集团有限公司	457	12.26	98	浙江中烟工业有限责任公司	112	8.51
49	波司登股份有限公司	261	12.26	99	徐州工程机械集团有限公司	49	8.50
50	东营方圆有色金属有限公司	189	12.19	100	文安县新钢钢铁有限公司	442	8.46
					中国制造业企业500强平均数		3.18

表9－11 2012中国制造业企业500强收入利润率排序前100名企业

排名	公司名称	总排名	收入利润率（%）	排名	公司名称	总排名	收入利润率（%）
1	潍坊特钢集团有限公司	379	64.01	51	上海外高桥造船有限公司	250	7.86
2	青海盐湖工业股份有限公司	485	36.61	52	山东大海集团有限公司	254	7.80
3	江苏洋河酒厂股份有限公司	344	31.56	53	广西中烟工业有限责任公司	320	7.80
4	中国贵州茅台酒厂（集团）有限责任公司	201	24.76	54	三一集团有限公司	60	7.72
5	江苏新世纪造船有限公司	288	21.08	55	青岛啤酒股份有限公司	205	7.50
6	中国黄金集团公司	61	19.09	56	东辰控股集团有限公司	415	7.46
7	宁波申洲针织有限公司	431	18.84	57	万丰奥特控股集团有限公司	456	7.43
8	江苏扬子江船业集团公司	137	16.31	58	天瑞集团有限公司	267	7.37
9	上海烟草集团有限责任公司	45	16.12	59	华菱星马汽车（集团）股份有限公司	482	7.37
10	厦门银鹭集团有限公司	430	15.86	60	深圳华强集团有限公司	462	7.27
11	福耀玻璃工业集团股份有限公司	420	15.61	61	恒力集团有限公司	94	7.26
12	西子联合控股有限公司	289	15.33	62	山东中烟工业有限责任公司	190	7.25
13	紫金矿业集团股份有限公司	124	14.37	63	纳爱斯集团有限公司	352	7.23
14	海天塑机集团有限公司	408	14.04	64	厦门烟草工业有限责任公司	425	7.20
15	广西洋浦南华糖业集团股份有限公司	371	13.90	65	红塔烟草（集团）有限责任公司	64	7.14
16	森马集团有限公司	429	13.63	66	雅戈尔集团股份有限公司	128	7.08
17	四川省宜宾五粮液集团有限公司	103	13.43	67	沂州集团有限公司	245	7.04
18	四川郎酒集团有限责任公司	405	13.03	68	天津汽车工业（集团）有限公司	40	7.02
19	威高集团有限公司	337	11.98	69	新疆中泰化学（集团）股份有限公司	473	6.88
20	山东胜通集团股份有限公司	231	11.88	70	天津天士力集团有限公司	324	6.82
21	长城汽车股份有限公司	158	11.39	71	中国核工业集团公司	106	6.76
22	中联重科股份有限公司	53	11.32	72	江西中烟工业有限责任公司	380	6.67
23	鲁泰集团公司	459	10.89	73	四川科伦实业集团有限公司	301	6.48
24	云南白药集团股份有限公司	378	10.70	74	陕西法士特汽车传动集团有限责任公司	390	6.44
25	山东临工工程机械有限公司	373	10.68	75	上海复星高科技（集团）有限公司	85	6.39
26	天狮集团有限公司	162	10.35	76	贵州中烟工业有限责任公司	196	6.35
27	红狮控股集团有限公司	323	10.13	77	珠海格力电器股份有限公司	57	6.27
28	农夫山泉股份有限公司	481	9.87	78	广州广船国际股份有限公司	448	6.25
29	河北曲寨集团有限公司	499	9.81	79	胜达集团有限公司	435	6.18
30	南山集团有限公司	77	9.78	80	维维集团股份有限公司	241	6.16
31	闰土控股集团有限公司	475	9.66	81	光明食品（集团）有限公司	32	6.14
32	华新水泥股份有限公司	347	9.65	82	郑州宇通集团有限公司	226	6.14
33	山东澳亚纺织有限公司	403	9.55	83	山东联盟化工集团有限公司	375	6.09
34	内蒙古鄂尔多斯羊绒集团有限责任公司	244	9.34	84	成都神钢工程机械（集团）有限公司	333	6.06
35	美锦能源集团有限公司	356	9.33	85	浙江富陵控股集团有限公司	500	5.99
36	湖南中烟工业有限责任公司	68	9.29	86	福星集团控股有限公司	295	5.98
37	上海人民企业（集团）有限公司	202	9.20	87	海澜集团有限公司	166	5.94
38	逸盛大化石化有限公司	304	9.20	88	天津百利机电控股集团有限公司	88	5.91
39	波司登股份有限公司	261	9.13	89	深圳市中金岭南有色金属股份有限公司	253	5.86
40	山东金岭集团有限公司	359	8.88	90	浙江荣盛控股集团有限公司	136	5.80
41	重庆烟草工业有限责任公司	382	8.84	91	振石控股集团有限公司	474	5.77
42	黑龙江烟草工业有限责任公司	468	8.73	92	中国国际海运集装箱（集团）股份有限公司	75	5.76
43	厦门钨业股份有限公司	366	8.57	93	华为技术有限公司	15	5.71
44	新疆特变电工集团有限公司	213	8.56	94	广州无线电集团有限公司	493	5.68
45	大连重工·起重集团有限公司	350	8.53	95	天津市医药集团有限公司	208	5.67
46	天津金耀集团有限公司（天津药业集团有限公司）	497	8.48	96	祐康食品集团有限公司	402	5.66
				97	富海集团有限公司	300	5.65
47	金发科技股份有限公司	374	8.10	98	山东昊龙集团有限公司	268	5.57
48	红云红河烟草（集团）有限责任公司	74	8.06	99	文安县新钢钢铁有限公司	442	5.57
49	三花控股集团有限公司	438	8.05	100	华泰集团有限公司	170	5.54
50	上海美特斯邦威服饰股份有限公司	306	8.03		中国制造业企业500强平均数		2.90

表9－12　　　　2012中国制造业企业500强人均收入排序前100名企业

排名	公司名称	总排名	人均收入（万元）	排名	公司名称	总排名	人均收入（万元）
1	江苏金辉集团公司	270	3178	51	上海烟草集团有限责任公司	45	550
2	福建联合石油化工有限公司	84	2849	52	湖南晟通科技集团有限公司	215	532
3	逸盛大化石化有限公司	304	2668	53	利华益集团股份有限公司	227	528
4	山东神驰化工有限公司	396	2152	54	山东恒源石油化工股份有限公司	412	524
5	山东金诚石化集团有限公司	160	1815	55	山东渤海实业股份有限公司	273	523
6	兴达投资集团有限公司	339	1373	56	中天钢铁集团有限公司	78	510
7	浙江中烟工业有限责任公司	112	1353	57	南金兆集团有限公司	210	496
8	天狮集团有限公司	162	1238	58	联想控股有限公司	18	492
9	浙江栋梁新材股份有限公司	392	1093	59	山东东明石化集团有限公司	228	490
10	天津有色金属集团有限公司	330	1058	60	永鼎集团有限公司	303	489
11	兰溪自立铜业有限公司	423	1030	61	江西铜业集团公司	28	482
12	东营方圆有色金属有限公司	189	1012	62	红云红河烟草（集团）有限责任公司	74	481
13	江苏大明金属制品有限公司	364	985	63	浙江大东南集团有限公司	365	473
14	天津钢管集团股份有限公司	37	963	64	铜陵精达铜材（集团）有限责任公司	421	472
15	天津市恒兴钢业有限公司	472	950	65	河北津西钢铁集团股份有限公司	93	472
16	江苏天地龙集团有限公司	388	950	66	江苏沙钢集团有限公司	14	468
17	天津荣程联合钢铁集团有限公司	105	928	67	森马集团有限公司	429	459
18	杭州汽轮动力集团有限公司	108	904	68	山东京博控股股份有限公司	167	452
19	山东华星石油化工集团有限公司	342	873	69	中国第一汽车集团公司	4	448
20	滨化集团公司	129	872	70	中国新世纪控股集团有限公司	195	448
21	江苏申特钢铁有限公司	126	853	71	金发科技股份有限公司	374	446
22	正威国际集团有限公司	30	853	72	崇利制钢有限公司	360	443
23	浙江富陵控股集团有限公司	500	822	73	日照钢铁控股集团有限公司	95	437
24	杭州富春江冶炼有限公司	292	791	74	山东垦利石化有限责任公司	335	416
25	浙江恒逸集团有限公司	89	782	75	上海浦东电线电缆（集团）有限公司	441	407
26	江苏西城三联控股集团	119	771	76	金海重工股份有限公司	329	401
27	湖北中烟工业有限责任公司	100	769	77	浙江吉利控股集团有限公司	25	399
28	龙岩烟草工业有限责任公司	376	759	78	河北文丰钢铁有限公司	198	398
29	金龙精密铜管集团股份有限公司	135	754	79	江苏华宏实业集团有限公司	297	396
30	上海奥盛投资控股（集团）有限公司	397	750	80	温州开元集团有限公司	489	394
31	山东创新金属科技股份有限公司	417	740	81	徐州工程机械集团有限公司	49	392
32	老凤祥股份有限公司	222	731	82	江苏双良集团有限公司	237	392
33	富海集团有限公司	300	713	83	上海外高桥造船有限公司	250	391
34	江苏三房巷集团有限公司	118	684	84	山东石横特钢集团有限公司	224	379
35	成都亚光电子股份有限公司	416	676	85	上海汽车集团股份有限公司	2	375
36	正和集团股份有限公司	328	668	86	杭叉集团股份有限公司	447	374
37	海亮集团有限公司	72	657	87	山推工程机械股份有限公司	309	373
38	天津天钢集团有限公司	38	638	88	五矿营口中板有限责任公司	434	372
39	东辰控股集团有限公司	415	623	89	新华联合冶金控股集团有限公司	97	371
40	南京钢铁集团有限公司	62	619	90	旭阳控股有限公司	184	370
41	江西江锂科技有限公司	466	615	91	江苏新世纪造船有限公司	288	366
42	宁波金田投资控股有限公司	146	612	92	江苏上上电缆集团有限公司	413	364
43	三河汇福粮油集团有限公司	257	612	93	山东临工工程机械有限公司	373	364
44	江阴澄星实业集团有限公司	153	604	94	唐山东华钢铁企业集团有限公司	410	361
45	浙江荣盛控股集团有限公司	136	603	95	沂州集团有限公司	245	360
46	杭州钢铁集团公司	58	594	96	庆铃汽车（集团）有限公司	315	354
47	百兴集团有限公司	176	589	97	金川集团股份有限公司	34	349
48	天津冶金集团有限公司	50	582	98	湖南博长控股集团有限公司	188	339
49	江苏新长江实业集团有限公司	99	576	99	宜昌三峡全通涂镀板有限公司	258	336
50	厦门烟草工业有限责任公司	425	562	100	邯郸市正大制管有限公司	487	336
					中国制造业企业500强平均数		171

表9－13 2012中国制造业企业500强人均净利润排序前100名企业

排名	公司名称	总排名	人均净利润（万元）	排名	公司名称	总排名	人均净利润（万元）
1	逸盛大化石化有限公司	304	245.60	52	徐州工程机械集团有限公司	49	18.90
2	天狮集团有限公司	162	128.13	53	海亮集团有限公司	72	18.14
3	山东神驰化工有限公司	396	116.95	54	老凤祥股份有限公司	222	18.10
4	潍坊特钢集团有限公司	379	115.12	55	中国第一汽车集团公司	4	18.07
5	上海烟草集团有限责任公司	45	88.61	56	山东华星石油化工集团有限公司	342	17.67
6	江苏新世纪造船有限公司	288	77.22	57	上海汽车集团股份有限公司	2	17.44
7	浙江中烟工业有限责任公司	112	72.17	58	扬子江药业集团有限公司	165	17.23
8	森马集团有限公司	429	62.59	59	正和集团股份有限公司	328	17.18
9	江苏金辉集团公司	270	55.87	60	红狮控股集团有限公司	323	17.15
10	江苏洋河酒厂股份有限公司	344	50.53	61	红塔烟草（集团）有限责任公司	64	17.10
11	浙江富陵控股集团有限公司	500	49.20	62	浙江龙盛控股有限公司	285	17.08
12	天津市恒兴钢业有限公司	472	46.93	63	成都神钢工程机械（集团）有限公司	333	16.97
13	东辰控股集团有限公司	415	46.48	64	唐山东华钢铁企业集团有限公司	410	16.94
14	东营方圆有色金属有限公司	189	45.65	65	浙江栋梁新材股份有限公司	392	15.94
15	山东金诚石化集团有限公司	160	44.06	66	江苏新长江实业集团有限公司	99	15.91
16	龙岩烟草工业有限责任公司	376	41.49	67	南山集团有限公司	77	15.87
17	兴达投资集团有限公司	339	40.77	68	贵州中烟工业有限责任公司	196	15.75
18	厦门烟草工业有限责任公司	425	40.44	69	大连重工·起重集团有限公司	350	15.43
19	富海集团有限公司	300	40.33	70	美锦能源集团有限公司	356	15.24
20	山东临工工程机械有限公司	373	38.87	71	上海浦东电线电缆（集团）有限公司	441	15.14
21	红云红河烟草（集团）有限责任公司	74	38.79	72	河北兴华钢铁有限公司	255	15.02
22	湖北中烟工业有限责任公司	100	38.34	73	广州广船国际股份有限公司	448	14.80
23	山东胜通集团股份有限公司	231	37.72	74	山东石横特钢集团有限公司	224	14.47
24	金发科技股份有限公司	374	36.10	75	河北津西钢铁集团股份有限公司	93	14.38
25	浙江荣盛控股集团有限公司	136	34.97	76	江苏三房巷集团有限公司	118	14.31
26	中国贵州茅台酒厂（集团）有限责任公司	201	33.54	77	百兴集团有限公司	176	14.05
27	中联重科股份有限公司	53	33.30	78	河北曲寨集团有限公司	499	14.02
28	中国黄金集团公司	61	32.88	79	黑龙江烟草工业有限责任公司	468	13.86
29	江苏扬子江船业集团公司	137	32.57	80	天津塑力线缆集团有限公司	424	13.84
30	滨化集团公司	129	31.16	81	四川郎酒集团有限责任公司	405	13.40
31	云南白药集团股份有限公司	378	30.72	82	天津金耀集团有限公司（天津药业集团有限公司）	497	13.30
32	上海外高桥造船有限公司	250	30.72				
33	湖南中烟工业有限责任公司	68	29.98	83	杭州富春江冶炼有限公司	292	13.11
34	江西江锂科技有限公司	466	28.40	84	杭州汽轮动力集团有限公司	108	13.07
35	紫金矿业集团股份有限公司	124	27.20	85	四川省宜宾五粮液集团有限公司	103	13.02
36	广西中烟工业有限责任公司	320	26.00	86	闰土控股集团有限公司	475	12.98
37	重庆烟草工业有限责任公司	382	25.46	87	胜达集团有限公司	435	12.76
38	沂州集团有限公司	245	25.31	88	三河汇福粮油集团有限公司	257	12.66
39	江阴澄星实业集团有限公司	153	24.53	89	山东澳亚纺织有限公司	403	12.55
40	西子联合控股有限公司	289	24.09	90	江西中烟工业有限责任公司	380	12.45
41	山东大海集团有限公司	254	23.66	91	江苏上上电缆集团有限公司	413	12.27
42	山东金岭集团有限公司	359	22.96	92	山东招金集团有限公司	157	12.23
43	海天塑机集团有限公司	408	21.27	93	山推工程机械股份有限公司	309	12.15
44	金海重工股份有限公司	329	21.03	94	万向集团公司	56	12.07
45	上海奥盛投资控股（集团）有限公司	397	20.80	95	上海复星高科技（集团）有限公司	85	11.93
46	浙江恒逸集团有限公司	89	20.43	96	山东中烟工业有限责任公司	190	11.88
47	江苏天地龙集团有限公司	388	20.38	97	华菱星马汽车（集团）股份有限公司	482	11.67
48	青海盐湖工业股份有限公司	485	20.37	98	郑州宇通集团有限公司	226	11.62
49	天津汽车工业（集团）有限公司	40	19.73	99	山东京博控股股份有限公司	167	11.62
50	浙江大东南集团有限公司	365	19.45	100	宝钢集团有限公司	6	11.58
51	利华益集团股份有限公司	227	18.98		中国制造业企业500强平均数		5.01

表 9－14　2012 中国制造业企业 500 强人均资产排序前 100 名企业

排名	公司名称	总排名	人均资产（万元）	排名	公司名称	总排名	人均资产（万元）
1	福建联合石油化工有限公司	84	2086	51	广州广船国际股份有限公司	448	339
2	逸盛大化石化有限公司	304	1760	52	西子联合控股有限公司	289	331
3	金海重工股份有限公司	329	883	53	南金兆集团有限公司	210	326
4	浙江中烟工业有限责任公司	112	848	54	福星集团控股有限公司	295	321
5	江苏金辉集团公司	270	752	55	庆铃汽车（集团）有限公司	315	312
6	山东神驰化工有限公司	396	752	56	旭阳控股有限公司	184	310
7	浙江富陵控股集团有限公司	500	730	57	江苏新长江实业集团有限公司	99	308
8	天津钢管集团股份有限公司	37	681	58	江苏天地龙集团有限公司	388	308
9	上海外高桥造船有限公司	250	674	59	泸州老窖集团有限责任公司	199	307
10	五矿营口中板有限责任公司	434	626	60	海亮集团有限公司	72	306
11	上海烟草集团有限责任公司	45	619	61	首钢总公司	11	305
12	兴达投资集团有限公司	339	578	62	金龙精密铜管集团股份有限公司	135	305
13	山东华星石油化工集团有限公司	342	559	63	河南豫联能源集团有限责任公司	204	305
14	龙岩烟草工业有限责任公司	376	547	64	重庆钢铁（集团）有限责任公司	148	304
15	森马集团有限公司	429	524	65	中国核工业集团公司	106	304
16	天狮集团有限公司	162	507	66	红塔烟草（集团）有限责任公司	64	298
17	日照钢铁控股集团有限公司	95	488	67	江西铜业集团公司	28	297
18	浙江荣盛控股集团有限公司	136	479	68	永鼎集团有限公司	303	295
19	湖北中烟工业有限责任公司	100	470	69	东辰控股集团有限公司	415	293
20	天津冶金集团有限公司	50	463	70	江苏三房巷集团有限公司	118	293
21	宝钢集团有限公司	6	455	71	南京钢铁集团有限公司	62	291
22	厦门烟草工业有限责任公司	425	454	72	酒泉钢铁（集团）有限责任公司	54	290
23	红云红河烟草（集团）有限责任公司	74	453	73	广西投资集团有限公司	154	289
24	杭州汽轮动力集团有限公司	108	435	74	杭州钢铁集团公司	58	288
25	上海奥盛投资控股（集团）有限公司	397	430	75	成都神钢工程机械（集团）有限公司	333	288
26	京东方科技集团股份有限公司	343	420	76	中国第一重型机械集团公司	439	288
27	江苏新世纪造船有限公司	288	416	77	江苏扬子江船业集团公司	137	287
28	上海复星高科技（集团）有限公司	85	414	78	山东临工工程机械有限公司	373	287
29	浙江恒逸集团有限公司	89	408	79	西部矿业集团有限公司	193	286
30	天津天钢集团有限公司	38	408	80	太原钢铁（集团）有限公司	31	284
31	联想控股有限公司	18	404	81	滨化集团公司	129	283
32	杭州锦江集团有限公司	305	395	82	浙江吉利控股集团有限公司	25	278
33	金发科技股份有限公司	374	392	83	兰溪自立铜业有限公司	423	278
34	江苏沙钢集团有限公司	14	385	84	上海汽车集团股份有限公司	2	275
35	东营方圆有色金属有限公司	189	375	85	天津天铁冶金集团有限公司	52	274
36	江阴澄星实业集团有限公司	153	374	86	隆鑫控股有限公司	256	272
37	成都亚光电子股份有限公司	416	374	87	江西江锂科技有限公司	466	271
38	天津市恒兴钢业有限公司	472	373	88	天津塑力线缆集团有限公司	424	266
39	山东渤海实业股份有限公司	273	372	89	振石控股集团有限公司	474	265
40	江苏双良集团有限公司	237	368	90	河北津西钢铁集团股份有限公司	93	263
41	江苏大明金属制品有限公司	364	367	91	中国第一汽车集团公司	4	261
42	三河汇福粮油集团有限公司	257	357	92	大连机床集团有限责任公司	269	259
43	天津金耀集团有限公司（天津药业集团有限公司）	497	356	93	新华联合冶金控股集团有限公司	97	255
				94	山东晨鸣纸业集团股份有限公司	173	255
44	中国东方电气集团有限公司	101	355	95	天津荣程联合钢铁集团有限公司	105	252
45	宜昌三峡全通涂镀板有限公司	258	353	96	老凤祥股份有限公司	222	252
46	山推工程机械股份有限公司	309	350	97	金川集团股份有限公司	34	251
47	中天钢铁集团有限公司	78	349	98	中国贵州茅台酒厂（集团）有限责任公司	201	250
48	利华益集团股份有限公司	227	346	99	紫金矿业集团股份有限公司	124	249
49	大连重工·起重集团有限公司	350	345	100	中联重科股份有限公司	53	248
50	美锦能源集团有限公司	356	339		中国制造业企业500强平均数		155

表9-15 2012中国制造业企业500强收入增长率排序前100名企业

排名	公司名称	总排名	收入增长率（%）	排名	公司名称	总排名	收入增长率（%）
1	宜昌三峡全通涂镀板有限公司	258	218.82	51	河北前进钢铁集团有限公司	345	52.34
2	江西江锂科技有限公司	466	168.75	52	正邦集团有限公司	240	52.32
3	湖南博长控股集团有限公司	188	155.82	53	杭州锦江集团有限公司	305	51.45
4	成都亚光电子股份有限公司	416	136.29	54	浙江富陵控股集团有限公司	500	50.93
5	红狮控股集团有限公司	323	128.66	55	金龙精密铜管集团股份有限公司	135	50.50
6	浙江吉利控股集团有限公司	25	121.14	56	华泰集团有限公司	170	50.40
7	厦门钨业股份有限公司	366	115.05	57	逸盛大化石化有限公司	304	49.59
8	山东华兴机械股份有限公司	464	104.78	58	重庆市博赛矿业（集团）有限公司	411	49.46
9	天津大桥焊材集团有限公司	407	101.43	59	华新水泥股份有限公司	347	49.22
10	正威国际集团有限公司	30	88.77	60	福娃集团有限公司	498	48.96
11	新兴际华集团有限公司	27	83.70	61	华勤橡胶工业集团有限公司	212	48.83
12	超威电源（集团）有限公司	331	80.60	62	酒泉钢铁（集团）有限责任公司	54	48.25
13	新凤鸣集团股份有限公司	369	79.54	63	双胞胎（集团）股份有限公司	307	48.00
14	山东恒源石油化工股份有限公司	412	74.77	64	老凤祥股份有限公司	222	47.57
15	新疆中泰化学（集团）股份有限公司	473	74.52	65	嘉晨集团有限公司	251	47.13
16	沈阳化工集团有限公司	341	73.80	66	江苏西城三联控股集团	119	45.56
17	湖北稻花香集团公司	367	67.67	67	厦门银鹭集团有限公司	430	45.14
18	杭州汽轮动力集团有限公司	108	67.27	68	山东大王集团有限公司	73	43.84
19	江苏洋河酒厂股份有限公司	344	67.22	69	浙江诺力机械股份有限公司	486	43.62
20	中联重科股份有限公司	53	66.75	70	安徽淮海实业发展集团有限公司	469	43.43
21	山东鲁北企业集团总公司	362	66.53	71	中国建筑材料集团有限公司	17	43.39
22	盾安控股集团有限公司	139	66.23	72	天能电池集团有限公司	302	43.24
23	重庆轻纺控股（集团）公司	191	65.01	73	白银有色集团股份有限公司	217	42.89
24	霸州市新利钢铁有限公司	476	64.61	74	传化集团有限公司	229	42.60
25	吉林亚泰（集团）股份有限公司	138	63.80	75	重庆钢铁（集团）有限责任公司	148	42.58
26	宁夏宝塔石化集团有限公司	334	63.75	76	江苏申特钢铁有限公司	126	42.09
27	山东临工工程机械有限公司	373	62.67	77	卧龙控股集团有限公司	340	42.01
28	恒力集团有限公司	94	60.90	78	上海医药集团股份有限公司	91	41.78
29	三一集团有限公司	60	59.76	79	铜陵有色金属集团控股有限公司	41	41.31
30	冀东发展集团有限责任公司	234	59.39	80	金洲集团有限公司	483	41.24
31	京东方科技集团股份有限公司	343	58.77	81	山东博汇集团有限公司	220	40.93
32	铜陵化学工业集团有限公司	436	58.29	82	中国有色矿业集团有限公司	76	40.90
33	天津百利机电控股集团有限公司	88	58.17	83	北京建龙重工集团有限公司	69	40.69
34	江西铜业集团公司	28	56.92	84	滨化集团公司	129	40.68
35	盛虹集团有限公司	178	56.87	85	河北津西钢铁集团股份有限公司	93	40.26
36	中国贵州茅台酒厂（集团）有限责任公司	201	56.74	86	雨润控股集团有限公司	46	40.14
37	大化集团有限责任公司	452	56.63	87	山东魏桥创业集团有限公司	22	40.00
38	四川郎酒集团有限责任公司	405	56.06	88	中国恒天集团有限公司	140	39.79
39	浙江恒逸集团有限公司	89	56.04	89	海马汽车集团股份有限公司	318	39.57
40	四川德胜集团钢铁有限公司	181	55.90	90	天津有色金属集团有限公司	330	39.56
41	福星集团控股有限公司	295	55.83	91	新华联合冶金控股集团有限公司	97	39.52
42	四川省达州钢铁集团有限责任公司	236	55.26	92	山东金诚石化集团有限公司	160	39.47
43	闰土控股集团有限公司	475	55.10	93	紫金矿业集团股份有限公司	124	39.33
44	中国黄金集团公司	61	54.45	94	美锦能源集团有限公司	356	39.28
45	华峰集团有限公司	387	53.98	95	湖南晟通科技集团有限公司	215	38.86
46	农夫山泉股份有限公司	481	53.80	96	山东创新金属科技股份有限公司	417	38.77
47	河北普阳钢铁有限公司	169	53.11	97	中国五矿集团公司	5	38.62
48	振石控股集团有限公司	474	52.90	98	庆铃汽车（集团）有限公司	315	38.40
49	江苏扬子江船业集团公司	137	52.72	99	桐昆集团股份有限公司	161	38.30
50	青山控股集团有限公司	145	52.38	100	常熟市龙腾特种钢有限公司	477	38.18
					中国制造业企业500强平均数		23.90

表 9 – 16　　2012 中国制造业企业 500 强净利润增长率排序前 100 名企业

排名	公司名称	总排名	净利润增长率（%）	排名	公司名称	总排名	净利润增长率（%）
1	山东鲁北企业集团总公司	362	4861.43	51	江铃汽车集团公司	150	90.36
2	铜陵化学工业集团有限公司	436	1260.90	52	山东金岭集团有限公司	359	90.36
3	山东泉林纸业有限责任公司	399	1053.89	53	红狮控股集团有限公司	323	88.33
4	四川宏达（集团）有限公司	151	809.49	54	杭州华东医药集团有限公司	299	87.85
5	巨化集团公司	338	669.76	55	华新水泥股份有限公司	347	84.89
6	中国化工集团公司	19	502.92	56	杭州富春江冶炼有限公司	292	84.04
7	上海良友（集团）有限公司	281	488.82	57	上海胜华电缆（集团）有限公司	370	83.97
8	西林钢铁集团有限公司	246	475.61	58	山东创新金属科技股份有限公司	417	83.33
9	广西农垦集团有限责任公司	312	359.75	59	山东中烟工业有限责任公司	190	83.16
10	江苏天地龙集团有限公司	388	312.97	60	老凤祥股份有限公司	222	83.10
11	安徽楚江投资集团有限公司	457	278.90	61	江苏洋河酒厂股份有限公司	344	82.39
12	中国铝业公司	12	277.63	62	上海纺织（集团）有限公司	113	81.54
13	山东泰山钢铁集团有限公司	156	257.46	63	文安县新钢钢铁有限公司	442	81.02
14	四川郎酒集团有限责任公司	405	241.58	64	云天化集团有限责任公司	107	80.77
15	厦门银鹭集团有限公司	430	232.05	65	中联重科股份有限公司	53	77.29
16	天瑞集团有限公司	267	219.20	66	江阴澄星实业集团有限公司	153	76.80
17	包头钢铁（集团）有限责任公司	83	199.32	67	安徽淮海实业发展集团有限公司	469	75.63
18	厦门钨业股份有限公司	366	191.78	68	上海华谊（集团）公司	114	75.17
19	福田雷沃国际重工股份有限公司	294	186.58	69	浙江东南网架集团有限公司	325	75.05
20	山西建邦集团有限公司	450	183.53	70	广州医药集团有限公司	141	70.26
21	武汉钢铁（集团）公司	13	178.60	71	超威电源（集团）有限公司	331	69.78
22	广西柳工集团有限公司	218	178.01	72	新疆中泰化学（集团）股份有限公司	473	68.22
23	四川长虹电子集团有限公司	65	164.72	73	海尔集团公司	26	68.14
24	金发科技股份有限公司	374	161.36	74	中国贵州茅台酒厂（集团）有限责任公司	201	68.03
25	三花控股集团有限公司	438	160.58	75	大冶有色金属集团控股有限公司	121	67.82
26	宜昌三峡全通涂镀板有限公司	258	153.66	76	上海复星高科技（集团）有限公司	85	66.83
27	江西江锂科技有限公司	466	150.72	77	青海盐湖工业股份有限公司	485	65.48
28	青山控股集团有限公司	145	147.63	78	五得利面粉集团有限公司	384	65.25
29	方大特钢科技股份有限公司	332	140.42	79	环宇集团有限公司	313	64.94
30	山东黄金集团有限公司	111	137.21	80	恒力集团有限公司	94	63.91
31	TCL 集团股份有限公司	80	134.24	81	盾安控股集团有限公司	139	63.09
32	宁波金田投资控股有限公司	146	133.29	82	中国南车集团公司	59	62.66
33	内蒙古伊利实业集团股份有限公司	125	132.79	83	胜达集团有限公司	435	60.29
34	京东方科技集团股份有限公司	343	127.99	84	红塔烟草（集团）有限责任公司	64	59.85
35	江苏金浦集团有限公司	223	125.43	85	重庆化医控股（集团）公司	171	59.55
36	西宁特殊钢集团有限责任公司	451	122.80	86	上海美特斯邦威服饰股份有限公司	306	59.14
37	湖南博长控股集团有限公司	188	122.44	87	美锦能源集团有限公司	356	57.37
38	金川集团股份有限公司	34	112.93	88	永鼎集团有限公司	303	57.10
39	五矿营口中板有限责任公司	434	110.47	89	天津天士力集团有限公司	324	57.00
40	双胞胎（集团）股份有限公司	307	101.43	90	利华益集团股份有限公司	227	56.31
41	中国建筑材料集团有限公司	17	100.16	91	升华集团控股有限公司	322	56.07
42	鲁西化工集团股份有限公司	426	99.68	92	维维集团股份有限公司	241	56.01
43	浙江航民实业集团有限公司	444	99.03	93	铜陵有色金属集团控股有限公司	41	55.77
44	开氏集团有限公司	437	97.04	94	中国北方机车车辆工业集团公司	47	54.80
45	北京汽车集团有限公司	16	95.00	95	湖北稻花香集团公司	367	54.66
46	青岛九联集团股份有限公司	494	94.43	96	中国新世纪控股集团有限公司	195	54.52
47	农夫山泉股份有限公司	481	93.13	97	中国中材集团有限公司	82	54.04
48	中国盐业总公司	159	92.57	98	安徽海螺集团有限责任公司	67	53.28
49	山东石横特钢集团有限公司	224	92.42	99	吉林亚泰（集团）股份有限公司	138	52.11
50	中国四联仪器仪表集团有限公司	480	90.39	100	北京建龙重工集团有限公司	69	52.01
					中国制造业企业 500 强平均数		8.80

表 9－17　　2012 中国制造业企业 500 强资产增长率排序前 100 名企业

排名	公司名称	总排名	资产增长率（%）	排名	公司名称	总排名	资产增长率（%）
1	森马集团有限公司	429	144.93	51	常熟市龙腾特种钢有限公司	477	43.32
2	湖南博长控股集团有限公司	188	143.94	52	铜陵精达铜材（集团）有限责任公司	421	43.31
3	闰土控股集团有限公司	475	105.54	53	天津大桥焊材集团有限公司	407	42.74
4	三河汇福粮油集团有限公司	257	104.38	54	唐人神集团股份有限公司	401	42.48
5	四川郎酒集团有限责任公司	405	98.51	55	江苏上上电缆集团有限公司	413	42.43
6	湖北稻花香集团有限公司	367	96.33	56	华峰集团有限公司	387	42.31
7	山东渤海实业股份有限公司	273	96.04	57	福星集团控股有限公司	295	41.72
8	陕西东岭工贸集团股份有限公司	155	95.45	58	山东金岭集团有限公司	359	40.26
9	桐昆集团股份有限公司	161	86.60	59	长城汽车股份有限公司	158	39.82
10	西子联合控股有限公司	289	85.05	60	西林钢铁集团有限公司	246	39.79
11	宁夏宝塔石化集团有限公司	334	80.84	61	河南豫光金铅集团有限责任公司	260	39.53
12	江西江锂科技有限公司	466	72.94	62	TCL 集团股份有限公司	80	38.40
13	福娃集团有限公司	498	71.55	63	青岛九联集团股份有限公司	494	38.24
14	江苏洋河酒厂股份有限公司	344	64.49	64	湖北枝江酒业集团公司	479	37.97
15	浙江恒逸集团有限公司	89	64.02	65	中国化工集团公司	19	37.91
16	山东临工工程机械有限公司	373	62.19	66	安徽淮海实业发展集团有限公司	469	37.86
17	逸盛大化石化有限公司	304	60.42	67	河北津西钢铁集团股份有限公司	93	37.19
18	天能电池集团有限公司	302	60.42	68	江苏金辉集团公司	270	37.08
19	隆鑫控股有限公司	256	59.01	69	安徽海螺集团有限责任公司	67	36.95
20	上海医药集团股份有限公司	91	58.03	70	福田雷沃国际重工股份有限公司	294	36.80
21	新疆中泰化学（集团）股份有限公司	473	58.02	71	山东胜通集团股份有限公司	231	36.70
22	江苏三木集团有限公司	290	56.61	72	紫金矿业集团股份有限公司	124	36.25
23	三一集团有限公司	60	55.82	73	杭州诺贝尔集团有限公司	471	36.21
24	杭州华东医药集团有限公司	299	55.01	74	卧龙控股集团有限公司	340	35.88
25	维维集团股份有限公司	241	53.48	75	万达控股集团有限公司	233	35.69
26	厦门银鹭集团有限公司	430	52.95	76	山东魏桥创业集团有限公司	22	35.64
27	奥克斯集团有限公司	144	52.80	77	中国有色矿业集团有限公司	76	35.57
28	徐州工程机械集团有限公司	49	52.28	78	浙江东南网架集团有限公司	325	35.32
29	超威电源（集团）有限公司	331	51.98	79	德力西集团有限公司	214	35.25
30	青山控股集团有限公司	145	51.92	80	中国建筑材料集团有限公司	17	35.20
31	恒力集团有限公司	94	51.01	81	天津有色金属集团有限公司	330	35.00
32	新疆特变电工集团有限公司	213	50.97	82	唐山港陆钢铁有限公司	164	34.89
33	山东华兴机械股份有限公司	464	50.94	83	中国贵州茅台酒厂（集团）有限责任公司	201	34.84
34	湘电集团有限公司	351	50.82	84	上海浦东电线电缆（集团）有限公司	441	34.81
35	正泰集团股份有限公司	192	50.66	85	金洲集团有限公司	483	34.72
36	盾安控股集团有限公司	139	50.56	86	浙江元立金属制品集团有限公司	277	34.27
37	万丰奥特控股集团有限公司	456	50.20	87	宝胜集团有限公司	278	34.25
38	成都亚光电子股份有限公司	416	50.00	88	金川集团股份有限公司	34	33.98
39	盛虹集团有限公司	178	49.62	89	深圳华强集团有限公司	462	33.97
40	铜陵化学工业集团有限公司	436	49.12	90	山东博汇集团有限公司	220	33.81
41	天津钢管集团股份有限公司	37	47.68	91	唐山瑞丰钢铁（集团）有限公司	152	33.80
42	天津塑力线缆集团有限公司	424	46.76	92	北京汽车集团有限公司	16	33.44
43	海亮集团有限公司	72	46.38	93	温州开元集团有限公司	489	33.41
44	升华集团控股有限公司	322	46.34	94	杭州汽轮动力集团有限公司	108	33.28
45	凌源钢铁集团有限责任公司	296	46.31	95	江西稀有金属钨业控股集团有限公司	327	33.22
46	江苏扬子江船业集团公司	137	45.41	96	山东招金集团有限公司	157	32.83
47	白银有色集团股份有限公司	217	45.09	97	河北普阳钢铁有限公司	169	32.77
48	中天钢铁集团有限公司	78	44.91	98	广西有色金属集团有限公司	282	32.66
49	远东控股集团有限公司	248	44.04	99	浙江诺力机械股份有限公司	486	32.58
50	宜昌三峡全通涂镀板有限公司	258	44.00	100	老凤祥股份有限公司	222	32.16
					中国制造业企业 500 强平均数		17.31

表 9－18　　2012 中国制造业企业 500 强研发费增长率排序前 100 名企业

排名	公司名称	总排名	研发费增长率（%）	排名	公司名称	总排名	研发费增长率（%）
1	河北敬业企业集团有限责任公司	117	3293.83	51	云南煤化工集团有限公司	180	72.43
2	西林钢铁集团有限公司	246	709.23	52	华勤橡胶工业集团有限公司	212	70.82
3	山东石横特钢集团有限公司	224	642.53	53	海天塑机集团有限公司	408	68.03
4	湖南博长控股集团有限公司	188	552.54	54	湖北稻花香集团有限公司	367	67.75
5	西部矿业集团有限公司	193	533.80	55	厦门银鹭集团有限公司	430	66.61
6	辛集市澳森钢铁有限公司	389	500.00	56	杭州锦江集团有限公司	305	66.34
7	本钢集团有限公司	44	432.93	57	河北津西钢铁集团股份有限公司	93	65.99
8	江苏悦达集团有限公司	63	410.35	58	北京汽车集团有限公司	16	64.12
9	广西农垦集团有限责任公司	312	361.18	59	内蒙古鄂尔多斯羊绒集团有限责任公司	244	64.12
10	北京金隅集团有限责任公司	130	308.84	60	天津市恒兴钢业有限公司	472	63.64
11	攀枝花钢城集团有限公司	274	302.53	61	巨化集团公司	338	63.38
12	春和集团有限公司	346	302.02	62	中联重科股份有限公司	53	62.45
13	富海集团有限公司	300	291.18	63	宁波申洲针织有限公司	431	61.49
14	山东垦利石化有限责任公司	335	274.64	64	新华联控股有限公司	134	61.40
15	天津大桥焊材集团有限公司	407	265.91	65	江西铜业集团公司	28	57.54
16	华新水泥股份有限公司	347	264.90	66	山东华星石油化工集团有限公司	342	55.18
17	江西赛维 LDK 太阳能高科技有限公司	321	250.43	67	中国化工集团公司	19	54.69
18	桐昆集团股份有限公司	161	215.13	68	逸盛大化石化有限公司	304	54.30
19	中国五矿集团公司	5	192.90	69	盾安控股集团有限公司	139	54.30
20	昆明钢铁控股有限公司	175	182.98	70	海马汽车集团股份有限公司	318	53.64
21	富丽达集团控股有限公司	453	172.42	71	南京钢铁集团有限公司	62	53.24
22	厦门钨业股份有限公司	366	170.86	72	中国建筑材料集团有限公司	17	52.38
23	云南冶金集团股份有限公司	243	162.39	73	正邦集团有限公司	240	52.31
24	沈阳远大企业集团	239	160.18	74	中国有色矿业集团有限公司	76	52.28
25	常熟市龙腾特种钢有限公司	477	136.49	75	湖北枝江酒业集团公司	479	50.97
26	河北钢铁集团有限公司	10	136.37	76	邯郸市正大制管有限公司	487	50.74
27	西宁特殊钢集团有限责任公司	451	134.87	77	闰土控股集团有限公司	475	50.09
28	云天化集团有限责任公司	107	132.30	78	山东京博控股股份有限公司	167	49.21
29	浙江航民实业集团有限公司	444	127.60	79	重庆轻纺控股（集团）公司	191	49.16
30	山东胜通集团股份有限公司	231	122.22	80	重庆市博赛矿业（集团）有限公司	411	47.80
31	浙江诺力机械股份有限公司	486	118.60	81	山东黄金集团有限公司	111	47.74
32	江苏洋河酒厂股份有限公司	344	116.02	82	酒泉钢铁（集团）有限责任公司	54	47.33
33	福娃集团有限公司	498	112.80	83	振石控股集团有限公司	474	46.73
34	威高集团有限公司	337	112.51	84	山东澳亚纺织有限公司	403	46.72
35	山东华兴机械股份有限公司	464	111.56	85	上海美特斯邦威服饰股份有限公司	306	46.64
36	浙江吉利控股集团有限公司	25	110.83	86	中国恒天集团有限公司	140	46.62
37	三花控股集团有限公司	438	106.48	87	四川九洲电器集团有限责任公司	348	46.20
38	冀东发展集团有限责任公司	234	100.70	88	珠海格力电器股份有限公司	57	46.15
39	厦门烟草工业有限责任公司	425	100.44	89	联想控股有限公司	18	45.25
40	中国黄金集团公司	61	97.64	90	江苏扬子江船业集团公司	137	44.73
41	江西江锂科技有限公司	466	94.88	91	天津天士力集团有限公司	324	44.53
42	新凤鸣集团股份有限公司	369	93.55	92	天津市建筑材料集团（控股）有限公司	363	43.97
43	吉林亚泰（集团）股份有限公司	138	88.41	93	南山集团有限公司	77	43.74
44	四川省达州钢铁集团有限责任公司	236	85.45	94	山东大海集团有限公司	254	43.61
45	利时集团股份有限公司	400	84.83	95	龙岩烟草工业有限责任公司	376	43.54
46	超威电源（集团）有限公司	331	84.77	96	盛虹集团有限公司	178	43.53
47	河北新武安钢铁集团文安集团钢铁有限公司	286	80.00	97	雨润控股集团有限公司	46	43.45
48	山东神驰化工有限公司	396	78.87	98	金洲集团有限公司	483	43.30
49	新兴际华集团有限公司	27	76.75	99	山东魏桥创业集团有限公司	22	43.06
50	天津有色金属集团有限公司	330	74.05	100	重庆钢铁（集团）有限责任公司	148	42.92
					中国制造业企业 500 强平均数		18.36

表9－19　　2012中国制造业企业500强行业平均净利润

名次	行业名称	平均净利润（万元）	名次	行业名称	平均净利润（万元）
1	黄金冶炼及压延加工业	579004	21	综合制造业（以制造业为主，含有服务业）	91078
2	航空、航天、核工业与兵器制造业	386382	22	化学纤维制造业	88604
3	石化产品、炼焦及其他燃料加工业	381156	23	医药制造业	87317
4	通讯设备及其他电子设备、元器件制造业	374164	24	黑色冶金及压延加工业	86055
5	烟草加工业	323017	25	橡胶制品业	85684
6	汽车及零配件制造业	270852	26	一般有色冶金及压延加工业	85410
7	酿酒制造业	250911	27	动力、发电、电力生产等机械、装备制造业	76621
8	船舶制造业	220848	28	农林机械、设备及零配件制造业	73332
9	电梯及运输、仓储设备与设施制造业	213543	29	饮料加工业	70560
10	轨道交通设备及零部件制造业	205052	30	化学原料及化学制品制造业	63350
11	工程机械、设备及零配件制造业	203877	31	塑料制品业	60275
12	乳制品加工业	180922	32	生活消费品和文体、玩具、家具、首饰、珠宝、宝石、工艺等轻工产品加工业	59856
13	食品加工制造业	170739			
14	家用电器及零配件制造业	143685	33	电力、电气、输变电等机械、设备、器材、元器件和电池、线缆制造业	59577
15	建筑材料及玻璃等制造业	121615			
16	纺织品、服装、鞋帽（含皮草、毛、绒等）加工业	116478	34	电子办公设备及影像设备制造业	55264
			35	电子元器件与仪器仪表、自动化控制设备制造业	54890
17	纺织、印染业	111361	36	工业机械、设备及零配件制造业	41960
18	肉食品加工业	103221	37	农副食品及产品加工业	38913
19	造纸及纸制品加工业	102147	38	摩托车及零配件制造业	29014
20	计算机及零部件制造业	97091	39	金属制品业	25116

表 9－20　　2012 中国制造业企业 500 强行业平均营业收入

名次	行业名称	平均营业收入（万元）	名次	行业名称	平均营业收入（万元）
1	航空、航天、核工业与兵器制造业	20248905	21	电子元器件与仪器仪表、自动化控制设备制造业	2953865
2	石化产品、炼焦及其他燃料加工业	15249044	22	电梯及运输、仓储设备与设施制造业	2907119
3	汽车及零配件制造业	8794202	23	纺织、印染业	2863383
4	轨道交通设备及零部件制造业	8593262	24	食品加工制造业	2837236
5	通讯设备及其他电子设备、元器件制造业	8483787	25	造纸及纸制品加工业	2664359
6	计算机及零部件制造业	6860972	26	化学纤维制造业	2318904
7	家用电器及零配件制造业	5508594	27	化学原料及化学制品制造业	2267915
8	动力、发电、电力生产等机械、装备制造业	5346457	28	农林机械、设备及零配件制造业	2107757
9	黑色冶金及压延加工业	5337414	29	酿酒制造业	1998987
10	黄金冶炼及压延加工业	4816439	30	农副食品及产品加工业	1959763
11	一般有色冶金及压延加工业	4231993	31	橡胶制品业	1959402
12	乳制品加工业	3745137	32	医药制造业	1917073
13	烟草加工业	3674754	33	纺织品、服装、鞋帽（含皮草、毛、绒等）加工业	1742575
14	综合制造业（以制造业为主，含有服务业）	3642981			
15	船舶制造业	3503932	34	工业机械、设备及零配件制造业	1742321
16	肉食品加工业	3499631	35	电力、电气、输变电等机械、设备、器材、元器件和电池、线缆制造业	1726504
17	建筑材料及玻璃等制造业	3362353			
18	生活消费品和文体、玩具、家具、首饰、珠宝、宝石、工艺等轻工产品加工业	3265082	36	摩托车及零配件制造业	1693418
			37	金属制品业	1341519
19	饮料加工业	3164036	38	塑料制品业	995575
20	工程机械、设备及零配件制造业	3046010	39	电子办公设备及影像设备制造业	759905

表9-21　2012中国制造业企业500强行业平均资产

名次	行业名称	平均资产（万元）	名次	行业名称	平均资产（万元）
1	航空、航天、核工业与兵器制造业	28704989	22	化学原料及化学制品制造业	2535002
2	石化产品、炼焦及其他燃料加工业	10522811	23	造纸及纸制品加工业	2465889
3	轨道交通设备及零部件制造业	10270049	24	肉食品加工业	2129623
4	计算机及零部件制造业	7862902	25	生活消费品和文体、玩具、家具、首饰、珠宝、宝石、工艺等轻工产品加工业	2084350
5	通讯设备及其他电子设备、元器件制造业	7335958			
6	船舶制造业	6668293	26	摩托车及零配件制造业	2002135
7	动力、发电、电力生产等机械、装备制造业	6356052	27	乳制品加工业	1992950
8	汽车及零配件制造业	6091526	28	工业机械、设备及零配件制造业	1891198
9	黑色冶金及压延加工业	5166257	29	纺织、印染业	1735483
10	家用电器及零配件制造业	4528042	30	纺织品、服装、鞋帽（含皮草、毛、绒等）加工业	1678750
11	建筑材料及玻璃等制造业	4088659			
12	黄金冶炼及压延加工业	3932739	31	医药制造业	1664936
13	一般有色冶金及压延加工业	3901286	32	饮料加工业	1656330
14	电梯及运输、仓储设备与设施制造业	3351051	33	化学纤维制造业	1473638
15	食品加工制造业	3338520	34	电力、电气、输变电等机械、设备、器材、元器件和电池、线缆制造业	1421450
16	烟草加工业	3254849			
17	综合制造业（以制造业为主，含有服务业）	3177486	35	农副食品及产品加工业	1169876
18	工程机械、设备及零配件制造业	3038478	36	橡胶制品业	1142749
19	电子办公设备及影像设备制造业	2961624	37	金属制品业	996626
20	酿酒制造业	2705589	38	农林机械、设备及零配件制造业	729379
21	电子元器件与仪器仪表、自动化控制设备制造业	2680474	39	塑料制品业	655190

表 9－22　　**2012 中国制造业企业 500 强行业平均纳税总额**

名次	行业名称	平均纳税总额（万元）	名次	行业名称	平均纳税总额（万元）
1	烟草加工业	2260655	22	化学原料及化学制品制造业	107473
2	石化产品、炼焦及其他燃料加工业	1810592	23	食品加工制造业	104643
3	汽车及零配件制造业	886353	24	医药制造业	96655
4	航空、航天、核工业与兵器制造业	837373	25	肉食品加工业	95809
5	通讯设备及其他电子设备、元器件制造业	723151	26	纺织品、服装、鞋帽（含皮草、毛、绒等）加工业	88330
6	酿酒制造业	384528			
7	轨道交通设备及零部件制造业	357662	27	纺织、印染业	84440
8	建筑材料及玻璃等制造业	277814	28	电子办公设备及影像设备制造业	84386
9	家用电器及零配件制造业	245971	29	电子元器件与仪器仪表、自动化控制设备制造业	80016
10	动力、发电、电力生产等机械、装备制造业	245824	30	化学纤维制造业	77045
11	黄金冶炼及压延加工业	230816	31	工业机械、设备及零配件制造业	71219
12	饮料加工业	226895	32	橡胶制品业	66059
13	乳制品加工业	218954	33	电力、电气、输变电等机械、设备、器材、元器件和电池、线缆制造业	61632
14	计算机及零部件制造业	169747			
15	黑色冶金及压延加工业	142636	34	摩托车及零配件制造业	61429
16	工程机械、设备及零配件制造业	130575	35	生活消费品和文体、玩具、家具、首饰、珠宝、宝石、工艺等轻工产品加工业	57910
17	船舶制造业	126105			
18	综合制造业（以制造业为主，含有服务业）	125027	36	农副食品及产品加工业	51127
19	一般有色冶金及压延加工业	121194	37	农林机械、设备及零配件制造业	45540
20	电梯及运输、仓储设备与设施制造业	114410	38	金属制品业	38207
21	造纸及纸制品加工业	112305	39	塑料制品业	30039

表9－23　　　2012中国制造业企业500强行业平均研发费用

名次	行业名称	平均研发费用（万元）	名次	行业名称	平均研发费用（万元）
1	航空、航天、核工业与兵器制造业	1004242	21	造纸及纸制品加工业	51604
2	通讯设备及其他电子设备、元器件制造业	677126	22	化学原料及化学制品制造业	44777
3	轨道交通设备及零部件制造业	266741	23	摩托车及零配件制造业	41459
4	家用电器及零配件制造业	191488	24	农副食品及产品加工业	39085
5	船舶制造业	169894	25	化学纤维制造业	38950
6	计算机及零部件制造业	159612	26	电力、电气、输变电等机械、设备、器材、元器件和电池、线缆制造业	37689
7	汽车及零配件制造业	133713			
8	动力、发电、电力生产等机械、装备制造业	113216	27	电子办公设备及影像设备制造业	35200
9	黑色冶金及压延加工业	102373	28	酿酒制造业	33599
10	乳制品加工业	94654	29	塑料制品业	33095
11	工程机械、设备及零配件制造业	89299	30	医药制造业	32406
12	电子元器件与仪器仪表、自动化控制设备制造业	71971	31	饮料加工业	31500
13	橡胶制品业	67594	32	综合制造业（以制造业为主，含有服务业）	31147
14	石化产品、炼焦及其他燃料加工业	61706	33	肉食品加工业	28287
15	农林机械、设备及零配件制造业	61482	34	金属制品业	26119
16	纺织、印染业	60097	35	食品加工制造业	23389
17	建筑材料及玻璃等制造业	57322	36	纺织品、服装、鞋帽（含皮草、毛、绒等）加工业	22973
18	生活消费品和文体、玩具、家具、首饰、珠宝、宝石、工艺等轻工产品加工业	55708			
			37	电梯及运输、仓储设备与设施制造业	21824
19	工业机械、设备及零配件制造业	54304	38	烟草加工业	20506
20	一般有色冶金及压延加工业	51787	39	黄金冶炼及压延加工业	12519

表 9 – 24　　2012 中国制造业企业 500 强行业人均净利润

名次	行业名称	人均净利润（万元）	名次	行业名称	人均净利润（万元）
1	烟草加工业	31.84	20	建筑材料及玻璃等制造业	4.57
2	塑料制品业	30.71	21	化学原料及化学制品制造业	4.36
3	黄金冶炼及压延加工业	22.98	22	农林机械、设备及零配件制造业	4.17
4	工程机械、设备及零配件制造业	12.83	23	一般有色冶金及压延加工业	4.16
5	酿酒制造业	11.62	24	饮料加工业	3.87
6	化学纤维制造业	10.62	25	计算机及零部件制造业	3.76
7	乳制品加工业	8.25	26	黑色冶金及压延加工业	3.60
8	电梯及运输、仓储设备与设施制造业	8.05	27	金属制品业	3.35
9	汽车及零配件制造业	7.71	28	综合制造业（以制造业为主，含有服务业）	3.34
10	橡胶制品业	7.61	29	家用电器及零配件制造业	3.23
11	船舶制造业	7.57	30	电子办公设备及影像设备制造业	3.04
12	造纸及纸制品加工业	7.51	31	生活消费品和文体、玩具、家具、首饰、珠宝、宝石、工艺等轻工产品加工业	2.94
13	食品加工制造业	6.10			
14	通讯设备及其他电子设备、元器件制造业	6.07	32	肉食品加工业	2.80
15	医药制造业	6.03	33	工业机械、设备及零配件制造业	2.62
16	石化产品、炼焦及其他燃料加工业	5.96	34	动力、发电、电力生产等机械、装备制造业	2.59
17	电力、电气、输变电等机械、设备、器材、元器件和电池、线缆制造业	5.62	35	电子元器件与仪器仪表、自动化控制设备制造业	2.36
			36	轨道交通设备及零部件制造业	2.31
18	纺织品、服装、鞋帽（含皮草、毛、绒等）加工业	5.52	37	摩托车及零配件制造业	2.17
			38	农副食品及产品加工业	2.12
19	纺织、印染业	5.28	39	航空、航天、核工业与兵器制造业	1.63

表9－25　　2012中国制造业企业500强行业人均营业收入

名次	行业名称	人均营业收入（万元）	名次	行业名称	人均营业收入（万元）
1	塑料制品业	507.26	20	综合制造业（以制造业为主，含有服务业）	137.64
2	烟草加工业	362.28	21	通讯设备及其他电子设备、元器件制造业	137.54
3	化学纤维制造业	277.91	22	纺织、印染业	135.82
4	计算机及零部件制造业	265.36	23	医药制造业	134.51
5	汽车及零配件制造业	258.30	24	电子元器件与仪器仪表、自动化控制设备制造业	127.10
6	石化产品、炼焦及其他燃料加工业	251.19	25	摩托车及零配件制造业	126.84
7	黑色冶金及压延加工业	221.92	26	建筑材料及玻璃等制造业	126.30
8	一般有色冶金及压延加工业	215.63	27	家用电器及零配件制造业	123.84
9	造纸及纸制品加工业	195.95	28	船舶制造业	120.16
10	工程机械、设备及零配件制造业	191.66	29	农林机械、设备及零配件制造业	119.80
11	黄金冶炼及压延加工业	191.14	30	电梯及运输、仓储设备与设施制造业	109.62
12	动力、发电、电力生产等机械、装备制造业	186.30	31	工业机械、设备及零配件制造业	108.63
13	金属制品业	185.52	32	农副食品及产品加工业	106.99
14	橡胶制品业	174.04	33	食品加工制造业	101.40
15	饮料加工业	173.55	34	轨道交通设备及零部件制造业	96.88
16	乳制品加工业	170.82	35	肉食品加工业	94.96
17	生活消费品和文体、玩具、家具、首饰、珠宝、宝石、工艺等轻工产品加工业	160.16	36	酿酒制造业	92.58
			37	航空、航天、核工业与兵器制造业	85.25
18	化学原料及化学制品制造业	153.13	38	纺织品、服装、鞋帽（含皮草、毛、绒等）加工业	82.55
19	电力、电气、输变电等机械、设备、器材、元器件和电池、线缆制造业	150.49	39	电子办公设备及影像设备制造业	41.84

表 9－26　　2012 中国制造业企业500强行业人均资产

名次	行业名称	人均资产（万元）	名次	行业名称	人均资产（万元）
1	塑料制品业	333.83	22	航空、航天、核工业与兵器制造业	120.85
2	烟草加工业	320.88	23	食品加工制造业	119.31
3	计算机及零部件制造业	304.11	24	通讯设备及其他电子设备、元器件制造业	118.93
4	船舶制造业	228.68	25	工业机械、设备及零配件制造业	117.91
5	动力、发电、电力生产等机械、装备制造业	221.48	26	医药制造业	116.82
6	黑色冶金及压延加工业	210.14	27	综合制造业（以制造业为主，含有服务业）	116.53
7	一般有色冶金及压延加工业	198.78	28	轨道交通设备及零部件制造业	115.79
8	工程机械、设备及零配件制造业	191.19	29	电子元器件与仪器仪表、自动化控制设备制造业	115.33
9	造纸及纸制品加工业	181.35	30	生活消费品和文体、玩具、家具、首饰、珠宝、宝石、工艺等轻工产品加工业	102.24
10	汽车及零配件制造业	178.92			
11	化学纤维制造业	176.61	31	家用电器及零配件制造业	101.79
12	石化产品、炼焦及其他燃料加工业	173.34	32	橡胶制品业	101.50
13	化学原料及化学制品制造业	171.16	33	乳制品加工业	90.90
14	电子办公设备及影像设备制造业	163.07	34	饮料加工业	90.85
15	黄金冶炼及压延加工业	156.07	35	纺织、印染业	82.32
16	建筑材料及玻璃等制造业	153.59	36	纺织品、服装、鞋帽（含皮草、毛、绒等）加工业	79.52
17	摩托车及零配件制造业	149.96			
18	金属制品业	137.83	37	农副食品及产品加工业	63.87
19	电梯及运输、仓储设备与设施制造业	126.36	38	肉食品加工业	57.78
20	酿酒制造业	125.30	39	农林机械、设备及零配件制造业	41.46
21	电力、电气、输变电等机械、设备、器材、元器件和电池、线缆制造业	123.90			

表9-27　　2012中国制造业企业500强行业人均纳税总额

名次	行业名称	人均纳税总额（万元）	名次	行业名称	人均纳税总额（万元）
1	烟草加工业	222.87	22	电力、电气、输变电等机械、设备、器材、元器件和电池、线缆制造业	5.37
2	石化产品、炼焦及其他燃料加工业	29.82			
3	汽车及零配件制造业	26.03	23	金属制品业	5.28
4	酿酒制造业	17.81	24	电子办公设备及影像设备制造业	4.65
5	塑料制品业	15.31	25	摩托车及零配件制造业	4.60
6	饮料加工业	12.45	26	综合制造业（以制造业为主，含有服务业）	4.59
7	通讯设备及其他电子设备、元器件制造业	11.72	27	工业机械、设备及零配件制造业	4.44
8	建筑材料及玻璃等制造业	10.44	28	船舶制造业	4.32
9	乳制品加工业	9.99	29	电梯及运输、仓储设备与设施制造业	4.31
10	化学纤维制造业	9.23	30	纺织品、服装、鞋帽（含皮草、毛、绒等）加工业	4.18
11	黄金冶炼及压延加工业	9.16			
12	动力、发电、电力生产等机械、装备制造业	8.57	31	轨道交通设备及零部件制造业	4.03
13	造纸及纸制品加工业	8.26	32	纺织、印染业	4.01
14	工程机械、设备及零配件制造业	8.22	33	食品加工制造业	3.74
15	化学原料及化学制品制造业	7.26	34	航空、航天、核工业与兵器制造业	3.53
16	医药制造业	6.78	35	电子元器件与仪器仪表、自动化控制设备制造业	3.44
17	计算机及零部件制造业	6.57	36	生活消费品和文体、玩具、家具、首饰、珠宝、宝石、工艺等轻工产品加工业	2.84
18	一般有色冶金及压延加工业	6.13			
19	黑色冶金及压延加工业	5.95	37	农副食品及产品加工业	2.79
20	橡胶制品业	5.87	38	肉食品加工业	2.60
21	家用电器及零配件制造业	5.53	39	农林机械、设备及零配件制造业	2.59

表 9-28　　2012 中国制造业企业 500 强行业人均研发费用

名次	行业名称	人均研发费用（万元）	名次	行业名称	人均研发费用（万元）
1	塑料制品业	16.86	21	轨道交通设备及零部件制造业	3.01
2	通讯设备及其他电子设备、元器件制造业	10.98	22	电梯及运输、仓储设备与设施制造业	2.90
3	计算机及零部件制造业	6.17	23	化学原料及化学制品制造业	2.89
4	橡胶制品业	6.00	24	纺织、印染业	2.85
5	船舶制造业	5.83	25	生活消费品和文体、玩具、家具、首饰、珠宝、宝石、工艺等轻工产品加工业	2.73
6	工程机械、设备及零配件制造业	5.62			
7	乳制品加工业	4.32	26	一般有色冶金及压延加工业	2.64
8	航空、航天、核工业与兵器制造业	4.23	27	医药制造业	2.27
9	家用电器及零配件制造业	4.20	28	烟草加工业	2.02
10	化学纤维制造业	4.18	29	农副食品及产品加工业	1.99
11	动力、发电、电力生产等机械、装备制造业	3.94	30	电子办公设备及影像设备制造业	1.94
12	汽车及零配件制造业	3.93	31	建筑材料及玻璃等制造业	1.87
13	黑色冶金及压延加工业	3.73	32	饮料加工业	1.73
14	造纸及纸制品加工业	3.71	33	酿酒制造业	1.68
15	农林机械、设备及零配件制造业	3.49	34	综合制造业（以制造业为主，含有服务业）	1.49
16	工业机械、设备及零配件制造业	3.39	35	纺织品、服装、鞋帽（含皮草、毛、绒等）加工业	1.09
17	电力、电气、输变电等机械、设备、器材、元器件和电池、线缆制造业	3.29			
			36	石化产品、炼焦及其他燃料加工业	0.92
18	金属制品业	3.24	37	食品加工制造业	0.83
19	摩托车及零配件制造业	3.11	38	肉食品加工业	0.77
20	电子元器件与仪器仪表、自动化控制设备制造业	3.10	39	黄金冶炼及压延加工业	0.47

表9-29　**2012中国制造业企业500强行业平均资产利润率**

名次	行业名称	平均资产利润率（%）	名次	行业名称	平均资产利润率（%）
1	黄金冶炼及压延加工业	14.72	21	农副食品及产品加工业	3.33
2	农林机械、设备及零配件制造业	10.05	22	船舶制造业	3.31
3	烟草加工业	9.92	23	家用电器及零配件制造业	3.17
4	酿酒制造业	9.27	24	建筑材料及玻璃等制造业	2.97
5	塑料制品业	9.20	25	生活消费品和文体、玩具、家具、首饰、珠宝、宝石、工艺等轻工产品加工业	2.87
6	乳制品加工业	9.08			
7	橡胶制品业	7.50	26	综合制造业（以制造业为主，含有服务业）	2.87
8	纺织品、服装、鞋帽（含皮草、毛、绒等）加工业	6.94	27	化学原料及化学制品制造业	2.39
9	工程机械、设备及零配件制造业	6.71	28	电力、电气、输变电等机械、设备、器材、元器件和电池、线缆制造业	2.31
10	纺织、印染业	6.42	29	金属制品业	2.30
11	电梯及运输、仓储设备与设施制造业	6.37	30	工业机械、设备及零配件制造业	2.22
12	化学纤维制造业	6.01	31	电子元器件与仪器仪表、自动化控制设备制造业	2.05
13	食品加工制造业	5.11	32	轨道交通设备及零部件制造业	2.00
14	通讯设备及其他电子设备、元器件制造业	5.10	33	一般有色冶金及压延加工业	1.89
15	肉食品加工业	4.85	34	电子办公设备及影像设备制造业	1.87
16	医药制造业	4.83	35	摩托车及零配件制造业	1.45
17	汽车及零配件制造业	4.28	36	黑色冶金及压延加工业	1.45
18	饮料加工业	4.26	37	航空、航天、核工业与兵器制造业	1.35
19	造纸及纸制品加工业	4.14	38	计算机及零部件制造业	1.23
20	石化产品、炼焦及其他燃料加工业	3.39	39	动力、发电、电力生产等机械、装备制造业	1.12

第十章
2012 中国服务业企业 500 强数据资料

表10-1 **2012中国服务业企业500强**

名次	企业名称	地区	营业收入（万元）	净利润（万元）	资产（万元）	所有者权益（万元）	从业人数
1	国家电网公司	北京	167535929	3670914	221159075	85036650	1582554
2	中国工商银行股份有限公司	北京	70955700	20826500	1547686800	95674200	408859
3	中国建设银行股份有限公司	北京	57957800	16943900	1228183400	81666100	329438
4	中国移动通信集团公司	北京	56597234	7565730	116326421	67577090	216677
5	中国农业银行股份有限公司	北京	54622700	12192700	1167757700	64960100	447401
6	中国银行股份有限公司	北京	52761100	12418200	1183006600	72316200	289951
7	中国中化集团公司	北京	45895329	761274	25818873	5735892	46996
8	中国人寿保险（集团）公司	北京	43492820	677721	195762960	3715761	133783
9	中国南方电网有限责任公司	广东	39138167	488369	52297356	17640359	301539
10	中国中信集团有限公司	北京	31897579	3651603	327705276	20510794	155333
11	中国电信集团公司	北京	29202423	360007	65384072	34978501	491447
12	中国华润总公司	广东	28084506	1216557	63700000	9121687	350524
13	中国邮政集团公司	北京	25875158	1996059	426034354	14179133	889307
14	中国平安保险（集团）股份有限公司	广东	24891500	1947500	228542400	13086700	175136
15	百联集团有限公司	上海	22741719	42957	6834090	1099235	90313
16	中国人民保险集团股份有限公司	北京	22558820	518680	58515200	3134358	98609
17	中国航空油料集团公司	北京	22208907	110243	3685699	841631	9694
18	交通银行股份有限公司	上海	21814231	5073649	461117683	27180234	90149
19	中国联合网络通信集团有限公司	北京	21627705	46613	52374734	15744928	299818
20	中国铁路物资股份有限公司	北京	20682328	100553	6336761	787475	9114
21	天津物产集团有限公司	天津	19703668	73805	9819150	1535259	6164
22	国美电器有限公司	北京	19600000				
23	苏宁电器集团有限公司	江苏	19473387	482059	5978647	2232833	175905
24	中国机械工业集团有限公司	北京	19295713	407711	16864123	2846882	95529
25	中国远洋运输（集团）总公司	北京	18616997	-421367	32873163	10352496	72897
26	中粮集团有限公司	北京	18225205	470990	26000034	5573587	98300
27	浙江省物产集团公司	浙江	16701187	62138	5223320	488434	17401
28	山西煤炭运销集团有限公司	山西	15860928	144956	11131669	2514550	103745
29	中国太平洋保险（集团）股份有限公司	上海	15793400	831300	57061200	7679600	
30	绿地控股集团有限公司	上海	14787372	624366	18816137	1961070	4000
31	招商银行股份有限公司	广东	14196800	3612900	279497100	16499700	45344
32	中国民生银行股份有限公司	北京	13599800	2792000	222906400	12959700	40820
33	中国通用技术（集团）控股有限责任公司	北京	12984580	265615	9529851	2467041	44311
34	中国医药集团总公司	北京	12501324	190766	10282301	2117752	53617
35	兴业银行股份有限公司	福建	11843900	2550500	240879800	11520900	34611
36	大连大商集团有限公司	辽宁	11010716	23999	1913176	387955	211066
37	新华人寿保险股份有限公司	北京	10920900	279900	38677100	3130600	49031

名次	企业名称	地区	营业收入（万元）	净利润（万元）	资产（万元）	所有者权益（万元）	从业人数
38	大连万达集团股份有限公司	辽宁	10510228	364061	20302685	922700	46757
39	中国外运长航集团有限公司	北京	10311252	65118	12107165	3621352	74806
40	中国航空集团公司	北京	9926836	387922	18331989	3029249	65867
41	海航集团有限公司	海南	9389178	79043	29668196	1087836	79969
42	中国南方航空集团公司	广东	9322152	240526	13626868	1402652	60342
43	中国东方航空集团公司	上海	8889947	293781	12258944	1193017	77363
44	中国光大银行股份有限公司	北京	8596744	1806789	201670762	10313938	28267
45	厦门建发集团有限公司	福建	8285683	169252	6663702	887378	14943
46	泰康人寿保险股份有限公司	北京	8028546	136120	35107414	1250439	240000
47	新疆广汇实业投资（集团）有限责任公司	新疆	8020696	283872	6762318	1105013	50708
48	国家开发投资公司	北京	7738102	395323	27664009	5054098	87492
49	珠海振戎公司	北京	7574454	17152	625187	155153	102
50	山西煤炭进出口集团有限公司	山西	7116297	51155	5389409	597108	13371
51	中国保利集团公司	北京	6879579	432356	29343494	2673188	29938
52	上海浦东发展银行股份有限公司	上海	6791767	2728598	268469369	14881286	31231
53	神州数码控股有限公司	北京	6747188	122708	2620477	656303	12838
54	厦门国贸控股有限公司	福建	6584846	11452	3096990	185489	16745
55	广东物资集团公司	广东	6559131	24365	3071687	438762	9359
56	中国诚通控股集团有限公司	北京	6500944	37686	6510145	989629	30508
57	中国海运（集团）总公司	上海	6331566	2967	16103357	4859060	45729
58	广东省广新控股集团有限公司	广东	6323500	23268	3633447	246951	24684
59	恒大地产集团有限公司	广东	6191819	1138170	17902341	3268656	32644
60	武汉商联（集团）股份有限公司	湖北	6145372	13725	2141247	209258	58034
61	广州铁路（集团）公司	广东	5938111	-13806	29429669	18673067	156763
62	浙江省能源集团有限公司	浙江	5934469	420869	11105390	5320273	15076
63	安徽省徽商集团有限公司	安徽	5800207		1284295	92782	15400
64	庞大汽贸集团股份有限公司	河北	5545514	64990	5232105	973179	34834
65	中国港中旅集团公司	北京	5515152	132860	5960415	1381686	44201
66	上海东浩国际服务贸易（集团）有限公司	上海	5501946	43315	1755735	541360	3957
67	浙江省兴合集团公司	浙江	5428860	25842	2505000	227829	11335
68	山东省商业集团有限公司	山东	5029869	49810	5542052	287010	180000
69	三胞集团有限公司	江苏	4820320	91284	2435218	713550	20000
70	广发银行股份有限公司	广东	4782419	958573	91898182	5270598	18641
71	大秦铁路股份有限公司	山西	4500704	1169882	9412073	6283710	95480
72	江苏汇鸿国际集团有限公司	江苏	4464024	30403	2819010	527263	5535
73	中金再生资源（中国）投资有限公司	上海	4345043	155162	1465038	529329	600
74	浙江省国际贸易集团有限公司	浙江	4228172	70944	2730778	581132	15640
75	江苏苏宁环球集团有限公司	江苏	4102800	337500	7540590		

名次	企业名称	地区	营业收入（万元）	净利润（万元）	资产（万元）	所有者权益（万元）	从业人数
76	重庆商社（集团）有限公司	重庆	4008678	21722	1819678	202204	91375
77	隆基泰和实业有限公司	河北	3860158	330186	2610037	890964	22091
78	中国工艺（集团）公司	北京	3765347	54947	1154322	199548	2191
79	浪潮电子信息产业股份有限公司	山东	3668253	81333	795632	434675	11033
80	太平人寿保险有限公司	上海	3625401	67653	13260183	789599	22468
81	广东省广晟资产经营有限公司	广东	3608244	194312	7318441	2157018	50013
82	厦门象屿集团有限公司	福建	3597454	34292	1927507	264570	2739
83	北京控股集团有限公司	北京	3555879	51779	8580066	2122420	65305
84	绿城房地产集团有限公司	浙江	3530000	257464	12797653	1193990	4383
85	中国中纺集团公司	北京	3483519	37793	1861164	531742	9495
86	浙江省商业集团有限公司	浙江	3474645	28424	4511521	248407	9890
87	北京首都旅游集团有限责任公司	北京	3462653	24205	3634687	745643	53954
88	华侨城集团公司	广东	3355300	207662	8464102	1093139	38229
89	华夏银行股份有限公司	北京	3354380	922193	124414118	6390108	19169
90	南方石化集团有限公司	广东	3345223	4266	1431330	83519	1123
91	广东振戎能源有限公司	广东	3253530	14928	1174860	48250	198
92	海南大印集团有限公司	海南	3250024	12992	703755	262373	1596
93	天津一商集团有限公司	天津	3199774	19394	715861	176155	3979
94	广东省丝绸纺织集团有限公司	广东	3195849	6588	1074379	121524	6657
95	远大物产集团有限公司	浙江	3128623	9811	431624	59055	552
96	广东省交通集团有限公司	广东	3088660	335959	18156998	5522359	49710
97	合肥百货大楼集团股份有限公司	安徽	3030000	50465	617161	231458	7960
98	阳光保险集团股份有限公司	北京	3025797	28335	7139309	1216627	118345
99	中国轻工业品进出口总公司	北京	2970108	20814	992811	205592	1559
100	中国煤炭科工集团有限公司	北京	2962654	199596	2844681	716956	30291
101	申能（集团）有限公司	上海	2919784	153440	9558119	4656689	15233
102	中国国际技术智力合作公司	北京	2896600	29528	375882	133061	2831
103	腾讯控股有限公司	广东	2849607	1020308	5680437	2846383	15320
104	张家港保税区日祥贸易有限公司	江苏	2828153	-5626	342593	-11092	3
105	广州富力地产股份有限公司	广东	2737009	483484	8415888	484165	16416
106	世纪金源投资集团有限公司	北京	2688906	497002	5100974	1871776	19267
107	江苏国泰国际集团有限公司	江苏	2609515	13862	986576	147692	10000
108	重庆市能源投资集团公司	重庆	2607722	28596	5729526	1710903	75543
109	河北省物流产业集团有限公司	河北	2605480	4382	398686	49352	1229
110	重庆龙湖企业拓展有限公司	重庆	2530133	632756	8250566	2194054	7300
111	南京医药产业（集团）有限责任公司	江苏	2529861	17310	1727289	566931	13548
112	浙江前程投资股份有限公司	浙江	2518770	23100	772024	123886	948
113	九州通医药集团股份有限公司	湖北	2483868	37413	1183875	37413	10513

名次	企业名称	地区	营业收入（万元）	净利润（万元）	资产（万元）	所有者权益（万元）	从业人数
114	浙江省交通投资集团有限公司	浙江	2445751	157493	13764918	2454462	21983
115	福建省能源集团有限责任公司	福建	2391485	46326	3671051	689912	31882
116	上海华冶钢铁集团有限公司	上海	2374837	27637	659059	470846	1672
117	天音通信有限公司	广东	2353700	6426	960399	269431	8000
118	安徽国贸集团控股有限公司	安徽	2344526	9182	1716477	152326	5683
119	北京外企服务集团有限责任公司	北京	2303171	6750	350389	51857	2520
120	宁波银亿集团有限公司	浙江	2259246	107721	3162807	392231	8992
121	东方国际（集团）有限公司	上海	2228308	32897	1192001	488567	6065
122	北京能源投资（集团）有限公司	北京	2225958	167738	10240959	3192202	11258
123	天津港（集团）有限公司	天津	2211000	61837	8999999	2032154	17675
124	丰立集团有限公司	江苏	2209692	20315	1905725	410663	3280
125	山西省国新能源发展集团有限公司	山西	2190414	25976	1149379	188616	1400
126	石家庄北国人百集团有限责任公司	河北	2187276	38479	777605	128071	32000
127	上海国际港务（集团）股份有限公司	上海	2177886	472419	8325751	4532851	19971
128	福佳集团有限公司	辽宁	2101800	223406	4761861	2634402	2379
129	北京银行	北京	2072773	894670	95649868	5038334	7339
130	山东高速集团有限公司	山东	2070570	126294	16530925	2498677	23373
131	江苏省苏豪控股集团有限公司	江苏	2059192	18348	2062106	487279	8000
132	江苏高力集团有限公司	江苏	2029466	68463	773451	526958	4022
133	广西北部湾国际港务集团有限公司	广西	2028587	119123	3061622	721857	8830
134	长春欧亚集团股份有限公司	吉林	1990319	16166	616087	99149	4681
135	大汉控股集团有限公司	湖南	1936912	21760	657792	148342	2213
136	江苏华厦融创置地集团有限公司	江苏	1906715	659960	3878733	3159229	2500
137	利群集团股份有限公司	山东	1905687	55774	1240988	467015	8666
138	弘阳集团有限公司	江苏	1897848	91449	1874231	584094	2165
139	天津市津能投资公司	天津	1880770	10401	4650562	1434081	7926
140	北京首都创业集团有限公司	北京	1873198	19831	10219411	589120	14514
141	青岛港（集团）有限公司	山东	1827548	259518	3010733	1697909	13996
142	重庆华南物资（集团）有限公司	重庆	1814852	5847	616001	33854	590
143	重庆农村商业银行股份有限公司	重庆	1809345	427081	34437989	2741538	13716
144	新华锦集团有限公司	山东	1803929	17065	520874	70907	9458
145	广州轻工工贸集团有限公司	广东	1773397	41690	1099149	397932	10536
146	中基宁波集团股份有限公司	浙江	1677343	14627	473963	47168	1738
147	南通化工轻工股份有限公司	江苏	1652379	12903	150669	62032	141
148	中国大地财产保险股份有限公司	上海	1628547	74010	2271723	528750	20247
149	广西交通投资集团有限公司	广西	1607452	54368	10132295	3909502	7190
150	广州越秀集团有限公司	广东	1558266	215629	10622139	1484602	10681
151	安徽辉隆农资集团	安徽	1523652	18451	787474	240530	1070

名次	企业名称	地区	营业收入（万元）	净利润（万元）	资产（万元）	所有者权益（万元）	从业人数
152	天津住宅建设发展集团有限公司	天津	1518590	52213	2790959	472194	4562
153	河北建设投资集团有限责任公司	河北	1512378	39966	7737767	1974652	12279
154	广东粤海控股有限公司	广东	1506556	212644	5953354	1971149	13255
155	宁波神化化学品经营有限责任公司	浙江	1504414	4665	110339	24526	114
156	玖隆钢铁物流有限公司	江苏	1463340	2638	361921	35699	71
157	深圳能源集团股份有限公司	广东	1438702	112461	3150908	1450464	3545
158	银泰百货（集团）有限公司	浙江	1413242	82143	1724066	655199	7530
159	吉林粮食集团有限公司	吉林	1411223	3826	783255	89743	4262
160	福建省交通运输集团有限责任公司	福建	1372311	17247	1864866	499676	22469
161	广州发展集团有限公司	广东	1350206	52790	3131527	960615	5719
162	深圳市神州通投资集团有限公司	广东	1343885	20321	962501	296151	10200
163	淄博商厦股份有限公司	山东	1339619	19157	412292	151967	8723
164	重庆医药（集团）股份有限公司	重庆	1331759	15900	605807	117757	6578
165	上海均瑶（集团）有限公司	上海	1318299	37561	1591764	279753	7752
166	四川航空股份有限公司	四川	1295828	92639	1607164	161905	5340
167	深圳市爱施德股份有限公司	广东	1287460	35927	644282	441672	5090
168	杭州联华华商集团有限公司	浙江	1272887	45262	844688	82055	15419
169	上海华信石油集团有限公司	上海	1269066	5588	509768	95198	3103
170	中球冠集团有限公司	浙江	1248113	3800	328876	46513	410
171	浙江华成控股集团有限公司	浙江	1222807	24959	404388	110847	15000
172	广州农村商业银行股份有限公司	广东	1222606	290119	27373720	2074001	6555
173	四川省烟草公司成都市公司	四川	1216866	161361	653902	563553	1424
174	日照港集团有限公司	山东	1211024	-15961	3422194	629557	8624
175	河北省唐山市滦通商贸有限公司	河北	1210485	4249	361118	33316	462
176	安徽省能源集团有限公司	安徽	1201848	50744	2654660	787144	4590
177	卓尔控股有限公司	湖北	1191517	201842	1300929	565516	1245
178	盛京银行有限公司	辽宁	1166425	263945	22308897	1164606	2981
179	北京菜市口百货股份有限公司	北京	1166196	27449	478972	86666	825
180	北京祥龙博瑞汽车服务（集团）有限公司	北京	1153332	17860	593421	166041	4479
181	厦门路桥工程物资有限公司	福建	1145980	8697	614798	93764	382
182	大华（集团）有限公司	上海	1136721	108273	3047455	492457	1310
183	辽宁兴隆大家庭商业集团有限公司	辽宁	1126076	3179	856673	56207	48769
184	上海兰生（集团）有限公司	上海	1114563	4304	522740	136320	1741
185	中国江苏国际经济技术合作公司	江苏	1107863	13684	1220393	121612	1564
186	云南物流产业集团有限公司	云南	1094568	4767	779875	148044	2460
187	无锡市国联发展（集团）有限公司	江苏	1077029	112226	4262812	1125258	9568
188	广州百货企业集团有限公司	广东	1065809	24548	819350	230194	7045
189	浙江康桥汽车工贸集团股份有限公司	浙江	1060000	8806	519761	49175	5000

名次	企业名称	地区	营业收入（万元）	净利润（万元）	资产（万元）	所有者权益（万元）	从业人数
190	江苏凤凰出版传媒集团有限公司	江苏	1057668	66525	2776830	1106716	14019
191	上海申华控股股份有限公司	上海	1046766	9013	659367	169451	2572
192	天津市立业钢铁集团有限公司	天津	1036498	5076	209636	92618	580
193	苏州金螳螂企业集团有限公司	江苏	1031441	21065	800371	100023	6172
194	重庆对外经贸（集团）有限公司	重庆	1027486	11903	1037806	329790	2736
195	广州岭南国际企业集团有限公司	广东	1027073	26700	950025	369928	14352
196	黑龙江倍丰农业生产资料集团有限公司	黑龙江	1020934	14948	745022	58509	409
197	欧美投资集团有限公司	山东	1014157	27326	549734	352373	2519
198	天津市房地产开发经营集团有限公司	天津	1009830	26061	4617882	200027	1748
199	金科地产集团股份有限公司	重庆	986579	106908	3735288	519587	6000
200	宁波华东物资城市场建设开发有限公司	浙江	966650	6071	35000	14568	2960
201	环渤海金岸（天津）集团股份有限公司	天津	965598	7054	75340	46875	15010
202	山东远通汽车贸易集团有限公司	山东	963609	22908	252821	111002	5500
203	湖北能源集团股份有限公司	湖北	960755	59981	3131505	913193	3074
204	吉林银行	吉林	960469	152449	18642803	1214318	7151
205	河南交通投资集团有限公司	河南	930244	–108451	10391305	1680892	29683
206	海通证券股份有限公司	上海	929273	310303	9887638	4504237	7294
207	天津现代集团有限公司	天津	927790	39724	1119067	492604	781
208	北京京客隆商业集团股份有限公司	北京	918445	21016	614009	161987	8249
209	安徽省高速公路控股集团有限公司	安徽	914636	27116	7894990	1068027	6848
210	天津二商集团有限公司	天津	910000	2792	352768	108848	4213
211	安徽出版集团有限责任公司	安徽	908733	34654	944230	305296	4640
212	宁波市慈溪进出口股份有限公司	浙江	907892	6077	300439	40241	1043
213	重庆交通运输控股（集团）有限公司	重庆	895627	11582	1004524	302309	22188
214	上海机场（集团）有限公司	上海	894432	55815	5655818	3060425	19482
215	天津城市基础设施建设投资集团有限公司	天津	882417	158705	44123166	12635758	5966
216	广州纺织工贸企业集团有限公司	广东	865495	4604	483955	214812	1669
217	上海新世界（集团）有限公司	上海	865241	38397	1423914	387217	10798
218	润华集团股份有限公司	山东	852718	20564	984992	327917	5600
219	浙江英特药业有限责任公司	浙江	852634	37879	367332	81429	1570
220	广东粤合资产经营有限公司	广东	852550	3860	426298	72616	1674
221	河北省国和汽车投资有限公司	河北	845876	494	231103	30374	2249
222	上海春秋国际旅行社（集团）有限公司	上海	845612	55594	562208	158619	4995
223	张家港保税区荣德贸易有限公司	江苏	809621	5216	62162	42216	102
224	亿达集团有限公司	辽宁	801467	70118	3186034	603079	7688
225	北方国际集团有限公司	天津	792076	327	525096	–17966	2143
226	上海均和集团钢铁销售有限公司	上海	787373	1349	196628	34628	
227	南昌市政公用投资控股有限责任公司	江西	786429	11354	3428220	1802914	20300

名次	企业名称	地区	营业收入（万元）	净利润（万元）	资产（万元）	所有者权益（万元）	从业人数
228	重庆中汽西南汽车有限公司	重庆	780034	23268	780034	87596	2914
229	上海交运（集团）公司	上海	773663	12107	898696	309009	16881
230	天津市丽兴京津钢铁贸易有限公司	天津	769961	1950	409379	63873	555
231	徽商银行股份有限公司	安徽	769616	349261	25698156	1708353	4799
232	西安曲江文化产业投资（集团）有限公司	陕西	767703	30311	2750595	600956	5288
233	广西物资集团有限责任公司	广西	761771	3743	321905	80354	2130
234	广州银行股份有限公司	广东	761291	205098	20598539	1137215	2242
235	广西水利电业集团有限公司	广西	739766	11835	2680756	554746	24871
236	安徽新华发行（集团）控股有限公司	安徽	733224	31794	711811	357634	4976
237	上海闽路润贸易有限公司	上海	730396	5416	353075	18460	115
238	月星集团有限公司	上海	722234	32448	894940	325945	8058
239	江苏吴中集团有限公司	江苏	720661	34855	1041708	156298	2746
240	重庆粮食集团有限责任公司	重庆	717198	3896	1131779	362500	5243
241	四川蓝光实业集团有限公司	四川	714548	60857	1955376	414918	5700
242	无锡商业大厦大东方股份有限公司	江苏	709437	20724	396208	116006	683
243	中国农业机械华北集团有限公司	天津	706815	6855	192181	77975	885
244	西安高科（集团）公司	陕西	706805	23874	2500977	274067	9316
245	浙江宝利德控股集团有限公司	浙江	705600	10151	310477	46370	1357
246	天津市政建设集团有限公司	天津	696966	15254	3213529	367344	2212
247	太平鸟集团有限公司	浙江	690355	27376	394315	171294	4638
248	唐山百货大楼集团有限责任公司	河北	680583	14617	322933	69684	15426
249	上海展志实业集团有限责任公司	上海	679338	4404	166565	34233	600
250	中国铁道科学研究院	北京	678099	66962	833869	441375	6160
251	新龙药业集团有限公司	湖北	672131	10395	202500	58743	3000
252	山西大昌汽车集团有限公司	山西	667738	11069	216355	113088	2500
253	江阴长三角钢铁集团有限公司	江苏	665155	4501	150142	322516	335
254	天津贻成集团有限公司	天津	664980	24086	2440000	639750	2492
255	锦联控股集团有限公司	辽宁	664720	49964	888831	326569	4920
256	成都红旗连锁股份有限公司	四川	662388	3331	154520	60305	11460
257	武汉市城市建设投资开发集团有限公司	湖北	662201	50318	13515039	2988443	16898
258	重庆永辉超市有限公司	重庆	660083	22215	235677	98877	13792
259	中国水利电力对外公司	北京	658555	24583	1000591	297902	870
260	百步亭集团有限公司	湖北	652142	30061	747370	274440	5123
261	天津益福隆钢铁贸易有限公司	天津	651862	347	174116	35483	103
262	北京首都国际机场股份有限公司	北京	650022	111399	3389913	1447165	1672
263	浙江凯喜雅国际股份有限公司	浙江	646541	5008	368437	66197	265
264	上海宝闽钢铁集团有限公司	上海	644196	1087	281219	85237	226
265	天津金元宝商厦集团有限公司	天津	643700	3162	97745	19636	1404

名次	企业名称	地区	营业收入（万元）	净利润（万元）	资产（万元）	所有者权益（万元）	从业人数
266	渤海银行股份有限公司	天津	641900	183800	31250000	1650900	4465
267	宁波轿辰集团股份有限公司	浙江	638894	9364	245206	76631	3375
268	厦门海沧投资集团有限公司	福建	633699	20171	1704889	269738	3786
269	广东珠江投资股份有限公司	广东	626560	44393	3656384	682844	1634
270	内蒙古集通铁路（集团）有限责任公司	内蒙古	624323	21965	2326287	517373	12229
271	湖南友谊阿波罗控股股份有限公司	湖南	623351	12346	745607	126467	4455
272	上海百营钢铁集团有限公司	上海	614780	24057	235268	110265	479
273	江苏苏农农资连锁集团股份有限公司	江苏	611470	1271	318243	25688	1115
274	浙江华瑞集团有限公司	浙江	610677	14793	870558	151136	468
275	龙江银行股份有限公司	黑龙江	608359	110143	15215506	626051	4137
276	广州珠江实业集团有限公司	广东	607739	26465	1098034	225328	8715
277	开元旅业集团有限公司	浙江	606655	53746	1631679	269057	18011
278	杭州旅游集团有限公司	浙江	596307	18395	851247	122149	6000
279	广东天禾农资股份有限公司	广东	594860	7410	263592	45296	719
280	广发证券股份有限公司	广东	594567	206368	7681075	3163510	11230
281	浙大网新科技股份有限公司	浙江	587327	12350	454993	149485	4630
282	重庆港务物流集团有限公司	重庆	585980	558	1309398	382114	8492
283	重庆华宇物业（集团）有限公司	重庆	582438	109110	1609842	888301	6380
284	庆丰农业生产资料集团有限责任公司	黑龙江	576166	4305	450126	29519	1420
285	东软集团股份有限公司	辽宁	575125	48468	792529	467468	20121
286	山东机械进出口集团有限公司	山东	572603	7024	352144	34698	318
287	天津市交通（集团）有限公司	天津	566000	3618	311300	106000	14151
288	湖南省新华书店有限责任公司	湖南	565323	34070	588466	341809	5446
289	天津市燃气集团有限公司	天津	563083	1321	1585659	486442	8042
290	安徽省交通投资集团有限责任公司	安徽	558676	189504	3766785	547543	12540
291	振华物流集团有限公司	天津	553829	6119	204447	106574	1849
292	上海顺朝企业发展集团有限公司	上海	552386	1950	83275	20656	120
293	上海龙宇燃油股份有限公司	上海	544069	8153	106253	47938	245
294	青海省投资集团有限公司	青海	536579	22753	2297963	186908	9554
295	青岛农村商业银行股份有限公司	山东	533843	46797	10388441	356442	5088
296	宁波君安物产有限公司	浙江	533665	2404	89145	20291	80
297	银川新华百货商业集团股份有限公司	宁夏	529139	25234	275453	128237	15000
298	山西汽车运输集团有限公司	山西	525753	8103	464669	146991	33952
299	温州金州集团公司	浙江	524285	1047	163153	16990	1245
300	南京大地建设集团有限责任公司	江苏	523446	3158	212686	54896	1068
301	怀来县土木煤炭市场物流服务中心	河北	522582	5919	1370		2057
302	武汉工贸有限公司	湖北	518788	18438	325451	58860	3344
303	重庆华轻商业公司	重庆	518424	1504	103495	27655	426

名次	企业名称	地区	营业收入（万元）	净利润（万元）	资产（万元）	所有者权益（万元）	从业人数
304	四川申蓉汽车股份有限公司	四川	518362	3961	213519	35126	3182
305	宁波滕头集团有限公司	浙江	515508	34858	213776	105822	12150
306	宁波海田国际贸易有限公司	浙江	515000	2274	64308	8024	162
307	安徽亚夏实业股份有限公司	安徽	512650	15896	282718	116446	3500
308	吉峰农机连锁股份有限公司	四川	512606	10212	356759	62148	2320
309	张家港保税区鑫东鸣贸易有限公司	江苏	506313	414	41834	2719	10
310	张家港保税区荣润贸易有限公司	江苏	505808	269	154351	-36349	53
311	青岛世纪瑞丰国际贸易有限公司	山东	504576	2841	156654	21368	26
312	新疆农资（集团）有限责任公司	新疆	503933	3950	359433	106337	1279
313	苏州国信集团有限公司	江苏	502717	1474	411619	7439	350
314	中国出国人员服务总公司	北京	500121	15245	352073	113599	1132
315	宁波宁兴控股股份有限公司	浙江	498106	2130	244050	36200	950
316	天津银行股份有限公司	天津	498026	211901	23535998	1420659	4353
317	厦门翔业集团有限公司	福建	497300	34421	981646	359083	8410
318	成都银行股份有限公司	四川	496505	240368	18139419	1094833	3816
319	河北怀特集团股份有限公司	河北	495520	26978	892868	585271	8173
320	新疆西部银力棉业（集团）有限责任公司	新疆	494457	4690	692855	68913	242
321	广西北部湾银行股份有限公司	广西	484322	78372	11116128	469671	1733
322	四川新华发行集团有限公司	北京	484070	17901	981401	378037	9106
323	天津劝业华联集团有限公司	天津	482783	1462	314118	144891	1765
324	山西宝力金属材料集团有限公司	山西	481675	12155	220932	98452	780
325	新疆维吾尔自治区棉麻公司	新疆	480279	-12307	611105	34321	6719
326	太原市河西农产品有限公司	山西	480000	371	55601	8850	370
327	大连宏光好运来集团有限公司	辽宁	478965	43426	383991	226734	459
328	北京新东方教育科技（集团）有限公司	北京	478227	83146	638107	431890	26117
329	厦门夏商集团有限公司	福建	477850	11981	455253	137024	4350
330	上海临港经济发展（集团）有限公司	上海	475825	59529	4273703	782606	520
331	湖北银丰实业集团有限责任公司	湖北	472219	14196	405804	107006	1762
332	日出实业集团有限公司	浙江	471223	1385	123199	13878	100
333	广州港集团有限公司	广东	470173	52298	1559558	685429	12677
334	广州元亨能源有限公司	广东	468711	3039	262315	51970	33
335	邯郸市阳光百货集团总公司	河北	461000	2091	172612	21261	22000
336	中华企业股份有限公司	上海	459171	75385	2388146	504229	567
337	嘉兴良友进出口集团股份有限公司	浙江	458183	964	83838	18083	402
338	广东省铁路建设投资集团有限公司	广西	454096	-92728	3486778	899343	1510
339	中国大连国际经济技术合作集团有限公司	辽宁	452791	7057	1062277	50225	2346
340	厦门市嘉晟对外贸易有限公司	福建	451999	1459	372397	11070	
341	光大证券股份有限公司	上海	449848	154447	4332914	2147624	8148

名次	企业名称	地区	营业收入（万元）	净利润（万元）	资产（万元）	所有者权益（万元）	从业人数
342	浙江万丰企业集团公司	浙江	447075	4332	250812	58079	2268
343	大连港集团有限公司	辽宁	446712	21180	5366542	1741153	8823
344	广州友谊集团股份有限公司	广东	445847	36710	340029	175897	1719
345	长沙通程实业集团有限公司	湖南	439960	21630	407255	161124	20079
346	上海丝绸集团股份有限公司	上海	439698	10050	128737	49865	703
347	河北省新合作控股集团有限公司	河北	431855	4819	342693	145251	1543
348	广州市地下铁道总公司	广东	429717	10073	10974447	5952277	17710
349	厦门恒兴集团有限公司	福建	428368	30993	816248	349160	137
350	武汉商贸国有控股集团有限公司	湖北	425620	11265	608028	109814	2982
351	铁道第三勘察设计院集团有限公司	天津	423688	20815	353140	108220	4312
352	青岛维客集团股份有限公司	山东	421757	1845	145296	38657	2661
353	祥生实业集团有限公司	浙江	420000	32000	1159120	323439	1578
354	北京北辰实业集团公司	北京	419240	22739	3046461	525011	5963
355	中国免税品（集团）有限责任公司	北京	414042	67496	296848	192203	2707
356	宁波联合集团股份有限公司	浙江	413753	21564	541777	190881	829
357	用友软件股份有限公司	北京	412216	49229	546168	295556	12594
358	广州佳都集团有限公司	广东	411825	9625	143292	55182	2200
359	江西赣粤高速公路股份有限公司	江西	410106	110882	2300872	1000556	3605
360	中国海诚工程科技股份有限公司	上海	407407	9060	237732	53989	5094
361	联发集团有限公司	福建	405660	58853	1433378	311784	731
362	江阴市中昌实业有限公司	江苏	401600	2128	31499	12375	68
363	万合集团股份有限公司	河北	398870	10687	201871	33952	7080
364	天津市自来水集团有限公司	天津	398830	4995	1774990	412982	5987
365	华茂集团股份有限公司	浙江	394545	15573	757567	326791	2512
366	河北五兴能源集团有限公司	河北	393854	2247	191517		750
367	鹭燕（福建）药业股份有限公司	福建	391697	6362	132808	35404	1595
368	武汉市汉商集团股份有限公司	湖北	391500	1053	166578		1776
369	中节能（天津）投资集团有限公司	天津	390770	6440	287128	95923	224
370	宁波富达股份有限公司	浙江	389621	63808	2004296	335801	2324
371	江苏恒大置业投资发展有限公司	江苏	389000			9600	
372	重庆市锦天地产（集团）有限公司	重庆	388600	27900	457910	240300	2369
373	山西美特好连锁超市股份有限公司	山西	387772	3657	314933	4371	1100
374	新疆友好（集团）股份有限公司	新疆	386019	14310	634601	112579	3603
375	上海亚东国际货运有限公司	上海	385976	6965	103102	17894	2289
376	张家港保税区锦德贸易有限公司	江苏	385487	10575	73350	42942	62
377	河北省农业生产资料有限公司	河北	385229	4370	153399	33140	444
378	厦门华澄集团有限公司	福建	381201	30896	238163	157325	412
379	浙江省农村发展集团有限公司	浙江	381113	6250	752531	52848	1221

名次	企业名称	地区	营业收入（万元）	净利润（万元）	资产（万元）	所有者权益（万元）	从业人数
380	云南出版集团有限责任公司	云南	379185	19421	403004	211168	5612
381	广州凯得控股有限公司	广东	379086	256	2529603	891163	1456
382	浙江建华集团有限公司	浙江	376478	3350	211858	48047	3200
383	湖南汽车城有限公司	湖南	375230	432	154127	17055	621
384	江苏省粮食集团有限责任公司	江苏	374856	4885	371058	93144	1102
385	浙江中捷环洲供应链集团股份有限公司	浙江	374643	507	122685	19039	470
386	广东省广告股份有限公司	广东	371694	9904	204761	110049	1296
387	湖南佳惠百货有限责任公司	湖南	370920	7083	14900	56900	10000
388	广东省航运集团有限公司	广东	369767	21899	663772	332094	5109
389	中国民航信息集团公司	北京	367275	30856	1192278	353267	3795
390	长江水利委员会长江勘测规划设计研究院	湖北	366949	4428	543048	59006	2968
391	天津渤海润德钢铁集团有限公司	天津	363947	1559	85112	20213	111
392	九禾股份有限公司	重庆	362577	1132	139531	19025	1070
393	宁波医药股份有限公司	浙江	359092	3524	115063	32449	260
394	福建省烟草公司厦门市公司	福建	358826	42780	187185	172934	668
395	宁波万象控股集团有限公司	浙江	358227	12791	255805	72365	1500
396	荣安集团股份有限公司	浙江	358025	46556	1238254	306238	630
397	湖北省农业生产资料集团有限公司	湖北	358013	1671	240810	18524	405
398	万事利集团有限公司	浙江	357960	8415	370060	117504	2680
399	张家港福洛瑞物贸有限公司	江苏	357495	−208	64045	30931	4
400	汉口银行	湖北	353302	150873	13794270	812426	2029
401	福建省福农农资集团有限公司（福建省农资集团公司）	福建	352519	3203	177146	40471	429
402	中兴－沈阳商业大厦（集团）股份有限公司	辽宁	352428	12422	200413	110452	2603
403	武汉市燃气热力集团有限公司	湖北	351623	16681	565776	113886	3504
404	山西金邦贸易有限公司	山西	349504	8965	160490	44740	2476
405	常州市化工轻工材料总公司	江苏	348898	301	48684	2676	150
406	加贝物流股份有限公司	浙江	348000	4946	81826	22479	4800
407	武汉农村商业银行股份有限公司	湖北	347967	111918	8867399	574618	3978
408	江苏张家港农村商业银行股份有限公司	江苏	347509	90888	7024584	445888	1032
409	深圳市腾邦物流股份有限公司	广东	347495	5750	199548	50139	230
410	大连良运集团有限责任公司	辽宁	346467	5447	321536	28432	1017
411	大连金港集团有限公司	辽宁	346122	40056	607743	261430	12000
412	湖南兰天汽车集团有限公司	湖南	343500	1628	118051	21515	1600
413	浙江省医药工业有限公司	浙江	342901	7724	109029	27886	823
414	东冠集团有限公司	浙江	342577	12951	699191	235631	1726
415	浙江中国小商品城集团股份有限公司	浙江	339634	64503	1811968	781063	3896
416	东华能源股份有限公司	江苏	338044	7846	385506	86749	106

名次	企业名称	地区	营业收入（万元）	净利润（万元）	资产（万元）	所有者权益（万元）	从业人数
417	厦门经济特区房地产开发集团有限公司	福建	337914	10079	1399034	283235	2304
418	西安开元控股集团股份有限公司	陕西	337813	12725	314512	111819	8890
419	滨海投资集团股份有限公司	天津	335477	4793	585445	46176	1300
420	新疆银隆农业国际合作股份有限公司	新疆	335328	13343	257179	27851	502
421	中国河南国际合作集团有限公司	河南	330421	10745	179087	41355	767
422	华星北方汽车贸易有限公司	天津	328866	4072	99086	16226	1245
423	青岛泰能燃气集团有限公司	山东	326480	4240	688344	229785	2499
424	广州市水务投资集团有限公司	广东	326278	-40728	4068667	554293	7189
425	上海金开利集团有限公司	上海	325830	113242	308077	273781	388
426	江苏长三角能源发展有限公司	江苏	324285	682	134371	21456	10
427	湖南新物产集团有限公司	湖南	323111	1124	202540	29094	1310
428	新疆生产建设兵团农一师棉麻公司	新疆	321656	3654	306282	4330	85
429	广州中大控股有限公司	广东	320875	2817	301230	36664	1962
430	湖南九龙经贸集团有限公司	湖南	320638	7527	152613	111649	2800
431	长沙银行股份有限公司	湖南	320436	140705	12231840	567698	2221
432	山西华宇集团有限公司	山西	317953	11868	616086	274639	10500
433	江苏中江能源有限公司	江苏	316038	1148	111219	20738	34
434	西安曲江大明宫投资（集团）有限公司	陕西	316035	27512	1267006	323457	250
435	湖州市浙北大厦有限责任公司	浙江	315735	6990	274175	40670	2208
436	大洲控股集团有限公司	福建	312098	54311	656356	103662	460
437	厦门海澳集团有限公司	福建	310765	2482	120633	17945	184
438	鑫东森集团有限公司	福建	309776	1103	250203	50018	50
439	宁波市蔬菜有限公司	浙江	309079	1737	53443	7037	352
440	天津海泰控股集团有限公司	天津	307402	1553	2736789	489547	2847
441	新疆生产建设兵团棉麻公司	新疆	306360	986	183904	25912	480
442	上海致盛实业集团有限公司	上海	305731	26845	380155	167100	348
443	广东省商业企业集团公司	广东	302769	10800	186491	38557	1099
444	重庆百事达汽车有限公司	重庆	301430	3871	94521	22065	2420
445	上海金桥（集团）有限公司	上海	299945	14814	1168086	296671	832
446	浙江华联商厦有限公司	浙江	296500	5558	118062	19524	5435
447	宁波市工艺品进出口有限公司	浙江	295749	3024	57932	17233	112
448	苏州汽车客运集团有限公司	江苏	295156	46623	424698	201161	13374
449	广东省广播电视网络股份有限公司	广东	292375	17690	1394963	945186	5977
450	洛阳银行股份有限公司	河南	291818	94878	6219936	359740	1424
451	雄风集团有限公司	浙江	285128	2521	217126	65143	6022
452	广东南方报业传媒集团有限公司	广东	281429	14665	358090	161411	6487
453	河北保百集团有限公司	河北	280978	4119	95014	18850	6000

名次	企业名称	地区	营业收入（万元）	净利润（万元）	资产（万元）	所有者权益（万元）	从业人数
454	无锡市交通产业集团有限公司	江苏	280923	117427	2574158	1004142	12319
455	浙江中油华电能源有限公司	浙江	278580	-243	187612	25369	157
456	浙江供销超市有限公司	浙江	275284	5103	67569	11604	1776
457	重庆乌江实业（集团）股份有限公司	重庆	274634	21536	656080	200159	2602
458	话机世界数码连锁集团股份有限公司	浙江	273523	512	62540	15621	3450
459	厦门育哲进出口有限公司	福建	272572	754	174165	27628	20
460	张家港市嘉广天进出口贸易有限公司	江苏	271894	519	56680	11633	13
461	新疆前海供销集团公司	新疆	271782	5650	276858	7191	656
462	厦门嘉联恒进出口有限公司	福建	270732	172	82077	1229	50
463	青岛利客来集团股份有限公司	山东	270080	1302	217505	80854	1618
464	广州市第二公共汽车公司	广东	269492	351	290381	105324	19917
465	江苏鑫香山金属材料有限公司	江苏	266882	216	81212	8765	28
466	上海中钢投资集团有限公司	上海	266795	21115	111788	62094	231
467	云南南天电子信息产业股份有限公司	云南	265685	11251	218666	130877	3382
468	天津鑫茂科技投资集团有限公司	天津	264052	35905	400807	169616	4150
469	青岛海悦钢铁有限公司	山东	263814	1674	49113	5726	10
470	湖南省轻工盐业集团有限责任公司	湖南	263674	11905	378017	169488	5711
471	重庆商业投资集团有限公司	重庆	263198	3253	623541	161701	42730
472	青岛海信东海商贸有限公司	山东	263135	11360	186204	9089	842
473	安徽省旅游集团有限责任公司	安徽	259867	9570	712774	70528	2673
474	浙江省八达物流有限公司	浙江	259087	3250	37938	21951	194
475	第一钢市市场股份有限公司	上海	256694	14076	138364	67455	479
476	辛集皮革城有限公司	河北	256379	8632	44671	23927	3029
477	快乐购物股份有限公司	湖南	255796	10806	97184	58598	1799
478	厦门盛元通商集团	福建	252448	3320	95342	25184	1005
479	河北东盛英华医药有限公司	河北	252366	2782	46621	5851	151
480	心连心集团有限公司	湖南	252093	5512	96864	46492	3600
481	中国深圳对外贸易（集团）有限公司	广东	251503	2272	297626	99390	879
482	沧州运输集团有限公司	河北	251343	4019	120194	26479	15000
483	广西富满地农资股份有限公司	广西	251262	2372	112799	21683	136
484	潍坊银行股份有限公司	山东	250444	63239	4620037	365048	1521
485	华天实业控股集团有限公司	湖南	249849	5722	658733	102785	11115
486	青岛银行股份有限公司	山东	248500	73845	7702568	695820	1717
487	江苏吴江农村商业银行股份有限公司	江苏	245969	76151	5400318	426406	982
488	绮丽集团有限责任公司	山东	245528	7813	124608	34730	3700
489	上海外经集团控股有限公司	上海	243951	3108	257146	28993	631
490	重庆市涪陵水利电力投资集团有限责任公司	重庆	242773	1142	744164	196665	1935

名次	企业名称	地区	营业收入（万元）	净利润（万元）	资产（万元）	所有者权益（万元）	从业人数
491	四川安吉物流集团有限公司	四川	240661	3963	126935	88227	1427
492	无锡市市政公用产业集团有限公司	江苏	236668	18067	1996988	876242	5763
493	全洲药业集团有限公司	湖南	234960	1330	132000	34664	680
494	张家口市商业银行股份有限公司	河北	231082	69080	3583347	228109	
495	南宁百货大楼股份有限公司	广西	230024	5833	185871	103087	1147
496	宁波宁电进出口有限公司	浙江	229427	976	44384	3166	58
497	重庆中渝物业发展有限公司	重庆	229322	82374	633095	192952	268
498	上海淮海商业（集团）有限公司	上海	228082	5770	166906	67710	
499	张家港市第一人民商场有限责任公司	江苏	227029	11293	114101	55838	3108
500	宁波萌恒工贸有限公司	浙江	225750	9327	120265	67449	4215
	合计		1778645270	136242908	10555658526	1028880027	11969236

说　明

1. 2012 中国服务业企业 500 强是中国企业联合会、中国企业家协会参照国际惯例，组织企业自愿申报，并经专家审定确认后产生的。申报企业包括在中国境内注册、2011 年完成营业收入达到 15 亿元（人民币）以上（含 15 亿元）的企业（不包括行政性公司和资产经营公司，不包括在华外资、港澳台独资、控股企业；也不包括行政性公司、政企合一的单位（如铁路局）以及各类资产经营公司，但包括在境外注册、投资主体为中国自然人或法人、主要业务在境内，属于我国银监会、保监会和各级国资委监管的企业，都有资格申报参加排序。属于集团公司的控股子公司或相对控股子公司，由于其财务报表最后能被合并到集团母公司的财务会计报表中去，因此只允许其母公司申报。

2. 表中所列数据由企业自愿申报或属于上市公司公开数据、并已经公认会计师事务所或审计师事务所等单位认可。

3. 营业收入是 2011 年不含增值税的收入，包括企业的所有收入，即主营业务和非主营业务、境内和境外的收入。净利润是 2011 年上交所得税后的净利润扣除少数股权收益后的归属母公司利润。资产是 2011 年度末的资产总额。所有者权益是 2011 年末所有者权益总额扣除少数股东权益后的母公司所有者权益。研究开发费用是 2011 年企业投入研究开发的所有费用。从业人数是 2011 年度的平均人数（含所有被合并报表企业的人数）。

4. 行业分类既参照了国家统计局的分类方法，为了进行对比分析，也参考了美国《财富》杂志的分类方法，企业主要是依据其主营业务收入所在行业来划分。

5. 地区分类是按企业总部所在地划分。

二〇一二年八月十日

表10－2 2012中国服务业企业500强各行业企业分布

排名	企业名称	总排名	营业收入（万元）
电力、热力、燃气等能源供应服务业			
1	国家电网公司	1	167535929
2	中国南方电网有限责任公司	9	39138167
3	浙江省能源集团有限公司	62	5934469
4	申能（集团）有限公司	101	2919784
5	福建省能源集团有限责任公司	115	2391485
6	北京能源投资（集团）有限公司	122	2225958
7	山西省国新能源发展集团有限公司	125	2190414
8	深圳能源集团股份有限公司	157	1438702
9	广州发展集团有限公司	161	1350206
10	安徽省能源集团有限公司	176	1201848
11	无锡市国联发展（集团）有限公司	187	1077029
12	广西水利电业集团有限公司	235	739766
13	天津市燃气集团有限公司	289	563083
14	武汉市燃气热力集团有限公司	403	351623
15	东华能源股份有限公司	416	338044
16	青岛泰能燃气集团有限公司	423	326480
17	重庆乌江实业（集团）股份有限公司	457	274634
18	重庆市涪陵水利电力投资集团有限责任公司	490	242773
	合计		230240394
铁路运输及辅助服务业			
1	中国铁路物资股份有限公司	20	20682328
2	广州铁路（集团）公司	61	5938111
3	大秦铁路股份有限公司	71	4500704
4	内蒙古集通铁路（集团）有限责任公司	270	624323
5	广东省铁路建设投资集团有限公司	338	454096
	合计		32199562
道路运输、城市公交、交通及辅助、服务业			
1	广东省交通集团有限公司	96	3088660
2	浙江省交通投资集团有限公司	114	2445751
3	山东高速集团有限公司	130	2070570
4	安徽省高速公路控股集团有限公司	209	914636
5	重庆交通运输控股（集团）有限公司	213	895627
6	上海交运（集团）公司	229	773663
7	天津市交通（集团）有限公司	287	566000
8	安徽省交通投资集团有限责任公司	290	558676
9	山西汽车运输集团有限公司	298	525753
10	广州市地下铁道总公司	348	429717

排名	企业名称	总排名	营业收入（万元）
11	江西赣粤高速公路股份有限公司	359	410106
12	万合集团股份有限公司	363	398870
13	苏州汽车客运集团有限公司	448	295156
14	广州市第二公共汽车公司	464	269492
	合计		13642677
水上运输业			
1	中国远洋运输（集团）总公司	25	18616997
2	中国海运（集团）总公司	57	6331566
3	广东省航运集团有限公司	388	369767
	合计		25318330
港口服务业			
1	天津港（集团）有限公司	123	2211000
2	上海国际港务（集团）股份有限公司	127	2177886
3	广西北部湾国际港务集团有限公司	133	2028587
4	青岛港（集团）有限公司	141	1827548
5	日照港集团有限公司	174	1211024
6	广州港集团有限公司	333	470173
7	大连港集团有限公司	343	446712
	合计		10372930
航空运输及相关服务业			
1	中国航空集团公司	40	9926836
2	海航集团有限公司	41	9389178
3	中国南方航空集团公司	42	9322152
4	中国东方航空集团公司	43	8889947
5	四川航空股份有限公司	166	1295828
	合计		38823941
航空港及相关服务业			
1	上海机场（集团）有限公司	214	894432
2	北京首都国际机场股份有限公司	262	650022
3	厦门翔业集团有限公司	317	497300
4	中国民航信息集团公司	389	367275
	平均数		602257
	合计		2409029
邮电通信业			
1	中国移动通信集团公司	4	56597234

排名	企业名称	总排名	营业收入（万元）
2	中国电信集团公司	11	29202423
3	中国邮政集团公司	13	25875158
4	中国联合网络通信集团有限公司	19	21627705
	合计		133302520

软件、程序、线路的设计和计算机应用、网络工程等计算机、微电子服务业

排名	企业名称	总排名	营业收入（万元）
1	神州数码控股有限公司	53	6747188
2	三胞集团有限公司	69	4820320
3	浪潮电子信息产业股份有限公司	79	3668253
4	浙大网新科技股份有限公司	281	587327
5	东软集团股份有限公司	285	575125
6	用友软件股份有限公司	357	412216
7	云南南天电子信息产业股份有限公司	467	265685
	合计		17076114

物流、仓储、运输、配送服务业

排名	企业名称	总排名	营业收入（万元）
1	中国外运长航集团有限公司	39	10311252
2	厦门建发集团有限公司	45	8285683
3	中国诚通控股集团有限公司	56	6500944
4	厦门象屿集团有限公司	82	3597454
5	河北省物流产业集团有限公司	109	2605480
6	广西交通投资集团有限公司	149	1607452
7	玖隆钢铁物流有限公司	156	1463340
8	福建省交通运输集团有限责任公司	160	1372311
9	云南物流产业集团有限公司	186	1094568
10	重庆港务物流集团有限公司	282	585980
11	振华物流集团有限公司	291	553829
12	新疆维吾尔自治区棉麻公司	325	480279
13	武汉商贸国有控股集团有限公司	350	425620
14	上海亚东国际货运有限公司	375	385976
15	浙江中捷环洲供应链集团股份有限公司	385	374643
16	深圳市腾邦物流股份有限公司	409	347495
17	浙江省八达物流有限公司	474	259087
18	沧州运输集团有限公司	482	251343
19	四川安吉物流集团有限公司	491	240661
20	重庆中渝物业发展有限公司	497	229322
	合计		40972719

矿产、能源内外商贸批发业

排名	企业名称	总排名	营业收入（万元）
1	中国航空油料集团公司	17	22208907
2	山西煤炭运销集团有限公司	28	15860928
3	珠海振戎公司	49	7574454
4	山西煤炭进出口集团有限公司	50	7116297
5	南方石化集团有限公司	90	3345223
6	上海华信石油集团有限公司	169	1269066
7	中球冠集团有限公司	170	1248113
8	河北省唐山市滦通商贸有限公司	175	1210485
9	上海龙宇燃油股份有限公司	293	544069
10	广州元亨能源有限公司	334	468711
11	河北五兴能源集团有限公司	366	393854
12	江苏长三角能源发展有限公司	426	324285
13	江苏中江能源有限公司	433	316038
14	厦门海澳集团有限公司	437	310765
15	浙江中油华电能源有限公司	455	278580
	合计		62469775

化工产品及医药内外商贸批发业

排名	企业名称	总排名	营业收入（万元）
1	中国中化集团公司	7	45895329
2	南通化工轻工股份有限公司	147	1652379
3	宁波神化化学品经营有限责任公司	155	1504414
4	日出实业集团有限公司	332	471223
5	湖南省轻工盐业集团有限责任公司	470	263674
	合计		49787019

机电、电子产品内外商贸及批发业

排名	企业名称	总排名	营业收入（万元）
1	中国通用技术（集团）控股有限责任公司	33	12984580
2	广东省广新控股集团有限公司	58	6323500
3	宁波市慈溪进出口股份有限公司	212	907892
4	广州佳都集团有限公司	358	411825
5	上海金开利集团有限公司	425	325830
6	广东省商业企业集团公司	443	302769
7	厦门嘉联恒进出口有限公司	462	270732
8	宁波宁电进出口有限公司	496	229427
	合计		21756555

纺织、服装、文体、烟酒、工艺、首饰等轻工产品内外商贸批发业

排名	企业名称	总排名	营业收入（万元）
1	浙江省国际贸易集团有限公司	74	4228172
2	中国工艺（集团）公司	78	3765347
3	中国中纺集团公司	85	3483519
4	广东省丝绸纺织集团有限公司	94	3195849
5	江苏国泰国际集团有限公司	107	2609515

排名	企业名称	总排名	营业收入（万元）
6	安徽国贸集团控股有限公司	118	2344526
7	江苏省苏豪控股集团有限公司	131	2059192
8	新华锦集团有限公司	144	1803929
9	广州轻工工贸集团有限公司	145	1773397
10	四川省烟草公司成都市公司	173	1216866
11	上海兰生（集团）有限公司	184	1114563
12	广州纺织工贸企业集团有限公司	216	865495
13	太平鸟集团有限公司	247	690355
14	浙江凯喜雅国际股份有限公司	263	646541
15	浙江华瑞集团有限公司	274	610677
16	温州金州集团公司	299	524285
17	湖北银丰实业集团有限责任公司	331	472219
18	厦门市嘉晟对外贸易有限公司	340	451999
19	上海丝绸集团股份有限公司	346	439698
20	中国免税品（集团）有限责任公司	355	414042
21	福建省烟草公司厦门市公司	394	358826
22	万事利集团有限公司	398	357960
23	浙江中国小商品城集团股份有限公司	415	339634
24	鑫东森集团有限公司	438	309776
25	宁波市工艺品进出口有限公司	447	295749
26	张家港市嘉广天进出口贸易有限公司	460	271894
27	辛集皮革城有限公司	476	256379
28	绮丽集团有限责任公司	488	245528
	合计		35145932
粮油食品及农林、土畜、果蔬、水产品等内外商贸批发、零售业			
1	中粮集团有限公司	26	18225205
2	吉林粮食集团有限公司	159	1411223
3	重庆粮食集团有限责任公司	240	717198
4	新疆西部银力棉业（集团）有限责任公司	320	494457
5	太原市河西农产品有限公司	326	480000
6	厦门夏商集团有限公司	329	477850
7	浙江省农村发展集团有限公司	379	381113
8	江苏省粮食集团有限责任公司	384	374856
9	大连良运集团有限责任公司	410	346467
10	新疆银隆农业国际合作股份有限公司	420	335328
11	新疆生产建设兵团农一师棉麻公司	428	321656
12	宁波市蔬菜有限公司	439	309079
13	新疆生产建设兵团棉麻公司	441	306360
14	新疆前海供销集团公司	461	271782
15	重庆商业投资集团有限公司	471	263198

排名	企业名称	总排名	营业收入（万元）
	合计		24715772
生产资料内外贸易批发、零售业			
1	天津物产集团有限公司	21	19703668
2	浙江省物产集团公司	27	16701187
3	广东物资集团公司	55	6559131
4	安徽省徽商集团有限公司	63	5800207
5	江苏汇鸿国际集团有限公司	72	4464024
6	安徽辉隆农资集团	151	1523652
7	厦门路桥工程物资有限公司	181	1145980
8	重庆对外经贸（集团）有限公司	194	1027486
9	黑龙江倍丰农业生产资料集团有限公司	196	1020934
10	江苏苏农农资连锁集团股份有限公司	273	611470
11	广东天禾农资股份有限公司	279	594860
12	庆丰农业生产资料集团有限责任公司	284	576166
13	山东机械进出口集团有限公司	286	572603
14	吉峰农机连锁股份有限公司	308	512606
15	张家港保税区鑫东鸣贸易有限公司	309	506313
16	新疆农资（集团）有限责任公司	312	503933
17	厦门恒兴集团有限公司	349	428368
18	张家港保税区锦德贸易有限公司	376	385487
19	河北省农业生产资料有限公司	377	385229
20	浙江建华集团有限公司	382	376478
21	九禾股份有限公司	392	362577
22	湖北省农业生产资料集团有限公司	397	358013
23	福建省福农农资集团有限公司（福建省农资集团公司）	401	352519
24	常州市化工轻工材料总公司	405	348898
25	厦门育哲进出口有限公司	459	272572
26	广西富满地农资股份有限公司	483	251262
	合计		65345623
金属内外贸易及加工、配送、批发零售业			
1	中金再生资源（中国）投资有限公司	73	4345043
2	广东振戎能源有限公司	91	3253530
3	张家港保税区日祥贸易有限公司	104	2828153
4	上海华冶钢铁集团有限公司	116	2374837
5	丰立集团有限公司	124	2209692
6	大汉控股集团有限公司	135	1936912
7	重庆华南物资（集团）有限公司	142	1814852
8	天津市立业钢铁集团有限公司	192	1036498

排名	企业名称	总排名	营业收入（万元）
9	张家港保税区荣德贸易有限公司	223	809621
10	上海均和集团钢铁销售有限公司	226	787373
11	天津市丽兴京津钢铁贸易有限公司	230	769961
12	上海闽路润贸易有限公司	237	730396
13	上海展志实业集团有限责任公司	249	679338
14	江阴长三角钢铁集团有限公司	253	665155
15	天津益福隆钢铁贸易有限公司	261	651862
16	上海宝闽钢铁集团有限公司	264	644196
17	上海百营钢铁集团有限公司	272	614780
18	上海顺朝企业发展集团有限公司	292	552386
19	张家港保税区荣润贸易有限公司	310	505808
20	青岛世纪瑞丰国际贸易有限公司	311	504576
21	山西宝力金属材料集团有限公司	324	481675
22	江阴市中昌实业有限公司	362	401600
23	天津渤海润德钢铁集团有限公司	391	363947
24	张家港福洛瑞物贸有限公司	399	357495
25	山西金邦贸易有限公司	404	349504
26	江苏鑫香山金属材料有限公司	465	266882
27	上海中钢投资集团有限公司	466	266795
28	青岛海悦钢铁有限公司	469	263814
29	第一钢市市场股份有限公司	475	256694
	合计		30723375

综合性内外商贸及批发、零售业			
1	厦门国贸控股有限公司	54	6584846
2	浙江省兴合集团公司	67	5428860
3	远大物产集团有限公司	95	3128623
4	中国轻工业品进出口总公司	99	2970108
5	东方国际（集团）有限公司	121	2228308
6	中基宁波集团股份有限公司	146	1677343
7	欧美投资集团有限公司	197	1014157
8	环渤海金岸（天津）集团股份有限公司	201	965598
9	北方国际集团有限公司	225	792076
10	广西物资集团有限责任公司	233	761771
11	宁波君安物产有限公司	296	533665
12	宁波海田国际贸易有限公司	306	515000
13	嘉兴良友进出口集团股份有限公司	337	458183
14	浙江万丰企业集团公司	342	447075
15	中国深圳对外贸易（集团）有限公司	481	251503
16	上海外经集团控股有限公司	489	243951
17	宁波萌恒工贸有限公司	500	225750

排名	企业名称	总排名	营业收入（万元）
	合计		28226817

汽车和摩托车商贸、维修保养及租赁业			
1	庞大汽贸集团股份有限公司	64	5545514
2	北京祥龙博瑞汽车服务（集团）有限公司	180	1153332
3	浙江康桥汽车工贸集团股份有限公司	189	1060000
4	上海申华控股股份有限公司	191	1046766
5	山东远通汽车贸易集团有限公司	202	963609
6	润华集团股份有限公司	218	852718
7	河北省国和汽车投资有限公司	221	845876
8	重庆中汽西南汽车有限公司	228	780034
9	中国农业机械华北集团有限公司	243	706815
10	山西大昌汽车集团有限公司	252	667738
11	宁波轿辰集团股份有限公司	267	638894
12	四川申蓉汽车股份有限公司	304	518362
13	安徽亚夏实业股份有限公司	307	512650
14	湖南汽车城有限公司	383	375230
15	湖南兰天汽车集团有限公司	412	343500
16	华星北方汽车贸易有限公司	422	328866
17	湖南新物产集团有限公司	427	323111
18	重庆百事达汽车有限公司	444	301430
	合计		16964445

电器商贸批发、零售业			
1	国美电器有限公司	22	19600000
2	苏宁电器集团有限公司	23	19473387
3	天音通信有限公司	117	2353700
4	深圳市爱施德股份有限公司	167	1287460
5	武汉工贸有限公司	302	518788
6	话机世界数码连锁集团股份有限公司	458	273523
7	厦门盛元通商集团	478	252448
	合计		43759306

医药专营批发、零售业			
1	中国医药集团总公司	34	12501324
2	南京医药产业（集团）有限责任公司	111	2529861
3	九州通医药集团股份有限公司	113	2483868
4	重庆医药（集团）股份有限公司	164	1331759
5	浙江英特药业有限责任公司	219	852634
6	新龙药业集团有限公司	251	672131
7	鹭燕（福建）药业股份有限公司	367	391697

排名	企业名称	总排名	营业收入（万元）
8	宁波医药股份有限公司	393	359092
9	浙江省医药工业有限公司	413	342901
10	河北东盛英华医药有限公司	479	252366
11	全洲药业集团有限公司	493	234960
	合计		21952593

商业零售业

排名	企业名称	总排名	营业收入（万元）
1	百联集团有限公司	15	22741719
2	大连大商集团有限公司	36	11010716
3	武汉商联（集团）股份有限公司	60	6145372
4	山东省商业集团有限公司	68	5029869
5	重庆商社（集团）有限公司	76	4008678
6	浙江省商业集团有限公司	86	3474645
7	天津一商集团有限公司	93	3199774
8	合肥百货大楼集团股份有限公司	97	3030000
9	石家庄北国人百集团有限责任公司	126	2187276
10	长春欧亚集团股份有限公司	134	1990319
11	利群集团股份有限公司	137	1905687
12	银泰百货（集团）有限公司	158	1413242
13	淄博商厦股份有限公司	163	1339619
14	北京菜市口百货股份有限公司	179	1166196
15	辽宁兴隆大家庭商业集团有限公司	183	1126076
16	广州百货企业集团有限公司	188	1065809
17	天津二商集团有限公司	210	910000
18	上海新世界（集团）有限公司	217	865241
19	无锡商业大厦大东方股份有限公司	242	709437
20	浙江宝利德控股集团有限公司	245	705600
21	唐山百货大楼集团有限责任公司	248	680583
22	重庆永辉超市有限公司	258	660083
23	天津金元宝商厦集团有限公司	265	643700
24	湖南友谊阿波罗控股股份有限公司	271	623351
25	银川新华百货商业集团股份有限公司	297	529139
26	重庆华轻商业公司	303	518424
27	河北怀特集团股份有限公司	319	495520
28	天津劝业华联集团有限公司	323	482783
29	邯郸市阳光百货集团总公司	335	461000
30	广州友谊集团股份有限公司	344	445847
31	长沙通程实业集团有限公司	345	439960
32	河北省新合作控股集团有限公司	347	431855
33	青岛维客集团股份有限公司	352	421757
34	武汉市汉商集团股份有限公司	368	391500
35	新疆友好（集团）股份有限公司	374	386019
36	中兴－沈阳商业大厦（集团）股份有限公司	402	352428
37	西安开元控股集团股份有限公司	418	337813
38	山西华宇集团有限公司	432	317953
39	湖州市浙北大厦有限责任公司	435	315735
40	浙江华联商厦有限公司	446	296500
41	雄风集团有限公司	451	285128
42	河北保百集团有限公司	453	280978
43	青岛利客来集团股份有限公司	463	270080
44	青岛海信东海商贸有限公司	472	263135
45	快乐购物股份有限公司	477	255796
46	南宁百货大楼股份有限公司	495	230024
47	上海淮海商业（集团）有限公司	498	228082
48	张家港市第一人民商场有限责任公司	499	227029
	合计		85297477

连锁超市

排名	企业名称	总排名	营业收入（万元）
1	江苏高力集团有限公司	132	2029466
2	杭州联华华商集团有限公司	168	1272887
3	北京京客隆商业集团股份有限公司	208	918445
4	月星集团有限公司	238	722234
5	成都红旗连锁股份有限公司	256	662388
6	江苏恒大置业投资发展有限公司	371	389000
7	山西美特好连锁超市股份有限公司	373	387772
8	湖南佳惠百货有限责任公司	387	370920
9	加贝物流股份有限公司	406	348000
10	浙江供销超市有限公司	456	275284
11	心连心集团有限公司	480	252093
	合计		7628489

银行业

排名	企业名称	总排名	营业收入（万元）
1	中国工商银行股份有限公司	2	70955700
2	中国建设银行股份有限公司	3	57957800
3	中国农业银行股份有限公司	5	54622700
4	中国银行股份有限公司	6	52761100
5	交通银行股份有限公司	18	21814231
6	招商银行股份有限公司	31	14196800
7	中国民生银行股份有限公司	32	13599800
8	兴业银行股份有限公司	35	11843900
9	中国光大银行股份有限公司	44	8596744
10	上海浦东发展银行股份有限公司	52	6791767

排名	企业名称	总排名	营业收入（万元）
11	广发银行股份有限公司	70	4782419
12	华夏银行股份有限公司	89	3354380
13	北京银行	129	2072773
14	重庆农村商业银行股份有限公司	143	1809345
15	广州农村商业银行股份有限公司	172	1222606
16	盛京银行有限公司	178	1166425
17	吉林银行	204	960469
18	徽商银行股份有限公司	231	769616
19	广州银行股份有限公司	234	761291
20	渤海银行股份有限公司	266	641900
21	龙江银行股份有限公司	275	608359
22	青岛农村商业银行股份有限公司	295	533843
23	天津银行股份有限公司	316	498026
24	成都银行股份有限公司	318	496505
25	广西北部湾银行股份有限公司	321	484322
26	汉口银行	400	353302
27	武汉农村商业银行股份有限公司	407	347967
28	江苏张家港农村商业银行股份有限公司	408	347509
29	长沙银行股份有限公司	431	320436
30	洛阳银行股份有限公司	450	291818
31	潍坊银行股份有限公司	484	250444
32	青岛银行股份有限公司	486	248500
33	江苏吴江农村商业银行股份有限公司	487	245969
34	张家口市商业银行股份有限公司	494	231082
	合计		335939848

证券业

1	海通证券股份有限公司	206	929273
2	广发证券股份有限公司	280	594567
3	光大证券股份有限公司	341	449848
	合计		1973688

人寿保险业

1	中国人寿保险（集团）公司	8	43492820
2	新华人寿保险股份有限公司	37	10920900
3	泰康人寿保险股份有限公司	46	8028546
4	太平人寿保险有限公司	80	3625401
5	阳光保险集团股份有限公司	98	3025797
	合计		69093464

财产保险业

排名	企业名称	总排名	营业收入（万元）
1	中国人民保险集团股份有限公司	16	22558820
2	中国大地财产保险股份有限公司	148	1628547
	合计		24187367

综合保险业

1	中国平安保险（集团）股份有限公司	14	24891500
2	中国太平洋保险（集团）股份有限公司	29	15793400
	合计		40684900

其他金融服务业

1	河北建设投资集团有限责任公司	153	1512378
2	厦门华澄集团有限公司	378	381201
	合计		1893579

商务服务业

1	中国中信集团有限公司	10	31897579
2	国家开发投资公司	48	7738102
3	广东省广晟资产经营有限公司	81	3608244
4	重庆市能源投资集团公司	108	2607722
5	浙江前程投资股份有限公司	112	2518770
6	天津市津能投资公司	139	1880770
7	广东粤海控股有限公司	154	1506556
8	深圳市神州通投资集团有限公司	162	1343885
9	苏州金螳螂企业集团有限公司	193	1031441
10	湖北能源集团股份有限公司	203	960755
11	河南交通投资集团有限公司	205	930244
12	广东粤合资产经营有限公司	220	852550
13	厦门海沧投资集团有限公司	268	633699
14	青海省投资集团有限公司	294	536579
15	中节能（天津）投资集团有限公司	369	390770
16	广州凯得控股有限公司	381	379086
17	广州中大控股有限公司	429	320875
18	无锡市交通产业集团有限公司	454	280923
19	天津鑫茂科技投资集团有限公司	468	264052
	合计		59682602

房地产开发与经营、物业及房屋装饰、修缮、管理等服务业

1	绿地控股集团有限公司	30	14787372
2	大连万达集团股份有限公司	38	10510228
3	恒大地产集团有限公司	59	6191819
4	江苏苏宁环球集团有限公司	75	4102800

排名	企业名称	总排名	营业收入（万元）
5	隆基泰和实业有限公司	77	3860158
6	绿城房地产集团有限公司	84	3530000
7	华侨城集团公司	88	3355300
8	广州富力地产股份有限公司	105	2737009
9	世纪金源投资集团有限公司	106	2688906
10	重庆龙湖企业拓展有限公司	110	2530133
11	宁波银亿集团有限公司	120	2259246
12	福佳集团有限公司	128	2101800
13	江苏华厦融创置地集团有限公司	136	1906715
14	弘阳集团有限公司	138	1897848
15	广州越秀集团有限公司	150	1558266
16	天津住宅建设发展集团有限公司	152	1518590
17	浙江华成控股集团有限公司	171	1222807
18	卓尔控股有限公司	177	1191517
19	大华（集团）有限公司	182	1136721
20	天津市房地产开发经营集团有限公司	198	1009830
21	金科地产集团股份有限公司	199	986579
22	天津现代集团有限公司	207	927790
23	亿达集团有限公司	224	801467
24	四川蓝光实业集团有限公司	241	714548
25	西安高科（集团）公司	244	706805
26	天津贻成集团有限公司	254	664980
27	锦联控股集团有限公司	255	664720
28	百步亭集团有限公司	260	652142
29	广东珠江投资股份有限公司	269	626560
30	广州珠江实业集团有限公司	276	607739
31	重庆华宇物业（集团）有限公司	283	582438
32	宁波宁兴控股股份有限公司	315	498106
33	大连宏光好运来集团有限公司	327	478965
34	中华企业股份有限公司	336	459171
35	祥生实业集团有限公司	353	420000
36	北京北辰实业集团公司	354	419240
37	宁波联合集团股份有限公司	356	413753
38	联发集团有限公司	361	405660
39	宁波富达股份有限公司	370	389621
40	重庆市锦天地产（集团）有限公司	372	388600
41	宁波万象控股集团有限公司	395	358227
42	荣安集团股份有限公司	396	358025
43	大连金港集团有限公司	411	346122
44	东冠集团有限公司	414	342577
45	厦门经济特区房地产开发集团有限公司	417	337914
46	滨海投资集团股份有限公司	419	335477
47	西安曲江大明宫投资（集团）有限公司	434	316035
48	大洲控股集团有限公司	436	312098
49	天津海泰控股集团有限公司	440	307402
50	上海致盛实业集团有限公司	442	305731
51	上海金桥（集团）有限公司	445	299945
	合计		85525502
旅游、旅馆及娱乐服务业			
1	中国港中旅集团公司	65	5515152
2	北京首都旅游集团有限责任公司	87	3462653
3	上海春秋国际旅行社（集团）有限公司	222	845612
4	开元旅业集团有限公司	277	606655
5	杭州旅游集团有限公司	278	596307
6	安徽省旅游集团有限责任公司	473	259867
7	华天实业控股集团有限公司	485	249849
	合计		11536095
公用事业、市政服务、公共设施经营与管理业			
1	北京控股集团有限公司	83	3555879
2	北京首都创业集团有限公司	140	1873198
3	宁波华东物资城市场建设开发有限公司	200	966650
4	天津城市基础设施建设投资集团有限公司	215	882417
5	南昌市政公用投资控股有限责任公司	227	786429
6	江苏吴中集团有限公司	239	720661
7	天津市政建设集团有限公司	246	696966
8	武汉市城市建设投资开发集团有限公司	257	662201
9	南京大地建设集团有限责任公司	300	523446
10	怀来县土木煤炭市场物流服务中心	301	522582
11	上海临港经济发展（集团）有限公司	330	475825
12	天津市自来水集团有限公司	364	398830
13	广东省广告股份有限公司	386	371694
14	广州市水务投资集团有限公司	424	326278
15	无锡市市政公用产业集团有限公司	492	236668
	合计		12999724
技术智力、人力资源、劳务等国际合作及其他对外经济合作服务业			
1	中国国际技术智力合作公司	102	2896600
2	北京外企服务集团有限责任公司	119	2303171
3	中国江苏国际经济技术合作公司	185	1107863
4	中国出国人员服务总公司	314	500121

排名	企业名称	总排名	营业收入（万元）
5	中国大连国际经济技术合作集团有限公司	339	452791
	合计		7260546
	研发、科技交流与推广和地勘、规划、设计、评估、咨询及总承包等服务业		
1	中国煤炭科工集团有限公司	100	2962654
2	中国铁道科学研究院	250	678099
3	中国水利电力对外公司	259	658555
4	铁道第三勘察设计院集团有限公司	351	423688
5	中国海诚工程科技股份有限公司	360	407407
6	长江水利委员会长江勘测规划设计研究院	390	366949
7	中国河南国际合作集团有限公司	421	330421
	合计		5827773
	新闻、报刊、图书的出版发行与销售和广播、影视、音像、文体等文化产业		
1	江苏凤凰出版传媒集团有限公司	190	1057668
2	安徽出版集团有限责任公司	211	908733
3	西安曲江文化产业投资（集团）有限公司	232	767703
4	安徽新华发行（集团）控股有限公司	236	733224
5	湖南省新华书店有限责任公司	288	565323
6	四川新华发行集团有限公司	322	484070
7	云南出版集团有限责任公司	380	379185
8	广东南方报业传媒集团有限公司	452	281429

排名	企业名称	总排名	营业收入（万元）
	合计		5177335
	互联网传媒、商务、娱乐服务业		
1	腾讯控股有限公司	103	2849607
2	广东省广播电视网络股份有限公司	449	292375
	合计		3141982
	教育产业		
1	北京新东方教育科技（集团）有限公司	328	478227
	合计		478227
	综合服务业（以服务业为主，含有制造业）		
1	中国华润总公司	12	28084506
2	中国机械工业集团有限公司	24	19295713
3	新疆广汇实业投资（集团）有限责任公司	47	8020696
4	中国保利集团公司	51	6879579
5	上海东浩国际服务贸易（集团）有限公司	66	5501946
6	海南大印集团有限公司	92	3250024
7	上海均瑶（集团）有限公司	165	1318299
8	广州岭南国际企业集团有限公司	195	1027073
9	宁波滕头集团有限公司	305	515508
10	苏州国信集团有限公司	313	502717
11	华茂集团股份有限公司	365	394545
12	湖南九龙经贸集团有限公司	430	320638
	合计		75111244

表10－3　　2012中国服务业企业500强各地区企业分布

排名	企业名称	总排名	营业收入（万元）
北京			
1	国家电网公司	1	167535929
2	中国工商银行股份有限公司	2	70955700
3	中国建设银行股份有限公司	3	57957800
4	中国移动通信集团公司	4	56597234
5	中国农业银行股份有限公司	5	54622700
6	中国银行股份有限公司	6	52761100
7	中国中化集团公司	7	45895329
8	中国人寿保险（集团）公司	8	43492820
9	中国中信集团有限公司	10	31897579
10	中国电信集团公司	11	29202423
11	中国邮政集团公司	13	25875158
12	中国人民保险集团股份有限公司	16	22558820
13	中国航空油料集团公司	17	22208907
14	中国联合网络通信集团有限公司	19	21627705
15	中国铁路物资股份有限公司	20	20682328
16	国美电器有限公司	22	19600000
17	中国机械工业集团有限公司	24	19295713
18	中国远洋运输（集团）总公司	25	18616997
19	中粮集团有限公司	26	18225205
20	中国民生银行股份有限公司	32	13599800
21	中国通用技术（集团）控股有限责任公司	33	12984580
22	中国医药集团总公司	34	12501324
23	新华人寿保险股份有限公司	37	10920900
24	中国外运长航集团有限公司	39	10311252
25	中国航空集团公司	40	9926836
26	中国光大银行股份有限公司	44	8596744
27	泰康人寿保险股份有限公司	46	8028546
28	国家开发投资公司	48	7738102
29	珠海振戎公司	49	7574454
30	中国保利集团公司	51	6879579
31	神州数码控股有限公司	53	6747188
32	中国诚通控股集团有限公司	56	6500944
33	中国港中旅集团公司	65	5515152
34	中国工艺（集团）公司	78	3765347
35	北京控股集团有限公司	83	3555879
36	中国中纺集团公司	85	3483519
37	北京首都旅游集团有限责任公司	87	3462653
38	华夏银行股份有限公司	89	3354380
39	阳光保险集团股份有限公司	98	3025797
40	中国轻工业品进出口总公司	99	2970108
41	中国煤炭科工集团有限公司	100	2962654
42	中国国际技术智力合作公司	102	2896600
43	世纪金源投资集团有限公司	106	2688906
44	北京外企服务集团有限责任公司	119	2303171
45	北京能源投资（集团）有限公司	122	2225958
46	北京银行	129	2072773
47	北京首都创业集团有限公司	140	1873198
48	北京菜市口百货股份有限公司	179	1166196
49	北京祥龙博瑞汽车服务（集团）有限公司	180	1153332
50	北京京客隆商业集团股份有限公司	208	918445
51	中国铁道科学研究院	250	678099
52	中国水利电力对外公司	259	658555
53	北京首都国际机场股份有限公司	262	650022
54	中国出国人员服务总公司	314	500121
55	四川新华发行集团有限公司	322	484070
56	北京新东方教育科技（集团）有限公司	328	478227
57	北京北辰实业集团公司	354	419240
58	中国免税品（集团）有限责任公司	355	414042
59	用友软件股份有限公司	357	412216
60	中国民航信息集团公司	389	367275
	合计		976375631
上海			
1	百联集团有限公司	15	22741719
2	交通银行股份有限公司	18	21814231
3	中国太平洋保险（集团）股份有限公司	29	15793400
4	绿地控股集团有限公司	30	14787372
5	中国东方航空集团公司	43	8889947
6	上海浦东发展银行股份有限公司	52	6791767
7	中国海运（集团）总公司	57	6331566
8	上海东浩国际服务贸易（集团）有限公司	66	5501946
9	中金再生资源（中国）投资有限公司	73	4345043
10	太平人寿保险有限公司	80	3625401
11	申能（集团）有限公司	101	2919784
12	上海华冶钢铁集团有限公司	116	2374837
13	东方国际（集团）有限公司	121	2228308
14	上海国际港务（集团）股份有限公司	127	2177886
15	中国大地财产保险股份有限公司	148	1628547
16	上海均瑶（集团）有限公司	165	1318299

排名	企业名称	总排名	营业收入（万元）
17	上海华信石油集团有限公司	169	1269066
18	大华（集团）有限公司	182	1136721
19	上海兰生（集团）有限公司	184	1114563
20	上海申华控股股份有限公司	191	1046766
21	海通证券股份有限公司	206	929273
22	上海机场（集团）有限公司	214	894432
23	上海新世界（集团）有限公司	217	865241
24	上海春秋国际旅行社（集团）有限公司	222	845612
25	上海均和集团钢铁销售有限公司	226	787373
26	上海交运（集团）公司	229	773663
27	上海闽路润贸易有限公司	237	730396
28	月星集团有限公司	238	722234
29	上海展志实业集团有限责任公司	249	679338
30	上海宝闽钢铁集团有限公司	264	644196
31	上海百营钢铁集团有限公司	272	614780
32	上海顺朝企业发展集团有限公司	292	552386
33	上海龙宇燃油股份有限公司	293	544069
34	上海临港经济发展（集团）有限公司	330	475825
35	中华企业股份有限公司	336	459171
36	光大证券股份有限公司	341	449848
37	上海丝绸集团股份有限公司	346	439698
38	中国海诚工程科技股份有限公司	360	407407
39	上海亚东国际货运有限公司	375	385976
40	上海金开利集团有限公司	425	325830
41	上海致盛实业集团有限公司	442	305731
42	上海金桥（集团）有限公司	445	299945
43	上海中钢投资集团有限公司	466	266795
44	第一钢市市场股份有限公司	475	256694
45	上海外经集团控股有限公司	489	243951
46	上海淮海商业（集团）有限公司	498	228082
	合计		141965115

天津			
1	天津物产集团有限公司	21	19703668
2	天津一商集团有限公司	93	3199774
3	天津港（集团）有限公司	123	2211000
4	天津市津能投资公司	139	1880770
5	天津住宅建设发展集团有限公司	152	1518590
6	天津市立业钢铁集团有限公司	192	1036498
7	天津市房地产开发经营集团有限公司	198	1009830
8	环渤海金岸（天津）集团股份有限公司	201	965598
9	天津现代集团有限公司	207	927790
10	天津二商集团有限公司	210	910000
11	天津城市基础设施建设投资集团有限公司	215	882417
12	北方国际集团有限公司	225	792076
13	天津市丽兴京津钢铁贸易有限公司	230	769961
14	中国农业机械华北集团有限公司	243	706815
15	天津市政建设集团有限公司	246	696966
16	天津贻成集团有限公司	254	664980
17	天津益福隆钢铁贸易有限公司	261	651862
18	天津金元宝商厦集团有限公司	265	643700
19	渤海银行股份有限公司	266	641900
20	天津市交通（集团）有限公司	287	566000
21	天津市燃气集团有限公司	289	563083
22	振华物流集团有限公司	291	553829
23	天津银行股份有限公司	316	498026
24	天津劝业华联集团有限公司	323	482783
25	铁道第三勘察设计院集团有限公司	351	423688
26	天津市自来水集团有限公司	364	398830
27	中节能（天津）投资集团有限公司	369	390770
28	天津渤海润德钢铁集团有限公司	391	363947
29	滨海投资集团股份有限公司	419	335477
30	华星北方汽车贸易有限公司	422	328866
31	天津海泰控股集团有限公司	440	307402
32	天津鑫茂科技投资集团有限公司	468	264052
	合计		45290948

重庆			
1	重庆商社（集团）有限公司	76	4008678
2	重庆市能源投资集团公司	108	2607722
3	重庆龙湖企业拓展有限公司	110	2530133
4	重庆华南物资（集团）有限公司	142	1814852
5	重庆农村商业银行股份有限公司	143	1809345
6	重庆医药（集团）股份有限公司	164	1331759
7	重庆对外经贸（集团）有限公司	194	1027486
8	金科地产集团股份有限公司	199	986579
9	重庆交通运输控股（集团）有限公司	213	895627
10	重庆中汽西南汽车有限公司	228	780034
11	重庆粮食集团有限责任公司	240	717198
12	重庆永辉超市有限公司	258	660083
13	重庆港务物流集团有限公司	282	585980
14	重庆华宇物业（集团）有限公司	283	582438

排名	企业名称	总排名	营业收入（万元）
15	重庆华轻商业公司	303	518424
16	重庆市锦天地产（集团）有限公司	372	388600
17	九禾股份有限公司	392	362577
18	重庆百事达汽车有限公司	444	301430
19	重庆乌江实业（集团）股份有限公司	457	274634
20	重庆商业投资集团有限公司	471	263198
21	重庆市涪陵水利电力投资集团有限责任公司	490	242773
22	重庆中渝物业发展有限公司	497	229322
	合计		22918872
黑龙江			
1	黑龙江倍丰农业生产资料集团有限公司	196	1020934
2	龙江银行股份有限公司	275	608359
3	庆丰农业生产资料集团有限责任公司	284	576166
	合计		2205459
吉林			
1	长春欧亚集团股份有限公司	134	1990319
2	吉林粮食集团有限公司	159	1411223
3	吉林银行	204	960469
	合计		4362011
辽宁			
1	大连大商集团有限公司	36	11010716
2	大连万达集团股份有限公司	38	10510228
3	福佳集团有限公司	128	2101800
4	盛京银行有限公司	178	1166425
5	辽宁兴隆大家庭商业集团有限公司	183	1126076
6	亿达集团有限公司	224	801467
7	锦联控股集团有限公司	255	664720
8	东软集团股份有限公司	285	575125
9	大连宏光好运来集团有限公司	327	478965
10	中国大连国际经济技术合作集团有限公司	339	452791
11	大连港集团有限公司	343	446712
12	中兴-沈阳商业大厦（集团）股份有限公司	402	352428
13	大连良运集团有限责任公司	410	346467
14	大连金港集团有限公司	411	346122
	合计		30380042
河北			
1	庞大汽贸集团股份有限公司	64	5545514
2	隆基泰和实业有限公司	77	3860158
3	河北省物流产业集团有限公司	109	2605480
4	石家庄北国人百集团有限责任公司	126	2187276
5	河北建设投资集团有限责任公司	153	1512378
6	河北省唐山市滦通商贸有限公司	175	1210485
7	河北省国和汽车投资有限公司	221	845876
8	唐山百货大楼集团有限责任公司	248	680583
9	怀来县土木煤炭市场物流服务中心	301	522582
10	河北怀特集团股份有限公司	319	495520
11	邯郸市阳光百货集团总公司	335	461000
12	河北省新合作控股集团有限公司	347	431855
13	万合集团股份有限公司	363	398870
14	河北五兴能源集团有限公司	366	393854
15	河北省农业生产资料有限公司	377	385229
16	河北保百集团有限公司	453	280978
17	辛集皮革城有限公司	476	256379
18	河北东盛英华医药有限公司	479	252366
19	沧州运输集团有限公司	482	251343
20	张家口市商业银行股份有限公司	494	231082
	合计		22808808
河南			
1	河南交通投资集团有限公司	205	930244
2	中国河南国际合作集团有限公司	421	330421
3	洛阳银行股份有限公司	450	291818
	合计		1552483
山东			
1	山东省商业集团有限公司	68	5029869
2	浪潮电子信息产业股份有限公司	79	3668253
3	山东高速集团有限公司	130	2070570
4	利群集团股份有限公司	137	1905687
5	青岛港（集团）有限公司	141	1827548
6	新华锦集团有限公司	144	1803929
7	淄博商厦股份有限公司	163	1339619
8	日照港集团有限公司	174	1211024
9	欧美投资集团有限公司	197	1014157
10	山东远通汽车贸易集团有限公司	202	963609
11	润华集团股份有限公司	218	852718
12	山东机械进出口集团有限公司	286	572603
13	青岛农村商业银行股份有限公司	295	533843

排名	企业名称	总排名	营业收入（万元）
14	青岛世纪瑞丰国际贸易有限公司	311	504576
15	青岛维客集团股份有限公司	352	421757
16	青岛泰能燃气集团有限公司	423	326480
17	青岛利客来集团股份有限公司	463	270080
18	青岛海悦钢铁有限公司	469	263814
19	青岛海信东海商贸有限公司	472	263135
20	潍坊银行股份有限公司	484	250444
21	青岛银行股份有限公司	486	248500
22	绮丽集团有限责任公司	488	245528
	合计		25587743
山西			
1	山西煤炭运销集团有限公司	28	15860928
2	山西煤炭进出口集团有限公司	50	7116297
3	大秦铁路股份有限公司	71	4500704
4	山西省国新能源发展集团有限公司	125	2190414
5	山西大昌汽车集团有限公司	252	667738
6	山西汽车运输集团有限公司	298	525753
7	山西宝力金属材料集团有限公司	324	481675
8	太原市河西农产品有限公司	326	480000
9	山西美特好连锁超市股份有限公司	373	387772
10	山西金邦贸易有限公司	404	349504
11	山西华宇集团有限公司	432	317953
	合计		32878738
陕西			
1	西安曲江文化产业投资（集团）有限公司	232	767703
2	西安高科（集团）公司	244	706805
3	西安开元控股集团股份有限公司	418	337813
4	西安曲江大明宫投资（集团）有限公司	434	316035
	合计		2128356
安徽			
1	安徽省徽商集团有限公司	63	5800207
2	合肥百货大楼集团股份有限公司	97	3030000
3	安徽国贸集团控股有限公司	118	2344526
4	安徽辉隆农资集团	151	1523652
5	安徽省能源集团有限公司	176	1201848
6	安徽省高速公路控股集团有限公司	209	914636
7	安徽出版集团有限责任公司	211	908733
8	徽商银行股份有限公司	231	769616
9	安徽新华发行（集团）控股有限公司	236	733224
10	安徽省交通投资集团有限责任公司	290	558676
11	安徽亚夏实业股份有限公司	307	512650
12	安徽省旅游集团有限责任公司	473	259867
	合计		18557635
江苏			
1	苏宁电器集团有限公司	23	19473387
2	三胞集团有限公司	69	4820320
3	江苏汇鸿国际集团有限公司	72	4464024
4	江苏苏宁环球集团有限公司	75	4102800
5	张家港保税区日祥贸易有限公司	104	2828153
6	江苏国泰国际集团有限公司	107	2609515
7	南京医药产业（集团）有限责任公司	111	2529861
8	丰立集团有限公司	124	2209692
9	江苏省苏豪控股集团有限公司	131	2059192
10	江苏高力集团有限公司	132	2029466
11	江苏华厦融创置地集团有限公司	136	1906715
12	弘阳集团有限公司	138	1897848
13	南通化工轻工股份有限公司	147	1652379
14	玖隆钢铁物流有限公司	156	1463340
15	中国江苏国际经济技术合作公司	185	1107863
16	无锡市国联发展（集团）有限公司	187	1077029
17	江苏凤凰出版传媒集团有限公司	190	1057668
18	苏州金螳螂企业集团有限公司	193	1031441
19	张家港保税区荣德贸易有限公司	223	809621
20	江苏吴中集团有限公司	239	720661
21	无锡商业大厦大东方股份有限公司	242	709437
22	江阴长三角钢铁集团有限公司	253	665155
23	江苏苏农农资连锁集团股份有限公司	273	611470
24	南京大地建设集团有限责任公司	300	523446
25	张家港保税区鑫东鸣贸易有限公司	309	506313
26	张家港保税区荣润贸易有限公司	310	505808
27	苏州国信集团有限公司	313	502717
28	江阴市中昌实业有限公司	362	401600
29	江苏恒大置业投资发展有限公司	371	389000
30	张家港保税区锦德贸易有限公司	376	385487
31	江苏省粮食集团有限责任公司	384	374856
32	张家港福洛瑞物贸有限公司	399	357495
33	常州市化工轻工材料总公司	405	348898
34	江苏张家港农村商业银行股份有限公司	408	347509

排名	企业名称	总排名	营业收入（万元）
35	东华能源股份有限公司	416	338044
36	江苏长三角能源发展有限公司	426	324285
37	江苏中江能源有限公司	433	316038
38	苏州汽车客运集团有限公司	448	295156
39	无锡市交通产业集团有限公司	454	280923
40	张家港市嘉广天进出口贸易有限公司	460	271894
41	江苏鑫香山金属材料有限公司	465	266882
42	江苏吴江农村商业银行股份有限公司	487	245969
43	无锡市市政公用产业集团有限公司	492	236668
44	张家港市第一人民商场有限责任公司	499	227029
	合计		69283054
湖南			
1	大汉控股集团有限公司	135	1936912
2	湖南友谊阿波罗控股股份有限公司	271	623351
3	湖南省新华书店有限责任公司	288	565323
4	长沙通程实业集团有限公司	345	439960
5	湖南汽车城有限公司	383	375230
6	湖南佳惠百货有限责任公司	387	370920
7	湖南兰天汽车集团有限公司	412	343500
8	湖南新物产集团有限公司	427	323111
9	湖南九龙经贸集团有限公司	430	320638
10	长沙银行股份有限公司	431	320436
11	湖南省轻工盐业集团有限责任公司	470	263674
12	快乐购物股份有限公司	477	255796
13	心连心集团有限公司	480	252093
14	华天实业控股集团有限公司	485	249849
15	全洲药业集团有限公司	493	234960
	合计		6875753
湖北			
1	武汉商联（集团）股份有限公司	60	6145372
2	九州通医药集团股份有限公司	113	2483868
3	卓尔控股有限公司	177	1191517
4	湖北能源集团股份有限公司	203	960755
5	新龙药业集团有限公司	251	672131
6	武汉市城市建设投资开发集团有限公司	257	662201
7	百步亭集团有限公司	260	652142
8	武汉工贸有限公司	302	518788
9	湖北银丰实业集团有限责任公司	331	472219
10	武汉商贸国有控股集团有限公司	350	425620

排名	企业名称	总排名	营业收入（万元）
11	武汉市汉商集团股份有限公司	368	391500
12	长江水利委员会长江勘测规划设计研究院	390	366949
13	湖北省农业生产资料集团有限公司	397	358013
14	汉口银行	400	353302
15	武汉市燃气热力集团有限公司	403	351623
16	武汉农村商业银行股份有限公司	407	347967
	合计		16353967
江西			
1	南昌市政公用投资控股有限责任公司	227	786429
2	江西赣粤高速公路股份有限公司	359	410106
	合计		1196535
浙江			
1	浙江省物产集团公司	27	16701187
2	浙江省能源集团有限公司	62	5934469
3	浙江省兴合集团公司	67	5428860
4	浙江省国际贸易集团有限公司	74	4228172
5	绿城房地产集团有限公司	84	3530000
6	浙江省商业集团有限公司	86	3474645
7	远大物产集团有限公司	95	3128623
8	浙江前程投资股份有限公司	112	2518770
9	浙江省交通投资集团有限公司	114	2445751
10	宁波银亿集团有限公司	120	2259246
11	中基宁波集团股份有限公司	146	1677343
12	宁波神化化学品经营有限责任公司	155	1504414
13	银泰百货（集团）有限公司	158	1413242
14	杭州联华华商集团有限公司	168	1272887
15	中球冠集团有限公司	170	1248113
16	浙江华成控股集团有限公司	171	1222807
17	浙江康桥汽车工贸集团股份有限公司	189	1060000
18	宁波华东物资城市场建设开发有限公司	200	966650
19	宁波市慈溪进出口股份有限公司	212	907892
20	浙江英特药业有限责任公司	219	852634
21	浙江宝利德控股集团有限公司	245	705600
22	太平鸟集团有限公司	247	690355
23	浙江凯喜雅国际股份有限公司	263	646541
24	宁波轿辰集团股份有限公司	267	638894
25	浙江华瑞集团有限公司	274	610677
26	开元旅业集团有限公司	277	606655
27	杭州旅游集团有限公司	278	596307

排名	企业名称	总排名	营业收入（万元）
28	浙大网新科技股份有限公司	281	587327
29	宁波君安物产有限公司	296	533665
30	温州金州集团公司	299	524285
31	宁波滕头集团有限公司	305	515508
32	宁波海田国际贸易有限公司	306	515000
33	宁波宁兴控股股份有限公司	315	498106
34	日出实业集团有限公司	332	471223
35	嘉兴良友进出口集团股份有限公司	337	458183
36	浙江万丰企业集团公司	342	447075
37	祥生实业集团有限公司	353	420000
38	宁波联合集团股份有限公司	356	413753
39	华茂集团股份有限公司	365	394545
40	宁波富达股份有限公司	370	389621
41	浙江省农村发展集团有限公司	379	381113
42	浙江建华集团有限公司	382	376478
43	浙江中捷环洲供应链集团股份有限公司	385	374643
44	宁波医药股份有限公司	393	359092
45	宁波万象控股集团有限公司	395	358227
46	荣安集团股份有限公司	396	358025
47	万事利集团有限公司	398	357960
48	加贝物流股份有限公司	406	348000
49	浙江省医药工业有限公司	413	342901
50	东冠集团有限公司	414	342577
51	浙江中国小商品城集团股份有限公司	415	339634
52	湖州市浙北大厦有限责任公司	435	315735
53	宁波市蔬菜有限公司	439	309079
54	浙江华联商厦有限公司	446	296500
55	宁波市工艺品进出口有限公司	447	295749
56	雄风集团有限公司	451	285128
57	浙江中油华电能源有限公司	455	278580
58	浙江供销超市有限公司	456	275284
59	话机世界数码连锁集团股份有限公司	458	273523
60	浙江省八达物流有限公司	474	259087
61	宁波宁电进出口有限公司	496	229427
62	宁波萌恒工贸有限公司	500	225750
	合计		79421517

广东

排名	企业名称	总排名	营业收入（万元）
1	中国南方电网有限责任公司	9	39138167
2	中国华润总公司	12	28084506
3	中国平安保险（集团）股份有限公司	14	24891500
4	招商银行股份有限公司	31	14196800
5	中国南方航空集团公司	42	9322152
6	广东物资集团公司	55	6559131
7	广东省广新控股集团有限公司	58	6323500
8	恒大地产集团有限公司	59	6191819
9	广州铁路（集团）公司	61	5938111
10	广发银行股份有限公司	70	4782419
11	广东省广晟资产经营有限公司	81	3608244
12	华侨城集团公司	88	3355300
13	南方石化集团有限公司	90	3345223
14	广东振戎能源有限公司	91	3253530
15	广东省丝绸纺织集团有限公司	94	3195849
16	广东省交通集团有限公司	96	3088660
17	腾讯控股有限公司	103	2849607
18	广州富力地产股份有限公司	105	2737009
19	天音通信有限公司	117	2353700
20	广州轻工工贸集团有限公司	145	1773397
21	广州越秀集团有限公司	150	1558266
22	广东粤海控股有限公司	154	1506556
23	深圳能源集团股份有限公司	157	1438702
24	广州发展集团有限公司	161	1350206
25	深圳市神州通投资集团有限公司	162	1343885
26	深圳市爱施德股份有限公司	167	1287460
27	广州农村商业银行股份有限公司	172	1222606
28	广州百货企业集团有限公司	188	1065809
29	广州岭南国际企业集团有限公司	195	1027073
30	广州纺织工贸企业集团有限公司	216	865495
31	广东粤合资产经营有限公司	220	852550
32	广州银行股份有限公司	234	761291
33	广东珠江投资股份有限公司	269	626560
34	广州珠江实业集团有限公司	276	607739
35	广东天禾农资股份有限公司	279	594860
36	广发证券股份有限公司	280	594567
37	广州港集团有限公司	333	470173
38	广州元亨能源有限公司	334	468711
39	广州友谊集团股份有限公司	344	445847
40	广州市地下铁道总公司	348	429717
41	广州佳都集团有限公司	358	411825
42	广州凯得控股有限公司	381	379086
43	广东省广告股份有限公司	386	371694
44	广东省航运集团有限公司	388	369767

排名	企业名称	总排名	营业收入（万元）
45	深圳市腾邦物流股份有限公司	409	347495
46	广州市水务投资集团有限公司	424	326278
47	广州中大控股有限公司	429	320875
48	广东省商业企业集团公司	443	302769
49	广东省广播电视网络股份有限公司	449	292375
50	广东南方报业传媒集团有限公司	452	281429
51	广州市第二公共汽车公司	464	269492
52	中国深圳对外贸易（集团）有限公司	481	251503
	合计		197431285
四川			
1	四川航空股份有限公司	166	1295828
2	四川省烟草公司成都市公司	173	1216866
3	四川蓝光实业集团有限公司	241	714548
4	成都红旗连锁股份有限公司	256	662388
5	四川申蓉汽车股份有限公司	304	518362
6	吉峰农机连锁股份有限公司	308	512606
7	成都银行股份有限公司	318	496505
8	四川安吉物流集团有限公司	491	240661
	合计		5657764
福建			
1	兴业银行股份有限公司	35	11843900
2	厦门建发集团有限公司	45	8285683
3	厦门国贸控股有限公司	54	6584846
4	厦门象屿集团有限公司	82	3597454
5	福建省能源集团有限责任公司	115	2391485
6	福建省交通运输集团有限责任公司	160	1372311
7	厦门路桥工程物资有限公司	181	1145980
8	厦门海沧投资集团有限公司	268	633699
9	厦门翔业集团有限公司	317	497300
10	厦门夏商集团有限公司	329	477850
11	厦门市嘉晟对外贸易有限公司	340	451999
12	厦门恒兴集团有限公司	349	428368
13	联发集团有限公司	361	405660
14	鹭燕（福建）药业股份有限公司	367	391697
15	厦门华澄集团有限公司	378	381201
16	福建省烟草公司厦门市公司	394	358826
17	福建省福农农资集团有限公司（福建省农资集团公司）	401	352519
18	厦门经济特区房地产开发集团有限公司	417	337914
19	大洲控股集团有限公司	436	312098
20	厦门海澳集团有限公司	437	310765
21	鑫东森集团有限公司	438	309776
22	厦门育哲进出口有限公司	459	272572
23	厦门嘉联恒进出口有限公司	462	270732
24	厦门盛元通商集团	478	252448
	合计		41667083
广西			
1	广西北部湾国际港务集团有限公司	133	2028587
2	广西交通投资集团有限公司	149	1607452
3	广西物资集团有限责任公司	233	761771
4	广西水利电业集团有限公司	235	739766
5	广西北部湾银行股份有限公司	321	484322
6	广东省铁路建设投资集团有限公司	338	454096
7	广西富满地农资股份有限公司	483	251262
8	南宁百货大楼股份有限公司	495	230024
	合计		6557280
云南			
1	云南物流产业集团有限公司	186	1094568
2	云南出版集团有限责任公司	380	379185
3	云南南天电子信息产业股份有限公司	467	265685
	合计		1739438
青海			
1	青海省投资集团有限公司	294	536579
	合计		536579
宁夏			
1	银川新华百货商业集团股份有限公司	297	529139
	合计		529139
新疆			
1	新疆广汇实业投资（集团）有限责任公司	47	8020696
2	新疆农资（集团）有限责任公司	312	503933
3	新疆西部银力棉业（集团）有限责任公司	320	494457
4	新疆维吾尔自治区棉麻公司	325	480279
5	新疆友好（集团）股份有限公司	374	386019
6	新疆银隆农业国际合作股份有限公司	420	335328
7	新疆生产建设兵团农一师棉麻公司	428	321656

排名	企业名称	总排名	营业收入（万元）
8	新疆生产建设兵团棉麻公司	441	306360
9	新疆前海供销集团公司	461	271782
	合计		11120510
内蒙古			
1	内蒙古集通铁路（集团）有限责任公司	270	624323
	合计		624323
海南			
1	海航集团有限公司	41	9389178
2	海南大印集团有限公司	92	3250024
	合计		12639202

表10-4　2012中国服务业企业500强净利润排序前100名企业

排名	公司名称	总排名	净利润（万元）	排名	公司名称	总排名	净利润（万元）
1	中国工商银行股份有限公司	2	20826500	51	新疆广汇实业投资（集团）有限责任公司	47	283872
2	中国建设银行股份有限公司	3	16943900	52	新华人寿保险股份有限公司	37	279900
3	中国银行股份有限公司	6	12418200	53	中国通用技术（集团）控股有限责任公司	33	265615
4	中国农业银行股份有限公司	5	12192700	54	盛京银行有限公司	178	263945
5	中国移动通信集团公司	4	7565730	55	青岛港（集团）有限公司	141	259518
6	交通银行股份有限公司	18	5073649	56	绿城房地产集团有限公司	84	257464
7	国家电网公司	1	3670914	57	中国南方航空集团公司	42	240526
8	中国中信集团有限公司	10	3651603	58	成都银行股份有限公司	318	240368
9	招商银行股份有限公司	31	3612900	59	福佳集团有限公司	128	223406
10	中国民生银行股份有限公司	32	2792000	60	广州越秀集团有限公司	150	215629
11	上海浦东发展银行股份有限公司	52	2728598	61	广东粤海控股有限公司	154	212644
12	兴业银行股份有限公司	35	2550500	62	天津银行股份有限公司	316	211901
13	中国邮政集团公司	13	1996059	63	华侨城集团公司	88	207662
14	中国平安保险（集团）股份有限公司	14	1947500	64	广发证券股份有限公司	280	206368
15	中国光大银行股份有限公司	44	1806789	65	广州银行股份有限公司	234	205098
16	中国华润总公司	12	1216557	66	卓尔控股有限公司	177	201842
17	大秦铁路股份有限公司	71	1169882	67	中国煤炭科工集团有限公司	100	199596
18	恒大地产集团有限公司	59	1138170	68	广东省广晟资产经营有限公司	81	194312
19	腾讯控股有限公司	103	1020308	69	中国医药集团总公司	34	190766
20	广发银行股份有限公司	70	958573	70	安徽省交通投资集团有限责任公司	290	189504
21	华夏银行股份有限公司	89	922193	71	渤海银行股份有限公司	266	183800
22	北京银行	129	894670	72	厦门建发集团有限公司	45	169252
23	中国太平洋保险（集团）股份有限公司	29	831300	73	北京能源投资（集团）有限公司	122	167738
24	中国中化集团公司	7	761274	74	四川省烟草公司成都市公司	173	161361
25	中国人寿保险（集团）公司	8	677721	75	天津城市基础设施建设投资集团有限公司	215	158705
26	江苏华厦融创置地集团有限公司	136	659960	76	浙江省交通投资集团有限公司	114	157493
27	重庆龙湖企业拓展有限公司	110	632756	77	中金再生资源（中国）投资有限公司	73	155162
28	绿地控股集团有限公司	30	624366	78	光大证券股份有限公司	341	154447
29	中国人民保险集团股份有限公司	16	518680	79	申能（集团）有限公司	101	153440
30	世纪金源投资集团有限公司	106	497002	80	吉林银行	204	152449
31	中国南方电网有限责任公司	9	488369	81	汉口银行	400	150873
32	广州富力地产股份有限公司	105	483484	82	山西煤炭运销集团有限公司	28	144956
33	苏宁电器集团有限公司	23	482059	83	长沙银行股份有限公司	431	140705
34	上海国际港务（集团）股份有限公司	127	472419	84	泰康人寿保险股份有限公司	46	136120
35	中粮集团有限公司	26	470990	85	中国港中旅集团公司	65	132860
36	中国保利集团公司	51	432356	86	山东高速集团有限公司	130	126294
37	重庆农村商业银行股份有限公司	143	427081	87	神州数码控股有限公司	53	122708
38	浙江省能源集团有限公司	62	420869	88	广西北部湾国际港务集团有限公司	133	119123
39	中国机械工业集团有限公司	24	407711	89	无锡市交通产业集团有限公司	454	117427
40	国家开发投资公司	48	395323	90	上海金开利集团有限公司	425	113242
41	中国航空集团公司	40	387922	91	深圳能源集团股份有限公司	157	112461
42	大连万达集团股份有限公司	38	364061	92	无锡市国联发展（集团）有限公司	187	112226
43	中国电信集团公司	11	360007	93	武汉农村商业银行股份有限公司	407	111918
44	徽商银行股份有限公司	231	349261	94	北京首都国际机场股份有限公司	262	111399
45	江苏苏宁环球集团有限公司	75	337500	95	江西赣粤高速公路股份有限公司	359	110882
46	广东省交通集团有限公司	96	335959	96	中国航空油料集团公司	17	110243
47	隆基泰和实业有限公司	77	330186	97	龙江银行股份有限公司	275	110143
48	海通证券股份有限公司	206	310303	98	重庆华宇物业（集团）有限公司	283	109110
49	中国东方航空集团公司	43	293781	99	大华（集团）有限公司	182	108273
50	广州农村商业银行股份有限公司	172	290119	100	宁波银亿集团有限公司	120	107721
					中国服务业500强平均数		276260

表10－5　　2012中国服务业企业500强资产排序前100名企业

排名	公司名称	总排名	资产（万元）	排名	公司名称	总排名	资产（万元）
1	中国工商银行股份有限公司	2	1547686800	51	山东高速集团有限公司	130	16530925
2	中国建设银行股份有限公司	3	1228183400	52	中国海运（集团）总公司	57	16103357
3	中国银行股份有限公司	6	1183006600	53	龙江银行股份有限公司	275	15215506
4	中国农业银行股份有限公司	5	1167757700	54	汉口银行	400	13794270
5	交通银行股份有限公司	18	461117683	55	浙江省交通投资集团有限公司	114	13764918
6	中国邮政集团公司	13	426034354	56	中国南方航空集团公司	42	13626868
7	中国中信集团有限公司	10	327705276	57	武汉市城市建设投资开发集团有限公司	257	13515039
8	招商银行股份有限公司	31	279497100	58	太平人寿保险有限公司	80	13260183
9	上海浦东发展银行股份有限公司	52	268469369	59	绿城房地产集团有限公司	84	12797653
10	兴业银行股份有限公司	35	240879800	60	中国东方航空集团公司	43	12258944
11	中国平安保险（集团）股份有限公司	14	228542400	61	长沙银行股份有限公司	431	12231840
12	中国民生银行股份有限公司	32	222906400	62	中国外运长航集团有限公司	39	12107165
13	国家电网公司	1	221159075	63	山西煤炭运销集团有限公司	28	11131669
14	中国光大银行股份有限公司	44	201670762	64	广西北部湾银行股份有限公司	321	11116128
15	中国人寿保险（集团）公司	8	195762960	65	浙江省能源集团有限公司	62	11105390
16	华夏银行股份有限公司	89	124414118	66	广州市地下铁道总公司	348	10974447
17	中国移动通信集团公司	4	116326421	67	广州越秀集团有限公司	150	10622139
18	北京银行	129	95649868	68	河南交通投资集团有限公司	205	10391305
19	广发银行股份有限公司	70	91898182	69	青岛农村商业银行股份有限公司	295	10388441
20	中国电信集团公司	11	65384072	70	中国医药集团总公司	34	10282301
21	中国华润总公司	12	63700000	71	北京能源投资（集团）有限公司	122	10240959
22	中国人民保险集团股份有限公司	16	58515200	72	北京首都创业集团有限公司	140	10219411
23	中国太平洋保险（集团）股份有限公司	29	57061200	73	广西交通投资集团有限公司	149	10132295
24	中国联合网络通信集团有限公司	19	52374734	74	海通证券股份有限公司	206	9887638
25	中国南方电网有限责任公司	9	52297356	75	天津物产集团有限公司	21	9819150
26	天津城市基础设施建设投资集团有限公司	215	44123166	76	申能（集团）有限公司	101	9558119
27	新华人寿保险股份有限公司	37	38677100	77	中国通用技术（集团）控股有限责任公司	33	9529851
28	泰康人寿保险股份有限公司	46	35107414	78	大秦铁路股份有限公司	71	9412073
29	重庆农村商业银行股份有限公司	143	34437989	79	天津港（集团）有限公司	123	8999999
30	中国远洋运输（集团）总公司	25	32873163	80	武汉农村商业银行股份有限公司	407	8867399
31	渤海银行股份有限公司	266	31250000	81	北京控股集团有限公司	83	8580066
32	海航集团有限公司	41	29668196	82	华侨城集团公司	88	8464102
33	广州铁路（集团）公司	61	29429669	83	广州富力地产股份有限公司	105	8415888
34	中国保利集团公司	51	29343494	84	上海国际港务（集团）股份有限公司	127	8325751
35	国家开发投资公司	48	27664009	85	重庆龙湖企业拓展有限公司	110	8250566
36	广州农村商业银行股份有限公司	172	27373720	86	安徽省高速公路控股集团有限公司	209	7894990
37	中粮集团有限公司	26	26000034	87	河北建设投资集团有限责任公司	153	7737767
38	中国中化集团公司	7	25818873	88	青岛银行股份有限公司	486	7702568
39	徽商银行股份有限公司	231	25698156	89	广发证券股份有限公司	280	7681075
40	天津银行股份有限公司	316	23535998	90	江苏苏宁环球集团有限公司	75	7540590
41	盛京银行有限公司	178	22308897	91	广东省广晟资产经营有限公司	81	7318441
42	广州银行股份有限公司	234	20598539	92	阳光保险集团股份有限公司	98	7139309
43	大连万达集团股份有限公司	38	20302685	93	江苏张家港农村商业银行股份有限公司	408	7024584
44	绿地控股集团有限公司	30	18816137	94	百联集团有限公司	15	6834090
45	吉林银行	204	18642803	95	新疆广汇实业投资（集团）有限责任公司	47	6762318
46	中国航空集团公司	40	18331989	96	厦门建发集团有限公司	45	6663702
47	广东省交通集团有限公司	96	18156998	97	中国诚通控股集团有限公司	56	6510145
48	成都银行股份有限公司	318	18139419	98	中国铁路物资股份有限公司	20	6336761
49	恒大地产集团有限公司	59	17902341	99	洛阳银行股份有限公司	450	6219936
50	中国机械工业集团有限公司	24	16864123	100	苏宁电器集团有限公司	23	5978647
					中国服务业企业500强平均数		21196101

表10-6 2012中国服务业企业500强从业人数排序前100名企业

排名	公司名称	总排名	从业人数	排名	公司名称	总排名	从业人数
1	国家电网公司	1	1582554	51	中国港中旅集团公司	65	44201
2	中国邮政集团公司	13	889307	52	重庆商业投资集团有限公司	471	42730
3	中国电信集团公司	11	491447	53	中国民生银行股份有限公司	32	40820
4	中国农业银行股份有限公司	5	447401	54	华侨城集团公司	88	38229
5	中国工商银行股份有限公司	2	408859	55	庞大汽贸集团股份有限公司	64	34834
6	中国华润总公司	12	350524	56	兴业银行股份有限公司	35	34611
7	中国建设银行股份有限公司	3	329438	57	山西汽车运输集团有限公司	298	33952
8	中国南方电网有限责任公司	9	301539	58	恒大地产集团有限公司	59	32644
9	中国联合网络通信集团有限公司	19	299818	59	石家庄北国人百集团有限责任公司	126	32000
10	中国银行股份有限公司	6	289951	60	福建省能源集团有限责任公司	115	31882
11	泰康人寿保险股份有限公司	46	240000	61	上海浦东发展银行股份有限公司	52	31231
12	中国移动通信集团公司	4	216677	62	中国诚通控股集团有限公司	56	30508
13	大连大商集团有限公司	36	211066	63	中国煤炭科工集团有限公司	100	30291
14	山东省商业集团有限公司	68	180000	64	中国保利集团公司	51	29938
15	苏宁电器集团有限公司	23	175905	65	河南交通投资集团有限公司	205	29683
16	中国平安保险（集团）股份有限公司	14	175136	66	中国光大银行股份有限公司	44	28267
17	广州铁路（集团）公司	61	156763	67	北京新东方教育科技（集团）有限公司	328	26117
18	中国中信集团有限公司	10	155333	68	广西水利电业集团有限公司	235	24871
19	中国人寿保险（集团）公司	8	133783	69	广东省广新控股集团有限公司	58	24684
20	阳光保险集团股份有限公司	98	118345	70	山东高速集团有限公司	130	23373
21	山西煤炭运销集团有限公司	28	103745	71	福建省交通运输集团有限责任公司	160	22469
22	中国人民保险集团股份有限公司	16	98609	72	太平人寿保险有限公司	80	22468
23	中粮集团有限公司	26	98300	73	重庆交通运输控股（集团）有限公司	213	22188
24	中国机械工业集团有限公司	24	95529	74	隆基泰和实业有限公司	77	22091
25	大秦铁路股份有限公司	71	95480	75	邯郸市阳光百货集团总公司	335	22000
26	重庆商社（集团）有限公司	76	91375	76	浙江省交通投资集团有限公司	114	21983
27	百联集团有限公司	15	90313	77	南昌市政公用投资控股有限责任公司	227	20300
28	交通银行股份有限公司	18	90149	78	中国大地财产保险股份有限公司	148	20247
29	国家开发投资公司	48	87492	79	东软集团股份有限公司	285	20121
30	海航集团有限公司	41	79969	80	长沙通程实业集团有限公司	345	20079
31	中国东方航空集团公司	43	77363	81	三胞集团有限公司	69	20000
32	重庆市能源投资集团公司	108	75543	82	上海国际港务（集团）股份有限公司	127	19971
33	中国外运长航集团有限公司	39	74806	83	广州市第二公共汽车公司	464	19917
34	中国远洋运输（集团）总公司	25	72897	84	上海机场（集团）有限公司	214	19482
35	中国航空集团公司	40	65867	85	世纪金源投资集团有限公司	106	19267
36	北京控股集团有限公司	83	65305	86	华夏银行股份有限公司	89	19169
37	中国南方航空集团公司	42	60342	87	广发银行股份有限公司	70	18641
38	武汉商联（集团）股份有限公司	60	58034	88	开元旅业集团有限公司	277	18011
39	北京首都旅游集团有限责任公司	87	53954	89	广州市地下铁道总公司	348	17710
40	中国医药集团总公司	34	53617	90	天津港（集团）有限公司	123	17675
41	新疆广汇实业投资（集团）有限责任公司	47	50708	91	浙江省物产集团公司	27	17401
42	广东省广晟资产经营有限公司	81	50013	92	武汉市城市建设投资开发集团有限公司	257	16898
43	广东省交通集团有限公司	96	49710	93	上海交运（集团）公司	229	16881
44	新华人寿保险股份有限公司	37	49031	94	厦门国贸控股有限公司	54	16745
45	辽宁兴隆大家庭商业集团有限公司	183	48769	95	广州富力地产股份有限公司	105	16416
46	中国中化集团公司	7	46996	96	浙江省国际贸易集团有限公司	74	15640
47	大连万达集团股份有限公司	38	46757	97	唐山百货大楼集团有限责任公司	248	15426
48	中国海运（集团）总公司	57	45729	98	杭州联华华商集团有限公司	168	15419
49	招商银行股份有限公司	31	45344	99	安徽省徽商集团有限公司	63	15400
50	中国通用技术（集团）控股有限责任公司	33	44311	100	腾讯控股有限公司	103	15320
					中国服务业企业500强平均数		24327

表 10－7　　2012 中国服务业企业 500 强研发费用排序前 100 名企业

排名	公司名称	总排名	研发费用（万元）	排名	公司名称	总排名	研发费用（万元）
1	中国移动通信集团公司	4	1435144	51	中国平安保险（集团）股份有限公司	14	11041
2	中国电信集团公司	11	882649	52	广东省广新控股集团有限公司	58	10704
3	国家电网公司	1	645179	53	天津港（集团）有限公司	123	10253
4	中国工商银行股份有限公司	2	415999	54	中国邮政集团公司	13	9819
5	中国机械工业集团有限公司	24	281754	55	山西煤炭进出口集团有限公司	50	9381
6	腾讯控股有限公司	103	268482	56	万事利集团有限公司	398	9379
7	中国南方电网有限责任公司	9	219732	57	东冠集团有限公司	414	9220
8	重庆龙湖企业拓展有限公司	110	114806	58	天津市津能投资公司	139	8982
9	中国通用技术（集团）控股有限责任公司	33	100071	59	江苏高力集团有限公司	132	8755
10	中国煤炭科工集团有限公司	100	95079	60	苏宁电器集团有限公司	23	8722
11	中国中信集团有限公司	10	93924	61	北京新东方教育科技（集团）有限公司	328	8622
12	申能（集团）有限公司	101	86611	62	泰康人寿保险股份有限公司	46	8318
13	中国医药集团总公司	34	79154	63	安徽出版集团有限责任公司	211	8000
14	广东省广晟资产经营有限公司	81	78580	64	无锡市国联发展（集团）有限公司	187	7271
15	中国民航信息集团公司	389	66040	65	上海交运（集团）公司	229	7123
16	海航集团有限公司	41	65849	66	浙大网新科技股份有限公司	281	7120
17	中国远洋运输（集团）总公司	25	64885	67	徽商银行股份有限公司	231	6869
18	中国铁道科学研究院	250	58056	68	江西赣粤高速公路股份有限公司	359	6865
19	用友软件股份有限公司	357	52782	69	太平鸟集团有限公司	247	6813
20	宁波银亿集团有限公司	120	51963	70	西安高科（集团）公司	244	6520
21	中国中化集团公司	7	49135	71	天津银行股份有限公司	316	6504
22	中国联合网络通信集团有限公司	19	45621	72	重庆华宇物业（集团）有限公司	283	5923
23	隆基泰和实业有限公司	77	44579	73	广州中大控股有限公司	429	5839
24	东软集团股份有限公司	285	40217	74	广州凯得控股有限公司	381	5598
25	交通银行股份有限公司	18	39753	75	广发证券股份有限公司	280	5183
26	广东省交通集团有限公司	96	38961	76	天津市政建设集团有限公司	246	4996
27	中国外运长航集团有限公司	39	33415	77	山西省国新能源发展集团有限公司	125	4977
28	神州数码控股有限公司	53	28637	78	山东省商业集团有限公司	68	4795
29	苏州金螳螂企业集团有限公司	193	27880	79	庞大汽贸集团股份有限公司	64	4600
30	广发银行股份有限公司	70	25130	80	广西北部湾国际港务集团有限公司	133	4506
31	中国诚通控股集团有限公司	56	24780	81	江苏张家港农村商业银行股份有限公司	408	4500
32	中国海运（集团）总公司	57	24780	82	浙江省交通投资集团有限公司	114	4406
33	重庆市能源投资集团公司	108	24188	83	浙江省物产集团公司	27	4286
34	广州港集团有限公司	333	22381	84	福建省能源集团有限责任公司	115	4192
35	百步亭集团有限公司	260	20180	85	天津贻成集团有限公司	254	4120
36	吉林银行	204	19533	86	快乐购物股份有限公司	477	4109
37	华侨城集团公司	88	18119	87	天津二商集团有限公司	210	4095
38	青岛港（集团）有限公司	141	18000	88	上海东浩国际服务贸易（集团）有限公司	66	4064
39	广州轻工工贸集团有限公司	145	17969	89	南京医药产业（集团）有限责任公司	111	4031
40	广州市地下铁道总公司	348	17704	90	北京首都国际机场股份有限公司	262	3974
41	国家开发投资公司	48	16284	91	浙江省能源集团有限公司	62	3952
42	西安曲江文化产业投资（集团）有限公司	232	15000	92	广东省丝绸纺织集团有限公司	94	3906
43	北京控股集团有限公司	83	14522	93	深圳市神州通投资集团有限公司	162	3755
44	铁道第三勘察设计院集团有限公司	351	13814	94	中国航空集团公司	40	3505
45	百联集团有限公司	15	12684	95	安徽省旅游集团有限责任公司	473	3492
46	长江水利委员会长江勘测规划设计研究院	390	12648	96	广州佳都集团有限公司	358	3282
47	中国海诚工程科技股份有限公司	360	12646	97	阳光保险集团股份有限公司	98	3235
48	云南南天电子信息产业股份有限公司	467	12482	98	南京大地建设集团有限责任公司	300	3046
49	浪潮电子信息产业股份有限公司	79	12299	99	重庆对外经贸（集团）有限公司	194	2906
50	天津住宅建设发展集团有限公司	152	11959	100	中国国际技术智力合作公司	102	2718
					中国服务业企业 500 强平均数		28345

表10-8 2012中国服务业企业500强研发费所占比例排序前100名企业

排名	公司名称	总排名	研发费所占比例（%）	排名	公司名称	总排名	研发费所占比例（%）
1	中国民航信息集团公司	389	17.98	51	江苏吴江农村商业银行股份有限公司	487	0.74
2	用友软件股份有限公司	357	12.80	52	天津市政建设集团有限公司	246	0.72
3	腾讯控股有限公司	103	9.42	53	海航集团有限公司	41	0.70
4	中国铁道科学研究院	250	8.56	54	无锡市国联发展（集团）有限公司	187	0.68
5	东软集团股份有限公司	285	6.99	55	中国医药集团总公司	34	0.63
6	广州港集团有限公司	333	4.76	56	天津贻成集团有限公司	254	0.62
7	云南南天电子信息产业股份有限公司	467	4.70	57	北京首都国际机场股份有限公司	262	0.61
8	重庆龙湖企业拓展有限公司	110	4.54	58	中国工商银行股份有限公司	2	0.59
9	广州市地下铁道总公司	348	4.12	59	沧州运输集团有限公司	482	0.58
10	长江水利委员会长江勘测规划设计研究院	390	3.45	60	南京大地建设集团有限责任公司	300	0.58
11	铁道第三勘察设计院集团有限公司	351	3.26	61	中国南方电网有限责任公司	9	0.56
12	中国煤炭科工集团有限公司	100	3.21	62	华侨城集团公司	88	0.54
13	中国海诚工程科技股份有限公司	360	3.10	63	广发银行股份有限公司	70	0.53
14	百步亭集团有限公司	260	3.09	64	汉口银行	400	0.51
15	中国电信集团公司	11	3.02	65	广东省航运集团有限公司	388	0.50
16	申能（集团）有限公司	101	2.97	66	浙江建华集团有限公司	382	0.50
17	苏州金螳螂企业集团有限公司	193	2.70	67	中节能（天津）投资集团有限公司	369	0.49
18	东冠集团有限公司	414	2.69	68	天津市津能投资公司	139	0.48
19	万事利集团有限公司	398	2.62	69	天津港（集团）有限公司	123	0.46
20	中国移动通信集团公司	4	2.54	70	天津二商集团有限公司	210	0.45
21	宁波银亿集团有限公司	120	2.30	71	天津市自来水集团有限公司	364	0.45
22	广东省广晟资产经营有限公司	81	2.18	72	江苏高力集团有限公司	132	0.43
23	吉林银行	204	2.03	73	神州数码控股有限公司	53	0.42
24	西安曲江文化产业投资（集团）有限公司	232	1.95	74	北京控股集团有限公司	83	0.41
25	广州中大控股有限公司	429	1.82	75	中国海运（集团）总公司	57	0.39
26	北京新东方教育科技（集团）有限公司	328	1.80	76	国家电网公司	1	0.39
27	江西赣粤高速公路股份有限公司	359	1.67	77	湖南省轻工盐业集团有限责任公司	470	0.39
28	快乐购物股份有限公司	477	1.61	78	中国诚通控股集团有限公司	56	0.38
29	广州凯得控股有限公司	381	1.48	79	中国远洋运输（集团）总公司	25	0.35
30	中国机械工业集团有限公司	24	1.46	80	浪潮电子信息产业股份有限公司	79	0.34
31	安徽省旅游集团有限责任公司	473	1.34	81	上海丝绸集团股份有限公司	346	0.34
32	天津银行股份有限公司	316	1.31	82	中国外运长航集团有限公司	39	0.32
33	江苏张家港农村商业银行股份有限公司	408	1.29	83	宁波滕头集团有限公司	305	0.32
34	广东省交通集团有限公司	96	1.26	84	月星集团有限公司	238	0.30
35	浙大网新科技股份有限公司	281	1.21	85	中国中信集团有限公司	10	0.29
36	隆基泰和实业有限公司	77	1.15	86	厦门华澄集团有限公司	378	0.29
37	重庆华宇物业（集团）有限公司	283	1.02	87	青海省投资集团有限公司	294	0.28
38	广州轻工工贸集团有限公司	145	1.01	88	深圳市神州通投资集团有限公司	162	0.28
39	太平鸟集团有限公司	247	0.99	89	重庆对外经贸（集团）有限公司	194	0.28
40	青岛港（集团）有限公司	141	0.98	90	浙江凯喜雅国际股份有限公司	263	0.27
41	重庆市能源投资集团公司	108	0.93	91	宁波萌恒工贸有限公司	500	0.26
42	上海交运（集团）公司	229	0.92	92	大连金港集团有限公司	411	0.25
43	西安高科（集团）公司	244	0.92	93	江苏恒大置业投资发展有限公司	371	0.25
44	徽商银行股份有限公司	231	0.89	94	深圳市腾邦物流股份有限公司	409	0.24
45	安徽出版集团有限责任公司	211	0.88	95	山西省国新能源发展集团有限公司	125	0.23
46	广发证券股份有限公司	280	0.87	96	湖北银丰实业集团有限责任公司	331	0.23
47	重庆市涪陵水利电力投资集团有限责任公司	490	0.82	97	大连港集团有限公司	343	0.22
48	广州佳都集团有限公司	358	0.80	98	广西北部湾国际港务集团有限公司	133	0.22
49	天津住宅建设发展集团有限公司	152	0.79	99	全洲药业集团有限公司	493	0.21
50	中国通用技术（集团）控股有限责任公司	33	0.77	100	广州友谊集团股份有限公司	344	0.21
					中国服务业企业500强平均数		0.58

表10－9　　2012中国服务业企业500强净资产利润率排序前100名企业

排名	公司名称	总排名	净资产利润率（%）	排名	公司名称	总排名	净资产利润率（%）
1	青岛海信东海商贸有限公司	472	124.99	51	洛阳银行股份有限公司	450	26.37
2	九州通医药集团股份有限公司	113	100.00	52	中国河南国际合作集团有限公司	421	25.98
3	广州富力地产股份有限公司	105	99.86	53	新疆广汇实业投资（集团）有限责任公司	47	25.69
4	新疆生产建设兵团农一师棉麻公司	428	84.39	54	黑龙江倍丰农业生产资料集团有限公司	196	25.55
5	山西美特好连锁超市股份有限公司	373	83.67	55	华星北方汽车贸易有限公司	422	25.10
6	新疆前海供销集团公司	461	78.57	56	长沙银行股份有限公司	431	24.79
7	四川航空股份有限公司	166	57.22	57	福建省烟草公司厦门市公司	394	24.74
8	杭州联华华商集团有限公司	168	55.16	58	宁波市蔬菜有限公司	439	24.68
9	大洲控股集团有限公司	436	52.39	59	张家港保税区锦德贸易有限公司	376	24.63
10	新疆银隆农业国际合作股份有限公司	420	47.91	60	中国东方航空集团公司	43	24.63
11	河北东盛英华医药有限公司	479	47.55	61	新华锦集团有限公司	144	24.07
12	浙江英特药业有限责任公司	219	46.52	62	苏州汽车客运集团有限公司	448	23.18
13	浙江供销超市有限公司	456	43.98	63	盛京银行有限公司	178	22.66
14	重庆中渝物业发展有限公司	497	42.69	64	浙江华成控股集团有限公司	171	22.52
15	宁波华东物资城市场建设开发有限公司	200	41.67	65	绮丽集团有限责任公司	488	22.50
16	上海金开利集团有限公司	425	41.36	66	重庆永辉超市有限公司	258	22.47
17	大连万达集团股份有限公司	38	39.46	67	江苏吴中集团有限公司	239	22.30
18	上海亚东国际货运有限公司	375	38.92	68	中国国际技术智力合作公司	102	22.19
19	隆基泰和实业有限公司	77	37.06	69	兴业银行股份有限公司	35	22.14
20	辛集皮革城有限公司	476	36.08	70	加贝物流股份有限公司	406	22.00
21	腾讯控股有限公司	103	35.85	71	大华（集团）有限公司	182	21.99
22	卓尔控股有限公司	177	35.69	72	成都银行股份有限公司	318	21.95
23	中国免税品（集团）有限责任公司	355	35.12	73	招商银行股份有限公司	31	21.90
24	上海春秋国际旅行社（集团）有限公司	222	35.05	74	浙江宝利德控股集团有限公司	245	21.89
25	恒大地产集团有限公司	59	34.82	75	河北保百集团有限公司	453	21.85
26	安徽省交通投资集团有限责任公司	290	34.61	76	上海百营钢铁集团有限公司	272	21.82
27	上海中钢投资集团有限公司	466	34.00	77	合肥百货大楼集团股份有限公司	97	21.80
28	宁波滕头集团有限公司	305	32.94	78	中国工商银行股份有限公司	2	21.77
29	绿地控股集团有限公司	30	31.84	79	苏宁电器集团有限公司	23	21.59
30	北京菜市口百货股份有限公司	179	31.67	80	绿城房地产集团有限公司	84	21.56
31	万合集团股份有限公司	363	31.48	81	中国民生银行股份有限公司	32	21.54
32	武汉工贸有限公司	302	31.33	82	天津鑫茂科技投资集团有限公司	468	21.17
33	中基宁波集团股份有限公司	146	31.01	83	苏州金螳螂企业集团有限公司	193	21.06
34	广东振戎能源有限公司	91	30.94	84	唐山百货大楼集团有限责任公司	248	20.98
35	宁波宁电进出口有限公司	496	30.83	85	江苏华厦融创置地集团有限公司	136	20.89
36	石家庄北国人百集团有限责任公司	126	30.05	86	广州友谊集团股份有限公司	344	20.87
37	上海闽路润贸易有限公司	237	29.34	87	第一钢市市场股份有限公司	475	20.87
38	中金再生资源（中国）投资有限公司	73	29.31	88	南通化工轻工股份有限公司	147	20.80
39	青岛海悦钢铁有限公司	469	29.24	89	中国建设银行股份有限公司	3	20.75
40	重庆龙湖企业拓展有限公司	110	28.84	90	山东远通汽车贸易集团有限公司	202	20.64
41	四川省烟草公司成都市公司	173	28.63	91	金科地产集团股份有限公司	199	20.58
42	浙江华联商厦有限公司	446	28.47	92	徽商银行股份有限公司	231	20.44
43	宁波海田国际贸易有限公司	306	28.34	93	江苏张家港农村商业银行股份有限公司	408	20.38
44	广东省商业企业集团公司	443	28.01	94	山东机械进出口集团有限公司	286	20.24
45	中国煤炭科工集团有限公司	100	27.84	95	张家港市第一人民商场有限责任公司	499	20.22
46	浙江省医药工业有限公司	413	27.70	96	上海丝绸集团股份有限公司	346	20.15
47	中国工艺（集团）公司	78	27.54	97	山西金邦贸易有限公司	404	20.04
48	宁波银亿集团有限公司	120	27.46	98	开元旅业集团有限公司	277	19.98
49	重庆中汽西南汽车有限公司	228	26.56	99	苏州国信集团有限公司	313	19.81
50	世纪金源投资集团有限公司	106	26.55	100	银川新华百货商业集团股份有限公司	297	19.68
					中国服务业企业500强平均数		13.23

表10－10　　2012中国服务业企业500强资产利润率排序前100名企业

排名	公司名称	总排名	资产利润率（%）	排名	公司名称	总排名	资产利润率（%）
1	怀来县土木煤炭市场物流服务中心	301	432.04	51	上海龙宇燃油股份有限公司	293	7.67
2	湖南佳惠百货有限责任公司	387	47.54	52	浙江供销超市有限公司	456	7.55
3	上海金开利集团有限公司	425	36.76	53	浙江省医药工业有限公司	413	7.08
4	四川省烟草公司成都市公司	173	24.68	54	上海致盛实业集团有限公司	442	7.06
5	福建省烟草公司厦门市公司	394	22.85	55	中国煤炭科工集团有限公司	100	7.02
6	中国免税品（集团）有限责任公司	355	22.74	56	太平鸟集团有限公司	247	6.94
7	辛集皮革城有限公司	476	19.32	57	重庆华宇物业（集团）有限公司	283	6.78
8	上海中钢投资集团有限公司	466	18.89	58	江阴市中昌实业有限公司	362	6.76
9	腾讯控股有限公司	103	17.96	59	上海亚东国际货运有限公司	375	6.76
10	宁波华东物资城市场建设开发有限公司	200	17.35	60	广州佳都集团有限公司	358	6.72
11	江苏华厦融创置地集团有限公司	136	17.01	61	大连金港集团有限公司	411	6.59
12	宁波滕头集团有限公司	305	16.31	62	中国移动通信集团公司	4	6.50
13	卓尔控股有限公司	177	15.52	63	恒大地产集团有限公司	59	6.36
14	张家港保税区锦德贸易有限公司	376	14.42	64	绮丽集团有限责任公司	488	6.27
15	北京新东方教育科技（集团）有限公司	328	13.03	65	中兴－沈阳商业大厦（集团）股份有限公司	402	6.20
16	重庆中渝物业发展有限公司	497	13.01	66	浙江华成控股集团有限公司	171	6.17
17	厦门华澄集团有限公司	378	12.97	67	东软集团股份有限公司	285	6.12
18	隆基泰和实业有限公司	77	12.65	68	青岛海信东海商贸有限公司	472	6.10
19	大秦铁路股份有限公司	71	12.43	69	重庆市锦天地产（集团）有限公司	372	6.09
20	大连宏光好运来集团有限公司	327	11.31	70	加贝物流股份有限公司	406	6.04
21	快乐购物股份有限公司	477	11.12	71	中国河南国际合作集团有限公司	421	6.00
22	苏州汽车客运集团有限公司	448	10.98	72	河北东盛英华医药有限公司	479	5.97
23	广州友谊集团股份有限公司	344	10.80	73	铁道第三勘察设计院集团有限公司	351	5.89
24	中金再生资源（中国）投资有限公司	73	10.59	74	广东省商业企业集团公司	443	5.79
25	浙江英特药业有限责任公司	219	10.31	75	湖南省新华书店有限责任公司	288	5.79
26	上海百营钢铁集团有限公司	272	10.23	76	四川航空股份有限公司	166	5.76
27	浪潮电子信息产业股份有限公司	79	10.22	77	广州富力地产股份有限公司	105	5.74
28	第一钢市市场股份有限公司	475	10.17	78	北京菜市口百货股份有限公司	179	5.73
29	张家港市第一人民商场有限责任公司	499	9.90	79	心连心集团有限公司	480	5.69
30	上海春秋国际旅行社（集团）有限公司	222	9.89	80	上海国际港务（集团）股份有限公司	127	5.67
31	世纪金源投资集团有限公司	106	9.74	81	武汉工贸有限公司	302	5.67
32	重庆永辉超市有限公司	258	9.43	82	安徽亚夏实业股份有限公司	307	5.62
33	环渤海金岸（天津）集团股份有限公司	201	9.36	83	锦联控股集团有限公司	255	5.62
34	银川新华百货商业集团股份有限公司	297	9.16	84	山西金邦贸易有限公司	404	5.59
35	山东远通汽车贸易集团有限公司	202	9.06	85	深圳市爱施德股份有限公司	167	5.58
36	用友软件股份有限公司	357	9.01	86	山西宝力金属材料集团有限公司	324	5.50
37	天津鑫茂科技投资集团有限公司	468	8.96	87	杭州联华华商集团有限公司	168	5.36
38	江苏高力集团有限公司	132	8.85	88	长沙通程实业集团有限公司	345	5.31
39	青岛港（集团）有限公司	141	8.62	89	万合集团股份有限公司	363	5.29
40	浙江省八达物流有限公司	474	8.57	90	无锡商业大厦大东方股份有限公司	242	5.23
41	南通化工轻工股份有限公司	147	8.56	91	宁波市工艺品进出口有限公司	447	5.22
42	张家港保税区荣德贸易有限公司	223	8.39	92	新疆银隆农业国际合作股份有限公司	420	5.19
43	大洲控股集团有限公司	436	8.27	93	云南南天电子信息产业股份有限公司	467	5.15
44	合肥百货大楼集团股份有限公司	97	8.18	94	新龙药业集团有限公司	251	5.13
45	苏宁电器集团有限公司	23	8.06	95	山西大昌汽车集团有限公司	252	5.12
46	中国铁道科学研究院	250	8.03	96	安徽省交通投资集团有限责任公司	290	5.03
47	中国国际技术智力合作公司	102	7.86	97	宁波万象控股集团有限公司	395	5.00
48	上海丝绸集团股份有限公司	346	7.81	98	欧美投资集团有限公司	197	4.97
49	宁波萌恒工贸有限公司	500	7.76	99	石家庄北国人百集团有限责任公司	126	4.95
50	重庆龙湖企业拓展有限公司	110	7.67	100	湖南九龙经贸集团有限公司	430	4.93
					中国服务业企业500强平均数		1.29

表10－11　2012中国服务业企业500强收入利润率排序前100名企业

排名	公司名称	总排名	收入利润率（%）	排名	公司名称	总排名	收入利润率（%）
1	成都银行股份有限公司	318	48.41	51	大洲控股集团有限公司	436	17.40
2	徽商银行股份有限公司	231	45.38	52	北京新东方教育科技（集团）有限公司	328	17.39
3	长沙银行股份有限公司	431	43.91	53	北京首都国际机场股份有限公司	262	17.14
4	北京银行	129	43.16	54	卓尔控股有限公司	177	16.94
5	汉口银行	400	42.70	55	中华企业股份有限公司	336	16.42
6	天津银行股份有限公司	316	42.55	56	宁波富达股份有限公司	370	16.38
7	无锡市交通产业集团有限公司	454	41.80	57	中国免税品（集团）有限责任公司	355	16.30
8	上海浦东发展银行股份有限公司	52	40.18	58	广西北部湾银行股份有限公司	321	16.18
9	重庆中渝物业发展有限公司	497	35.92	59	吉林银行	204	15.87
10	腾讯控股有限公司	103	35.81	60	苏州汽车客运集团有限公司	448	15.80
11	上海金开利集团有限公司	425	34.75	61	联发集团有限公司	361	14.51
12	广发证券股份有限公司	280	34.71	62	青岛港（集团）有限公司	141	14.20
13	江苏华厦融创置地集团有限公司	136	34.61	63	广东粤海控股有限公司	154	14.11
14	光大证券股份有限公司	341	34.33	64	广州越秀集团有限公司	150	13.84
15	安徽省交通投资集团有限责任公司	290	33.92	65	天津鑫茂科技投资集团有限公司	468	13.60
16	海通证券股份有限公司	206	33.39	66	中国移动通信集团公司	4	13.37
17	洛阳银行股份有限公司	450	32.51	67	四川省烟草公司成都市公司	173	13.26
18	武汉农村商业银行股份有限公司	407	32.16	68	荣安集团股份有限公司	396	13.00
19	江苏吴江农村商业银行股份有限公司	487	30.96	69	上海临港经济发展（集团）有限公司	330	12.51
20	张家口市商业银行股份有限公司	494	29.89	70	用友软件股份有限公司	357	11.94
21	青岛银行股份有限公司	486	29.72	71	福建省烟草公司厦门市公司	394	11.92
22	中国工商银行股份有限公司	2	29.35	72	大连金港集团有限公司	411	11.57
23	中国建设银行股份有限公司	3	29.23	73	中国中信集团有限公司	10	11.45
24	渤海银行股份有限公司	266	28.63	74	广州港集团有限公司	333	11.12
25	华夏银行股份有限公司	89	27.49	75	广东省交通集团有限公司	96	10.88
26	江西赣粤高速公路股份有限公司	359	27.04	76	金科地产集团股份有限公司	199	10.84
27	广州银行股份有限公司	234	26.94	77	福佳集团有限公司	128	10.63
28	江苏张家港农村商业银行股份有限公司	408	26.15	78	无锡市国联发展（集团）有限公司	187	10.42
29	大秦铁路股份有限公司	71	25.99	79	中国铁道科学研究院	250	9.87
30	招商银行股份有限公司	31	25.45	80	大华（集团）有限公司	182	9.53
31	潍坊银行股份有限公司	484	25.25	81	大连宏光好运来集团有限公司	327	9.07
32	重庆龙湖企业拓展有限公司	110	25.01	82	开元旅业集团有限公司	277	8.86
33	广州农村商业银行股份有限公司	172	23.73	83	上海致盛实业集团有限公司	442	8.78
34	重庆农村商业银行股份有限公司	143	23.60	84	青岛农村商业银行股份有限公司	295	8.77
35	中国银行股份有限公司	6	23.54	85	亿达集团有限公司	224	8.75
36	交通银行股份有限公司	18	23.26	86	西安曲江大明宫投资（集团）有限公司	434	8.71
37	盛京银行有限公司	178	22.63	87	隆基泰和实业有限公司	77	8.55
38	中国农业银行股份有限公司	5	22.32	88	四川蓝光实业集团有限公司	241	8.52
39	上海国际港务（集团）股份有限公司	127	21.69	89	东软集团股份有限公司	285	8.43
40	兴业银行股份有限公司	35	21.53	90	中国民航信息集团公司	389	8.40
41	中国光大银行股份有限公司	44	21.02	91	广州友谊集团股份有限公司	344	8.23
42	中国民生银行股份有限公司	32	20.53	92	江苏苏宁环球集团有限公司	75	8.23
43	广发银行股份有限公司	70	20.04	93	厦门华澄集团有限公司	378	8.10
44	浙江中国小商品城集团股份有限公司	415	18.99	94	上海中钢投资集团有限公司	466	7.91
45	重庆华宇物业（集团）有限公司	283	18.73	95	重庆乌江实业（集团）股份有限公司	457	7.84
46	世纪金源投资集团有限公司	106	18.48	96	深圳能源集团股份有限公司	157	7.82
47	恒大地产集团有限公司	59	18.38	97	中国平安保险（集团）股份有限公司	14	7.82
48	龙江银行股份有限公司	275	18.10	98	中国邮政集团公司	13	7.71
49	天津城市基础设施建设投资集团有限公司	215	17.99	99	无锡市市政公用产业集团有限公司	492	7.63
50	广州富力地产股份有限公司	105	17.66	100	祥生实业集团有限公司	353	7.62
					中国服务业企业500强平均数		7.67

表10－12　2012中国服务业企业500强人均净利润排序前100名企业

排名	公司名称	总排名	人均净利润（万元）	排名	公司名称	总排名	人均净利润（万元）
1	重庆中渝物业发展有限公司	497	307.37	51	中国建设银行股份有限公司	3	51.43
2	上海金开利集团有限公司	425	291.86	52	广发银行股份有限公司	70	51.42
3	江苏华厦融创置地集团有限公司	136	263.98	53	张家港保税区荣德贸易有限公司	223	51.14
4	中金再生资源（中国）投资有限公司	73	258.60	54	中国工商银行股份有限公司	2	50.94
5	厦门恒兴集团有限公司	349	226.23	55	天津现代集团有限公司	207	50.86
6	张家港保税区锦德贸易有限公司	376	170.56	56	上海百营钢铁集团有限公司	272	50.22
7	珠海振戎公司	49	168.16	57	天津银行股份有限公司	316	48.68
8	青岛海悦钢铁有限公司	469	167.40	58	华夏银行股份有限公司	89	48.11
9	卓尔控股有限公司	177	162.12	59	上海闽路润贸易有限公司	237	47.10
10	绿地控股集团有限公司	30	156.09	60	广西北部湾银行股份有限公司	321	45.22
11	中华企业股份有限公司	336	132.95	61	广州农村商业银行股份有限公司	172	44.26
12	北京银行	129	121.91	62	青岛银行股份有限公司	486	43.01
13	大洲控股集团有限公司	436	118.07	63	新疆生产建设兵团农一师棉麻公司	428	42.99
14	上海临港经济发展（集团）有限公司	330	114.48	64	中国银行股份有限公司	6	42.83
15	四川省烟草公司成都市公司	173	113.32	65	海通证券股份有限公司	206	42.54
16	西安曲江大明宫投资（集团）有限公司	434	110.05	66	弘阳集团有限公司	138	42.24
17	青岛世纪瑞丰国际贸易有限公司	311	109.27	67	潍坊银行股份有限公司	484	41.58
18	大连宏光好运来集团有限公司	327	94.61	68	张家港保税区鑫东鸣贸易有限公司	309	41.40
19	福佳集团有限公司	128	93.91	69	渤海银行股份有限公司	266	41.16
20	广州元亨能源有限公司	334	92.09	70	宁波神化化学品经营有限责任公司	155	40.92
21	南通化工轻工股份有限公司	147	91.51	71	张家港市嘉广天进出口贸易有限公司	460	39.92
22	广州银行股份有限公司	234	91.48	72	厦门育哲进出口有限公司	459	37.70
23	上海中钢投资集团有限公司	466	91.41	73	玖隆钢铁物流有限公司	156	37.15
24	盛京银行有限公司	178	88.54	74	黑龙江倍丰农业生产资料集团有限公司	196	36.55
25	江苏张家港农村商业银行股份有限公司	408	88.07	75	中国移动通信集团公司	4	34.92
26	上海浦东发展银行股份有限公司	52	87.37	76	恒大地产集团有限公司	59	34.87
27	重庆龙湖企业拓展有限公司	110	86.68	77	江苏中江能源有限公司	433	33.76
28	大华（集团）有限公司	182	82.65	78	上海龙宇燃油股份有限公司	293	33.28
29	联发集团有限公司	361	80.51	79	北京菜市口百货股份有限公司	179	33.27
30	招商银行股份有限公司	31	79.68	80	深圳能源集团股份有限公司	157	31.72
31	江苏吴江农村商业银行股份有限公司	487	77.55	81	浙江华瑞集团有限公司	274	31.61
32	上海致盛实业集团有限公司	442	77.14	82	江阴市中昌实业有限公司	362	31.29
33	广东振戎能源有限公司	91	75.39	83	重庆农村商业银行股份有限公司	143	31.14
34	厦门华澄集团有限公司	378	74.99	84	江西赣粤高速公路股份有限公司	359	30.76
35	汉口银行	400	74.36	85	无锡商业大厦大东方股份有限公司	242	30.34
36	东华能源股份有限公司	416	74.02	86	宁波君安物产有限公司	296	30.05
37	荣安集团股份有限公司	396	73.90	87	广州富力地产股份有限公司	105	29.45
38	兴业银行股份有限公司	35	73.69	88	第一钢市市场股份有限公司	475	29.39
39	徽商银行股份有限公司	231	72.78	89	中节能（天津）投资集团有限公司	369	28.75
40	中国民生银行股份有限公司	32	68.40	90	中国水利电力对外公司	259	28.26
41	江苏长三角能源发展有限公司	426	68.20	91	武汉农村商业银行股份有限公司	407	28.13
42	洛阳银行股份有限公司	450	66.63	92	浙江省能源集团有限公司	62	27.92
43	北京首都国际机场股份有限公司	262	66.63	93	宁波富达股份有限公司	370	27.46
44	腾讯控股有限公司	103	66.60	94	中国农业银行股份有限公司	5	27.25
45	福建省烟草公司厦门市公司	394	64.04	95	广东珠江投资股份有限公司	269	27.17
46	中国光大银行股份有限公司	44	63.92	96	宁波市工艺品进出口有限公司	447	27.00
47	长沙银行股份有限公司	431	63.35	97	龙江银行股份有限公司	275	26.62
48	成都银行股份有限公司	318	62.99	98	天津城市基础设施建设投资集团有限公司	215	26.60
49	绿城房地产集团有限公司	84	58.74	99	新疆银隆农业国际合作股份有限公司	420	26.58
50	交通银行股份有限公司	18	56.28	100	宁波联合集团股份有限公司	356	26.01
					中国服务业企业500强平均数		11.29

表 10－13　　2012 中国服务业企业 500 强人均收入排序前 100 名企业

排名	公司名称	总排名	人均收入（万元）	排名	公司名称	总排名	人均收入（万元）
1	张家港保税区日祥贸易有限公司	104	942718	51	上海龙宇燃油股份有限公司	293	2221
2	张家港福洛瑞物贸有限公司	399	89374	52	河北省物流产业集团有限公司	109	2120
3	珠海振戎公司	49	74259	53	新疆西部银力棉业（集团）有限责任公司	320	2043
4	张家港保税区鑫东鸣贸易有限公司	309	50631	54	海南大印集团有限公司	92	2036
5	江苏长三角能源发展有限公司	426	32429	55	江阴长三角钢铁集团有限公司	253	1986
6	青岛海悦钢铁有限公司	469	26381	56	中国轻工业品进出口总公司	99	1905
7	张家港市嘉广天进出口贸易有限公司	460	20915	57	广西富满地农资股份有限公司	483	1848
8	玖隆钢铁物流有限公司	156	20610	58	山东机械进出口集团有限公司	286	1801
9	青岛世纪瑞丰国际贸易有限公司	311	19407	59	天津市立业钢铁集团有限公司	192	1787
10	广东振戎能源有限公司	91	16432	60	浙江中油华电能源有限公司	455	1774
11	广州元亨能源有限公司	334	14203	61	中节能（天津）投资集团有限公司	369	1745
12	厦门育哲进出口有限公司	459	13629	62	中国工艺（集团）公司	78	1719
13	宁波神化化学品经营有限责任公司	155	13197	63	厦门海澳集团有限公司	437	1689
14	南通化工轻工股份有限公司	147	11719	64	河北东盛英华医药有限公司	479	1671
15	张家港保税区荣润贸易有限公司	310	9544	65	山西省国新能源发展集团有限公司	125	1565
16	江苏鑫香山金属材料有限公司	465	9532	66	深圳市腾邦物流股份有限公司	409	1511
17	江苏中江能源有限公司	433	9295	67	苏州国信集团有限公司	313	1436
18	张家港保税区荣德贸易有限公司	223	7937	68	安徽辉隆农资集团	151	1424
19	中金再生资源（中国）投资有限公司	73	7242	69	上海华冶钢铁集团有限公司	116	1420
20	宁波君安物产有限公司	296	6671	70	北京菜市口百货股份有限公司	179	1414
21	上海闽路润贸易有限公司	237	6351	71	上海东浩国际服务贸易（集团）有限公司	66	1390
22	天津益福隆钢铁贸易有限公司	261	6329	72	天津市丽兴京津钢铁贸易有限公司	230	1387
23	张家港保税区锦德贸易有限公司	376	6218	73	宁波医药股份有限公司	393	1381
24	鑫东森集团有限公司	438	6196	74	浙江省八达物流有限公司	474	1336
25	江阴市中昌实业有限公司	362	5906	75	厦门象屿集团有限公司	82	1313
26	远大物产集团有限公司	95	5668	76	浙江华瑞集团有限公司	274	1305
27	厦门嘉联恒进出口有限公司	462	5415	77	太原市河西农产品有限公司	326	1297
28	日出实业集团有限公司	332	4712	78	上海百营钢铁集团有限公司	272	1283
29	上海顺朝企业发展集团有限公司	292	4603	79	西安曲江大明宫投资（集团）有限公司	434	1264
30	宁波宁电进出口有限公司	496	3956	80	重庆华轻商业公司	303	1217
31	新疆生产建设兵团农一师棉麻公司	428	3784	81	天津现代集团有限公司	207	1188
32	绿地控股集团有限公司	30	3697	82	上海中钢投资集团有限公司	466	1155
33	天津渤海润德钢铁集团有限公司	391	3279	83	嘉兴良友进出口集团股份有限公司	337	1140
34	天津物产集团有限公司	21	3197	84	上海展志实业集团有限责任公司	249	1132
35	东华能源股份有限公司	416	3189	85	大连宏光好运来集团有限公司	327	1044
36	宁波海田国际贸易有限公司	306	3179	86	无锡商业大厦大东方股份有限公司	242	1039
37	厦门恒兴集团有限公司	349	3127	87	中国国际技术智力合作公司	102	1023
38	重庆华南物资（集团）有限公司	142	3076	88	中国中化集团公司	7	977
39	中球冠集团有限公司	170	3044	89	中基宁波集团股份有限公司	146	965
40	厦门路桥工程物资有限公司	181	3000	90	浙江省物产集团公司	27	960
41	南方石化集团有限公司	90	2979	91	卓尔控股有限公司	177	957
42	上海宝闽钢铁集团有限公司	264	2850	92	厦门华澄集团有限公司	378	925
43	浙江前程投资股份有限公司	112	2657	93	上海临港经济发展（集团）有限公司	330	915
44	宁波市工艺品进出口有限公司	447	2641	94	北京外企服务集团有限责任公司	119	914
45	河北省唐山市滦通商贸有限公司	175	2620	95	湖北省农业生产资料集团有限公司	397	884
46	黑龙江倍丰农业生产资料集团有限公司	196	2496	96	福佳集团有限公司	128	883
47	浙江凯喜雅国际股份有限公司	263	2440	97	上海致盛实业集团有限公司	442	879
48	常州市化工轻工材料总公司	405	2326	98	宁波市蔬菜有限公司	439	878
49	中国航空油料集团公司	17	2291	99	弘阳集团有限公司	138	877
50	中国铁路物资股份有限公司	20	2269	100	大汉控股集团有限公司	135	875
					中国服务业企业 500 强平均数		145

表10－14　　2012中国服务业企业500强人均资产排序前100名企业

排名	公司名称	总排名	人均资产（万元）	排名	公司名称	总排名	人均资产（万元）
1	张家港保税区日祥贸易有限公司	104	114198	51	潍坊银行股份有限公司	484	3038
2	张家港福洛瑞物贸有限公司	399	16011	52	绿城房地产集团有限公司	84	2920
3	江苏长三角能源发展有限公司	426	13437	53	张家港保税区荣润贸易有限公司	310	2912
4	北京银行	129	13033	54	江苏鑫香山金属材料有限公司	465	2900
5	广州银行股份有限公司	234	9188	55	新疆西部银力棉业（集团）有限责任公司	320	2863
6	厦门育哲进出口有限公司	459	8708	56	天津市房地产开发经营集团有限公司	198	2642
7	上海浦东发展银行股份有限公司	52	8596	57	中国农业银行股份有限公司	5	2610
8	上海临港经济发展（集团）有限公司	330	8219	58	吉林银行	204	2607
9	广州元亨能源有限公司	334	7949	59	重庆农村商业银行股份有限公司	143	2511
10	盛京银行有限公司	178	7484	60	中金再生资源（中国）投资有限公司	73	2442
11	天津城市基础设施建设投资集团有限公司	215	7396	61	重庆中渝物业发展有限公司	497	2362
12	中国光大银行股份有限公司	44	7134	62	大华（集团）有限公司	182	2326
13	渤海银行股份有限公司	266	6999	63	广东省铁路建设投资集团有限公司	338	2309
14	兴业银行股份有限公司	35	6960	64	广东珠江投资股份有限公司	269	2238
15	江苏张家港农村商业银行股份有限公司	408	6807	65	武汉农村商业银行股份有限公司	407	2229
16	汉口银行	400	6799	66	中国中信集团有限公司	10	2110
17	华夏银行股份有限公司	89	6490	67	青岛农村商业银行股份有限公司	295	2042
18	广西北部湾银行股份有限公司	321	6414	68	北京首都国际机场股份有限公司	262	2027
19	招商银行股份有限公司	31	6164	69	福佳集团有限公司	128	2002
20	珠海振戎公司	49	6129	70	荣安集团股份有限公司	396	1965
21	青岛世纪瑞丰国际贸易有限公司	311	6025	71	联发集团有限公司	361	1961
22	厦门恒兴集团有限公司	349	5958	72	浙江华瑞集团有限公司	274	1860
23	广东振戎能源有限公司	91	5934	73	黑龙江倍丰农业生产资料集团有限公司	196	1822
24	长沙银行股份有限公司	431	5507	74	广州凯得控股有限公司	381	1737
25	江苏吴江农村商业银行股份有限公司	487	5499	75	天津益福隆钢铁贸易有限公司	261	1690
26	中国民生银行股份有限公司	32	5461	76	厦门嘉联恒进出口有限公司	462	1642
27	天津银行股份有限公司	316	5407	77	厦门路桥工程物资有限公司	181	1609
28	徽商银行股份有限公司	231	5355	78	天津物产集团有限公司	21	1593
29	交通银行股份有限公司	18	5115	79	江苏华厦融创置地集团有限公司	136	1551
30	玖隆钢铁物流有限公司	156	5097	80	中国人寿保险（集团）公司	8	1463
31	西安曲江大明宫投资（集团）有限公司	434	5068	81	天津市政建设集团有限公司	246	1453
32	鑫东森集团有限公司	438	5004	82	天津现代集团有限公司	207	1433
33	广发银行股份有限公司	70	4930	83	大洲控股集团有限公司	436	1427
34	青岛海悦钢铁有限公司	469	4911	84	广西交通投资集团有限公司	149	1409
35	成都银行股份有限公司	318	4754	85	上海金桥（集团）有限公司	445	1404
36	绿地控股集团有限公司	30	4704	86	浙江凯喜雅国际股份有限公司	263	1390
37	青岛银行股份有限公司	486	4486	87	海通证券股份有限公司	206	1356
38	洛阳银行股份有限公司	450	4368	88	中国平安保险（集团）股份有限公司	14	1305
39	张家港市嘉广天进出口贸易有限公司	460	4360	89	中节能（天津）投资集团有限公司	369	1282
40	中华企业股份有限公司	336	4212	90	南方石化集团有限公司	90	1275
41	张家港保税区鑫东鸣贸易有限公司	309	4183	91	上海宝闽钢铁集团有限公司	264	1244
42	广州农村商业银行股份有限公司	172	4176	92	日出实业集团有限公司	332	1232
43	中国银行股份有限公司	6	4080	93	浙江中油华电能源有限公司	455	1195
44	中国工商银行股份有限公司	2	3785	94	张家港保税区锦德贸易有限公司	376	1183
45	中国建设银行股份有限公司	3	3728	95	苏州国信集团有限公司	313	1176
46	龙江银行股份有限公司	275	3678	96	安徽省高速公路控股集团有限公司	209	1153
47	东华能源股份有限公司	416	3637	97	中国水利电力对外公司	259	1150
48	新疆生产建设兵团农一师棉麻公司	428	3603	98	重庆龙湖企业拓展有限公司	110	1130
49	江苏中江能源有限公司	433	3271	99	宁波君安物产有限公司	296	1114
50	上海闽路润贸易有限公司	237	3070	100	山东机械进出口集团有限公司	286	1107
					中国服务业企业500强平均数		877

表 10－15　　2012 中国服务业企业 500 强收入增长率排序前 100 名企业

排名	公司名称	总排名	收入增长率（%）	排名	公司名称	总排名	收入增长率（%）
1	西安曲江大明宫投资（集团）有限公司	434	1093.13	51	青岛农村商业银行股份有限公司	295	57.86
2	重庆中渝物业发展有限公司	497	819.24	52	青岛银行股份有限公司	486	57.80
3	辛集皮革城有限公司	476	421.92	53	福建省能源集团有限责任公司	115	56.50
4	张家港福洛瑞物贸有限公司	399	261.60	54	绿地控股集团有限公司	30	56.01
5	大连良运集团有限责任公司	410	237.88	55	日出实业集团有限公司	332	54.82
6	上海华信石油集团有限公司	169	233.36	56	卓尔控股有限公司	177	54.34
7	大洲控股集团有限公司	436	205.13	57	重庆农村商业银行股份有限公司	143	53.26
8	广西北部湾银行股份有限公司	321	170.69	58	中球冠集团有限公司	170	52.85
9	龙江银行股份有限公司	275	168.00	59	广东省广晟资产经营有限公司	81	52.36
10	河北省唐山市滦通商贸有限公司	175	138.17	60	苏州金螳螂企业集团有限公司	193	52.32
11	浙江宝利德控股集团有限公司	245	133.80	61	湖北银丰实业集团有限责任公司	331	51.97
12	中金再生资源（中国）投资有限公司	73	131.65	62	荣安集团股份有限公司	396	51.87
13	广西交通投资集团有限公司	149	131.63	63	弘阳集团有限公司	138	51.78
14	重庆市锦天地产（集团）有限公司	372	127.68	64	江苏鑫香山金属材料有限公司	465	51.71
15	怀来县土木煤炭市场物流服务中心	301	110.32	65	中华企业股份有限公司	336	51.53
16	厦门育哲进出口有限公司	459	106.82	66	江苏吴江农村商业银行股份有限公司	487	50.19
17	广东粤合资产经营有限公司	220	104.77	67	吉林银行	204	49.72
18	山西金邦贸易有限公司	404	103.82	68	快乐购物股份有限公司	477	49.68
19	青岛海悦钢铁有限公司	469	102.23	69	东华能源股份有限公司	416	49.56
20	广西北部湾国际港务集团有限公司	133	101.04	70	中国华润总公司	12	49.34
21	广东省广播电视网络股份有限公司	449	94.26	71	湖南九龙经贸集团有限公司	430	48.93
22	欧美投资集团有限公司	197	91.93	72	中国海诚工程科技股份有限公司	360	48.75
23	江阴长三角钢铁集团有限公司	253	85.63	73	上海申华控股股份有限公司	191	48.06
24	西安曲江文化产业投资（集团）有限公司	232	84.82	74	远大物产集团有限公司	95	47.67
25	天津市房地产开发经营集团有限公司	198	84.00	75	武汉市燃气热力集团有限公司	403	47.50
26	厦门海澳集团有限公司	437	82.29	76	第一钢市市场股份有限公司	475	46.85
27	张家港保税区荣润贸易有限公司	310	81.54	77	云南物流产业集团有限公司	186	45.71
28	洛阳银行股份有限公司	450	80.47	78	河北省国和汽车投资有限公司	221	45.67
29	中国轻工业品进出口总公司	99	79.91	79	重庆永辉超市有限公司	258	45.27
30	天津住宅建设发展集团有限公司	152	78.44	80	腾讯控股有限公司	103	45.05
31	山西煤炭进出口集团有限公司	50	75.20	81	江苏中江能源有限公司	433	45.02
32	重庆对外经贸（集团）有限公司	194	74.53	82	中国航空油料集团公司	17	44.98
33	金科地产集团股份有限公司	199	73.94	83	海航集团有限公司	41	44.75
34	广东振戎能源有限公司	91	73.12	84	重庆粮食集团有限责任公司	240	44.73
35	福建省交通运输集团有限责任公司	160	72.98	85	广州农村商业银行股份有限公司	172	44.55
36	中国民生银行股份有限公司	32	69.70	86	宁波神化化学品经营有限责任公司	155	44.35
37	张家港保税区鑫东鸣贸易有限公司	309	69.36	87	中兴－沈阳商业大厦（集团）股份有限公司	402	44.22
38	江苏张家港农村商业银行股份有限公司	408	68.14	88	青岛海信东海商贸有限公司	472	44.00
39	鑫东森集团有限公司	438	67.84	89	中国免税品（集团）有限责任公司	355	43.84
40	渤海银行股份有限公司	266	64.59	90	广州银行股份有限公司	234	43.57
41	兴业银行股份有限公司	35	64.22	91	宁波万象控股集团有限公司	395	43.28
42	上海均和集团钢铁销售有限公司	226	63.07	92	中国光大银行股份有限公司	44	43.03
43	河北省物流产业集团有限公司	109	62.70	93	招商银行股份有限公司	31	42.98
44	广东天禾农资股份有限公司	279	61.64	94	南通化工轻工股份有限公司	147	42.92
45	广州元亨能源有限公司	334	60.98	95	长沙银行股份有限公司	431	42.57
46	北京菜市口百货股份有限公司	179	60.00	96	安徽国贸集团控股有限公司	118	42.24
47	盛京银行有限公司	178	59.78	97	中国医药集团总公司	34	41.78
48	汉口银行	400	59.72	98	山西省国新能源发展集团有限公司	125	40.65
49	厦门路桥工程物资有限公司	181	58.96	99	北京新东方教育科技（集团）有限公司	328	40.59
50	重庆市涪陵水利电力投资集团有限责任公司	490	57.97	100	吉峰农机连锁股份有限公司	308	40.37
					中国服务业企业 500 强平均数		21.90

表10-16 2012中国服务业企业500强净利润增长率排序前100名企业

排名	公司名称	总排名	净利润增长率（%）	排名	公司名称	总排名	净利润增长率（%）
1	上海华信石油集团有限公司	169	2652.71	51	石家庄北国人百集团有限责任公司	126	90.02
2	重庆中渝物业发展有限公司	497	2243.50	52	北京首都国际机场股份有限公司	262	88.80
3	苏州国信集团有限公司	313	1021.25	53	宁波富达股份有限公司	370	88.21
4	江苏苏农农资连锁集团股份有限公司	273	977.12	54	西安曲江文化产业投资（集团）有限公司	232	88.19
5	重庆交通运输控股（集团）有限公司	213	778.10	55	中兴-沈阳商业大厦（集团）股份有限公司	402	87.05
6	大连良运集团有限责任公司	410	731.60	56	中国免税品（集团）有限责任公司	355	85.86
7	四川安吉物流集团有限公司	491	617.93	57	江阴长三角钢铁集团有限公司	253	84.39
8	大连金港集团有限公司	411	461.17	58	浙大网新科技股份有限公司	281	81.03
9	广东省广播电视网络股份有限公司	449	453.94	59	无锡市交通产业集团有限公司	454	80.26
10	厦门育哲进出口有限公司	459	450.36	60	淄博商厦股份有限公司	163	79.51
11	广州越秀集团有限公司	150	429.46	61	宁波宁电进出口有限公司	496	79.08
12	广西物资集团有限责任公司	233	397.08	62	广西北部湾银行股份有限公司	321	78.09
13	浙江英特药业有限责任公司	219	331.77	63	湖北省农业生产资料集团有限公司	397	77.58
14	武汉市燃气热力集团有限公司	403	303.02	64	合肥百货大楼集团股份有限公司	97	76.61
15	广州轻工工贸集团有限公司	145	258.41	65	山西煤炭进出口集团有限公司	50	75.09
16	阳光保险集团股份有限公司	98	245.51	66	山西大昌汽车集团有限公司	252	74.37
17	宁波市蔬菜有限公司	439	238.60	67	开元旅业集团有限公司	277	73.15
18	四川航空股份有限公司	166	213.96	68	湖南新物产集团有限公司	427	71.60
19	龙江银行股份有限公司	275	193.43	69	中国诚通控股集团有限公司	56	70.75
20	山西华宇集团有限公司	432	174.79	70	重庆永辉超市有限公司	258	70.67
21	广西富满地农资股份有限公司	483	168.93	71	无锡市国联发展（集团）有限公司	187	70.22
22	中国工艺（集团）公司	78	156.81	72	天津市燃气集团有限公司	289	69.36
23	北方国际集团有限公司	225	152.24	73	洛阳银行股份有限公司	450	69.17
24	天津二商集团有限公司	210	152.21	74	青岛利客来集团股份有限公司	463	69.09
25	西安曲江大明宫投资（集团）有限公司	434	151.71	75	辛集皮革城有限公司	476	68.36
26	新龙药业集团有限公司	251	149.28	76	绿城房地产集团有限公司	84	68.08
27	吉林粮食集团有限公司	159	143.34	77	广东省商业企业集团有限公司	443	66.77
28	广东振戎能源有限公司	91	143.33	78	浙江中油华电能源有限公司	455	66.71
29	青岛海信东海商贸有限公司	472	142.74	79	隆基泰和实业有限公司	77	66.54
30	大洲控股集团有限公司	436	137.41	80	浙江省医药工业有限公司	413	65.75
31	渤海银行股份有限公司	266	135.64	81	上海展志实业集团有限责任公司	249	65.75
32	九禾股份有限公司	392	127.46	82	重庆医药（集团）股份有限公司	164	65.37
33	利群集团股份有限公司	137	118.26	83	宁波海田国际贸易有限公司	306	64.66
34	中国邮政集团公司	13	116.49	84	长沙银行股份有限公司	431	62.42
35	中国联合网络通信集团有限公司	19	111.27	85	安徽省能源集团有限公司	176	59.12
36	中金再生资源（中国）投资有限公司	73	110.02	86	中国民生银行股份有限公司	32	58.81
37	长沙通程实业集团有限公司	345	105.30	87	上海百营钢铁集团有限公司	272	57.62
38	重庆对外经贸（集团）有限公司	194	103.02	88	重庆市锦天地产（集团）有限公司	372	57.60
39	张家港保税区荣润贸易有限公司	310	101.65	89	山西汽车运输集团有限公司	298	57.13
40	中国水利电力对外公司	259	100.83	90	广西交通投资集团有限公司	149	55.45
41	广州纺织工贸企业集团有限公司	216	97.68	91	太平鸟集团有限公司	247	55.40
42	新疆农资（集团）有限责任公司	312	96.13	92	江苏国泰国际集团有限公司	107	55.19
43	浙江建华集团有限公司	382	95.11	93	广发银行股份有限公司	70	54.89
44	东华能源股份有限公司	416	94.74	94	华夏银行股份有限公司	89	53.97
45	四川蓝光实业集团有限公司	241	94.57	95	广东粤海控股有限公司	154	53.50
46	天津住宅建设发展集团有限公司	152	93.57	96	重庆龙湖企业拓展有限公司	110	53.20
47	河北省国和汽车投资有限公司	221	92.22	97	天津一商集团有限公司	93	53.08
48	第一钢市市场股份有限公司	475	91.28	98	北京北辰实业集团公司	354	52.86
49	天津港（集团）有限公司	123	91.12	99	天津物产集团有限公司	21	51.64
50	苏州金螳螂企业集团有限公司	193	90.84	100	张家口市商业银行股份有限公司	494	51.55
					中国服务业企业500强平均数		20.03

表10－17　2012中国服务业企业500强资产增长率排序前100名企业

排名	公司名称	总排名	资产增长率（%）	排名	公司名称	总排名	资产增长率（%）
1	华天实业控股集团有限公司	485	1019.88	51	鑫东森集团有限公司	438	51.78
2	重庆中汽西南汽车有限公司	228	245.97	52	湖南九龙经贸集团有限公司	430	51.67
3	海南大印集团有限公司	92	226.74	53	上海闽路润贸易有限公司	237	49.78
4	江苏中江能源有限公司	433	210.49	54	唐山百货大楼集团有限责任公司	248	49.50
5	重庆市锦天地产（集团）有限公司	372	183.98	55	浙江英特药业有限责任公司	219	49.44
6	大洲控股集团有限公司	436	151.39	56	宁波市蔬菜有限公司	439	48.81
7	新疆前海供销集团公司	461	126.84	57	庞大汽贸集团股份有限公司	64	48.53
8	新疆友好（集团）股份有限公司	374	120.52	58	重庆对外经贸（集团）有限公司	194	48.04
9	广州元亨能源有限公司	334	106.86	59	山西省国新能源发展集团有限公司	125	47.60
10	中国平安保险（集团）股份有限公司	14	95.06	60	长沙银行股份有限公司	431	47.50
11	东华能源股份有限公司	416	92.67	61	海航集团有限公司	41	47.03
12	浙江中捷环洲供应链集团股份有限公司	385	88.38	62	中国医药集团总公司	34	46.84
13	广西北部湾银行股份有限公司	321	87.68	63	重庆市能源投资集团公司	108	46.62
14	苏州金螳螂企业集团有限公司	193	86.80	64	张家港保税区荣润贸易有限公司	310	46.57
15	卓尔控股有限公司	177	86.23	65	南方石化集团有限公司	90	46.52
16	云南物流产业集团有限公司	186	85.85	66	安徽亚夏实业股份有限公司	307	46.03
17	江阴长三角钢铁集团有限公司	253	85.63	67	九州通医药集团股份有限公司	113	45.81
18	龙江银行股份有限公司	275	83.62	68	日出实业集团有限公司	332	45.66
19	浙江宝利德控股集团有限公司	245	81.04	69	广州纺织工贸企业集团有限公司	216	44.10
20	上海华信石油集团有限公司	169	78.31	70	天津物产集团有限公司	21	43.97
21	欧美投资集团有限公司	197	74.41	71	深圳市爱施德股份有限公司	167	43.80
22	隆基泰和实业有限公司	77	73.63	72	大连万达集团股份有限公司	38	43.74
23	山西美特好连锁超市股份有限公司	373	71.41	73	洛阳银行股份有限公司	450	43.46
24	恒大地产集团有限公司	59	71.39	74	河北省唐山市滦通商贸有限公司	175	43.13
25	阳光保险集团股份有限公司	98	71.25	75	祥生实业集团有限公司	353	42.93
26	天津住宅建设发展集团有限公司	152	70.81	76	重庆粮食集团有限责任公司	240	42.26
27	南宁百货大楼股份有限公司	495	70.79	77	月星集团有限公司	238	41.89
28	青岛世纪瑞丰国际贸易有限公司	311	70.25	78	重庆医药（集团）股份有限公司	164	41.81
29	厦门育哲进出口有限公司	459	69.87	79	山西煤炭进出口集团有限公司	50	40.87
30	中国诚通控股集团有限公司	56	69.79	80	深圳市神州通投资集团有限公司	162	40.67
31	广东振戎能源有限公司	91	69.78	81	吉峰农机连锁股份有限公司	308	40.42
32	浙江华瑞集团有限公司	274	69.07	82	银泰百货（集团）有限公司	158	40.29
33	河北省农业生产资料有限公司	377	65.98	83	广东省商业企业集团公司	443	40.20
34	湖南兰天汽车集团有限公司	412	65.26	84	湖北省农业生产资料集团有限公司	397	39.61
35	上海均和集团钢铁销售有限公司	226	63.27	85	厦门象屿集团有限公司	82	39.22
36	西安曲江文化产业投资（集团）有限公司	232	62.85	86	上海春秋国际旅行社（集团）有限公司	222	38.88
37	江苏国泰国际集团有限公司	107	62.21	87	中国华润总公司	12	38.77
38	广东省广播电视网络股份有限公司	449	62.17	88	上海均瑶（集团）有限公司	165	38.63
39	安徽辉隆农资集团	151	60.75	89	天津市丽兴京津钢铁贸易有限公司	230	38.22
40	厦门市嘉晟对外贸易有限公司	340	60.60	90	荣安集团股份有限公司	396	38.11
41	腾讯控股有限公司	103	58.54	91	合肥百货大楼集团股份有限公司	97	37.96
42	江苏苏宁环球集团有限公司	75	56.88	92	亿达集团有限公司	224	37.89
43	张家港福洛瑞物贸有限公司	399	56.85	93	青岛海悦钢铁有限公司	469	37.85
44	广西北部湾国际港务集团有限公司	133	56.39	94	淄博商厦股份有限公司	163	37.49
45	长春欧亚集团股份有限公司	134	56.16	95	青岛农村商业银行股份有限公司	295	36.56
46	广西交通投资集团有限公司	149	55.99	96	重庆中渝物业发展有限公司	497	36.38
47	新疆广汇实业投资（集团）有限责任公司	47	55.07	97	苏宁电器集团有限公司	23	36.16
48	厦门路桥工程物资有限公司	181	54.74	98	山东省商业集团有限公司	68	35.76
49	重庆永辉超市有限公司	258	54.44	99	江苏凤凰出版传媒集团有限公司	190	35.73
50	世纪金源投资集团有限公司	106	53.05	100	绿地控股集团有限公司	30	35.65
					中国服务业企业500强平均数		17.31

表10－18　2012中国服务业企业500强研发费用增长率排序前100名企业

排名	公司名称	总排名	研发费增长率（%）	排名	公司名称	总排名	研发费增长率（%）
1	东方国际（集团）有限公司	121	2720.00	51	宁波神化化学品经营有限责任公司	155	70.00
2	北京首都创业集团有限公司	140	1900.00	52	中国国际技术智力合作公司	102	69.14
3	山西煤炭运销集团有限公司	28	1238.57	53	中国联合网络通信集团有限公司	19	68.72
4	中国航空集团公司	40	1125.52	54	安徽省能源集团有限公司	176	68.52
5	广西交通投资集团有限公司	149	1109.26	55	浙江省能源集团有限公司	62	67.60
6	中国中纺集团公司	85	431.22	56	天津银行股份有限公司	316	67.50
7	北京控股集团有限公司	83	384.39	57	加贝物流股份有限公司	406	66.67
8	上海华信石油集团有限公司	169	313.46	58	广州越秀集团有限公司	150	66.67
9	广州珠江实业集团有限公司	276	310.00	59	全洲药业集团有限公司	493	66.67
10	浙江省物产集团公司	27	270.12	60	宁波银亿集团有限公司	120	66.65
11	广州岭南国际企业集团有限公司	195	258.42	61	中国邮政集团公司	13	65.58
12	广东粤海控股有限公司	154	251.14	62	大秦铁路股份有限公司	71	64.42
13	安徽省旅游集团有限责任公司	473	227.89	63	天津市津能投资公司	139	63.96
14	中节能（天津）投资集团有限公司	369	224.58	64	腾讯控股有限公司	103	59.29
15	大汉控股集团有限公司	135	213.79	65	四川新华发行集团有限公司	322	58.97
16	北京首都旅游集团有限责任公司	87	212.50	66	宁波萌恒工贸有限公司	500	58.36
17	武汉市城市建设投资开发集团有限公司	257	190.14	67	武汉市燃气热力集团有限公司	403	57.77
18	隆基泰和实业有限公司	77	184.32	68	广州轻工工贸集团有限公司	145	57.07
19	重庆市能源投资集团公司	108	176.59	69	广州佳都集团有限公司	358	55.10
20	中国外运长航集团有限公司	39	168.26	70	广东物资集团公司	55	54.65
21	上海机场（集团）有限公司	214	162.65	71	快乐购物股份有限公司	477	54.24
22	中国平安保险（集团）股份有限公司	14	160.46	72	百联集团有限公司	15	54.03
23	北京首都国际机场股份有限公司	262	158.05	73	新华锦集团有限公司	144	53.81
24	大洲控股集团有限公司	436	155.70	74	山东高速集团有限公司	130	51.94
25	重庆华宇物业（集团）有限公司	283	153.66	75	徽商银行股份有限公司	231	50.47
26	宁波万象控股集团有限公司	395	139.25	76	大连宏光好运来集团有限公司	327	50.00
27	中国出国人员服务总公司	314	129.65	77	苏州金螳螂企业集团有限公司	193	47.75
28	深圳市神州通投资集团有限公司	162	124.31	78	广东省航运集团有限公司	388	47.20
29	上海兰生（集团）有限公司	184	124.19	79	阳光保险集团股份有限公司	98	47.11
30	江苏吴江农村商业银行股份有限公司	487	121.56	80	中国海诚工程科技股份有限公司	360	45.64
31	中国诚通控股集团有限公司	56	116.08	81	申能（集团）有限公司	101	45.08
32	北京新东方教育科技（集团）有限公司	328	114.91	82	中国中信集团有限公司	10	43.71
33	中国东方航空集团公司	43	102.59	83	广发证券股份有限公司	280	43.57
34	山西煤炭进出口集团有限公司	50	100.83	84	中国民航信息集团公司	389	42.67
35	中国医药集团总公司	34	99.91	85	广州市地下铁道总公司	348	42.50
36	福建省交通运输集团有限责任公司	160	97.50	86	中球冠集团有限公司	170	40.91
37	中国电信集团公司	11	94.57	87	湖南省轻工盐业集团有限责任公司	470	39.13
38	中国航空油料集团公司	17	94.23	88	神州数码控股有限公司	53	38.50
39	西安曲江文化产业投资（集团）有限公司	232	87.50	89	青海省投资集团有限公司	294	38.27
40	北京能源投资（集团）有限公司	122	85.41	90	天津住宅建设发展集团有限公司	152	37.78
41	中国中化集团公司	7	85.07	91	广东省丝绸纺织集团有限公司	94	37.25
42	汉口银行	400	81.71	92	江苏高力集团有限公司	132	36.80
43	云南南天电子信息产业股份有限公司	467	80.48	93	中国铁路物资股份有限公司	20	35.71
44	深圳能源集团股份有限公司	157	79.46	94	广州铁路（集团）公司	61	35.64
45	环渤海金岸（天津）集团股份有限公司	201	76.99	95	广西北部湾国际港务集团有限公司	133	34.11
46	中国通用技术（集团）控股有限责任公司	33	75.53	96	中国铁道科学研究院	250	33.54
47	第一钢市市场股份有限公司	475	73.56	97	安徽出版集团有限责任公司	211	33.33
48	上海东浩国际服务贸易（集团）有限公司	66	72.72	98	上海华冶钢铁集团有限公司	116	32.67
49	厦门翔业集团有限公司	317	71.30	99	用友软件股份有限公司	357	32.22
50	中国海运（集团）总公司	57	70.43	100	广州中大控股有限公司	429	31.15
					中国服务业企业500强平均数		22.48

表 10 – 19　　2012 中国服务业企业 500 强行业平均净利润

名次	行业名称	平均净利润（万元）	名次	行业名称	平均净利润（万元）
1	银行业	2563297	22	研发、科技交流与推广和地勘、规划、设计、评估、咨询及总承包等服务业	48027
2	邮电通信业	2492102			
3	综合保险业	1389400	23	旅游、旅馆及娱乐服务业	42870
4	互联网传媒、商务、娱乐服务业	518999	24	粮油食品及农林、土畜、果蔬、水产品等内外商贸批发、零售业	36064
5	铁路运输及辅助服务业	430800			
6	电力、热力、燃气等能源供应服务业	298136	25	其他金融服务业	35431
7	财产保险业	296345	26	公用事业、市政服务、公共设施经营与管理业	32124
8	商务服务业	268165	27	新闻、报刊、图书的出版发行与销售和广播、影视、音像、文体等文化产业	31168
9	人寿保险业	237946			
10	证券业	223706	28	医药专营批发、零售业	30126
11	航空运输及相关服务业	218782	29	物流、仓储、运输、配送服务业	27080
12	综合服务业（以服务业为主，含有制造业）	210041	30	纺织、服装、文体、烟酒、工艺、首饰等轻工产品内外商贸批发业	25675
13	港口服务业	164396			
14	化工产品及医药内外商贸批发业	158426	31	矿产、能源内外商贸批发业	25654
15	房地产开发与经营、物业及房屋装饰、修缮、管理等服务业	152349	32	连锁超市	19682
			33	商业零售业	18375
16	电器商贸批发、零售业	91114	34	技术智力、人力资源、劳务等国际合作及其他对外经济合作服务业	14453
17	教育产业	83146			
18	道路运输、城市公交、交通及辅助、服务业	75028	35	金属内外贸易及加工、配送、批发零售业	13556
19	软件、程序、线路的设计和计算机应用、网络工程等计算机、微电子服务业	59518	36	生产资料内外贸易批发、零售业	13521
			37	汽车和摩托车商贸、维修保养及租赁业	12565
20	航空港及相关服务业	58123	38	水上运输业	12433
21	机电、电子产品内外商贸及批发业	53722	39	综合性内外商贸及批发、零售业	10504

表10-20　　2012中国服务业企业500强行业平均营业收入

名次	行业名称	平均营业收入（万元）	名次	行业名称	平均营业收入（万元）
1	邮电通信业	33325630	22	综合性内外商贸及批发、零售业	1660401
2	综合保险业	20342450	23	旅游、旅馆及娱乐服务业	1648014
3	人寿保险业	13818693	24	粮油食品及农林、土畜、果蔬、水产品等内外商贸批发、零售业	1647718
4	电力、热力、燃气等能源供应服务业	12791133			
5	财产保险业	12093684	25	互联网传媒、商务、娱乐服务业	1570991
6	化工产品及医药内外商贸批发业	9957404	26	港口服务业	1481847
7	银行业	9880584	27	技术智力、人力资源、劳务等国际合作及其他对外经济合作服务业	1452109
8	水上运输业	8439443			
9	航空运输及相关服务业	7764788	28	纺织、服装、文体、烟酒、工艺、首饰等轻工产品内外商贸批发业	1255212
10	铁路运输及辅助服务业	6439912			
11	综合服务业（以服务业为主，含有制造业）	6259270	29	金属内外贸易及加工、配送、批发零售业	1059427
12	电器商贸批发、零售业	6251329	30	道路运输、城市公交、交通及辅助、服务业	974477
13	矿产、能源内外商贸批发业	4164652	31	其他金融服务业	946790
14	商务服务业	3141190	32	汽车和摩托车商贸、维修保养及租赁业	942469
15	机电、电子产品内外商贸及批发业	2719569	33	公用事业、市政服务、公共设施经营与管理业	866648
16	生产资料内外贸易批发、零售业	2513293	34	研发、科技交流与推广和地勘、规划、设计、评估、咨询及总承包等服务业	832539
17	软件、程序、线路的设计和计算机应用、网络工程等计算机、微电子服务业	2439445			
			35	连锁超市	693499
18	物流、仓储、运输、配送服务业	2048636	36	证券业	657896
19	医药专营批发、零售业	1995690	37	新闻、报刊、图书的出版发行与销售和广播、影视、音像、文体等文化产业	647167
20	商业零售业	1777031			
21	房地产开发与经营、物业及房屋装饰、修缮、管理等服务业	1676971	38	航空港及相关服务业	602257
			39	教育产业	478227

表 10－21　　2012 中国服务业企业 500 强行业平均资产

名次	行业名称	平均资产（万元）	名次	行业名称	平均资产（万元）
1	银行业	218861402	23	旅游、旅馆及娱乐服务业	2001678
2	邮电通信业	165029895	24	机电、电子产品内外商贸及批发业	1778507
3	综合保险业	142801800	25	矿产、能源内外商贸批发业	1638465
4	人寿保险业	57989393	26	医药专营批发、零售业	1354966
5	财产保险业	30393462	27	电器商贸批发、零售业	1344444
6	商务服务业	21347418	28	新闻、报刊、图书的出版发行与销售和广播、影视、音像、文体等文化产业	1189303
7	电力、热力、燃气等能源供应服务业	18315973			
8	水上运输业	16546764	29	生产资料内外贸易批发、零售业	1142026
9	航空运输及相关服务业	15098632	30	软件、程序、线路的设计和计算机应用、网络工程等计算机、微电子服务业	1123383
10	综合服务业（以服务业为主，含有制造业）	10267232			
11	铁路运输及辅助服务业	10198314	31	商业零售业	864673
12	证券业	7300542	32	研发、科技交流与推广和地勘、规划、设计、评估、咨询及总承包等服务业	856021
13	公用事业、市政服务、公共设施经营与管理业	6445954			
14	道路运输、城市公交、交通及辅助、服务业	5499005	33	纺织、服装、文体、烟酒、工艺、首饰等轻工产品内外商贸批发业	741785
15	化工产品及医药内外商贸批发业	5316219			
16	港口服务业	4820914	34	技术智力、人力资源、劳务等国际合作及其他对外经济合作服务业	672203
17	其他金融服务业	3987965			
18	房地产开发与经营、物业及房屋装饰、修缮、管理等服务业	3769658	35	综合性内外商贸及批发、零售业	666330
			36	教育产业	638107
19	互联网传媒、商务、娱乐服务业	3537700	37	汽车和摩托车商贸、维修保养及租赁业	615106
20	航空港及相关服务业	2804914	38	连锁超市	385770
21	物流、仓储、运输、配送服务业	2241132	39	金属内外贸易及加工、配送、批发零售业	358486
22	粮油食品及农林、土畜、果蔬、水产品等内外商贸批发、零售业	2151007			

表10－22　　2012中国服务业企业500强行业平均纳税总额

名次	行业名称	平均纳税总额（万元）	名次	行业名称	平均纳税总额（万元）
1	邮电通信业	2759948	23	航空港及相关服务业	65356
2	综合保险业	1624200	24	公用事业、市政服务、公共设施经营与管理业	59351
3	银行业	1175897	25	物流、仓储、运输、配送服务业	57935
4	电力、热力、燃气等能源供应服务业	801126	26	其他金融服务业	56791
5	财产保险业	670605	27	研发、科技交流与推广和地勘、规划、设计、评估、咨询及总承包等服务业	49627
6	航空运输及相关服务业	411510			
7	人寿保险业	340813	28	医药专营批发、零售业	49608
8	商务服务业	268323	29	技术智力、人力资源、劳务等国际合作及其他对外经济合作服务业	46459
9	综合服务业（以服务业为主，含有制造业）	259247			
10	化工产品及医药内外商贸批发业	243869	30	商业零售业	43321
11	水上运输业	203611	31	纺织、服装、文体、烟酒、工艺、首饰等轻工产品内外商贸批发业	35851
12	铁路运输及辅助服务业	179055			
13	房地产开发与经营、物业及房屋装饰、修缮、管理等服务业	174216	32	综合性内外商贸及批发、零售业	31663
14	互联网传媒、商务、娱乐服务业	157344	33	新闻、报刊、图书的出版发行与销售和广播、影视、音像、文体等文化产业	30639
15	证券业	135638	34	教育产业	29022
16	矿产、能源内外商贸批发业	115923	35	连锁超市	23114
17	电器商贸批发、零售业	115522	36	生产资料内外贸易批发、零售业	20096
18	机电、电子产品内外商贸及批发业	108461	37	汽车和摩托车商贸、维修保养及租赁业	18559
19	港口服务业	96199	38	金属内外贸易及加工、配送、批发零售业	8508
20	旅游、旅馆及娱乐服务业	88728	39	粮油食品及农林、土畜、果蔬、水产品等内外商贸批发、零售业	6750
21	道路运输、城市公交、交通及辅助、服务业	77550			
22	软件、程序、线路的设计和计算机应用、网络工程等计算机、微电子服务业	76362			

表 10-23　　2012 中国服务业企业 500 强行业平均研发费用

名次	行业名称	平均研发费用（万元）	名次	行业名称	平均研发费用（万元）
1	邮电通信业	593308	21	物流、仓储、运输、配送服务业	6390
2	互联网传媒、商务、娱乐服务业	268482	22	人寿保险业	5777
3	电力、热力、燃气等能源供应服务业	75230	23	新闻、报刊、图书的出版发行与销售和广播、影视、音像、文体等文化产业	4933
4	银行业	35147			
5	综合服务业（以服务业为主，含有制造业）	32460	24	公用事业、市政服务、公共设施经营与管理业	3396
6	研发、科技交流与推广和地勘、规划、设计、评估、咨询及总承包等服务业	32043	25	商业零售业	3190
7	水上运输业	30502	26	纺织、服装、文体、烟酒、工艺、首饰等轻工产品内外商贸批发业	3109
8	机电、电子产品内外商贸及批发业	28774	27	证券业	2615
9	软件、程序、线路的设计和计算机应用、网络工程等计算机、微电子服务业	25590	28	连锁超市	2466
			29	矿产、能源内外商贸批发业	2249
10	航空运输及相关服务业	23196	30	财产保险业	1852
11	医药专营批发、零售业	21146	31	汽车和摩托车商贸、维修保养及租赁业	1743
12	商务服务业	20761	32	技术智力、人力资源、劳务等国际合作及其他对外经济合作服务业	1685
13	航空港及相关服务业	17880			
14	房地产开发与经营、物业及房屋装饰、修缮、管理等服务业	12839	33	旅游、旅馆及娱乐服务业	1433
			34	生产资料内外贸易批发、零售业	1258
15	化工产品及医药内外商贸批发业	12637	35	其他金融服务业	593
16	综合保险业	11041	36	铁路运输及辅助服务业	547
17	港口服务业	9484	37	综合性内外商贸及批发、零售业	488
18	电器商贸批发、零售业	8722	38	粮油食品及农林、土畜、果蔬、水产品等内外商贸批发、零售业	451
19	道路运输、城市公交、交通及辅助、服务业	8637			
20	教育产业	8622	39	金属内外贸易及加工、配送、批发零售业	297

表10－24　　2012中国服务业企业500强行业平均人均净利润

名次	行业名称	人均净利润（万元）	名次	行业名称	人均净利润（万元）
1	互联网传媒、商务、娱乐服务业	48.74	20	软件、程序、线路的设计和计算机应用、网络工程等计算机、微电子服务业	4.92
2	银行业	46.64			
3	证券业	25.16	21	新闻、报刊、图书的出版发行与销售和广播、影视、音像、文体等文化产业	4.49
4	金属内外贸易及加工、配送、批发零售业	22.75			
5	房地产开发与经营、物业及房屋装饰、修缮、管理等服务业	21.83	22	综合服务业（以服务业为主，含有制造业）	4.41
			23	道路运输、城市公交、交通及辅助、服务业	3.99
6	化工产品及医药内外商贸批发业	14.93	24	航空运输及相关服务业	3.79
7	港口服务业	12.03	25	医药专营批发、零售业	3.59
8	综合保险业	11.12	26	粮油食品及农林、土畜、果蔬、水产品等内外商贸批发、零售业	3.36
9	铁路运输及辅助服务业	11.06			
10	商务服务业	10.85	27	教育产业	3.18
11	航空港及相关服务业	6.97	28	公用事业、市政服务、公共设施经营与管理业	3.05
12	技术智力、人力资源、劳务等国际合作及其他对外经济合作服务业	6.95	29	连锁超市	2.87
			30	电器商贸批发、零售业	2.78
13	研发、科技交流与推广和地勘、规划、设计、评估、咨询及总承包等服务业	6.66	31	物流、仓储、运输、配送服务业	2.71
			32	矿产、能源内外商贸批发业	2.70
14	纺织、服装、文体、烟酒、工艺、首饰等轻工产品内外商贸批发业	6.62	33	汽车和摩托车商贸、维修保养及租赁业	2.70
			34	电力、热力、燃气等能源供应服务业	2.65
15	生产资料内外贸易批发、零售业	6.00	35	综合性内外商贸及批发、零售业	2.61
16	机电、电子产品内外商贸及批发业	5.82	36	旅游、旅馆及娱乐服务业	2.13
17	其他金融服务业	5.58	37	人寿保险业	2.11
18	邮电通信业	5.25	38	商业零售业	0.92
19	财产保险业	4.99	39	水上运输业	0.49

表 10－25　　2012 中国服务业企业 500 强行业平均人均营业收入

名次	行业名称	人均营业收入（万元）
1	金属内外贸易及加工、配送、批发零售业	1866.68
2	化工产品及医药内外商贸批发业	938.28
3	生产资料内外贸易批发、零售业	911.50
4	技术智力、人力资源、劳务等国际合作及其他对外经济合作服务业	698.60
5	矿产、能源内外商贸批发业	468.21
6	综合性内外商贸及批发、零售业	412.47
7	纺织、服装、文体、烟酒、工艺、首饰等轻工产品内外商贸批发业	319.97
8	机电、电子产品内外商贸及批发业	294.67
9	房地产开发与经营、物业及房屋装饰、修缮、管理等服务业	239.21
10	医药专营批发、零售业	237.75
11	物流、仓储、运输、配送服务业	208.69
12	水上运输业	204.62
13	财产保险业	203.50
14	汽车和摩托车商贸、维修保养及租赁业	202.47
15	软件、程序、线路的设计和计算机应用、网络工程等计算机、微电子服务业	201.85
16	银行业	179.80
17	粮油食品及农林、土畜、果蔬、水产品等内外商贸批发、零售业	153.60
18	其他金融服务业	149.21
19	互联网传媒、商务、娱乐服务业	147.53
20	综合保险业	142.13
21	航空运输及相关服务业	134.39
22	综合服务业（以服务业为主，含有制造业）	131.27
23	商务服务业	125.71
24	电器商贸批发、零售业	122.76
25	人寿保险业	122.59
26	铁路运输及辅助服务业	117.05
27	研发、科技交流与推广和地勘、规划、设计、评估、咨询及总承包等服务业	115.49
28	港口服务业	114.50
29	电力、热力、燃气等能源供应服务业	113.65
30	连锁超市	105.71
31	新闻、报刊、图书的出版发行与销售和广播、影视、音像、文体等文化产业	93.16
32	商业零售业	89.37
33	公用事业、市政服务、公共设施经营与管理业	83.99
34	旅游、旅馆及娱乐服务业	81.85
35	证券业	74.00
36	航空港及相关服务业	72.22
37	邮电通信业	70.26
38	道路运输、城市公交、交通及辅助、服务业	51.81
39	教育产业	18.31

表10－26　　2012中国服务业企业500强行业平均人均资产

名次	行业名称	人均资产（万元）	名次	行业名称	人均资产（万元）
1	银行业	3983.43	23	粮油食品及农林、土畜、果蔬、水产品等内外商贸批发、零售业	200.51
2	综合保险业	1304.94	24	机电、电子产品内外商贸及批发业	192.71
3	商务服务业	854.32	25	纺织、服装、文体、烟酒、工艺、首饰等轻工产品内外商贸批发业	188.12
4	证券业	821.15	26	铁路运输及辅助服务业	185.36
5	金属内外贸易及加工、配送、批发零售业	636.00	27	矿产、能源内外商贸批发业	184.20
6	其他金融服务业	628.47	28	新闻、报刊、图书的出版发行与销售和广播、影视、音像、文体等文化产业	171.20
7	公用事业、市政服务、公共设施经营与管理业	624.68	29	综合性内外商贸及批发、零售业	165.53
8	房地产开发与经营、物业及房屋装饰、修缮、管理等服务业	542.66	30	电力、热力、燃气等能源供应服务业	162.73
9	人寿保险业	514.43	31	医药专营批发、零售业	161.42
10	财产保险业	511.43	32	汽车和摩托车商贸、维修保养及租赁业	132.15
11	化工产品及医药内外商贸批发业	500.94	33	研发、科技交流与推广和地勘、规划、设计、评估、咨询及总承包等服务业	118.75
12	生产资料内外贸易批发、零售业	414.18	34	旅游、旅馆及娱乐服务业	99.41
13	水上运输业	401.18	35	软件、程序、线路的设计和计算机应用、网络工程等计算机、微电子服务业	92.95
14	港口服务业	372.49	36	连锁超市	56.33
15	邮电通信业	347.94	37	商业零售业	43.43
16	航空港及相关服务业	336.33	38	电器商贸批发、零售业	40.99
17	互联网传媒、商务、娱乐服务业	332.23	39	教育产业	24.43
18	技术智力、人力资源、劳务等国际合作及其他对外经济合作服务业	323.39			
19	道路运输、城市公交、交通及辅助、服务业	292.38			
20	航空运输及相关服务业	261.33			
21	物流、仓储、运输、配送服务业	228.30			
22	综合服务业（以服务业为主，含有制造业）	215.33			

表10－27　　2012中国服务业企业500强行业平均人均纳税总额

名次	行业名称	人均纳税总额（万元）	名次	行业名称	人均纳税总额（万元）
1	房地产开发与经营、物业及房屋装饰、修缮、管理等服务业	25.47	21	电力、热力、燃气等能源供应服务业	7.12
2	化工产品及医药内外商贸批发业	22.98	22	研发、科技交流与推广和地勘、规划、设计、评估、咨询及总承包等服务业	6.88
3	技术智力、人力资源、劳务等国际合作及其他对外经济合作服务业	22.35	23	软件、程序、线路的设计和计算机应用、网络工程等计算机、微电子服务业	6.23
4	银行业	20.80	24	医药专营批发、零售业	5.91
5	金属内外贸易及加工、配送、批发零售业	15.32	25	物流、仓储、运输、配送服务业	5.90
6	证券业	15.26	26	邮电通信业	5.82
7	互联网传媒、商务、娱乐服务业	14.78	27	公用事业、市政服务、公共设施经营与管理业	5.75
8	矿产、能源内外商贸批发业	13.03	28	水上运输业	4.94
9	综合服务业（以服务业为主，含有制造业）	12.87	29	旅游、旅馆及娱乐服务业	4.41
10	机电、电子产品内外商贸及批发业	11.75	30	新闻、报刊、图书的出版发行与销售和广播、影视、音像、文体等文化产业	4.41
11	财产保险业	11.28			
12	商务服务业	10.74	31	道路运输、城市公交、交通及辅助、服务业	4.12
13	综合保险业	9.27	32	汽车和摩托车商贸、维修保养及租赁业	3.99
14	纺织、服装、文体、烟酒、工艺、首饰等轻工产品内外商贸批发业	9.25	33	电器商贸批发、零售业	3.52
			34	连锁超市	3.38
15	其他金融服务业	8.95	35	铁路运输及辅助服务业	3.25
16	综合性内外商贸及批发、零售业	7.87	36	人寿保险业	2.65
17	航空港及相关服务业	7.84	37	商业零售业	2.17
18	港口服务业	7.43	38	粮油食品及农林、土畜、果蔬、水产品等内外商贸批发、零售业	1.51
19	生产资料内外贸易批发、零售业	7.29			
20	航空运输及相关服务业	7.12	39	教育产业	1.11

表10-28　　2012中国服务业企业500强行业平均人均研发费用

名次	行业名称	人均研发费用（万元）	名次	行业名称	人均研发费用（万元）
1	互联网传媒、商务、娱乐服务业	17.52	18	连锁超市	0.56
2	研发、科技交流与推广和地勘、规划、设计、评估、咨询及总承包等服务业	3.88	19	道路运输、城市公交、交通及辅助、服务业	0.49
			20	电力、热力、燃气等能源供应服务业	0.49
3	软件、程序、线路的设计和计算机应用、网络工程等计算机、微电子服务业	2.38	21	物流、仓储、运输、配送服务业	0.41
			22	教育产业	0.33
4	航空港及相关服务业	2.14	23	航空运输及相关服务业	0.31
5	房地产开发与经营、物业及房屋装饰、修缮、管理等服务业	1.74	24	证券业	0.28
			25	生产资料内外贸易批发、零售业	0.26
6	综合服务业（以服务业为主，含有制造业）	1.71	26	公用事业、市政服务、公共设施经营与管理业	0.24
7	机电、电子产品内外商贸及批发业	1.59	27	金属内外贸易及加工、配送、批发零售业	0.20
8	邮电通信业	1.25	28	汽车和摩托车商贸、维修保养及租赁业	0.13
9	医药专营批发、零售业	1.08	29	粮油食品及农林、土畜、果蔬、水产品等内外商贸批发、零售业	0.10
10	化工产品及医药内外商贸批发业	0.96			
11	银行业	0.92	30	矿产、能源内外商贸批发业	0.09
12	技术智力、人力资源、劳务等国际合作及其他对外经济合作服务业	0.84	31	财产保险业	0.09
			32	其他金融服务业	0.09
13	水上运输业	0.74	33	商业零售业	0.09
14	港口服务业	0.69	34	综合保险业	0.06
15	纺织、服装、文体、烟酒、工艺、首饰等轻工产品内外商贸批发业	0.64	35	综合性内外商贸及批发、零售业	0.06
			36	电器商贸批发、零售业	0.05
16	新闻、报刊、图书的出版发行与销售和广播、影视、音像、文体等文化产业	0.64	37	旅游、旅馆及娱乐服务业	0.04
			38	人寿保险业	0.03
17	商务服务业	0.60	39	铁路运输及辅助服务业	0.01

表 10－29　　2012 中国服务业企业 500 强行业平均资产利润率

名次	行业名称	平均资产利润率（%）	名次	行业名称	平均资产利润率（%）
1	互联网传媒、商务、娱乐服务业	14.67	18	旅游、旅馆及娱乐服务业	2.14
2	教育产业	13.03	19	商业零售业	2.13
3	电器商贸批发、零售业	6.78	20	航空港及相关服务业	2.07
4	研发、科技交流与推广和地勘、规划、设计、评估、咨询及总承包等服务业	5.61	21	综合服务业（以服务业为主，含有制造业）	2.05
			22	汽车和摩托车商贸、维修保养及租赁业	2.04
5	软件、程序、线路的设计和计算机应用、网络工程等计算机、微电子服务业	5.30	23	粮油食品及农林、土畜、果蔬、水产品等内外商贸批发、零售业	1.68
6	连锁超市	5.10	24	电力、热力、燃气等能源供应服务业	1.63
7	房地产开发与经营、物业及房屋装饰、修缮、管理等服务业	4.04	25	综合性内外商贸及批发、零售业	1.58
			26	邮电通信业	1.51
8	纺织、服装、文体、烟酒、工艺、首饰等轻工产品内外商贸批发业	3.46	27	矿产、能源内外商贸批发业	1.46
			28	航空运输及相关服务业	1.45
9	金属内外贸易及加工、配送、批发零售业	3.46	29	道路运输、城市公交、交通及辅助、服务业	1.36
10	证券业	3.06	30	生产资料内外贸易批发、零售业	1.19
11	机电、电子产品内外商贸及批发业	3.02	31	银行业	1.17
12	化工产品及医药内外商贸批发业	2.98	32	商务服务业	1.16
13	港口服务业	2.88	33	物流、仓储、运输、配送服务业	1.12
14	新闻、报刊、图书的出版发行与销售和广播、影视、音像、文体等文化产业	2.62	34	财产保险业	0.98
			35	综合保险业	0.97
15	铁路运输及辅助服务业	2.33	36	其他金融服务业	0.89
16	医药专营批发、零售业	2.22	37	公用事业、市政服务、公共设施经营与管理业	0.42
17	技术智力、人力资源、劳务等国际合作及其他对外经济合作服务业	2.15	38	人寿保险业	0.41

第十一章
中国有关地区企业100强数据

表 11－1　　2012 天津企业 100 强

排序	企业名称	营业收入（万元）	排序	企业名称	营业收入（万元）
1	中国石化销售有限公司华北分公司	29314565	51	天津天士力集团有限公司	1381080
2	天津物产集团有限公司	19703668	52	奥的斯电梯（中国）投资有限公司	1370458
3	天津中环电子信息集团有限公司	11028125	53	天津有色金属集团有限公司	1338924
4	中海石油（中国）有限公司天津分公司	10535997	54	中远散货运输有限公司	1267715
5	天津钢管集团股份有限公司	10409205	55	中交天津航道局有限公司	1236632
6	天津天钢集团有限公司	10300017	56	天津农垦集团总公司	1201139
7	天津汽车工业（集团）有限公司	9696768	57	天津市建筑材料集团（控股）有限公司	1196006
8	天津冶金集团有限公司	8689609	58	中国石油集团渤海石油装备制造有限公司	1183383
9	中国石油化工股份有限公司天津分公司	8615841	59	中国烟草总公司天津市公司	1109923
10	天津天铁冶金集团有限公司	8525589	60	天津立业钢铁集团有限公司	1036498
11	天津一汽丰田汽车有限公司	6705998	61	天津大桥焊材集团有限公司	1020000
12	天津冶金轧一钢铁集团有限公司	6147000	62	天津市房地产开发经营集团有限公司	1009830
13	天津市一轻集团（控股）有限公司	6015152	63	天津一汽夏利汽车股份有限公司	995374
14	天津渤海化工集团公司	5782479	64	环渤海金岸（天津）集团股份有限公司	965598
15	天津百利机电控股集团有限公司	4666007	65	天津塑力线缆集团有限公司	938005
16	天津荣程联合钢铁集团有限公司	4626240	66	天津现代集团有限公司	927799
17	天津三星通信技术有限公司	4082775	67	天津二商集团有限公司	910000
18	天津物产金属国际贸易有限公司	3843805	68	天津城市基础设施建设投资集团有限公司	882417
19	中交第一航务工程局有限公司	3733322	69	天津三星视界移动有限公司	857190
20	天津市电力公司	3309691	70	天津二十冶建设有限公司	837609
21	天津一商集团有限公司	3199774	71	中色（天津）有色金属有限公司	824671
22	中沙（天津）石化有限公司	2962747	72	中冀斯巴鲁（天津）汽车销售有限公司	807836
23	中铁十八局集团有限公司	2940418	73	北方国际集团有限公司	792076
24	摩托罗拉移动技术（中国）有限公司	2905000	74	天津渤海化工有限责任公司天津碱厂	776385
25	天狮集团有限公司	2890657	75	天津市丽兴京津钢铁贸易有限公司	769961
26	中国建筑第六工程局有限公司	2590429	76	国药控股天津有限公司	745835
27	中国石油天然气股份有限公司大港石化分公司	2454907	77	中国移动通信集团天津有限公司	740366
28	天津友发钢管集团有限公司	2440771	78	天津市恒兴钢业有限公司	712726
29	天津市二轻集团（控股）有限公司	2412039	79	中国农业机械华北集团有限公司	706815
30	中储发展股份有限公司	2341294	80	天津市政建设集团有限公司	696966
31	天津市医药集团有限公司	2308748	81	天津贻成集团有限公司	664980
32	天津港（集团）有限公司	2211000	82	天津三星 LED 有限公司	657282
33	中国石油天然气股份有限公司大港油田公司	2166106	83	天津益福隆钢铁贸易有限公司	651862
34	天津物产能源资源发展有限公司	2150045	84	中铁十六局集团第二工程有限公司	651787
35	天津物产基建物资有限公司	2071384	85	中国水利水电第十三工程局有限公司	651075
36	天津市津能投资公司	1880770	86	天津金耀集团有限公司（天津药业集团有限公司）	645754
37	天津市浩物机电汽车贸易有限公司	1802756	87	天津金元宝商厦集团有限公司	643700
38	天津三星电子有限公司	1790238	88	渤海银行股份有限公司	641900
39	中国石油集团渤海钻探工程有限公司	1786000	89	中材装备集团有限公司	639016
40	中国铁路物资天津有限公司	1678002	90	天津市金桥焊材集团有限公司	610924
41	天津城建集团有限公司	1677900	91	中国联合网络通信有限公司天津市分公司	608545
42	天津纺织集团（控股）有限公司	1676839	92	天津三星视界有限公司	592792
43	中冶天工集团有限公司	1619803	93	天津华润万家生活超市有限公司	587204
44	天津市建工集团（控股）有限公司	1604520	94	天津三星光电子有限公司	586598
45	中国石油天然气股份有限公司天津销售分公司	1553992	95	天津三星电机有限公司	584570
46	天津宝钢北方贸易有限公司	1530536	96	天津顶益食品有限公司	569655
47	天津住宅建设发展集团有限公司	1518590	97	天津市交通（集团）有限公司	566000
48	天津物产化轻国际贸易有限公司	1487300	98	天津市燃气集团有限公司	563083
49	中钢集团天津有限公司	1477196	99	天津渤天化工有限责任公司	554485
50	天津大沽化工股份有限公司	1384591	100	振华物流集团有限公司	553829

发布单位：天津市企业联合会、天津市企业家协会

表 11－2　　2012 上海企业 100 强

排序	企业名称	营业收入（万元）	排序	企业名称	营业收入（万元）
1	上海汽车集团股份有限公司	43480395	51	上海申华控股股份有限公司	1046766
2	宝钢集团有限公司	31624500	52	上海大屯能源股份有限公司	1008063
3	百联集团有限公司	22741719	53	海通证券股份有限公司	929273
4	交通银行股份有限公司	21814231	54	上海机场（集团）有限公司	894432
5	中国联合网络通信股份有限公司	21551851	55	上海浦东电线电缆（集团）有限公司	871528
6	中国太平洋保险（集团）股份有限公司	15793400	56	斯米克集团	866688
7	绿地控股集团有限公司	14787372	57	上海新世界（集团）有限公司	865241
8	益海嘉里投资有限公司	12505290	58	上海外高桥保税区开发股份有限公司	857868
9	光明食品（集团）有限公司	12455402	59	上海春秋国际旅行社（集团）有限公司	845612
10	上海建工集团股份有限公司	10390000	60	上海紫江企业集团股份有限公司	822776
11	中国石化上海石油化工股份有限公司	9560125	61	上海致达科技集团有限公司	805973
12	上海电气（集团）总公司	9284032	62	上海均和集团钢铁销售有限公司	787373
13	上海烟草集团有限责任公司	9110435	63	上海交运（集团）公司	773663
14	中国东方航空集团公司	8889947	64	上海闽路润贸易有限公司	730396
15	中国建筑第八工程局有限公司	7873567	65	月星集团有限公司	722234
16	上海市电力公司	7147401	66	远纺工业（上海）有限公司	709308
17	上海浦东发展银行股份有限公司	6791767	67	上海展志实业集团有限责任公司	679338
18	中国海运（集团）总公司	6331566	68	上海永裕医药有限公司	672704
19	上海复星高科技（集团）有限公司	5798111	69	上海宝闽钢铁集团有限公司	644196
20	中化国际（控股）股份有限公司	5529128	70	方正科技集团股份有限公司	622184
21	上海东浩国际服务贸易（集团）有限公司	5501946	71	上海百营钢铁集团有限公司	614780
22	上海医药集团股份有限公司	5489987	72	上海嘉里食品工业有限公司	577388
23	中金再生资源（中国）投资有限公司	4345043	73	亚东石化（上海）有限公司	553300
24	上海城建（集团）公司	4310000	74	上海顺朝企业发展集团有限公司	552386
25	上海纺织（集团）有限公司	4299799	75	上海龙宇燃油股份有限公司	544069
26	上海华谊（集团）公司	4299642	76	亚泰特钢集团有限公司	534185
27	太平人寿保险有限公司	3625401	77	上海建筑材料（集团）总公司	525622
28	申能（集团）有限公司	2919784	78	新大洲本田摩托有限公司	508588
29	上海人民企业（集团）有限公司	2413666	79	上海临港经济发展（集团）有限公司	475825
30	上海华冶钢铁集团有限公司	2394837	80	上海城投控股股份有限公司	468482
31	东方国际（集团）有限公司	2228308	81	上海国际机场股份有限公司	461121
32	中国电信股份有限公司上海分公司	2219680	82	中华企业股份有限公司	459171
33	中国二十冶集团有限公司	2192953	83	光大证券股份有限公司	449848
34	上海国际港务（集团）股份有限公司	2177886	84	春秋航空股份有限公司	446000
35	老凤祥股份有限公司	2112640	85	上海丝绸集团股份有限公司	439698
36	中智上海经济技术合作公司	2021976	86	五冶集团上海有限公司	432404
37	中国铁路物资上海有限公司	1933045	87	上海明凯投资（集团）有限公司	431833
38	上海振华重工（集团）股份有限公司	1912925	88	上海陆家嘴金融贸易区开发股份有限公司	416587
39	上海外高桥造船有限公司	1908827	89	中国海诚工程科技股份有限公司	407407
40	上海良友（集团）有限公司	1672855	90	上海亚泰建设集团有限公司	387344
41	中国大地财产保险股份有限公司	1628547	91	上海亚东国际货运有限公司	385976
42	上海宝冶集团有限公司	1536820	92	上海钢宇实业集团有限公司	376937
43	上海美特斯邦威服饰股份有限公司	1502262	93	上海致盛实业集团有限公司	372731
44	上海均瑶（集团）有限公司	1318299	94	上海强生控股股份有限公司	370504
45	沪东中华造船（集团）有限公司	1317028	95	上海家化联合股份有限公司	357661
46	上海华信石油集团有限公司	1269066	96	上海尚友实业集团有限公司	349786
47	上海胜华电缆（集团）有限公司	1180153	97	上海金发科技发展有限公司	344789
48	大华（集团）有限公司	1136721	98	上海华通机电（集团）有限公司	331824
49	上海兰生（集团）有限公司	1114563	99	上海华东电器（集团）有限公司	331336
50	上海奥盛投资控股（集团）有限公司	1053748	100	上海金开利集团有限公司	325830

发布单位：上海企业联合会、企业家协会

表11-3　　2012重庆企业100强

排序	企业名称	营业收入（万元）	排序	企业名称	营业收入（万元）
1	重庆长安汽车股份有限公司	10547888	51	重庆大江工业有限责任公司	380159
2	重庆建工集团股份有限公司	4264581	52	重庆康明斯发动机有限公司	374277
3	重庆商社（集团）有限公司	4008678	53	重庆银翔摩托车（集团）有限公司	364651
4	重庆市电力公司	3152334	54	九禾股份有限公司	362577
5	重庆钢铁（集团）有限责任公司	3134818	55	重庆鸽牌电线电缆有限公司	341968
6	重庆市能源投资集团公司	2607722	56	重庆苏宁电器有限公司	340264
7	重庆龙湖企业拓展有限公司	2530133	57	重庆市盐业（集团）有限公司	336172
8	达丰（重庆）电脑有限公司	2194400	58	重庆长安民生物流股份有限公司	327668
9	中国烟草总公司重庆市公司	2082419	59	重庆建峰工业集团有限公司	322222
10	隆鑫控股有限公司	1839548	60	重庆远海建工（集团）有限公司	321892
11	重庆力帆控股有限公司	1819979	61	四川航空股份有限公司重庆分公司	318262
12	重庆华南物资（集团）有限公司	1814852	62	重庆美心（集团）有限公司	309235
13	重庆农村商业银行股份有限公司	1809345	63	重庆市农业投资集团有限公司	301434
14	太极集团有限公司	1650315	64	重庆百事达汽车有限公司	301430
15	鸿富锦精密电子（重庆）有限公司	1505300	65	重庆青山工业有限责任公司	293963
16	庆铃汽车（集团）有限公司	1446896	66	重庆市渝万建设集团有限公司	292535
17	宗申产业集团有限公司	1420726	67	重庆龙煜精密铜管有限公司	287400
18	重庆医药（集团）股份有限公司	1331759	68	重庆科瑞制药（集团）有限公司	284531
19	重庆烟草工业有限责任公司	1118712	69	重庆紫光化工股份有限公司	280243
20	中冶建工集团有限公司	1116274	70	中铁八局集团第一工程有限公司	278917
21	重庆对外经贸（集团）有限公司	1027486	71	重庆乌江实业（集团）股份有限公司	274634
22	重庆市博赛矿业（集团）有限公司	1011205	72	重庆望江工业有限公司	272542
23	金科地产集团股份有限公司	986579	73	重庆红宇精密工业有限责任公司	271660
24	重庆小康工业集团股份有限公司	973007	74	重庆铁马工业集团有限公司	265005
25	中冶赛迪集团有限公司	940692	75	重庆啤酒股份有限公司	264400
26	重庆交通运输控股（集团）有限公司	895627	76	天圣制药集团股份有限公司	263981
27	西南铝业（集团）有限责任公司	864602	77	重庆商业投资集团有限公司	263198
28	重庆万达薄板有限公司	805177	78	重庆建安建设（集团）有限公司	259856
29	重庆中汽西南汽车有限公司	780034	79	北城致远集团有限公司	259556
30	西南兵器工业公司	752288	80	重庆顶津食品有限公司	258200
31	上汽依维柯红岩商用车有限公司	723500	81	重庆市中大建设集团有限公司	245736
32	重庆粮食集团有限责任公司	717198	82	重庆市涪陵水利电力投资集团有限责任公司	242773
33	中国四联仪器仪表集团有限公司	699977	83	重庆重铁物流有限公司	242040
34	重庆永辉超市有限公司	660083	84	中国嘉陵工业股份有限公司（集团）	236558
35	重庆中科建设（集团）有限公司	618755	85	重庆中渝物业发展有限公司	229322
36	中国石化集团四川维尼纶厂	604710	86	重庆泰山电缆有限公司	227023
37	中铁十七局集团第四工程有限公司	599512	87	民生轮船股份有限公司	225530
38	重庆港务物流集团有限公司	585980	88	中铁五局集团第六工程有限责任公司	222595
39	重庆华宇物业（集团）有限公司	582438	89	重庆小天鹅投资控股（集团）有限公司	217000
40	重庆建设摩托车股份有限公司	557912	90	重庆大川控股（集团）有限公司	212772
41	重庆九龙电力股份有限公司	538765	91	重庆一品建设集团有限公司	203312
42	重庆华轻商业公司	518424	92	重庆市新大兴实业（集团）有限公司	202851
43	重庆宜化化工有限公司	517892	93	玖龙纸业（重庆）有限公司	197644
44	重庆润通控股（集团）有限公司	511529	94	重庆机床（集团）有限责任公司	195704
45	华能重庆珞璜发电有限责任公司	507907	95	重庆恒滨建设（集团）有限公司	193561
46	重庆齿轮箱有限责任公司	478766	96	重庆新华书店集团公司	187779
47	英业达（重庆）有限公司	439600	97	重庆耐德工业股份有限公司	187638
48	惠普（重庆）有限公司	438700	98	中国石油化工股份有限公司润滑油重庆分公司	187312
49	中交二航局第二工程有限公司	393012	99	双赢集团有限公司	186510
50	重庆市锦天地产（集团）有限公司	388600	100	中船重工（重庆）海装风电设备有限公司	182091

发布单位：重庆市企业管理协会、重庆市企业家协会

表11－4　　2012河北企业100强

排序	企业名称	营业收入（万元）	排序	企业名称	营业收入（万元）
1	河北钢铁集团有限公司	25034171	51	辛集市澳森钢铁有限公司	1099013
2	冀中能源集团有限责任公司	21761831	52	唐山东华钢铁企业集团有限公司	1012000
3	开滦（集团）有限责任公司	14558782	53	河北新武安钢铁集团烘熔钢铁有限公司	1005064
4	河北省电力公司	6622008	54	秦皇岛安丰钢铁有限公司	985580
5	庞大汽贸集团股份有限公司	5545515	55	中国石油天然气股份公司冀东油田分公司	966089
6	河北津西钢铁集团	5296009	56	天铁第一轧钢有限责任公司	902969
7	新兴铸管股份有限公司	5252766	57	承德兆丰钢铁集团有限公司	899149
8	河北敬业集团	4257824	58	文安县新钢钢铁有限公司	867918
9	隆基泰和实业有限公司	3860158	59	河北永洋钢铁有限公司	800000
10	邯郸纵横钢铁集团有限公司	3298796	60	国药乐仁堂医药有限公司	778095
11	唐山国丰钢铁有限公司	3293478	61	唐山市德龙钢铁有限公司	765388
12	唐山供电公司	3271659	62	秦皇岛金海粮油工业有限公司	749504
13	唐山瑞丰钢铁（集团）有限公司	3064204	63	霸州市新利钢铁有限公司	704999
14	中国石油天然气股份有限公司华北油田分公司	3020961	64	唐山百货大楼集团有限责任公司	680583
15	长城汽车股份有限公司	3008948	65	邯郸市正大制管有限公司	672041
16	唐山港陆钢铁有限公司	2834638	66	河北曲寨集团有限公司	643337
17	中国石油天然气股份有限公司华北石化分公司	2792123	67	张家口卷烟厂有限责任公司	637883
18	河北普阳钢铁有限公司	2735432	68	河北凌云工业集团有限公司	620372
19	中国石油化工股份有限公司石家庄炼化分公司	2678561	69	河北诚信有限责任公司	603550
20	晶龙实业集团有限公司	2618725	70	河北大元建业集团股份有限公司	589167
21	旭阳控股有限公司	2610381	71	石家庄常山纺织集团有限责任公司	585438
22	河北省物流产业集团有限公司	2605480	72	河北立中有色金属集团	559241
23	河北文丰钢铁有限公司	2484514	73	巨力集团有限公司	550004
24	沧州中铁装备制造材料有限公司	2311683	74	中国华电集团公司河北分公司	544421
25	春风实业集团有限责任公司	2203483	75	怀来县土木煤炭市场物流服务中心	522582
26	石家庄北国人百集团有限责任公司	2187276	76	冀北电力有限公司张家口供电公司	514042
27	中太建设集团股份有限公司	2168205	77	建滔（河北）焦化、化工有限公司	513092
28	河北建工集团有限责任公司	2112999	78	天保建设集团有限公司	510000
29	河北建设集团有限公司	2074164	79	邢台市政建设集团有限公司	507130
30	冀东发展集团有限责任公司	2050480	80	河北白沙烟草有限责任公司	498366
31	中国石油化工股份有限公司沧州分公司	1926249	81	河北怀特集团股份有限公司	495520
32	河北兴华钢铁有限公司	1857676	82	五矿邢邯矿业有限公司	480939
33	三河汇福粮油集团有限公司	1835019	83	邯郸建工集团有限公司	480800
34	河北新金钢铁有限公司	1806371	84	河北长安汽车有限公司	473366
35	武安市裕华钢铁有限公司	1763688	85	邯郸市阳光百货集团总公司	461000
36	保定天威集团有限公司	1666100	86	河北鑫海化工有限公司	460221
37	河北新武安钢铁集团文安钢铁有限公司	1653240	87	大唐国际发电股份有限公司张家口发电厂	455210
38	河北新武安钢铁集团明芳钢铁有限公司	1568914	88	河北华丰煤化电力有限公司	448974
39	河北建设投资集团有限责任公司	1512378	89	中钢集团邢台机械轧辊有限公司	447729
40	石家庄制药集团有限公司	1449605	90	秦皇岛金海食品工业有限公司	444629
41	德龙钢铁有限公司	1447792	91	好丽友食品有限公司	410038
42	中海石油中捷石化有限公司	1438219	92	风帆股份有限公司	407476
43	唐山三友集团有限公司	1422377	93	万合集团股份有限公司	398870
44	河北前进钢铁集团有限公司	1273238	94	河北五兴能源集团有限公司	393854
45	河北省唐山市滦通商贸有限公司	1210485	95	河北冀衡集团有限公司	388458
46	崇利制钢有限公司	1201161	96	河北省农业生产资料有限公司	385229
47	唐山轨道客车有限责任公司	1180905	97	中煤建筑安装工程集团有限公司	385039
48	邢台钢铁有限责任公司	1169516	98	河北卓正实业集团有限公司	378809
49	五得利面粉集团有限公司	1115955	99	山海关船舶重工有限责任公司	355382
50	秦皇岛首秦金属材料有限公司	1101199	100	承德避暑山庄企业集团有限责任公司	353561

发布单位：河北省工业经济联合会（河北省经济团体联合会）、河北省企业联合会、河北省企业家协会和河北省统计学会

表 11 -5　　2012 辽宁企业100强

排序	企业名称	营业收入（万元）	排序	企业名称	营业收入（万元）
1	鞍钢集团公司	15573577	51	亿达集团有限公司	801467
2	大连大商集团有限公司	11010716	52	大连海川建设集团有限公司	799257
3	大连万达集团股份有限公司	10510228	53	中国华录集团有限公司	793863
4	本钢集团有限公司	9193926	54	营口港务集团有限公司	790983
5	中国石油天然气股份有限公司大连石化分公司	9018311	55	中冶葫芦岛有色金属集团有限公司	763951
6	华晨汽车集团控股有限公司	8750507	56	沈阳金德管业集团有限公司	761657
7	中国石油辽河油田公司	5798995	57	抚顺矿业集团有限责任公司	753672
8	中国石油天然气股份有限公司抚顺石化分公司	4277646	58	九三集团大连大豆科技有限公司	737773
9	大连西太平洋石油化工有限公司	3538801	59	中纺粮油（沈阳）有限公司	730670
10	中国石油天然气股份有限公司锦州石化分公司	3395924	60	辽宁禾丰牧业股份有限公司	723401
11	上海通用（沈阳）北盛汽车有限公司	3064350	61	中交一航局第三工程有限公司	710629
12	大连造船厂集团有限公司	2973958	62	盘锦和运实业集团有限公司	700792
13	海城市西洋镁矿有限公司	2500000	63	锦联控股集团有限公司	664720
14	东北特殊钢集团有限责任公司	2315199	64	瓦房店轴承集团有限责任公司	654303
15	沈阳煤业（集团）有限责任公司	2315060	65	沈阳新东北电气集团有限公司	649437
16	中远船务工程集团有限公司	2185018	66	辽宁省烟草公司沈阳市公司	636000
17	丹东日林实业集团有限公司	2151974	67	佳能大连办公设备有限公司	624727
18	辽宁铁法能源有限责任公司	2151142	68	中国烟草总公司大连市公司	597224
19	阜新矿业（集团）有限责任公司	2150426	69	渤海船舶重工有限责任公司	591136
20	福佳集团有限公司	2101800	70	沈阳黎明航空发动机（集团）有限责任公司	586289
21	沈阳远大企业集团	2024443	71	东软集团股份有限公司	575125
22	辽宁宝来石油化工集团	2020016	72	锦州沈宏实业集团有限公司	567443
23	中国铁路物资沈阳有限公司	1950000	73	传奇电气（沈阳）有限公司	560153
24	营口嘉晨集团有限公司	1900016	74	大连阿尔滨集团有限公司	556616
25	东北电网有限公司	1829426	75	大连金玛商城企业集团有限公司	546600
26	沈阳机床（集团）有限责任公司	1801128	76	中国移动通信集团辽宁有限公司沈阳分公司	542812
27	大连机床集团有限责任公司	1785273	77	辉瑞制药有限公司	542735
28	凌源钢铁集团有限责任公司	1593851	78	沈阳北方建设股份有限公司	539186
29	辽宁忠旺集团有限公司	1575877	79	鞍山宝得钢铁有限公司	523084
30	海城后英集团有限公司	1540000	80	特变电工沈阳变压器集团有限公司	519387
31	大连逸盛大化石化有限公司	1515670	81	大连东芝电视有限公司	516780
32	北方重工集团有限公司	1459830	82	沈阳万科房地产开发有限公司	516400
33	中国船舶工业物资东北有限公司	1440000	83	中国石油天然气股份有限公司辽宁营口销售分公司	512500
34	抚顺新钢铁有限责任公司	1409121	84	蒙牛乳业（沈阳）有限责任公司	497557
35	大连实德集团有限公司	1328010	85	大连三川建设集团股份有限公司	481636
36	沈阳化工集团有限公司	1300727	86	大连宏光好运来集团有限公司	478965
37	辽宁曙光汽车集团股份有限公司	1265439	87	中钢集团沈阳有限公司	471000
38	营口青花集团有限公司	1249925	88	锦州华宇冶金有限公司	469280
39	大连重工·起重集团有限公司	1245068	89	中国大连国际经济技术合作集团有限公司	452791
40	沈阳飞机工业（集团）有限公司	1205002	90	大连环宇阳光集团	451283
41	大连冰山集团有限公司	1186459	91	大连港集团有限公司	446712
42	盛京银行有限公司	1166425	92	沈阳晨发汽车零部件有限公司	441734
43	辽宁兴隆大家庭商业集团有限公司	1126076	93	辽宁盼盼集团有限公司	440000
44	中国石油天然气股份有限公司辽宁沈阳销售分公司	1112368	94	国药控股沈阳有限公司	436000
45	中国北车集团大连机车车辆有限公司	1094944	95	辽宁亿泽商贸有限公司	436000
46	大连金广建设集团有限公司	1039849	96	中国联合网络通信有限公司沈阳市分公司	433645
47	沈阳鼓风机集团股份有限公司	1030327	97	中国南方航空股份有限公司北方分公司	432188
48	五矿营口中板有限责任公司	899062	98	辽阳市灯塔市佟二堡裘皮皮草有限公司	429276
49	大化集团有限责任公司	819091	99	沈阳乳业有限责任公司	428641
50	东北制药集团有限责任公司	809440	100	沈阳强盛精米公司	419481

发布单位：辽宁省企业联合会、辽宁省企业家协会

表11-6 2012山东企业100强

排序	企业名称	营业收入（万元）	排序	企业名称	营业收入（万元）
1	山东电力集团公司	16644642	51	北汽福田汽车股份有限公司诸城汽车厂	2020163
2	山东魏桥创业集团有限公司	16101478	52	沂州集团有限公司	1942497
3	山东能源集团有限公司	15600946	53	山东科达集团有限公司	1921025
4	海尔集团公司	15092957	54	利群集团股份有限公司	1905687
5	山东钢铁集团有限公司	12433831	55	山东大海集团有限公司	1860235
6	潍柴控股集团有限公司	9826166	56	一汽解放青岛汽车有限公司	1839238
7	兖矿集团有限公司	8400427	57	青岛港（集团）有限公司	1827548
8	海信集团有限公司	7157576	58	新华锦集团	1803929
9	山东大王集团有限公司	6605515	59	山东淄博傅山企业集团有限公司	1801934
10	南山集团有限公司	6360389	60	山东昊龙集团有限公司	1786123
11	山东新希望六和集团有限公司	6100550	61	山东渤海实业股份有限公司	1728834
12	华电国际电力股份有限公司	5449081	62	三角集团有限公司	1683275
13	日照钢铁控股集团有限公司	5177050	63	玲珑集团有限公司	1661503
14	中国石化青岛炼油化工有限责任公司	5093797	64	福田雷沃国际重工股份有限公司	1600232
15	山东省商业集团有限公司	5029869	65	国电山东电力有限公司	1596647
16	青岛钢铁控股集团有限责任公司	4361364	66	上汽通用五菱汽车股份有限公司青岛分公司	1569057
17	山东黄金集团有限公司	4348309	67	富海集团有限公司	1530727
18	临沂新程金锣肉制品集团有限公司	3982268	68	山推工程机械股份有限公司	1470205
19	浪潮集团有限公司	3668253	69	天元建设集团有限公司	1372232
20	滨化集团公司	3581864	70	正和集团股份有限公司	1360610
21	中国移动通信集团山东有限公司	3379806	71	淄博商厦股份有限公司	1339619
22	青建集团股份公司	3042666	72	山东垦利石化集团有限公司	1317862
23	山东泰山钢铁集团有限公司	3030960	73	威高集团有限公司	1313239
24	山东招金集团有限公司	3028718	74	山东华星石油化工集团有限公司	1296179
25	山东金诚石化集团有限公司	2903978	75	青岛丽东化工有限公司	1290827
26	山东京博控股股份有限公司	2800372	76	山东五征集团	1253733
27	华泰集团有限公司	2720066	77	双星集团有限责任公司	1211210
28	中铁十四局集团有限公司	2706482	78	日照港集团有限公司	1211024
29	山东晨鸣纸业集团股份有限公司	2688961	79	山东金岭集团有限公司	1204249
30	华盛江泉集团有限公司	2632688	80	山东鲁北企业集团总公司	1200515
31	山东时风（集团）有限责任公司	2615282	81	山东临工工程机械有限公司	1166606
32	山东太阳纸业股份有限公司	2585783	82	斗山工程机械（中国）有限公司	1153109
33	中铁十局集团有限公司	2559464	83	山东联盟化工集团有限公司	1151461
34	东营方圆有色金属有限公司	2554060	84	华鲁控股集团有限公司	1145296
35	山东中烟工业有限责任公司	2521379	85	潍坊特钢集团有限公司	1127578
36	西王集团有限公司	2489802	86	诸城外贸有限责任公司	1108606
37	南车青岛四方机车车辆股份有限公司	2397977	87	山东神驰化工有限公司	1067227
38	青岛啤酒股份有限公司	2315805	88	山东泉林纸业有限责任公司	1046014
39	南金兆集团有限公司	2297778	89	山东澳亚纺织有限公司	1032504
40	山东如意科技集团有限公司	2275501	90	山东鲁花集团有限公司	1023267
41	华勤橡胶工业集团	2264099	91	澳柯玛股份有限公司	1017444
42	山东博汇集团有限公司	2123890	92	欧美投资集团有限公司	1014157
43	山东石横特钢集团有限公司	2099539	93	山东恒源石化股份有限公司	1010014
44	利华益集团股份有限公司	2091663	94	山东航空集团有限公司	992737
45	山东东明石化集团有限公司	2080062	95	东辰控股集团有限公司	990401
46	山东高速集团有限公司	2070570	96	山东创新金属科技股份有限公司	974364
47	山东胜通集团股份有限公司	2064332	97	山东远通汽车贸易集团有限公司	963609
48	中国联合网络通信有限公司山东分公司	2061652	98	鲁西化工集团股份有限公司	931645
49	万达控股集团有限公司	2056319	99	青岛即发集团控股有限公司	862249
50	中国石化青岛石油化工有限责任公司	2030741	100	润华集团股份有限公司	852718

发布单位：山东省企业联合会、山东省企业家协会

表 11－7　　2012 浙江企业 100 强

排序	企业名称	营业收入（万元）	排序	企业名称	营业收入（万元）
1	浙江省物产集团公司	16701187	51	维科控股集团股份有限公司	1608204
2	浙江吉利控股集团有限公司	15099498	52	杭州华东医药集团有限公司	1565202
3	中国石油化工股份有限公司镇海炼化分公司	14575727	53	天能集团	1526364
4	中国石油化工股份有限公司浙江石油分公司	9975892	54	杭州锦江集团有限公司	1514953
5	万向集团公司	8354223	55	宁波神化化学品经营有限责任公司	1504414
6	杭州钢铁集团公司	8284861	56	中海石油舟山石化有限公司	1464545
7	广厦控股集团有限公司	7103764	57	环宇集团有限公司	1448862
8	杭州娃哈哈集团有限公司	6785504	58	银泰百货（集团）有限公司	1413242
9	海亮集团有限公司	6779700	59	升华集团控股有限公司	1392769
10	浙江省能源集团有限公司	5934469	60	红狮控股集团有限公司	1386905
11	浙江恒逸集团有限公司	5629501	61	浙江东南网架集团有限公司	1380334
12	浙江省兴合集团公司	5428860	62	奥康集团有限公司	1372982
13	杭州汽轮动力集团有限公司	4592990	63	龙元建设集团股份有限公司	1349584
14	浙江中烟工业有限责任公司	4315413	64	金海重工股份有限公司	1349006
15	浙江省国际贸易集团有限公司	4228172	65	超威电源（集团）有限公司	1337205
16	雅戈尔集团股份有限公司	3603107	66	巨化集团公司	1305405
17	浙江省建设投资集团有限公司	3532060	67	卧龙控股集团有限公司	1302640
18	绿城房地产集团有限公司	3530000	68	杭州联华华商集团有限公司	1272887
19	中天发展控股集团有限公司	3495609	69	春和集团有限公司	1266673
20	浙江荣盛控股集团有限公司	3485658	70	中球冠集团有限公司	1248113
21	浙江省商业集团有限公司	3474645	71	纳爱斯集团有限公司	1227332
22	盾安控股集团有限公司	3383134	72	浙江华成控股集团有限公司	1222807
23	奥克斯集团有限公司	3209693	73	华立集团股份有限公司	1215723
24	青山控股集团有限公司	3200000	74	浙江广天日月集团股份有限公司	1212052
25	宁波金田投资控股有限公司	3150260	75	浙江大东南集团有限公司	1191948
26	远大物产集团有限公司	3128623	76	新凤鸣集团股份有限公司	1184194
27	桐昆集团股份有限公司	2903279	77	华峰集团有限公司	1101853
28	杭州橡胶（集团）公司	2871992	78	东方建设集团有限公司	1095017
29	中海石油宁波大榭石化有限公司	2769500	79	浙江天圣控股集团有限公司	1088420
30	人民电器集团有限公司	2657124	80	浙江栋梁新材股份有限公司	1087387
31	浙江前程投资股份有限公司	2518770	81	五洋建设集团股份有限公司	1082722
32	正泰集团股份有限公司	2515732	82	华通机电集团有限公司	1079104
33	新世纪控股集团有限公司	2497183	83	宁波宝新不锈钢有限公司	1069872
34	浙江省交通投资集团有限公司	2445751	84	兴乐集团有限公司	1067398
35	天正集团有限公司	2310051	85	浙江康桥汽车工贸集团股份有限公司	1060000
36	宁波银亿集团有限公司	2259246	86	杭州金鱼电器集团有限公司	1052866
37	浙江中成控股集团有限公司	2208876	87	世纪华丰控股有限公司	1044090
38	德力西集团有限公司	2208842	88	利时集团股份有限公司	1043614
39	传化集团有限公司	2079132	89	祐康食品集团有限公司	1032830
40	精功集团有限公司	2017818	90	海天塑机集团有限公司	1018049
41	浙江宝业建设集团有限公司	1936233	91	浙江翔盛集团有限公司	970307
42	浙江八达建设集团有限公司	1913338	92	宁波华东物资城市场建设开发有限公司	966650
43	杉杉控股有限公司	1892041	93	浙江天宇交通建设集团有限公司	964257
44	浙江昆仑控股集团有限公司	1834575	94	富通集团有限公司	955990
45	宁波富邦控股集团有限公司	1812280	95	中设建工集团有限公司	953568
46	浙江元立金属制品集团有限公司	1704473	96	浙江万达建设集团有限公司	953247
47	中基宁波集团股份有限公司	1677343	97	中厦建设集团有限公司	950268
48	浙江龙盛控股有限公司	1654089	98	兰溪自立铜业有限公司	945381
49	西子联合控股有限公司	1633851	99	长业建设集团有限公司	931505
50	杭州富春江冶炼有限公司	1612810	100	浙江富春江通信集团有限公司	928023

发布单位：浙江省企业联合会、浙江省企业家协会

表 11-8 **2012 安徽企业 100 强**

排序	企业名称	营业收入（万元）	排序	企业名称	营业收入（万元）
1	铜陵有色金属集团控股有限公司	9403158	51	安徽天大企业（集团）有限公司	518827
2	马钢（集团）控股有限公司	9229817	52	安徽亚夏实业股份有限公司	512650
3	安徽海螺集团有限责任公司	7271887	53	安徽鑫科新材料股份有限公司	501395
4	淮南矿业（集团）有限责任公司	6960140	54	合肥荣事达三洋电器股份有限公司	478425
5	安徽省徽商集团有限公司	5800207	55	合肥京东方光电科技有限公司	477049
6	淮北矿业（集团）有限责任公司	4287851	56	铜陵市富鑫钢铁有限公司	456007
7	奇瑞汽车股份有限公司	4270954	57	安徽鸿路钢结构（集团）股份有限公司	455006
8	安徽江淮汽车集团有限公司	3664316	58	安徽华茂集团有限公司	454762
9	中石化股份安徽石油分公司	3603115	59	安徽迎驾集团有限公司	401796
10	中石化股份有限公司安庆分公司	3188350	60	安徽古井集团有限责任公司	401786
11	合肥百货大楼集团股份有限公司	3030000	61	安徽山鹰纸业股份有限公司	398375
12	安徽省皖北煤电集团有限责任公司	2673782	62	合肥世纪精信机械制造有限责任公司	397293
13	合肥美的工业园	2374347	63	安徽省盐业总公司	385494
14	安徽国贸集团控股有限公司	2344526	64	安徽昊源化工集团有限公司	372368
15	安徽建工集团有限公司	2288571	65	中盐安徽红四方股份有限公司	362467
16	格力电器（合肥）有限公司	2241358	66	安徽省安庆环新集团有限公司	357936
17	合肥海尔工业园	2037506	67	合肥建工集团有限公司	350494
18	全威（铜陵）铜业科技有限公司	1838329	68	安徽华力建设集团有限公司	348615
19	芜湖新兴铸管有限责任公司	1815388	69	南京医药合肥天星有限公司	347862
20	中国移动通信集团安徽有限公司	1744599	70	安徽丰原集团有限公司	347343
21	安徽辉隆农资集团有限公司	1523652	71	安徽凯源建设集团有限责任公司	343692
22	安徽省能源集团有限公司	1201848	72	安徽宝迪肉类食品有限公司	331640
23	安徽华源医药股份有限公司	1029736	73	黄山永佳（集团）有限公司	324740
24	中建四局第六建筑工程有限公司	1001960	74	安徽庆发集团股份有限公司	321847
25	铜陵精达铜材（集团）有限公司	960994	75	合肥华泰集团股份有限公司	319688
26	蚌埠玻璃工业设计研究院	947307	76	安徽皖维集团有限责任公司	317300
27	日立建机（中国）有限公司	930858	77	黄山兴乐铜业有限公司	311908
28	安徽省高速公路控股集团有限公司	914636	78	安徽全柴集团有限公司	283227
29	安徽出版集团有限责任公司	908733	79	威灵（芜湖）电机制造有限公司	276135
30	合肥美菱股份有限公司	900400	80	安徽金种子集团有限公司	271901
31	联合利华（中国）有限公司	899545	81	国电蚌埠发电有限公司	271189
32	铜陵化学工业集团有限公司	879423	82	安徽华电宿州发电有限公司	270831
33	中国十七冶集团有限公司	808056	83	中铁四局集团建筑工程有限公司	270042
34	国投新集能源股份有限公司	805559	84	安徽鸿润（集团）股份有限公司	269985
35	安徽楚江投资集团有限公司	798920	85	益海嘉里（安徽）粮油工业有限公司	265498
36	安徽佳通轮胎有限公司	776751	86	芜湖市富鑫钢铁有限公司	264062
37	徽商银行股份有限公司	769616	87	安徽省旅游集团有限公司	259867
38	中粮生物化学（安徽）股份有限公司	740129	88	安徽晋煤中能化工股份有限公司	259769
39	安徽新华发行（集团）控股有限公司	733224	89	安徽三星化工有限责任公司	257341
40	安徽淮海实业发展集团有限公司	731013	90	安徽中杭股份有限公司	257300
41	华菱星马汽车（集团）股份有限公司	685369	91	蒙牛乳业（马鞍山）有限公司	256382
42	安徽叉车集团有限责任公司	645852	92	安徽省皖中集团有限责任公司	253025
43	淮南东辰集团有限责任公司	634069	93	宝业集团安徽有限公司	250011
44	安徽省华鑫铅业集团有限公司	607510	94	安徽金禾实业股份有限公司	228414
45	绿宝电缆（集团）有限公司	584919	95	合肥中建工程机械有限责任公司	225476
46	中铁四局集团第一工程有限公司	571221	96	中国人民解放军第五七二〇工厂	220068
47	安徽鑫港炉料股份有限公司	565912	97	马鞍山当涂发电有限公司	215843
48	安徽省交通投资集团有限公司	558676	98	马鞍山钢铁建设集团有限公司	213878
49	安徽天康（集团）股份有限公司	550464	99	安徽亚坤建设集团有限公司	213626
50	安徽中鼎控股（集团）股份有限公司	523347	100	安徽尊贵电器集团有限公司	210750

发布单位：安徽省企业联合会、安徽省企业家协会

表 11－9　　2012 湖南企业 100 强

排序	企业名称	营业收入（万元）	排序	企业名称	营业收入（万元）
1	五矿有色金属控股有限公司	12861969	51	南车株洲电机有限公司	393672
2	中联重科股份有限公司	8480577	52	湖南汽车城有限公司	375230
3	湖南华菱钢铁集团有限责任公司	8396468	53	湖南宇腾有色金属股份有限公司	372134
4	三一集团有限公司	8020000	54	湖南佳惠百货有限责任公司	370920
5	湖南中烟工业有限责任公司	7251504	55	中国南方航空工业（集团）有限公司	355339
6	湖南省电力公司	5153857	56	湖南省邮政公司	349500
7	中国烟草总公司湖南省公司	5091599	57	湖南兰天汽车集团有限公司	343500
8	中国建筑第五工程局有限公司	4812779	58	长沙新振升集团有限公司	337001
9	中国石油化工股份有限公司湖南石油分公司	4512000	59	国电益阳发电有限公司	335300
10	中国石油化工股份有限公司长岭分公司	3521755	60	五凌电力有限公司	331900
11	湖南省建筑工程集团总公司	3138910	61	湖南新物产集团有限公司	323111
12	湖南博长控股集团有限公司	2568853	62	湖南九龙经贸集团有限公司	320638
13	南方建材股份有限公司	2386149	63	长沙银行股份有限公司	320436
14	湖南晟通科技集团有限公司	2208552	64	湖南顺天建设集团有限公司	313730
15	中国移动通信集团湖南有限公司	2109942	65	山河智能装备股份有限公司	308967
16	大汉控股集团有限公司	1936912	66	国药控股湖南有限公司	300934
17	中国石化集团资产经营管理有限公司巴陵石化分公司	1755377	67	湖南金正方企业集团股份有限公司	297966
18	中国建设银行股份有限公司湖南省分行	1728922	68	湖南省茶业有限公司	285682
19	南车株洲电力机车有限公司	1479221	69	湖南电广传媒股份有限公司	284548
20	南车株洲电力机车研究所有限公司	1411775	70	湖南望新建设集团股份有限公司	281036
21	中国人寿保险股份有限公司湖南省分公司	1264473	71	湖南省沙坪建筑有限公司	280892
22	湘电集团有限公司	1240253	72	郴州市金贵银业股份有限公司	279403
23	中国水利水电第八工程局有限公司	1141485	73	华润电力湖南有限公司	277500
24	二十三冶建设集团有限公司	1105682	74	湖南华电长沙发电有限公司	274900
25	唐人神集团股份有限公司	1041771	75	中冶长天国际工程有限责任公司	274196
26	大唐华银电力股分有限公司	983701	76	中盐湖南株洲化工集团有限公司	265337
27	湖南省煤业集团有限公司	893412	77	湖南省轻工盐业集团有限责任公司	263674
28	步步高商业连锁股份有限公司	843919	78	快乐购物股份有限公司	255796
29	泰格林纸集团股份有限公司	824114	79	心连心集团有限公司	252093
30	中国电信股份有限公司湖南分公司	758768	80	金杯电工股份有限公司	251449
31	湖南南方水泥集团有限公司	653489	81	华天实业控股集团有限公司	249849
32	湖南路桥建设集团公司	653239	82	湖南科力远新能源股份有限公司	238243
33	嘉凯城集团股份有限公司	648453	83	湖南东信集团有限公司	236132
34	湖南友谊阿波罗控股股份有限公司	623351	84	全洲药业集团有限公司	234960
35	中国石油化工股份有限公司巴陵分公司	598069	85	湖南吉利汽车部件有限公司	225404
36	中国电子科技集团公司第四十八研究所	588591	86	湖南湘江涂料集团有限公司	216602
37	中南出版传媒集团股份有限公司	585657	87	华融湘江银行股份有限公司	212539
38	湖南省新华书店有限责任公司	565323	88	大唐耒阳发电厂	206900
39	长丰集团有限责任公司	562845	89	株洲旗滨集团股份有限公司	203582
40	湖南高岭建设集团股份有限公司	557472	90	南车长江车辆有限公司株洲分公司	200477
41	湖南安石企业（集团）有限公司	526879	91	湖南巴陵油脂有限公司	196367
42	中国铁建重工集团有限公司	522252	92	现代投资股份有限公司	194904
43	湖南金龙国际集团	501537	93	湖南正虹科技发展股份有限公司	191193
44	江麓机电集团有限公司	485745	94	株洲百货股份有限公司	182000
45	北汽福田汽车股份有限公司长沙汽车厂	460498	95	湖南鸿冠集团有限公司	178000
46	江南工业集团有限公司	450648	96	湖南福晟集团有限公司	177692
47	长沙通程控股股份有限公司	439960	97	际华三五一七橡胶制品有限公司	176693
48	特变电工衡阳变压器有限公司	435656	98	方正证券股份有限公司	170903
49	湖南辰州矿业股份有限公司	408142	99	湖南苏宁电器有限公司	169688
50	华能湖南岳阳发电有限责任公司	398800	100	湖南对外建设有限公司	168656

发布单位：湖南省工业经济联合会、湖南省企业联合会、湖南省企业家协会

表 11 – 10

2012 湖北企业 100 强

排序	企业名称	营业收入（万元）	排序	企业名称	营业收入（万元）
1	东风汽车公司	40672043	51	中国联合网络通信有限公司湖北省分公司	540289
2	武汉钢铁（集团）公司	22148880	52	武汉工贸有限公司	518788
3	中国建筑第三工程局有限公司	7072919	53	南车长江车辆有限公司	503942
4	湖北省电力公司	6499612	54	湖北三宁化工股份有限公司	501179
5	湖北宜化集团有限责任公司	5604919	55	益海嘉里（武汉）粮油工业有限公司	487254
6	湖北中烟工业有限责任公司	4950378	56	湖北华电襄阳发电有限公司	478793
7	中国葛洲坝集团公司	4714145	57	湖北银丰实业集团有限责任公司	472219
8	武汉铁路局	4314973	58	湖北省齐星汽车车身股份有限公司	460790
9	大冶有色金属集团控股有限公司	4063253	59	华能武汉发电有限责任公司	454443
10	中国石油化工股份有限公司荆门分公司	3172230	60	长江高科电缆有限公司	453837
11	中铁十一局集团有限公司	3115684	61	武汉船用机械有限责任公司	444633
12	中国石油化工股份有限公司武汉分公司	2954023	62	长飞光纤光缆有限公司	427072
13	中交第二航务工程局有限公司	2539725	63	武汉商贸国有控股集团有限公司	425620
14	九州通医药集团股份有限公司	2483868	64	黄石鑫鹏铜材有限责任公司	424034
15	中国石化集团江汉石油管理局	2475978	65	武汉建工股份有限公司	421651
16	中百控股集团股份有限公司	2305342	66	劲牌有限公司	413033
17	中铁大桥局集团有限公司	2093812	67	湖北新鑫钢铁集团有限公司	404649
18	中国长江电力股份有限公司	2070038	68	中国核工业第二二建设有限公司	403471
19	武汉武商集团股份有限公司	2064129	69	中铁第四勘察设计院集团有限公司	400355
20	湖北新冶钢有限公司	2053643	70	武汉市市政建设集团有限公司	397738
21	中国移动通信集团湖北有限公司	1837425	71	武汉人福医药集团股份有限公司	396065
22	宜昌三峡全通涂镀板有限公司	1832998	72	鄂州鸿泰钢铁有限公司	395438
23	福星集团控股有限公司	1597553	73	武汉市汉商集团股份有限公司	391500
24	三环集团公司	1477637	74	武汉顺乐不锈钢有限公司	381968
25	中国航天三江集团公司	1444594	75	中铁电气化局集团第二工程有限公司	377843
26	中国一冶集团有限公司	1345730	76	长江水利委员会长江勘测规划设计研究院	366949
27	华新水泥股份有限公司	1263804	77	武汉海尔电器股份有限公司	362668
28	卓尔控股有限公司	1191517	78	骆驼集团股份有限公司	362379
29	湖北稻花香集团	1188564	79	湖北省农业生产资料集团有限公司	358013
30	新八建设集团有限公司	1156126	80	武汉市燃气热力集团有限公司	351623
31	武汉中商集团股份有限公司	1150060	81	宜昌东阳光药业股份有限公司	344665
32	武汉邮电科学研究院	1119546	82	中铝华中铜业有限公司	334637
33	宜昌兴发集团有限责任公司	1116632	83	湖北白云边集团	326146
34	新七建设集团有限公司	1037312	84	中国五环工程有限公司	314031
35	中国十五冶金建设集团有限公司	1022794	85	湖北洪森粮油集团	312538
36	中国电信股份有限公司湖北分公司	986586	86	湖北祥云（集团）化工股份有限公司	292759
37	湖北能源集团股份有限公司	960755	87	中国化学工程第六建设有限公司	290268
38	湖北新洋丰肥业股份有限公司	871705	88	航宇救生装备有限公司	284965
39	中冶南方工程技术有限公司	774748	89	湖北兴业钢铁炉料有限责任公司	284000
40	武昌造船厂集团有限公司	750227	90	黄石新兴管业有限公司	281543
41	湖北枝江酒业集团	701041	91	湖北西塞山发电有限公司	271504
42	山河建设集团有限公司	690918	92	湖北长安建筑股份有限公司	268787
43	宝业湖北建工集团有限公司	687524	93	黄冈大别山发电有限责任公司	264276
44	湖北东圣化工集团有限公司	681426	94	湖北省新华书店（集团）有限公司	258476
45	新龙药业集团	672131	95	湖北闽洪投资集团有限公司	253504
46	武汉城市建设投资开发集团有限公司	662201	96	安琪酵母股份有限公司	250578
47	百步亭集团有限公司	652142	97	楚源高新科技集团股份有限公司	246300
48	福娃集团有限公司	645534	98	湖北华厦窑炉工业（集团）有限公司	235956
49	黄石东贝机电集团有限责任公司	611224	99	湖北景天棉花产业集团有限公司	226488
50	汉江水利水电（集团）有限责任公司	557459	100	湖北省大冶市陈贵镇国发冶炼厂	224300

发布单位：湖北省企业联合会

表11－11　　2012江西企业100强

排序	企业名称	营业收入（万元）	排序	企业名称	营业收入（万元）
1	江西铜业集团公司	13549328	51	江西建工第二建筑有限责任公司	214817
2	新余钢铁集团有限公司	4421302	52	赣州银行股份有限公司	213714
3	江西萍钢实业股份有限公司	4109451	53	四特酒有限责任公司	212071
4	江铃汽车集团公司	3110904	54	江西万年贡米集团有限公司	199566
5	中国石化股份有限公司九江分公司	2551610	55	赣州华坚国际鞋城有限公司	194563
6	正邦集团有限公司	2018954	56	崇义章源钨业股份有限公司	193662
7	江西省煤炭集团公司	1835923	57	江西长运股份有限公司	191717
8	江西钨业集团有限公司	1678649	58	江西南方稀土高技术股份有限公司	191500
9	双胞胎（集团）股份有限公司	1487749	59	江西公路开发总公司	190806
10	晶科能源有限公司	1460000	60	龙南县福鑫钢铁有限公司	189811
11	江西赛维LDK太阳能高科技有限公司	1418692	61	江西省送变电建设公司	173771
12	江西稀有金属钨业控股集团有限公司	1378789	62	九江联盛实业集团有限公司	168948
13	方大特钢科技股份有限公司	1333398	63	蓝星化工新材料股份有限公司江西星火有机硅厂	163625
14	中国移动通信集团江西有限公司	1311122	64	江西联达冶金有限公司	155700
15	江西省建工集团公司	1146939	65	全南晶环科技有限责任公司	148413
16	江西中烟工业有限责任公司	1122744	66	江西中烟工业有限责任公司赣南卷烟厂	144476
17	景德镇市焦化工业集团有限责任公司	922320	67	江西洪都钢厂有限公司	143860
18	江西中烟工业有限责任公司南昌卷烟厂	820406	68	江西江洲联合造船有限责任公司	142956
19	南昌市政公用投资控股有限责任公司	786429	69	中铁二十四局集团南昌铁路工程有限公司	141274
20	江西江锂科技有限公司	749847	70	江西恩达家纺有限公司	140941
21	中国石油化工股份有限公司江西赣州石油分公司	623981	71	南昌印钞有限公司	140879
22	中铁四局集团第五工程有限公司	590354	72	赣州南方稀土矿冶有限责任公司	138732
23	江西万年青水泥股份有限公司	564863	73	九江信华集团有限公司	138236
24	中国电信股份有限公司江西分公司	539157	74	九江和汇进出口有限公司	137452
25	江西昌河汽车有限责任公司	537457	75	江西新华金属制品有限责任公司	136865
26	华意压缩机股份有限公司	536795	76	华能瑞金发电有限责任公司	135224
27	泰豪集团有限公司	528934	77	江西高飞数码科技有限公司	130709
28	赣州虔东稀土集团股份有限公司	479601	78	赣县世瑞新材料有限公司	129881
29	赣州晨光稀土新材料股份有限公司	450458	79	江西国鸿集团有限公司	129501
30	江西赣粤高速公路股份有限公司	410106	80	中阳建设集团有限公司	124896
31	江西赣州供电公司	397392	81	江西六国化工有限责任公司	123799
32	江西省烟草公司赣州市公司	396775	82	江西青峰药业有限公司	122554
33	仁和（集团）发展有限公司	360009	83	中国农业银行股份有限公司赣州分公司	119946
34	江西省烟草公司上饶市公司	338491	84	江西际洲建设工程集团有限公司	118214
35	五矿稀土（赣州）股份有限公司	333859	85	高安红狮水泥有限公司	118212
36	江西博能实业集团有限公司	329108	86	江西联创光电科技股份有限公司	117059
37	凤凰光学集团有限公司	318949	87	江西宝华山实业集团有限公司	116889
38	鸭鸭股份公司	308945	88	南昌硬质合金有限责任公司	115195
39	诚志股份有限公司	300983	89	江西瑞金万年青水泥有限责任公司	113358
40	中铁大桥局集团第五工程有限公司	300162	90	中铁二十四局集团南昌建设公司	113348
41	江西旭阳雷迪高科技股份有限公司	299520	91	中铁十一局集团桥梁有限公司	110300
42	江西亚东水泥有限公司	298807	92	赣县红金稀土有限公司	108053
43	赣州稀土矿业有限公司	291521	93	江西三川集团有限公司	102923
44	国电九江发电厂	286805	94	江西药都医药集团股份有限公司	102446
45	江西耀升工贸发展有限公司	265350	95	定南大华新材料资源有限公司	97469
46	赛得利（江西）化纤有限公司	237399	96	赣州华兴钨制品有限公司	96960
47	江西金弘实业有限公司	235207	97	江西省圣塔实业集团有限公司	95973
48	江西省邮政公司	233623	98	江西省修水香炉山钨业有限责任公司	89480
49	赣州有色冶金研究院	226603	99	中国工商银行股份有限公司赣州分行	89160
50	江西瑞晶太阳能科技有限公司	219369	100	赣州远驰新材料有限公司	88764

发布单位：江西省企业联合会、江西省企业家协会

表11-12 **2012四川企业100强**

排序	企业名称	营业收入（万元）	排序	企业名称	营业收入（万元）
1	四川长虹电子集团有限公司	7655369	51	四川新华发行集团有限公司	484071
2	新希望集团有限公司	7538106	52	泰康人寿保险股份有限公司四川分公司	457630
3	中铁二局集团有限公司	6095037	53	攀钢集团西昌新钢业有限公司	443042
4	成都铁路局	5808408	54	汇源集团有限公司	440959
5	攀钢集团有限公司	5465432	55	四川省威远建业集团有限公司	423242
6	中国东方电气集团有限公司	4908802	56	四川省鑫福矿业股份有限公司	405747
7	四川省宜宾五粮液集团有限公司	4872960	57	成都发动机（集团）有限公司	388182
8	四川华西集团有限公司	3772125	58	中钢集团四川有限公司	382423
9	通威集团有限公司	3525196	59	凉山矿业股份有限公司	374946
10	中国石油集团川庆钻探工程有限公司	3301980	60	中国南车集团资阳机车有限公司	351505
11	四川省川威集团有限公司	3295502	61	中国水利水电第十工程局有限公司	350790
12	四川宏达集团	3090273	62	四川省通信产业服务有限公司	325830
13	成都建筑工程集团总公司	3047944	63	四川省建筑机械化工程公司	307710
14	中国石油天然气股份有限公司西南油气田分公司	3009973	64	四川晟茂投资集团有限公司	305482
15	四川德胜集团钢铁有限公司	2619416	65	四川大西洋焊接材料股份有限公司	294762
16	泸州老窖集团有限责任公司	2462383	66	成都国腾实业集团有限公司	282360
17	四川公路桥梁建设集团有限公司	2296702	67	四川峨胜水泥集团股份有限公司	280900
18	中铁八局集团有限公司	2218179	68	四川省安县银河建化（集团）有限公司	266076
19	四川省达州钢铁集团有限责任公司	2040650	69	四川金路集团股份有限公司	258714
20	攀枝花钢城集团有限公司	1722662	70	四川空分设备（集团）有限责任公司	253041
21	中国电信集团四川省电信公司	1621217	71	昊华鸿鹤化工有限责任公司	242539
22	中铁二十三局集团有限公司	1618037	72	四川安吉物流集团有限公司	240661
23	四川科伦实业集团有限公司	1529474	73	中国水电顾问集团成都勘测设计研究院	228336
24	中国五冶集团有限公司	1508898	74	南车眉山车辆有限公司	225371
25	成都神钢工程机械（集团）有限公司	1330312	75	中昊晨光化工研究院	201514
26	四川航空股份有限公司	1295828	76	特变电工（德阳）电缆股份有限公司	201499
27	四川九洲电器集团有限责任公司	1252918	77	神华巴蜀电力有限责任公司	197404
28	四川省烟草公司成都市公司	1216866	78	四川省高宇集团有限公司	193570
29	四川省煤炭产业集团有限责任公司	1187760	79	华西能源工业股份有限公司	191023
30	中国水利水电第七工程局有限公司	1164767	80	成都地奥集团	188163
31	四川省宜宾普什集团有限公司	1163692	81	四川省机场集团有限公司	185572
32	成都飞机工业（集团）有限责任公司	1040323	82	泸州北方化学工业有限公司	184495
33	四川郎酒集团有限责任公司	1030000	83	中国人民解放军第五七一九工厂	178598
34	成都亚光电子股份有限公司	975158	84	四川怡和企业（集团）有限责任公司	174240
35	中国十九冶集团有限公司	836281	85	四川省绵阳市丰谷酒业有限责任公司	162212
36	四川化工控股（集团）有限责任公司	738537	86	攀枝花公路建设有限公司	160527
37	中国水利水电第五工程局有限公司	720547	87	中国重汽集团成都王牌商用车有限公司	156773
38	四川蓝光实业集团有限公司	714548	88	四川蓥峰实业有限公司	151518
39	成都红旗连锁股份有限公司	662388	89	四川海大橡胶集团有限公司	150200
40	成都印钞有限公司	637145	90	四川鸥鹏建筑工程公司	150120
41	四川省开元集团有限公司	594577	91	中国南车成都机车车辆有限公司	149950
42	中国成达工程有限公司	581193	92	都江堰拉法基水泥有限公司	149903
43	高金食品股份有限公司	568424	93	四川水井坊股份有限公司	148191
44	四川南骏汽车集团有限公司	567676	94	四川南江矿业集团有限公司	146001
45	四川富临实业集团有限公司	549503	95	盐源县金铁矿业集团有限公司	140176
46	四川美丰化工股份有限公司	524666	96	成都光明光电股份有限公司	139695
47	四川龙蟒集团有限责任公司	519620	97	西昌广丰工贸有限公司	127937
48	四川申蓉汽车股份有限公司	518362	98	零八一电子集团有限公司	126233
49	吉峰农机连锁股份有限公司	512606	99	华润锦华股份有限公司	124400
50	恒鼎实业（中国）集团有限公司	486090	100	四川长林肉类食品集团有限公司	116042

发布单位：四川省企业联合会、四川省企业家协会

表 11 - 13　　2012 云南企业 100 强

排序	企业名称	营业收入（万元）	排序	企业名称	营业收入（万元）
1	红塔烟草（集团）有限责任公司	7726123	51	云南省小龙潭矿务局	228057
2	红云红河烟草（集团）有限责任公司	6605405	52	昆明星耀集团实业有限公司	225237
3	昆明钢铁控股有限公司	6038876	53	云南鸿翔一心堂药业（集团）股份有限公司	221851
4	云南电网公司	5444268	54	中国联合网络通信有限公司云南省分公司	219277
5	云天化集团有限责任公司	4613894	55	昆明船舶设备集团有限公司	212017
6	中国石油化工股份有限公司云南石油分公司	4124601	56	云南德宏英茂糖业有限公司	210684
7	云南铜业（集团）有限公司	4010573	57	蒙自矿冶有限责任公司	209404
8	云南煤化工集团有限公司	2619587	58	云南富源德鑫集团有限公司	203838
9	云南建工集团有限公司	2429521	59	楚雄德胜煤化工有限公司	203808
10	云南锡业集团（控股）有限责任公司	2116237	60	名流置业集团股份有限公司	181327
11	云南冶金集团股份有限公司	2008235	61	沈机集团昆明机床股份有限公司	180486
12	昆明铁路局	1737600	62	云南文山电力股份有限公司	174827
13	中国移动通信集团云南有限公司	1629738	63	一汽通用红塔云南汽车制造有限公司	173713
14	云南白药控股有股公司	1151639	64	国投曲靖发电有限公司	173260
15	中国水利水电第十四工程局有限公司	1130056	65	云南阳光基础建设有限公司	172420
16	云南物流产业集团有限公司	1094568	66	昆明电缆集团股份有限公司	168571
17	十四冶建设集团有限公司	1050020	67	云南曲靖呈钢钢铁（集团）有限公司	165491
18	华能澜沧江水电有限公司	887560	68	云南保山电力股份有限公司	163110
19	高深（集团）有限公司	819117	69	云南金鼎锌业有限公司	159270
20	云南力帆骏马车辆有限公司	813308	70	云南第二公路桥梁工程有限公司	158797
21	云南南磷集团股份有限公司	761607	71	云南昊龙实业集团有限公司	156868
22	云南省投资控股集团有限公司	746654	72	昆明聚仁兴橡胶有限公司	154525
23	云南玉溪仙福钢铁（集团）有限公司	665042	73	云南 CY 集团有限公司	152454
24	云南黄金矿业集团股份有限公司	653335	74	云南东骏药业有限公司	151087
25	云南俊发房地产有限责任公司	642638	75	云南曲靖交通集团有限公司	149432
26	云南德胜钢铁有限公司	632605	76	昆明康辉旅行社有限公司	147370
27	云南奥宸房地产开发有限公司	609717	77	云南正成工精密机械有限公司	145997
28	云南曲靖越钢控股集团有限公司	595139	78	国电阳宗海发电有限公司	144393
29	中国电信股份有限公司云南分公司	563110	79	昆明家乐福超市有限公司	143037
30	云南玉溪玉昆钢铁集团有限公司	562682	80	云南省邮政公司	142836
31	云南省活发集团	525353	81	昆明自来水集团有限公司	142664
32	西南交通建设集团股份有限公司	495982	82	国电宣威发电有限责任公司	141252
33	华能云南滇东能源有限责任公司	475804	83	曲靖市盛凯集团有限责任公司	140037
34	安宁市永昌钢铁有限公司	422568	84	云南广电网络集团有限公司	138691
35	玉溪汇溪金属铸造制品有限公司	409398	85	云南振兴实业集团有限责任公司	136386
36	云南祥云飞龙有色金属股份有限公司	407273	86	云南丰瑞油脂有限公司	135955
37	云南省工业投资控股集团有限责任公司	405313	87	云南澜沧江酒业集团有限公司	130269
38	云南出版集团有限责任公司	379185	88	昆明醋酸纤维有限公司	128001
39	云南民爆集团有限责任公司	344709	89	云南永保特种水泥股份有限公司	126208
40	临沧南华糖业有限公司	311004	90	云南罗平锌电股份有限公司	125785
41	云南乘风有色金属股份有限公司	292863	91	腾冲县恒益矿产品经贸有限责任公司	125116
42	昆明中铁大型养路机械集团有限公司	288003	92	云南玉溪百信商贸集团有限公司	123994
43	云南英茂集团有限公司	276691	93	云南通变电器有限公司	116982
44	云南南天电子信息产业股份有限公司	265684	94	个旧市自立矿冶有限公司	115162
45	云南金格百货集团有限公司	259670	95	云南农业生产资料股份有限公司	114499
46	云南祥丰化肥股份有限公司	250661	96	云南健之佳健康连锁店股份有限公司	112500
47	云南省曲靖双友钢铁有限公司	250636	97	云南华联锌铟股份有限公司	109283
48	云南东方糖酒有限公司	245105	98	云南特安呐制药股份有限公司	107439
49	昆明制药集团股份有限公司	243401	99	国电开远发电有限公司	107416
50	昆明云内动力股份有限公司	232831	100	云南大唐国际红河发电有限责任公司	103328

发布单位：云南省企业联合会、云南省企业家协会

表 11－14 **2012 广西企业 100 强**

排序	企业名称	营业收入（万元）	排序	企业名称	营业收入（万元）
1	广西柳州钢铁（集团）公司	5573525	51	广西北部湾投资集团有限公司	197731
2	广西电网公司	4883799	52	广西壮族自治区邮政公司	195927
3	上汽通用五菱汽车股份有限公司	4619587	53	台泥（贵港）水泥有限公司	195789
4	广西玉柴机器集团有限公司	4292060	54	中钢集团广西铁合金有限公司	192566
5	广西建工集团有限责任公司	3368893	55	中国邮政储蓄银行股份有限公司广西壮族自治区分行	185650
6	广西投资集团有限公司	3054523	56	广西强强碳素股份有限公司	180812
7	广西柳工集团有限公司	2157159	57	广西超大运输集团有限责任公司	172277
8	广西北部湾国际港务集团有限公司	2028587	58	广西黑五类食品集团有限责任公司	169898
9	广西有色金属集团有限公司	1669036	59	广西运德汽车运输集团有限公司	169388
10	广西农垦集团有限责任公司	1451211	60	华厦建设集团有限公司	169000
11	中国移动通信集团广西有限公司	1438488	61	广西成源矿冶有限公司	166479
12	东风柳州汽车有限公司	1418269	62	梧州神冠蛋白肠衣有限公司	150172
13	广西中烟工业有限责任公司	1411888	63	国投北部湾发电有限公司	148364
14	柳州五菱汽车有限责任公司	1206687	64	南南铝业股份有限公司	147342
15	广西洋浦南华糖业集团股份有限公司	1175197	65	中铁二十五局集团第四工程有限公司	147154
16	大海粮油工业（防城港）有限公司	1054819	66	广西登高集团有限公司	146455
17	中国石油化工股份有限公司广西南宁石油分公司	786606	67	广西三环企业集团股份有限公司	146021
18	广西壮族自治区机电设备有限责任公司	784109	68	广西湘桂糖业集团有限公司	144965
19	广西物资集团有限责任公司	761771	69	广西壮族自治区百色电力有限责任公司	140657
20	广西水利电业集团有限公司	739766	70	广西鱼峰水泥股份有限公司	135500
21	广西壮族自治区公路桥梁工程总公司	728399	71	桂林三金集团股份有限公司	134855
22	中国大唐集团公司广西分公司	682997	72	平果亚洲铝业有限公司	133871
23	广西盛隆冶金有限公司	632845	73	广西贵糖（集团）股份有限公司	132302
24	中国铝业股份有限公司广西分公司	620665	74	广西春茂农牧集团有限公司	128632
25	桂林市力源粮油食品有限公司	582384	75	广西五鸿建设集团有限公司	126254
26	河池市南方有色冶炼有限责任公司	547097	76	桂林银行股份有限公司	124242
27	广西方盛实业股份有限公司	512893	77	广西瑞通运输集团有限公司	119662
28	桂林国际电线电缆集团有限责任公司	495778	78	南宁化工股份有限公司	115413
29	广西北部湾银行股份有限公司	484322	79	广西上上糖业有限公司	115076
30	柳州正菱集团有限公司	475236	80	广西梧州中恒集团股份有限公司	115055
31	南宁糖业股份有限公司	422365	81	广西南宁梦之岛百货有限公司	112962
32	桂林福达集团有限公司	418080	82	广西泰禾发展集团有限公司	111599
33	广西壮族自治区冶金建设公司	408343	83	柳州两面针股份有限公司	111528
34	中油广西田东石油化工总厂有限公司	405323	84	广西五丰粮食集团有限公司	110396
35	广西来宾东糖集团有限公司	387324	85	广西博庆食品有限公司	109917
36	广西扬翔股份有限公司	383159	86	兴安海螺水泥有限责任公司	104990
37	燕京啤酒（桂林漓泉）股份有限公司	370527	87	广西永凯糖纸集团有限责任公司	104569
38	广西凤糖生化股份有限公司	360599	88	广西新华书店集团有限公司	104494
39	中信大锰矿业有限责任公司	323586	89	南宁市建筑安装工程有限责任公司	102091
40	中国联合网络通信有限公司广西壮族自治区分公司	322953	90	广西金源生物化工实业有限公司	101229
41	龙滩水电开发有限公司	299234	91	南宁锦虹棉纺织有限责任公司	100713
42	广西贵港钢铁集团有限公司	289485	92	柳州机车车辆厂	94200
43	十一冶建设集团有限责任公司	286218	93	广西壮族自治区贵港市建筑工程公司	93000
44	中电广西防城港电力有限公司	281946	94	广西云星集团有限公司	92784
45	嘉里粮油（防城港）有限公司	273414	95	广西大锰锰业有限公司	88791
46	广西富满地农资股份有限公司	251262	96	中国有色集团（广西）平桂飞碟股份有限公司	87712
47	广西裕华建设集团有限公司	232886	97	中房集团南宁房地产开发公司	86974
48	南宁百货大楼股份有限公司	230024	98	南宁建宁水务投资集团有限责任公司	85341
49	广西平铝集团有限公司	222396	99	桂林彰泰实业集团有限公司	77323
50	广西桂东电力股份有限公司	205628	100	东方资源（钦州）有限公司	76631

发布单位：广西企业联合会、广西企业家协会

表 11 - 15 **2012 青岛市企业100强**

排序	企业名称	营业收入（万元）	排序	企业名称	营业收入（万元）
1	海尔集团公司	15092957	51	大唐黄岛发电有限责任公司	347220
2	海信集团有限公司	7157576	52	磊鑫集团有限公司	338162
3	山东新希望六和集团有限公司	6100550	53	青岛城市建设投资（集团）有限责任公司	336088
4	中国石化青岛炼油化工有限责任公司	5093797	54	青岛一建集团有限公司	330785
5	青岛钢铁控股集团有限责任公司	4361364	55	中国平安人寿保险股份有限公司青岛分公司	327397
6	青建集团股份公司	3042666	56	青岛泰能燃气集团有限公司	326480
7	南车青岛四方机车车辆股份有限公司	2397977	57	青岛康大外贸集团有限公司	310270
8	青岛啤酒股份有限公司	2315805	58	山东兴华建设集团有限公司	301505
9	中国石化青岛石油化工有限责任公司	2030741	59	中信银行股份有限公司青岛分行	295744
10	利群集团股份有限公司	1905687	60	华电青岛发电有限公司	281643
11	一汽解放青岛汽车有限公司	1839238	61	青岛利客来集团股份有限公司	270080
12	青岛港（集团）有限公司	1827548	62	青岛宝井钢材加工配送有限公司	269288
13	新华锦集团	1803929	63	青岛海悦钢铁有限公司	263814
14	上汽通用五菱汽车股份有限公司青岛分公司	1569057	64	青岛海信东海商贸有限公司	263135
15	青岛丽东化工有限公司	1290827	65	青岛银行股份有限公司	248500
16	双星集团有限责任公司	1211210	66	绮丽集团有限责任公司	245528
17	山东电力建设第三工程公司	1155599	67	青岛中集冷藏箱制造有限公司	243206
18	中国工商银行股份有限公司青岛市分行	1019846	68	南车四方车辆有限公司	236366
19	澳柯玛股份有限公司	1017444	69	上海浦东发展银行股份有限公司青岛分行	229443
20	欧美投资集团有限公司	1014157	70	青岛捷能汽轮机集团股份有限公司	223170
21	青岛即发集团控股有限公司	862249	71	青岛市市政工程集团有限公司	221883
22	中交一航局第二工程有限公司	730146	72	软控股份有限公司	221478
23	山东青岛烟草有限公司	698319	73	青岛瑞源工程集团有限公司	211328
24	青岛九联集团股份有限公司	652518	74	青岛宏泰铜业有限公司	210116
25	青岛泰发集团股份有限公司	590861	75	青岛海立美达股份有限公司	203989
26	青岛渤海农业发展有限公司	563918	76	青岛四方车辆研究所有限公司	201582
27	青岛万福集团股份有限公司	558615	77	青岛百通城市建设集团股份有限公司	200386
28	招商银行股份有限公司青岛分行	548374	78	青岛建安建设集团有限公司	198104
29	大唐山东发电有限公司	545003	79	青岛铁路经营集团有限公司	196252
30	青岛农村商业银行股份有限公司	533843	80	青岛凤凰印染有限公司	193179
31	青特集团有限公司	516000	81	中国人民财产保险股份有限公司青岛市分公司	192515
32	青岛北海船舶重工有限责任公司	511681	82	青岛明月海藻集团有限公司	189529
33	青岛世纪瑞丰国际贸易有限公司	504576	83	青岛热电集团有限公司	187251
34	中国外运山东有限公司	502992	84	即墨市供电公司	184348
35	青岛汉河集团股份有限公司	484911	85	中电装备青岛豪迈钢结构有限公司	184238
36	中启胶建集团有限公司	466678	86	青岛东方铁塔股份有限公司	183691
37	青岛变压器集团有限公司	460001	87	青岛海晶化工集团有限公司	177970
38	青岛纺联控股集团有限公司	447145	88	青岛正大有限公司	176847
39	青岛四方庞巴迪铁路运输设备有限公司	425843	89	恒丰银行青岛分行	172752
40	中国石油山东青岛销售分公司	425013	90	青岛耐克森轮胎有限公司	171900
41	青岛维客集团股份有限公司	421757	91	青岛琅琊台集团股份有限公司	168045
42	中建八局第四建设有限公司	410573	92	山东黄金集团青岛黄金有限公司	165362
43	中国农业银行股份有限公司青岛市分行	404667	93	青岛佳元水产（集团）有限公司	164571
44	青岛海川建设集团有限公司	403610	94	平度市电业公司	163909
45	青岛马士基集装箱工业有限公司	399639	95	青岛朗讯科技通讯设备有限公司	162485
46	中国联合网络通信有限公司青岛市分公司	368041	96	海程邦达国际物流有限公司	161306
47	圣元营养食品有限公司	366701	97	交运集团公司	160389
48	交通银行股份有限公司青岛分行	357858	98	华夏银行股份有限公司青岛分行	153330
49	青岛亨达股份有限公司	353165	99	胶州市供电公司	149401
50	中国建设银行股份有限公司青岛市分行	349496	100	青岛田润食品有限公司	147698

发布单位：青岛市企业联合会、青岛市企业家协会

表11－16 2012厦门市企业100强

排序	企业名称	营业收入（亿元）	排序	企业名称	营业收入（亿元）
1	厦门建发股份有限公司	802.54	51	厦门协力集团有限公司	21.44
2	厦门国贸控股有限公司	658.48	52	厦门市明穗粮油贸易有限公司	20.86
3	厦门海翼集团有限公司	400.73	53	厦门中盛粮油集团有限公司	20.71
4	戴尔（中国）有限公司	392.21	54	福建三建工程有限公司	20.21
5	厦门象屿集团有限公司	359.75	55	厦门建发旅游集团股份有限公司	20.09
6	宸鸿科技（厦门）有限公司	264.37	56	厦门源昌城建集团有限公司	19.88
7	翔鹭石化股份有限公司	151.81	57	厦门合兴包装印刷股份有限公司	19.18
8	厦门航空有限公司	146.2	58	厦门蒙发利科技（集团）股份有限公司	18.87
9	厦门正新橡胶工业有限公司	123.33	59	厦门住宅建设集团有限公司	18.33
10	厦门钨业股份有限公司	119.1	60	厦门市建安集团有限公司	17.95
11	厦门路桥工程物资有限公司	114.6	61	明达玻璃（厦门）有限公司	17.94
12	厦门烟草工业有限责任公司	93.24	62	厦门TDK有限公司	17.92
13	厦门中骏集团有限公司	92.92	63	厦门新景地集团有限公司	17.18
14	厦门银鹭集团有限公司	90.85	64	厦门华融集团有限公司	16.73
15	厦门海沧投资集团有限公司	63.37	65	锐珂（厦门）医疗器材有限公司	16.73
16	厦门翔业集团有限公司	49.73	66	厦门中联建设工程有限公司	16.48
17	厦门夏商集团有限公司	47.79	67	厦门青岛啤酒东南营销有限公司	16.37
18	厦门市嘉晟对外贸易有限公司	45.2	68	厦门建松电器有限公司	16.3
19	厦门轻工集团有限公司	44.98	69	厦门多威电子有限公司	16.27
20	中交一公局厦门工程有限公司	44.03	70	瑞世达科技（厦门）有限公司	16.26
21	厦门恒兴集团有限公司	42.84	71	厦门银祥集团有限公司	15.97
22	联发集团有限公司	40.57	72	厦门佳事通贸易有限公司	15.61
23	厦门松下电子信息有限公司	39.62	73	厦门公交集团有限公司	15.52
24	鹭燕（福建）药业股份有限公司	39.17	74	中铁二十二局集团第三工程有限公司	15.28
25	厦门禹洲集团股份有限公司	38.39	75	福建联美建设集团有限公司	15.05
26	厦门华澄集团有限公司	38.12	76	厦门欣华晨进出口有限公司	15
27	华信石油有限公司	37.01	77	厦门兴海龙石油有限公司	14.98
28	厦门经济特区房地产开发集团有限公司	33.79	78	鑫泰建设集团有限公司	14.74
29	宝宸（厦门）光学有限公司	33.48	79	捷太格特转向系统（厦门）有限公司	14.47
30	明达实业（厦门）有限公司	33.17	80	百路达（厦门）工业有限公司	14.06
31	福建省九龙建设集团有限公司	32.99	81	厦门法拉电子股份有限公司	13.25
32	厦门华侨电子股份有限公司	32.53	82	厦门太古飞机工程有限公司	13.16
33	厦门翔鹭化纤股份有限公司	31.86	83	恒晟集团有限公司	12.99
34	林德（中国）叉车有限公司	31.37	84	柯达（厦门）数码影像有限公司	12.9
35	福建省烟草公司厦门市公司	31.29	85	厦门墩峰进出口有限公司	12.69
36	大洲控股集团有限公司	31.21	86	厦门中禾实业有限公司	12.44
37	厦门海澳集团有限公司	31.08	87	厦门源昌集团有限公司	12.39
38	鑫东森集团有限公司	30.98	88	厦门思总建设有限公司	12.38
39	腾龙特种树脂（厦门）有限公司	30.84	89	福建安井食品股份有限公司	12.24
40	中铁十七局集团第六工程有限公司	30.21	90	厦门松霖科技有限公司	12.24
41	厦门宏发电声股份有限公司	30.2	91	厦门东纶股份有限公司	11.78
42	中国航空技术厦门有限公司	29.95	92	贝莱胜电子（厦门）有限公司	11.64
43	厦门育哲进出口有限公司	27.26	93	厦门万里石股份有限公司	10.44
44	厦门嘉联恒进出口有限公司	27.07	94	厦门宝欣企业有限公司	10.36
45	厦门盛元通商集团	25.24	95	厦门海润进出口有限公司	10.29
46	厦门航空开发股份有限公司	23.45	96	东亚电力（厦门）有限公司	10.03
47	厦门船舶重工股份有限公司	22.57	97	厦门华诚实业有限公司	9.98
48	厦门众达钢铁有限公司	22.5	98	厦门宇信兴业进出口贸易有限公司	9.98
49	路达（厦门）工业有限公司	22.32	99	厦门特运集团有限公司	9.86
50	厦门华特集团有限公司	22.03	100	厦门市建筑科学研究院集团股份有限公司	9.85

发布单位：厦门企业和企业家协会

表11－17　　2012大连市企业100强

排序	企业名称	营业收入（万元）	排序	企业名称	营业收入（万元）
1	大连大商集团有限公司	11010716	51	东芝大连有限公司	160084
2	大连万达集团股份有限公司	10510228	52	美罗药业股份有限公司	156000
3	中国石油天然气股份有限公司大连石化分公司	9018311	53	罗姆电子大连有限公司	152215
4	大连西太平洋石油化工有限公司	3538801	54	大连赵屯成达食品有限公司	151421
5	大连造船厂集团有限公司	2973958	55	大连博源建设集团有限公司	149700
6	东北特殊钢集团有限责任公司	2315199	56	大连筑成建设集团有限公司	148596
7	中远船务工程集团有限公司	2185018	57	大连友兰企业集团有限公司	140643
8	福佳集团有限公司	2101800	58	大连华信计算机技术股份有限公司	135356
9	大连机床集团有限责任公司	1785273	59	欧姆龙（大连）有限公司	130939
10	逸盛大化石化有限公司	1515670	60	大连龙城食品集团有限公司	124929
11	大连重工·起重集团有限公司	1245068	61	大连金州重型机器有限公司	120730
12	大连冰山集团有限公司	1186459	62	汉拿空调（大连）有限公司	117844
13	中国北车集团大连机车车辆有限公司	1094944	63	万宝至马达大连有限公司	112820
14	大连金广建设集团有限公司	1039849	64	大连辽南船厂	108615
15	大化集团有限责任公司	819091	65	中粮米业（大连）有限公司	104468
16	亿达集团有限公司	801467	66	大连大杨创世股份有限公司	96377
17	中国华录集团有限公司	793863	67	柯尼卡美能达精密光学（大连）有限公司	94975
18	九三集团大连大豆科技有限公司	737773	68	大连公交客运集团有限公司	94158
19	中交一航局第三工程有限公司	710629	69	大连第一互感器有限责任公司	89842
20	锦联控股集团有限公司	664720	70	盘起工业（大连）有限公司	89696
21	瓦房店轴承集团有限责任公司	654303	71	奥镁（大连）有限公司	88976
22	佳能大连办公设备有限公司	624727	72	大连日清制油有限公司	88131
23	中国烟草总公司大连市公司	597224	73	大连国际机场集团有限公司	87611
24	大连阿尔滨集团有限公司	556616	74	大连第二互感器集团有限公司	87028
25	大连金玛商城企业集团有限公司	546600	75	大连苏尔寿泵及压缩机有限公司	86293
26	辉瑞制药有限公司	542735	76	柏德汽车皮革制品（大连）有限公司	84472
27	大连东芝电视有限公司	516780	77	奥镁贸易（大连）有限公司	84449
28	鞍钢新轧－蒂森克虏伯镀锌钢板有限公司	500151	78	大连中集物流装备有限公司	84041
29	大连三川建设集团股份有限公司	481636	79	中纺粮油连王（大连）工业有限公司	81931
30	大连宏光好运来集团有限公司	478965	80	大连北方互感器集团有限公司	78750
31	中国大连国际经济技术合作集团有限公司	452791	81	中粮麦芽（大连）有限公司	77597
32	大连环宇阳光集团	451283	82	大连水泥集团有限公司	76089
33	大连金港集团有限公司	346122	83	大连轮胎厂有限公司	73753
34	大连华丰家具集团有限公司	341164	84	大连海尔空调器有限公司	73564
35	瓦房店老虎屯电子产品制造厂	313700	85	斯凯孚（大连）轴承与精密技术产品有限公司	72323
36	大连熟食品交易中心	300000	86	大连原田工业有限公司	72291
37	大连獐子岛渔业集团股份有限公司	293741	87	大连环嘉集团有限公司	69997
38	大连环嘉集团有限公司	280661	88	大连船用推进器有限公司	64655
39	中钢集团辽宁有限公司	275870	89	欧姆龙健康医疗（中国）有限公司	64037
40	大连宜华建设集团有限公司	248326	90	大连瑞光非织造布集团有限公司	63888
41	大连船用柴油机有限公司	228491	91	大连大高阀门股份有限公司	62658
42	日本电产（大连）有限公司	206568	92	TDK大连电子有限公司	62646
43	大连市汽车贸易集团有限公司	204555	93	大连丸祐金属有限公司	62247
44	大连中佳食品有限公司	193005	94	大连吉田拉链有限公司	62236
45	大连东芝机车电气设备有限公司	185496	95	大耐泵业有限公司	61754
46	华锐风电科技（大连）有限公司	183910	96	大连欣万代制衣有限公司	57267
47	大连阿尔卑斯电子有限公司	183322	97	大连叉车有限责任公司	54747
48	大连阿尔派电子有限公司	179501	98	万代国际贸易（大连）有限公司	53814
49	大连爱丽思生活用品有限公司	178536	99	平山重工（大连）有限公司	53625
50	辽宁沈宏集团股份有限公司	174754	100	瓦房店金峰轴承制造有限公司	50411

发布单位：大连市企业联合会、大连市企业家协会

表 11－18 **2012 成都市企业 100 强**

排序	企业名称	营业收入（万元）	排序	企业名称	营业收入（万元）
1	鸿富锦精密电子（成都）有限公司	5319463	51	中国南车成都机车车辆有限公司	149950
2	东方电气股份有限公司	4291662	52	都江堰拉法基水泥有限公司	149903
3	成都建筑工程集团总公司	3047944	53	四川水井坊股份有限公司	148191
4	四川一汽丰田汽车有限公司	1852987	54	成都市人人乐商业有限公司	148130
5	成都神钢工程机械（集团）有限公司	1330321	55	莫似连接器（成都）有限公司	143298
6	攀钢集团成都钢钒有限公司	1233885	56	成都工业投资集团有限公司	141127
7	四川省烟草公司成都市公司	1216866	57	成都南玻玻璃有限公司	136050
8	成都飞机工业（集团）有限责任公司	1040323	58	成都交通投资集团有限公司	135857
9	成都亚光电子股份有限公司	975158	59	四川华西绿色建材有限公司	126664
10	成都宝钢西部贸易有限公司	904326	60	四川友利投资控股股份有限公司	115309
11	成都银行股份有限公司	749088	61	成都希望食品有限公司	114957
12	四川省天泽贵金属有限责任公司	741955	62	四川鑫电电缆有限公司	112127
13	四川蓝光实业集团有限公司	727608	63	成都客车股份有限公司	110456
14	成都红旗连锁股份有限公司	662388	64	中国电力工程顾问集团西南电力设计院	106053
15	成都印钞有限公司	637145	65	成都航天模塑股份有限公司	101427
16	中国诚达工程有限公司	581193	66	成都丽雅纤维股份有限公司	101105
17	成都建国汽车贸易有限公司	566976	67	台玻成都玻璃有限公司	99694
18	四川川开实业发展有限公司	502000	68	成都南方家俱有限公司	89000
19	天威新能源控股有限公司	453115	69	天威四川硅业有限责任公司	85565
20	中国电信股份有限公司成都分公司	425834	70	成都天马铁路轴承有限公司	85427
21	成都国美电器有限公司	417219	71	四川远星橡胶有限责任公司	82552
22	成都高新投资集团有限公司	401528	72	纳爱斯成都有限责任公司	82279
23	信息产业电子第十设计研究院科技工程股份有限公司	400070	73	成都天兴山田车用部品有限公司	81989
24	成都发动机（集团）有限公司	388182	74	四川三洲特种钢管有限公司	81720
25	四川华油集团有限责任公司	374076	75	成都创维电器有限公司	81583
26	成都成实实业（集团）有限责任公司	316122	76	成都科星电力电器有限公司	81048
27	四川成都成工工程机械股份有限公司	284744	77	成都铁塔厂	80588
28	成都国腾事业集团有限公司	282360	78	四川德惠商业股份有限公司	77564
29	成都城市燃气有限责任公司	275591	79	成都宁江机床（集团）股份有限公司	76876
30	国电成都金堂发电有限公司	247969	80	成都电力机械厂	74851
31	成都八益家具股份有限公司	234406	81	成都索贝数码科技股份有限公司	74516
32	四川腾中重工机械有限公司	222064	82	成都虹波实业股份有限公司	73588
33	四川国栋建设集团有限公司	218171	83	成都彩虹电器（集团）股份有限公司	71733
34	中房集团成都房地主开发有限公司	211495	84	四川徽记食品股份有限公司	69009
35	TCL 王牌电器（成都）有限公司	198519	85	成都市双虎实业有限公司	64757
36	一汽解放青岛汽车有限公司成都分厂	198215	86	四川电力设计咨询有限责任公司	62969
37	成都兴城投资集团有限公司	194052	87	成都自力实业发展有限公司	62600
38	四川省高宇集团有限公司	193570	88	明达玻璃（成都有限公司）	62193
39	成都前锋电子电器集团股份有限公司	192517	89	四川省彭州市宝山企业（集团）有限公司	61245
40	成都市新筑路桥机械股份有限公司	191060	90	成都博瑞传播股份有限公司印务分公司	59448
41	全友家私有限公司	189187	91	成都桐林铸造实业有限公司	59031
42	成都地奥集团	188163	92	成都普天电缆股份有限公司	58709
43	成都三旺农牧股份有限公司	181570	93	成都玉龙化工有限公司	58268
44	成都统一企业食品有限公司	180080	94	四川天味食品股份有限公司	57634
45	中国人民解放军第五七一九工厂	178598	95	成都旭光科技股份有限公司	54636
46	成都京东方光电科技有限公司	178005	96	四川省艾谱网络股份有限公司	53001
47	成都市公共交通集团公司	165539	97	成都化工股份有限公司	52418
48	中国重汽集团成都王牌商用车有限公司	156773	98	成都建丰林业股份有限公司	52228
49	四川亚东水泥有限公司	153155	99	四川远大蜀阳药业股份有限公司	48602
50	四川欧鹏建筑工程公司	150200	100	成都生物制品研究所有限责任公司	47889

发布单位：成都市企业联合会

表 11－19　　**2012 沈阳市企业 100 强**

排序	企业名称	营业收入（万元）	排序	企业名称	营业收入（万元）
1	华晨汽车集团控股有限公司	8750507	51	沈阳工业大学科技园有限公司	283851
2	上海通用（沈阳）北盛汽车有限公司	3064350	52	沈阳兴隆大家庭购物中心有限公司	272766
3	沈阳煤业（集团）有限责任公司	2315060	53	沈阳华创风能有限公司	271273
4	沈阳远大企业集团	2024443	54	沈阳家乐福商业有限公司	259263
5	中国铁路物资沈阳有限公司	1950000	55	沈阳华润三洋压缩机有限公司	257094
6	东北电网有限公司	1829426	56	辽宁孚兴食品有限公司	257066
7	沈阳机床（集团）有限责任公司	1801128	57	米其林沈阳轮胎有限公司	255283
8	北方重工集团有限公司	1459830	58	沈阳同方多媒体科技有限公司	250368
9	中国船舶工业物资东北有限公司	1440000	59	红塔辽宁烟草有限责任公司沈阳卷烟厂	246856
10	沈阳化工集团有限公司	1300727	60	伊利乳业（沈阳）有限责任公司	246499
11	沈阳飞机工业（集团）有限公司	1205002	61	沈阳乳业有限责任公司	241923
12	盛京银行有限公司	1166425	62	辽沈工业集团有限公司	241655
13	中国石油天然气股份有限公司辽宁沈阳销售分公司	1112368	63	沈阳万顺达集团有限公司	235724
14	沈阳鼓风机集团股份有限公司	1030327	64	沈阳辽冶重工机械制造有限公司	234322
15	东北制药集团有限责任公司	809440	65	辽宁卓展时代广场百货有限公司	228000
16	沈阳金德管业集团有限公司	761657	66	辽宁之星汽车销售有限公司	224000
17	中纺粮油（沈阳）有限公司	730670	67	沈阳冀东水泥有限公司	221985
18	辽宁禾丰牧业股份有限公司	723401	68	辽宁中稻股份有限公司	213979
19	沈阳新东北电器集团有限公司	649437	69	采埃孚伦福德汽车系统（沈阳）有限公司	213872
20	辽宁省烟草公司沈阳市公司	636000	70	长白计算机集团公司	212898
21	沈阳黎明航空发动机（集团）有限责任公司	586289	71	沈阳好利来食品有限公司	212131
22	东软集团股份有限公司	575125	72	沈阳中兵物资贸易有限公司	212000
23	传奇电气（沈阳）有限公司	560153	73	沈阳国美电器有限公司	200931
24	中国移动通信集团辽宁有限公司沈阳分公司	542812	74	德信无线通讯科技（沈阳）有限公司	200466
25	沈阳北方建设股份有限公司	539186	75	沈阳山盟建设集团有限公司	200000
26	特变电工沈阳变压器集团有限公司	519387	76	沈阳机电装备工业集团有限责任公司	199946
27	沈阳万科房地产开发有限公司	516400	77	沈阳三洋电梯有限公司	199623
28	蒙牛乳业（沈阳）有限责任公司	497557	78	华润雪花啤酒（辽宁）有限公司	189563
29	中钢集团沈阳有限公司	471000	79	沈阳商业城股份有限公司	186984
30	沈阳晨发汽车零部件有限公司	441734	80	沈阳东方钢铁有限公司	186456
31	国药控股沈阳有限公司	436000	81	沈阳精品石材市场有限责任公司	179285
32	辽宁亿泽商贸有限公司	436000	82	沈阳炼焦煤气有限公司	178042
33	中国联合网络通信有限公司沈阳市分公司	433645	83	沈阳福润肉类加工有限公司	175505
34	中国南方航空股份有限公司北方分公司	432188	84	沈阳造币有限公司	170272
35	沈阳强盛精米公司	419481	85	辽宁成大方圆医药有限公司	152000
36	沈阳捷通消防车有限公司	403507	86	沈阳萃华金银珠宝股份有限公司	145917
37	沈阳水产品加工有限公司	397682	87	沈阳福林特种变压器有限公司	141974
38	亚泰集团沈阳预拌混凝土有限公司	394078	88	北方联合出版传媒（集团）股份有限公司	139300
39	沈阳诚通金属有限公司	391000	89	沈阳惠天热电股份有限公司	134595
40	沈阳航天三菱汽车发动机制造有限公司	387734	90	辽宁大成农牧实业有限公司	130196
41	沈阳绿建投资控股集团有限责任公司	385975	91	沈阳新元建设集团有限公司	128925
42	三一重型装备有限公司	383299	92	辽宁广播电视广告有限公司	127063
43	沈阳东和有机化工有限公司	364319	93	沈阳苏宁电器有限公司	122000
44	沈阳北方交通重工集团	359861	94	中国建筑东北设计研究院有限公司	108972
45	沈阳宝钢钢材配送有限公司	353110	95	中煤国际工程集团沈阳设计研究院	94273
46	中兴－沈阳商业大厦（集团）股份有限公司	352428	96	辽宁省新民市农业机械有限公司	91694
47	中国北车集团沈阳机车车辆有限责任公司	348983	97	辽宁北方广电传媒（集团）有限公司	86396
48	百胜餐饮（沈阳）有限公司	345000	98	沈阳沈铁装卸有限责任公司	80145
49	沈阳大潘木器加工有限公司	328581	99	沈阳锦农机械销售有限公司	79390
50	沈阳星河铜业有限公司	288473	100	辽宁众友饲料有限公司	68249

发布单位：沈阳市企业联合会、沈阳市企业家协会

表11－20 **2012石家庄市企业100强**

排序	企业名称	营业收入（万元）	排序	企业名称	营业收入（万元）
1	河北敬业集团	4257824	51	鹿泉市天帅铸钢有限公司	48599
2	中国石油化工股份有限公司石家庄炼化分公司	2678561	52	河北四方通信设备有限公司	48322
3	石家庄北国人百集团有限责任公司	2187276	53	河北凯隆达食品有限公司	47159
4	华北制药集团有限责任公司	1792860	54	石家庄东华金龙化工有限公司	46559
5	石药集团有限公司	1449605	55	河北汇泽瓷业有限公司	46536
6	辛集市澳森钢铁公司	1020725	56	辛集市博洋皮业有限公司	45203
7	河北天山实业集团有限公司	941000	57	石家庄市西施纺织服饰有限公司	44998
8	国药乐仁堂医药有限公司	778095	58	石家庄绿洲肥料有限公司	43900
9	河北曲寨集团有限公司	643337	59	石家庄金刚内燃机零部件集团有限公司	42802
10	河北诚信有限责任公司	603550	60	石家庄市新星化炭有限公司	42370
11	晋煤金石化工投资集团有限公司	585796	61	河北常山生化药业股份有限公司	42348
12	石家庄常山纺织集团有限责任公司	585438	62	行唐县永明化工厂	42196
13	河北白沙烟草有限责任公司	498366	63	石家庄新东亮皮革有限公司	42112
14	神威药业有限公司	268001	64	石家庄天元发展有限责任公司	42093
15	鹿泉金隅鼎鑫水泥有限公司	213650	65	石家庄市万顺洗涤日化厂	41897
16	南车石家庄车辆有限公司	210095	66	无极县新禧皮革有限公司	41894
17	石家庄以岭药业股份有限公司	195321	67	石家庄市洁玉化工有限公司	41629
18	石家庄煤矿机械有限责任公司	186450	68	石家庄市新业铸造有限公司	41583
19	石家庄四药有限公司	172366	69	河北龙海药业有限公司	40204
20	河北东明皮革有限公司	146992	70	河北佰立特皮业有限公司	40069
21	河北吉藁化纤有限责任公司	136376	71	辛集市盛田皮革有限公司	40046
22	石家庄白龙化工股份有限公司	110359	72	河北玻尔陶瓷有限公司	40000
23	石家庄新世纪煤化实业集团有限公司	106245	73	藁城市杰伟工贸有限公司	39581
24	石家庄市福瑞祥合商贸有限公司	101705	74	石家庄新宇三阳实业有限公司	39323
25	中国电信股份有限公司石家庄分公司	92263	75	赵县怡和工程机械有限责任公司	39166
26	河北元隆化工有限公司	85276	76	深泽县平原纺织有限公司	39151
27	河北中瑞建设集团有限公司	79097	77	河北冬知制衣有限公司	39037
28	石家庄华北蓄电池有限公司	78873	78	石家庄市飞龙日化有限公司	39032
29	际华三五一四制革制鞋有限公司	77619	79	藁城市华美铸铁有限公司	38983
30	河北兴柏药业集团有限公司	76544	80	河北苹乐面粉机械集团有限公司	38949
31	河北金环钢结构工程有限公司	76496	81	河北农哈哈机械集团有限公司	38626
32	河北电机股份有限公司	74479	82	河北民海化工有限公司	35815
33	河北金源化工股份有限公司	71815	83	石家庄常山纺织集团供销公司	31109
34	赞皇金隅水泥有限公司	71787	84	藁城市四海药业有限公司	31075
35	河北新化股份有限公司	65408	85	石家庄强大泵业集团有限责任公司	30342
36	石家庄市镇州电器有限公司	64390	86	石家庄新天昆皮革有限公司	29165
37	石家庄三环锰硅科技有限公司	62946	87	鹿泉市巨牛建材厂	28914
38	藁城市铸造总厂	59654	88	河北东安集团有限公司	28902
39	博深工具股份有限公司	57908	89	河北新大东纺织印染有限公司	27425
40	河北圣雪大成制药有限责任公司	57828	90	赞皇县清源光伏科技有限公司	26891
41	石家庄柏奇化工有限公司	55526	91	高邑县双兴印刷包装厂	25500
42	中国人民解放军第三三零二工厂	54812	92	高邑县永鑫纺织有限公司	24438
43	晋州市龙升化建有限公司	52126	93	鹰特化工（石家庄）有限公司	22632
44	石家庄经济技术开发区冀能化工设备有限公司	50200	94	河北亚诺化工有限公司	22516
45	河北省藁城市化肥总厂	49390	95	元氏县槐阳碳素有限公司	20597
46	石家庄中冀正元化工有限公司	49264	96	冀运集团股份有限公司	20429
47	石家庄鲁宾汉制衣工业有限公司	49000	97	辛集市乾祥纺织印染有限公司	20386
48	河北长城麦高食品有限公司	48965	98	河北长安面业有限公司	20217
49	无极县康惠达皮革有限公司	48897	99	井陉县泽丰煤炭有限公司	20199
50	新乐市永兴化工厂	48861	100	石家庄迈克金属制品有限公司	20006

发布单位：石家庄市企业联合会、石家庄市企业家协会

第十二章
2012 世界企业 500 强数据

2012《财富》全球500强

排名	上年排名	公司名称	国家	营业收入（百万美元）	净利润（百万美元）	资产（百万美元）	股东权益（百万美元）	雇员人数（人）
1	2	荷兰皇家壳牌石油公司	荷兰	484489.00	30918.00	345257.00	169517.00	90000.00
2	3	埃克森美孚	美国	452926.00	41060.00	331052.00	154396.00	99100.00
3	1	沃尔玛	美国	446950.00	15699.00	193406.00	71315.00	2200000.00
4	4	英国石油公司	英国	386463.00	25700.00	293068.00	111465.00	83400.00
5	5	中国石油化工集团公司	中国	375214.00	9452.90	277297.00	91579.70	1021979.00
6	6	中国石油天然气集团公司	中国	352338.00	16317.00	481073.50	240534.50	1668072.00
7	7	国家电网公司	中国	259141.80	5678.10	351380.80	135107.50	1583000.00
8	10	雪佛龙	美国	245621.00	26895.00	209474.00	121382.00	61189.00
9	12	康菲石油公司	美国	237272.00	12436.00	153230.00	65224.00	29800.00
10	8	丰田汽车公司	日本	235364.00	3591.30	372520.20	128223.90	325905.00
11	11	道达尔公司	法国	231579.80	17069.20	212984.80	88332.40	96104.00
12	13	大众公司	德国	221550.50	21425.50	329282.60	74702.90	501956.00
13	9	日本邮政控股公司	日本	211018.90	5938.80	3550395.70	120879.10	237000.00
14	18	嘉能可国际	瑞士	186152.00	4048.00	86165.00	29265.00	58000.00
15	35	俄罗斯天然气工业股份公司	俄罗斯	157830.50	44459.60	339448.20	232415.90	401000.00
16	29	意昂集团	德国	157057.10	-3085.40	198473.70	46397.30	78889.00
17	23	埃尼石油公司	意大利	153675.50	9538.50	185585.50	72019.30	78686.00
18	17	荷兰国际集团	荷兰	150570.70	6590.70	1653488.70	59010.30	104419.00
19	20	通用汽车公司	美国	150276.00	9190.00	144603.00	38120.00	207000.00
20	22	三星电子	韩国	148944.40	12059.10	135131.80	84744.10	221726.00
21	24	戴姆勒股份公司	德国	148138.80	7879.70	192319.70	51443.80	271370.00
22	16	通用电气公司	美国	147616.00	14151.00	717242.00	116438.00	301000.00
23	34	巴西国家石油公司	巴西	145915.00	20121.00	319410.00	175838.00	81918.00
24	19	伯克希尔－哈撒韦公司	美国	143688.00	10254.00	392647.00	164850.00	270858.00
25	14	安盛	法国	142711.80	6012.30	947869.20	63048.00	96999.00
26	15	房利美	美国	137451.00	-16855.00	3211484.00	-4624.00	7000.00
27	25	福特汽车公司	美国	136264.00	20213.00	178348.00	15028.00	164000.00
28	27	安联保险集团	德国	134167.50	3538.70	832823.00	58313.10	141938.00
29	31	日本电报电话公司	日本	133076.90	5923.50	235655.10	95802.00	224239.00
30	26	法国巴黎银行	法国	127460.00	8412.20	2551526.60	97852.90	198423.00

排名	上年排名	公司名称	国家	营业收入（百万美元）	净利润（百万美元）	资产（百万美元）	股东权益（百万美元）	雇员人数（人）
31	28	惠普	美国	127245.00	7074.00	129517.00	38625.00	349600.00
32	30	美国电话电报公司	美国	126723.00	3944.00	270344.00	105534.00	256420.00
33	38	苏伊士集团	法国	126076.50	5566.00	277070.20	81702.00	240303.00
34	49	墨西哥石油公司	墨西哥	125344.10	-7358.00	109884.90	-13896.90	150884.00
35	70	瓦莱罗能源公司	美国	125095.00	2090.00	42783.00	16423.00	21942.00
36	66	委内瑞拉国家石油公司	委内瑞拉	124754.00	2640.00	182154.00	63927.00	91949.00
37	37	麦克森公司	美国	122734.00	1403.00	33093.00	6831.00	37700.00
38	40	日立	日本	122419.40	4397.10	114469.20	21533.60	323540.00
39	32	家乐福	法国	121734.10	515.90	62228.80	8590.80	412443.00
40	67	挪威国家石油公司	挪威	119560.50	14055.10	128837.70	46753.30	31715.00
41	58	JX 控股公司	日本	119258.10	2160.60	81312.80	21591.70	24236.00
42	48	日产汽车	日本	119166.30	4324.30	134565.50	51893.90	157000.00
43	60	鸿海精密工业股份有限公司	中国台湾	117514.40	2777.00	57166.40	19090.50	961000.00
44	51	西班牙国家银行	西班牙	117408.40	7440.30	1624856.00	105027.30	193349.00
45	83	异域集团	意大利	117297.10	700.80	159729.80	8313.00	273460.00
46	21	美国银行集团	美国	115074.00	1446.00	2129046.00	230101.00	281791.00
47	47	西门子	德国	113348.90	8561.90	139883.70	42310.10	360000.00
48	33	意大利忠利保险公司	意大利	112627.60	1190.40	549255.10	20105.00	81997.00
49	69	卢克石油公司	俄罗斯	111433.00	10357.00	91192.00	67638.00	150000.00
50	41	威瑞森电信	美国	110875.00	2404.00	230461.00	35970.00	193900.00
51	36	摩根大通	美国	110838.00	18976.00	2265792.00	183573.00	260157.00
52	56	意大利国家电力公司	意大利	110560.40	5767.60	220457.80	50361.10	75360.00
53	46	汇丰银行控股公司	英国	110141.00	16797.00	2555579.00	158725.00	305984.00
54	77	中国工商银行	中国	109039.60	32214.10	2458987.70	152008.60	408859.00
55	111	苹果公司	美国	108249.00	25922.00	116371.00	76615.00	63300.00
56	57	CVS Caremark 公司	美国	107750.00	3461.00	64543.00	38051.00	163000.00
57	52	国际商业机器公司	美国	106916.00	15855.00	116433.00	20138.00	433362.00
58	43	法国农业信贷银行	法国	105155.70	-2044.00	2237760.00	55563.30	87451.00
59	61	乐购	英国	103839.30	4484.40	81132.80	28399.10	406088.00
60	39	花旗集团	美国	102939.00	11067.00	1873878.00	177806.00	266000.00
61	53	康德乐	美国	102644.20	959.00	22845.90	5848.60	31900.00

排名	上年排名	公司名称	国家	营业收入（百万美元）	净利润（百万美元）	资产（百万美元）	股东权益（百万美元）	雇员人数（人）
62	71	巴斯夫公司	德国	102194.10	8604.10	79423.50	31339.70	111141.00
63	62	联合健康集团	美国	101862.00	5142.00	67889.00	28292.00	99000.00
64	45	本田汽车	日本	100663.50	2678.40	143178.90	53507.70	187094.00
65	82	SK 集团	韩国	100394.40	1510.30	80241.30	9334.50	58287.00
66	50	松下	日本	99373.20	-9779.60	80226.70	23453.90	330767.00
67	72	法国兴业银行	法国	98463.50	3316.20	1533775.10	61107.10	159616.00
68	86	马来西亚国家石油公司	马来西亚	97355.40	21915.30	157377.20	89296.20	43860.00
69	79	宝马	德国	95692.30	6786.80	160247.80	35103.40	100306.00
70	74	安赛乐米塔尔	卢森堡	94444.00	2263.00	121880.00	56690.00	260523.00
71	42	雀巢公司	瑞士	94405.40	10691.50	122048.60	60758.50	328000.00
72	65	麦德龙	德国	92745.90	877.40	44125.30	8262.40	249953.00
73	68	法国电力公司	法国	90806.20	4185.30	300825.20	39689.00	156168.00
74	81	日本生命保险公司	日本	90782.50	2848.40	621863.30	19202.30	72822.00
75	76	克罗格	美国	90374.00	602.00	23476.00	3981.00	339000.00
76	88	慕尼黑再保险公司	德国	90137.40	976.10	321433.10	29941.40	47206.00
77	108	中国建设银行	中国	89648.20	26180.60	1951356.00	128875.30	329438.00
78	85	好市多	美国	88915.00	1462.00	26761.00	12002.00	128000.00
79	54	房地美	美国	88262.00	-5266.00	2147216.00	-146.00	4890.00
80	63	美国富国银行	美国	87597.00	15869.00	1313867.00	140241.00	264200.00
81	87	中国移动通信集团公司	中国	87543.70	11702.50	184821.10	107367.50	216677.00
82	78	西班牙电话公司	西班牙	87371.80	7512.60	168289.50	28090.00	291027.00
83	98	印度石油公司	印度	86015.70	882.00	43154.20	11851.80	36198.00
84	127	中国农业银行	中国	84802.70	18859.50	1855350.70	103209.60	447401.00
85	90	标致	法国	83304.80	817.60	89571.00	17963.30	209019.00
86	80	宝洁公司	美国	82559.00	11797.00	138354.00	67640.00	129000.00
87	73	索尼	日本	82237.20	-5783.60	161590.50	24658.40	162700.00
88	117	巴西银行	巴西	81886.70	7577.00	518543.10	33547.90	113810.00
89	75	德国电信	德国	81554.20	774.50	159096.30	45822.20	235132.00
90	94	雷普索尔 YPF 公司	西班牙	81121.80	3049.30	92123.50	30559.40	46575.00
91	139	来宝集团	中国香港	80732.10	431.30	19830.30	4587.10	14000.00
92	122	阿丹米公司（ADM）	美国	80676.00	2036.00	42193.00	18808.00	30700.00

排名	上年排名	公司名称	国家	营业收入（百万美元）	净利润（百万美元）	资产（百万美元）	股东权益（百万美元）	雇员人数（人）
93	132	中国银行	中国	80230.40	19208.30	1879578.40	114897.10	289951.00
94	84	美源伯根公司	美国	80217.60	706.60	14982.70	2866.90	9850.00
95	128	泰国国家石油有限公司	泰国	79689.60	3455.70	44492.80	17637.10	18240.00
96	141	日本明治安田生命保险公司	日本	77463.40	2187.80	361300.00	9430.40	38176.00
97	89	东芝	日本	77260.50	933.50	69655.40	10540.40	210000.00
98	93	德国邮政	德国	76306.60	1617.10	49865.10	14293.00	423502.00
99	134	信实工业公司	印度	76119.00	4116.80	64230.70	33263.70	23166.00
100		中国建筑工程总公司	中国	76023.60	1108.00	82362.30	7900.30	188480.00
101	162	中国海洋石油总公司	中国	75513.80	8836.00	114161.70	51863.40	98750.00
102	176	国际资产控股公司	美国	75497.60	37.30	2635.70	296.30	904.00
103	97	法国 BPCE 银行集团	法国	75081.60	3733.40	1477978.00	58600.10	117381.00
104	146	德意志银行	德国	74425.30	5745.30	2809654.50	69316.20	100996.00
105	92	沃达丰集团	英国	74051.00	11098.80	223042.40	122942.10	86373.00
106		马拉松原油公司	美国	73645.00	2389.00	25745.00	9505.00	24210.00
107	104	沃尔格林公司	美国	72184.00	2714.00	27454.00	14847.00	211500.00
108	159	必和必拓	澳大利亚	71739.00	23648.00	102891.00	56762.00	40757.00
109	44	美国国际集团	美国	71730.00	17798.00	555773.00	104951.00	57000.00
110	119	博世公司	德国	71599.90	2427.70	70907.90	34319.30	302519.00
111		中国铁道建筑总公司	中国	71443.40	489.30	68963.00	6157.80	291598.00
112	95	中国中铁股份有限公司	中国	71263.40	1034.80	74472.90	11442.70	294761.00
113	168	中国中化集团公司	中国	70990.10	1177.50	41021.40	9113.30	47454.00
114	160	大都会人寿	美国	70641.00	6981.00	799625.00	59797.00	67000.00
115	125	三菱商事株式会社	日本	70491.90	5748.00	152996.00	42651.00	63058.00
116	101	家得宝	美国	70395.00	3883.00	40518.00	17898.00	263145.00
117	55	现代汽车	韩国	70226.90	6910.80	95059.50	32224.60	57105.00
118	110	美可保健公司	美国	70063.30	1455.70	16962.80	4009.40	22650.00
119	120	微软	美国	69943.00	23150.00	108704.00	57083.00	90000.00
120	106	塔吉特公司	美国	69865.00	2929.00	46630.00	15821.00	365000.00
121	115	巴克莱	英国	68949.50	4820.90	2430189.00	86401.90	149700.00
122	138	蒂森克虏伯	德国	68790.70	-1798.80	58510.90	12093.20	180050.00
123	114	波音	美国	68735.00	4018.00	79986.00	3515.00	171700.00

排名	上年排名	公司名称	国家	营业收入（百万美元）	净利润（百万美元）	资产（百万美元）	股东权益（百万美元）	雇员人数（人）
124	107	莱茵集团	德国	68344.90	2511.20	120295.30	18148.90	72068.00
125	126	欧洲宇航防务集团	荷兰	68310.10	1436.30	114868.40	11490.00	133115.00
126	103	辉瑞制药有限公司	美国	67932.00	10009.00	188002.00	82190.00	103700.00
127	118	东京电力公司	日本	67751.30	-9899.60	188824.20	10315.20	52046.00
128	464	德国巴登-符腾堡州银行	德国	67431.40	122.40	484342.40	12336.40	12231.00
129	113	中国人寿保险（集团）公司	中国	67274.00	1048.30	311031.20	5903.70	133783.00
130		上海汽车集团股份有限公司	中国	67254.80	3127.90	50624.90	16263.50	115932.00
131	59	英国劳埃德银行集团	英国	67048.10	-723.10	1508519.00	71373.40	98538.00
132	148	三井物产株式会社	日本	66512.10	5503.00	109526.30	32101.60	44937.00
133	137	百事公司	美国	66504.00	6443.00	72882.00	20588.00	297000.00
134	133	日本永旺集团	日本	65989.10	846.10	50036.30	11785.70	266130.00
135	109	美国邮政	美国	65711.00	-5067.00	23413.00	-18940.00	601601.00
136	156	巴西布拉德斯科银行	巴西	65136.70	6547.10	387282.00	31718.50	86053.00
137	179	俄罗斯石油公司	俄罗斯	65093.00	12452.00	105968.00	65761.00	160837.00
138	123	强生	美国	65030.00	9672.00	113644.00	57080.00	117900.00
139	136	联合利华	英国/荷兰	64610.10	5912.20	61684.80	18556.60	169000.00
140	116	州立农业保险公司	美国	64305.10	845.00	196543.00	60795.10	65395.00
141	121	法国电信	法国	62955.50	5415.80	124744.50	35798.00	171949.00
142	145	东风汽车集团	中国	62910.80	1321.10	36869.80	6086.80	161377.00
143	100	苏格兰皇家银行集团	英国	62797.90	-3201.60	2342122.40	116291.10	148600.00
144	157	三菱日联金融集团	日本	62706.10	12428.70	2659961.30	120437.20	83491.00
145	153	日本第一生命保险	日本	62461.50	257.80	406765.60	6918.50	60305.00
146	161	韩国浦项制铁公司	韩国	62229.90	3293.10	68081.00	33304.10	34936.00
147	124	戴尔	美国	62071.00	3492.00	44533.00	8917.00	108050.00
148	64	英杰华集团	英国	61754.30	360.70	485525.80	19961.90	36562.00
149	142	欧尚集团	法国	61698.50	1126.30	36974.30	11532.80	269188.00
150	135	伟彭医疗	美国	60710.70	2646.70	52018.80	23288.20	37700.00
151	131	Seven & I 控股公司	日本	60668.20	1645.70	48064.20	23261.10	51888.00
152	149	中国南方电网有限责任公司	中国	60538.30	755.40	83090.80	28027.30	301539.00
153	140	力拓集团	英国	60537.00	5826.00	119545.00	52539.00	67930.00
154	144	马士基集团	丹麦	60193.60	2834.80	70704.90	33917.40	117080.00

排名	上年排名	公司名称	国家	营业收入（百万美元）	净利润（百万美元）	资产（百万美元）	股东权益（百万美元）	雇员人数（人）
155	202	卡特彼勒	美国	60138.00	4928.00	81446.00	12883.00	125099.00
156	152	陶氏化学	美国	59985.00	2742.00	69224.00	22281.00	51705.00
157	164	诺华公司	瑞士	59375.00	9113.00	117496.00	65844.00	123686.00
158	163	雷诺	法国	59272.20	2908.80	94690.20	31270.80	128322.00
159	186	巴西淡水河谷公司	巴西	58990.00	22885.00	128728.00	77715.00	79646.00
160	182	邦吉公司	美国	58743.00	942.00	23275.00	11707.00	34000.00
161	155	圣戈班集团	法国	58560.30	1785.30	60025.60	23129.20	194658.00
162	91	英国保诚集团	英国	58527.00	2388.80	425225.20	14170.50	22896.00
163	150	联合技术公司	美国	58190.00	4979.00	61452.00	21880.00	199900.00
164	154	联合信贷集团	意大利	57213.10	-12801.10	1203223.70	66835.60	160562.00
165	197	中国第一汽车集团公司	中国	57002.90	2297.40	34034.70	12864.90	91014.00
166	158	富士通	日本	56582.30	540.90	35798.60	11254.70	173000.00
167	228	美国康卡斯特电信公司	美国	55842.00	4160.00	157818.00	47274.00	126000.00
168	199	丸红株式会社	日本	55604.30	2180.00	62346.70	10357.00	32445.00
169	229	中国五矿集团公司	中国	54509.10	753.70	36636.60	4925.30	115137.00
170	167	卡夫食品	美国	54365.00	3527.00	93837.00	35217.00	126000.00
171	183	西农	澳大利亚	54146.70	1896.50	43703.60	27122.30	200000.00
172	201	伊藤忠商事	日本	54093.30	3805.90	79086.90	16575.10	70639.00
173	195	英特尔公司	美国	53999.00	12942.00	71119.00	45911.00	100100.00
174	143	诺基亚	芬兰	53753.50	-1618.50	47004.90	15414.70	130050.00
175	184	澳大利亚伍尔沃斯公司	澳大利亚	53559.10	2095.80	22588.00	8130.80	190000.00
176	172	美洲电信	墨西哥	53510.10	6663.90	67766.20	20470.00	158694.00
177	166	联合包裹速递服务公司	美国	53105.00	3804.00	34701.00	7035.00	310010.00
178	102	苏黎世保险集团	瑞士	52983.00	3766.00	385869.00	31636.00	52648.00
179	185	德国联邦铁路公司	德国	52808.00	1834.00	67240.20	19462.80	284319.00
180	173	新日本制铁株式会社	日本	51812.10	740.50	59853.10	22172.10	60508.00
181	240	宏利金融	加拿大	51547.80	220.40	453931.40	24031.40	26000.00
182	130	法国国家人寿保险公司	法国	51521.10	1212.30	416768.00	15571.90	4800.00
183	192	万喜集团	法国	51385.40	2647.80	78644.80	16735.00	183320.00
184	165	百思买	美国	51116.00	-1231.00	16005.00	3745.00	167000.00
185	207	利安德巴塞尔工业公司	荷兰	51035.00	2147.00	22839.00	10593.00	14000.00

排名	上年排名	公司名称	国家	营业收入（百万美元）	净利润（百万美元）	资产（百万美元）	股东权益（百万美元）	雇员人数（人）
186	196	西班牙对外银行	西班牙	51021.20	4176.90	775978.20	49549.60	111306.00
187	178	拜耳集团	德国	50790.40	3434.40	68504.80	24942.90	111800.00
188	210	沙特基础工业公司	沙特阿拉伯	50638.80	7797.70	88742.30	36806.00	33000.00
189	193	南苏格兰电力	英国	50610.50	315.60	31456.60	7325.40	19489.00
190	169	美国劳氏公司	美国	50208.00	1839.00	33559.00	16533.00	204767.00
191	189	日本三井住友金融集团	日本	49967.40	6567.30	1738462.20	60942.10	64225.00
192	174	瑞士罗氏公司	瑞士	49713.60	10529.20	65870.80	12938.60	80129.00
193	191	意大利联合圣保罗银行	意大利	49472.30	-11387.80	829900.50	61072.00	100118.00
194	221	中国中信集团有限公司	中国	49338.70	5648.20	520663.00	32587.90	155333.00
195	223	保德信金融集团	美国	49045.00	3666.00	624521.00	37223.00	50104.00
196	171	乐金电子	韩国	48976.50	-423.90	28356.70	11195.60	91045.00
197	212	宝钢集团有限公司	中国	48916.30	1866.70	75281.20	36127.60	104463.00
198	235	俄罗斯秋明英国石油控股公司	俄罗斯	48909.00	8981.00	37072.00	18978.00	50000.00
199	233	日本出光兴产株式会社	日本	48828.10	815.30	32597.70	5692.50	8243.00
200	217	法切莱公司	法国	48747.90	-13.90	41792.30	723.20	227996.00
201	187	赛诺菲	法国	48746.50	7915.80	130044.20	72989.10	113719.00
202	175	法国威立雅环境集团	法国	48485.90	-681.00	65441.60	9178.60	258400.00
203	220	韩国现代重工集团	韩国	48484.70	2310.00	42546.50	14221.70	34976.00
204	170	瑞士信贷	瑞士	48227.10	2201.00	1122341.70	36022.70	49700.00
205	250	中国兵器工业集团公司	中国	48153.90	597.80	41621.00	9782.10	279563.00
206	270	亚马逊	美国	48077.00	631.00	25278.00	7757.00	56200.00
207	180	默沙东	美国	48047.00	6272.00	105128.00	54517.00	86000.00
208	237	沃尔沃	瑞典	47813.70	2734.60	51543.60	12341.60	98162.00
209	216	MS&AD保险集团控股有限公司	日本	47684.00	-2146.30	176679.70	12900.00	36929.00
210	312	奥地利石油天然气集团	奥地利	47349.30	1478.70	36889.10	14242.60	29800.00
211	177	洛克希德-马丁	美国	46692.00	2655.00	37908.00	1001.00	123000.00
212	256	可口可乐公司	美国	46542.00	8572.00	79974.00	31635.00	146200.00
213	188	美国快捷药方控股公司	美国	46128.30	1275.80	15607.00	2473.70	13120.00
214	203	三菱电机股份有限公司	日本	46094.30	1419.30	41220.80	13763.60	117314.00
215	190	瑞士联合银行	瑞士	45977.70	4687.00	1518145.10	57174.80	64820.00
216	211	中国交通建设股份有限公司	中国	45958.70	1220.60	59175.80	8977.50	101257.00

排名	上年排名	公司名称	国家	营业收入（百万美元）	净利润（百万美元）	资产（百万美元）	股东权益（百万美元）	雇员人数（人）
217	252	美国太阳石油公司	美国	45765.00	-1684.00	11982.00	893.00	10483.00
218	206	法国布伊格集团	法国	45669.40	1487.80	45339.20	10855.10	130827.00
219	209	法国国营铁路公司	法国	45587.40	173.80	54609.10	9073.80	245090.00
220	214	日本 KDDI 电信公司	日本	45241.00	3021.90	48663.20	24816.20	19680.00
221	222	中国电信集团公司	中国	45169.80	556.90	103883.20	55574.40	491447.00
222	248	KOC 集团	土耳其	45097.60	1265.00	52227.40	7359.40	80987.00
223	317	丰益国际	新加坡	44710.00	1600.80	39639.80	13370.20	90000.00
224	204	佳能	日本	44630.80	3119.30	51101.50	33166.00	198307.00
225	272	巴拉特石油公司	印度	44581.70	163.00	15275.50	3117.40	14154.00
226	275	产品合作伙伴公司	美国	44313.00	2046.90	34125.10	12113.40	6900.00
227	249	澳洲联邦银行	澳大利亚	44306.00	6309.10	715186.10	39361.50	46060.00
228	112	荷兰全球保险集团	荷兰	44196.90	1208.30	448662.60	33392.30	25288.00
229	254	西太平洋银行	澳大利亚	44112.30	7169.30	651528.50	40659.00	37806.00
230	213	伊维尔德罗拉公司	西班牙	44005.10	3899.60	125811.40	42698.30	31855.00
231	194	英国葛兰素史克公司	英国	43907.30	8434.50	63850.60	12484.10	97389.00
232	208	美国西夫韦公司	美国	43630.20	516.70	15073.60	3683.10	178000.00
233	346	中国华润总公司	中国	43439.50	1881.70	94169.50	14476.80	350524.00
234	293	神华集团	中国	43355.90	5671.70	99604.20	42731.00	176500.00
235		GS 加德士	韩国	43280.30	1121.00	22174.70	7753.60	4991.00
236	224	东京海上日动火灾保险公司	日本	43263.80	76.00	198571.50	13920.60	30831.00
237	215	思科公司	美国	43218.00	6490.00	87095.00	47226.00	71825.00
238	227	中国南方工业集团公司	中国	43159.50	176.10	41484.00	5855.90	232134.00
239	200	住友生命保险公司	日本	43085.90	1367.80	292094.90	10643.40	42953.00
240	451	西班牙 ACS 集团	西班牙	42654.90	1337.60	62302.80	4309.10	162262.00
241	265	德国大陆集团	德国	42415.60	1727.20	33805.70	9277.80	163788.00
242	328	中国平安保险（集团）股份有限公司	中国	42110.30	3012.40	363111.60	20792.30	175136.00
243	219	荷兰皇家阿霍德集团	荷兰	42090.40	1414.10	19448.50	7630.10	121000.00
244	236	意大利电信	意大利	42069.50	-6571.30	108874.10	29589.60	84154.00
245	198	西尔斯控股	美国	41567.00	-3140.00	21381.00	4281.00	293000.00
246	276	中国华能集团公司	中国	41480.60	25.50	119667.70	5107.70	142370.00
247	244	住友商事	日本	41300.90	3174.70	87831.40	20528.10	72087.00

排名	上年排名	公司名称	国家	营业收入（百万美元）	净利润（百万美元）	资产（百万美元）	股东权益（百万美元）	雇员人数（人）
248	245	汉莎集团	德国	41219.90	-18.10	36457.60	10320.20	120055.00
249	226	华特-迪士尼公司	美国	40893.00	4807.00	72124.00	37385.00	156000.00
250	311	中国航空工业集团公司	中国	40834.90	930.40	81946.00	18678.30	480147.00
251	267	江森自控有限公司	美国	40833.00	1624.00	29676.00	11042.00	162000.00
252	234	三菱化学控股	日本	40631.80	449.40	38575.20	9829.30	53979.00
253	257	软银	日本	40559.20	3973.70	59549.20	11642.50	22710.00
254	266	澳大利亚国民银行	澳大利亚	40520.90	5352.10	732727.10	40991.50	44645.00
255	268	森科能源公司	加拿大	40230.80	4351.70	73454.80	37917.50	13026.00
256	231	日本钢铁工程控股公司	日本	40104.20	-464.00	48702.80	17342.60	54133.00
257	225	法国维旺迪集团	法国	40063.10	3727.80	72340.00	25248.00	58318.00
258	343	中国邮政集团公司	中国	40023.30	3084.70	676889.70	22528.00	889307.00
259	239	电装公司	日本	39953.70	1131.00	43846.60	24890.80	126036.00
260	351	斯伦贝谢公司	美国	39540.00	4997.00	55201.00	31263.00	113000.00
261	218	摩根士丹利	美国	39376.00	4110.00	749898.00	62049.00	61899.00
262	232	西斯科公司	美国	39323.50	1152.00	11385.60	4705.20	46000.00
263	261	联邦快递	美国	39304.00	1452.00	27385.00	15220.00	255573.00
264	271	韩国电力公司	韩国	39295.90	-3042.50	118492.50	46253.60	42413.00
265	243	安海斯-布希英博	比利时	39046.00	5855.00	112427.00	37492.00	116278.00
266		起亚汽车	韩国	38987.80	3083.20	26270.00	11730.20	45312.00
267	336	印度斯坦石油公司	印度	38885.40	36.50	16799.50	2599.40	11226.00
268	255	雅培公司	美国	38851.30	4728.40	60276.90	24439.80	91922.00
269	279	河北钢铁集团	中国	38722.40	198.30	50236.60	8634.40	131977.00
270	285	杜邦公司	美国	38719.00	3474.00	48492.00	8593.00	70000.00
271	241	日本电气公司	日本	38461.90	-1396.50	31083.70	8139.90	109102.00
272	242	弗朗茨海涅尔公司	德国	38023.30	292.00	21689.40	6575.90	46688.00
273	304	瑞士ABB集团	瑞士	37990.00	3168.00	39648.00	15777.00	133600.00
274	300	联合博姿	瑞士	37977.10	877.40	30924.50	8737.90	74410.00
275	320	怡和集团	中国香港	37967.00	3449.00	58297.00	16356.00	330000.00
276	287	普利司通	日本	37942.90	1291.80	12217.00	3915.60	8922.00
277	325	谷歌	美国	37905.00	9737.00	72574.00	58145.00	32467.00
278	263	美国阿美拉达赫斯公司	美国	37871.00	1703.00	39136.00	18516.00	14350.00

排名	上年排名	公司名称	国家	营业收入（百万美元）	净利润（百万美元）	资产（百万美元）	股东权益（百万美元）	雇员人数（人）
279	247	广达电脑	中国台湾	37770.30	784.60	22165.60	3843.80	108872.00
280	297	中国冶金科工集团有限公司	中国	37612.60	-399.60	57229.00	5285.40	160399.00
281	286	荷兰合作银行	荷兰	37577.00	3544.30	949920.50	54950.50	59670.00
282	262	加拿大皇家银行	加拿大	37233.00	4917.50	757001.00	42001.00	68480.00
283	417	美国联合大陆控股有限公司	美国	37110.00	840.00	37988.00	1806.00	87000.00
284	280	霍尼韦尔国际公司	美国	37059.00	2067.00	39808.00	10806.00	132000.00
285	292	印度国家银行	印度	36950.20	3202.40	359237.70	20854.00	292215.00
286	307	巴西 JBS 公司	巴西	36921.40	-45.20	25428.20	11082.80	128036.00
287	384	CHS 公司	美国	36915.80	961.40	12217.00	3915.60	8922.00
288	251	英国森特理克集团	英国	36859.50	675.00	30416.10	8704.10	39432.00
289	274	哈门那公司	美国	36832.00	1419.00	17708.00	8063.00	40000.00
290	181	高盛	美国	36793.00	4442.00	923225.00	70379.00	33300.00
291	338	澳新银行集团	澳大利亚	36730.60	5491.60	577901.70	36848.40	48938.00
292	289	中国人民保险集团股份有限公司	中国	36549.10	802.00	92969.80	4980.00	98609.00
293	327	贺利氏控股集团	德国	36405.90	429.00	5287.80	2892.60	13323.00
294	264	美国英格雷姆麦克罗公司	美国	36328.70	244.20	9146.50	3272.80	15500.00
295	326	首钢集团	中国	36117.10	212.80	58414.20	13642.50	120371.00
296	230	美国超价商店公司	美国	36100.00	-1040.00	12053.00	21.00	130000.00
297	347	波兰国营石油公司	波兰	36099.60	797.60	17113.40	7148.70	22380.00
298	331	中国铝业公司	中国	35839.20	76.40	63015.60	3804.80	183301.00
299	273	三菱重工	日本	35727.40	310.80	48176.80	15636.90	68887.00
300	364	甲骨文公司	美国	35622.00	8547.00	73535.00	39776.00	108000.00
301	295	关西电力	日本	35607.00	-3068.20	91411.70	18039.40	32961.00
302	283	森宝利	英国	35566.60	954.00	19719.30	8995.10	101900.00
303	445	哥伦比亚国家石油公司	哥伦比亚	35520.30	8347.60	47651.60	28241.10	7303.00
304	298	俄罗斯联邦储蓄银行	俄罗斯	35501.60	10755.70	337405.50	39375.80	266187.00
305		国际石油投资公司	阿拉伯联合酋长国	35495.40	-140.20	65263.90	12458.40	20300.00
306	314	日本 NKSJ 控股	日本	35342.70	-1168.50	108086.80	8634.30	35764.00
307	277	皇家飞利浦电子公司	荷兰	35152.00	-1800.60	37606.60	16040.50	125241.00
308	302	达美航空	美国	35115.00	854.00	43499.00	-1396.00	78392.00
309	339	爱立信	瑞典	34958.40	1878.60	40907.20	20881.20	104525.00

排名	上年排名	公司名称	国家	营业收入（百万美元）	净利润（百万美元）	资产（百万美元）	股东权益（百万美元）	雇员人数（人）
310	309	Medipal 控股公司	日本	34832.00	147.50	15488.70	3748.90	11194.00
311	360	巴西伊塔乌投资银行	巴西	34701.40	2889.90	167338.20	15736.70	122000.00
312	282	美国利宝互助保险集团	美国	34671.00	365.00	117131.00	17726.00	45000.00
313	507	全球燃料服务公司	美国	34622.90	194.00	3697.20	1333.00	1798.00
314	359	印度塔塔汽车公司	印度	34575.40	2821.20	28540.00	6507.60	59759.00
315	342	俄罗斯 Sistema 公司	俄罗斯	34516.60	218.00	43902.00	8038.80	150000.00
316	303	日本瑞穗金融集团	日本	34394.30	6136.50	2009729.00	57884.70	56109.00
317	258	美国纽约人寿保险公司	美国	34393.50	557.30	213280.20	15128.90	13658.00
318	431	中国航空油料集团公司	中国	34352.40	170.50	5855.90	1337.20	9326.00
319	376	美国中原总管道公司	美国	34275.00	966.00	15381.00	5450.00	3800.00
320	306	法国邮政	法国	34267.70	664.60	259753.40	8806.40	268822.00
321	341	武汉钢铁（集团）公司	中国	34259.50	664.40	35311.30	7713.60	129805.00
322	344	迪奥	法国	34244.10	1778.40	66482.00	12506.50	84497.00
323	296	美国教师退休基金会	美国	34079.00	2388.40	420069.80	27130.90	7699.00
324	308	法国航空-荷兰皇家航空集团	法国	34001.40	-1114.10	36443.40	7589.20	101222.00
325	315	斯特拉塔	瑞士	33877.00	5713.00	74832.00	43664.00	40391.00
326	398	交通银行	中国	33871.60	7847.60	732630.60	43184.30	90149.00
327	269	安泰保险	美国	33779.80	1985.70	38593.10	10120.20	33300.00
328	290	斯普林特 Nextel 公司	美国	33679.00	-2890.00	49383.00	11427.00	40000.00
329	358	科斯莫石油	日本	33671.80	-115.00	20358.20	3646.10	8247.00
330	458	冀中能源集团	中国	33660.80	132.10	19160.20	2538.30	137524.00
331	281	阿斯利康	英国	33591.00	9983.00	52830.00	23246.00	57200.00
332	284	新闻集团	美国	33405.00	2739.00	61980.00	29506.00	51000.00
333	371	中国联合网络通信股份有限公司	中国	33336.10	218.40	72850.90	11284.40	215954.00
334	278	德国中央合作银行	德国	33279.10	535.30	527013.70	8297.40	27825.00
335	299	加拿大鲍尔集团	加拿大	33276.60	1128.40	250978.50	9651.30	32616.00
336	318	英力士集团控股有限公司	卢森堡	33159.80	523.40	12058.50	-418.70	7942.00
337	350	台湾中油股份有限公司	中国台湾	32768.90	-1104.50	26562.20	9039.00	15219.00
338	310	加拿大乔治威斯顿公司	加拿大	32734.70	642.00	20946.00	5362.50	142000.00
339	291	通用动力	美国	32677.00	2526.00	34883.00	13232.00	95100.00
340	305	好事达	美国	32654.00	788.00	125563.00	18674.00	37300.00

排名	上年排名	公司名称	国家	营业收入（百万美元）	净利润（百万美元）	资产（百万美元）	股东权益（百万美元）	雇员人数（人）
341	405	中国国电集团公司	中国	32580.00	-91.50	105403.10	5488.70	139109.00
342	324	德国艾德卡公司	德国	32530.70	195.90	8069.50	1518.20	306000.00
343	313	HCA 公司	美国	32506.00	2465.00	26898.00	-8258.00	174500.00
344	319	美国运通公司	美国	32282.00	4935.00	153337.00	18794.00	62500.00
345	337	泰森食品	美国	32266.00	750.00	11071.00	5657.00	115000.00
346	367	江苏沙钢集团	中国	32096.80	483.70	27118.90	5537.70	44927.00
347	323	东日本旅客铁道株式会社	日本	32070.20	1377.20	85809.50	22734.20	71729.00
348	372	迪尔公司	美国	32012.50	2799.90	48207.40	6800.30	61300.00
349	430	中国铁路物资股份有限公司	中国	31991.10	155.50	10067.90	1251.20	9114.00
350	316	铃木汽车	日本	31817.10	682.50	27983.00	13570.70	54484.00
351	352	华为投资控股有限公司	中国	31543.40	1815.30	30709.10	10529.70	140000.00
352	415	墨菲石油公司	美国	31446.30	872.70	14138.10	8778.40	5893.00
353	374	施耐德电气	法国	31128.00	2530.60	46590.80	20640.40	137535.00
354	253	夏普	日本	31103.60	-4763.00	31771.20	8741.70	56800.00
355	356	菲利普-莫里斯国际公司	美国	31097.00	8591.00	35488.00	229.00	78100.00
356	355	日本中部电力	日本	31020.40	-1167.70	68633.60	18402.00	30194.00
357	361	印度石油天然气公司	印度	30745.80	5874.10	45475.00	26784.30	32862.00
358	301	英国电信集团	英国	30734.30	3193.90	38268.90	2072.60	89015.00
359	481	美国全国保险公司	美国	30697.80	-793.10	141250.40	12828.00	32096.00
360	345	英美资源集团	英国	30580.00	6169.00	72442.00	39092.00	100000.00
361	329	意大利邮政集团	意大利	30163.70	1176.90	128578.00	3697.80	146363.00
362	362	和记黄埔有限公司	中国香港	30022.90	7196.60	92777.10	46303.60	250000.00
363	335	凤凰医药贸易公司	德国	30022.70	306.80	9702.50	2272.50	23850.00
364	531	Coop 集团	瑞士	30022.20	486.80	17642.30	6884.90	64507.00
365	485	中国建筑材料集团有限公司	中国	30021.90	656.50	32969.60	2524.80	126385.00
366	482	泰索罗公司	美国	29927.00	546.00	9892.00	3668.00	5374.00
367	435	中国机械工业集团有限公司	中国	29846.30	630.60	26794.00	4523.20	96356.00
368	365	明尼苏达矿务及制造业公司	美国	29611.00	4283.00	31616.00	15420.00	84198.00
369	375	中国大唐集团公司	中国	29603.20	-132.50	96207.00	2362.20	102876.00
370	450	联想集团	中国	29574.40	473.00	15860.70	2361.20	27000.00
371	381	阿弗瑞萨控股公司	日本	29550.90	83.60	13094.00	2742.10	10713.00

排名	上年排名	公司名称	国家	营业收入（百万美元）	净利润（百万美元）	资产（百万美元）	股东权益（百万美元）	雇员人数（人）
372	334	伟创力	新加坡	29470.30	488.80	11033.80	2284.00	159000.00
373	129	英国法通保险公司	英国	29366.10	1163.90	507819.10	8082.40	9138.00
374	349	德尔海兹集团	比利时	29365.00	660.50	15893.80	7031.60	122000.00
375	397	荷兰 GasTerra 能源公司	荷兰	29331.60	50.10	5350.20	280.40	197.00
376	373	西班牙天然气公司	西班牙	29305.20	1842.30	60373.50	16607.90	17769.00
377	294	德国商业银行	德国	29235.60	887.10	859166.80	31294.20	49215.00
378	395	曼弗雷集团	西班牙	29223.60	1338.90	71219.10	9143.80	34390.00
379	368	爱信精机	日本	29182.50	702.90	25204.60	8854.90	78212.00
380	400	Ultrapar 控股公司	巴西	29073.40	507.10	7370.70	2977.20	9055.00
381	363	时代华纳	美国	28974.00	2886.00	67801.00	29957.00	34000.00
382	411	米其林公司	法国	28808.80	2032.80	27118.90	10514.90	108340.00
383	541	S－OIL 公司	韩国	28808.10	1075.10	11463.70	4537.10	2622.00
384	399	中国远洋运输（集团）总公司	中国	28796.50	－651.80	52229.40	16448.20	72897.00
385	401	麦格纳国际	加拿大	28748.00	1018.00	14679.00	8175.00	108275.00
386	288	BAE 系统公司	英国	28623.80	1988.00	35905.90	6590.20	87000.00
387	391	德科集团	瑞士	28566.80	721.60	12144.30	4943.90	32826.00
388	96	德克夏银行集团	比利时	28540.40	－16183.50	535884.90	－2620.00	22461.00
389	499	昭和壳牌石油公司	日本	28496.70	289.90	15710.40	3319.10	5947.00
390		中国电力建设集团有限公司	中国	28288.60	354.40	38535.90	5027.40	200309.00
391	378	欧莱雅	法国	28286.10	3390.50	34869.20	22894.70	68886.00
392	382	威廉莫里森超市连锁公司	英国	28276.40	1104.60	15560.50	8518.10	94114.00
393	366	中粮集团有限公司	中国	28189.70	728.50	41264.00	8845.70	98300.00
394	332	瑞士再保险股份有限公司	瑞士	28083.00	2626.00	225899.00	29590.00	10788.00
395	260	美国诺斯洛普格拉曼公司	美国	28058.00	2118.00	25411.00	10336.00	72500.00
396	404	Migros 集团	瑞士	28014.90	744.50	59030.20	15894.10	86393.00
397	446	河南煤业化工集团有限责任公司	中国	27919.20	223.40	27370.30	3451.00	203732.00
398	322	瀑布公司	瑞典	27890.20	1707.40	76540.90	19259.00	34685.00
399	530	巴西配销公司	巴西	27838.60	429.10	18111.60	4089.70	149070.00
400	377	富士胶片控股株式会社	日本	27803.60	554.20	33296.90	20925.70	81691.00
401	370	塔塔钢铁	印度	27738.80	1125.00	28904.60	8445.50	81622.00
402	475	中国化工集团公司	中国	27706.70	100.10	39355.00	3122.60	138553.00

排名	上年排名	公司名称	国家	营业收入（百万美元）	净利润（百万美元）	资产（百万美元）	股东权益（百万美元）	雇员人数（人）
403	393	多伦多道明银行	加拿大	27589.50	5968.50	691198.40	47182.30	75631.00
404	348	阿尔斯通	法国	27417.30	1006.80	41351.50	5763.10	85449.00
405	422	埃森哲	爱尔兰	27352.90	2277.70	15731.50	3879.00	236000.00
406	401	定向卫视传播公司	美国	27226.00	2609.00	18423.00	-3107.00	26350.00
407	383	大众超级市场公司	美国	27178.80	1492.00	11268.20	8296.00	111500.00
408	410	台塑石化股份有限公司	中国台湾	27178.60	765.80	15256.30	7373.70	6426.00
409	425	加拿大丰业银行	加拿大	27090.90	5244.90	579311.20	32990.90	75362.00
410	403	麦当劳	美国	27006.00	5503.10	32989.90	14390.20	420000.00
411	433	达能	法国	26860.80	2323.40	36905.50	15709.40	101885.00
412	469	匈牙利油气公司	匈牙利	26698.20	764.30	20603.80	6816.90	31471.00
413	416	T&D 控股	日本	26648.70	339.00	156308.50	6909.70	20982.00
414	505	安富利公司	美国	26534.40	669.10	9905.60	4056.10	17600.00
415	396	技术数据公司	美国	26488.10	206.40	5785.40	1973.80	8283.00
416	508	天津市物资集团总公司	中国	26410.90	25.40	11981.00	594.20	6164.00
417	390	梅西百货	美国	26405.00	1256.00	22095.00	5933.00	171000.00
418	407	Maruhan 株式会社	日本	26333.00	314.90	4080.70	1982.50	12427.00
419	412	Onex 公司	加拿大	26168.00	1327.00	29446.00	1820.00	246000.00
420	418	巴登－符滕堡州能源公司	德国	26126.20	-1205.90	46506.00	6320.40	20959.00
421	385	来德爱	美国	26121.20	-368.60	7364.30	-2586.80	70650.00
422	409	住友电工	日本	26081.80	745.50	25183.10	12291.00	194734.00
423	394	KBC 集团	比利时	26057.10	18.10	370511.40	21105.20	47530.00
424	387	国际纸业	美国	26034.00	1341.00	26993.00	6620.00	61500.00
425	408	中国电子信息产业集团有限公司	中国	26022.50	203.00	23003.30	2351.90	127822.00
426	484	浙江物产集团	中国	25833.10	96.10	8298.90	776.00	17401.00
427	426	日本烟草	日本	25758.60	4064.00	44567.40	19859.60	48529.00
428	357	马自达汽车株式会社	日本	25748.90	-1364.50	23285.60	4991.50	37617.00
429	498	韩国天然气公司	韩国	25720.80	157.70	31267.30	6989.20	2815.00
430	496	苏尔古特公司	俄罗斯	25662.80	7931.10	51486.40	48176.20	99842.00
431	389	Travelers Cos. 公司	美国	25446.00	1426.00	104602.00	24477.00	30600.00
432	432	金巴斯集团	英国	25417.60	1168.70	14660.80	5445.20	471108.00
433	504	中国华电集团公司	中国	25270.00	-21.60	83549.70	3465.20	109280.00

排名	上年排名	公司名称	国家	营业收入（百万美元）	净利润（百万美元）	资产（百万美元）	股东权益（百万美元）	雇员人数（人）
434	463	中国船舶重工集团公司	中国	25144.50	836.70	55693.30	11344.10	170361.00
435	428	CRH 公司	爱尔兰	25140.80	820.40	27766.70	13643.80	76433.00
436	453	小松集团	日本	25099.20	2115.60	28202.80	12271.50	44206.00
437	392	史泰博	美国	25022.20	984.70	13430.60	7015.20	69662.00
438	441	澳大利亚电信	澳大利亚	24968.20	3188.10	40597.20	12928.80	35790.00
439	465	美铝公司	美国	24951.00	611.00	40120.00	13844.00	61000.00
440		山东魏桥创业集团有限公司	中国	24905.50	1127.60	13000.30	6858.80	141299.00
441	414	西北互助人寿保险公司	美国	24861.00	645.10	189644.80	14813.40	4842.00
442	386	雷神公司	美国	24857.00	1866.00	25854.00	8181.00	71000.00
443	380	芬梅卡尼卡	意大利	24848.80	-3260.60	39718.90	5584.00	70474.00
444	537	哈里伯顿公司	美国	24829.00	2839.00	23677.00	13198.00	68000.00
445	424	英美烟草集团	英国	24687.90	4962.00	42151.00	12694.00	56265.00
446	419	住友化学	日本	24670.20	70.80	28402.40	7166.50	29839.00
447		山西煤炭运销集团有限公司	中国	24533.40	224.20	17686.20	3995.20	103745.00
448	456	渣打集团	英国	24488.00	4849.00	599070.00	40714.00	86865.00
449	617	韩国友利金融控股公司	韩国	24435.30	1928.90	271591.30	15215.80	24655.00
450	467	中国太平洋保险（集团）股份有限公司	中国	24429.00	1285.80	90659.70	12201.50	82456.00
451	519	中国电力投资集团公司	中国	24399.80	-118.80	79921.50	5217.20	121716.00
452	413	帝国烟草公司	英国	24378.90	2883.20	47623.40	11926.50	38200.00
453	439	途易	德国	24355.60	33.30	18104.80	3314.50	73707.00
454	423	美国礼来公司	美国	24286.50	4347.70	33659.80	13541.70	38080.00
455	571	Marquard & Bahls 公司	德国	24258.40	40.30	5251.30	1454.20	4214.00
456	443	艾默生电气	美国	24234.00	2480.00	23861.00	10399.00	133200.00
457	379	万通互惠理财	美国	24226.40	877.40	195380.50	11417.40	9500.00
458	491	西方石油公司	美国	24216.00	6771.00	60044.00	37620.00	11300.00
459	460	荷兰 SHV 公司	荷兰	24141.40	1087.90	13208.90	4561.40	54700.00
460		山东能源集团有限公司	中国	24131.30	1558.50	28444.00	6980.10	270791.00
461	429	理光集团	日本	24107.70	-564.40	27824.00	9998.80	109241.00
462		鞍钢集团公司	中国	24089.00	247.30	43169.70	13041.80	227887.00
463	438	美国航空	美国	23979.00	-1979.00	23848.00	-7111.00	80100.00
464	448	喜力控股公司	荷兰	23897.70	997.00	35219.00	6237.00	64252.00

排名	上年排名	公司名称	国家	营业收入（百万美元）	净利润（百万美元）	资产（百万美元）	股东权益（百万美元）	雇员人数（人）
465	506	现代摩比斯公司	韩国	23735.70	2728.80	19602.00	11960.00	18333.00
466	548	赫斯基能源公司	加拿大	23622.80	2248.60	31852.70	17458.70	4726.00
467	447	神钢集团	日本	23616.50	-180.50	26245.90	6628.50	35496.00
468	340	仁宝电脑	中国台湾	23591.00	374.90	9212.60	3504.00	62357.00
469	478	Suzuken 公司	日本	23556.00	102.00	11814.20	3510.30	15155.00
470	483	CFE 公司	墨西哥	23480.60	-1380.90	64956.60	22443.90	97363.00
471	584	野村控股	日本	23452.70	146.70	433851.60	25610.60	35764.00
472	495	大和房建	日本	23415.20	420.50	25353.60	8480.20	27130.00
473	468	福陆公司	美国	23381.40	593.70	8270.30	3395.50	43087.00
474	471	霍尔希姆公司	瑞士	23377.70	309.90	45522.00	18003.90	80967.00
475	688	浙江吉利控股集团	中国	23355.70	90.00	16718.60	1563.00	37800.00
476	503	北欧联合银行	瑞典	23258.10	3652.70	929847.50	33799.90	33068.00
477	388	山田电机	日本	23246.20	737.60	11398.20	6328.30	14006.00
478	442	TJX 公司	美国	23191.50	1496.10	8281.60	3209.30	168000.00
479	462	费森尤斯集团	德国	22973.00	959.40	34172.50	7752.10	149351.00
480	455	拉法基集团	法国	22970.30	824.50	52865.50	20778.00	60925.00
481	434	日本邮船	日本	22896.20	-922.30	25792.80	8358.30	28498.00
482	457	三菱汽车	日本	22889.60	303.10	16058.70	4423.60	30777.00
483		绿地控股集团有限公司	中国	22872.90	965.80	29895.40	3115.80	27816.00
484		新兴际华集团	中国	22832.30	242.60	10194.10	2838.60	77512.00
485	406	加拿大永明金融集团	加拿大	22831.20	-202.20	214172.00	15451.90	15000.00
486	560	加德士澳大利亚	澳大利亚	22810.20	-736.30	4984.50	2262.00	3550.00
487	516	美国固特异轮胎橡胶有限公司	美国	22767.00	343.00	17629.00	749.00	73000.00
488	449	施乐公司	美国	22626.00	1295.00	30116.00	12225.00	139650.00
489	517	任仕达控股公司	荷兰	22559.90	248.60	10093.60	3763.00	28700.00
490		开滦集团	中国	22519.30	107.20	9175.40	2116.00	71987.00
491	497	德国复兴信贷银行	德国	22496.10	2875.50	642422.10	23170.80	4765.00
492	444	贝塔斯曼集团	德国	22426.60	646.60	23561.50	6890.10	100626.00
493	500	纬创集团	中国台湾	22408.00	308.50	8408.20	2033.50	61518.00
494	641	国际航空集团	英国	22390.40	742.50	25645.30	6992.60	56791.00
495	470	索迪斯	法国	22262.40	625.70	16429.00	3650.40	391148.00

排名	上年排名	公司名称	国家	营业收入（百万美元）	净利润（百万美元）	资产（百万美元）	股东权益（百万美元）	雇员人数（人）
496	540	东京煤气公司	日本	22217.90	583.40	22653.00	10310.30	16528.00
497	473	美国家庭人寿保险公司	美国	22171.00	1964.00	117102.00	13506.00	8562.00
498		招商银行	中国	22093.80	5588.40	444069.10	26215.00	45344.00
499	437	英国国家电网	英国	22066.80	3248.10	75641.30	14763.90	25645.00
500	514	万宝盛华	美国	22006.00	251.60	6899.70	2483.40	31000.00
	合计			29488520.20	1630068.90	117455790.00	13734235.40	63526739

第十三章 2012 中国企业 500 强、2012 中国制造业企业 500 强、2012 中国服务业企业 500 强按照行业分类名单

行业名次	企业名称	通讯地址及邮编	邮编	名次(1)
农、林、渔、畜牧业				
1	黑龙江北大荒农垦集团总公司	黑龙江省哈尔滨市香坊区红旗大街175号	150036	103
煤炭采掘及采选业				
1	神华集团有限责任公司	北京市东城区安定门西滨河路22号	100011	26
2	冀中能源集团有限责任公司	河北省邢台市中兴西大街191号	054021	41
3	河南煤业化工集团有限责任公司	河南省郑州市郑东新区CBD商务外环6号国龙大厦	450046	58
4	山东能源集团有限公司	山东省济南市经十路10777号山东能源大厦	250014	69
5	开滦（集团）有限责任公司	河北省唐山市新华东道70号	063018	75
6	山西焦煤集团有限责任公司	山西省太原市新晋祠路一段1号	030024	83
7	山西潞安矿业（集团）有限责任公司	山西省长治市襄垣县侯堡	046204	84
8	山西晋城无烟煤矿业集团有限责任公司	山西省晋城市城区北石店镇	048006	85
9	大同煤矿集团有限责任公司	山西省大同市矿区新平旺东门街区11号	037003	92
10	阳泉煤业（集团）有限责任公司	山西省阳泉市北大西街5号	045000	93
11	中国平煤神马能源化工集团有限责任公司	河南省平顶山市矿工中路21号	467000	94
12	中国中煤能源集团有限公司	北京市朝阳区黄寺大街1号	100120	96
13	陕西煤业化工集团有限责任公司	陕西省西安市太乙路182号	710054	107
14	兖矿集团有限公司	山东省邹城市凫山南路298号	273500	129
15	淮南矿业（集团）有限责任公司	安徽省淮南市洞山中路1号	232001	153
16	淮北矿业（集团）有限责任公司	安徽省淮北市孟山路1号	235006	227
17	内蒙古伊泰集团有限公司	内蒙古鄂尔多斯市东胜区天骄北路伊泰大厦	017000	237
18	黑龙江龙煤矿业控股集团有限责任公司	黑龙江省哈尔滨市南岗区（开发区）闽江路235号	150090	242
19	义马煤业集团股份有限公司	河南省三门峡市义马市千秋东路6号	472300	283
20	河南神火集团有限公司	河南省永城市光明路中段	476600	298
21	郑州煤炭工业（集团）有限责任公司	河南省郑州市中原区中原西路188号	450006	300
22	安徽省皖北煤电集团有限责任公司	安徽省宿州市西昌路157号	234000	339
23	徐州矿务集团有限公司	江苏省徐州市淮海西路235号	221006	382
24	沈阳煤业（集团）有限责任公司	辽宁省沈阳市沈北新区虎石台街道	110122	389
25	辽宁铁法能源有限责任公司	辽宁省调兵山市人民路27号	112700	415
26	阜新矿业（集团）有限责任公司	辽宁省阜新市海州区中华路89号	123000	416
27	内蒙古伊东资源集团股份有限公司	内蒙古准格尔经济开发区伊东集团	010400	457
28	江西省煤炭集团公司	江西省南昌市西湖区丁公路117号	330002	478

注：名次（1）为2012中国企业500强中的名次

行业名次	企业名称	通讯地址及邮编	邮编	名次（1）
石油、天然气开采及生产业				
1	中国石油天然气集团公司	北京市东城区东直门北大街九号	100007	2
2	中国海洋石油总公司	北京市东城区朝阳门北大街 25 号	100010	10
3	陕西延长石油（集团）有限责任公司	陕西省西安市高新技术产业开发区科技二路 75 号	710075	89
建筑业				
1	中国建筑工程总公司	北京市海淀区三里河路 15 号中建大厦 A 座	100037	9
2	中国铁道建筑总公司	北京市海淀区复兴路 40 号	100855	11
3	中国中铁股份有限公司	北京市海淀区复兴路 69 号 9 号楼中国中铁大厦	100039	12
4	中国交通建设股份有限公司	北京市西城区德胜门外大街 85 号	100088	23
5	中国冶金科工集团有限公司	北京市朝阳区曙光西里 28 号中冶大厦	100028	33
6	中国电力建设集团有限公司	北京市海淀区三里河路 1 号西苑饭店 7 号楼	100044	56
7	中国能源建设集团有限公司	北京市西城区北三环中路 29 号院 3 号楼	100029	90
8	上海建工集团股份有限公司	上海市福山路 33 号	200120	104
9	广厦控股集团有限公司	浙江省杭州市玉古路 166 号	310013	152
10	北京建工集团有限责任公司	北京市西城区广莲路 1 号建工大厦	100055	209
11	中国化学工程股份有限公司	北京市东直门内大街 2 号	100007	219
12	上海城建（集团）公司	上海市浦东新区福山路 500 号 29 楼	200122	223
13	重庆建工集团股份有限公司	重庆市北部新区金开大道 1596 号	401122	229
14	四川华西集团有限公司	四川省成都市解放路二段 95 号	610081	244
15	浙江省建设投资集团有限公司	浙江省杭州市文三路 20 号建工大厦	310012	257
16	中天发展控股集团有限公司	浙江省杭州市之江路 438 号中天商务楼	310008	264
17	广西建工集团有限责任公司	广西南宁市朝阳路 49 号	530012	272
18	北京市政路桥集团有限公司	北京市西城区南礼士路 17 号	100045	280
19	湖南省建筑工程集团总公司	湖南省长沙市芙蓉南路一段 788 号（友谊路口）	410004	289
20	北京城建集团有限责任公司	北京市海淀区北太平庄路 18 号	100088	297
21	广州市建筑集团有限公司	广东省广州市广卫路 4 号（建工大厦）	510030	299
22	成都建筑工程集团总公司	四川省成都市八宝街 111 号	610031	304
23	青建集团股份公司	山东省青岛市南海支路 5 号	266071	305
24	陕西建工集团总公司	陕西省西安市莲湖区北大街 199 号	710003	321
25	中南控股集团有限公司	江苏省海门市常乐镇	226124	329
26	江苏南通二建集团有限公司	江苏省启东市人民中路 683 号	226200	334
27	江苏南通三建集团有限公司	江苏省海门市狮山路 131 号	226100	365
28	云南建工集团有限公司	云南省昆明市东风东路 36 号	650051	377
29	广东省建筑工程集团有限公司	广东省广州市天河天润路 87 号广建大厦	510635	386

行业名次	企业名称	通讯地址及邮编	邮编	名次(1)
30	四川公路桥梁建设集团有限公司	四川省成都市高新区九兴大道12号	610041	395
31	安徽建工集团有限公司	安徽省合肥市芜湖路325号建工大厦	230001	396
32	浙江中成控股集团有限公司	浙江省绍兴市中兴中路375号	312000	405
33	中太建设集团股份有限公司	河北省廊坊市广阳道20号	065000	413
34	江苏省苏中建设集团股份有限公司	江苏省南通市海安中坝南路18号	226600	417
35	河北建工集团有限责任公司	河北省石家庄市友谊北大街146号	050051	421
36	黑龙江省建设集团有限公司	黑龙江省哈尔滨市香坊区三大动力路532号	150046	429
37	河北建设集团有限公司	河北省保定市五四西路329号	071051	433
38	甘肃省建设投资（控股）集团总公司	甘肃省兰州市七里河区西津东路575号	730050	449
39	山西建筑工程（集团）总公司	山西省太原市新建路9号	030002	455
40	浙江宝业建设集团有限公司	浙江省绍兴县杨汛桥镇	312028	461
41	浙江八达建设集团有限公司	浙江省诸暨市友谊路138号	311800	465
42	浙江昆仑控股集团有限公司	浙江省杭州市体育场路580号	310007	480
电力生产业				
1	中国华能集团公司	北京市西城区复兴门内大街4号	100031	28
2	中国国电集团公司	北京市西城区阜成门北大街6-8号	100034	43
3	中国大唐集团公司	北京市西城区广宁伯街1号	100140	53
4	中国华电集团公司	北京市西城区宣武门内大街2号	100031	62
5	中国电力投资集团公司	北京市西城区金融大街28号3号楼	100033	68
6	内蒙古电力（集团）有限责任公司	内蒙古呼和浩特市锡林南路218号	010020	191
7	广东省粤电集团有限公司	广东省广州市天河东路2号粤电广场	510630	194
8	中国广东核电集团有限公司	广东省深圳市福田区上步中路1001号科技大厦19层	518031	324
9	中国长江电力股份有限公司	湖北省宜昌市西坝建设路1号	443002	436

行业名次	企业名称	通讯地址	邮编	名次（1）	名次（2）
农副产品及农产品加工业					
1	新希望集团有限公司	四川省成都市武侯区新希望路 9 号华尔兹广场 B 座 4 楼	610041	146	66
2	通威集团有限公司	四川省成都市二环路南四段 11 号	610041	259	131
3	西王集团有限公司	山东省邹平县西王工业园	256209	370	197
4	正邦集团有限公司	江西省南昌市高新技术开发区艾溪湖一路 569 号	330096	450	240
5	三河汇福粮油集团有限公司	河北省三河市燕郊开发区汇福路 8 号	065201	479	257
6	山东渤海实业股份有限公司	山东省滨州市博兴县工业园滨河路 333 号	256500		273
7	双胞胎（集团）股份有限公司	江西省南昌市火炬大道 999 号高新管委会北二楼	330096		307
8	广西农垦集团有限责任公司	广西南宁市七星路 135 号	530022		312
9	天津农垦集团有限公司	天津市河西区气象台路 96 号	300074		361
10	五得利面粉集团有限公司	河北省邯郸市大名县五得利街	056900		384
11	山东鲁花集团有限公司	山东省莱阳市龙门东路 39 号	265229		406
12	辽宁禾丰牧业股份有限公司	辽宁省沈阳市沈北新区辉山大街 169 号	110164		470
13	青岛九联集团股份有限公司	山东省青岛莱西市上海西路	266611		494
14	福娃集团有限公司	湖北省监利县新沟镇福娃工业园	433304		498
食品加工制造业					
1	光明食品（集团）有限公司	上海市华山路 263 弄 7 号	200040	87	32
2	中国盐业总公司	北京市丰台区广外莲花池中盐大厦	100055	312	159
3	天狮集团有限公司	天津市武清开发区新源道北 18 号	301700	319	162
4	上海良友（集团）有限公司	上海市浦东新区张杨路 88 号	200122		281
5	北京二商集团有限责任公司	北京市宣武区槐柏树街 2 号 1 号楼 202 室	100053		284
6	广西洋浦南华糖业集团股份有限公司	广西南宁市民族大道 81 号气象大厦 16 楼	530022		371
7	祐康食品集团有限公司	浙江省杭州市机场路 377 号	310021		402
8	厦门银鹭集团有限公司	福建省厦门市湖里区钟岭路 2 号银鹭大厦 4 楼	361015		430
9	龙大食品集团有限公司	山东省莱阳市龙大工业园	265231		465
肉食品加工业					
1	雨润控股集团有限公司	江苏省南京市建邺区雨润路 10 号	210041	118	46
2	河南省漯河市双汇实业集团有限责任公司	河南省漯河市双汇路 1 号	462000	200	98
3	临沂新程金锣肉制品集团有限公司	山东省临沂市兰山区金锣科技园	276036	240	123
4	诸城外贸有限责任公司	山东省诸城市密州路东首	262200		385

注：名次（2）为 2012 中国制造业企业 500 强中的名次

行业名次	企业名称	通讯地址	邮编	名次(1)	名次(2)
5	唐人神集团股份有限公司	湖南省株洲市天元区栗雨工业园唐人神集团	412007		401
6	北京顺鑫农业股份有限公司	北京市顺义区站前西街北侧顺鑫国际商务中心1305层	101300		463
乳制品加工业					
1	内蒙古伊利实业集团股份有限公司	内蒙古呼和浩特市金川开发区金四道8号	010080	246	125
饮料加工业					
1	杭州娃哈哈集团有限公司	浙江省杭州市清泰街160号	310009	156	71
2	维维集团股份有限公司	江苏省徐州市维维大道300号	221111	451	241
3	农夫山泉股份有限公司	浙江省杭州市西湖区曙光路148路	310007		481
酿酒制造业					
1	四川省宜宾五粮液集团有限公司	四川省宜宾市翠屏区岷江西路150号	644007	206	103
2	泸州老窖集团有限责任公司	四川省泸州市龙马潭区南光路7号泸州老窖广场	646000	373	199
3	中国贵州茅台酒厂（集团）有限责任公司	贵州省仁怀市茅台镇	564501	376	201
4	青岛啤酒股份有限公司	山东省青岛市香港中路五四广场青啤大厦	266071	387	205
5	北京燕京啤酒集团公司	北京市顺义区双河路9号	101300		276
6	江苏洋河酒厂股份有限公司	江苏省宿迁市洋河镇中大街118号	223800		344
7	湖北稻花香集团公司	湖北省宜昌市夷陵区龙泉镇龙沙街1号	443112		367
8	四川郎酒集团有限责任公司	四川省古蔺县二郎镇	646523		405
9	湖北枝江酒业集团公司	湖北省枝江市迎宾大道99号	443200		479
烟草加工业					
1	上海烟草集团有限责任公司	上海市长阳路717号	200082	117	45
2	红塔烟草（集团）有限责任公司	云南省玉溪市红塔区红塔大道118号	653100	143	64
3	湖南中烟工业有限责任公司	湖南省长沙市雨花区万家丽中路三段188号	410019	148	68
4	红云红河烟草（集团）有限责任公司	云南省昆明市五华区红锦路181号	650202	160	74
5	湖北中烟工业有限责任公司	湖北省武汉市东西湖区金山大道环湖路特66号	430040	203	100
6	浙江中烟工业有限责任公司	浙江省杭州市建国南路288号	310009	222	112
7	山东中烟工业有限责任公司	山东省济南市将军路171号	250100	361	190
8	贵州中烟工业有限责任公司	贵州省贵阳市友谊路25号	550001	369	196
9	广西中烟工业有限责任公司	广西南宁市北湖南路28号	530001		320
10	龙岩烟草工业有限责任公司	福建省龙岩市新罗区乘风路1299号	364021		376
11	江西中烟工业有限责任公司	江西省南昌市新开发区京东大道201号金圣工业科技园	330096		380

行业名次	企业名称	通讯地址	邮编	名次（1）	名次（2）
12	重庆烟草工业有限责任公司	重庆市南岸区南坪东路 2 号	400060		382
13	厦门烟草工业有限责任公司	福建省厦门市海沧新阳工业区新阳路 1 号	361022		425
14	黑龙江烟草工业有限责任公司	黑龙江省哈尔滨市南岗区一曼街 104 号	150001		468
纺织、印染业					
1	山东魏桥创业集团有限公司	山东省邹平经济开发区魏纺路 1 号	256200	64	22
2	上海纺织（集团）有限公司	上海市虹桥路 1488 号	200336	224	113
3	江苏阳光集团有限公司	江苏省江阴市新桥镇阳光工业园	214426	292	149
4	华芳集团有限公司	江苏省苏州市张家港市塘桥镇人民南路 1 号	215611	354	185
5	山东如意科技集团有限公司	山东省济宁市洸河路 72 号如意大厦	272000	397	211
6	山东大海集团有限公司	山东省东营市东城区府前大街 70 号	257091	475	254
7	澳洋集团有限公司	江苏省张家港市塘市镇中路澳洋国际大厦	215600	483	259
8	山东昊龙集团有限公司	山东省东营市广饶县经济开发区广凯路 39 号	257300	495	268
9	天津纺织集团（控股）有限公司	天津市空港经济区中心大道东九道 6 号天纺大厦	300308		280
10	浙江天圣控股集团有限公司	浙江省绍兴县柯桥山阴西路 19 号	312030		391
11	山东澳亚纺织有限公司	山东省广饶县经济开发区孙武路 876 号	257300		403
12	兴惠化纤集团有限公司	浙江省杭州市萧山区衙前镇吟龙村	311209		449
13	富丽达集团控股有限公司	浙江省杭州市萧山区临江工业园区	311228		453
14	北京纺织控股有限责任公司	北京市东城区东单三条 33 号	100005		460
纺织品、服装、鞋帽（含皮草、毛、绒等）加工业					
1	雅戈尔集团股份有限公司	浙江省宁波市鄞县大道西段 2 号 8 楼企管部	315153	252	128
2	红豆集团有限公司	江苏省无锡市东港镇港下	214199	261	133
3	海澜集团有限公司	江苏省江阴市新桥镇海澜工业园	214426	327	166
4	内蒙古鄂尔多斯羊绒集团有限责任公司	内蒙古鄂尔多斯市东胜区达拉特南路 102 号	017000	456	244
5	杉杉控股有限公司	浙江省宁波市鄞州区日丽中路 777 号	315100	471	252
6	波司登股份有限公司	江苏省常熟市波司登工业园	215532	485	261
7	维科控股集团股份有限公司	浙江省宁波市海曙区和义路 99 号维科大厦	315000		293
8	上海美特斯邦威服饰股份有限公司	上海市南汇区康桥东路 800 号	201315		306
9	奥康集团有限公司	浙江省温州市永嘉县瓯北镇千石奥康工业园	325101		326
10	森马集团有限公司	浙江省温州市六虹桥路 1189 号森马大厦	325006		429
11	宁波申洲针织有限公司	浙江省宁波市经济技术开发区大港工业城甬江路 18 号	315800		431
12	青岛即发集团控股有限公司	山东省青岛即墨市黄河二路 386 号即发技术中心	266200		443
13	宁波博洋控股集团有限公司	浙江省宁波市海曙区启文路 157 弄 6 号	315012		445
14	鲁泰集团公司	山东省淄博市淄川区松龄东路 81 号	255100		459

行业名次	企业名称	通讯地址	邮编	名次(1)	名次(2)
造纸及纸制品加工业					
1	山东大王集团有限公司	山东省东营市广饶县大王镇	257335	159	73
2	华泰集团有限公司	山东省东营市广饶县大王镇潍高路251号	257335	333	170
3	山东晨鸣纸业集团股份有限公司	山东省农圣东街2199号	262700	337	173
4	山东太阳纸业股份有限公司	山东省兖州市友谊路1号	272100	356	187
5	山东博汇集团有限公司	山东省淄博市桓台县马桥镇	256405	419	220
6	山东泉林纸业有限责任公司	山东省高唐县光明东路15号	252800		399
7	胜达集团有限公司	浙江省杭州市萧山经济技术开发区北塘路2号	311215		435
生活消费品（含家具、家居）和文体用品、玩具、首饰、珠宝、工艺等轻工产品加工业					
1	天津市一轻集团（控股）有限公司	天津市河西区解放南路398号	300200	174	81
2	重庆轻纺控股（集团）公司	重庆市北部新区高新园黄山大道中段7号	401121	362	191
3	天津二轻集团（控股）有限公司	天津市南开区长江道108号	300111	379	203
4	老凤祥股份有限公司	上海市漕溪路258弄26号6楼	200235	422	222
石化产品、炼焦及其他燃料加工业					
1	中国石油化工集团公司	北京市朝阳区朝阳门北大街22号	100728	1	1
2	福建联合石油化工有限公司	福建省泉州市泉港区	362800	179	84
3	山东金诚石化集团有限公司	山东省淄博市桓台县马桥镇	256405	316	160
4	山东京博控股股份有限公司	山东省滨州市博兴县经济开发区	256500	328	167
5	云南煤化工集团有限公司	云南省昆明市五华区小康大道580号	650231	346	180
6	旭阳控股有限公司	北京市丰台区南四环西路188号五区4号楼	100070	350	184
7	利华益集团股份有限公司	山东省东营市利津县大桥路86号	257400	428	227
8	山东东明石化集团有限公司	山东省东明县石化大道27号	274500	430	228
9	嘉晨集团有限公司	辽宁省营口市老边区营大路66号	115005	469	251
10	富海集团有限公司	山东省东营市河口区黄河路37号	257200		300
11	正和集团股份有限公司	山东省东营广饶县石村镇辛桥	257342		328
12	宁夏宝塔石化集团有限公司	宁夏银川市金凤区宁安大街88号宝塔石化大厦	750002		334
13	山东垦利石化有限责任公司	山东省东营市垦利县利河路299号	257500		335
14	山东华星石油化工集团有限公司	山东省东营市广饶县大王镇潍高路1号	257335		342
15	美锦能源集团有限公司	山西省太原市清徐县美锦大街2号	030400		356
16	山东神驰化工有限公司	山东省东营市东营区郝纯路129号	257082		396
17	山东恒源石油化工股份有限公司	山东省德州市临邑县石化路72号	251500		412
18	景德镇市焦化工业集团有限责任公司	江西省景德镇市历尧	333000		428
19	太原煤炭气化（集团）有限责任公司	山西省太原市万柏林区和平南路29号	030024		495

行业名次	企业名称	通讯地址	邮编	名次（1）	名次（2）
化学原料及化学制品制造业					
1	中国化工集团公司	北京市海淀区北四环西路62号	100080	59	19
2	天津渤海化工集团公司	天津市和平区湖北路10号	300040	182	86
3	湖北宜化集团有限责任公司	北京市南四环西路188号总部基地15区3号楼	010070	186	90
4	云天化集团有限责任公司	云南省昆明市滇池路1417号	650228	213	107
5	上海华谊（集团）公司	上海市卢湾区徐家汇路560号华仑大厦	200025	225	114
6	滨化集团公司	山东省滨州市滨城区黄河五路869号	256600	254	129
7	江阴澄星实业集团有限公司	江苏省江阴市梅园大街618号	214432	302	153
8	亚邦投资控股集团有限公司	江苏省常州市武进区牛塘镇人民西路105号	213163	393	209
9	江苏金浦集团有限公司	江苏省南京市鼓楼区马台街99号海德商厦5楼	210009	423	223
10	传化集团有限公司	浙江省杭州市萧山经济技术开发区	311215	431	229
11	新疆天业（集团）有限公司	新疆石河子经济技术开发区北三东路36号	832000	442	235
12	浙江龙盛控股有限公司	浙江省上虞市道墟镇龙盛大道1号	312368		285
13	江苏三木集团有限公司	江苏省宜兴市官林镇三木路85号	214258		290
14	逸盛大化石化有限公司	辽宁省大连市金州新区滨海旅游路262号	116600		304
15	唐山三友集团有限公司	河北省唐山市南堡经济技术开发区	063305		317
16	升华集团控股有限公司	浙江省德清县钟管镇南湖路9号	313220		322
17	巨化集团公司	浙江省衢州市柯城区	324004		338
18	沈阳化工集团有限公司	辽宁省沈阳市和平区市府大路55号年华国际2721号	110006		341
19	纳爱斯集团有限公司	浙江省丽水市上水南3号	323000		352
20	山东金岭集团有限公司	山东省东营市广饶县大王经济开发区	257335		359
21	山东鲁北企业集团总公司	山东省滨州市无棣县埕口镇鲁北市新技术开发区	251909		362
22	山东联盟化工集团有限公司	山东省寿光市建新街199号	262700		375
23	宜昌兴发集团有限责任公司	湖北省兴山县古天镇高阳大道58号	443700		383
24	红太阳集团有限公司	江苏省南京市高淳县宝塔路269号	211300		386
25	东辰控股集团有限公司	山东省东营市永莘路98号	257506		415
26	鲁西化工集团股份有限公司	山东省东阿县化工工业园	252000		426
27	铜陵化学工业集团有限公司	安徽省铜陵市翠湖一路2758号	244000		436
28	湖北新洋丰肥业股份有限公司	湖北省荆门市东宝区石桥驿镇工业小区	448150		440
29	大化集团有限责任公司	辽宁省大连市甘井子区金亚路10号	116032		452
30	云南南磷集团股份有限公司	云南省昆明市东风西路顺城东塔15A楼	650032		461
31	四川化工控股（集团）有限责任公司	四川省成都市高新区天府大道中段279号	610041		467

行业名次	企业名称	通讯地址	邮编	名次（1）	名次（2）
32	新疆中泰化学（集团）股份有限公司	新疆乌鲁木齐市西山路78号	830009		473
33	闰土控股集团有限公司	浙江省上虞市道墟镇东商业新区	312368		475
34	江苏隆力奇集团有限公司	江苏省常熟市辛庄镇南隆力奇工业园	215555		484
35	青海盐湖工业股份有限公司	青海省格尔木市黄河路28号盐湖大厦	816000		485
医药制造业					
1	上海医药集团股份有限公司	上海市太仓路200号医药大厦	200020	190	91
2	广州医药集团有限公司	广东省广州市沙面北街45号	510130	277	141
3	扬子江药业集团有限公司	江苏省泰州市高港区扬子江南路1号	225321	326	165
4	天津市医药集团有限公司	天津市河西区友谊北路29号	300204	391	208
5	哈药集团有限公司	黑龙江省哈尔滨市道里区友谊路431号	150018	500	272
6	太极集团有限公司	重庆市渝北区龙塔街道黄龙路38号	401147		287
7	杭州华东医药集团有限公司	浙江省杭州市拱墅区莫干山路866号	310011		299
8	四川科伦实业集团有限公司	四川省成都市锦里西路107号南18F	610072		301
9	天津天士力集团有限公司	天津市北辰科技园区普济河东道2号天士力现代中药城	300410		324
10	威高集团有限公司	山东省威海市世昌大道312号	264209		337
11	华鲁控股集团有限公司	山东省济南市榜棚街1号华鲁大厦六楼	250011		377
12	云南白药集团股份有限公司	云南省昆明市呈贡新区	650500		378
13	东北制药集团有限责任公司	辽宁省沈阳市经济技术开发区昆明湖街8号	110027		454
14	天津金耀集团有限公司（天津药业集团有限公司）	天津市河东区八纬路109号	300171		497
化学纤维制造业					
1	浙江恒逸集团有限公司	浙江省杭州市萧山区衙前镇	311209	185	89
2	恒力集团有限公司	江苏省吴江市盛泽镇南麻经济开发区恒力路1号	215226	196	94
3	江苏三房巷集团有限公司	江苏省江阴市周庄镇	214423	232	118
4	浙江荣盛控股集团有限公司	浙江省杭州市萧山区益农镇红阳路98号	311247	265	136
5	桐昆集团股份有限公司	浙江省桐乡市桐乡经济开发区光明路199号	314500	317	161
6	盛虹集团有限公司	江苏省吴江市盛泽镇西白洋东方丝绸市场西侧	215228	344	178
7	江苏华宏实业集团有限公司	江苏省江阴市周庄镇华宏村	214423		297
8	兴达投资集团有限公司	江苏省无锡市锡山区东港镇锡港南路88号	214196		339
9	新凤鸣集团股份有限公司	浙江省桐乡市洲泉镇德胜路888号	314513		369
10	华峰集团有限公司	浙江省瑞安市莘塍工业园区	325206		387
11	浙江翔盛集团有限公司	浙江省杭州市萧山区党山镇工业园区内	311245		419
12	开氏集团有限公司	浙江省杭州市萧山区衙前镇衙前路432号	311209		437

行业名次	企业名称	通讯地址	邮编	名次（1）	名次（2）
13	龙达集团有限公司	浙江省杭州市滨江区江南大道288号康恩贝大厦17层	310051		478
14	江苏华亚化纤有限公司	江苏省无锡市宜兴市新建镇工业园区	214253		488
橡胶制品业					
1	杭州橡胶（集团）公司	浙江省杭州市望江门外海潮路1号	310008	320	163
2	华勤橡胶工业集团有限公司	山东省兖州市华勤工业园	272100	398	212
3	山东胜通集团股份有限公司	山东省东营市垦利县新兴路377号	257500	437	231
4	三角集团有限公司	山东省威海市青岛中路56号	264200		279
5	玲珑集团有限公司	山东省招远市金龙路777号	265406		283
6	双星集团有限责任公司	山东省青岛市贵州路5号	266002		357
塑料制品业					
1	浙江大东南集团有限公司	浙江省诸暨市璜山镇建新路88号	311809		365
2	金发科技股份有限公司	广东省广州市高新技术产业开发区科学城科丰路33号	510663		374
3	浙江富陵控股集团有限公司	浙江省绍兴市袍江区新区富陵	312075		500
建材及玻璃等制造业					
1	中国建筑材料集团有限公司	北京市海淀区紫竹院南路2号	100048	51	17
2	安徽海螺集团有限责任公司	安徽省芜湖市九华南路1011号	241070	147	67
3	中国中材集团有限公司	北京市西城区西直门内北顺城街11号	100035	175	82
4	北京金隅集团有限责任公司	北京市东城区北三环东路36号	100013	256	130
5	吉林亚泰（集团）股份有限公司	长春市二道区吉林大路1801号	130031	270	138
6	海城市西洋镁矿有限公司	辽宁省海城市英落镇西洋大厦	114213	367	194
7	冀东发展集团有限责任公司	河北省唐山市丰润区林荫路	064000	441	234
8	沈阳远大企业集团	辽宁省沈阳市经济技术开发区十六号街6号	110027	448	239
9	沂州集团有限公司	山东省临沂市罗庄区付庄办事处	276018	458	245
10	天瑞集团有限公司	河南省汝州市广成东路63号	467599	494	267
11	红狮控股集团有限公司	浙江省兰溪市东郊上郭	321100		323
12	华新水泥股份有限公司	湖北省武汉市洪山区关山二路特一号国际企业中心一期5号楼	430073		347
13	天津市建筑材料集团（控股）有限公司	天津市和平区贵州路4号龙通大厦	300051		363
14	上海奥盛投资控股（集团）有限公司	上海市浦东新区商城路518号17楼	200120		397
15	福耀玻璃工业集团股份有限公司	福建省福清市福耀工业区二区	350301		420
16	杭州诺贝尔集团有限公司	浙江省杭州市余杭区闲林镇闲林西路36号	311122		471
17	河北曲寨集团有限公司	河北省鹿泉市曲寨工业区	050200		499
黑色冶金及压延加工业					
1	宝钢集团有限公司	上海市浦东新区浦电路370号宝钢大厦	200122	21	6

行业名次	企业名称	通讯地址	邮编	名次(1)	名次(2)
2	河北钢铁集团有限公司	河北省石家庄市裕华西路40号	050000	31	10
3	首钢总公司	北京市石景山区石景山路68号首钢厂东门	100041	34	11
4	武汉钢铁（集团）公司	湖北省武汉市友谊大道999号	430080	39	13
5	江苏沙钢集团有限公司	江苏省苏州市张家港市锦丰镇	215625	44	14
6	鞍钢集团公司	辽宁省鞍山市铁西区环钢路1号	114021	70	24
7	新兴际华集团有限公司	北京市朝阳区东三环中路7号财富中心A座	100020	74	27
8	太原钢铁（集团）有限公司	山西省太原市尖草坪2号	030003	82	31
9	山东钢铁集团有限公司	山东省济南市历山路134号	250014	88	33
10	天津钢管集团股份有限公司	天津市东丽区津塘公路396号	300301	102	37
11	天津天钢集团有限公司	天津市东丽区津塘公路398号	300301	106	38
12	马钢（集团）控股有限公司	安徽省马鞍山市九华西路8号	243000	115	43
13	本钢集团有限公司	辽宁省本溪市平山区人民路16号	117000	116	44
14	天津冶金集团有限公司	天津市和平区常德道57号	300050	123	50
15	天津天铁冶金集团有限公司	河北涉县天津天铁冶金集团有限公司	056404	126	52
16	酒泉钢铁（集团）有限责任公司	甘肃省嘉峪关市雄关东路12号	735100	128	54
17	湖南华菱钢铁集团有限责任公司	湖南省长沙市湘府路222号	410004	130	55
18	杭州钢铁集团公司	浙江省杭州市半山路178号	310022	134	58
19	南京钢铁集团有限公司	江苏省南京市六合区大厂卸甲甸	210035	140	62
20	北京建龙重工集团有限公司	北京市丰台区南四环西路188号总部基地二区4号楼	100070	149	69
21	中天钢铁集团有限公司	江苏省常州市武进区遥观镇印墅村312国道旁	213011	169	78
22	包头钢铁（集团）有限责任公司	内蒙古包头市昆区河西工业区包钢信息大楼	014010	178	83
23	河北津西钢铁集团股份有限公司	河北省唐山市迁西县三屯营镇	064302	195	93
24	日照钢铁控股集团有限公司	山东省日照市沿海路600号	276806	197	95
25	新华联合冶金控股集团有限公司	北京市丰台区南四环西路188号总部基地三区19楼	100070	199	97
26	江苏新长江实业集团有限公司	江苏省江阴市夏港镇夏港街道长江村	214442	202	99
27	安阳钢铁集团有限责任公司	河南省安阳市殷都区梅元庄	455004	207	104
28	天津荣程联合钢铁集团有限公司	天津市开发区盛达街9号泰达金融广场8楼	300457	211	105
29	新余钢铁集团有限公司	江西省新余市冶金路	338001	217	109
30	青岛钢铁控股集团有限责任公司	山东省青岛市李沧区遵义路5号	266043	218	110
31	河北敬业企业集团有限责任公司	河北省平山县南甸镇河北敬业集团	050400	230	117
32	江苏西城三联控股集团	江苏省江阴市临港新城夏港街道静堂里路21号	214442	233	119
33	江西萍钢实业股份有限公司	江西省南昌市红谷滩新区红谷中大道725号	330038	234	120

行业名次	企业名称	通讯地址	邮编	名次(1)	名次(2)
34	江苏申特钢铁有限公司	江苏省常州市溧阳经济开发区昆仑北路288号	213300	247	126
35	四川省川威集团有限公司	四川省成都市龙泉驿区龙都南路198号龙威大厦	610100	278	142
36	青山控股集团有限公司	浙江省温州市龙湾区永中街道青山村青陶路1号	325038	285	145
37	重庆钢铁（集团）有限责任公司	重庆市大渡口区大堰三村1栋1号	400080	291	148
38	唐山瑞丰钢铁（集团）有限公司	河北省唐山市丰南区小集镇工业区	063303	301	152
39	陕西东岭工贸集团股份有限公司	陕西省宝鸡市金台大道东段	721004	306	155
40	山东泰山钢铁集团有限公司	山东省莱芜市新甫路1号	271100	307	156
41	唐山港陆钢铁有限公司	河北省遵化市镇海东街198号	064200	323	164
42	河北普阳钢铁有限公司	河北省武安市阳邑镇东	056305	332	169
43	福建省三钢（集团）有限责任公司	福建省三明市梅列区工业中路群工三路	365000	336	172
44	昆明钢铁控股有限公司	云南省昆明安宁市昆明钢铁控股有限公司	650302	341	175
45	四川德胜集团钢铁有限公司	四川省乐山市沙湾区铜河路南段8号	614900	347	181
46	湖南博长控股集团有限公司	湖南省冷水江市轧钢路5号	417500	357	188
47	河北文丰钢铁有限公司	河北省武安市南环路南侧	056300	371	198
48	天津友发钢管集团有限公司	天津市静海县大邱庄镇尧舜度假村	301606	375	200
49	东北特殊钢集团有限责任公司	辽宁省大连市金州新区登沙河临港工业区河滨南路18号	116105	388	206
50	南金兆集团有限公司	山东省淄博市临淄区凤凰镇南金村	255419	394	210
51	山东石横特钢集团有限公司	山东省肥城市石横镇	271612	425	224
52	四川省达州钢铁集团有限责任公司	四川省达州市通川区西河路25号	635000	443	236
53	西林钢铁集团有限公司	黑龙江省伊春市西林区新兴街121号	153025	459	246
54	河北兴华钢铁有限公司	河北省武安市上团城西	056300	476	255
55	宜昌三峡全通涂镀板有限公司	湖北省宜昌市猇亭区全通路518号	443007	481	258
56	河北新金钢铁有限公司	河北省武安市武邑路骈山村东	056300	490	264
57	山东淄博傅山企业集团有限公司	山东省淄博市高新区卫固镇傅山村	255084	492	265
58	武安市裕华钢铁有限公司	河北省武安市上团城乡崇义四街	056300	499	271
59	四平红嘴集团总公司	吉林省四平市铁西区红嘴路28号	136000		275
60	河北新武安钢铁集团文安集团钢铁有限公司	河北省武安市南环路	056300		286
61	凌源钢铁集团有限责任公司	辽宁省凌源市钢铁路3号	122504		296
62	河北新武安钢铁集团明芳钢铁有限公司	河北省武安市北关河北侧	056300		298
63	德龙钢铁有限公司	河北省邢台市邢台县南石门镇中尹郭村	054009		314
64	河南济源钢铁（集团）有限公司	河南省济源市胡玲产业集聚区	459000		316

行业名次	企业名称	通讯地址	邮编	名次（1）	名次（2）
65	方大特钢科技股份有限公司	江西省南昌市青山湖区方大特钢科技股份有限公司投资发展部	330012		332
66	河北前进钢铁集团有限公司	河北省霸州市胜芳镇开发区中星园区	065701		345
67	崇利制钢有限公司	河北省邯郸市涉县井店一街崇利制钢有限公司	056404		360
68	邢台钢铁有限责任公司	河北省邢台市桥西区钢铁南路262号	054027		372
69	潍坊特钢集团有限公司	山东省潍坊市钢铁工业园区东路	261201		379
70	辛集市澳森钢铁有限公司	河北省辛集市南智邱镇赵马村村东	052360		389
71	河北钢铁集团龙海钢铁有限公司	河北省内邱县京广路1号	054200		394
72	唐山东华钢铁企业集团有限公司	河北省唐山市丰南区小集镇宋一村	063303		410
73	河北新武安钢铁集团烘熔钢铁有限公司	河北省武安市冶陶镇固镇村	056304		414
74	五矿营口中板有限责任公司	辽宁省营口市老边区冶金街繁荣路1号	115005		434
75	文安县新钢钢铁有限公司	河北省廊坊市文安县新镇镇西代村北	065800		442
76	山西建邦集团有限公司	山西省侯马市北效大李村	043000		450
77	西宁特殊钢集团有限责任公司	青海省西宁市城北区柴达木西路52号	810005		451
78	天津市恒兴钢业有限公司	天津市静海县静海镇北环工业园	301600		472
79	振石控股集团有限公司	浙江省桐乡市崇福大道708号振石科技大楼	314500		474
80	常熟市龙腾特种钢有限公司	江苏省常熟市梅李镇通港工业园华联路118号	215511		477
一般有色冶金及压延加工业					
1	中国铝业公司	北京市海淀区西直门北大街62号	100082	35	12
2	江西铜业集团公司	江西省贵溪市冶金大道15号	335424	78	28
3	正威国际集团有限公司	广东省深圳市光明新区楼村第二工业区	518040	81	30
4	金川集团股份有限公司	甘肃省金昌市金川区金川路98号	737104	91	34
5	铜陵有色金属集团控股有限公司	安徽省铜陵市长江西路有色大院	244001	111	41
6	海亮集团有限公司	浙江省诸暨市店口镇湄池	311814	157	72
7	中国有色矿业集团有限公司	北京朝阳区安定路10号中国有色大厦（北楼）	100029	165	76
8	南山集团有限公司	山东省龙口市东江镇南山工业园	265706	166	77
9	陕西有色金属控股集团有限责任公司	陕西省西安市高新区高新路51号高新大厦	710075	172	79
10	大冶有色金属集团控股有限公司	湖北省黄石市新下陆下陆大道18号	435005	236	121
11	金龙精密铜管集团股份有限公司	河南省新乡市人民西路191号	453000	263	135
12	宁波金田投资控股有限公司	浙江省宁波市江北区慈城城西西路1号	315034	288	146
13	四川宏达（集团）有限公司	四川省成都市锦里东路2号宏达国际广场27楼	610041	295	151
14	广西投资集团有限公司	广西南宁市民族大道109号广西投资大厦	530028	303	154
15	万基控股集团有限公司	河南省洛阳市新安县产业集聚区	471832	340	174
16	东营方圆有色金属有限公司	山东省东营经济开发区浏阳河路99号	257091	358	189

行业名次	企业名称	通讯地址	邮编	名次（1）	名次（2）
17	西部矿业集团有限公司	青海省西宁市五四大街 52 号	810001	366	193
18	河南豫联能源集团有限责任公司	河南省巩义市新华路 31 号	451200	385	204
19	湖南晟通科技集团有限公司	湖南省长沙市金星路 109 号晟通长沙产业园	410200	407	215
20	白银有色集团股份有限公司	甘肃省白银市白银区友好路 96 号	730900	411	217
21	云南锡业集团（控股）有限责任公司	云南省个旧市金湖东路 121 号	661000	420	221
22	云南冶金集团股份有限公司	云南省昆明市北市区小康大道 399 号	650224	453	243
23	深圳市中金岭南有色金属股份有限公司	广东省深圳市福田区车公庙深南大道 6013 号中国有色大厦 23－26 楼	518040	474	253
24	河南豫光金铅集团有限责任公司	河南省济源市荆梁南街 1 号	454650	484	260
25	广西有色金属集团有限公司	广西南宁路金浦路 22 号名都大厦 9 层	530022		282
26	杭州富春江冶炼有限公司	浙江省杭州市富阳市鹿山街道谢家溪	311407		292
27	江西稀有金属钨业控股集团有限公司	江西省南昌市北京西路 118 号	330046		327
28	天津有色金属集团有限公司	天津市南开区长江道红日南路 52 号	300111		330
29	厦门钨业股份有限公司	福建省厦门市湖滨南路 619 号 1601	361004		366
30	山东创新金属科技股份有限公司	山东省滨州市邹平县城北外环路东首	256200		417
31	兰溪自立铜业有限公司	浙江省兰溪市大仙东路 23－2 号	321100		423
32	人本集团有限公司	浙江省温州市经济开发区括苍东路 66 号	325011		432
33	安徽楚江投资集团有限公司	安徽省芜湖市九华北路 10 号	241008		457
34	江西江锂科技有限公司	江西省新余市分宜县工业大道	336600		466
35	林州市林丰铝电有限责任公司	河南省林州市横水风宝工业区	456571		490
金属制品业					
1	春风实业集团有限责任公司	河北省冀州市冀新西路 86 号	053200	408	216
2	精功集团有限公司	浙江省绍兴柯桥金柯桥大道 112 号精功大厦	312030	452	242
3	江苏法尔胜泓昇集团有限公司	江苏省江阴市通江北路 203 号	214433	462	247
4	浙江元立金属制品集团有限公司	浙江省遂昌县元立大道 479 号	323300		277
5	福星集团控股有限公司	湖北省汉川市沉湖镇福星街 1 号	431608		295
6	浙江东南网架集团有限公司	浙江省杭州市萧山区衙前镇新林周村	311209		325
7	精工控股集团有限公司	浙江省绍兴市袍江世纪西街 1 号	312071		349
8	江苏大明金属制品有限公司	江苏省无锡市通江大道 1518 号	214191		364
9	浙江栋梁新材股份有限公司	浙江省湖州市吴兴区织里镇栋梁路	313008		392
10	天津大桥焊材集团有限公司	天津市西青经济开发区津港公路 2 号	300385		407
11	霸州市新利钢铁有限公司	河北省霸州市信安镇南霸杨公路北侧	065703		476
12	金洲集团有限公司	浙江省湖州市二里桥路 57 号	313000		483
13	邯郸市正大制管有限公司	河北省邯郸市成安工业区聚良大道 9 号	056700		487
工程机械、设备及零配件制造业					
1	徐州工程机械集团有限公司	江苏省徐州市经济开发区工业一区	221004	122	49

行业名次	企业名称	通讯地址	邮编	名次(1)	名次(2)
2	中联重科股份有限公司	湖南省长沙市银盆南路361号	410013	127	53
3	三一集团有限公司	湖南省长沙市经济开发区三一工业城	410100	138	60
4	广西柳工集团有限公司	广西柳州市柳南区柳太路一号	545007	414	218
5	太原重型机械集团有限公司	山西省太原市万柏林区玉河53号	030024		291
6	山推工程机械股份有限公司	山东省济宁市327国道58号	272073		309
7	成都神钢工程机械（集团）有限公司	四川省成都市经济技术开发区汽车城大道666号	610100		333
8	大连重工·起重集团有限公司	辽宁省大连市西岗区八一路169号	116013		350
9	山东临工工程机械有限公司	山东省临沂市经济技术开发区临工路临工工业园	276023		373
10	中国第一重型机械集团公司	黑龙江省富拉尔基一重厂前路9号	161042		439
11	杭叉集团股份有限公司	浙江省临安经济开发区东环路88号	311305		447
12	安徽叉车集团有限责任公司	安徽省合肥市经济技术开发区方兴大道668号	230601		496
工业机械、设备及零配件制造业					
1	盾安控股集团有限公司	浙江省杭州市滨江区泰安路239号	310052	271	139
2	中国恒天集团有限公司	北京市朝阳区建国路99号中服大厦	100020	273	140
3	沈阳机床（集团）有限责任公司	辽宁省沈阳市经济技术开发区开发大路17甲1-8号	110142	493	266
4	大连机床集团有限责任公司	辽宁省大连市开发区双D港辽河东路100号	116620	496	269
5	北方重工集团有限公司	辽宁省沈阳市经济技术开发区开发大路16号	110141		310
6	大连冰山集团有限公司	辽宁省大连市沙河口区西南路888号	116033		368
7	沈阳鼓风机集团股份有限公司	辽宁省沈阳经济技术开发区开发大路16号甲	110869		404
8	海天塑机集团有限公司	浙江省宁波市北仑区小港江南出口加工贸易区	315821		408
9	瓦房店轴承集团有限责任公司	辽宁省瓦房店市北共济街一段1号	116300		492
农林业机械、设备及零配件制造业					
1	山东时风（集团）有限责任公司	山东省高唐县时风路1号	252800	349	183
2	福田雷沃国际重工股份有限公司	山东省潍坊市北海南路192号	261206		294
电力、电气、输变电等机械、设备、器材、元器件和线缆制造业					
1	天津百利机电控股集团有限公司	天津市南开区长江道4号	300100	184	88
2	人民电器集团有限公司	浙江省乐清市经济开发区（柳市镇车站路555号人民电器工业园）	325604	343	177
3	北京京城机电控股有限责任公司	北京朝阳区东三环中路59号京城机电大厦18层	100022	355	186

行业名次	企业名称	通讯地址	邮编	名次(1)	名次(2)
4	正泰集团股份有限公司	浙江省温州市乐清市北白象镇正泰工业园正泰路1号	325603	364	192
5	上海人民企业（集团）有限公司	上海市静安区南京西路881号	200041	378	202
6	天正集团有限公司	浙江省乐清市柳市镇天正工业园区	325604	390	207
7	新疆特变电工集团有限公司	新疆昌吉市延安南路52号	831100	400	213
8	德力西集团有限公司	浙江省乐清市柳市镇柳青路1号	325604	406	214
9	亨通集团有限公司	江苏省吴江市经济技术开发区中山北路2288号	215200	432	230
10	无锡尚德太阳能电力有限公司	江苏省无锡市新区新华路9号	214028	447	238
11	远东控股集团有限公司	江苏省宜兴市高塍镇远东大道6号	214257	463	248
12	宁波富邦控股集团有限公司	浙江省宁波市海曙区长春路2号	315010	488	263
13	江苏金辉集团公司	江苏省宜兴市官林镇金辉工业园	214252	497	270
14	宝胜集团有限公司	江苏省宝应县宝胜中路1号	225800		278
15	天能电池集团有限公司	浙江省湖州市长兴县稚城工业园区包桥路18号	313100		302
16	永鼎集团有限公司	江苏省吴江市汾湖镇汾湖国道路751号	215211		303
17	中国西电集团公司	陕西省西安市高新区唐兴路7号	710075		311
18	环宇集团有限公司	浙江省乐清市北白象镇温州大桥工业区	325603		313
19	江西赛维LDK太阳能高科技有限公司	江西省新余市高新技术产业区赛维大道	338000		321
20	超威电源（集团）有限公司	浙江省长兴县雉城镇新兴工业园区	313100		331
21	湘电集团有限公司	湖南省湘潭市下摄司街302号	411101		351
22	上海胜华电缆（集团）有限公司	上海市浦东新区沪南公路7577号	201314		370
23	华通机电集团有限公司	浙江省乐清市柳市镇柳青路2号	325604		393
24	兴乐集团有限公司	浙江省乐清市柳市镇后街工业区昌盛路17号	325604		395
25	江苏上上电缆集团有限公司	江苏省溧阳市上上路68号	213300		413
26	铜陵精达铜材（集团）有限责任公司	安徽省铜陵市经济技术开发区黄山大道	244000		421
27	富通集团有限公司	浙江省富阳市金秋大道富春科技园1-8号	311400		422
28	天津塑力线缆集团有限公司	天津市新技术产业园区北辰科技工业园汀江路7号	300412		424
29	浙江富春江通信集团有限公司	浙江省富阳市江滨东大道138号	311401		427
30	上海浦东电线电缆（集团）有限公司	上海市奉贤区青港工业园区上线路777号	201414		441
31	温州开元集团有限公司	浙江省温州市温州大道南郊工业区43号	325000		489
电梯及运输、仓储设备、器械与设施制造业					
1	中国国际海运集装箱（集团）股份有限公司	广东省深圳市南山区蛇口工业区港湾大道2号中集研发中心	518067	164	75

行业名次	企业名称	通讯地址	邮编	名次（1）	名次（2）
2	西子联合控股有限公司	浙江省杭州市庆春东路1-1号西子联合大厦21楼	310016		289
3	浙江诺力机械股份有限公司	浙江省湖州市长兴县长兴经济开发区	313100		486
轨道交通设备及零部件制造业					
1	中国北方机车车辆工业集团公司	北京市丰台区方城园一区15号楼中国北车大厦	100078	119	47
2	中国南车集团公司	北京市海淀区西四环中路16号院5号楼	100036	135	59
家用电器及零配件制造业					
1	海尔集团公司	山东省青岛市海尔路1号	266101	72	26
2	美的集团有限公司	广东省佛山市顺德区北滘镇美的大道6号美的总部大楼B区26-28楼	528311	79	29
3	珠海格力电器股份有限公司	广东省珠海市香洲区前山金鸡路789号	519070	132	57
4	四川长虹电子集团有限公司	四川省绵阳市高新区绵兴东路35号	621000	144	65
5	海信集团有限公司	山东省青岛市市南区东海西路17号	266071	150	70
6	TCL集团股份有限公司	广东省惠州市仲恺高新区惠风三路17号TCL科技大厦	516000	173	80
7	广东格兰仕集团有限公司	广东省佛山市顺德区容桂大道南25号	528305	260	132
8	奥克斯集团有限公司	浙江省宁波市鄞州县（区）姜山镇明光北路1166号	315191	284	144
9	广州万宝集团有限公司	广东省广州市海珠区江南大道中111号	510220	418	219
10	江苏双良集团有限公司	江苏省江阴市利港镇	214444	444	237
11	杭州金鱼电器集团有限公司	浙江省杭州市西湖区天目山路159号现代国际大厦南座16楼	310013		398
12	澳柯玛股份有限公司	山东省青岛经济技术开发区前湾港路315号	266510		409
13	惠州市华阳集团有限公司	广东省惠州市演达一路华阳大厦23楼	516007		433
黄金冶炼及压延业					
1	中国黄金集团公司	北京市东城区安定门外大街9号	100011	139	61
2	山东黄金集团有限公司	山东省济南市高新区舜华路2000号舜泰广场3号楼	250100	220	111
3	紫金矿业集团股份有限公司	福建省上杭县紫金大道1号	364200	241	124
4	山东招金集团有限公司	山东省招远市开发区盛泰路108号	265400	309	157
电子元器件与仪器仪表、自动化控制设备制造业					
1	中国电子信息产业集团有限公司	北京市海淀区万寿路27号北京64信箱	100846	60	20
2	晶龙实业集团有限公司	河北省宁晋县晶龙大街289号	055550	348	182
3	山东科达集团有限公司	山东省东营市府前大街65号	257091	464	249

行业名次	企业名称	通讯地址	邮编	名次（1）	名次（2）
4	惠州市德赛集团有限公司	广东省惠州市江北云山西路 12 号德赛大厦 22 层	516003		353
5	成都亚光电子股份有限公司	四川省成都市成华区东虹路 66 号	610051		416
6	三花控股集团有限公司	浙江省新昌县城关镇七星街道下礼泉村	312500		438
7	中国华录集团有限公司	辽宁省大连市高新园区华路 1 号	116023		458
8	中国四联仪器仪表集团有限公司	重庆市北碚区碚峡路 128 号	400700		480
9	广州无线电集团有限公司	广东省广州市天河区黄埔大道西平云路 163 号	510656		493
动力、发电、电力生产等机械、装备制造业					
1	潍柴控股集团有限公司	山东省潍坊市高新技术开发区福寿东街 197 号甲	261001	109	39
2	上海电气（集团）总公司	上海市四川中路 149 号	200002	114	42
3	中国东方电气集团有限公司	四川省成都市高新西区西芯大道 18 号	611731	204	101
4	杭州汽轮动力集团有限公司	浙江省杭州市庆春东路 68 号杭州汽轮国际大厦 18 楼	310016	214	108
5	广西玉柴机器集团有限公司	广西玉林市玉柴大道 1 号	537005	226	115
6	哈尔滨电气集团公司	黑龙江省哈尔滨市香坊区三大动力路 39 号	150040	282	143
7	卧龙控股集团有限公司	浙江省上虞市人民西路 1801 号	312300		340
计算机及零部件制造业					
1	联想控股有限公司	北京市海淀区科学院南路 2 号融科资讯中心 A 座 10 层	100190	55	18
2	北大方正集团有限公司	北京市海淀区成府路 298 号中关村方正大厦 9 层	100871	183	87
3	同方股份有限公司	北京市海淀区王庄路 1 号同方科技广场同方科技大厦 A 座 29 层	100083	426	225
4	京东方科技集团股份有限公司	北京市朝阳区酒仙桥路 10 号	100015		343
通讯器材及设备、元器件制造业					
1	华为技术有限公司	北京市西城区金融街 5 号新盛大厦南塔 20 层华为驻北京代表处	100032	46	15
2	天津中环电子信息集团有限公司	天津市西青区津港公路微电子工业区钱学森道 1 号	300385	98	36
3	中兴通讯股份有限公司	广东省深圳市科技南路 55 号中兴通讯大厦	518057	124	51
4	四川九洲电器集团有限责任公司	四川省绵阳市科创园区九洲工业园	621000		348
5	武汉邮电科学研究院	湖北省武汉市洪山区邮科院路 88 号	430074		381
电子办公设备及影像设备制造业					
1	深圳华强集团有限公司	广东省深圳市深南中路华强路口华强集团 1 号楼	518031		462

行业名次	企业名称	通讯地址	邮编	名次(1)	名次(2)
汽车及零配件制造业					
1	上海汽车集团股份有限公司	上海市威海路489号	200041	15	2
2	东风汽车公司	湖北省武汉市经济技术开发区东风大道特1号	430056	16	3
3	中国第一汽车集团公司	吉林省长春市东风大街2259号	130011	18	4
4	北京汽车集团有限公司	北京市朝阳区东三环南路25号北京汽车大厦	100021	47	16
5	广州汽车工业集团有限公司	广东省广州市东风中路448－458号19楼－20楼	510030	65	23
6	浙江吉利控股集团有限公司	浙江省杭州市滨江区江陵路1760号	310051	71	25
7	天津汽车工业（集团）有限公司	天津市和平区烟台道78号	300040	110	40
8	华晨汽车集团控股有限公司	辽宁省沈阳市大东区东望街39号	110044	121	48
9	万向集团公司	浙江省杭州市萧山经济技术开发区	311215	131	56
10	江苏悦达集团有限公司	江苏省盐城市开放大道78号	224002	141	63
11	无锡产业发展集团有限公司	江苏省无锡市县前西街168号	214031	198	96
12	奇瑞汽车股份有限公司	安徽省芜湖市经济技术开发区长春路8号	241009	228	116
13	厦门海翼集团有限公司	福建省厦门市厦禾路668号24F	361004	239	122
14	安徽江淮汽车集团有限公司	安徽省合肥市包河区东流路176号	230022	249	127
15	陕西汽车集团有限责任公司	陕西省西安市经济开发区泾渭工业园	710200	290	147
16	江铃汽车集团公司	江西省南昌市迎宾北大道666号	330001	294	150
17	长城汽车股份有限公司	河北省保定市朝阳南大街2266号	071000	311	158
18	郑州宇通集团有限公司	河南省郑州市管城区宇通路河宇通工业园	450061	427	226
19	三环集团公司	湖北省武汉市东湖新技术开发区佳园路33号	430074		308
20	庆铃汽车（集团）有限公司	重庆市九龙坡区中梁山协兴村1号	400052		315
21	海马汽车集团股份有限公司	海南省海口市金盘工业区金牛路2号	570216		318
22	福建省汽车工业集团有限公司	福建省福州市鼓楼区华林路212号	350003		354
23	柳州五菱汽车有限责任公司	广西柳州市河西路18号	545007		358
24	陕西法士特汽车传动集团有限责任公司	陕西省西安市大庆路809号	710077		390
25	重庆小康工业集团股份有限公司	重庆市沙坪坝区井口镇井熙路2号沙坪坝工业园A区	400033		418
26	万丰奥特控股集团有限公司	浙江省新昌县万丰科技园	312500		456
27	华菱星马汽车（集团）股份有限公司	安徽省马鞍山市红旗南路	243061		482
28	华翔集团股份有限公司	浙江省宁波市象山县西周镇镇安路104号	315722		491

行业名次	企业名称	通讯地址	邮编	名次(1)	名次(2)
摩托车及零配件制造业					
1	隆鑫控股有限公司	重庆市九龙坡区石坪桥横街特5号	400051	477	256
2	重庆力帆控股有限公司	重庆市沙坪坝区上桥张家湾60号	400037	486	262

行业名次	企业名称	通讯地址	邮编	名次（1）	名次（2）
3	宗申产业集团有限公司	重庆市巴南区渝南大道126号宗申工业园	400054		319
航空、航天、核工业与兵器制造业					
1	中国兵器工业集团公司	北京市西城区三里河路46号	100821	22	7
2	中国兵器装备集团公司	北京市海淀区车道沟10号院	100089	27	8
3	中国航空工业集团公司	北京市朝阳区建国路128号中航工业大厦	100022	29	9
4	中国航天科工集团公司	北京市海淀区阜成路甲8号	100048	97	35
5	中国核工业集团公司	北京市2102信箱22分箱	100822	212	106
船舶制造业					
1	中国船舶重工集团公司	北京市海淀区昆明湖南路72号	100097	63	21
2	江苏扬子江船业集团公司	江苏省江阴市鲥鱼港路38号	214431	269	137
3	上海外高桥造船有限公司	上海市浦东新区洲海路3001号	200137	466	250
4	江苏新世纪造船有限公司	江苏省靖江市新港区斜桥镇丹华港港口	214518		288
5	金海重工股份有限公司	浙江省岱山县途镇金海大道1号	316291		329
6	沪东中华造船（集团）有限公司	上海市浦东新区浦东大道2851号	200129		336
7	春和集团有限公司	浙江省宁波市江北区扬善路51号金港大厦12楼	315020		346
8	广州广船国际股份有限公司	广东省广州市荔湾区芳村大道南40号	510382		448
综合制造业（以制造业为主，含有服务业）					
1	中国五矿集团公司	北京市海淀区三里河路5号五矿大厦	100044	19	5
2	上海复星高科技（集团）有限公司	上海市黄浦区复兴东路2号复星商务大厦	200010	181	85
3	江苏华西集团公司	江苏省无锡市江阴市华士镇华西村	214420	193	92
4	比亚迪股份有限公司	广东省深圳市龙岗区坪山横坪公路3001号	518118	205	102
5	新华联控股有限公司	北京市朝阳区东四环中路道家园18号新华联大厦17层企业文化部	100025	262	134
6	重庆机电控股（集团）公司	重庆市渝中区中山三路155号	401123	330	168
7	重庆化医控股（集团）公司	重庆市北部新区星光大道70号天王星A1座	401121	335	171
8	百兴集团有限公司	江苏省常州市新北区黄河东路88号中国百兴集团908室	213022	342	176
9	华盛江泉集团有限公司	山东省临沂市罗庄区双月湖西岸	276017	345	179
10	中国新世纪控股集团有限公司	浙江省台州市椒江区工人西路618号	318000	368	195
11	苏州创元投资发展（集团）有限公司	江苏省苏州市南门东二路4号	215007	438	232
12	万达控股集团有限公司	山东省东营市垦利县行政办公新区万达大厦	257500	440	233
13	攀枝花钢城集团有限公司	四川省攀枝花市东区长寿路	617023		274

行业名次	企业名称	通讯地址	邮编	名次（1）	名次（2）
14	杭州锦江集团有限公司	浙江省杭州市湖墅南路111号锦江大厦20－22楼	310005		305
15	华立集团股份有限公司	浙江省杭州市余杭区五常大道181号华立科技园	310023		355
16	江苏天地龙集团有限公司	江苏省宜兴市西郊工业园（徐舍镇）	214241		388
17	利时集团股份有限公司	浙江省宁波市鄞州区投资创业中心诚信路518号	315104		400
18	重庆市博赛矿业（集团）有限公司	重庆市渝中区邹容路131号世界贸易中心47楼	400010		411
19	浙江航民实业集团有限公司	浙江省杭州市萧山区瓜沥镇航民村	311241		444
20	花园工贸集团有限公司	浙江省东阳市南马镇花园工业区	322121		446
21	上海致达科技集团有限公司	上海市延平路121号29楼	200042		455
22	山东华兴机械股份有限公司	山东省博兴县乐安大街1678号	256500		464
23	安徽淮海实业发展集团有限公司	安徽省淮北市相山北路57号	235000		469

行业名次	企业名称	通讯地址	邮编	名次（1）	名次（3）
电力、热力、燃气等能源供应服务业					
1	国家电网公司	北京市西城区西长安街 86 号	100031	3	1
2	中国南方电网有限责任公司	广东省广州市珠江新城华穗路 6 号南方电网大楼	510623	17	9
3	浙江省能源集团有限公司	浙江省杭州市天目山路 152 号	310007	177	62
4	申能（集团）有限公司	上海市虹井路 159 号 6 层	201103	315	101
5	福建省能源集团有限责任公司	福建省福州市省府路 1 号	350001	380	115
6	北京能源投资（集团）有限公司	北京市朝阳区永安东里 16 号 CBD 国际大厦 A 区	100022	402	122
7	山西省国新能源发展集团有限公司	山西省太原市长风大街 108 号东座	030006	409	125
8	深圳能源集团股份有限公司	广东省深圳市福田区深南中路 2068 号华能大厦 33 楼	518031		157
9	广州发展集团有限公司	广东省广州市珠江新城临江大道 3 号发展中心 33 楼	510623		161
10	安徽省能源集团有限公司	安徽省合肥市马鞍山路 76 号能源大厦 6 楼	230011		176
11	无锡市国联发展（集团）有限公司	江苏省无锡市金融一街 8 号国联金融大厦	214121		187
12	广西水利电业集团有限公司	广西南宁市厢竹大道 30 号	530023		235
13	天津市燃气集团有限公司	天津市和平区吴家窑大街二号路 44 号	300070		289
14	武汉市燃气热力集团有限公司	湖北省武汉市江汉区台北路 225 号	430015		403
15	东华能源股份有限公司	江苏省张家港市保税区出口加工区东华路 668 号	215634		416
16	青岛泰能燃气集团有限公司	山东省青岛市宁夏路 123 号	266071		423
17	重庆乌江实业（集团）股份有限公司	重庆市渝中区八一路 108 号纽约大厦 33 层	400010		457
18	重庆市涪陵水利电力投资集团有限责任公司	重庆市涪陵区滨江路 555 号	408000		490
铁路运输及辅助服务业					
1	中国铁路物资股份有限公司	北京市西城区华远街 11 号	100032	45	20
2	广州铁路（集团）公司	广东省广州市中山一路 151 号	510080	176	61
3	大秦铁路股份有限公司	山西省太原市建设北路 202 号	030013	215	71
4	内蒙古集通铁路（集团）有限责任公司	内蒙古自治区呼和浩特市新城区成吉思汗东街 19 号	010050		270
5	广东省铁路建设投资集团有限公司	广东省广州市海珠区建基路 66 号	510230		338
道路运输、城市公交业及交通辅助、服务业					
1	广东省交通集团有限公司	广东省广州市白云路 27 号	510101	296	96

注：名次（3）为 2012 中国服务业企业 500 强中的名次

行业名次	企业名称	通讯地址	邮编	名次(1)	名次(3)
2	浙江省交通投资集团有限公司	浙江省杭州市文晖路303号	310014	374	114
3	山东高速集团有限公司	山东省济南市历下区龙奥北路8号	250098	435	130
4	安徽省高速公路控股集团有限公司	安徽省合肥市望江西路520号	230088		209
5	重庆交通运输控股（集团）有限公司	重庆市北部新区高新园青松路33号	401121		213
6	上海交运（集团）公司	上海市闸北区恒丰路288号	200070		229
7	天津市交通（集团）有限公司	天津市和平区营口道10号	300041		287
8	安徽省交通投资集团有限责任公司	安徽省合肥市高新技术开发区香樟大道180号	230088		290
9	山西汽车运输集团有限公司	山西省太原市迎泽大街50号	030001		298
10	广州市地下铁道总公司	广东省广州市中山五路219号中旅商业城16楼	510030		348
11	江西赣粤高速公路股份有限公司	江西省南昌市朝阳洲中路367号	330025		359
12	万合集团股份有限公司	河北省邯郸市机场路与河大路交叉口东行50米	056001		363
13	苏州汽车客运集团有限公司	江苏省苏州市金阊区留园路288号	215008		448
14	广州市第二公共汽车公司	广东省广州市中山大道1011号	510660		464
水上运输业					
1	中国远洋运输（集团）总公司	北京市西城区复兴门内大街158号远洋大厦11层	100031	54	25
2	中国海运（集团）总公司	上海市东大名路678号	200080	167	57
3	广东省航运集团有限公司	广东省广州市越秀区八旗二马路48号广东航运大厦	510111		388
港口服务业					
1	天津港（集团）有限公司	天津市滨海新区（塘沽）津港路99号	300461	403	123
2	上海国际港务（集团）股份有限公司	上海市虹口区东大名路358号国际港务大厦	200080	412	127
3	广西北部湾国际港务集团有限公司	广西南宁市民族大道1219号	530028	446	133
4	青岛港（集团）有限公司	山东省青岛市港青路6号	266011	482	141
5	日照港集团有限公司	山东省日照市黄海一路91号	276826		174
6	广州港集团有限公司	广东省广州市越秀区沿江东路406号	510100		333
7	大连港集团有限公司	辽宁省大连市中山区港湾街1号	116001		343
航空运输业					
1	中国航空集团公司	北京市朝阳区霄云路36号国航大厦	100027	108	40
2	海航集团有限公司	海南省海口市国兴大道7号海航大厦	570203	112	41
3	中国南方航空集团公司	广东省广州市机场路航云南街27号	510406	113	42
4	中国东方航空集团公司	上海市虹桥机场空港三路99号	200335	120	43
5	四川航空股份有限公司	四川省成都市双流国际机场四川航空大厦	610202		166

行业名次	企业名称	通讯地址	邮编	名次(1)	名次(3)
航空港及相关服务业					
1	上海机场（集团）有限公司	上海市虹桥机场迎宾二路 200 号	200335		214
2	北京首都国际机场股份有限公司	北京市顺义区四纬路 9 号	100621		262
3	厦门翔业集团有限公司	福建省厦门市思明区仙岳路 396 号翔业大厦	361012		317
4	中国民航信息集团公司	北京市东城区东四西大街 157 号	100010		389
邮电通信业					
1	中国移动通信集团公司	北京市西城区金融大街 29 号	100033	6	4
2	中国电信集团公司	北京市西城区金融大街 31 号	100140	24	11
3	中国邮政集团公司	北京市西城区金融街甲 3 号	100808	30	13
4	中国联合网络通信集团有限公司	北京市西城区金融大街 21 号中国联通大厦	100033	42	19
软件、程序、线路的设计和计算机应用、网络工程等计算机、微电子服务业					
1	神州数码控股有限公司	北京市海淀区上地 9 街 9 号数码科技广场	100085	158	53
2	三胞集团有限公司	江苏省南京市中山北路 219 号宏图大厦 22 楼	210009	208	69
3	浪潮电子信息产业股份有限公司	山东省济南市山大路 224 号	250101	248	79
4	浙大网新科技股份有限公司	浙江省杭州市西湖区三墩镇西园八路 1 号 A 楼 15F	310030		281
5	东软集团股份有限公司	辽宁省沈阳市浑南新区新秀街 2 号东软软件园	110179		285
6	用友软件股份有限公司	北京市海淀区北清路 68 号用友软件园	100094		357
7	云南南天电子信息产业股份有限公司	云南省昆明市盘龙区环城东路 455 号	650041		467
物流、仓储、运输、配送服务业					
1	中国外运长航集团有限公司	北京市海淀区西直门北大街甲 43 号金运大厦 A 座 1504	100044	105	39
2	厦门建发集团有限公司	福建省厦门市鹭江道 52 号海滨大厦 9 楼	361001	133	45
3	中国诚通控股集团有限公司	北京市南四环西路 188 号总部基地 6 区 17 号楼 9 层	100070	163	56
4	厦门象屿集团有限公司	福建省厦门现代物流园区象兴四路 21 号银盛大厦 9 楼	361006	253	82
5	河北省物流产业集团有限公司	河北省石家庄市中华北大街 3 号	050000	353	109
6	广西交通投资集团有限公司	广西南宁市金浦路 22 号 13 层	530028		149
7	玖隆钢铁物流有限公司	江苏省张家港市锦丰镇锦绣路 1 号玖隆物流园	215625		156
8	福建省交通运输集团有限责任公司	福建省福州市东水路 18 号交通综合大楼东楼 21－23 层	350001		160

行业名次	企业名称	通讯地址	邮编	名次(1)	名次(3)
9	云南物流产业集团有限公司	云南省昆明市广福路 8 号	650228		186
10	重庆港务物流集团有限公司	重庆市江北区海尔路 318 号重庆保税港区	400025		282
11	振华物流集团有限公司	天津新港京门大道 158 号	300461		291
12	新疆维吾尔自治区棉麻公司	新疆乌鲁木齐市火车北站四路 38 号	830015		325
13	武汉商贸国有控股集团有限公司	湖北省武汉市解放大道 1127 号富商大厦 8－9 楼	430030		350
14	上海亚东国际货运有限公司	上海市黄浦区延安东路 55 号 16 楼	200002		375
15	浙江中捷环洲供应链集团股份有限公司	浙江省玉环县汽摩配工业园区	317600		385
16	深圳市腾邦物流股份有限公司	广东省深圳市福田保税区桃花路 9 号腾邦集团大厦 3 楼	518038		409
17	浙江省八达物流有限公司	浙江省杭州市建国中路 27 号 6 楼	310009		474
18	沧州运输集团有限公司	河北省沧州市新华西路 85 号	061001		482
19	四川安吉物流集团有限公司	四川省宜宾市岷江西路 150 号	644007		491
20	重庆中渝物业发展有限公司	重庆市渝北区龙溪街道嘉州路 99 号	401147		497
矿产、能源内外商贸及批发业					
1	中国航空油料集团公司	北京市海淀区马甸路 2 号桥冠城园中国航油大厦	100088	38	17
2	山西煤炭运销集团有限公司	山西省太原市开化寺街 82 号	030002	66	28
3	珠海振戎公司	北京市朝阳区大屯里 121 号华悦国际公寓 J 座	100108	145	49
4	山西煤炭进出口集团有限公司	山西省太原市长风大街 115 号世纪广场 B 座	030006	151	50
5	南方石化集团有限公司	广东省广州市天河区林和西路 3－15 号耀中广场 14 楼	510600	276	90
6	上海华信石油集团有限公司	上海市徐汇区天钥桥路 1000 号 2 楼	200030		169
7	中球冠集团有限公司	浙江省杭州市萧山区市心中路 819 号绿都世贸广场 13 层	311202		170
8	河北省唐山市滦通商贸有限公司	河北省唐山市古冶区南范各庄	063100		175
9	上海龙宇燃油股份有限公司	上海市浦东新区东方路 710 号 19 楼	200122		293
10	广州元亨能源有限公司	广东省越秀区东风东路 850 号锦城大厦 18 楼	510600		334
11	河北五兴能源集团有限公司	河北省秦皇岛市开发区国际发展中心五层	066004		366
12	江苏长三角能源发展有限公司	江苏省南京市玄武区黄埔路 2 号黄埔大厦三层	210016		426
13	江苏中江能源有限公司	江苏省镇江市中山东路 45 号 16 层	212000		433

行业名次	企业名称	通讯地址	邮编	名次（1）	名次（3）
14	厦门海澳集团有限公司	福建省厦门市海沧区钟林路 12 号海沧商务大楼 19 楼	361026		437
15	浙江中油华电能源有限公司	浙江省温州市车站大道神力大厦 4 栋 6 楼	325088		455
化工产品及医药批发及内外贸易业					
1	中国中化集团公司	北京市复兴门内大街 28 号凯晨世贸中心中座 F11	100031	13	7
2	南通化工轻工股份有限公司	江苏省南通市南大街 28 号	226001		147
3	宁波神化化学品经营有限责任公司	浙江省宁波市江东区东胜路 35 号	315040		155
4	日出实业集团有限公司	浙江省宁波市江东（区）中山东路 455 号东海曙光大厦 22 楼	315040		332
5	湖南省轻工盐业集团有限责任公司	湖南剩长沙市芙蓉区建湘路 519 号	410005		470
机电、电子批发及内外贸易业					
1	中国通用技术（集团）控股有限责任公司	北京丰台区西三环中路 90 号	100055	80	33
2	广东省广新控股集团有限公司	广东省广州市建基路 66 号广东外贸广场	510308	168	58
3	宁波市慈溪进出口股份有限公司	浙江省宁波市慈溪市寺山路 269 号外贸大厦 A 座 7 楼	315300		212
4	广州佳都集团有限公司	广东省广州市天河软件园建中路 66 号佳都商务大厦东塔 9 楼	510665		358
5	上海金开利集团有限公司	上海市黄浦区西藏南路 758 号金开利广场 5 楼	200011		425
6	广东省商业企业集团公司	广东省广州市越秀区新河浦路 66 号三楼	510080		443
7	厦门嘉联恒进出口有限公司	福建省厦门市莲秀里 185 号必利达大厦 28D	361009		462
8	宁波宁电进出口有限公司	浙江省宁波市江东区世纪东方商业广场 6 号 12A	315040		496
纺织、服装、文体、烟酒、玩具、工艺、首饰等轻工产品和家具、家居商品内外批发及商贸业					
1	浙江省国际贸易集团有限公司	浙江省杭州市庆春路 199 号	310006	231	74
2	中国工艺（集团）公司	北京市朝阳区朝阳门外吉祥里 103 号	100020	245	78
3	中国中纺集团公司	北京市建国门内大街 19 号中纺大厦	100005	266	85
4	广东省丝绸纺织集团有限公司	广东省广州市东风西路 198 号丝丽大厦	510180	287	94
5	江苏国泰国际集团有限公司	江苏省张家港市人民中路国泰大厦 31 楼	215600	351	107
6	安徽国贸集团控股有限公司	安徽省合肥市政务文化新区祁门路 1779 号	230071	384	118
7	江苏省苏豪控股集团有限公司	江苏省南京市软件大道 48 号苏豪国际广场	210012	439	131
8	新华锦集团有限公司	山东省青岛市东海西路 41 号东海世家 2 栋 3－4 层	266071	491	144
9	广州轻工工贸集团有限公司	广东省广州市沿江西路 147 号	510120	498	145

行业名次	企业名称	通讯地址	邮编	名次(1)	名次(3)
10	四川省烟草公司成都市公司	四川省成都市青羊区槐树街 1 号	610031		173
11	上海兰生（集团）有限公司	上海市卢湾区淮海中路 8 号 32 楼	200021		184
12	广州纺织工贸企业集团有限公司	广东省广州市越秀区东风中路 438 号广德大厦	510040		216
13	太平鸟集团有限公司	浙江省宁波市环城西路南段 826 号	315011		247
14	浙江凯喜雅国际股份有限公司	浙江省杭州市体育场路 105 号	310004		263
15	浙江华瑞集团有限公司	浙江省杭州市萧山区建设一路 66 号华瑞中心一号楼 28 层	311215		274
16	温州金州集团公司	浙江省温州市瓯海区郭溪镇曹埭村金州工业园	325018		299
17	湖北银丰实业集团有限责任公司	湖北省武汉市江岸区青岛路 7 号银丰大厦 12 楼	430014		331
18	厦门市嘉晟对外贸易有限公司	福建省厦门市观音山国际商务营运中心 8 号楼 18－19F	361009		340
19	上海丝绸集团股份有限公司	上海市吴兴路 283 号	200030		346
20	中国免税品（集团）有限责任公司	北京市东城区东直门外小街甲 2 号－1	100027		355
21	福建省烟草公司厦门市公司	福建省厦门市湖光路 66－67 号鑫诚大厦	361004		394
22	万事利集团有限公司	浙江省杭州市江干区秋涛北路 72 号三新银座大厦 19 楼	310020		398
23	浙江中国小商品城集团股份有限公司	浙江省义乌市福田路 105 号海洋商务楼 17 楼	322000		415
24	鑫东森集团有限公司	福建省厦门市禾山街道湖溪北路兴业银行大厦 22 层	361004		438
25	宁波市工艺品进出口有限公司	浙江省宁波市灵桥路 190 号外经贸大厦	315000		447
26	张家港市嘉广天进出口贸易有限公司	江苏省张家港市塘桥镇人民南路 1 号	215611		460
27	辛集皮革城有限公司	河北省辛集市教育路北段东侧	052360		476
28	绮丽集团有限责任公司	山东省青岛市南京路 2 号	266071		488
粮油食品及农林、土畜、果蔬、水产品等内外批发商贸业					
1	中粮集团有限公司	北京市朝阳区朝阳门南大街 8 号中粮福临门大厦 18F	100020	57	26
2	吉林粮食集团有限公司	吉林省长春市春城大街 1515 号	130062		159
3	重庆粮食集团有限责任公司	重庆市北部新区星光大道 90 号土星商务中心 A2	401121		240
4	新疆西部银力棉业（集团）有限责任公司	新疆石河子市北三路 23 小区 79 号	832000		320

行业名次	企业名称	通讯地址	邮编	名次（1）	名次（3）
5	太原市河西农产品有限公司	山西省太原市万柏林区旧晋祠路二段126号	030021		326
6	厦门夏商集团有限公司	福建省厦门市厦禾路939号18楼	361004		329
7	浙江省农村发展集团有限公司	浙江省杭州市武林路437号农发大厦	310006		379
8	江苏省粮食集团有限责任公司	江苏省南京市中山路338号26楼	210008		384
9	大连良运集团有限责任公司	辽宁省大连市中山区五五路12号	116001		410
10	新疆银隆农业国际合作股份有限公司	新疆乌鲁木齐市南湖北路89号温州大厦	830017		420
11	新疆生产建设兵团农一师棉麻公司	新疆阿克苏市民主路8-2号	843000		428
12	宁波市蔬菜有限公司	浙江省宁波市高塘路48号	315016		439
13	新疆生产建设兵团棉麻公司	新疆乌鲁木齐市沙依巴克区西北路955号	830000		441
14	新疆前海供销集团公司	新疆喀什市克孜都维路478号	844000		461
15	重庆商业投资集团有限公司	重庆市北部新区星光大道60号金星园馆			471
生产资料批发及内外贸易业					
1	天津物产集团有限公司	天津市和平区营口道四号	300041	48	21
2	浙江省物产集团公司	浙江省杭州市环城西路56号	310006	61	27
3	广东物资集团公司	广东省广州市北较场横路12号物资大厦	510050	162	55
4	安徽省徽商集团有限公司	安徽省合肥市芜湖路258号	230061	180	63
5	江苏汇鸿国际集团有限公司	江苏省南京市白下路91号汇鸿大厦	210001	216	72
6	安徽辉隆农资集团	安徽省合肥市祁门路1777号辉隆大厦	230022		151
7	厦门路桥工程物资有限公司	福建省厦门市海沧区海虹路5号	361026		181
8	重庆对外经贸（集团）有限公司	重庆市北部新区星光大道80号天王星D座	401121		194
9	黑龙江倍丰农业生产资料集团有限公司	黑龙江省哈尔滨市道外区景阳街181号	150020		196
10	江苏苏农农资连锁集团股份有限公司	江苏省南京市莫愁路357号	210004		273
11	广东天禾农资股份有限公司	广州市越秀区东风东路709号	510080		279
12	庆丰农业生产资料集团有限责任公司	黑龙江省大庆市龙凤区卧里屯大街55号	163714		284
13	山东机械进出口集团有限公司	山东省青岛市瞿塘峡路1号	266002		286
14	吉峰农机连锁股份有限公司	四川省郫县现代工业港北片区港通北二路219号	611743		308
15	张家港保税区鑫东鸣贸易有限公司	江苏省张家港市金港镇潘港北路148号后面安利5村81号	215634		309
16	新疆农资（集团）有限责任公司	新疆乌鲁木齐市中山路2号	830002		312
17	厦门恒兴集团有限公司	福建省厦门市思明区鹭江道100号财富中心大厦42层	361001		349
18	张家港保税区锦德贸易有限公司	江苏省张家港市锦丰镇江苏沙钢集团有限公司财务处	215625		376
19	河北省农业生产资料有限公司	河北省石家庄市平安南大街10号	050000		377

行业名次	企业名称	通讯地址	邮编	名次(1)	名次(3)
20	浙江建华集团有限公司	浙江省杭州市沈半路2号	310015		382
21	九禾股份有限公司	重庆市九龙坡区西郊路33号九龙明珠大厦5楼	400050		392
22	湖北省农业生产资料集团有限公司	湖北省武汉市汉口解放大道1409号	430022		397
23	福建省福农农资集团有限公司（福建省农资集团公司）	福建省福州市鼓楼区尚宾路32号	350001		401
24	常州市化工轻工材料总公司	江苏省常州市桃园路19号	213003		405
25	厦门育哲进出口有限公司	福建省厦门市同安区银湖路85号莲福大厦3层311室	361100		459
26	广西富满地农资股份有限公司	广西南宁市桃源路43号农资大厦8楼	530021		483
金属内外贸易及加工、配送、批发零售业					
1	中金再生资源（中国）投资有限公司	上海市浦东新区浦东南路528号证券大厦北塔13楼	200120	221	73
2	广东振戎能源有限公司	广东省广州市天河区珠江新城华夏路8号合景国际金融广场第35楼	510623	279	91
3	张家港保税区日祥贸易有限公司	江苏省张家港市锦丰镇沙钢科技大楼	215625	325	104
4	上海华冶钢铁集团有限公司	上海市宝山区锦乐路288号	201901	381	116
5	丰立集团有限公司	江苏省张家港市大新镇	215636	404	124
6	大汉控股集团有限公司	湖南省长沙市人民东路大汉建材城1栋	410000	460	135
7	重庆华南物资（集团）有限公司	重庆市江北区红黄路1号兴业大厦15楼	400020	487	142
8	天津市立业钢铁集团有限公司	天津市东丽区军粮城兴农村北	300301		192
9	张家港保税区荣德贸易有限公司	江苏省张家港市锦丰镇沙钢集团科技大楼废钢处	215600		223
10	上海均和集团钢铁销售有限公司	上海市曲阳路910号15楼	200437		226
11	天津市丽兴京津钢铁贸易有限公司	天津市东丽区军粮城工业园宝仓路	300301		230
12	上海闽路润贸易有限公司	上海市杨浦区国宾路36号万达广场B座11楼	200433		237
13	上海展志实业集团有限责任公司	上海市杨浦区国宾路36号万达广场B座17层	200433		249
14	江阴长三角钢铁集团有限公司	江苏省江阴市澄山路2号贯庄钢材市场交易中心	214400		253
15	天津益福隆钢铁贸易有限公司	天津市河西区解放南路349号盈海公寓A座3层	300202		261
16	上海宝闽钢铁集团有限公司	上海市逸仙路661号新海商务大厦16楼	200434		264
17	上海百营钢铁集团有限公司	上海市宝山区友谊路1518弄1号10－16F	201900		272

行业名次	企业名称	通讯地址	邮编	名次(1)	名次(3)
18	上海顺朝企业发展集团有限公司	上海市虹口区广灵四路24号甲升隆大厦12楼	200083		292
19	张家港保税区荣润贸易有限公司	江苏省张家港市锦丰镇沙钢集团科技大楼废钢处	215600		310
20	青岛世纪瑞丰国际贸易有限公司	山东省青岛市南区中山路44－60号	266000		311
21	山西宝力金属材料集团有限公司	山西省太原市和平北路三给村东大道北侧	030023		324
22	江阴市中昌实业有限公司	江苏省江阴市南闸镇南焦路1号	214405		362
23	天津渤海润德钢铁集团有限公司	天津市河西区围堤道53增1号丽晶国际大厦23层	300201		391
24	张家港福洛瑞物贸有限公司	江苏省张家港市锦丰镇扬子江冶金工业园735室	215625		399
25	山西金邦贸易有限公司	山西省太原市三墙路24号城墙花园商务大厦12层	030012		404
26	江苏鑫香山金属材料有限公司	江苏省张家港市金港镇南沙张杨公路北侧	215632		465
27	上海中钢投资集团有限公司	删改市浦东新区浦电路438号21楼	200122		466
28	青岛海悦钢铁有限公司	山东省青岛市北区延吉路80号1021房间	266000		469
29	第一钢市市场股份有限公司	上海市杨浦区邯郸路8号楼17楼	200437		475
综合性内外商贸及批发业、零售业					
1	厦门国贸控股有限公司	福建省厦门市湖滨南路388号国贸大厦43楼	361004	161	54
2	浙江省兴合集团公司	浙江省杭州市延安路312号	310006	192	67
3	远大物产集团有限公司	浙江省宁波市江东县（区）惊驾路555号泰富广场A座	315000	293	95
4	中国轻工业品进出口总公司	北京市朝阳区劲松九区910号	100021	313	99
5	东方国际（集团）有限公司	上海市娄山关路85号A座23楼	200336	401	121
6	中基宁波集团股份有限公司	浙江省宁波市鄞州区天童南路666号	315199		146
7	欧美投资集团有限公司	山东省青岛市东海西路35号4栋12层	266071		197
8	环渤海金岸（天津）集团股份有限公司	天津市河西区解放南路473号	300221		201
9	北方国际集团有限公司	天津市和平区大理道68号	300050		225
10	广西物资集团有限责任公司	广西省南宁市东葛路78号	530022		233
11	宁波君安物产有限公司	浙江省宁波市江东区彩虹北路40号	315040		296
12	宁波海田国际贸易有限公司	浙江省宁波市中山东路137号	315000		306
13	嘉兴良友进出口集团股份有限公司	浙江省嘉兴市东升东路2500号良友大厦	314033		337
14	浙江万丰企业集团公司	浙江省杭州市萧山区城厢街道人民路51号	311203		342
15	中国深圳对外贸易（集团）有限公司	广东省深圳市中兴路239号A座外贸集团大厦7－8楼	518001		481
16	上海外经集团控股有限公司	上海市小木桥路681号上海外经大厦	200032		489
17	宁波萌恒工贸有限公司	浙江省宁波市鄞州县（区）宁南北路18号	315100		500

行业名次	企业名称	通讯地址	邮编	名次(1)	名次(3)
汽车及摩托车商贸、维修保养及租赁业					
1	庞大汽贸集团股份有限公司	河北省唐山市滦县火车站广场东侧庞大汽贸集团	063700	187	64
2	北京祥龙博瑞汽车服务（集团）有限公司	北京市朝阳区东直门外左家庄路2号	100028		180
3	浙江康桥汽车工贸集团股份有限公司	浙江省杭州市花园岗街181号	310015		189
4	上海申华控股股份有限公司	上海市宁波路1号申华金融大厦24F	200002		191
5	山东远通汽车贸易集团有限公司	山东省临沂市通达路319号	276000		202
6	润华集团股份有限公司	山东省济南市经十西路京福高速西行4公里	250117		218
7	河北省国和汽车投资有限公司	河北省石家庄市北二环东路68号国际汽车园区东门亚龙花园对面	050033		221
8	重庆中汽西南汽车有限公司	重庆市北部新区金渝大道99号（汽博中心）	401122		228
9	中国农业机械华北集团有限公司	天津市和平区赤峰道127号	300041		243
10	山西大昌汽车集团有限公司	山西省太原市平阳南路88号	030032		252
11	宁波轿辰集团股份有限公司	浙江省宁波市高新区星海南路16号轿辰大厦21楼	315040		267
12	四川申蓉汽车股份有限公司	四川省成都市武侯区武侯大道南延线武兴路110号	610045		304
13	安徽亚夏实业股份有限公司	安徽省宁国市经济技术开发区亚夏汽车城	242300		307
14	湖南汽车城有限公司	湖南省长沙市东风路360号	410003		383
15	湖南兰天汽车集团有限公司	湖南省长沙市岳麓区岳麓大道375号	410003		412
16	华星北方汽车贸易有限公司	天津市河西区太湖路6号	300210		422
17	湖南新物产集团有限公司	湖南省长沙市芙蓉区五一大道333号	410011		427
18	重庆百事达汽车有限公司	重庆市渝北区龙西街道松牌路521号	401147		444
电器商贸批发业、零售业					
1	国美电器有限公司	北京市朝阳区霄云路26号鹏润大厦B座10层	100016	49	22
2	苏宁电器集团有限公司	江苏省南京市玄武区徐庄软件园苏宁大道1号	210042	50	23
3	天音通信有限公司	广东省深圳市深南中路1002号新闻大厦26层	518027	383	117
4	深圳市爱施德股份有限公司	广东省深圳市福田区车公庙泰然劲松大厦20楼	518040		167
5	武汉工贸有限公司	湖北省武汉市江汉区唐家墩路133号	430023		302
6	话机世界数码连锁集团股份有限公司	浙江省杭州市密渡桥路1号白马大厦28楼	300005		458

行业名次	企业名称	通讯地址	邮编	名次（1）	名次（3）
7	厦门盛元通商集团	福建省厦门市湖滨南路 819 号宝福大厦 26 层	361004		478
医药专营批发业、零售业					
1	中国医药集团总公司	北京市海淀区知春路 20 号	100088	86	34
2	南京医药产业（集团）有限责任公司	江苏省南京市玄武区唱经楼西街 65 号	210008	360	111
3	九州通医药集团股份有限公司	湖北省武汉市汉阳区龙阳大道特 8 号	430051	372	113
4	重庆医药（集团）股份有限公司	重庆市渝中区大同路 1 号	400011		164
5	浙江英特药业有限责任公司	浙江省杭州市滨江区江南大道 96 号中化大厦	310051		219
6	新龙药业集团有限公司	湖北省武汉市龙阳大道特 8 号	430051		251
7	鹭燕（福建）药业股份有限公司	福建省厦门市湖里区华泰路 3 号 A 幢五层 A 单元	361006		367
8	宁波医药股份有限公司	浙江省宁波市车轿街 26 号	315000		393
9	浙江省医药工业有限公司	浙江省杭州市莫干山路文北巷 27 号	310012		413
10	河北东盛英华医药有限公司	河北省邢台市迎宾路 9 号	054001		479
11	全洲药业集团有限公司	湖南省长沙市雨花区时代阳光大道 216 号全洲大厦	410111		493
商业零售业					
1	百联集团有限公司	上海市黄浦区中山南路 315 号百联大厦 13 楼	200010	36	15
2	大连大商集团有限公司	辽宁省大连市中山区青三街 1 号	116001	99	36
3	武汉商联（集团）股份有限公司	湖北省武汉市江岸区沿江大道 238 号	430010	171	60
4	山东省商业集团有限公司	山东省济南市山师东路 4 号	250014	201	68
5	重庆商社（集团）有限公司	重庆市渝中区青年路 18 号	400010	238	76
6	浙江省商业集团有限公司	浙江省杭州市惠民路 56 号	310002	267	86
7	天津一商集团有限公司	天津市和平区唐山道 54 号	300040	286	93
8	合肥百货大楼集团股份有限公司	安徽省合肥市长江西路 689 号金座 A2408	230088	308	97
9	石家庄北国人百集团有限责任公司	河北省石家庄市中山东路 188 号	050000	410	126
10	长春欧亚集团股份有限公司	吉林省长春市绿园区南阳路 418 号	130011	454	134
11	利群集团股份有限公司	山东省青岛市崂山区崂山路 67 号	266102	468	137
12	银泰百货（集团）有限公司	浙江省杭州市下城区延安路 528 号标力大厦 B 座 21 层	310006		158
13	淄博商厦股份有限公司	山东省淄博市张店区中心路 125 号	255000		163
14	北京菜市口百货股份有限公司	北京市西城区广安门内大街 306 号	100053		179
15	辽宁兴隆大家庭商业集团有限公司	辽宁省沈阳市沈河区中街路 115 号兴隆大家庭宣传部	110011		183
16	广州百货企业集团有限公司	广东省广州市越秀区西湖路 12 号 23 楼	510030		188
17	天津二商集团有限公司	天津市和平区山东路 112 号	300041		210
18	上海新世界（集团）有限公司	上海市黄浦区九江路 619 号 22 楼	200001		217

行业名次	企业名称	通讯地址	邮编	名次(1)	名次(3)
19	无锡商业大厦大东方股份有限公司	江苏省无锡市中山路343号	214001		242
20	浙江宝利德控股集团有限公司	浙江省杭州市西湖区求是路8号公元大厦南楼1001	310003		245
21	唐山百货大楼集团有限责任公司	河北省唐山市路北区新华东道125号	063000		248
22	重庆永辉超市有限公司	重庆市渝北区龙溪街道加州花园B4栋3楼	401120		258
23	天津金元宝商厦集团有限公司	天津市滨海新区塘沽解放路668号	300450		265
24	湖南友谊阿波罗控股股份有限公司	湖南省长沙市车站路345号	410001		271
25	银川新华百货商业集团股份有限公司	宁夏银川市兴庆区新华东街97号	750004		297
26	重庆华轻商业公司	重庆市渝中区邹容路107号	400010		303
27	河北怀特集团股份有限公司	河北省石家庄市裕华区槐岭路26号	050021		319
28	天津劝业华联集团有限公司	天津市河西区马场道59号A座7层	300203		323
29	邯郸市阳光百货集团总公司	河北省邯郸市中华北大街29号	056002		335
30	广州友谊集团股份有限公司	广东省广州市越秀区环市东路369号	510095		344
31	长沙通程实业集团有限公司	湖南省长沙市劳动西路589号	410007		345
32	河北省新合作控股集团有限公司	河北省石家庄市建设南大街21号付1号	050011		347
33	青岛维客集团股份有限公司	山东省青岛市李沧区京口路86号	266100		352
34	武汉市汉商集团股份有限公司	湖北省武汉市汉阳大道134号	430050		368
35	新疆友好（集团）股份有限公司	新疆乌鲁木齐市友好南路608号	830000		374
36	中兴－沈阳商业大厦（集团）股份有限公司	辽宁省沈阳市和平区太原北街86号	110001		402
37	西安开元控股集团股份有限公司	陕西省西安市东大街解放市场6号	710001		418
38	山西华宇集团有限公司	山西省太原市开化寺街87号	030002		432
39	湖州市浙北大厦有限责任公司	浙江省湖州市红旗路南街口	313000		435
40	浙江华联商厦有限公司	浙江省余姚市阳明西路1号	315400		446
41	雄风集团有限公司	浙江省诸暨市陶朱街道诸三路100号	311800		451
42	河北保百集团有限公司	河北省保定市朝阳北大街916号	071051		453
43	青岛利客来集团股份有限公司	山东省青岛市李沧区京口路58号	266100		463
44	青岛海信东海商贸有限公司	山东省青岛市澳门路117号	266071		472
45	快乐购物股份有限公司	湖南省长沙市开福区金鹰影视文化城	410003		477
46	南宁百货大楼股份有限公司	广西南宁市朝阳路39号	530012		495
47	上海淮海商业（集团）有限公司	上海市卢湾区合肥路257号	200025		498
48	张家港市第一人民商场有限责任公司	江苏省张家港市杨舍镇步行街35号	215600		499
商业连锁超市					
1	江苏高力集团有限公司	江苏省南京市栖霞区栖霞大道8号	210038	445	132
2	杭州联华华商集团有限公司	浙江省杭州市庆春路86号	310003		168
3	北京京客隆商业集团股份有限公司	北京市朝阳区新源街45号楼	100027		208

行业名次	企业名称	通讯地址	邮编	名次(1)	名次(3)
4	月星集团有限公司	上海市普陀区澳门路168号	200060		238
5	成都红旗连锁股份有限公司	四川省成都市高新西区迪康大道7号	611731		256
6	江苏恒大置业投资发展有限公司	江苏省苏州市苏惠路98号国检大厦五楼502－520室	215021		371
7	山西美特好连锁超市股份有限公司	山西省太原市晋祠路一段40号	030024		373
8	湖南佳惠百货有限责任公司	湖南省怀化市府星路161号	418000		387
9	加贝物流股份有限公司	浙江省宁波市北仑区大矸庐山中路1号	315806		406
10	浙江供销超市有限公司	浙江省绍兴市延安东路173号	312000		456
11	心连心集团有限公司	湖南省湘潭市韶山中路10号	411100		480
银行业					
1	中国工商银行股份有限公司	北京市西城区复兴门内大街55号	100140	4	2
2	中国建设银行股份有限公司	北京市西城区金融大街25号	100033	5	3
3	中国农业银行股份有限公司	北京市东城区建国门内大街69号	100005	7	5
4	中国银行股份有限公司	北京市复兴门内大街1号	100818	8	6
5	交通银行股份有限公司	上海市仙霞路18号10楼	200336	40	18
6	招商银行股份有限公司	广东省深圳市深南大道7088号招商银行大厦45楼	518040	76	31
7	中国民生银行股份有限公司	北京市西城区复兴门内大街2号	100031	77	32
8	兴业银行股份有限公司	福建省福州市湖东路154号中山大厦A座	350003	95	35
9	中国光大银行股份有限公司	北京市西城区太平桥大街25号、甲25号中国光大中心	100033	125	44
10	上海浦东发展银行股份有限公司	上海市中山东一路12号	200002	155	52
11	广发银行股份有限公司	广东省广州市越秀区东风东路713号	510080	210	70
12	华夏银行股份有限公司	北京市东城区建国门内大街22号华夏银行大厦	100005	275	89
13	北京银行	北京市西城区金融大街丙17号北京银行大厦26层办公室	100033	434	129
14	重庆农村商业银行股份有限公司	重庆市江北区洋河东路10号	400020	489	143
15	广州农村商业银行股份有限公司	广东省广州市天河区珠江新城华夏路1号	510275		172
16	盛京银行有限公司	辽宁省沈阳市沈河区北站路109号	110013		178
17	吉林银行	吉林省长春市东南湖大路1817号	130033		204
18	徽商银行股份有限公司	安徽省合肥市安庆路79号天徽大厦A座	230001		231
19	广州银行股份有限公司	广东省广州市越秀区广州大道北195号	510075		234
20	渤海银行股份有限公司	天津市河西区马场道201－205号	300204		266
21	龙江银行股份有限公司	黑龙江省哈尔滨市滨市道里区友谊路436号	150018		275

行业名次	企业名称	通讯地址	邮编	名次(1)	名次(3)
22	青岛农村商业银行股份有限公司	山东省青岛市香港东路107号	266061		295
23	天津银行股份有限公司	天津市河西区友谊路15号	300201		316
24	成都银行股份有限公司	四川省成都市西御街16号	610015		318
25	广西北部湾银行股份有限公司	广西南宁市青秀路10号	530028		321
26	汉口银行	湖北省武汉市建设大道933号	430015		400
27	武汉农村商业银行股份有限公司	湖北省武汉市江岸区建设大道618号	430015		407
28	江苏张家港农村商业银行股份有限公司	江苏省张家港市人民中路66号	215600		408
29	长沙银行股份有限公司	湖南省长沙市芙蓉中路1段433号	410005		431
30	洛阳银行股份有限公司	河南省洛阳市洛阳新区开元大道与通济街交叉口	471023		450
31	潍坊银行股份有限公司	山东省潍坊市奎文区胜利东街5139号	261041		484
32	青岛银行股份有限公司	山东省青岛市香港中路68号	266071		486
33	江苏吴江农村商业银行股份有限公司	江苏省吴江市中山南路1777号	215200		487
34	张家口市商业银行股份有限公司	河北省张家口市桥东区胜利北路51号	075000		494
证券业					
1	海通证券股份有限公司	上海市广东路689号	200001		206
2	广发证券股份有限公司	广东省广州市天河区天河北路183－187号大都会广场43楼	510075		280
3	光大证券股份有限公司	上海市静安区新闸路1508号	200040		341
人寿保险业					
1	中国人寿保险（集团）公司	北京市西城区金融大街17号中国人寿中心22层	100033	14	8
2	新华人寿保险股份有限公司	北京市朝阳区建国门外大街甲12号新华保险大厦	100022	100	37
3	泰康人寿保险股份有限公司	北京市西城区复兴门内大街156号泰康人寿大厦	100031	136	46
4	太平人寿保险有限公司	上海市浦东新区民生路1399号太平人寿大厦	200135	250	80
5	阳光保险集团股份有限公司	北京市朝阳区朝外大街乙12号1号楼昆泰国际大厦28层	100020	310	98
财产保险业					
1	中国人民保险集团股份有限公司	北京市海淀区清华西路28号内万春园	100084	37	16
2	中国大地财产保险股份有限公司	上海市浦东新区民生路1199弄1号证大五道口广场8、9、10楼	200135		148

行业名次	企业名称	通讯地址	邮编	名次(1)	名次(3)
综合保险业					
1	中国平安保险（集团）股份有限公司	广东省深圳市福田区福华路星河发展中心15 楼	518048	32	14
2	中国太平洋保险（集团）股份有限公司	上海市浦东新区银城中路 190 号南楼	200120	67	29
其他金融服务业					
1	河北建设投资集团有限责任公司	河北省石家庄市裕华西路 9 号裕园广场	050000		153
2	厦门华澄集团有限公司	福建省厦门市思明区厦禾路 589 号银聚祥邸六层	361004		378
商业服务业					
1	中国中信集团有限公司	北京市朝阳区新源南路 6 号京城大厦	100004	20	10
2	国家开发投资公司	北京市西城区阜成门北大街 6 号 – 6	100034	142	48
3	广东省广晟资产经营有限公司	广东省广州市明月一路 9 号凯旋华美达酒店 14 – 15 楼	510600	251	81
4	重庆市能源投资集团公司	重庆市渝北区洪湖西路 12 号	401121	352	108
5	浙江前程投资股份有限公司	浙江省宁波市江东区 39 号前程大厦 C 座	315040	363	112
6	天津市津能投资公司	天津市和平区马场道 142 号增 1 号	300050	472	139
7	广东粤海控股有限公司	广东省广州市越秀区东风东路 555 号粤海集团大厦 31 楼	510050		154
8	深圳市神州通投资集团有限公司	广东省深圳市福田区车公庙创新科技广场一期 B 座 808	518040		162
9	苏州金螳螂企业集团有限公司	江苏省苏州市西环路 888 号	215004		193
10	湖北能源集团股份有限公司	湖北省武汉市武昌区徐东大街 96 号	430062		203
11	河南交通投资集团有限公司	河南省郑州市郑东新区农业东路 100 号	450016		205
12	广东粤合资产经营有限公司	广东省广州市天河区天河路 242 号丰兴广场 B 座 8 楼 804 – 810 室	510620		220
13	厦门海沧投资集团有限公司	福建省厦门市海沧区钟林路 8 号海投大厦	361026		268
14	青海省投资集团有限公司	青海省西宁市城西区新宁路 36 号	810008		294
15	中节能（天津）投资集团有限公司	天津河西区围堤道 53 号增 1 号丽晶大厦31 层	300201		369
16	广州凯得控股有限公司	广东省广州市科学城科学大道 239 号 8 楼	510663		381
17	广州中大控股有限公司	广东省广州市新港西路 135 号中大科技综合楼 1501 楼	510275		429
18	无锡市交通产业集团有限公司	江苏省无锡市运河东路 100 号	214031		454
19	天津鑫茂科技投资集团有限公司	天津市华苑产业区榕苑路 16 号鑫茂新技术中心大厦二楼	300384		468

行业名次	企业名称	通讯地址	邮编	名次(1)	名次(3)
房地产开发与经营、物业及房屋装饰、修缮、管理等服务业					
1	绿地控股集团有限公司	上海市打浦路700号绿地总部大厦4楼	200023	73	30
2	大连万达集团股份有限公司	北京市朝阳区建国路93号万达广场B座25层	100022	101	38
3	恒大地产集团有限公司	广东省广州市天河路45号天伦大厦	510060	170	59
4	江苏苏宁环球集团有限公司	江苏省南京市鼓楼区广州路188号苏宁环球大厦17楼	210024	235	75
5	隆基泰和实业有限公司	河北省高碑店市东方路66号	074099	243	77
6	绿城房地产集团有限公司	浙江省杭州市杭大路1号黄龙世纪广场A10楼	310007	258	84
7	华侨城集团公司	广东省深圳市南山区华侨城办公楼	518053	274	88
8	广州富力地产股份有限公司	广东省广州市新城华夏路10号富力中心45－54楼	510623	331	105
9	世纪金源投资集团有限公司	北京市海淀区蓝晴路1号	100097	338	106
10	重庆龙湖企业拓展有限公司	重庆市江北区北城天街4号北岸星座7楼	400020	359	110
11	宁波银亿集团有限公司	浙江省宁波市江北区人民路132号	315020	399	120
12	福佳集团有限公司	辽宁省大连市沙河口区兴工街4号A栋24楼	116021	424	128
13	江苏华厦融创置地集团有限公司	江苏省徐州市中山北路269号	221007	467	136
14	弘阳集团有限公司	江苏省南京市大桥北路9号弘阳大厦	210031	470	138
15	广州越秀集团有限公司	广东省广州市珠江新城珠江西路5号国金中心64－65楼	510623		150
16	天津住宅建设发展集团有限公司	天津市和平区马场道66号	300050		152
17	浙江华成控股集团有限公司	浙江省杭州市钱江新城富春路308号华成国际大厦4008室	310016		171
18	卓尔控股有限公司	湖北省武汉市盘龙城经济开发区楚天大道特1号卓尔大厦	430300		177
19	大华（集团）有限公司	上海市宝山区华灵路698号	200442		182
20	天津市房地产开发经营集团有限公司	天津市河西区宾水道增9号环渤海发展中心A座16－19层	300061		198
21	金科地产集团股份有限公司	重庆市北部新区春兰三路1号地矿大厦9楼	401121		199
22	天津现代集团有限公司	天津市和平区西康路与成都道交口赛顿中心C座29层	300051		207
23	亿达集团有限公司	辽宁省大连市沙河口区东北路99号亿达广场4号楼	116021		224
24	四川蓝光实业集团有限公司	四川省成都市抚琴东路90号	611731		241

行业名次	企业名称	通讯地址	邮编	名次（1）	名次（3）
25	西安高科（集团）公司	陕西省西安市高新区科技路33号高新国际商务中心34层	710075		244
26	天津贻成集团有限公司	天津市塘沽区河北路4862－1号	300451		254
27	锦联控股集团有限公司	辽宁省大连市中山区祝贺街35号锦联大厦	116001		255
28	百步亭集团有限公司	湖北省武汉市江岸区百步亭花园路18号	430012		260
29	广东珠江投资股份有限公司	广东省广州市珠江东路421号珠江投资大厦6楼	510623		269
30	广州珠江实业集团有限公司	广东省广州市环市东路371－375号世界贸易中心大厦南塔28楼	510095		276
31	重庆华宇物业（集团）有限公司	重庆市沙坪坝区华宇广场1号30楼	400030		283
32	宁波宁兴控股股份有限公司	浙江省宁波市中山西路138号天宁大厦26楼	315010		315
33	大连宏光好运来集团有限公司	辽宁省大连市中山区天津街299号鸿霖大厦39楼	116001		327
34	中华企业股份有限公司	上海市华山路2号中华企业大厦	200040		336
35	祥生实业集团有限公司	浙江省诸暨市苎萝东路195号祥生新世纪广场商务楼15层	311800		353
36	北京北辰实业集团公司	北京市朝阳区北辰东路8号北辰集团	100101		354
37	宁波联合集团股份有限公司	浙江省宁波市经济技术开发区东海路1号联合大厦	315803		356
38	联发集团有限公司	福建省厦门市湖里大道31号联发大厦	361006		361
39	宁波富达股份有限公司	浙江省宁波市余姚市阳明西路355号	315400		370
40	重庆市锦天地产（集团）有限公司	重庆市大渡口区文体路126号	400084		372
41	宁波万象控股集团有限公司	浙江省宁波市象山县新丰路276号	315700		395
42	荣安集团股份有限公司	浙江省宁波市海曙县区灵桥路513号天封大厦7楼	315000		396
43	大连金港集团有限公司	辽宁省大连经济技术开发区辽河中路59号	116620		411
44	东冠集团有限公司	浙江省杭州市滨江区江南大道588号恒鑫大厦	310052		414
45	厦门经济特区房地产开发集团有限公司	福建省厦门市思明区文塔路211号4－6层	361004		417
46	滨海投资集团股份有限公司	天津市滨海新区塘沽烟台道15号	300450		419
47	西安曲江大明宫投资（集团）有限公司	陕西省西安市玄武路78号	710016		434
48	大洲控股集团有限公司	福建省厦门市思明区鹭江道2号厦门第一广场28层	361001		436
49	天津海泰控股集团有限公司	天津华苑产业区梅苑路6号海泰大厦11－12层	300384		440

行业名次	企业名称	通讯地址	邮编	名次（1）	名次（3）
50	上海致盛实业集团有限公司	上海市普陀区真南路 1370 号	200331		442
51	上海金桥（集团）有限公司	上海市浦东新区新金桥路 27 号 1 号楼	201206		445
旅游、宾馆及娱乐服务业					
1	中国港中旅集团公司	北京市宣武区广安门内大街 338 号 9 层（香港干诺道中 78－83 号中旅集团大厦）	100053	188	65
2	北京首都旅游集团有限责任公司	北京市朝阳区雅宝路 10 号凯威大厦	100020	268	87
3	上海春秋国际旅行社（集团）有限公司	上海市定西路 1558 号	200050		222
4	开元旅业集团有限公司	浙江省杭州市萧山区市心中路 818 号 17 楼	311202		277
5	杭州旅游集团有限公司	浙江省杭州市延安路 484 号 2 号楼 6 层	310006		278
6	安徽省旅游集团有限责任公司	安徽省合肥市长江西路 369 号 CBD 广场写字楼 23－24 楼	230061		473
7	华天实业控股集团有限公司	湖南省长沙市芙蓉中路 593 号 22 楼华天集团	410008		485
公用事业、市政服务、公共设施、水务等经营与管理业					
1	北京控股集团有限公司	北京市朝阳区东三环北路 38 号院北京国际中心 4 号楼	100026	255	83
2	北京首都创业集团有限公司	北京市东城区朝阳门北大街 6 号首创大厦 15 层	100027	473	140
3	宁波华东物资城市场建设开发有限公司	浙江省宁波市江东区宁穿路 535 号	315040		200
4	天津城市基础设施建设投资集团有限公司	天津市南开区卫津南路 76 号	300381		215
5	南昌市政公用投资控股有限责任公司	江西省南昌市湖滨东路 1399 号	330039		227
6	江苏吴中集团有限公司	江苏省苏州市吴中区宝带东路 388 号	215128		239
7	天津市政建设集团有限公司	天津市和平区衡阳路 4 号	300050		246
8	武汉市城市建设投资开发集团有限公司	湖北省武汉市汉阳区晴川街解放一村 8 号	430050		257
9	南京大地建设集团有限责任公司	江苏省南京市华侨路 56 号	210029		300
10	怀来县土木煤炭市场物流服务中心	河北省怀来县土木镇土木村东	075411		301
11	上海临港经济发展（集团）有限公司	上海市浦东新区新元南路 555 号	201306		330
12	天津市自来水集团有限公司	天津市和平区建设路 54 号	300040		364
13	广东省广告股份有限公司	广东省广州市东风东路 745 号	510080		386
14	广州市水务投资集团有限公司	广东省广州市天河区临江大道 501 号	510655		424
15	无锡市市政公用产业集团有限公司	江苏省无锡市解放东路 800 号	214002		492
技术、智力、人力资源、劳务、培训、会展、博览等国内外合作以及其他对外经济合作服务业					
1	中国国际技术智力合作公司	北京市朝阳区光华路 7 号汉威大厦西区 25 层	100004	318	102

行业名次	企业名称	通讯地址	邮编	名次（1）	名次（3）
2	北京外企服务集团有限责任公司	北京市朝阳区西大望路 15 号外企大厦 B 座 19 层	100022	392	119
3	中国江苏国际经济技术合作公司	江苏省南京市北京西路 5 号	210008		185
4	中国出国人员服务总公司	北京市朝阳区惠新东街四号富盛大厦 1 座 2807 号	100029		314
5	中国大连国际经济技术合作集团有限公司	辽宁省大连市西岗区黄河路 219 号外经贸大厦	116011		339
研发、科技交流与推广和地勘、规划、设计、评估、咨询、认证及总承包等服务业					
1	中国煤炭科工集团有限公司	北京市朝阳区和平街 13 区煤炭大厦 15 层	100013	314	100
2	中国铁道科学研究院	北京市海淀区大柳树路 2 号	100081		250
3	中国水利电力对外公司	北京市西城区六铺炕街 3 号中水电大厦	100120		259
4	铁道第三勘察设计院集团有限公司	天津市河北区中山路 10 号	300142		351
5	中国海诚工程科技股份有限公司	上海市宝庆路 21 号	200031		360
6	长江水利委员会长江勘测规划设计研究院	湖北省武汉市汉口解放大道 1155 号	430010		390
7	中国河南国际合作集团有限公司	河南省郑州市东明路北 11 号	450004		421
新闻、报刊、图书的出版发行与销售和广播、影视、音像、文体、演艺等文化产业					
1	江苏凤凰出版传媒集团有限公司	江苏省南京市湖南路 1 号凤凰广场 A 座	210009		190
2	安徽出版集团有限责任公司	安徽省合肥市政务文化新区翡翠路 1118 号	230071		211
3	西安曲江文化产业投资（集团）有限公司	陕西省雁塔南路 292 号曲江文化大厦	710061		232
4	安徽新华发行（集团）控股有限公司	安徽省合肥市长江中路 279 号	230061		236
5	湖南省新华书店有限责任公司	湖南省长沙市五一大道 826 号	410005		288
6	四川新华发行集团有限公司	四川省成都市人民南路一段 86 号城市之心 12F	610016		322
7	云南出版集团有限责任公司	云南省昆明市环城西路 609 号	650034		380
8	广东南方报业传媒集团有限公司	广东省广州市广州大道中 289 号南方报业传媒集团经营管理部	510601		452
互联网传媒、商务、娱乐服务业					
1	腾讯控股有限公司	广东省深圳市南山区高新科技园科技中一路腾讯大厦	518057	322	103
2	广东省广播电视网络股份有限公司	广东省广州市天河区临江大道 5 号保利中心 2902 室	510623		449
教育产业					
1	北京新东方教育科技（集团）有限公司	北京市海淀区海淀中街 6 号新东方大厦 9 层	100080		328

行业名次	企业名称	通讯地址	邮编	名次（1）	名次（3）
综合服务业（以服务业为主，含有制造业）					
1	中国华润总公司	香港湾仔港湾道26号华润大厦49楼（广东省深圳市深南东路5001号华润大厦28楼）	518001	25	12
2	中国机械工业集团有限公司	北京市海淀区丹棱街3号	100080	52	24
3	新疆广汇实业投资（集团）有限责任公司	乌鲁木齐市新华北路165号广汇中天广场	830002	137	47
4	中国保利集团公司	北京市东城区朝阳门北大街1号保利大厦28层	100010	154	51
5	上海东浩国际服务贸易（集团）有限公司	上海市延安中路837号	200040	189	66
6	海南大印集团有限公司	海南省海口市滨海大道123号鸿联广场5楼	570105	281	92
7	上海均瑶（集团）有限公司	上海市徐汇区肇嘉浜路789号均瑶国际广场37楼	200032		165
8	广州岭南国际企业集团有限公司	广东省广州市环市东路362号好世界广场28层	510015		195
9	宁波滕头集团有限公司	浙江省奉化市萧王庙街道滕头村	315503		305
10	苏州国信集团有限公司	江苏省太仓市常胜南路118号	215400		313
11	华茂集团股份有限公司	浙江省宁波市西门望春工业区龙嘘路125号	315175		365
12	湖南九龙经贸集团有限公司	湖南省娄底市长青中街21号	417100		430

后 记

一、《中国 500 强企业发展报告》是中国企业联合会、中国企业家协会组织编写的全面记载和反映中国 500 强企业改革和发展的综合性大型年度报告。

二、为了贯彻落实党的十七大和国家“十二五”规划纲要精神，促进企业做大做强做久，培育我国具有国际竞争力的世界级企业，今年，中国企业联合会、中国企业家协会连续第十一年参照国际惯例推出中国企业 500 强及其与世界企业 500 强的对比分析报告，连续第八年推出了中国制造业企业 500 强、中国服务业企业 500 强及其分析报告，并先后推出了中国企业效益 200 佳和中国 100 大跨国公司及其分析报告。这项活动得到了国务院领导和国家有关部门的重视和肯定。温家宝总理曾做出批示，希望中国企业联合会继续把这方面的工作做好。2012 中国企业 500 强、2012 中国制造业企业 500 强、2012 中国服务业企业 500 强、2012 中国 100 大跨国公司、2012 中国企业效益 200 佳的产生得到了各有关企联（企协）、企业家协会及大企业的大力支持，在此深表感谢。

三、本报告为中国企业联合会、中国企业家协会的研究成果。各章的作者为，第一章：冯立果，第二章：赵婷、缪荣，第三章：高蕊，第四章：李建明，第五章：赵婷，第六章：刘兴国，第七章：何阳，第八章至第十二章数据由张德华、殷恒晨整理，第十三章：何阳，全书由郝玉峰统稿。参加编辑工作的有：郝玉峰、缪荣、张德华、康月强、殷恒晨、赵婷、冯立果、高蕊、刘兴国、何阳。

四、凡引用本报告研究数据、研究成果者，应注明引自“中国企业联合会《2012 中国 500 强企业发展报告》”或“中国企业联合会 2012 中国企业 500 强”、“中国企业联合会 2012 中国 100 大跨国公司及跨国指数”、“中国企业联合会 2012 中国制造业企业 500 强”、“中国企业联合会 2012 中国服务业企业 500 强”，未经授权不得转载 2012 中国企业 500 强、2012 中国制造业企业 500 强、2012 中国服务业企业 500 强的名单。

五、2013 年我会将继续开展中国企业 500 强、中国制造业企业 500 强、中国服务业企业 500 强、中国 100 大跨国公司、中国企业效益 200 佳进行分析研究，出版《中国 500 强企业发展报告》，希望申报 2013 中国企业 500 强、2013 中国制造业企业 500 强、2013 中国服务业企业 500 强、2013 中国 100 大跨国公司及跨国指数的企业，请与中国企业联合会、中国企业家协会研究部联系。

电话：010－88512628、68701280、88413605、68431613、68465525；传真：010－68411739；邮箱：china500q@163.com；网址：china－500.org。

六、本报告得到了埃森哲（中国）有限公司、正威国际集团有限公司、用友软件股份有限公司、中国企业管理基金会的大力支持，在此特别致谢！

由于时间仓促，本报告难免出现疏漏和不尽人意之处，恳请经济界、企业界及其他各界人士提出宝贵意见和建议。

在本书即将出版之际，我们还要向一直负责本书出版的企业管理出版社表示感谢。

编 者

二〇一二年八月二十日

2012年中国企业500强
2012年中国制造业企业500强
2012年中国服务业企业500强

部分企业介绍

中国国电集团公司
CHINA GUODIAN CORPORATION

集团公司总经理、党组副书记朱永芃

集团公司党组书记、副总经理乔保平

中国国电集团公司总部大楼

庆祝国电科技环保集团有限公司在香港成功上市嘉宾合影

国电龙源加拿大风电项目签约仪式

长江三峡水利枢纽工程全景

安哥拉本格拉体育场

集团公司投资的老挝甘蒙塔克水泥厂

苏丹麦洛维水电站

1000kV晋东南—南阳—荆门
特高压交流试验示范工程

河南平顶山第二发电厂一期2×1000MW
超超临界机组工程

广西南宁水任高速公路互通工程

京沪高速铁路工程

广东大亚湾核电站2×900MW机组工程全景

山东魏桥创业集团有限公司
SHANDONG WEIQIAO PIONEERING GROUP

集团董事长、党委书记 张士平

地址：山东省邹平经济开发区魏纺路 1 号
邮编：256200
电话：0543-4161111
传真：0543-4162000
网址：www.weiqiaocy.com

山东魏桥创业集团有限公司位于鲁北平原南端，紧靠济南空港、青岛海港和胶济铁路、济青高速公路，濒临黄河，是一家拥有总资产 830 亿元、员工 16 万人，集棉业、棉纺、织造、染整、服装、家纺、热电、铝业、盐化于一体的特大型企业，技术装备居世界一流，生产规模和经济效益连续 14 年居全国棉纺织行业首位，是中国棉化纤纺织加工业最具竞争力企业和世界上最大的棉纺织企业，今年成功跨入世界 500 强，位列第 440 位，荣登世界顶级企业俱乐部行列，并连续三年入选世界著名品牌 500 强，在 2012 中国企业 500 强和中国制造业企业 500 强中分别位列第 64 位、第 22 位。党和国家领导人胡锦涛、吴邦国、温家宝分别到集团视察，对企业的发展业绩给予了充分肯定和高度评价。

魏桥创业集团始终坚定“为国创业，为民造福”这一信念，时刻不忘履行社会责任，近几年累计上缴税金近 300 亿元，安置就业 16 万人，拉动就业几十万人，在解决“三农”问题、构建和谐社会方面发挥了积极作用。

展望未来，魏桥创业集团将在保持棉纺织市场优势的同时，努力拉长镦粗“纺织—染整—服装、家纺”产业链，积极构筑“热电－氧化铝－电解铝－高档新型铝型材”产业链，全力打造环渤海经济圈大型海洋化工基地，进一步完善“以纺织为基础，以热电联产铝业、盐化工，轻重工业优势互补”的产业格局，力争 2015 年销售收入突破 3000 亿元，2016 年冲击世界 200 强。

魏桥创业集团总部

魏桥创业集团生产大厦

魏桥创业集团样品展厅

山东能源集团与加拿大BC省签署能源开发战略协议

一批煤制天然气、煤制烯烃、褐煤提质及转化利用项目相继投产，鄂尔多斯、伊利、呼伦贝尔三大煤化工园区快速建设。

山东能源香港宏锦国际公司成立仪式。山东省国资委主任谭成义与卜昌森共同启动激光字幕球

以山能机械、山东煤机高端煤机设备为代表，主持制定了国家千万吨综放工作面设备选型研究及其应用标准，矿山设备再制造技术和能力目前国内领先

大力发展煤炭物流贸易和现代物流配送，不断创新商业模式，积极推进电子商务贸易及河北鑫宇物流、鲁中煤炭交易中心、龙海配煤基地、黄河北运销基地、日照港、江阴港等区域性煤炭超市、物资超市建设，2011年营业收入同比增长80%。

ANSTEEL
鞍钢集团

厂区绿化一角

党委书记、总经理 张晓刚

2010年5月，鞍山钢铁集团公司与攀钢集团有限公司实现战略重组成立鞍钢集团公司后，产业集中度进一步提高，经营规模位于国内钢铁行业前列，拥有包括板、管、型、线、钒钛产品和特钢的完整产品系列，其中重轨、船板、集装箱板、汽车板、家电板、无缝管市场占有率居国内前列；是中国第一、世界第二大钒制品生产企业，是中国最大的钛原料和主要的钛白粉生产企业。

鞍钢集团公司为将重组后的资源优势转化为竞争优势，实现做大做强，果断地调整了发展战略思路，提出了在长大方式、产业布局、自主创新、对外输出上的“四个转变”和打造特强钢铁、做大特色钒钛、践行技术引领、构筑资源优势、拓展跨国经营、实现科学发展的“六大战略”，目标是成为钢铁业特强、钒产业世界领先、钛产业国内最大，多角化产业协调发展，最具国际竞争力、能够引领世界钢铁工业发展的特大型跨国集团。

两年来，鞍钢集团公司加速优化资源配置，根据市场需求，大力调整产业结构，使布局更趋合理，资源优势进一步凸显，市场竞争优势进一步增强，据2012年6月25日，世界钢动态公司公布的最新“世界级钢铁企业竞争力”排名中，鞍钢集团公司位列第22名；2012年7月9日，美国《财富》公布的世界500强排行榜，鞍钢集团公司位列第462位。鞍钢集团公司实现了企业发展的历史性突破，生产规模、营业收入等跃上了新台阶。良好的开局，为腾飞插上了翅膀，相信鞍钢的明天将会更加美好！

炼钢操作室

冷轧产品

无缝钢管生产线

钒系列产品

地址：辽宁省鞍山市铁西区环钢路1号　邮编：114021　传真：0412-6723080　信箱：office@ansteel.com.cn　网址：www.ansteelgroup.com.cn

深圳总部　邮编：51804　电话：0755-82785145　传真：0755-27118899
地址：深圳市福田区深南大道7888号东海国际中心一期A座29层

北京总部　邮编：100011　电话：010-59712888　传真：010-59712779
地址：北京市朝阳区建国门外大街甲6号SK大厦3104-3105室

Amer | 正威国际集团

北京总部：
Sk大厦

上海总部：
未来资产大厦

深圳总部：
东海国际中心大厦

广州总部：
广州国际金融中心

企业介绍

正威国际集团是一家以有色金属、半导体两大行业完整产业链为主导的全球化集团公司，历经十八年的发展，形成了欧洲（日内瓦）、美洲（纽约）、亚洲（新加坡）国际三总部；深圳、北京、上海、广州国内四总部；建立深圳精密控制线缆产业园，江西赣州铜、钨采选冶及精深加工产业园，安徽铜陵铜制造产业园，安徽池州正威中华芯都集成电路产业园，辽宁营口高新材料产业园等十大产业基地。

2011年已完成工业及贸易销售额1280亿元，荣列中国企业500强第81名，制造业500强第30名，比肩世界500强，实现了从区域的、单一行业到世界的、全产业链的发展格局。下属深圳精密控制线缆产业基地产值达百亿，全资子公司深圳市诚威电线有限公司和正威科技（深圳）有限公司均为深圳百强企业（2011年深圳百强企业排名：诚威电线第26名，正威科技第73名）；江西赣州铜、钨采选冶及精深加工产业基地4.9平方公里的铜、钨混生矿区已全面投产；全威（铜陵）铜业科技有限公司，引进全球最先进的冶金设备制造商德国西马克集团的连铸连轧设备，年产25万吨精密铜线杆、14万吨精细线材项目及高分子改性材料项目，是安徽省重点调度的二十二个项目之一，2011年实现销售收入

正威集团董事局主席王文银

亚洲总部：新加坡盛大厦

美洲总部：
纽约帝国大厦

欧洲总部：
日内瓦航海大厦

183.8亿元，自2009年以来连续三年位列安徽省民营企业第一位；在安徽池州投资建设的正威中华芯都集成电路产业园区，将建设一个以IC设计、晶圆制造、封装测试、整机制造为核心的半导体产业集群,项目第一期已于2012年1月30日启动开工；营口聚酰亚胺高新材料产业基地，一期项目已开工建设，占地面积5000亩，一期项目投产后总体产能超万吨。

随着经济全球化进程的不断加快和中国经济体制改革的纵深推进，集团决定顺势而上，实施国际化市场、国际化人才、国际化管理及“大增长极、大产业链、大产业园”的三大发展模式，走超常规发展之路，做大做强产业链，打造全球产业链最完整、产品质量最好、最值得信赖和尊重的服务商，实现正威“振兴民族精神、实现产业报国”的企业使命。

产业布局

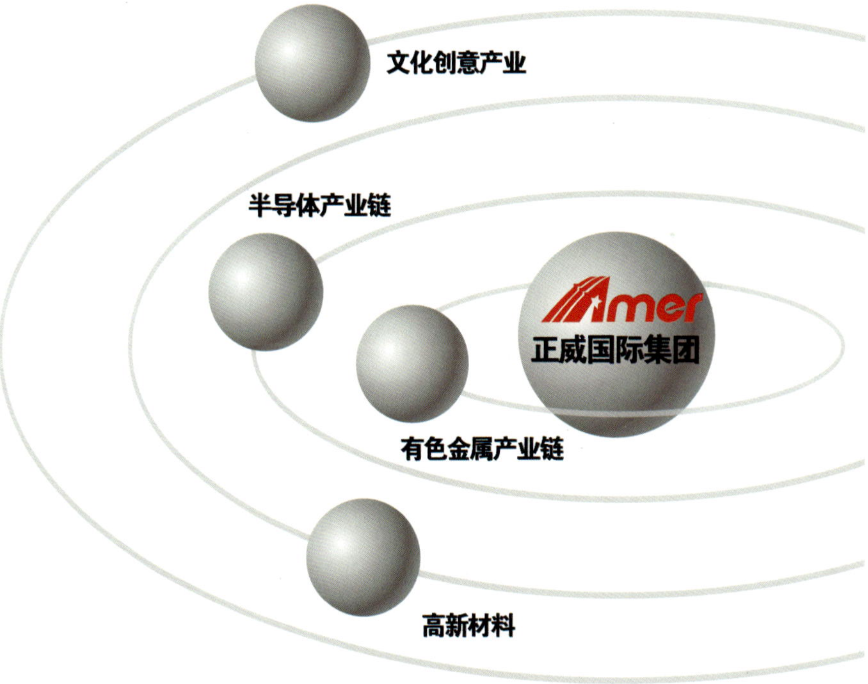

有色金属产业链	半导体产业链	文化创意产业
矿产业	Ic设计	红木
铜加工	晶圆制造	园林
铜贸易	封装测试	汉玉
精加工	整机产品	古董

董事长 党委书记 任福耀

副董事长 总经理 金智新

山西焦煤集团有限责任公司
SHANXI COKING COAL GROUP CO.,LTD.

山西焦煤集团有限责任公司（以下简称山西焦煤）是国家规划的14个大型煤炭基地骨干企业之一，是中国最大的炼焦煤生产企业和炼焦煤市场的主供应商，是全国第二家煤炭产量过亿吨、销售收入超千亿元的“双亿”级煤炭企业。

山西焦煤组建于2001年10月，属山西省国有独资企业。公司总部位于太原市，下设西山煤电、汾西矿业、霍州煤电、华晋焦煤、山西焦化、销售总公司、国际发展、国际贸易、投资公司、财务公司、公共事业公司、公路物流公司、日照公司、爱钢公司、交通能源投资公司等15个子分公司，拥有山西西山煤电股份公司和山西焦化股份公司两个A股上市公司。

山西焦煤以煤炭、焦化、发电、物流贸易、装备制造为主业，兼营材料、民爆、建筑、煤层气、节能环保、投资金融、文化旅游、房地产等配套辅助产业。公司有六大主力生产和建设矿区，主要矿厂分布在太原、晋中、临汾、运城、吕梁、长治、忻州7个地市的29个县。现有99座煤矿，生产能力1.59亿吨/年；28座选煤厂，入洗能力9385万吨/年；5座焦化厂，焦炭产能1060万吨/年；8座燃煤电厂，装机容量3368MW；9座煤层气及余气余热电厂，装机容量189.5MW；制造业年产值100亿元以上。

山西焦煤主导产品有焦煤、肥煤、1/3焦煤、瘦煤、气肥煤、贫煤等多个煤种，其中强粘焦煤和肥煤均为世界稀缺资源，具有低灰、低硫、低磷、粘结性强、结焦性好等特性，是大钢厂大高炉不可或缺的骨架炉料，市场涵盖国内外20多个省市和地区。目前，公司与宝钢、首钢、鞍钢等多家大集团大公司结成了紧密型战略合作伙伴关系。

2011年，山西焦煤完成原煤产量1.1亿吨，精煤产量4618万吨，焦炭产量859万吨，发电量115亿度，销售收入1254亿元，利润47.46亿元，上交税费156亿元，在岗职工近20万人。公司位居“中国企业500强”第76位、“全国煤炭企业100强”第6位和“全国煤炭企业产量50强”第3位。

十二五”期间，山西焦煤将以转型发展为主线，以跨越发展为目标，以实现集约、高效、低碳、多元循环发展为导向，坚持“以煤为基、多元发展”，全力打造世界五百强和国家级文明企业，建设亿吨级现代型国际化能源化工大集团。到“十二五”末，山西焦煤将力争实现原煤产量突破2亿吨，电力装机1000万千瓦以上，焦炭产能2000万吨以上，营业收入3000亿元以上，资产总额达到2500亿元以上，利税总额达到350亿元。

山西焦煤大厦

地址：山西省太原市新晋祠路一段1号

邮编：030024

电话：0351-8305000

网址：www.sxcc.com.cn

综采工作面

煤化工工业园

商 贸

坑口发电厂

新疆光明食品节开幕式

光明集团与澳大利亚玛纳森食品集团正式签署战略合作协议

光明食品集团所属糖酒集团与 DIVA 波尔多股权交割仪式顺利完成

农工商超市 118 广场

梅林产品

光明食品集团酒业石库门 1 号

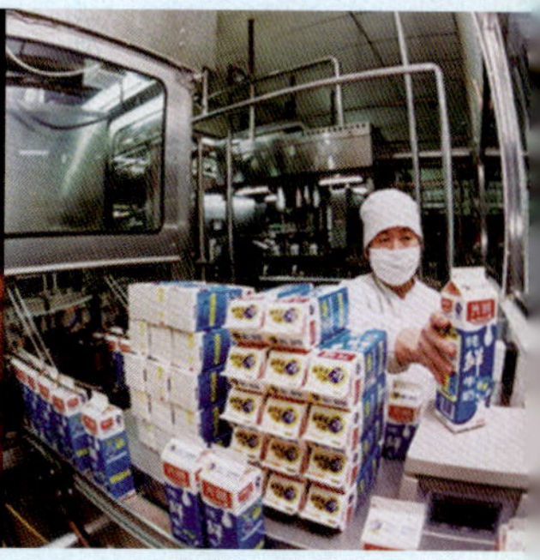

光明乳业生产流水线

光明食品集团现代农业

光明食品集团新西兰新莱特乳业公司

新疆广汇实业投资（集团）有限责任公司

XINJIANG GUANGHUI INDUSTRY INVESTMENT GROUP CO.,LTD.

广汇实业投资集团创始人——孙广信先生

广汇集团由孙广信先生创建于1989年5月2日，经过23年创业发展，现已成为集“能源开发、汽车服务、房产置业”三大产业为一体的跨国企业集团。截止2012年5月末，集团共有总资产760亿元，员工5万名。2000年，旗下广汇能源股份有限公司（原广汇实业股份公司）成功上市，股票代码600256。

涉及能量资源调查、勘探、计划、设计，到施工建设、开采加工全过程的能源开发已逐步成为广汇集团新的主导产业；集团以上市公司广汇能源为清洁能源产业的承载平台，充分利用国内外两种资源，已形成以LNG、煤炭、石油为核心产品，能源物流为支撑的天然气液化、煤化工、石油天然气勘探开发三大能源业务；2010年遵循“大能源、大物流、大市场”战略，建成新疆第一条民营运输淖柳公路；同时，“淖红三铁路”已纳入国家十二五规划，2012年3月开工建设，2013年建成。

汽车服务业引进国际化专业团队，大幅提升管理水平，截止2011年末，经营区域覆盖全国20个省、自治区，各类经营性网点454家，广汇汽车服务已连续四年成为中国最大的乘用车销售服务商，并成为全球新车销量最大的乘用车经销商集团。

房产置业2011年取得历史最好开发、销售佳绩。累计开发总面积1539.35万平方米，物业管理面积1186万平方米、热力供应面积1300万平方米。

2011年集团实现经营总收入802.07亿元，同比增长23.9%；净利润43.6亿元，同比增长21.9%；2012年总体经营保持快速增长，预计2012年全年实现经营总收入1136.91亿元，净利润80.86亿元。

集团自创建以来，努力履责，和谐发展，多次荣获自治区级、国家级多项荣誉称号，2011年位列“中国企业500强”第127位，“中国民营企业500强”第8位，被授予国家“诚信纳税企业”、“国家西部大开发突出贡献集体”等称号。广汇飞虎征战CBA十余年，已成为新疆精神的一个代表。企业力争成为广受社会尊重、各方利益平衡发展的优秀企业。

广汇汽车服务业——重庆中汽西南汽车城

奥迪 4S 店

凯迪拉克 4S 店

奔驰 4S 店

广汇房产置业——新疆乌鲁木齐 CBD 中天广场、时代广场建筑群

广汇能源开发业——哈密淖毛湖煤化工基地

雨润控股
YURUN HOLDINGS

雨润总部生产车间

雨润集团单独捐资2500万元重建的绵竹紫岩雨润中学

雨润物流版块——成都雨润农产品国际交易中心

雨润商业版块——“百年老字号”南京中央商场

雨润控股集团是一家集食品、物流、商业、旅游、房地产、金融和建设等七大产业于一体的大型民营企业集团，成立于1993年，总部位于江苏南京，员工总数超过11万人，下属子（分）公司300多家，遍布全国30个省、直辖市和自治区。目前，雨润旗下拥有雨润食品（1068.HK）、南京中商（600280.SH）两家上市公司。

2011年，雨润实现销售收入907亿元，同比增长40%。企业综合实力位列中国企业500强中排名第118位，中国制造业500强第46位，中国民营企业500强第5位，中国肉食品加工业第1位。截止2011年，集团生猪屠宰产能达4500万头，稳居世界首位。雨润牌低温肉制品市场占有率连续14年位列全国第一，高星级酒店市场份额占70%以上。

在食品主业方面，雨润始终坚持“食品工业是道德工业”的核心经营理念，创建了一条从源头到终端的安全食品链，覆盖种植、饲料、育种、养殖、屠宰、精深加工、冷链贮运、生物制药等各个环节，形成了冷鲜肉、冷冻肉、低温肉制品、高温肉制品等多个大类、上千个品种的全系列产品阵容。目前，集团拥有“雨润”、“旺润”、“福润”、“大众肉联”四大品牌，并荣获一个中国驰名商标、三个中国名牌和一个中华百年老字号，市场覆盖全国300多个大中城市，并出口至俄罗斯、韩国、中东、东南亚、港澳等国家和地区。

在科技研发方面，雨润成为我国食品行业首家同时拥有“国家级重点实验室”、“博士后工作站”、“院士工作站”、“国家级企业技术中心”和“国家级肉品工程中心”的民营企业。依托以上科研平台，雨润在食品关键技术领域取得上百项专利，牵头制定数十项国家标准，承担了包括“十五”、“十一五”和“十二五”期间肉类行业大部分重大科技攻关和支撑项目。

在承担社会责任方面，雨润充分发挥首批“国家级农业产业化重点龙头企业”的带动作用，推行“政府+公司+基地+农业经纪人+农村合作社”五位一体的订单农业发展模式，带动农民增收致富，促进城乡一体化发展与新农村建设。2011年，雨润直接带动900万户、4500万农民实现增收，增收总额超过120亿元。

雨润控股集团始终怀着“反哺社会”之心，不断参与各类社会公益和慈善事业。在汶川地震、玉树地震、舟曲泥石流灾害中慷慨伸出援助之手，近三年各类捐赠累计超过3亿元人民币，荣获“中国十大慈善企业”、“抗震救灾先进集体”、“中华慈善奖”等多项殊荣。

丰富多样的营养食品

集团办公大楼

地址：江苏省南京市建邺区雨润路10号 邮编：210041 电话：025 — 52277100 网址：www.yurun.com

红云红河烟草(集团)有限责任公司简介

红云红河集团成立于2008年11月8日，是中国烟草“深化改革、推动重组、走向联合、共同发展”向更高层次和更高水平迈出的重要一步。

集团以烟草为主业，下辖昆明卷烟厂、红河卷烟厂、曲靖卷烟厂、会泽卷烟厂、新疆卷烟厂、乌兰浩特卷烟厂六个生产厂，控股山西昆明烟草有限责任公司和内蒙古昆明卷烟有限责任公司。其核心品牌“云烟”、“红河”为“中国驰名商标”、“中国名牌产品”。

2011年，集团坚持以品牌为根本，市场为导向，营销为龙头，技术为核心，原料为基础，制造为保障，打基础，练内功，抓管理，树形象，产销卷烟近500万箱，实现税利突破500亿元，圆满完成年度发展目标，实现“十二五”良好开局，位列中国企业500强第147位，云南百强企业第2位。

2012年，集团明确提出“28718”工作目标，即：云烟品牌规模达到280万箱、一类云烟规模力争达到70万箱、红河三类以上规模达到120万箱、集团实现税利增长超过80亿元。

身处中国烟草行业更大对更大、更强对更强、更快对更快的竞争时代，红云红河集团正以科学发展观统领全局，牢固树立“国家利益至上，消费者利益至上”的行业共同价值观，牢记发展不忘回报社会的宗旨，以“满腔热情、富有激情、充满智慧、奋力创新”的精神状态，在改革中解放思想，在发展中创新思维，在探索中奋勇攀登，在拼搏中努力跨越，为中国烟草事业和地方经济社会发展做出更大贡献。

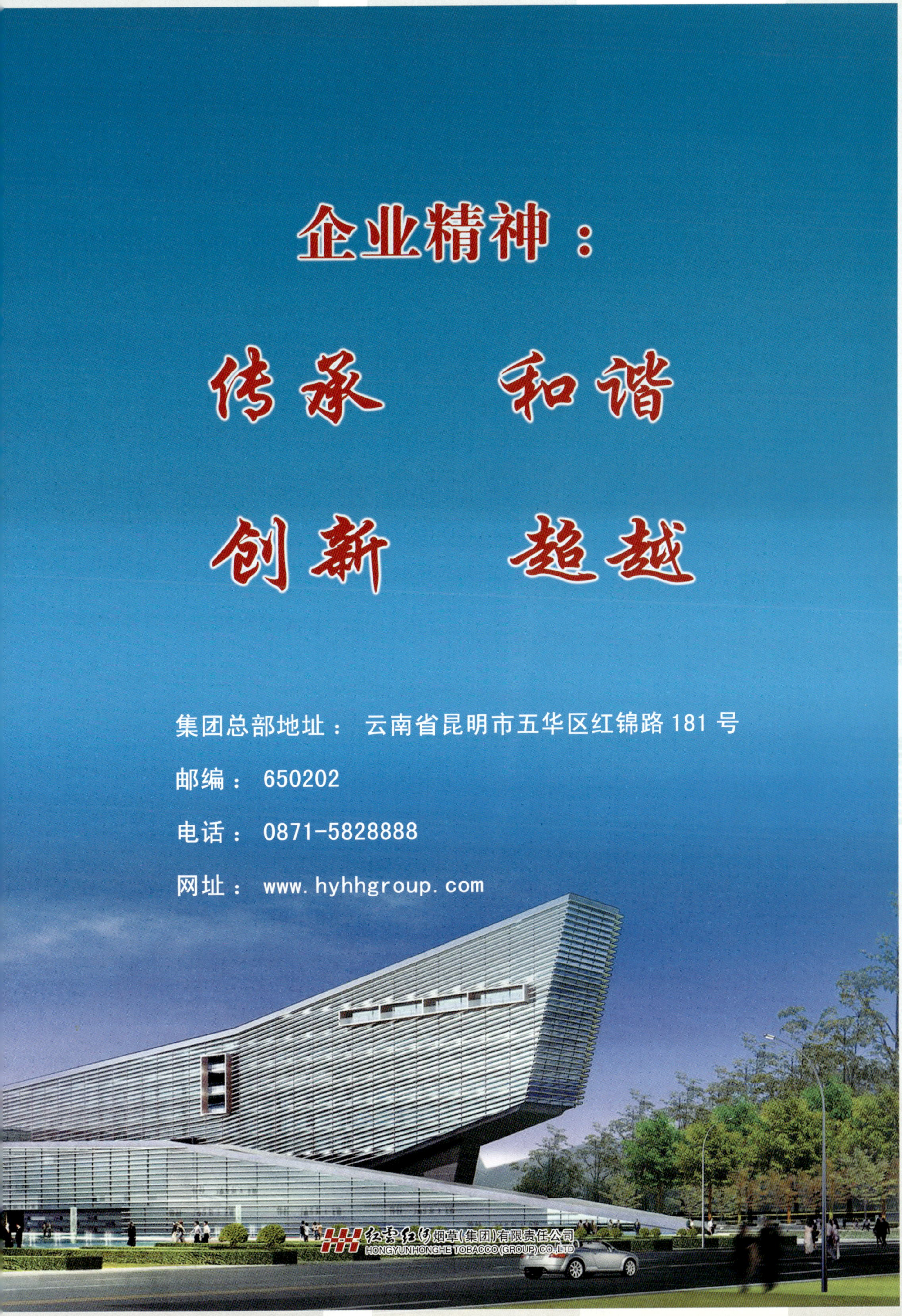
企业精神：
传承 和谐
创新 超越
集团总部地址：云南省昆明市五华区红锦路 181 号
邮编：650202
电话：0871-5828888
网址：www. hyhhgroup. com
红云红河烟草(集团)有限责任公司
HONGYUNHONGHE TOBACCO (GROUP) CO.,LTD

徽商集团

HUISHANG GROUP

徽商集团董事长许家贵

徽商集团前身是安徽省物资局，1995年11月，成建制转为安徽省物资集团股份有限公司；2000年6月，更名为安徽省徽商集团有限公司；2002年7月，与原省商务厅所属12家企业合并重组，成为国内既经营生产资料又经营生活资料的大型流通企业集团。目前，徽商集团是国家重点培育的15家大型流通企业之一，连续11年跻身中国企业500强行列，2011年实现销售额580亿元，在中国企业500强中排名第180位，在全国服务业500强中排名第63位。

徽商集团现有直属（控股）公司11家，除大宗商品批发贸易、商业连锁经营、商业地产等主业外，还有现代物流、专业市场开发运营、期货经纪、酒店、旅游服务等业务板块，营业网点覆盖安徽全省以及上海、浙江、江苏、广东、北京、天津、陕西、山西、湖北、辽宁等省市的50多个大中城市和日本、韩国、俄罗斯、英国、美国、加拿大、南非等40多个国家。

“十二五”期间，徽商集团将围绕实现“千亿徽商”的宏伟目标，继续大力实施“123”工程，坚持“勤勉、创新、和协、诚信”的经营理念，提质增效、跨越发展，构建更高层次、更高水平、更优功能的现代流通体系，全力打造区域性现代流通航母。

地址：安徽省合肥市芜湖路258号
邮编：230061
电话：86-0551-2862337
传真：86-0551-2866348
网址：www.huishang.com.cn

旗下“安徽第一百货”商之都内景

旗下农家福科技人员田间调查

旗下徽商创元公司房地产项目

旗下徽商齐云山庄酒店外景

旗下徽商红府超市内景

旗下徽商金属公司钢材市场

新华联合冶金控股集团有限公司

董事长孙纪木参加第十一届全国人民代表大会第五次会议

副董事长孙翔（左）与河北省领导合影

炼钢车间

新华冶金
SINOGIANT

一、 集团公司介绍:

新华联合冶金控股集团有限公司（下称新华冶金集团）始成立于1999年，是一家集矿山开发、港口、焦化、煤化工、烧结、炼铁、炼钢、轧钢、余压余气发电、污水处理于一体的大型综合性冶金联合控股集团。

新华冶金集团控股河北纵横钢铁集团公司、沧州中铁装备制造材料有限公司两大钢铁联合企业，占地15000亩，拥有员工近14000人，目前已具备年产铁、钢、材各1000万吨、焦炭220万吨、甲醇20万吨的生产能力。两大生产基地装备水平列居全国民营钢铁企业一流，规模位居全国民营冶金企业前列，是目前全国规模最大的热轧产品和中宽带钢生产企业之一。

新华冶金集团2012年位列中国企业500强第199位，中国制造业企业500强第97位。2011年位列全国钢铁企业排名第29位，浙商全国500强第8位。截止2011年12月31日，新华冶金集团的总资产为355亿，总负债为212亿；2011年全年销售总收入为515亿,利润总额近26亿。

二、集团公司两大生产基地介绍

（一）邯郸生产基地（河北纵横钢铁集团）简介:

1、总体介绍：河北纵横钢铁集团有限公司，始建于2003年，是一家集烧结、炼钢、轧钢、制氧、余热余压发电于一体的综合性钢铁联合企业，经过几年来不断的技改，目前已具备年生产铁、钢、材各300万吨以上，是河北省政府确定的“十二五”期间重点扶持发展的大型钢铁企业集团，也是目前全国较大规模的热轧中宽带钢生产基地。

纵横钢铁主要产品为中宽带钢，主要钢种为碳素结构钢、优质碳素结构钢、低合金钢。产品规格：厚度1.5-12毫米、宽度330-850毫米。主要用于建筑钢结构、大口径螺旋管、汽车大梁钢板、高速护栏板、集装箱用料及焊管、冷轧坯料等。纵横钢铁所生产产品符合国家产业政策，于2005年10月通过ISO9001国际质量体系认证。

（二）沧州生产基地（沧州中铁装备制造材料有限公司）简介:

1、总体介绍：沧州中铁装备制造材料有限公司(以下简称沧州中铁)为中外合资企业，成立于2006年，位于河北省渤海新区黄骅港经济技术开发区,占地13000余亩，是集焦化、煤化工、烧结链篦机回转窑、炼铁、炼钢、轧钢、制氧、余压余气发电、污水处理于一体的大型综合性钢铁联合企业，为沧州市最大的投资项目，也是河北省省管重点建设项目。该项目符合国家产业政策要求及国家钢铁行业准入条件，整体设计起点高，大量采用国内外成熟技术和工艺，立足国内中国一重等知名厂家，并引进美国、意大利等国外先进设备，生产工艺紧凑，布局合理，物流便捷。

2、主要设备：3座240m^2烧结机、2座10m^2竖炉、3座2500m^3高炉、3座180t转炉，国内一流、国际领先的1250mm、1780mm新型合金材料轧钢生产线各一条，相应配套建设40万平方米的机械化料场、4座6米55孔年产220万吨干熄焦的焦炉、3套年产20万吨的石灰窑、年产200万吨链蓖机回转窑生产线一条，配套LF和RH精炼炉，并由世界500强企业法国液化气中国投资有限公司配套投资10亿元建设的8万m^3制氧。

轧钢车间产品

轧钢车间

装备与设备

新华冶金集团沧州生产基地

上海纺织外贸产品展示中心 ▲

上海纺织原创服饰品牌——ElsMorr ▲

上海纺织原创服饰品牌——EY ▲

高科技膜结构生产线

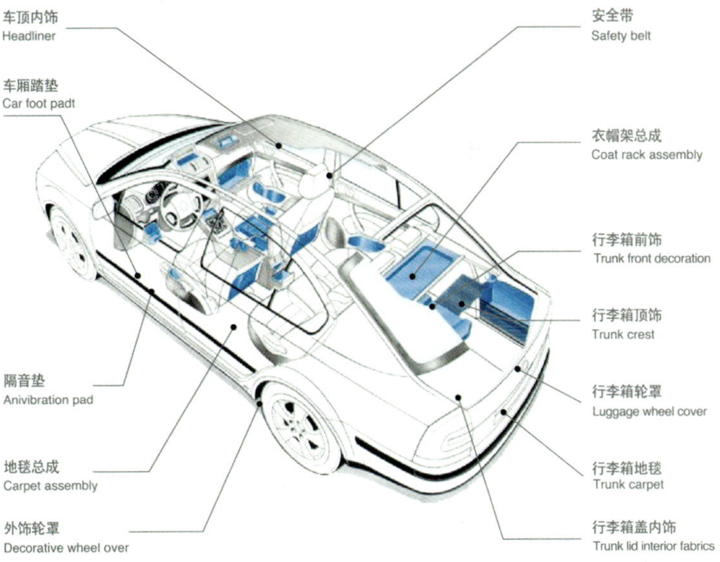

上海纺织已成为中国最大的汽车纺织内饰件配套服务商之一

上海时尚产业新地标——上海国际时尚中心

中板产品

热轧卷板产品

线材产品

螺纹钢产品

企业现状

河北敬业集团是一家以钢铁为主业，兼营化工、酒店、房地产、贸易等的大型集团公司。主要产品为螺纹钢、中厚板、热卷板、水杨酸、阿斯匹林。现有员工20500名，总资产140亿元，已形成铁钢材各1000万吨的规模，是全世界最大的水杨酸生产基地。2011年集团实现销售收入426亿元，上缴税金6.3亿元，在中国500强企业名列230位，河北百强第6名，石家庄百强企业第一位，是河北省委常委、石家庄市委书记孙瑞彬的重点联系企业。

产品研发

集团已成功开发了船板、桥梁板、锅炉板、压力容器板、抗震螺纹钢等高附加值品种。目前已获得中国船级社认证、欧盟CE认证、八国船级社认证，锅炉板系列、压力容器板系列认证，螺纹钢产品（HRB400）、低合金高强度中厚钢板（Q345B—E）获得中国钢铁工业协会冶金产品实物质量认定（金杯奖），产品畅销国内并出口到30多个国家和地区，参与到三峡工程、世博会中国馆、南水北调等国家重点工程建设中。

节能减排

敬业集团始终将环境保护、节能减排放在首位，在节能减排、循环经济方面的投入超过10亿元，煤气、蒸汽、炉渣、工业用水等全部回收利用，实现了经济效益和环境效益的同步发展。

企业文化

集团注重企业文化建设，营造了“请人、留人、用人、育人”以人为本的企业文化，注重提高员工素质，整合人力资源，打造学习型团队，为企业又好又快发展提供了强大动力。

社会责任

敬业集团认真执行党和国家的各项方针政策，致力于企业的发展壮大，带动了周边地区餐饮业、运输业的发展，间接安排就业2.5万余人，致富了一方百姓。同时还积极参与修路、建学校、救灾、捐资贫困山区等公益事业，累计投入超2亿元。

发展愿景

在“十二五”期间，敬业集团将做好三篇文章：搞好节能减排循环经济、对现有装备进行挖潜改造、变单纯的制作业为个性化加工配送服务，并逐步扩大非钢经济，培育新的效益增长点，年销售收入递增25%，在2015年底达到1050亿元，上缴税金达到16亿元。

地址：河北省平山县南甸镇
邮编：050400
电话：0311-82871157　82888888
传真：0311-82871819
网址：www.hbjyjt.com
邮箱：jingye@hbjyjt.com

新华联集团为中南大学捐款2000万元，设立优秀贫困大学生奖励基金

新华联集团
MACROLINK GROUP

新华联集团创建于1990年10月，由国际贸易起步，历经22年的持续快速发展，已成为涵盖房地产、矿业、化工、陶瓷、酒业、金融投资、石油贸易等多个产业的大型现代企业集团。目前，集团拥有全资、控股、参股企业近70家，其中拥有控股、参股上市公司5家，企业分布和主要业务遍及国内20多个省市和40多个国家与地区，员工近40000人，年营业收入超过350亿元，年纳税近35亿元，企业总资产超过300亿元。22年来，集团成功打造了金六福酒、香格里拉·藏秘、开口笑酒、东岳制冷剂、华联陶瓷、新华联房产等一系列行业知名品牌，拥有13个中国驰名商标，连续8年跻身中国企业500强和中国民营企业100强行列，并被国务院、中国企业联合会、全国工商联、国家劳动和社会保障部、国家民政部等评为“全国就业先进企业”“中国优秀民营企业”“中国企业文化建设优秀企业”“全国就业和社会保障先进企业”“中国十大慈善企业”和“中国最具生命力企业100强”。

面对新的机遇与挑战，新华联集团将秉承“多元化做大、资本化做强、专业化做精、品牌化做久”的发展方针，深入落实科学发展观，以强烈的社会责任感和使命感，不遗余力地推动企业与社会、环境的和谐发展，成为一个备受社会尊重的民营企业。

全国工商联副主席、新华联集团董事局主席兼总裁 傅军

新华联集团北京总部——新华联大厦

新华联镍合金公司

东岳研究 院

新华联“北欧小镇”半高鸟瞰-楼改颜色

地址：北京市朝阳区东四环中路道家园18号新华联大厦 传真：010-65856688
邮编：100025 电话：010-65303388 网址：www.macrolink.com.cn

集团控股的贵州黔桂发电有限责任公司，按照循环经济发展理念，已从单一发电产业发展为集发电、煤焦化、水泥建材、房开、贸易一体化多远发展的产业集群

集团江西广银铝业45万吨铝加工项目举行奠基仪式

集团在全国布局发展铝加工产业，坚定走新型铝产业发展道路。图为立式氧化车间生产现场

广西投资集团有限公司成立于1988年6月，注册资本41.97亿元，是广西壮族自治区重要的投融资主体和国有资产经营实体，肩负着参与自治区重点项目建设，培育发展资源优势产业，壮大国有资本，创造价值、服务社会、成就员工的光荣使命。

24年来，集团按照自治区经济建设和社会发展的战略部署，积极履行投融资主体职能，服务广西发展大局，在资源开发利用、重点项目建设、产业布局、结构调整、节能减排、履行社会责任等方面，积极发挥导向、引领和生力军作用，为广西经济社会发展做出了重要贡献。

24年来，集团励精图治，追求卓越，实现了跨越式发展。2011年底，集团参控股企业90家，其中全资和控股企业55家，职工1.8万人，总资产541亿元，净资产143亿元。集团的投融资能力、资产管理能力、经济效益、综合实力、品牌效应大大增强，连续6次跨入了广西十强企业，连续5次进入中国500强企业，现排303位，2012年4月荣获“全国五一劳动奖状”称号。

当前，广西投资集团正在以科学发展观为统领，抓住调结构、转方式主线，加快推进企业转型升级，致力于打造广西最大的铝、电产业集团。力争到“十二五”末，总资产达到1300亿元、净资产450亿元、营业收入达到1200亿元、利润总额达到100亿元，跨入中国企业100强，为进入世界企业500强做准备、打基础。

地址：广西南宁市民族大道109号广西投资大厦
邮编：530028
电话：0771-5533156
传真：0771-5533308
网址：www.gxic.cn
电邮：bgs@gig.cn

集团投资建设的龙象谷项目：总规划面积约100平方公里，将建成集生态文化园、自然博物馆、风情小镇等于一体、积聚人口约30至50万的国际生态文化旅游城

集团控股的国海证 是广西区内注册的唯一一家全国性综合类券商

集团投资建设的铝工业园项目：在全国各地承接原铝资源，按照每个工业园覆盖400到800公里的范围布局，规划建设十多个生态型循环经济铝工业园

柳州银行 BANK OF LIUZHOU　广西北部湾银行 GUANGXI BEIBU GULF BANK

采盐船作业

中国盐业总公司创立于1956年，现为国务院国资委监管的国有大型企业，是中国盐行业唯一的中央企业。公司主要承担两大任务：一是做强做优，实现国有资产的保值增值；二是承担全国食盐专营的生产经营任务，确保全国合格碘盐供应。作为中央企业，中国盐业总公司长期以来一直致力于推动盐业行业持续、稳定、健康发展。20世纪90年代以来，公司协助国家有关部门落实食盐专营，积极组织推进普及碘盐供应，建立起了规范的食盐生产销售网络体系，我为我国实现消除碘缺乏的目标，为中国盐业的发展做出了重要贡献。

中国盐业总公司在加快企业自身发展的同时还不忘所担负社会职责，在应对数次食盐抢购风潮中，不计较企业的得失，以国家大局为重，不惜代价保证了非常时期的市场供应，为维护社会稳定做出了表率。

近年来，通过资本扩张，推进行业联合和产业重组，发展壮大了企业的实力。目前，中国盐业总公司已经成为亚洲最大的盐业企业。企业坚持盐与盐化工并举，打造盐业循环经济的发展模式。力争成为世界上盐业规模最大、经济效益较好、具有竞争力、富有社会责任感的强大盐业企业。

中国盐业总公司在新的历史时期将以更加开阔的胸襟和追求卓越的精神，坚持“引领现代盐业，创造美好生活”的企业理念，团结带领全国盐行业，加速企业发展，在新起点上创造新的辉煌。

联合国儿基会授权“中盐”牌碘盐小包装使用其标识

碘盐入延边

真空制盐装置

中国轻工业品进出口总公司

中国轻工业品进出口总公司（以下简称“中轻总公司”）成立于1952年，是一家历史悠久、实力雄厚、具有良好商誉和发展前景的大型国有企业。主营业务包括浆纸、原材料资源性商品和一般商品进出口贸易。所属子公司从北京到珠三角、长三角等地形成了多方位的营销网络；位于汉堡、莫斯科、土耳其、温哥华、香港、曼谷、迪拜、圣地亚哥、约翰内斯堡等地的经营机构形成了国际化的经营格局。中轻公司本部与所属子公司已全部通过ISO9001：2000国际质量管理体系认证。

中轻公司已成为我国大宗及资源性商品的重要进口贸易商之一。目前年进口纸浆占国内进口纸浆市场流通量的20%，是我国纸浆市场的主要供应商之一。有色金属及金属矿产品、黑色金属矿及合金、石材、木材、塑料原料、硼矿及制酸产品、橡胶、可可豆、芝麻、乳制品等多项商品业务已经形成了相当的经营规模和一定的市场影响力。其中，大理石荒料国外采购能力在国内央企中名列前茅；铜精矿年进口量已占到国内市场进口贸易流通量的20%；乳胶及加纳可可豆进口量排名全国第一；铬矿、芝麻的进口规模稳居国内前三位。作为我国日用消费品以及工业制成品的主要进出口商之一，中轻公司拥有良好的市场信誉、广泛的业务渠道、坚实的客户基础、较强的市场竞争能力。

中轻总公司以参与“为我国经济长期可持续发展提供稀缺的原材料和资源保障”为使命，将以调整创新为动力，以能力建设为核心，以增强竞争力为目标，逐步建设成为我国重要的大宗资源性商品供应商和集成贸易服务商。

地址：北京市朝阳区劲松九区910号
邮编：100021
电话：010—87763388
传真：010—67747246
网址：www.chinalight.com
邮箱：into@ chinalight.com

陕西省历史博物馆荣获新中国成立 60 年百项经典暨精品工程

陕建集团

SHAANJIAN GROUP

陕西建工集团总公司（涉外名称 华山国际工程公司）为省政府直属大型企业，是陕西省唯一具有房屋建筑工程施工总承包特级资质、并享有对外经济技术合作与进出口业务经营权的建筑业集团企业。

集团总公司始创于 1950 年，历经西北工程管理总局、建工部五局、省建工局等多次机构名称演变。现有企事业单位 27 户，其中企业 24 户（13 户为控股子公司），事业单位 3 户；企业总资产 133 亿元；在册职工 20321 人，具有各类执业注册资格人员 2349 人，其中一级、二级建造师 1808 人，高级职称 965 人，中级职称 3325 人。具有承担各类建设工程勘察、设计，土建、安装、市政、石化、公路、矿山、核电、装饰、钢结构、古建园林工程施工以及科研、监理、房地产开发等综合能力。

60 多年来，集团以陕西经济建设为主战场，坚持省内省外并重、国内国外并举的经营方针，坚持“建精品、争国优、创品牌”的发展方略，不断强化质量管理，大力推动科技进步，先后承担了国内外一批工业与民用建筑重点工程及机场、公路建设项目，海外经营领域已拓展到 13 个国家，为我省乃至国家经济建设发挥了重要作用。“十五”以来，先后有 15 项工程获中国建设工程“鲁班奖”，12 项工程获国家优质工程银奖，133 项工程获陕西省“长安杯”，4 项工程荣获新中国成立 60 周年“百项经典暨精品工程”，还获得了中国土木工程詹天佑奖、中国建筑钢结构金奖、中国安装工程优质奖、全国市政金杯示范工程、全国建筑工程装饰奖等多个奖项；建成国家级科技示范工程 9 项，省级科技示范工程 255 项；获得省部级科技成果一等奖 5 项、二等奖 8 项；获得国家级工法 12 项，省级工法 120 项，国家专利 28 项。

2007 年，集团企业总产值和营业收入双双突破百亿大关。特别是近年来，集团坚持“推动科学发展，做大做强集团，富裕陕建职工”的战略思想，生产经营规模快速攀升，企业综合实力显著增强，职工生活水平不断提高。2011 年，完成企业总产值 310 亿元，主营业务收入 285 亿元，实现利税总额 11 亿元。连续十年荣列“中国企业 500 强”，连续八年入选“中国工程承包商 60 强”，并被授予全国守合同重信用企业、全国建筑业先进企业、全国工程建设质量管理优秀企业、中国建筑十大综合品牌企业、“十一五”全国建筑业科技进步与技术创新先进企业、陕西省保增长突出贡献单位、陕西省先进建筑业企业、陕西省质量管理先进单位、陕西省安全生产先进单位、陕西省“十一五”改革发展优秀国有企业等荣誉称号。

集团将秉承“以人为本，敬业守信，建造精品，争创一流”的企业精神，竭诚为社会各界提供优质服务。

集团董事长、党委书记 刘耀华

集团总经理、党委副书记 薛永武

法门寺合十舍利塔荣获国家优质工程银奖

华山国际酒店荣获国家建筑工程鲁班

福建贵安新天地项目局部实景

世纪金源集团

GOLDEN RESOURCES CENTURY GOLDEN RESOURCES GROUP

西双版纳世纪金源大饭店实景图

合肥北城世纪城局部实景

世纪金源投资集团有限公司是著名实业家、旅菲爱国华侨黄如论先生创办的综合性跨行业国际集团。集团以“诚信创业、造福社会”为企业宗旨，以“房地产开发、星级大饭店、大型购物中心、金融资本运营、物业管理、矿业开发及核桃油”为六大支柱产业，目前在中国大陆已投资1800多亿元人民币，开发各类商品房6000万平方米，缴纳各项税费已达127.33亿元人民币。集团属下拥有9个区域集团，两个行业集团，其中包括70多家子公司，14家五星级大饭店，6家Shopping Mall，投资地域遍及福建、北京、上海、江西、重庆、云南、湖南、贵州、安徽、陕西、江苏、浙江，以及中国香港、菲律宾等海内外各地。集团现有员工2.1万名，英才荟萃，实力雄厚。

世纪金源投资集团在董事局主席黄如论先生的带领下，秉承“以情服务、用心做事”的企业理念，弘扬“务实高效、开拓进取”的企业精神，在海内外均取得了令人瞩目的成绩。凭借对社会发展做出的杰出贡献，世纪金源集团迄今获得各项荣誉近300项。在国家税务总局指导的纳税评比中，世纪金源集团自2003年起连续五年名列“中国行业纳税百强”；2005年至今七度荣登“中国企业500强”排行榜，连续八年荣登“中国服务业企业排行榜”；2011年，企业荣登年度全国房地产销售排行榜30强，列第18位，是前二十名中唯一的民营非上市公司。集团董事局主席黄如论先生二十一年来热心公益慈善事业，共捐资人民币40亿元人民币，连续七年获得“中华慈善奖”，六次荣登“中国慈善排行榜”榜首，多次受到党和国家领导人胡锦涛、温家宝、习近平、李克强等亲切接见。

地址：北京市海淀区蓝晴路1号　邮编：100097　网址：www.grgroup.com.cn

宁波杭州湾世纪城项目效果图

罗源湾滨海新城项目效果图

云南建工集团有限公司成立于1951年，是云南省建筑业龙头企业，中国西南地区一流的大型建筑施工企业集团。业务涉及工程总承包、房地产开发、城市建设投资开发、建筑工程施工、机电设备安装、商品混凝土生产、路桥市政工程施工、钢结构工程施工、水利水电工程施工、地基工程施工、建材与设备供销、建筑科研、勘察设计、建筑劳务;集团现有全资子公司、控股公司、直管企事业单位和国外机构34个;现有在职职工16480人，各类专业技术人员6683人，高级职称500余人。

2011年集团深入贯彻“效益至尊”理念，不断深化改革，加大交流与合作，创新管理模式，提升战略层级，推行人才战略;进一步调整产业结构，增强资本运营，搭建投融资平台，实施“五集中一加强”和实体化、扁平化、大审计等工作，积极拓展国内外市场，实现了资本经营与生产经营同步发展，经济效益与生产规模同步增长，综合实力显著增强。2011年集团实现新签合同额401.77亿元;完成产值290.21亿元。

目前，集团已连续20次入选中国企业500强，8次入选中国承包商60强，成为云南省建筑施工企业100强之首;荣获全国建筑工程鲁班奖20项，国家优质工程银质奖29项，詹天佑土木工程大奖提名奖1项，全国用户满意工程14项，全国和省级以上科技进步奖400多项，获部省级优质工程奖359项;连续三年入围全球最大国际承包商225强，2011年位列219位，同时还首次入选 “2011中国100家跨国公司及跨国指数”榜单，位列第69位。工程业务覆盖南非、沙特、老挝、赤道几内亚、柬埔寨等十几个国家和地区。2006年和2009年分别荣获老挝“发展勋章”和“劳动勋章”，2010年荣获柬埔寨“贡献勋章”，树立了“云南建工”国际品牌形象，创出了良好的国际声誉。

云南师大图文信息中心工程

云南大学洋浦校区图书馆

地址：云南省昆明市东风东路36号
邮编：650031
传真：0871-3173714
网址：www.ynjg.com

昭通体育场

景秀西苑经济适用房

SRBG

四川公路桥梁建设集团有限公司

Sichuan Road & Bridge(group)co.,Ltd

党委书记、董事长 孙 云

四川公路桥梁建设集团有限公司是由四川省人民政府批准成立的国有独资大型企业，拥有国家工程总承包特级资质和公路行业甲级设计资质，主要从事路桥施工、路桥投资收费、水电开发、房地产开发、矿藏开发、证券投资等业务。公司下辖50多个全资和控股分、子公司，员工13000多人，年营业收入300多亿元。公司作为主发起人成立的四川路桥建设股份有限公司于2003年在上海证券交易所上市，是四川交通系统首家A股上市公司。

公司坚持“立足四川、服务全国、跻身世界、开拓发展”的经营方针，50多年来，共修建公路1.5万余公里，其中高等级公路5000余公里，大型桥梁1000多座，以及隧道、机场、码头、水坝、市政工程等，以“优质高效、信守合同”赢得了业界的良好赞誉。公司在高速公路路面及特大型桥梁施工方面有较强实力，多项施工技术处于国内或世界先进水平，多次荣获国家及部、省级科技进步奖、科技成果奖和优质工程奖。如万县长江大桥获国家科技进步一等奖、国家优质工程银奖和詹天佑土木工程大奖；宜昌长江大桥、成都绕城高速公路东段工程、陕西榆晋高速公路项目获中国建筑工程鲁班奖等。

近年来，公司坚持“一业为主、两翼并举、多元发展”的战略，在巩固路桥施工主业优势的同时，稳步推进基础建设投资和资本运营。公司先后投资建设了宜宾长江大桥等5个独立大桥BOT工程项目，以及宜泸高速、成德绵高速、成自泸高速、内威荣高速、自隆等高速公路BOT项目；投资开发了四川巴河流域水电开发项目、甘孜州巴郎河和小金川流域水电开发项目、达州市西外新区房产开发项目等，并在医药、证券行业进行了成功的开拓。

在2008年“5.12”抗震救灾、2010年抗击“8.13”特大山洪泥石流、2011年国道213线罗圈湾水毁工程抢险等多次急难险重的任务中，集团冲锋在前，不畏艰险、抢险救灾，先后投入资金5亿多元，抢通保通灾区道路500多公里，转移灾民1万多人，用铁血行动保卫了人民群众的生命财产安全，捍卫了灾后重建的重大成果，成为四川省抢险救灾的一面光辉旗帜。集团抗震救灾和抢险救灾的突出表现和重要贡献，得到了党和国家领导人、四川省委、省政府领导的高度赞扬和社会各界的普遍赞誉。

公司多次被评为“四川省国有建筑企业综合实力首强”及“最佳效益首强”，“四川省大型企业集团经营规模10强”及“综合实力10强”，并荣获了“全国五一劳动奖状”、“全国抗震救灾英雄集体”“全国文明单位”“四川省重点建设AAA等级信誉企业”“四川省建筑业先进企业”、“四川省先进单位”、“四川省最佳文明单位”等荣誉称号，四次跻身“中国企业500强”。

浙江舟山西堠门跨海大桥

“5.12”汶川大地震后，四川路桥抢险队全力抢通都汶公路

湖北荆岳长江大桥

福建龙长高速管理

雅西高速公路

公司投资修建的首条高速公路BOT项目通车

我国第一条沙漠高速公路—陕西榆靖高速公路

湖北鄂黄长江大桥

宜昌长江公路大桥

重庆涪陵乌江大桥

地址：四川省成都市高新区九兴大道12号　传真：028−85063076
邮编：610041　电话：028−85126096　网址：www.scrbg.com.cn

党委书记、董事长　梁谢虎　　　　总经理　刘军

山西省国新能源发展集团有限公司

Shanxi Provincial Guoxi Energy Development Group CO.,LTD.

GXED

现代化的办公大楼

山西省国新能源发展集团有限公司成立于1981年，是以燃气、煤炭、贸易产业为主，水泥、页岩气产业为辅的多元化、规模化、现代化国有大型能源企业集团。2011年跨入中国企业500强、中国企业文化建设百强，山西企业100强前10名，并被列为山西转型综改区先行先试企业、被山西省劳动竞赛委员会授予“山西省五一劳动奖状”。

近年来，国新能源始终秉承“学无止境、追求卓越”的企业精神，树立“爱省、奉献、创新、发展”的核心价值观，大力实施企业文化、党建创新和人才强企战略，勇担社会责任，坚持服务低碳生产力，服务低碳消费，用足用好低碳政策，为全省社会经济发展提供能源引擎。目前，国新能源总资产127亿元，下属44家子公司，年煤炭外运能力5000万吨，拥有全省100亿立方米天然气独家经营权及148亿立方米混合燃气资源主导运营权。2011年完成气化山西一期工程，目前，国新能源已建成省级天然气调控中心1座，天然气分输站50座，年管输能力超过100亿方，管网覆盖全省10市94县（市、区），实现气化全省91县（市、区）。

国新能源将紧抓气化山西发展主线，坚定不移地走高碳能源低碳化利用的发展道路。到2015年末，将建成全省管网总长5000公里，气化全省11市107个县（市、区），气化率达90%，气化居民将达2047万人，年销气量150亿立方，产生巨大的社会和经济效益。确保销售收入500亿元，利润20亿元，资产规模200亿元，努力实现人均效益全省第一、人均利润全省第一、人均工资收入全省第一和国新人幸福指数全省第一。

国新能源将一如既往追求技术和利润高端，加快主动转型，早日实现转型跨越、气化山西既定目标，努力建设成为国际标尺衡量的，富有生命力、竞争力和可持续发展力的新能源企业！

地址：山西省太原市长风大街108号东座
邮编：030006
电话：0351-7216107
传真：0351-7216108
网址：www.sxgxny.com

天然气液化项目开工奠基仪式

煤炭发运站场

正在焊接输气管道

先进的输气场站

东北特殊钢集团有限责任公司

DONGBEI SPECIAL STEEL GROUP CO.,LTD

董事长、党委书记 赵明远

荣誉证书

东北特殊钢集团有限责任公司：

2010年度最具影响力企业

2010年度最具成长性企业

2011年01月

东北特钢集团大连基地环保搬迁项目竣工庆典仪式

高速线材生产线鸟瞰

东北特殊钢集团有限责任公司是我国专业生产高端特殊钢知名企业，现已发展成为当今世界产能最大、技术含量最高、品种组距最全的特殊钢企业。公司由原国家特殊钢骨干企业——大钢、抚钢、北钢于2004年9月23日联合重组而成。2012年“中国500强企业”排名388位、“中国制造业500强企业”排名206位，在我国国防军工用特种材料领域不但占有极为重要的地位，还承担85%新材料生产研制任务。公司拥有24家控股、5家参股子公司，其中抚钢股份为上市公司，在岗员工20000人。2011年底总资产472亿元，营业收入230亿元，精品钢材产量160万吨。十二五规划期末，特殊钢产量将超过800万吨，特殊钢材690万吨，实现销售收入1000亿元。

公司产品群不仅在国内具有垄断性竞争强势，在国际上也具有较强竞争力。目前，集团形成六大主导产品，十八大支柱品牌产品。不锈钢、轴承钢、工模具钢和汽车用钢规模产量居国内首位，高温合金、高强钢市场占有率达80%以上，工模具钢为国内第一品牌。与全球150多家客户建立合作关系，与世界500强企业中的46家有商务合作，通过30项国际大公司及行业认证，产品销往35个国家和地区，覆盖全球85个港口。2011年自主创新成果显著，获得专利32项，取得行业领先新工艺、新技术开发成果15项，创行业及省、市级以上奖项16个，在15项高新产业领域取得重大科研成果。

地址：辽宁省大连市金州新区大连登沙河临港工业区河滨南路18

邮编：116105

电话：0411–87256116

传真：0411–87256100

网址：www.dtsteel.com

电子信箱：dtoffice@dtsteel.com

东北特钢集团大连基地新厂区

四川省达州钢铁集团有限责任公司

董事长 王怀雲

总裁、党委书记 江善明

四川省达州钢铁集团有限责任公司（简称达钢），兴建于1958年，系四川省委、省政府重点培育的 30户大企业大集团之一，达州市最大的工业企业和利税大户。

达钢占地面积225万平方米，拥有资产总额130亿元，在岗员工8500人，其中工程技术人员1500多人；现已形成年产铁350万吨、钢400万吨、钢材350万吨、机焦210万吨、煤化工产品20万吨、甲醇50万吨的综合生产能力，2011年实现销售收入204亿元。

达钢充分利用当地得天独厚的煤炭、天然气资源优势，以发展循环经济，节能减排和延伸产业链为重点，形成了以钢铁、煤化工为主业，新型能源化工、矿产资源和商贸物流产业多元发展的格局。

达钢生产“巴山牌”抗震钢筋、热轧带肋钢筋、热轧圆钢和高速线材系列产品；煤焦化工系列产品；甲醇、二甲醚等新型能源化工产品和煤炭、铁矿石。达钢钢材在川、渝、鄂、陕、黔等周边市场享有广泛信誉，深受渝怀铁路、重庆轻轨、向家坝电站、成都地铁等国家重点工程和川、渝各大型楼盘等广大用户青睐。

达钢把节能、环保作为企业可持续发展的基石，先后投入20亿多元，对工业废气（烟）、废水和废渣进行综合利用，取得了环保效益和经济效益双丰收。多次被四川省人民政府授予“工业节能先进企业”、“工业节能突出贡献企业”称号。在全国首创利用转炉煤气配加焦炉煤气合成生产甲醇和二甲醚项目的成功投产，生产甲醇的方法和设备获国家发明专利，填补了国内空白。

达钢先后荣获了“全国钢铁企业先进集体”、“全国重合同守信用企业”和“中国十佳质量安全信用单位”；四川省百名诚信纳税人、四川省银企合作“诚实守信单位”、“省质量信誉AAA级企业”以及四川省“先进基层党组织”和“全国五四红旗团委”等称号。

达钢“十二五”的发展目标是：形成年产钢500万吨，机焦210万吨，煤化工产品20万吨，甲醇100万吨、二甲醚80万吨的综合生产能力，实现年销售收入500亿元、利税80亿元以上，成为西部地区重要的大型钢铁联合企业和重要的煤化工、天然气能源化工产业基地。

地址：四川省达州市通川区西河路25号　邮编：635000　网址：www.dasteel.cn

达钢北大门及“创业颂”群雕

达钢集团公司办公楼

高炉三座，年产生铁350万吨能力

炼钢厂120吨顶底复合吹炼转炉

装备先进技术、视频监控系统现代化的能源管理中心

国内一流的连轧棒材生产线

全国劳动模范、集团董事长兼首席执行官 徐云亭

利华益集团科技大楼

利华益集团
LIHUAYI GROUP

利华益有机化工和新材料项目厂区

利华益利津石油化工厂有限公司

利华益山东凤凰制药股份有限公司

利华益三阳纺织有限公司

利华益集团是以石油化工为主导产业，制药、纺织服装、进出口贸易等产业稳步发展的股份制大型企业集团，是中国企业500强、中国制造业500强、中国化工100强，山东省企业100强。子公司利津石油化工厂有限公司拥有全国地方石化企业最大加工能力、燃料油自主进口权和成品油批发经营权；利华益多维化工公司采用国际领先的短流程清洁生产工艺技术、拥有全国单套规模最大的丁辛醇生产装置；利华益维远化工公司苯酚丙酮、双酚A、聚碳酸酯联合装置项目列入了国家战略性新兴产业及产业结构调整专项。山东凤凰制药股份有限公司是国家重点高新技术企业、国家药品GMP认证企业，荣获中国驰名商标。三阳纺织有限公司拥有同行业精纺最优配置，荣获中国名牌产品。集团荣获中国优秀企业、全国企业文化优秀成果、改革开放30年山东省功勋企业、山东省省长质量奖、山东省企业管理奖等称号。集团发展战略是打造国内领先的有机化工和新材料产业集群、现代中药新药产业基地和高端纺织产业基地，成为资产精良、科技领先、知名品牌、环境友好、员工富裕、富有崇高远景和可持续发展的大型企业集团。

地址：中国山东省东营市利津县大桥路86号
邮编：257400
电话：(0546)5685658　5612178
传真：(0546)5621310
http://www.lihuayi.com
E-mail：lihuayiren@lihuayi.com

青岛港（集团）有限公司

董事局主席、总裁 常德传

青岛港始建于1892年，由青岛老港区、黄岛油港区、前湾新港区和董家口港区四大港区组成。主要从事集装箱、煤炭、原油、铁矿石、粮食等各类进出口货物装卸、储存、中转、分拨等业务，与世界上130多个国家和地区的450多个港口有贸易往来，是太平洋西海岸重要的国际贸易口岸和海上运输枢纽。

改革开放以来，青岛港改造了一个百年老港，建设了三个现代化新港。总资产从1.8亿元自我积累增值裂变到300多亿元。上缴税费从149万元增长到30多亿元，连续8年保持上缴地税青岛市第一，连续4年上缴国有资本收益占青岛市一半以上，连续6年荣膺中国企业500强，蝉联效益200佳，仅去年就创造了727亿元的海关入库收入来源，是世界第七大港、我国第二大外贸口岸。2011年，港口吞吐量突破3.7亿吨，集装箱超越1300万标准箱。今年上半年，面对严峻的经济形势，港口逆势上扬，半年吞吐量突破2亿吨。

多年来，青岛港深入科学发展、创新发展，实现了由劳动密集型到技术密集型的根本转变，港口抢占效率至高点，集装箱装卸效率连续8次打破世界纪录，铁矿石接卸效率连续19次刷新世界纪录，用仅占全国港口1.3%码头岸线干出6.9%的吞吐量。

青岛港以实际行动，履行社会责任，挺起国企脊梁。实施“蓝天、碧水、绿地”三大工程，创造高效集约、创新驱动、绿色增长的发展模式，“十一五”以来，港口吞吐量翻了一番多，综合能源单耗下降21.6%，被授予首批国家环境友好企业、世界节能环保最佳企业。

自1995年以来，青岛港一直是全国交通系统典型和全国港口行业唯一示范“窗口”，多次被国务院确定为国有企业重大典型。胡锦涛、吴邦国、温家宝、贾庆林、李长春、习近平、贺国强等党和国家领导人先后来港视察，对港口发展都给予充分肯定和厚重期望。今年以来，中纪委、中组部、国资委、监察部、全国总工会、全国工商联共同向全国推广青岛港发展经验，联合在人民大会堂召开“青岛港经验理论与实践研讨会”，高度评价青岛港“走出了一条中国特色企业发展成功之路”。

青岛港以世界眼光、国际标准、本土优势，先后携手丹麦马士基、阿联酋迪拜环球、荷兰皇家孚宝等世界五百强，合作运营世界级码头项目。当前，青岛港正与中石化、中远、招商局等十几家央企和多家国际港航巨头深化合作，投资300多亿人民币，在董家口港区合资建设一大批矿、油、散杂货深水码头，再造一座三亿吨大港，“十二五”末建成一个6亿吨的第四代世界强港。

地址：山东省青岛市港青路6号
邮编：266011
电话：0532-82982011
传真：0532-82822878
网址：www.qdport.com

青岛港拥有全国最大的原油码头

2010年青岛港仅用363天建成全球最大的40万吨矿石码头

青岛港拥有世界上最先进的集装箱码头、铁矿石码头、原油码头和煤炭码头，世界上有多大的船，青岛港就有多大的码头

精忠报国
服务社会
造福职工

青岛港繁忙的百年老港新貌

山东昊龙集团
SHANDONG HAOLONG GROUP

董事长　袁廷树

山东昊龙集团有限公司始建于2000年，位于广饶县经济开发区，占地面积1960亩，注册资本6.8亿元（含德瑞宝轮胎注册资本4.9亿元），现拥有总资产80亿元，员工9543人，是一家集全钢子午胎、半钢子午胎、特种轮胎、棉花加工、纺纱、织布、床上用品生产销售及国际贸易于一体的综合性企业集团。现年生产精梳棉纱线3.5万吨、坯布2350万米、全钢子午胎300万套、半钢子午胎1200万套。公司被山东省14个部门授予“山东省诚信企业”，并先后获得中国纺织工业协会信用状况AAA级企业、山东省管理创新优秀企业、中国专利山东明星企业二十多项省级以上荣誉称号。集团公司拥有省级技术中心、市级技术中心各一处，国内专利78项，是国家子午胎特色产业基地——骨干企业。旗下的“昊龙”牌玉米淀粉、“昊龙”牌床上用品、“昊龙”牌棉纱线、“德瑞宝”全钢载重子午线轮胎被评定为山东省名牌产品；“昊龙”牌商标被评为山东省著名商标。

地址：山东省东营市广饶县经济开发区
邮编：257300
电话：0546－6922798
传真：0546－6922788
网址：www.sdhaolong.com

荣获全国纺织工业劳动模范

第一条高性能半钢子午胎下线

纺纱车间

德瑞宝轮胎厂区

Bohi 山东渤海实业股份有限公司

公司董事长 舒忠峰

山东渤海实业股份有限公司是一家以农林产品加工、深加工为主导的农业产业化国家重点龙头企业。在全国主要港口建有六大生产基地，重点打造和形成了粮油加工、再生纤维制造两条循环产业链。目前，两条产业链均集成了当今世界一流的技术设备和生产工艺，拥有油料作物年加工能力500万吨，年产差别化再生纤维26万吨的产能规模。

公司主要产品包括食用油、饲料粕、浓缩磷脂、酸化油和脂肪酸、棉籽壳制粒饲料、棉短绒、粘胶纤维、浆粕等多十余种产品，销售网络遍布全国。“美食客”牌食用油与“雅美”牌粘胶纤维均已获得山东省名牌称号。产品出口日本、土耳其、泰国等国，并持续开拓海外市场。

公司在上海设有市场研发中心和贸易中心，主要负责国际市场的开拓和品牌运作，与各大跨国粮商建立了良好的战略合作关系。在青岛设有省级企业技术中心，拥有专利12项，并主持申报了国家“863计划”-食用油生物精炼技术课题，倡导“更安全、更天然、更营养”食用油的健康消费理念；公司主持的产学研合作项目“大豆磷脂生产关键技术及产业化开发”被授予国家科技进步二等奖，填补了国内行业空白。

山东渤海实业股份有限公司博兴厂区全景

青岛渤海农业发展有限公司——厂区鸟瞰图

山东渤海实业股份有限公司博兴厂区办公楼

青岛渤海科技有限公司远景图

博兴厂址：山东省博兴县工业园　邮编：256500　电话：0543-2126610　传真：0543-2305440　网址：www.bohi.com.cn
青岛厂址：青岛市市北区港华路17号　邮编：266000　电话：0532-8326 5637　传真：0532-8326 5550

河北新武安钢铁集团文安钢铁有限公司

地址：河北省武安市南环路 邮编：056300 电话：0310-5533088 传真：0310-553088

公司董事长王文安

办公大楼

河北新武安钢铁集团文安钢铁有限公司位于武安市南环路，西倚太行山，东临冀南名城邯郸，这里自古就以炼铁铸造而闻名。企业成立于1993年，2003年企业改制为有限责任公司，法人代表王文安，企业注册资本2.0281亿元，是一家集烧结加工、建筑运输、制氧机电、能源电力、钢铁冶炼、钢铁轧制、物资贸易、物流服务、房地产开发等于一体的大型现代化钢铁企业，从业人员4600余人，其中有专业职称的500人，大中专毕业生3000余人，是“中国钢铁工业协会”会员单位、全国500强民营企业、中国制造业500强。

公司现下设带钢厂、线材厂、钢厂、铁厂、烧结厂、制氧厂、电厂、机电厂、运输公司、建筑公司、房地产开发公司、物流服务公司12个单位；主要产品有钢坯、带钢、线材，年综合生产能力350万吨，公司以钢铁产业为主导，面向市场着力于产业结构调整，工序过程完善，能源综合利用，绿色文明生产，围绕“控污染，节资源，兴利用，建设生态型钢铁企业”的方针开展各项工作，全方位致力于实践科学发展观， 以先进科技为指导，发挥整体优势，提高自主创新能力，努力实现公司品牌长远战略。

公司经过十年的飞速的发展，现拥有国内比较先进的钢铁冶炼、轧制成套设备，可根据客户需求生产不同规格的产品，并具有一定的研发能力，公司坚持“科学、诚信、奉献、和谐”的发展理念，以人为本，诚信待客，于2001年取得了ISO9001国际质量管理体系认证证书，产品被列入《国际认证企业与产品大全》并在亚太经贸网上互联网；公司经营以诚信之心取信于社会、以诚实之为取信于市场、以诚恳之情取信于客户、以诚挚之行取信于同仁，多年来和客户之间建立了供需双方的绿色通道，达成了“双赢”的互助局面。

公司在努力发展壮大的同时，着重加强企业的品牌建设，树立了企业与产品的良好品牌形象，公司愿意以优秀的员工、优质的产品、优良的服务与您共创美好的未来！

上海华信石油集团有限公司

上海华信石油集团有限公司总经理　孙　晔

2012 年 5 月 30 日新疆生产建设兵团与中国华信煤化工项目合作签约仪式现场

2011 年 7 月 13 日，海南华信石油储备基地建设第一次工作会议召开

上海华信石油集团实行总经理负责制，主要从事全球能源贸易、能源领域大型产业项目的规划建设与运营管理。公司以完善商业布局为基础，推动金融与资本运作，逐步建立完整产业布局。

上海华信石油集团坚持“产业报国、实业报国”的发展理念，立足国家能源发展需求，以能源储备和新能源开发为核心，致力于在国内外建立覆盖全领域的完善产业链条。公司以燃料油等石油化工产品的贸易为依托，不断向上下游产业延伸，逐步建立集原油贸易、海上供油、石油炼化、加油站及能源产品物流运输等业务于一体的商贸产业体系。公司积极开拓国内外能源资源的开发开采，在国内主要能源区域产业布局初显形态，海南洋浦 1200 万立方石油储备基地项目和新疆大型煤化工项目进展顺利，天然气开发项目进入规划实施阶段。

地址：上海市徐汇区天钥桥路 1000 号
徐汇苑商务楼 2 层
邮编：200030
电话：021–54060352
传真：021–54060355
网址：www.cefc.co

2011 年 9 月 26 日，海南省领导与公司领导在中国华信海南洋浦石油储备基地项目开工奠基仪式现场合影

2011 年 9 月 26 日，海南省领导出席中国华信海南洋浦石油储备基地项目开工奠基仪式，并下达项目开工令，随后还亲自为项目开工奠基培土

2011 年 7 月 6 日海南省领导视察海南华信石油储备基地

上海华信石油集团总经理孙晔与徐汇区人民武装部部长罗承农签署《双拥共建协议书》

上海华信石油集团荣获 2012 中国慈善排行榜“年度十大慈善企业”，图为上海华信石油集团总经理孙晔（左）与有关领导在典礼现场合影留念

四川九洲电器集团有限责任公司

SICHUAN JIUZHOU ELECTRIC GROUP CO., LTD.

造世界救灾史上大规模安置转移受灾群众奇迹
九洲体育馆

九洲科技工业园科研大楼

九洲集团年产1500万台数字电视机顶盒生产线

四川九洲电器集团有限责任公司始建于1958年，是国家“一五”期间156项重点工程之一，现总资产122.68亿元、净资产36.13亿元，职工总数15000余人。是四川省第二个百亿级电子信息企业，连续三届被评选为全国文明单位。

九洲集团是军民融合发展的大型高科技企业集团，是国家从事二次雷达系统及设备、空管系统及设备科研生产的大型骨干企业，多次出色完成国防重点工程任务，创造了电子军工产业的多个第一。公司是国内技术先进、规模最大、产销量连续二十多年雄踞全国同行业首位的有线电视宽带综合业务信息网络系统的科研开发生产经营基地，数字电视机顶盒的年生产能力达到1500万台（套），并建有中国西部最大的LED半导体照明系统科研生产基地。

九洲集团产业主要包括数字电视设备、有线电视宽带综合业务信息网络系统、电线电缆光缆、车载指挥通信系统、LED、物联网、应用电子系统；涉足房地产开发、保险代理、教育等产业；现正大力发展的三网融合、LED、卫星导航等国家规划重点发展产业，迎来前所未有的发展机遇。

九洲集团建立起以绵阳本部为中心，以北京、深圳、成都、重庆等四大分中心为支撑，集军事电子和民用产品研究于一体的高水平技术中心，建立了国家级企业技术中心和多个博士后工作站，涉及研究领域近20个，年科研项目达200余项。近年来，九洲每年的科研经费的投入约占销售收入的8%-10%，位居中国电子信息百强企业前列。公司先后获得中共中央、国务院、中央军委颁发的“重大贡献奖”、国家科学技术进步特等奖、国务院重大装备一等奖等30余项国家、省部级奖励。

九洲集团坚持人才强企战略，通过“人才工程”、“专家工程”，实施人才开发千人计划。现有各类专业技术人员5000余人，拥有享受国务院政府特殊津贴的专家、新世纪百千万人才工程国家级人选、四川省有突出贡献的优秀专家、四川省学术和技术带头人等国家、省部级及行业专家52人，博士、硕士400余人，为推进跨越发展奠定了坚实的人才基础。

2011年，九洲集团工业总产值、营业收入、销售回款全面突破120亿元，位列中国电子信息百强（第26位）、中国制造业企业500强、通讯设备及其他电子设备与元器件制造业第10位、中国企业集团竞争力500强。预计到2015年，集团工业总产值、营业收入确保300亿元，力争500亿元。

地址：四川省绵阳市跃进路16号
邮编：621000
电话：0816-2468306、2468044
传真：0816-2333540
网址：www.jiuzhou.com.cn

九洲科技工业园大门全夜景

集团各业务板块

零售业

集团控股的上市公司广州市广百股份有限公司（股票代码：002187）是全国连锁百强、广东省流通龙头企业，涉足百货店、专业店、购物中心三大业态，拥有广百百货、新大新百货、GBF风尚广百、广百新一城购物中心等品牌，连锁门店达30家，总经营面积近60万平方米，年销售规模超100亿元。

展贸业

以广州市广百置业有限公司、广州国际商品展贸城股份有限公司、广州市广百商贸会展有限公司等企业为载体，拥有广州国际商品展贸城一期“广州光谷”和广州国际服装展贸中心（旧广交会）两个优势项目，以及广州眼镜城等多家极具影响力的专业市场，涵盖会展、贸易、专业市场、品牌代理于一体，经营和在建面积近百万平方米。

物流业

集团全资拥有的华南地区极具实力的国有大型综合性物流骨干企业广州市商业储运公司，被认定为“国家AAAA级物流企业”、“国家发展商品物流配送重点企业”、“广东省现代物流龙头企业”，物流基地面积90万平方米，各类仓库50万平方米，拥有1.72公里连接京广铁路的双股铁路专用线和可停泊3000吨货轮的专用码头。

商业地产业

以广州广百地产投资有限公司为核心的商业地产业，充分利用政策机遇和自有存量资产，为集团零售业、展贸业、物流业三大主业配套开发商业物业，以“商业+地产”模式，全力打造广百海港城等城市综合体项目。

广百百货北京路店

广百百货天河店

广州国际商品展贸城

广州市商业储运公司广百骏盈现代物流园

广州国际服装展贸中心（旧广交会）

广州市广百置业有限公司广州眼镜城

地址：广东省广州市越秀区西湖路12号23楼　邮编：510030　网址：www.gbjt.com.cn　电话：020-83381433　传真：020-83323843

厦门环岛路

厦门海沧大桥

岭南集团 LINGNAN

岭南集团简介 ABOUT LINGNAN GROUP

广州岭南国际企业集团有限公司（以下简称岭南集团）是以旅游和食品为核心主业的国有企业集团，业务覆盖酒店、旅行社、旅游景区、旅游交通、会议展览、餐饮、食品等领域。目前，岭南集团已成为华南地区旅游和食品业的龙头企业。

岭南集团发挥集团资源优势，形成六大产业链。其中：以全国三家“白金五星饭店”之一的广州花园酒店、顶级的商务酒店中国大酒店、大都市园林式酒店东方宾馆等多家5星级酒店引领集团六大系列酒店品牌的酒店业；以华南地区最大的旅游服务商，全国最大的地方旅行社广之旅为龙头的旅行社业；以华南地区政务接待的标杆－广州白云国际会议中心引领的会展演艺业；以星级服务标准、广东省著名商标广骏旅汽引领的汽车服务业；以中国驰名商标致美斋、孔旺记、皇上皇等一批家喻户晓的老字号和岭南穗粮等著名品牌引领的主副食品业。

岭南集团勇担社会责任和关注客户价值，不断提升全集团的管理素质和运营绩效，不断提高消费者、投资者和员工的满意度，倾力打造“负责任、重品牌、有实力、优绩效”的现代企业集团，获得了社会各界的普遍赞誉。曾荣获“广东省现代服务业信用标杆企业”称号、“广东劳动用工守法标杆企业”、“中国用户满意鼎”等殊荣。

岭南集团秉承“品质生活”的经营理念，竭诚为广大客户提供优质的产品、尊贵的服务与体验，以优秀的品牌产品与服务为客户带来超乎期望的增值。

地址：中国广州流花路122号中国大酒店商业大厦4-6F
电话：(86 20)8375 3388　传真：(86 20)8387 3715
预订：400 830 8996/800 830 8996(国内)　800 8526 3777（国际）
网址：www.gzln.cn　邮箱：lingnan@gzln.cn

http://www.hyshjt.com

Shandong Hengyuan Petrochemical Group Co., Ltd. is a large state-owned company --- 40 years old, based on petroleum chemical industry, integrating petroleum refining and follow-up chemical industry. It is assessed as one of the Hundred Enterprises in Shandong Province, as well as one of the Thousand Enterprises in the country, being one of the Hundred Enterprises of petrochemical industry and petroleum products industry for two consecutive years. Located in the northwest of Shandong Province, in the central region of Linpan Oil Refinery of Shengli Oilfield, and also in the west side of Linyi County, next to Beijing and Tianjin in the north, close to Jinan, the capital of the Province in the south, with 104 State Road by the side of the city on the connections joining metropolitan Jinan in the south and meeting Binhai New Area in the north, the Company enjoys favorable transportation and rich resources.

The Company has more than 2,800 employees, with a total assets of 3.2 billion yuan, and covers an area of □□1,600,000 square meter, with a comprehensive processing capacity of 5.5 million tons per year. The main products are 90 # gasoline, 93 # gasoline, 0 # diesel oil, -10 # diesel, -20 # diesel oil, liquefied petroleum gas, propane and propylene, polypropylene, tert-butyl alcohol, MTBE, slurry oil, asphalt, vacuum residue, tert-pentene, tert-amyl alcohol, benzene, toluene, xylene, ethylbenzene, styrene, petroleum coke and so on.

In April 2000 ,the Company passed ISO9002 Approval without reexamination, and on December 2, 2007, approved by the Provincial Administration of Work Safety as "provincial safety standard enterprise", has won the "National outstanding chemical companies", "National Labor Certificates"," National Model Home "," clean and civilized factory approved by Ministry of Chemical Industry"," National advanced unit for open and democratic management of factory "," National Hundred enterprises of sales proceeds of crude oil processing and manufacturing industries "," Advanced Enterprise of innovative Management of state-owned enterprises in Shandong Province "," Provincial Civilized Unit "," Provincial Advanced Enterprise "," Labor Award for developing Shandong economy"," Contract- abiding and trustworthy enterprise of AAA level of Shandong Province "," Hundred civilized and honest enterprises in Shandong Province ","Outstanding enterprises of Harmonious Labor Relations in Shandong Province","Happiest enterprises in Shandong Province", "Hundred enterprises of Shandong Province in 2009" and so on. The Company is a backbone enterprise of Dezhou City, and one of the key group enterprises of Shandong Province.

The Company's objective for "the twelfth Five-Year plan" is : "increasing the scale of oil refinery, extending the chain of chemical products, focusing on the development of fine chemicals, integrating oil refining and oil chemistry, increasing investment, constantly expanding business scale, actively expanding the chemical field, making full use of oil refining platform, and planning for downstream tourism projects around triphenyl, leukotrienes and liquefied gas.

Nowadays, at the time all the Chinese people are making progress in harmony, Chairman and general manager of the Group Wang Youde, together with the staff herein gives his best regards to all the domestic and foreign friends, and hope , in the spirit of "sincere cooperation, mutual benefit and common development", to start close contacts with domestic and foreign enterprises and economic organizations in economic and technological fields to create new brilliance hand in hand !

中国 · 山东 · 临邑县恒源路111号
公司总部：0534-4233715
0534-4225918
邮编： 251500

东华钢铁企业集团有限公司

DongHua Group

唐山东华钢铁企业集团有限公司始建于1993年，是2009年对原唐山瑞丰钢铁（集团）泰丰钢铁有限公司破产重组后成立的民营企业。公司注册资金40000万元，总资产36亿元，是集烧结、炼铁、制氧、炼钢、棒材、高线轧材为一体，具有年产铁310万吨，钢300万吨、材240万吨生产能力的中型钢铁联合企业。

公司位于中国经济发展引擎之一的环渤海经济圈核心地带——唐山市丰南区小集镇工业园区。北依燕山，南濒渤海，毗邻曹妃甸、京唐港、天津、秦皇岛，资源丰富，水路陆路四通八达，具有得天独厚的区位优势和巨大的发展潜力。公司占地1100亩，职工2500余名，其中大学本科以上（中级职称以上）专业技术人员530余名。拥有烧结、炼铁、炼钢、连铸、连轧及相应配套公辅设施的现代化技术装备，高炉、转炉铁水预处理和炉外精炼、连铸坯热装热送、高效蓄热、平立交替轧制等先进技术得到应用。其中配有煤粉喷吹的1350m3高炉一座，680m3高炉两座，采用厚料层节能、环保、均质技术的带式180m2烧结机一台、120m2平式烧结机二台，具有国际先进水平采用顶底复吹工艺的120吨炼钢转炉两座、LF精炼炉一座、八机八流方坯连铸机二套，年生产能力60万吨的全连续高速线材生产线两条，采用无孔轧制和微金属化工艺的120万吨棒材生产线一条，15000 m3/h制氧装置两套，110KV变电站一座，8万M3转炉煤气回收气柜一座，高炉煤气余压透平发电装置（TRT）三台，以及废水回收系统、固体废弃物再利用系统等。公司整体铁、钢、轧系统配套完善、合理，区域布局紧凑，达到国内先进水平。

公司主导产品为高端建材和中、高碳优质钢Q195-Q235、20MnSi、25MnSiV、120×120、150×150、180×180、200×200的方坯、165×225、165×280、165×330的矩型坯和热轧光圆钢筋HPB235 ∮12-22mm、热轧带肋钢筋HRB335 ∮10-28mm、HRB335E、HRB400、HRB400E ∮10-25mm。同时研发沿海用HRB700高强度防腐螺纹钢，震区用高强度抗震螺纹钢及高铁用建材等高端产品系列。企业通过ISO9001:2008质量管理体系认证和韩国KS认证，取得全国工业产品生产许可证（证书编号XK05-001-00270），产品质量优于国家标准，荣获“河北省名牌产品”、“河北省著名商标”，并被河北省质量检验协会评为产品信得过企业。

站在钢铁产业发展的新起点，唐山东华钢铁企业集团有限公司将继续秉承“忠义做人、诚信做事”的宗旨，坚持“开拓创新、优质高效、团结协作”的企业精神，遵循“科学、精细、透明”的管理理念，坚定不移地走循环经济可持续发展之路。不断创新经营理念和经营决策，围绕质量、节能、环保和效益主题，加快装备升级和科技创新步伐，全力打造产品质量高、经济效益好、资源消耗低、环境污染少、竞争能力强的现代化新型钢铁企业，以全新的形象和良好的业绩使“东华”品牌永远屹立在钢铁产业强企之林。

地址：河北省唐山市丰南区小集镇工业园区　网址：www.hbdhgroup.com
全国免费服务热线：400-0315-598　E-mail：dh_ht@hbdhgroup.com
传真：0315-8599829

线材车间

方坯钢锭

炼钢车间

高 炉

集团总部大楼

纺织业服务平台——T.I.T 科贸园

广州纺织工贸企业集团有限公司

GUANGZHOU TEXTILES INDUSTRY & TRADE HOLDINGS LTD

www.sources-china.com

董事长　李志新

广州纺织工贸企业集团有限公司是广州市属大型国有企业。集团总资产 40 亿元，年主营业务收入超过 80 亿元人民币。近年来，纺织工贸集团狠抓企业结构调整，推进产业转型升级，实现由传统工业生产与传统外贸经营向以纺织服装为主题的现代服务业的华丽转变，建立起集产学研为一体、科工贸相结合的现代化企业集团。

纺织工贸集团以纺织服装进出口贸易为龙头，拥有广州纺织品进出口集团有限公司、广州市纺织工业联合进出口公司、广州化工进出口公司、广州市保科力贸易公司等多家中国进出口额五百强及出口额二百强企业，在美国、俄罗斯、南非、香港等地设有境外公司，销售网络遍布全球。2011 年，集团外贸进出口总额突破 12 亿美元，位居全国纺织服装业企业前列。近年来，集团加大设计研发力度，成立国际品牌研发中心，不断提升在国际贸易中的核心竞争力。

纺织工贸集团拥有一系列著名品牌：利工民公司作为集团旗下的百年老店，其产品深受港澳台、东南亚和华南地区消费者的喜爱，被国家商务部授予“中华老字号”称号。牛头牌牛仔休闲系列服装拥有中国第一条牛仔布生产线，在国内享有很高的声誉。为提升品牌的市场占有率，集团不断加大科技研发与资金投入力度。目前，集团研发中心被认定为广东省级企业技术中心，集团所属广州纺织服装研究院、广州纺织服装检测中心已经成为华南地区重要的纺织服装科学研究、技术研发与产品质量检测中心。广州大学纺织服装学院是一所专业特色明显的著名专科院校，由纺织工贸集团全资拥有，目前在校学生 6000 多人，成为华南地区培养纺织服装专业技术人员的重要基地。

近年来，纺织工贸集团充分把握“三旧改造”、“退二进三”的发展机遇，围绕纺织服装主业，全力打造广州 T.I.T 国际纺织城重点项目建设。其中，广州 T.I.T 国际服装创意园在不到两年的时间里，已经成为国内以服装高端设计、专业展示和时尚发布为主题，并具有较强影响力、带动力和辐射力的知名园区。2011 年 8 月 14 日，中共中央总书记、国家主席、中央军委主席胡锦涛同志亲临广州 T.I.T 国际服装创意园视察。胡总书记高度肯定纺织工贸集团在转变经济发展方式上所取得的成绩，殷切期望纺织工贸集团努力打造具有国际竞争力的中国服装品牌，推动我国从服装制造大国向强国迈进！

千帆竞发，百舸争流！纺织工贸集团将秉承敢想会干、时不我待的创新精神，全面加快 T.I.T 国际纺织城建设，努力打造产业服务与资本运营两大平台，全面构建纺织服装现代服务业，成为中国现代贸易领军企业及纺织服装业最优的产业服务供应商。

展望未来，纺织工贸人将继续抒写披荆斩棘、奋勇向前的动人诗篇！我们愿与您携手，共创中国纺织业的崭新时代！

集团李志新董事长视察广交会摊位

第 110 届广交会集团品牌商品秀

广交会期间，我司与外商洽谈业务

地址：广州市东风中路 438 号广德大厦　邮编：510040　　电话：020-83348898　传真：020-83343898　　网址：www.sources-china.com

目前，集团公司业务涵盖供电、发电、供水、房地产和科技产业五个板块。拥有供电企业 40 家，发电企业 40 家，宾馆 1 家，供水企业 10 家、污水处理企业 3 家、设备公司 1 家、科技公司 1 家、计量公司 1 家，公司注册资金为 9.44 亿元，总资产 268.08 亿元。

近年来，集团获得了全国优秀水利企业、全国水利系统先进集体、全国农网改造先进集体、全国电力系统最具社会责任感企业、中国服务业企业 500 强、中国企业集团纳税 500 强、广西强优工业企业、广西企业 100 强、广西抗击雨雪冰冻灾害先进集体一等功、全区水利系统抗击冰冻灾害工作先进集体、自治区文明单位、建国以来广西 60 最具影响力品牌企业、广西诚信企业、广西五一劳动奖状、中国最具创新力企业、全国企业文化建设先进单位、中国企业文化建设 100 强等多种荣誉称号。

“且持画笔绘奇景，日破云涛万里红。”广西水利电业集团将继续坚持把“服务、创新、卓越”的核心价值观贯穿到企业发展中，坚持把“廉政文化、和谐文化”为主体的企业文化建设渗透到企业生产生活中，把潜在的优势转化为企业的无形资产。以服务地方经济发展为己任，以市场为导向，以改革创新为动力，努力打造一支竞争优势突出、品牌形象卓越、经济实力雄厚的大型现代化企业集团，为广西地方经济社会腾飞做出更加突出的贡献。

广西水利电业集团有限公司

GUANGXI WATER RESOURCES & ELECTRIC POWER GROUP CO.,LTD.

广西水利电业集团的母公司——广西水利电业集团有限公司，前身为广西水利电业有限公司，成立于 1998 年 10 月。1998 年，为了全面贯彻落实国务院“两改一同价”的重大决策，在自治区水利厅的正确领导下，由自治区人民政府及广西水利系统 48 家企事业单位共同出资组建了省级电力企业——广西水利电业有限公司，成为广西农村电网建设与改造“一省两贷”的两个承贷主体之一，全面负责全区 43 个县（市、区）的“两改一同价”工作任务。

广西水利电业集团于 2006 年 9 月 28 日正式挂牌成立，以广西水利电业集团有限公司为母公司，联合 40 家控股供电公司、26 家控股发电公司、1 家物业公司和贺州市八步水利电业有限公司（参股公司）、梧州市电业局、百色电力有限责任公司组建而成，是广西重点大型国有企业。

集团公司经营范围包括：以电力供应为主，同时经营中小水电站开发投资、运营、技术改造、挖潜增容，电网建设和改造，供水、污水处理工程投资与管理，水利水电工程咨询服务，水电成套设备及物资供应，房地产开发等。

广西水利电业集团有限公司从无到有、从小到大、由弱变强。在发展历程中，集团公司引入现代企业经营与管理模式，规范和加强管理，不断创新和改革，逐渐摸索出一条适合自身发展的路子，把集团准确定位为“水利系统的电力企业集团、服务型的企业集团、电力行业的小企业集团”，确定了“以供电为基础，以发电和供水为新的增长点，以其他产业为补充”的发展战略，坚持贯彻“为地方经济社会发展服务”的企业宗旨，秉承“诚信、质优、高效、规范”的服务理念，成为全国地方水电创新发展的一面旗帜，被誉为“水电航母”。

地址：广西南宁市厢竹大道 30 号
邮编：530023
电话：0771−6755566、6755696
传真：0771−6755695
网址：www.sldy.com

宽敞明亮的客户服务中心

中控室自动化规范管理

水利枢纽水库库区

亚洲第一高水头（1074 米）天湖电站

长滩河水库

技术先进的送变电枢纽

“花园式”供水企业

集通铁路

JITONG RAILWAY

集团公司董事长、总经理、党委书记陈玉柱深入基层车间班组现场调研

内蒙古集通铁路（集团）有限责任公司作为目前全国普速铁路营业里程最长、运输规模及资产体量较大，以煤炭运输为主多领域发展，运营以来始终保持盈利，且唯一以集团化模式运作、自管自营的区域性路网合资铁路公司，现管辖运营集（宁）通（辽）、锡（林浩特）多（伦）、锡（林浩特）乌（兰浩特）3条铁路，运营里程1336.3公里，途经内蒙古自治区4个盟市、17个旗县，资产总额248亿元，现有员工近1.3万人。

繁忙的货运列车

电务技术人员深入现场指导作业

工务作业人员认真分析薄弱接头出现的异常波形

车辆检车人员冒雪检车，严格执行标准化作业程序，确保列车运行安全

近年来，特别是2011年以来，集通铁路集团公司抢抓区域经济快速发展的有利机遇，拓市场增效益，建路网扩体量，企业综合竞争实力显著提升。深度实施运输经营内涵挖潜战略，科学优化重载加密运输组织，扩充路网运输能力，运输效益逐年高点增长，货运量连续4年保持近1000万吨高幅增量，主营业务收入年均增加6亿元，增幅分别达到20.4%和26.9%。坚持把确保运输安全作为企业发展的生命线，创新安全管理模式，夯实安全管理基础，构建适应普速重载条件的运输安全保障体系，连续实现第8个安全年。实时跟进区域资源产业快速发展形势，科学规划和全面启动了以内蒙古自治区中东部资源富集区锡林浩特为辐射中心，以既有集通和锡多铁路为横纵坐标主轴，以“两横三纵”为主干总长3000余公里的蒙东路网建设，稳步推进总长近1000公里拟建铁路和总长约250公里铁路、13个装卸车基地的集疏运系统建设，蒙东路网建成后运营里程将达到4000余公里，区域路网输送能力将达到3.5亿吨/年。紧密结合市场需求多样化、区域经济一体化的新形势，全面构建科学规范的经营管控体系，大力发展沿线煤炭购销、工程建设、通信服务等多元支柱产业，企业步入多元化良性发展轨道。主动践行回馈社会、服务经济的历史使命，开通运营以来累计发送货物5.2亿吨，运送旅客2700万人次，上缴利税43亿元，为区域经济社会发展做出积极贡献。连续4年入围中国服务业500强企业，荣获内蒙古自治区30强企业和最具社会责任感企业称号。

董事长　代全民

大昌集团智能化办公楼

山西大昌汽车集团有限公司

山西大昌集团是集汽车销售、汽车维修、保险、金融、科技、地产、科技、职业教育为一体的大型现代服务，公司成立于1992年5月18日，注册资本5、18亿元，总资产25亿元，现有32家全资子公司，拥有3000余名员工，其中大专以上学历占到了80%以上。代理国内外十多个知名品牌汽车，年营业额近80亿元。是山西省汽车服务业规模最大、实力最强的企业，买汽车到大昌，修汽车到大昌唱响三晋大地。大昌集团凭借雄厚的实力，　位居：

中国服务业企业500强第252位；

中国民营企业500强第268位；

山西百强民营企业第20位；

山西省服务业80强企业第5位；

太原市企业50强第5位；

太原市服务业50强第1位。

大昌集团20年的发展，成就了大昌的宏基伟业，铸就了大昌的辉煌，但大昌深知发展离不开党和政府的支持，离不开社会各界的关爱，因此大昌集团在发展的同时不忘回报社会；数年来，为支持社会公益事业发展，累计捐款捐物达上千万元，受到社会各界的普遍赞誉。2011年缴税超1亿元，成为当地民营企业纳税状元，曾荣获交通部授予的“汽车维修文明企业”、“国家汽车维修行业诚信企业”、“山西省纳税信用A级企业”、　“山西省功勋企业”、“太原市突出贡献优秀民营企业”、“银行AAA级信誉企业”等荣誉称号。

今年以来为响应山西省委省政府、太原市委市政府转型跨越发展的号召，山西大昌集团制定了新的五年计划，拟分三期投资30 50亿元建设集团总部经济园区，全面实现大昌转型跨越打造百年大昌的战略目标，为山西省经济建设做出更新更大的贡献。

地址：山西省太原市平阳南路88号　　网　址：www.sxdachang.com

电话：0351-7998888　传真：0351-7998688　E-mial:dcjt@sxdachangjt.com.cn

全国首创——大昌立体4S店

大昌小马汽贸园

大昌北营汽贸园

大昌吕梁汽贸园——奥迪店

长治一汽丰田

大昌吕梁汽贸园——广汽丰田店

大昌吕梁汽贸园——东风日产店

大昌忻州汽贸园 ----- 一汽丰田店

大昌忻州汽贸园——东风日产店

交通集团批量购置了零排放的纯电动客车，大力发展高端会展用车服务

交通集团公路客运西

天津市交通(集团)有限公司

天津市交通（集团）有限公司是具有国家道路货物运输和道路旅客运输双一级资质的大型国有独资公司，具有公路客运、现代物流、汽车销售与维修检测、交通职业教育、多元经营五大优势产业。

集团拥有17个客运站和1586部营运客车，517条运营线路覆盖全国18个省区，年发送和到达旅客2千万人次。有营运货车6706部，13个物流园区，仓储面积51万平方米，具备多种物流服务功能。有19户汽车维修企业，14家汽车销售4S店及汽贸经销店，18条汽车检测线，年检测车辆23万余部。交通职业学院是全国高等职业教育骨干校，设有30多个专业。航道疏浚有各类挖泥船26艘，年疏浚能力1600万方。建筑设计有8项行业资质，承担了百余项工程的设计。

近年来，集团通过加快结构调整，转变发展方式，呈现了强劲的发展势头，“十一五”期间各项经济指标年均增长25%以上。“十二五”期间将继续推进创新发展、内生增长，综合收入年均递增10%以上，经济效益指标达到全国同行业先进水平。

公司董事长、总经理 武岱

敞篷旅游观光巴士

现代化的机动车性能检测线

风电运输车队

地址：天津市和平区营口道10号 邮编：300041 电话：022-23312981 传真：022-23303348 网址：www.tjjtjt.net

元亨能源业务讨论

广州元亨能源有限公司

广州元亨能源有限公司成立于2003年，注册资金为人民币8130万元，现有员工50余人，拥有一批高层次的专业技术和管理人才。公司在珠江入海口拥有20000吨级的油品装卸专业码头和5万立方米的石油制品储罐设备，公司下属的天然气发电厂（东莞虎门电厂）占地面积305亩，装机容量30万千瓦，常年负荷稳定，承担着该地区正常用电的重要职责。公司现以国内外知名石化企业做依托，为客户提供高品质及最适合客户需求的能源产品。公司近几年的销售额快速增长，2007 2011年公司累计销售额达300多亿元。

公司主营石油制品、天然气、煤炭等能源的批发经营及货物的进出口，已经建立起严谨的业务管理流程体系及完善的财务管理制度。公司是华南地区进口燃料油、汽柴油的重要供应商，销售流向主要是中石油、中石化的外采计划以及中燃、中海等大中型国有船加油客户。公司天然气业务的下游客户为华北、华东、华南、西南等地区大中型工业用户和汽车、船舶油改气的运输公司，具有广阔的市场前景。

公司成立以来，本着“诚信、务实、进取”的企业精神，以合作共赢为根本，以优质产品求生存，以优良服务为已任，以优异商誉谋发展，创造出更好的经济和社会效益。公司将广泛携手各界企业，充分整合各方资源，共谱产业振兴之宏篇。

重要发展动态：

2003年，公司成立；

2008年，公司收购东莞虎门电厂；

2010年，投资设立元亨能源（香港）有限公司。

做大做强的主要经验：

一、品质第一。以实干和创新精神，发展高品质的能源产品。

二、用户至上。以诚意和卓越服务精神，想客户所需，为客户提供增值服务

三、合作双赢。以合作共赢精神，与供应商、合作方及客户结成战略联盟，价值共享。

地址：广州市越秀区东风东路850号锦城大厦18楼

邮编：510699

电话：020—87346388

传真：020—87340488

元亨能源办公场所

公司油库

东莞虎门电厂

武汉农村商业银行
WUHAN RURAL COMMERCIAL BANK

和您更近　伴您同行

刘必金董事长在“武汉金博会金融高峰论坛”上就深化科技金融改革作重要发言

2011年中国银监会和中国银行业协会在北京举办了农村金融机构60周年成就展，在武汉农商行的支持高科技企业产品展示区，刘必金董事长（右1）向银监会领导介绍情况

2009年9月9日武汉农村商业银行正式挂牌开业

武汉农村商业银行是中国银监会批准组建的全国第一家副省级城市农村商业银行，是总部设在武汉、具有一级法人的地方银行机构。2009年9月9日正式挂牌成立。

武汉农村商业银行实施城乡并举的发展战略，为武汉城乡广大客户提供全面的商业银行产品与金融服务。中心城区重点服务区域经济、中小企业和市民；新城区重点服务“三农”（农业、农村、农民）经济发展。目前，全行按照“大总行、小支行”和实施扁平化管理的原则，根据武汉市行政区划，设置了23家一级支行、197家二级支行，营业网点遍布武汉城乡各地，在武汉市东湖国家自主创新区等开发区，单独设立一级支行，“零距离”提供配套金融服务，在广州增城、湖北省内咸安、赤壁设立了三家村镇银行。2012年8月，武汉农村商业银行咸宁分行正式成立。

成立三年来，武汉农村商业银行先后被授予“五一劳动奖状”、“城乡和谐贡献奖”、“服务‘三农’特别奖”和“支持武汉经济发展突出贡献奖”等12项荣誉称号，2010年货币信贷执行情况在武汉地区金融机构排名第一；2011年被授予“武汉市五一劳动奖状”，在政府最为关注的“三农”、中小企业、创业贷款中连续排名第一。

截止2011年12月末，全行总资产885.2亿元。全行存款余额778.1亿元，比年初净增加151.7亿元，存款净增额在全市金融机构排名第一，贷款余额530.9亿元，比年初净增加111.1亿元，在全市金融机构排名第二。全行实现利润总额15.9亿元。

黄鹤展翅欲高飞，龙腾金海正当时，武汉农村商业银行将紧跟银行业发展的新形势，紧紧围绕打造“一流股份制商业银行”的目标，按照“一年一个新主题，一年一个新目标，一年一个新台阶”的总体思路，朝着“跨区域经营、引进战略投资者、力争上市”等目标扎实迈进！

●地　址：湖北省武汉市江岸区建设大道618号　●邮　编：430015　●客服热线：96555　●网　址：www.whrcbank.com　●邮　箱：office@whrcbank.com

2012 年 4 月 28 日，广东省高清互动电视正式运营暨东莞广电网络升级改造全面启动仪式在东莞隆重举行

广东广电网络
CABLE

公司董事长、党委书记　张　健

2011 年 10 月 28 日，广东广电基金在广州正式挂牌成立，基金规模为 50 亿元

2011 年 10 月 26 日，广东智慧家庭研究院启用仪式

2011 年 8 月 8 日，广东省广播电视网络股份有限公司周年志庆暨高清互动电视开播仪式现场

广东省广播电视网络股份有限公司是经广东省委、省政府批准、由南方广播影视传媒集团和 19 个地市广播电视台共同发起组建、于 2010 年 6 月 6 日创立的省属大型国有文化企业。目前，公司下辖广东省广播电视网络珠江数码集团有限公司、广东有线广播电视网络有限公司、19 个地市分公司和 68 个县（市、区）分公司，拥有员工 16000 多人，用户超过 1300 万。2011 年，公司各项工作均取得骄人成绩，全年实现营业收入 29.24 亿元，利润 1.77 亿元，并被认定为全国“文化企业 30 强”。

一、加快网络整合力度，改革重组工作成绩斐然。

2011 年，公司“一手抓整合、一手抓发展”，加大了整合力度，启动广东广电网络第二阶段改革重组工作，分别完成广州广电网络和全省 45 个县（市、区）广电网络的挂牌工作，截止目前，已完成 68 个县（市、区）分公司的挂牌工作，创造了我国广电网络改革重组史上的“广东速度”，充分展现了广东文化体制改革“决策审慎周密、执行坚决有力，行政推动有序、市场运作到位，改革深入彻底、发展敢为人先”的风采。改革重组过程中，全省没有出现一起投诉、上访事件，被省委省政府授予“2011 年度广东省模范劳动关系和谐企业”称号。

二、高标准制定技术规范，积极推进网络改造。

公司成立以来，按照“统一规划、统一建设、统一运营、统一管理”的要求，把加快技术规范和网络升级改造作为公司发展的重要工作加以推进，通过制定干线网、城域网、接入网、平台、终端、维护和建设等技术规范，积极推进全省统一技术规划，特别是基于 NGOD 的异构平台规范，在全国处于领先水平，并在贵州、湖北等兄弟省市得到应用。2012 年 4 月 28 日珠江三角洲 11 个地市率先开通高清互动业务，9 月 30 日之前实现全省开通。

三、加快产业转型升级，全面迎接三网融合。

及时布局，加快产业转型升级步伐。2011 年 10 月 26 日，成立广东智慧家庭研究院，中共中央政治局常委李长春同志亲临视察并给予高度评价。结合广东省委、省政府提出的产业转型升级战略，在全国率先把高清数字产业集群作为广东产业转型升级的重要课题进行重点研究，并力争在未来几年中，将这一全新的数字化产业群以战略性新型产业的先导产业融入全球产业化发展新阶段，积极助推传统产业的全面转型升级。

四、率先引入资本运作，探索公司盈利新模式。

2011 年，广东广电网络抢抓机遇，积极探索战略投融资管理，建立公司盈利新模式。一是引进战略股东。先后引进中科白云及旗下基金资金 20 亿元和粤财控股战略投资 20 亿元；二是密切关注产业链上下游，寻找投资机会；三是发起设立广东宏业广电产业投资有限公司（广东广电基金），基金规模初定 50 亿元，并对有关企业进行战略投资，取得了较好收益。

2011 年 6 月 28 日，广东省广播电视网络珠江数码集团有限公司挂牌仪式

2010 年 6 月 6 日，广东省广播电视网络股份有限公司创立大会暨第一届股东大会在广州召开

为应对新的挑战，公司在成立一周年之际，隆重推出高清互动电视产品——优互动，打造可管可控的“电视梦网”，计划 5 年内高清互动业务覆盖率超过 50%

地　　址：广东省广州市天河区临江大道 5 号保利中心
邮　　编：510623
服务热线：96956
网　　址：www.gcable.cn

与济南果品研究院签约对新疆特色果品研发中心进行揭牌

天昆百果果业有限公司大门

新疆前海供销集团公司位于新疆维吾尔族自治区喀什市克孜都维路478号，成立于1990年，注册资金6725万元，是农三师集农、工、商、贸为一体的综合经营能力较强的大型企业。主要经营:棉花、棉布、棉纱、短绒、各类农用拖拉机、棉机销售及配件、汽车及配件、农机具、钢材、粮油食品、畜产品、纺织服装、轻工产品、各类干鲜果品及果品系列深加工等。近年来，集团公司紧紧围绕“实施品牌战略，创新经营机制，优化产业结构，多元合作发展，转变发展方式，突显供销实力”的工作思路，集人才优势、资金优势、产业优势、信息优势、规模优势为一体，不断扩大经营规模，具有较强的综合实力，所经营的“前海”牌棉花远销国内20多个省市、自治区，集团公司为紧贴市场经济的发展要求，经过不断整合重组，目前发展为四大产业：棉业、果业、商贸、矿业。

新疆前海供销集团曾四次荣获“中国服务业企业500强”、三次荣获“中国供销企业100强”，2010年，“前海”品牌被国家工商总局认定为中国驰名商标，填补了南疆地区同行业的空白。2011年，荣获“中华全国供销合作总社农业产业化重点龙头企业”。

2012年被集团党委确定为企业的管理年、效益年，提升年，要重点实现“33221”的工作目标，即抓好三项建设，做好三个强化，处理好两个关系，实现两个合作，力争一个突破。在兵团、师市党委的正确领导下，新疆前海供销集团将以不断创新的勇气，思想大解放、观念大转变、企业大联合、事业大发展，2012年力争实现产、销突破40亿元，全面突破2011年各项指标和经营水平，为农三师图木舒克市社会经济发展做出新的更大的贡献。

地址：新疆喀什市克孜都维路478号
邮编：844000
传真：0998-2525078
网址：www.xjqianhai.com

在图木舒克市成立天昆国际大酒店

兰天集团

中国服务业 企业500强

地　　址：湖南省长沙市岳麓区岳麓大道375号
邮　　编：410003
服务热线：4006091111
网　　址：www.hnlantian.com.cn

兰天拜访老军人活动

湖南兰天汽车集团有限公司是一家以整车销售为龙头的民营企业。公司成立于2003年（其前身为成立于1997年的株洲兰天汽配店，2001年进入汽车整车销售行业，企业更名为株洲兰天实业有限公司，2006年更名为湖南兰天汽车集团有限公司），注册资金7000万元，注册地为湖南省株洲市红旗中路41号，集团总部办公地为湖南省长沙市岳麓大道375号。目前，集团已经营业的有28家标准汽车品牌4S店，位列省内汽车流通领域前三强，并成为省内唯一完成工商注册的汽车流通企业集团。

车在兰天下
人在幸福中

兰天集团员工团

争创中的国家 5A 级景区——天堂寨

AHTG
安徽省旅游集团

安徽省旅游集团有限责任公司

安徽省旅游集团有限责任公司是经安徽省人民政府批准，经过 2003 年和 2011 年两次战略重组新设立的省属国有企业，主营业务为旅游业、粮食商贸业、房地产业，是安徽省属企业中唯一一家从事旅游产业经营的省级旅游企业集团，也是全省为数不多的集团化管控、产业化经营、多业态发展、专业化协作的大型现代服务类企业之一。截至 2011 年底，安徽省旅游集团共有职工 3280 人，资产总额 71.28 亿元，下设各类子企业 28 家。

自 2003 年 11 月战略重组以来，安徽省旅游集团紧紧抓住国家“把旅游业培育成国民经济战略性支柱产业和人民群众更加满意的现代服务业”的战略机遇，在安徽“推进旅游产业大省建设”的战略方针引领下，大力弘扬“包容、合作、竞争、创想”（简称 4C）的企业精神，积极创新发展路径，着力推进整合重组，形成了“旅游景区、宾馆酒店、旅行接待、粮食收储、旅游地产”五大经营业态，成功走出了一条“主业互补、板块联动、产业经营、总部带动”的新路子。安徽省旅游集团连续三年跻身“中国旅游集团 20 强”行列（排名第 14 位），连续两年进入“安徽省百强企业”排行榜（排名第 83 位）。同时，先后荣获“安徽旅游行业十大影响力品牌”、“安徽省农业产业化龙头企业”和“安徽房地产品牌企业”等称号。

近年来，安徽省旅游集团紧紧围绕“实施倍增计划，推进转型跨越”这一战略目标，以加强重点项目建设和骨干企业培育为抓手，以资本运营和战略合作为手段，先后对六安天堂寨、泾县桃花潭、江南第一漂、黄山唐模、合肥安兴生态园五个景区进行了系统的规划、开发和宣传，相继投资开发了合肥 CBD 中央广场、芜湖国际会展中心、合肥华侨广场、IFC 安徽国际金融中心、芜湖中央城、合肥太阳湾养生公馆、六安安兴正和城等一批大型商业地产和旅游地产项目，对安徽省机械化粮库、双凤粮库等 5 座粮食仓储设施进行了扩建和提升，培育和形成了安徽安兴发展公司、安徽省建设工程勘察设计院、安徽省粮油储运公司、安徽天堂寨旅游发展公司等一批在省内外具有较强影响力的品牌骨干企业，构建了“以旅游业为主导，以粮食商贸业为基础，以房地产业为支撑，以总部经济为核心”的发展格局。

地址：合肥市长江中路 369 号 CBD 中央广场写字楼 23、24 层
邮编：230061
电话：0551-2852808
网址：www.ahlyjt.com

安徽省农业产业化龙头企业——粮油储运公司

扩建升级中的五星级安徽饭店

合肥金水湾养生公馆

国家 4A 级景区——桃花潭

中法合作国际乡村旅游基地——唐模

© 2012 埃森哲版权所有。保留所有权利。
转载自卡特彼勒公司
CATERPILLAR
逾300%亚太区业务增长，
卡特彼勒勇攀业绩高峰。
成就卓越绩效
卡特彼勒是全球领先的建筑工程机械和采矿设备生产商，为了满足来自中国、印度及其它成长型市场的需求，卡特彼勒希望马上加速生产。埃森哲帮助卡特彼勒建立了一个独立ERP平台，以此简化业务流程，并为支持业务扩张作好准备。自2005年以来，卡特彼勒在亚太区的业务获得超过300%的增长，成就卓越绩效。
管理咨询 | 信息技术 | 经营外包
accenture
埃森哲

知更多，疑更少。
数据分析，成就卓越。
成 就 卓 越 绩 效
认知至关重要，但认知若缺乏灼见，则难以形成优势。埃森哲帮助客户运用分析法，从数据中提炼洞察，将洞察付诸行动，以行动收获成果，成就卓越绩效。
管 理 咨 询 | 信 息 技 术 | 经 营 外 包
accenture
埃森哲